图解石油

Top Charts for
Petroleum & Energy Products

最新最全石油石化市场和金融知识盛宴

闫建涛　赵公正　姜学峰　柯晓明　张　祺◎等著

1000张图说清低碳转型中的石油石化市场

获奖图解能源系列工具书、普及读物、培训教材｜揭示国际机构的分析体系、方法论和关键指标
获取400多家国内外权威机构常用数据和第一手资料｜聆听20多位国内外能源和金融界大咖的经典观点
帮助把握行业市场基本面、掌握实操技巧｜选择最有价值的信息源、提供统一的知识入口

——讲好传统能源的转型故事——

石油工业出版社

内 容 提 要

本书是图解能源系列丛书的第三部,致力于讲好传统能源在"碳中和""碳达峰"目标下的转型故事。通过国内外市场重要的1000张图,分20章从全产业链角度梳理能源化工产业框架,聚焦国内外能源化工市场和国际油价的影响因素,揭示国际机构的分析体系、方法论和关键指标,展示400多家权威机构的第一手资料。

本书是一本将石油化工产业与金融和宏观经济高度融合的专业书籍,也可作为工具书、普及读物、培训教材。

图书在版编目(CIP)数据

图解石油:1000张图说清低碳转型中的石油石化市场 / 闫建涛等著. —北京:石油工业出版社,2023.1
ISBN 978-7-5183-5800-7

Ⅰ. ①图… Ⅱ. ①闫… Ⅲ. ①石油市场 – 低碳经济 – 转型经济 – 中国 – 图解②石油化学工业 – 工业企业 – 低碳经济 – 转型经济 – 中国 – 图解 Ⅳ. ① F724.741-64

中国版本图书馆 CIP 数据核字(2022)第 241945 号

图解石油:1000张图说清低碳转型中的石油石化市场
闫建涛　赵公正　姜学峰　柯晓明　张　祺◎等 著

出版发行:石油工业出版社
　　　　　(北京市朝阳区安华里二区1号楼 100011)
网　　址:http://www.petropub.com
编 辑 部:(010) 64523602　图书营销中心:(010) 64523633
经　　销:全国新华书店
印　　刷:北京晨旭印刷厂

2023年1月第1版　2023年1月第1次印刷
740×1060毫米　开本:1/16　印张:44.75
字数:686千字

定　价:128.00元
(如发现印装质量问题,我社图书营销中心负责调换)
版权所有,翻印必究

编 委 会

（按姓氏拼音排序）

主编：

刘小丽　中国价格协会能源和供水价格专业委员会

副主编：

陈　莽　中国石化集团上海浙石期货经纪有限公司
李　彦　上海国际能源交易中心
李宇静　中国石油和化学工业联合会
刘瀚光　中国航油（香港）有限公司
单卫国　中国石油经济技术研究院
佟　巍　泰霖私募基金管理（海南）有限公司
徐　东　中国石油天然气股份有限公司规划总院
鄢　颖　上海国际能源交易中心
张晓革　广东油气商会
张学艺　嘉合基金管理有限公司

编委：

陈　湧　华能国际电力股份有限公司
程海龙　国家石油天然气管网集团有限公司
程民贵　上海国际能源交易中心
刁夏楠　上海国际能源交易中心
姜学峰　中国石油经济技术研究院
柯晓明　中国石化集团经济技术研究院有限公司
梁海珊　广东油气商会
林燕红　中国石油集团海洋工程有限公司

刘新刚　上海期货交易所
刘　岩　中国石油天然气销售南方分公司
卢向前　石油商报
穆　欢　梅赛德斯奔驰集团中国研发中心
王保群　国家石油天然气管网集团有限公司
王　恺　中国海油能源经济研究院
王若阳　中证金融研究院
闫建涛　捷诚能源控股有限公司
杨凌子　中国石油中亚俄罗斯公司
姚达明　广东油气商会
张龙星　上海石油天然气交易中心
张　祺　振华石油股份有限公司
赵公正　国家发展和改革委员会价格监测中心
赵　凯　全球甲醇行业协会（新加坡）北京代表处
周　涛　中集安瑞科新能业务中心

前 言

作为图解能源系列的第三部,本书与获奖热销书《图解原油期货》和《图解天然气》相呼应,有互补、有更新。近年来,我们不但见证了国际负油价,也经历了大宗商品价格的高企,同时,全球"碳中和""碳达峰"目标打破了很多传统理念,行业亟须重新认知低碳转型中的石油石化市场。

产业、贸易和金融市场中的所有要素均在不断合约化和标准化,唯一难以标准化的就是价格,而价格正是本书的聚焦点,围绕影响原油、成品油和石化价格的十大因素展开论述。任何一个因素只要影响价格,本书就去尝试分析该因素的现状、发展趋势和周期拐点,并量化每一因素与价格之间的互动关系,发现油价变化的信号,尽量面面俱到,不以物小而不为。

作者基于国内外工作实践,深入揭示国际机构的分析体系、方法论和关键指标,提炼出石油石化市场最重要的 1000 张图表,完全拿数据说话,通过图表客观描述,尽量不带个人观点。既然是图解,就不适宜长篇大论、灌输作者的想法,而是留给读者足够的空间,以读者各自的逻辑,按照读者自己的思路去读图、解图。同时,本书邀请了 20 余位国内外能源化工与宏观金融行业重量级专家分享他们的经典观点和从业经验。

本书翔实地展示 400 多家国际国内权威机构常用数据和第一手资料,数据涵盖 1860 年至 2100 年行业长周期,帮助读者选择最有价值的信息源和提供统一的知识入口,从全产业链角度,帮助读者把握行业市场基本面,快速了解能源现货和金融衍生市场。把繁杂数据分解到基本属性和基本单元,梳理出能源价格各要素之间的相互关系、内在逻辑和运行规律。帮助搭建和量化分析体系,形成系统的研究框架和体系,支撑行业、市场与政策的研判工作及投资决策。

石油石化市场的建设是个复杂而长期的系统工程，市场的成熟和功能发挥需要一个渐进培育的过程。本书参照国际金融业务规则和方法论，立足于中国市场的特点，有助于做出一套接地气的分析框架和操作模式，让读者更理性地参与实体经济和金融市场，从而加快培育市场主体，提升中国重要大宗商品的价格影响力，增强全球资源配置能力，更好服务实体经济发展，助力中国能源产业和金融市场行稳致远。传统化石能源行业的低碳转型是漫长艰巨的过程，本书探索和优化转型路径，讲好能源转型的故事。

本书由闫建涛、赵公正、姜学峰、柯晓明和张祺合著，刘小丽任主编，闫建涛统筹执笔。第1章编写人员还有李宇静、穆欢、徐东；第2章编写人员还有单卫国；第3章编写人员还有徐东、梁海珊、杨凌子；第4章编写人员还有刘瀚光、陈莽、李彦、刘新刚、刘岩；第5章编写人员还有李宇静、赵凯、穆欢；第6章编写人员还有李彦、李宇静、陈莽、林燕红；第7章编写人员还有梁海珊、刘新刚；第8章编写人员还有王保群、程海龙、张龙星；第9章编写人员还有李彦、李宇静、刁夏楠；第10章编写人员还有鄢颖、李彦、刁夏楠、程民贵；第11章编写人员还有鄢颖、李彦、刁夏楠、王若阳；第12章编写人员还有徐东、单卫国、王恺；第13章编写人员还有张龙星、陈湧、刘瀚光、李宇静、张晓革；第14章编写人员还有周涛、陈湧；第15章编写人员还有徐东、张晓革、周涛；第16章编写人员还有佟巍、王若阳；第17章编写人员还有单卫国、卢向前；第18章编写人员还有王若阳、佟巍、张学艺；第19章编写人员还有姚达明、林燕红、王保群；第20章编写人员还有姚达明、杨凌子。特别感谢余皎、宋磊、崔宇、杨晨、王华等专家的精心指导。

目 录

第1章 石油基本概况和主要特性

油价的影响因素与石油的来源 2

影响油价的十大因素及期货价格 2
油价研究分析法则 3
石油的概念和分类 4
油气生成概念图 4
地球和大自然演化史 5

石油的组成、元素、烃类和非烃类 7

大自然的主要元素 7
石油组分的分类 8
石油烃类概念和分类 9
原油的分类 10
非烃类化合物 11
石油中的微量元素 11

原油的品质和特性 12

原油品质（API 度—硫） 12
世界原油品质（硫含量和 API 度）变化 ... 13
世界不同原油品质的供应 13
全球区域代表性原油 14
全球代表性原油的元素组成 14
全球代表性原油的一般性质 16
布伦特混合原油指标 17
中国和全球原油平均指标 18
美国原油品质（本土产量） 19
美国原油品质（炼厂加工） 19
美国原油品质（进口） 20
中国原油品质（国产和进口对比） 20
中国进口原油品质 21
中国独立炼厂原油品质 21

原油蒸馏、炼油工艺和加工装置 22

原油到石油化工产品 22
一桶油可加工出的成品油和日用品 23
石油馏分、沸点范围和产品 23
原油加工类型 24
汽油加工工艺和产品 25
石油处理对象和目的 27
原油和石油产品的颜色 28

石油产品的特性和质量标准 29

原油和石油产品行业特性 29
能源或燃料转化为电能原理 31

石油产品使用特性	32	中国汽油牌号演变与加油的选择	34
全球区域汽油组分构成	33	中国汽车排放和油品质量标准	35
全球区域油品标准	33		

经典观点与经验分享 ········ 36

许勤华　中国人民大学国家发展与战略研究院副院长、欧亚研究院执行院长、国际能源与环境战略研究中心主任、教授 ········ 36

第2章　油价百年史、预测的误差与市场参与者

油价百年史、周期与负油价 ········ 38

大宗商品价格周期	38	美国 WTI 油价和移动均值	40
世界油价百年史	38	美国 WTI 负油价前后的重大事件	41
油价暴跌恢复周期	39	美国 WTI 负油价当日时间表	41
布伦特油价增速与高位区间	40	美国各地原油现货价格	42

油价的预测及误差 ········ 43

美国国家能源建模系统	43	国际石油公司长期油价假设	45
美国能源信息署 WTI 油价预测	43	布伦特原油价格预测偏差	45
国际机构油价长期预测情景	44		

石油市场参与者及其对油价的影响力 ········ 46

利益相关方的油价涵义	46	美国 PADD 3 区占美国市场比例	50
市场参与者价格预测的自我实现性	47	石油产业链及各环节计量单位	51
国际组织成员国	47	美国石油产业链格局	51
国际组织能源供需比较	49	美国石油产业链供需流向图	53
欧美区域石油市场	49		

石油市场供需格局 ········ 53

世界石油供需格局	53	世界石油产量增幅	57
世界石油产量增幅与油价弹性关系	54	全球区域石油需求峰值	57
世界石油需求增幅与油价弹性关系	55	全球区域石油产量峰值	58
世界石油需求	55	美国能源供需和进出口	58
世界石油需求增幅	56	美国石油供需和进出口	59
世界石油产量	56	中国石油供需和进出口	59

石油公司液体产量增幅	60	石油公司液体产量占油气当量比例	60

经典观点与经验分享 61

徐为民　国家发展改革委价格成本调查中心成本监审二处处长 61
单卫国　中国石油经济技术研究院天然气市场所书记 62

第3章　基本面的平衡　供应及其缓冲器

石油资源与储量 64

常规油田生命周期	64	石油资源储量分类	67
全球区域含油气盆地数量	65	全球区域资源和储量分布	68
世界油气田不同阶段数量	65	世界石油证实储量及增速	68
世界大油气田发现数量和储量	66	全球区域石油储采比	69
中国油气田盆地和已探明油气田	66	世界证实储量开采比例	69

石油供应类型与产量 70

世界原油供应资源类型	70	美国页岩产区原油产量	76
美国石油产量来源	71	世界稠油和沥青产量	76
美国石油产量来源构成	71	世界和中国油页岩产量	77
全球区域陆上和海上原油产量	72	煤制油和天然气制油产量	77
世界近海和深水石油产量	72	世界凝析油供需	78
北极石油产量	73	世界天然气液产量	78
美国海上原油产量	73	美国天然气液产量	79
中国海洋原油产量	74	美国天然气液产量构成	79
世界和中国致密油产量	74	天然气液组分构成	80
美国致密油产量里程碑	75	天然气液产业链	80

油井类型、产量与供应弹性 81

美国油气井数量和石油产量	81	美国边际井数和油井生产效率	83
美国页岩产区单台钻机产量	82	美加"孤儿井"数量	84
美国页岩产区已钻但未完井与油价	82	油田加密钻井	84
美国页岩已钻但未完井与原油月差	83		

在钻钻机、压裂机组与油价 85

美国在钻钻机数与原油产量增幅	85	美国在钻钻机数变化和油价变化	85

全球区域海上与陆上在钻钻机数 …………… 86　　美国压裂机组数与在钻钻机数 …………… 87

渗透率、递减率与采收率 ……………………………………………………………… 87

油田多孔介质渗透率 …………………… 87　　世界油气藏采收率技术 ………………… 90
世界非欧佩克油田产量递减率 ………… 88　　世界提高采收率（EOR）产量 ………… 90
全球区域油田产量递减率 ……………… 89　　英国北海油气田开发指数和采收率 …… 91
世界原油采收率和类型 ………………… 89　　中国油藏和提高采收率技术类型 ……… 91

欧佩克富余产能和产量调整考虑因素 …………………………………………………… 92

欧佩克富余产能与油价 ………………… 92　　欧佩克供应和市场对其产量的需求 …… 95
欧佩克富余产能变化与油价变化 ……… 93　　欧佩克产量和市场对其产量的需求 …… 95
芝商所欧佩克会议结果观察工具 ……… 93　　欧佩克产量调整的主要因素 …………… 96
欧佩克富余产能与世界石油需求 ……… 94　　欧佩克产量调整与价格波动 …………… 96
欧佩克富余产能和美国战略储备 ……… 94　　欧佩克产量调整与油价波动 …………… 97

世界各国石油工业概况 …………………………………………………………………… 97

世界百年主要产油国 …………………… 97　　玻利维亚 Bolivia ………………………… 106
阿尔及利亚 Algeria …………………… 100　　赤道几内亚 Equatorial Guinea ………… 106
阿曼 Oman ……………………………… 100　　丹麦 Denmark …………………………… 107
阿根廷 Argentina ……………………… 100　　德国 Germany …………………………… 107
阿联酋 United Arab Emirates ………… 101　　俄罗斯 Russia …………………………… 107
阿塞拜疆 Azerbaijan …………………… 101　　厄瓜多尔 Ecuador ……………………… 109
埃及 Egypt ……………………………… 102　　法国 France ……………………………… 109
安哥拉 Angola ………………………… 102　　菲律宾 Philippines ……………………… 109
澳大利亚 Australia …………………… 103　　刚果（布）Republic of Congo ………… 110
巴布亚新几内亚 Papua New Guinea … 103　　刚果（金）Democratic Republic of Congo … 110
巴林 Bahrain …………………………… 103　　哥伦比亚 Colombia …………………… 110
巴西 Brazil ……………………………… 104　　古巴 Cuba ……………………………… 111
白俄罗斯 Belarus ……………………… 104　　圭亚那 Guyana ………………………… 111
巴基斯坦 Pakistan ……………………… 105　　哈萨克斯坦 Kazakhstan ………………… 111
保加利亚 Bulgaria ……………………… 105　　韩国 South Korea ……………………… 112
比利时 Belgium ………………………… 105　　荷兰 Netherlands ……………………… 112
秘鲁 Peru ……………………………… 105　　加拿大 Canada ………………………… 112
波兰 Poland …………………………… 106　　加蓬 Gabon …………………………… 113

喀麦隆 Cameroon	113	土库曼斯坦 Turkmenistan	124
卡塔尔 Qatar	113	突尼斯 Tunisia	124
科威特 Kuwait	114	委内瑞拉 Venezuela	124
利比亚 Libya	114	文莱 Brunei	125
罗马尼亚 Romania	115	乌干达 Uganda	126
马来西亚 Malaysia	115	乌克兰 Ukraine	126
孟加拉国 Bangladesh	115	乌兹别克斯坦 Uzbekistan	126
缅甸 Myanmar	116	西班牙 Spain	126
摩洛哥 Morocco	116	希腊 Greece	127
美国 United States	116	新加坡 Singapore	127
墨西哥 Mexico	118	新西兰 New Zealand	127
莫桑比克 Mozambique	119	叙利亚 Syria	127
南非 South Africa	119	也门 Yemen	128
南苏丹 South Sudan	120	伊拉克 Iraq	128
尼日利亚 Nigeria	120	伊朗 Iran	128
挪威 Norway	120	以色列 Israel	129
日本 Japan	121	意大利 Italy	129
塞内加尔 Senegal	121	印度 India	130
塞浦路斯 Cyprus	122	印度尼西亚 Indonesia	130
沙特阿拉伯 Saudi Arabia	122	英国 United Kingdom	130
苏里南 Suriname	123	越南 Vietnam	131
泰国 Thailand	123	乍得 Chad	131
特立尼达和多巴哥 Trinidad & Tobago	123	智利 Chile	132
土耳其 Türkiye	124		

经典观点与经验分享 ··· 133

王 佩 中国国际石油化工联合有限公司市场战略部总经理 ··· 133

鲍勃·弗里克伦德（Bob Fryklund）国际知名咨询公司首席上游战略专家 ··· 134

第4章 基本面的平衡 石油产品供需格局和应用领域

石油产品应用领域 ··· 136

全球区域成品油需求比例	136	世界终端用能领域	137

世界石油应用领域 137	中国石油应用领域 138
美国石油应用领域 138	

交通用能和用油、车用汽油与电动车 139

世界交通用能结构 139	美国车用汽油消费与行驶里程 143
世界交通用能领域 140	中国汽油供需 143
美国交通用能结构 140	中国汽油消费与机动车行驶量 144
美国交通用油结构 141	全球区域千人汽车保有量 144
中国交通用油结构 141	美国个人可支配收入和千人汽车保有量 145
世界汽油需求 142	中国可支配收入和百户家用汽车保有量 145
美国车用汽油消费 142	

交通用能与电气化趋势 146

全球区域交通用电量增速 146	美国轻型车平均燃油效率 148
全球区域电动车市场份额 147	美国轻型车新车燃油经济性 148
国际机构预测世界电动车市场份额 147	

公路用能和用油、柴油、沥青与润滑油 149

世界公路用能来源 149	中国沥青供需 154
中国公路用能来源 150	中国沥青应用领域 154
世界柴油需求 150	中国公路里程和密度 155
中国柴油供需 151	世界润滑油应用领域 155
中国柴油应用领域 151	中国润滑油供需 156
美国重卡耗油量和行驶里程 152	中国润滑油应用领域 156
美国重卡行驶里程和燃油效率 152	中国交通用润滑油消费结构 157
世界公路交通用油替代量 153	中国工业润滑油需求 157
美国沥青消费与价格增幅 153	

铁路用能和用油、管道用能 158

世界铁路用能 158	中国铁路用能消费量 160
全球区域铁路用能和柴油占比 158	全球区域铁路里程 161
美国铁路用能和用油 159	美国管道用能 161
中国铁路用能 160	

航空用能和用油、航空燃料 ··········· 162

世界航空用能 ············· 162	机场加油量与加油架次 ········· 166
航空用油因素 ············· 163	世界航空客运和货运需求 ········ 166
世界航空煤油供需 ··········· 163	美国机场安检乘客人数和航班次数 ··· 167
全球区域航空煤油消费量 ········ 164	美国航班单位飞行里程 ········· 167
中国航空周转量和航空煤油消费量 ··· 164	世界飞机燃油效率 ··········· 168
美国航空燃料消费量 ·········· 165	全球航班燃油效率 ··········· 168
中国煤油供需 ············· 165	

船舶用能和用油、燃料油 ············ 169

世界燃料油需求 ············ 169	世界和中国船用燃料油需求 ······ 172
中国燃料油供需 ············ 170	美国船用油消费量 ··········· 173
世界和中国燃料油应用领域 ······ 170	新加坡船用燃料油销量 ········· 173
船用燃料油加注考虑因素 ······· 171	中国船用燃料油市场分类 ······· 174
船舶用能综合竞争力 ·········· 171	中国保税低硫船舶燃料油政策与流程 ··· 174
世界海运用能比例 ··········· 172	

工业用能和用油、石油焦 ············ 175

全球区域工业用能总量 ········· 175	石油焦产业链 ············· 178
世界工业用能结构 ··········· 176	全球区域石油焦产量 ·········· 178
美国工业用能结构 ··········· 176	中国石油焦供需 ············ 179
中国工业用能结构 ··········· 177	中国石油焦应用领域 ·········· 179
中国石油占工业用能结构 ······· 177	

发电用油和建筑用能 ··············· 180

全球区域发电用油 ··········· 180	世界建筑用能需求 ··········· 182
全球燃油发电量前15国 ········ 181	中国建筑用能结构 ··········· 182
美国发电用油来源 ··········· 181	世界热力用能结构 ··········· 183

商业用能和生活用能、液化石油气 ······ 183

世界商业用能结构 ··········· 184	美国居民用能结构 ··········· 186
美国商业用能结构 ··········· 184	世界居民炊事用能结构 ········· 186
世界服务业用能结构 ·········· 185	世界和美国居民用能领域 ······· 187
世界居民用能结构 ··········· 185	美国家庭供暖需求和开销 ······· 187

美国冬季供暖家庭数量	188	中国 LPG 供需	189
世界 LPG 供需	188	中国 LPG 应用领域	189

经典观点与经验分享 190

王海滨　中化能源股份有限公司教授级高级经济师 190
王　超　中国石化中化成品油销售公司业务处副处长 190

第 5 章　基本面的平衡　化工用油和石化产品

化工用油的来源与供需 192

化工用油影响因素	192	中国化工轻油消费结构	195
世界非燃烧用油占石油消费比例	193	世界石脑油需求	196
全球区域化工用油需求	193	中国石脑油供需	196
全球区域化工用油来源	194	石油炼厂气来源构成	197
美国化工用油来源	194	中国石蜡供需	197
美国化工原料的产品收率	195	中国溶剂油供需	198

石油化工的基本特性与供需 199

石油化工行业特性	199	全球化工销售前 25 国	203
化工产业链	201	美国化工行业规模	203
世界化工需求	201	中国商品人均产量和消费量	204
全球化工产量和开工率变化	202	中国主要石油石化产品供需增幅	204
全球区域化工销售量	202		

烯烃、乙烯与丙烯产业链 205

芳烃和烯烃的区别	205	中国乙烯消费结构	210
烯烃原料与产品收率	206	丙烯产业链	211
中国聚烯烃原料构成	206	全球与中国丙烯原料构成	212
乙烯产业链	207	世界丙烯原料构成	212
全球区域乙烯原料构成	208	中国丙烯原料构成	213
中国乙烯原料构成	208	世界丙烯供需	213
世界乙烯供需	209	世界丙烯消费结构	214
世界乙烯消费结构	209	中国丙烯供需	214
中国乙烯供需	210	中国丙烯当量消费结构	215

塑料与合成树脂产业链 ································ 215

世界合成树脂供需 ············· 216	欧盟废旧塑料处理方式 ············· 220
世界五大通用合成树脂需求 ········· 216	美国塑料产量和处理量 ············· 221
中国合成树脂和塑料供需 ··········· 217	生活废品自然降解所需时间 ········· 221
中国五大通用合成树脂需求 ········· 218	世界塑料废弃物和可生物降解塑料 ··· 222
世界和欧盟塑料产量 ··············· 218	世界废旧塑料回收率和石油需求 ····· 222
世界塑料需求 ····················· 219	日常塑料瓶罐材质编号 ············· 223
世界塑料应用领域 ················· 219	石化瓶罐颜色代表的安全性 ········· 223
欧盟塑料应用领域 ················· 220	

芳烃、天然纤维与合成纤维产业链 ····················· 224

芳烃产业链 ······················· 224	天然纤维与化学纤维 ··············· 228
中国芳烃供需 ····················· 226	世界纤维来源和产量 ··············· 228
世界 PX 和 PTA 供需 ··············· 226	中国合成纤维供需 ················· 229
中国 PX–PTA–PET 供需 ············· 227	中国合成纤维应用领域 ············· 229
中国 PX–PTA–PET 行业集中度 ······· 227	

丁二烯、天然橡胶与合成橡胶产业链 ··················· 230

丁二烯—合成橡胶产业链 ··········· 230	中国丁二烯消费结构 ··············· 232
世界丁二烯供需 ··················· 231	世界合成橡胶与天然橡胶供需 ······· 233
中国丁二烯供需 ··················· 231	中国合成橡胶供需 ················· 234
世界丁二烯消费结构 ··············· 232	

合成氨与化肥 ······································· 234

化肥产业链 ······················· 235	世界合成氨与化肥供需 ············· 236
全球区域氨产量 ··················· 236	中国合成氨与化肥供需 ············· 237

甲　　醇 ··· 237

世界甲醇供需 ····················· 238	全球区域甲醇合同价格 ············· 239
世界甲醇消费结构 ················· 238	全球区域甲醇价格 ················· 240
中国甲醇原料结构 ················· 239	

生物能源与生物燃料 ································· 240

生物能源产业链 ··················· 240	全球主要生物燃料供需国家 ········· 242
生物燃料不同作物原料的单产 ······· 241	世界生物燃料供需 ················· 243

美国生物燃料供需	243	世界生物能源应用领域	244
中国生物燃料供需	244	世界生物燃料应用领域	245

生物柴油与乙醇汽油 ··············· 245

美国可再生柴油产量	246	美国乙醇汽油和传统汽油价格	248
美国可再生燃料识别码（RINs）	246	中国乙醇汽油与传统汽油价差	248
美国生物柴油送到价格构成	247	中国燃料乙醇原料构成	249
美国大豆生物柴油收入和成本构成	247	中国燃料乙醇供需	249

经典观点与经验分享 ··············· 250

范　敏　中国石油和化学工业联合会信息与市场部副主任 ··············· 250

第6章　基本面的平衡　炼油化工生产经营和终端销售

炼油加工能力与加工量 ··············· 252

世界炼厂数和炼厂规模	252	中美炼厂乙烯产量占炼油能力比例	255
世界炼油能力与原油加工量	253	中国炼油加工市场结构	256
全球区域原油加工量	253	全球区域炼油装置能力	256
中国炼油能力和原油加工量	254	世界和中国炼厂数量和装置类型	257
中国炼油能力合理水平	254	美国炼油装置能力	257
中国成品油出口量折算原油加工量	255		

炼油装置复杂性与炼化产能利用率 ··············· 258

全球区域炼厂装置复杂性	258	中国炼厂开工率	261
全球区域和企业炼油能力与转化率	258	石油公司炼油产能利用率	262
世界炼油闲置产能	259	全球主要化工产品开工率	262
全球区域炼油产能利用率	260	欧盟化工行业开工率	263
美国炼油产能利用率与原油价格变化	260	全球区域乙烯装置开工率	263
美国炼油产能利用率与汽油价格	261		

炼油原油原料与产品收率 ··············· 264

原油占炼厂进料比例	264	美国炼厂产品收率	266
炼厂原油净输入与边际成品油产量	265	中国炼厂产品收率	267
全球区域原油产品收率	265	能源公司主要成品油收率	267
全球区域炼厂产品收率	266	中国生产和消费柴汽比	268

加工盈余、损耗与过头量		268
成品油过头量 … 268	中国炼油加工和储运损失率 … 269	
世界炼厂加工盈余 … 269	石油产业链各环节损耗 … 270	

加油站和便利店经营		270
石油公司成品油销量和加油站数量 … 271	中国加油站市场份额和销量 … 274	
美国站均车辆数和汽油销量 … 271	中国成品油生产、批发和零售企业 … 274	
美国加油站密度 … 272	中国加油站概况和指标 … 275	
美国商店数量 … 272	中国加油站数量和密度 … 275	
美国加油站便利店数量和收入比例 … 273	中国加油站非油品销量构成 … 276	
美国便利店非油品销售 … 273	中国品牌便利店构成 … 276	

经典观点与经验分享		277
张留成　中国（独立炼厂）石油采购联盟主席、山东省企业集团海外发展促进会执行会长、山东省高端化工产业发展促进会秘书长 … 277		

第7章　基本面的平衡　库存与储备

库存与价格		280
国际大宗商品价格波动率 … 280	世界石油供需和库存变化 … 281	
中国大宗商品价格波动率 … 281	世界石油库存变化与油价 … 282	

全球区域石油库存		282
全球区域石油库存 … 282	南非原油库存 … 284	
全球区域石油罐容利用率 … 283	中国原油和成品油库存 … 285	
全球区域成品油仓储费 … 284		

经合组织石油库存		285
经合组织商业原油库存供应天数 … 285	经合组织石油库存消费天数与油价 … 288	
经合组织商业石油库存供应天数 … 286	经合组织商业库存消费天数与月差 … 288	
经合组织月度商业石油库存 … 287	经合组织石油需求与库存变化 … 289	
经合组织石油消费天数变化与油价 … 287	欧洲ARA地区成品油库存 … 289	

美国石油库存		290
美国石油库存变化与油价变化 … 290	美国石油库存与均值差 … 291	
美国原油和成品油供应天数 … 291	美国原油汽油中间馏分库存变动 … 292	

美国丙烷库存和价格·········292	美国原油库容月度利用率·········294
美国原油库存和类型·········293	美国主要原油仓储区域和库欣概况·········295
美国原油库存周度变化·········293	美国原油储罐库容利用·········296
美国库欣原油库存周度变化·········294	

应急和战略储备·········296

国际能源署应急储备净进口天数·········296	美国原油战略储备释放量与油价波动·········298
美国原油战略储备释放目的与释放量·········297	美国成品油应急储备和释放价差·········298

海上库存、浮仓和高频数据·········299

经合组织海上石油库存与油价·········299	伊朗原油浮仓·········302
世界海上原油库存·········300	全球原油浮仓量与原油月差·········302
世界海上在途石油运量·········300	浮仓盈亏平衡所需油价·········303
世界海运原油出口量·········301	卫星雷达新技术与自动识别系统数据·········303
全球浮仓规模·········301	

生产经营库存·········304

全球区域国内产量满库天数·········304	生产经营日常储存天数·········304

经典观点与经验分享·········305

佘建跃　一德期货有限公司总经理助理、《原油阳谋论》作者·········305

第8章　基础设施和供应链的平衡

交通工具运距与石油化工运输方式·········308

世界大宗商品海运贸易平均运距·········308	北美原油产业链运输方式和运费·········311
中国交通工具运输运距·········309	美国化工品运输方式和运费·········312
中国交通工具运输里程·········309	中国原油和成品油运输方式·········312
美国国内运输工具单次平均交通里程·········310	欧洲成品油运输方式和成本·········313
美国原油和成品油运输方式·········310	世界交通工具行驶里程和载重量·········313
美国石油管理区炼厂原油运输方式·········311	

铁路运输与管道运输·········314

美国原油铁路运量占产量比例·········314	中国铁路货运量和平均运距·········315
美国能源产品铁路运输量·········314	全球区域原油管道里程和密度·········315

美国能源商品管道里程和缓冲罐 316
美国原油和成品油管道里程 316
北美新增管道里程和管输能力 317
中国油气管道里程 317

海洋运输船舶、航线和航速 318

世界船龄 318
新船造价 319
全球船舶数量和运力 319
全球油轮类型与载重吨位 320
美国到港船舶类型 320
中国散装液体船数量、运输量和运力 321
世界和中国液散货船舶类型 321
全球天然气液船舶数量与运费 322
全球天然气液新增出口量所需运力 322
全球油轮主要贸易航线运力和运量 323
油轮平均航速 323
油轮标准航速与经济航速 324
中东和美国原油出口油轮航行时间 324
中国原油进口到港油轮航行时间 325
全球区域船舶在港时长和载重量 325

港口与码头 326

全球区域港口数量 326
中国港口泊位构成 326
中国原油进口卸货港和来源地 327

海洋船舶与运输事故 329

全球油轮大中规模漏油次数和漏油量 329
全球油轮大中规模泄漏原因 329
美国水域石油泄漏量和事故数量 330
国际航运船舶损失类型 330
国际船舶事故类型 331
国际事故船舶类型 331

油气生产与管道运输事故 332

全球海上石油重大事故和漏油量 332
油气管道安全风险因素 333
美国能源液体管道事故和泄漏量 333
美国液体商品管道事故比例 334
美国液体管道严重事故原因 334

炼化与零售终端安全事故 335

炼厂成品油储运事故 335
加油站场地污染 335
美国化学品污染事故 336
欧盟化学品意外污染泄漏事故 336
电动车车辆起火时状态 337

供应链中断风险 337

美国制造业供应商交货指数 338
滞期和不可抗力因素中可免则的条件 339

经典观点与经验分享 340

王金照　国务院发展研究中心产业经济研究部部长 340

第9章 贸易的平衡

石油贸易流程与风险 ········· 342
石油公司产量、加工量和销售量结构······ 342
国际原油现货采购销售流程········· 343
贸易风险与费用················ 343

世界石油贸易格局与趋势 ········· 344
世界海运贸易量················ 344
世界石油化工海洋运量············ 345
世界石油贸易趋势················ 345
世界石油贸易量增速·············· 346
区域石油贸易量占世界贸易量比例······ 346
区域石油贸易量在世界消费量比例······ 347
全球区域燃料进出口占货物贸易比例···· 347

全球原油和凝析油贸易格局与趋势 ········· 348
全球区域原油出口量·············· 348
全球区域原油进口量·············· 349
全球区域原油进出口增速············ 349
全球区域原油净进口·············· 350
中东和非洲原油出口目的地·········· 350
北美和中亚俄罗斯原油出口目的地······ 351
欧洲和亚太原油进口来源地·········· 351
全球区域凝析油贸易流向············ 352

全球成品油和石化贸易格局 ········· 352
世界成品油贸易量增速············ 352
全球区域成品油净进口贸易量········ 353
世界主要化工品贸易量············ 353
全球区域LPG贸易流向············ 354
全球区域乙烯净出口·············· 354

美国石油进出口 ········· 355
美国原油和成品油进出口············ 355
美国石油净进口·················· 355
美国成品油净进口················ 356
美国原油进口来源国·············· 356
美国石油出口···················· 357

中国石油化工进出口 ········· 357
中国能源化工产品进口量占消费量比例··· 358
中国原油和石油对外依存度·········· 358
中国原油进口来源国和进口油价········ 359
中国原油海运进口来源地············ 359
中国成品油出口目的地和出口价格······ 360
中国成品油净进口················ 360
中国成品油混兑资源进口量·········· 361
中国乙烯、丙烯和丁二烯进口量······ 361

经典观点与经验分享 ········· 362
王 震 中国海油集团能源经济研究院党委书记、院长········ 362
江丹丹 广州海关统计分析处············ 362

第10章 金融市场的平衡 石油定价体系和衍生品工具

石油定价体系与期货市场·················364

大宗商品市场成熟度与价格市场化进程··364
国际石油贸易方式·····························365
价格指数成功要素·····························366
期货合约定义····································366
期货市场基本功能·····························367
现货和金融衍生品市场比较··················367
现货和金融衍生品交易期限··················369

原油与成品油期货合约·······················369

全球区域石油基准价·····························369
国际主要原油期货合约规则比较············370
布伦特计价原油产量和定价里程碑·········372
中国上市品种形态演变··························372
中国能源金融衍生品挂牌上市历程·········373
国际主要成品油期货合约规则比较·········373

期货合约表现·······································375

原油期货合约参与者持仓比例···············375
国际原油期货合约持仓量里程碑············376
美国原油期货净多头与净空头持仓·········376
美国 WTI 原油期货持仓量······················377
原油期货交易交割指标··························377
美国 WTI 原油期货交易量与油价············378
上海原油期货成交量、持仓量和结算价···378
美国汽油和取暖油期货合约成交量·········379
中国沥青-燃料油-LPG 期货运行情况·····379

期货合约与油价···································380

国际原油期货合约远期曲线···················380
布伦特原油期货合约远期曲线···············381
便利收益模型·······································381
布伦特和 WTI 期货迭期价格··················382

期权、掉期和交易所交易基金···············382

期权合约类型·······································382
美国 WTI 和上海原油期权规则比较·········383
WTI 原油期货与期权成交量和持仓量······385
美国原油期权持仓量和期货价格············385
美国原油期货升贴水和期权期限结构·····386
美国原油场外掉期合同··························386
掉期交易商合约净空头和油价···············387
美国交易所交易基金（ETF）与油价······387

市场风险管理······································388

期权价格风险指标·······························388
资本市场融资融券·······························389
量化、高频和算法交易概念··················389

经典观点与经验分享····························390

张宏民　上海期货交易所商品三部总监···390
姬　强　中国科学院科技战略咨询研究院系统分析与管理研究所副所长、研究员·······391

第11章 金融市场的平衡 价差、套利、套期保值和交易策略

现货价差、期现基差与套期保值本质 394

期货合约到期换月对价格的影响………… 394
全球区域原油价格与WTI价差………… 395
WTI–布伦特原油价差构成………… 396
WTI–布伦特原油现货价差………… 396
美国WTI原油现货和期货基差………… 397
美国纽约港汽油现货和期货基差………… 398
套利和对冲定义及套期保值的本质………… 398
期货套利的类型………… 399

跨市套利 400

WTI–布伦特原油首次行价差………… 400
布伦特–迪拜原油期货转掉期价差………… 401
英国柴油–美国取暖油价差………… 401
美国墨西哥湾与欧洲超低硫柴油价差………… 402
上海原油期货–阿曼价差与仓单量………… 402
上海原油期货估值………… 403

跨期套利 403

WTI原油跨期价差与库欣原油库存………… 403
美国WTI原油月差………… 404
美国油价月差和经合组织石油库存………… 405
布伦特原油月差………… 405
上海原油期货跨期价差………… 406
美国汽油跨期套利成本与收益………… 406

跨品种套利 407

美国WTI原油和HH天然气价格………… 407
欧洲天然气价格与布伦特油价………… 407

裂解价差 408

美国3∶2∶1原油裂解价差………… 409
美国RBOB汽油与WTI原油裂解差………… 409
美国裂解价差………… 410
鹿特丹裂解价差………… 410
新加坡裂解价差………… 411

套期保值案例 411

原油期货套保案例 卖出套保………… 411
原油期货套保案例 买入套保………… 412
石油生产商套期保值的产量比例………… 413
国际石油公司套期保值原油产量比例………… 414
美国勘探开发公司套期保值策略………… 414
石油公司三相无成本领口期权套保………… 415
西北欧航空煤油定价与套保………… 415
全球航空公司航空煤油套期保值比例………… 416
中国企业套期保值数量和种类………… 416

经典观点与经验分享 417

刘德伟 厦门国贸石化有限公司总经理………… 417

第12章 生产经营的平衡

生产经营成本、实现价格与合理收入水平 ··· 420

- 全球石油资源量增幅与成本降幅 ··· 420
- 美国油气井钻井成本 ··· 421
- 石油公司油气勘探开发和生产成本 ··· 421
- 全球区域桶油成本 ··· 422
- 石油公司生产成本 ··· 422
- 中国石油公司油气操作费用和实现价格 ··· 423
- 中国海油完全成本 ··· 423
- 主要资源国海域弃置费 ··· 424
- 石油公司区域油气价格与成本 ··· 424
- 石油公司实现价格和生产成本 ··· 425
- 中国石油公司原油实现价格 ··· 425

生产经营平衡所需油价水平 ··· 426

- 美国页岩新井盈亏平衡所需油价 ··· 426
- 美国页岩关井重启所需油价 ··· 427
- 美国页岩在产油井操作费用所需油价 ··· 427
- 全球区域上游开发项目盈亏所需油价 ··· 428
- 全球边际油田盈亏平衡所需油价 ··· 428
- 全球海上油气开发盈亏平衡所需油价 ··· 429
- 公司经营现金流支撑投资所需油价 ··· 429
- 产油国平衡预算所需油价 ··· 430
- 伊拉克国家财政预算支出 ··· 430
- 沙特阿拉伯财政预算收支平衡所需油价 ··· 431
- 上市公司自由现金流为正所需油价 ··· 431
- 上市公司盈利对油价敏感性 ··· 432
- 美国生产商对冲原油价位 ··· 432
- 墨西哥原油出口量套保与油价 ··· 433
- 墨西哥原油出口量套保成本和收益 ··· 433

实货贸易价格 ··· 434

- 沙特阿拉伯中质原油销售区域价差 ··· 434
- 沙特阿拉伯对东北亚原油官价 ··· 435
- 沙特阿拉伯原油出口量和官价变化 ··· 435
- 欧佩克销售油价和出口收入 ··· 436
- 经合组织成员国原油进口价格 ··· 437
- 美国炼厂原油采购成本 ··· 437
- 中国原油进口成本构成 ··· 438
- 中国不同原油品质进口到岸价 ··· 438
- 中国原油和成品油进口均价 ··· 439
- 中国成品油进出口价差 ··· 439

炼油成本与利润 ··· 440

- 中国炼油项目单位成本构成 ··· 440
- 全球区域炼油操作费用 ··· 440
- 石油公司存货跌价准备和净利润 ··· 441
- 全球区域炼油毛利 ··· 442
- 全球综合炼油毛利和油价 ··· 442
- 世界炼油毛利与炼油产能利用率 ··· 443
- 全球炼油毛利与世界炼油产能利用率 ··· 443
- 西北欧炼厂利润 ··· 444
- 石油公司盈利对炼油毛利变动敏感性 ··· 445
- 中国石油公司炼油毛利和油价 ··· 445

投资评价	446

全球上游勘探开发投资	446
中国石油公司勘探开发投资	447
勘探开发成本的油价敏感性	447
美国油气公司再投资率与产量增幅	448
能源项目投资平均周期	448
炼油项目投资的主要影响因素	449
炼化项目经济性与油价和产品价格	449
炼化装置投资规模指数	450
全球区域化工投资	450

经典观点与经验分享	451
刘朝全　中国石油亚太（香港）公司副总经理	451

第13章　终端用能的替代与竞争价格

全球区域成品油价格	454
美国用能平均价格	455

全球交通用能与用油价格	455
美国交通用能替代竞争价格	455
美国车用能源零售价格	456
中国车用能源零售价格	456
美国区域汽柴油零售价格	457
美国汽油零售价格和原油价格	457
美国终端汽油零售价格和原油价格	458
美国消费者开支对汽油价格敏感性	459
美国交通柴油价格与原油价格	459

汽柴油价格构成与毛利	460
美国汽油定价机制	460
美国汽油和柴油零售价格构成	460
美国汽油价格构成和传导机制	461
中国汽油零售价格构成	462
英国汽油零售价格构成和毛利	462
美国加州汽油零售价格和毛利	463
美国汽油和柴油批发零售毛利	463
全球区域零售毛利范围	464
世界润滑油毛利	464
世界石油产品批发毛利	465
柴油占公路运输成本比例	465

私家车成本	466
美国拥有和使用车辆成本构成	466
美国私家车运行开支构成	466
车辆直接燃料和隐形时间成本	467
英国汽车使用时长	467

航空用能与航空燃料价格	468
世界航空燃料平准生产成本	468
世界航空燃料消费量和价格	468
美国国内和国际航班燃油成本	469
美国航空燃料与原油价格	469

航空燃料占航空公司费用比例	470	世界航空燃料座位·千米成本	471
国内外航空公司成本构成	470		

船运用能与船用燃料价格 ……………………………………………………… 471

世界船运用能成本	472	油轮运营收支构成	473
美国燃料油与原油价格	472	世界航运保险保费	474
集装箱船运营成本构成	473		

国际石油运费与运价 ……………………………………………………………… 474

国际石油运费分析框架	474	全球石油航线运费 WS 点数	477
全球区域炼厂原油送到成本	475	全球石油航线运费吨价	478
波罗的海原油运价（BDTI）指数范围	475	全球到中国油轮航线运费	478
波罗的海原油运价（BDTI）指数	476	中东—中国航线油轮运价	479
世界油轮不同船型运费 WS 点数	476	世界超大型气体运输船运费	479

发电用能价格与电价 ……………………………………………………………… 480

美国发电用能价格	480	世界发电成本	482
美国可再生能源消费比例与电价	481	中国发电项目上网电价	483
世界发电项目平均投资成本	481	全球锂离子电池组价格	483
世界发电技术平准成本	482		

居民用能和商业用能价格 ………………………………………………………… 484

中国终端用能价格	484	美国供暖季取暖油价格构成	486
中国北方居民用能成本	484	美国取暖油和丙烷价格及油价	487
美国居民用能替代竞争价格	485	美国取暖油零售价格和原油价格	487
全球区域 LPG 价格	485	美国商业用能替代竞争价格	488
美国丙烷批发价格与油价	486		

工业用能和用油价格 ……………………………………………………………… 488

美国工业用能替代竞争价格	488	美国炼厂燃料价格	489
美国炼厂燃料来源	489	世界能源在工业经营成本的比例	490

天然气液与石化价格 ……………………………………………………………… 490

炼油原料成本及产品出厂价	490	天然气液与天然气分馏价差	493
美国天然气液价格与油价	492	亚洲石脑油—烯烃价格	493
美国天然气液价格与原油价格比值	492	中国芳烃价格	494

国际和中国PX—石脑油价差·················494	化肥占粮农成本比例·······················496
中国合成纤维原料价格·····················495	全球区域乙烯成本·························496
中国合成橡胶和天然橡胶价格···············495	全球区域乙烯毛利·························497

经典观点与经验分享···498

　　王连生　上海石油天然气交易中心副总经理··498
　　尹　强　北京清洁燃料行业协会副会长···499

第14章　能源转型与可持续发展的平衡

世界能源供应来源与消费结构···502

能源替代竞争研究构架和清洁能源定义··502	颠覆性新技术普及速度·····················507
消费者燃料和原料选择权···················503	世界石油替代量···························507
世界一次能源供应来源·····················504	2℃计划达标所需石油需求·················508
世界一次能源消费总量·····················505	1850—2100年平均气温上升度数···········508
世界一次能源结构·························505	美国一次能源结构·························509
世界一次能源领域演变速度·················505	中国一次能源结构·························509
世界能源需求峰值·························506	

终端能源消费结构与电气化···510

世界终端用能结构·························510	全球区域电能占终端用能比例···············512
美国终端用能结构·························511	世界电能占终端用能比例···················512
中国终端用能结构·························511	中国电能占终端用能比例···················513

发电燃料来源···513

美国电厂类型和数量·······················513	碳中和情景下的中国电力平衡贡献···········515
全球区域电源容量系数·····················514	

清洁能源与发电储能···515

世界电源结构·····························516	世界水能发电装机容量和发电量·············519
美国电源结构·····························516	世界太阳能光伏发电装机容量和发电量···520
中国电源结构·····························517	世界太阳能光热发电装机容量和发电量···520
清洁能源占世界电源比例···················517	世界风能发电装机容量和发电量·············521
全球区域核电装机容量和发电占比···········518	风机叶轮规模·····························521
世界核能装机容量和发电量·················518	世界地热发电装机容量和发电量·············522

世界地热直接利用领域	522	电力平衡周期和储能技术	524
世界海洋能发电装机容量和发电量	523	调峰电源成本和响应时间	525
世界生物质发电装机容量和发电量	523	世界储能规模	525
世界抽水蓄能发电装机容量和发电量	524		

经典观点与经验分享 526

李俊峰　国家应对气候变化战略研究和国际合作中心研究员 526

第15章　氢能、碳达峰与碳中和

氢能供需 528

氢存在形式和一千克氢能做什么	528	中国氢能应用领域	531
氢能生产方式和颜色	529	全球区域加氢站	531
世界终端氢能供应来源	529	全球区域电动车与燃料电池车保有量	532
世界氢能应用领域	530	加氢站加氢流程	532
中国氢气需求	530		

氢能经济性 533

全球区域液氢产业链成本	533	中日加氢站投资比较	534
全球区域工业氢气成本	533	中国加氢站终端价格	534

能耗强度、人类碳排放量和碳减排 535

全球区域能源强度	535	世界能源活动碳排放	539
全球区域能耗碳强度	536	全球区域碳排放来源结构	540
能源化工产品碳排放因子	536	中国各行业碳排放量	540
气候变化1.5℃到3℃的差别	537	食物碳足迹	540
全球区域碳排放总量	537	发电设施和交通工具碳足迹	541
人类可排放二氧化碳量	538	能源行业碳减排方式	542
人类活动碳排放去向	538	碳减排效果	542
世界温室气体排放来源	539	中国首船全生命周期碳中和原油	543

碳定价与清洁能源投资 543

世界碳定价	543	能源化工供需领域的碳成本增幅	545
中国碳中和边际减排成本	544	甲烷排放成本对气价的影响	546
油气田碳成本增幅	544	世界能源系统供应端投资	546

| 世界清洁能源和能效投资 547 | 世界储能投资成本 548 |
| 国际石油公司低碳投资 547 | 中国碳中和市场规模 548 |

经典观点与经验分享 549

谢明华　中国国际工程咨询有限公司战略咨询部政策研究处处长 549
朱　彤　中国社会科学院工业经济研究所能源研究室主任 550

第16章　宏观市场的平衡大宗商品、资产配置和宏观因素互动

投资回报率、资产配置与大宗商品 552

全球和中国居民资产配置比例 552	大宗商品相关性分析框架 555
全球大类资产投资回报 553	世界衍生品交易市场份额 556
全球投资资产风险偏好 553	标普－高盛大宗商品指数权重 556
世界资源产量与市场份额 554	油价、金属价格和股价变化 557
美国与最大生产国材料供应 554	

能源化工商品 557

能源化工产品价格与原油价格相关性 557	U_3O_8 价格与国际原油价格 560
美国油气价格互补 558	美国尿素价格与国际原油价格 561
国际天然气价格隐含原油价格 559	美国磷肥出口价与国际原油价格 561
日本进口 LNG 价格与国际原油价格 559	伦敦碳价与国际原油价格 562
澳大利亚动力煤价格与国际原油价格 560	

农产品 562

美国棉花价格与原油价格 562	鹿特丹菜籽油价格与国际原油价格 565
美国玉米价格与原油价格 563	美国原糖价格与国际原油价格 565
美国豆油价格与原油价格 564	新加坡橡胶价格与国际原油价格 566
美国小麦价格与原油价格 564	

金属产品 566

伦敦铝价格与国际原油价格 567	伦敦黄金价格和金油比 569
伦敦镍价格与国际原油价格 567	伦敦铂金与国际原油价格 570
中国进口铁矿石价格与国际原油价格 568	伦敦钴价格与国际原油价格 571
美国热轧钢板价格与国际原油价格 568	电池级碳酸锂价格与国际原油价格 571
伦敦铜价和铜油比 569	

宏观经济、人口、供需、就业 572

世界人口数量与石油需求 572
全球区域人类发展指数与能源消费 573
全球区域城镇化率 573
综合经济领先指标与商品研究局指数 574
全球真实经济活动指数与美国原油价格 574
世界 GDP 增速与石油需求增速 575
中国 GDP 增速与石油需求增速 575
工业增加值占 GDP 比例与柴油消费增速 576
世界 GDP 增速与乙烯需求增速 576
中国能源生产和消费弹性系数 577
世界终端能源开支 577
世界能源开支占 GDP 比例 578
中国用能成本与能源成本占 GDP 比例 578
美国工业生产指数与石油供需 579
美国和经合组织工业生产指数与油价 579
美国工业生产者出厂价格指数与油价变化 580
美国采购经理指数与原油价格 580
美国新增非农就业人数与原油价格 581
美国就业率与原油实际价格 581
美国失业率与原油价格 582

消费者指数、信心和个人收入 582

消费者信心指数与通货膨胀率预期 582
美国消费者舒适度指数 583
美国消费者价格指数和油价变化 584
能源占美国消费者价格指数比例 584
欧美通货膨胀率因素 585
美国 PPI-CPI 剪刀差 585
美国通货膨胀率与油价变化 586
美国通货膨胀预期和汽油价格 586
美国通货膨胀率与汽油价格 587
美国二手房价格指数与油价 587
美国恩格尔系数和原油价格 588
美国个人可支配收入与汽油消费量 588
个人可支配收入和 GDP 与汽油消费 589
美国汽油支出占个人可支配收入比例 589
美国汽油占个人消费比例与汽油价格 590

货币政策、债市、股市 590

美国货币供应量 M2 与 GDP 590
美国联邦基金利率与原油价格 591
美国联邦基金利率变化与原油价格 592
美国 20 年期国债收益率与原油价格 592
美国 10 年期国债收益率与原油价格 593
美国 10 年期国债收益率与实际油价 593
美国 10 年期盈亏平衡通胀率与油价 594
美国国债收益率利差与期权波动性 594
美国高收益债券利差与原油价格 595
油价与美国油气公司破产重组数量 595
北美油气和油服公司申请破产数 596
标普 500 股价指数与油价 597
明晟（MSCI）新兴市场股价指数与油价 597
能源公司股票投资回报与油价敏感性 598
上市公司估值隐含油价 598

贸易、货币与美元 599

美国经常项目差额比例与原油价格 599
欧佩克经常项目差额与油价 600

汇率与油价相关性	600	美元兑人民币汇率与原油价格	603
全球区域进出口美元计价比例高值	601	全球已分配的外汇储备份额	603
美元指数与原油价格	601	比特币与油价	604
美元指数变动与原油价格变动	602	大宗商品价格构成周期	604
加元兑美元汇率与原油价格	602		

经典观点与经验分享 ... 605

潘宏胜　中证金融研究院首席经济学家 ... 605
武佳薇　中证金融研究院期货与衍生品研究部副总监 ... 605

第17章　政策和地缘政治的平衡及风险溢价

能源税赋 ... 608

全球油气田合同模式和开采储量	608	全球区域税收占 GDP 比例	612
资源国上游行业财税收入与原油价格	609	全球区域加权平均关税税率	612
国家转移支付占石油公司收入比例	609	全球区域能源补贴	613
英国北海油气收入和投资成本	610	世界能源补贴占 GDP 比例	613
全球区域进口原油价格与税赋	610	石油产品有效价格与销售价格	614
欧洲居民能源价格与税赋	611	欧洲国家汽柴油税赋占终端价格比例	614
全球自然资源矿权租金占 GDP 比例	611	中国成品油消费税	615

国内政策、合规约束和治理成本 ... 615

美国市场化进程与油价	615	油气开采外部环境成本	617
中国石油市场供需与定价机制改革	616	环境、社会、治理评级（ESG）	618
合规约束和治理因素	617		

国际地缘政治事件与风险溢价 ... 618

国际地缘政治风险指数与油价	619	能源供应危机影响评价	621
世界地缘政治事件及其中断产量	619	原油价格构成及其风险溢价	622
全球意外中断石油产量	620	全球区域勘探开发投资风险溢价	622
俄罗斯原油出口减量与油价	620	国际上游生产商加税与油价溢价	623
美国总统大选与油价	621	地缘政治事件发生后大类资产表现	623

经典观点与经验分享 ... 624

冯玉军　复旦大学国际问题研究院副院长、教授 ... 624

第18章　任何意外和黑天鹅事件及市场情绪

意外和黑天鹅事件 ······ 626

国际黑天鹅事件 ······ 626
世界油气安全事件 ······ 627
世界重大网络攻击事件 ······ 627
世界疫情事件 ······ 628

市场情绪恐慌指数与油价波动率 ······ 628

宏观因素新闻报道与油价波动 ······ 629
社交网络和媒体高频词语与油价波动 ······ 629
世界不确定性指数与原油价格 ······ 630
油价相对强弱（RSI）指标 ······ 630
标普股指波动率指数（VIX）······ 631
原油 ETF 波动率指数（OVX）······ 631

经典观点与经验分享 ······ 632

纳德·霍尔特（Maynard Holt）Veriten 维什公司董事长、高盛集团前董事总经理 ······ 632

第19章　天气和季节性因素

价格季节性 ······ 634

美国原油价格季节性 ······ 634
布伦特原油价格季节性 ······ 635
美国原油价格小周期 ······ 635
美国车用汽油价格季节性 ······ 636
美国交通柴油价格季节性 ······ 636
美国居民取暖油价格季节性 ······ 637
中国成品油调价季节性 ······ 637

供应和需求季节性 ······ 638

美国汽油和中间馏分生产季节性 ······ 638
美国汽油换季和冬夏季汽油构成 ······ 638
美国汽油消费季节性 ······ 639
美国冬季供暖季需求和价格变动 ······ 640
中国石油需求季节性变化 ······ 640
世界石油需求季节性变化 ······ 641

设施定期与计划外检修 ······ 641

能源设施设备使用年限 ······ 642
美国炼厂检修与取暖油裂解价差 ······ 642
全球炼厂检修与油价 ······ 643
美国炼油装置检修占炼油能力比例 ······ 643
北美原油管道维护与管输量 ······ 644

天气与自然现象 ······ 644

天气和气候的区别 ······ 645
太阳活动影响与黑子沃夫指数 ······ 645
厄尔尼诺 – 南方涛动指标与气候 ······ 646
美国采暖度日 ······ 647

美国飓风对墨西哥湾原油产量的影响……648	世界自然灾害人员与经济损失……650
美国飓风对炼油加工量的影响……648	美国计划外断电事故数和损失发电量……650
美国飓风对汽油产量和价格的影响……649	美国得克萨斯州极冷天气……651
美国飓风和化工铁路装车量……649	中国风能和太阳能发电年景……651

经典观点与经验分享 ……652

潘翠屏　CFA 和 FRM，国际能源风险分析与管理专家……652

第20章　能源化工行业大事记、主要特性和换算单位

能源化工行业大事记 ……654

世界能源化工行业大事记……654	中国石油石化行业大事记……664

能源化工重要特性 ……666

热值……666	熔点……668
密度……666	毒物危害指数……669
爆炸极限……667	原油酸值……669
闪点……668	美国油气行业腐蚀类型……670

能源计量与换算单位 ……670

全球区域石油产品吨/桶换算……671	氢能常用单位换算……675
中国石油产品质量和体积换算……672	能源化工产品热值换算……675
世界石油产品质量和体积换算……673	国际石油公司能源产品单位换算……677
中国区域汽柴油冬夏季节吨/升比……674	能量换算单位……677
美国石化产品单位换算……675	能量数量级换算……679

后　记 ……681

第1章

石油基本概况和主要特性

本章追本溯源,从原油的元素开始,分析元素、组分、馏分和品质等原油基本属性和理化性质对油价的影响,聚焦油气生成原理、炼油加工工艺和装置、储运处理、石油产品使用特性和质量标准

油价的影响因素与石油的来源

影响油价的十大因素及期货价格

期货价格是指为一种能源产品支付的实际市场价格,与通常所说的现货价格相对应。

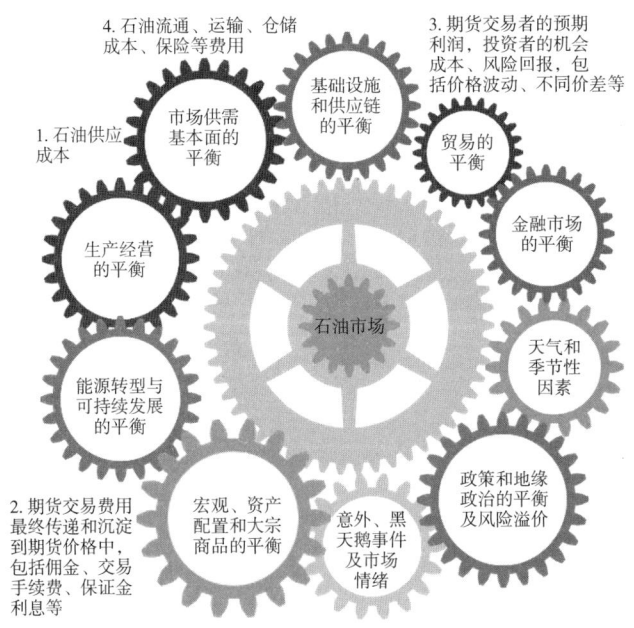

影响油价的十大因素及期货价格的构成

资料来源:捷诚能源。

本书围绕着影响国内外能源化工市场和国际石油价格的十大因素展开论述：（1）市场供需基本面的平衡；（2）基础设施和供应链的平衡；（3）贸易的平衡；（4）金融市场的平衡；（5）生产经营的平衡；（6）能源转型与可持续发展的平衡；（7）宏观、资产配置和大宗商品的平衡；（8）政策和地缘政治的平衡及风险溢价；（9）意外、黑天鹅事件及市场情绪；（10）天气和季节性因素。

这十大因素也影响了期货价格，包括：（1）石油供应成本；（2）期货交易费用最终传递和沉淀到期货价格中，包括佣金、交易手续费、保证金利息等；（3）期货交易者的预期利润，投资者的机会成本、风险回报，包括价格波动、不同价差等；（4）石油流通、运输、仓储成本、保险等费用。

石油价格的结构性和周期性影响因素多，可解释价格波动的理由众多。油价的形成机制是市场不断寻求均衡点的过程。在任一时点，油价是所有十大影响因素相互作用的结果，不应夸大任一因素的影响。

油价研究分析法则

在《图解原油期货》一书中，阐释了石油价格的主要预测方法论和国际石油体系的理论框架。在本书中，采用了众多的油价研究分析法则。比如，动态均衡法则是指，油价始终在寻找动态的均衡，一旦达到某种均衡，就会因为新的因素变化而打破均衡。

动态均衡	替代竞争	历史反推	情景分析	均值范围	边界设定	最优路径	演化突变	反馈适应	集成结构	非曲线性	生命周期	优化博弈	随机序列	移动平均	风险溢价

油价研究分析法则

资料来源：中国国家发展改革委价格监测中心，捷诚能源。

石油的概念和分类

原油（Crude oil）是以液态形式存在于地下岩石孔隙中，由各种碳氢化合物和少量杂质组成的可燃有机矿产。一般称未经加工处理的石油为原油。石油（Petroleum）是指气态、液态和固态的烃类混合物，具有天然的产状。"石油"中文一词来源于宋代沈括的《梦溪笔谈》。

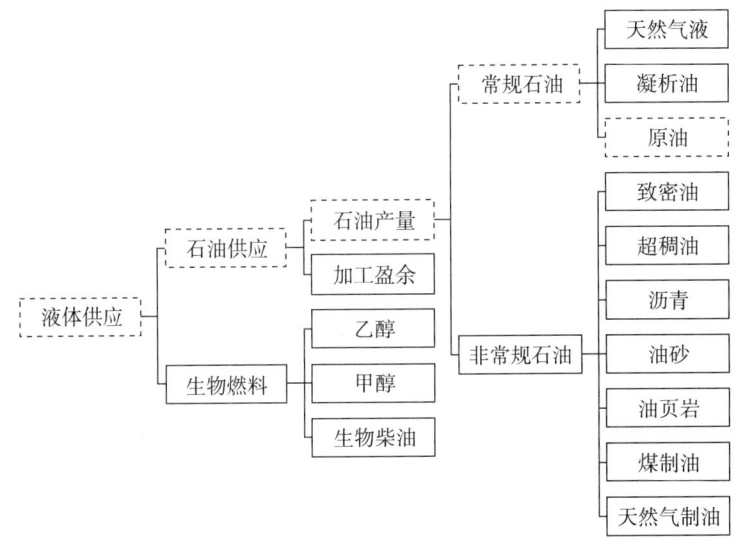

石油的概念和分类

资料来源：美国能源信息署，中国国家统计局，壳牌，捷诚能源。

油气生成概念图

油气生成好比烤比萨饼，各种沉淀有机质（面团），经过地质的加压加温（烘培），时间早的生成重油和沥青（面团夹生）；时间刚刚好的，生成轻质油；时间过久的，生成天然气液；然后生成天然气；最后生成焦炭（彻底烤焦的）。地层越深，气占比越高。六七千米，油开始减少。七八千米，气开始增多。

油气成因分为无机起源和有机起源两大学派。有机成油理论认为浮游生物等沉积有机质在地下经过万亿年的物理和化学作用，降解生成石油和天然气。无机成油理论认为石油是由地下深处的自由氢和固相碳在合适的条件下反应生成的。

作用阶段	油气生成	温度
成岩（Diagenesis）	未成熟烃源岩	10℃
温度太低，无法进行热反应	微生物 干酪根（油母岩质） 生物成因天然气	
深成（Catagenesis）	生油窗	60℃
	重油、沥青 轻质油	
	生气窗	160℃
	热成因天然气 凝析油、湿气 干气、甲烷	
变生（Metagenesis）	过成熟页岩中无氢残留	225℃
变质带（Metamorephic zone）		250℃

（地层深度增加，碳含量上升高，孔隙度降低）

油气生成概念图

资料来源：《石油地质、勘探、钻井和生产非技术指南》《海洋油气来源》《石油与天然气地质概论》，捷诚能源。

地球和大自然演化史

在大自然漫长的演化进程中，煤炭、石油和天然气资源分别成矿，成为人类社会的能源驱动力。

地球和大自然演化史

距今时间	宙	代	纪	世	生命里程碑	海陆演化	生物进化	成矿情况
46亿年	冥古宙				地球和月亮形成	海洋和陆地形成	蓝细菌、真核生物、多细胞生物	铁、金、镍、铬等
38亿年	太古宙				古细菌、蓝藻			
25亿年	元古宙				氧气生成			

续表

距今时间	宙	代	纪	世	生命里程碑	海陆演化	生物进化	成矿情况
5.41亿—2.52亿年	显生宙	古生代			寒武纪大爆炸			
5.41亿年			寒武纪		三叶虫	联合古陆形成	早古生代：海洋无极动物 晚古生代：两栖类和爬行类等脊柱动物 蕨类植物繁盛	煤炭
4.90亿年			奥陶纪		第一批脊椎动物			
4.43亿年			志留纪		第一批硬骨鱼类			
4.17亿年			泥盆纪		第一批鲨鱼			
3.54亿年			石炭纪		有翅昆虫			
2.90亿年			二叠纪		爬行动物			
2.52亿—6600万年		中生代			二叠纪大灭绝			
2.52亿年			三叠纪		第一批哺乳动物	联合古陆解体、漂移	爬行动物盛行（恐龙） 哺乳动物出现 裸子植物兴盛	煤炭、石油、天然气
2.06亿年			侏罗纪		第一批鸟类			
1.44亿年			白垩纪		显花植物			
6600万年至今		新生代						
6600万年			古近纪	古新世	第一批灵长目动物	现代海陆和地貌形成	哺乳动物繁盛 第四季出现人类 被子植物繁盛 草原分布广泛	煤炭、石油、天然气
5480万年				始新世	第一批马			
3370万年				渐新世	第一批大象			
2380万年			新近纪	中新世	拉玛古猿			
530万年				上新世	南方古猿			
180万年			第四纪	更新世	智人			
				全新世	文明社会			

资料来源：国际地层委员会，美国地质学会，《石油与天然气地质概论》，捷诚能源。

石油的组成、元素、烃类和非烃类

大自然的主要元素

我们周围的事物都是由许许多多的化学元素组成的,包括人体不可缺少的元素。宇宙的初始元素为氢、氦、锂,通过原子核聚合过程,产生了其他新的元素。碳是地球上万物生灵生物细胞的主要元素,因此地球上的生命也称为碳基生命。石油是由碳、氢、硫、氮、氧等元素组成的,主要是碳氢化合物。

大自然的主要元素

组成(%)	氢	碳	氮	氧	钠	镁	铝	硅	磷	硫	氯	氩	钾	钙	钛	锰	铁	镍
人体	9.5	18.5	3.2	65.0	0.2	0.1		微量	1.0	0.3	0.2		0.4	1.5		微量	微量	微量
海洋	10.8			85.7	1.1	0.1				1.9								
地壳	0.1	0.1		46.0	2.1	2.9	8.2	27.0	0.1				1.5	5.0	0.6	0.1	6.3	
地幔				44.8	0.3	22.8	2.2	21.5						2.3			5.8	
地核																	86.0	4.0
大气层			78.0	20.9								0.9						
原油	11~14	83~87	0.02~2	0.05~2						0.05~8								
植物	宏量	宏量	宏量	宏量	宏量			宏量	宏量	微量	宏量		宏量	宏量		微量	微量	微量

注:阴影部分表示质量占比最高的元素

资料来源:《奇妙的元素周期表》,捷诚能源。

石油组分的分类

石油是烃类（碳氢化合物）和非烃类（含硫氮氧和微量元素）的复杂混合物，以烃类为主要组分。烃类是石油产品的主要组成部分和理想组分。烃类和非烃类化合物存在于石油各个馏分中，在同一原油中，随着馏分沸点的升高，烃类含量减少，非烃类含量升高。天然石油中的烃类主要包括烷烃、环烷烃和芳烃。在某些二次加工的油品中，往往还含有大量烯烃。烷烃、环烷烃和芳烃化学性质比较稳定，而烯烃是一种不饱和烃，化学性质不稳定。相同碳数烃类，烷烃的密度最小，芳烃的密度最大。从甲烷开始，烷烃分子每增加一个碳原子就相应地增加两个氢原子。常温下，含碳数较少的烃是气体，因为小分子间作用力小，容易自由流动，含碳数较多的是液体或固体。

石油组分的分类

化石能源种类	石油		天然气	煤炭	
化合物类别	有机化合物			无机化合物	
元素组成	碳	氢	硫	氮	氧 微量元素
化合物成分构成	烃类			非烃类	
氢原子缺失/是否成环	烷烃	环烷烃	烯烃	二烯烃	炔烃
饱和程度/碳碳单键与否	饱和烃		不饱和烃		
分子碳链/有无芳香性	脂肪烃（开链）	脂环烃（环状）	脂肪烃（开链）		芳香烃 苯、甲苯、二甲苯、对二甲苯等
碳原子数量	甲烷、乙烷、丙烷、丁烷、癸烷等		乙烯、丙烯、丁二烯、丁烯等		
化学性质/反应活性	烷烃一般与催化剂不起反应		烯烃具有反应活性		芳香烃结构稳定，不易分解反应
烃类成分	石蜡基 含烷烃多		中间基 介于之间		环烷基含环烷烃、芳香烃多
馏分烃类族组成	烷烃、环烷烃、芳香烃	烷烃、环烷烃、芳香烃	烷烃、环烷烃、芳香烃、胶质		烷烃、环烷烃、芳香烃、胶质、沥青质
组分的沸点和馏分	石脑油馏分、汽油馏分	中间馏分	减压馏分		减压渣油
气液固形态	气态、液态、固态			液态、固态	

资料来源：《身边的化工》《石油化工产品概论》《石油化学基础》，捷诚能源。

石油烃类概念和分类

烃是只含有碳氢两种元素的有机化合物,又称为碳氢化合物。取碳中之火和氢之头,成"烃"字。烷是饱和烃类,无法再接纳氢了,烷是"完全"。烯是少了氢原子的烃,故加氢便产生烷,一个烯分子可以有多于一处的不饱和双键,烯是"稀少"。比烯更缺氢的烃称为炔,它们含有三键,氢原子缺少,炔是"缺少"。

石油烃类概念和分类

碳原子数	Alkane 烷烃（单键）	Alkene 烯烃（双键）	Alkyne 炔烃（三键）	Cycloalkane 环烷烃（单键）	Alkadiene 二烯烃（2个双键）
1	Methane 甲烷				
2	Ethane 乙烷	Ethene (ethylene) 乙烯	Ethyne (acetylene) 乙炔		
3	Propane 丙烷	Propene (propylene) 丙烯	Propyne (methylacetylene) 丙炔	Cyclopropane 环丙烷	Propadiene (allene) 丙二烯
4	Butane 丁烷	Butene (butylene) 丁烯	Butyne 丁炔	Cyclobutane 环丁烷	Butadiene 丁二烯
5	Pentane 戊烷	Pentene 戊烯	Pentyne 戊炔	Cyclopentane 环戊烷	Pentadiene (piperylene) 戊二烯
6	Hexane 正己烷	Hexene 己烯	Hexyne 己炔	Cyclohexane 环己烷	Hexadiene 己二烯
7	Heptane 正庚烷	Heptene 庚烯	Heptyne 庚炔	Cycloheptane 环庚烷	Heptadiene 庚二烯
8	Octane 辛烷	Octene 辛烯	Octyne 辛炔	Cyclooctane 环辛烷	Octadiene 辛二烯
9	Nonane 壬烷	Nonene 壬烯	Nonyne 壬炔	Cyclononane 环壬烷	Nonadiene 壬二烯
10	Decane 癸烷	Decene 癸烯	Decyne 癸炔	Cyclodecane 环癸烷	Decadiene 癸二烯

资料来源:《身边的化工》《石油化工产品概论》《石油化学基础》,捷诚能源。

原油的分类

原油按商品分类法，侧重密度、硫含量、酸值。按化学分类法，侧重特性因数、关键馏分特性、相关系数和结构族组成等。这些评价指标一般会放在一起来说明一个油种的特性，如 WTI 原油是轻质低硫低酸中间基原油。

原油的分类

原油的分类	技术规格				WTI 原油
烃类沸点和相对密度的函数（特性因数 K 值）	石蜡基原油 大于 12.1	中间基原油 12.1～11.5	环烷基原油 11.5～10.5		中间基原油
API 度	轻质原油 大于 34	中质原油 34～20	重质原油 20～10	特稠原油 小于 10	39.6
密度（20℃，吨/米³）	轻质原油 小于 0.852	中质原油 0.852～0.930	重质原油 0.930～0.998	特稠原油 大于 0.998	0.83
硫含量（质量，%）	低硫原油 小于 0.5	含硫原油 0.5～2.0	高硫原油 大于 2.0		0.45
酸含量（质量，毫克/克）	低酸原油 小于 0.5	含酸原油 0.5～1.0	高酸原油 大于 1.0	特高酸原油 大于 5.0	0.1
原油的性质					
水含量（质量，%）	低含水原油 小于 0.1	含水原油 0.1～1.0	高含水原油 大于 1.0		
凝点（℃）	低凝原油 低于 0	易凝原油 0～30	高凝原油 高于 30		
蜡含量（质量，%）	低蜡原油 小于 2.5	含蜡原油 2.5～10	高蜡原油 大于 10		
胶质含量（质量，%）	低胶原油 小于 5	含胶原油 5～15	多胶原油 大于 15		

资料来源：《石油炼制工程》《石油化学基础》《石油化工产品概论》，捷诚能源。

非烃类化合物

原油包含烃类和非烃类两种化合物。烃类是石油的主体，包括烷烃、环烷烃、芳香烃（芳烃）及经过后续加工出现的烯烃。烃类最大的特点是具有可燃性，可以做燃料。

组成石油的元素主要是碳和氢。原油中的硫、氮、氧主要不是以元素形态存在的，而是以非烃化合物形态存在。非烃化合物主要有含硫化合物、含氮化合物、含氧化合物以及同时含有多种其他元素且相对分子质量较大的胶质和沥青质，在原油中非烃化合物占比很高。

石油中的微量元素

石油化学组成的基础是元素。由于地质、成油条件等的差别，各油田所含元素不同。石油中检测出来的微量元素有 59 种，其中金属元素 45 种，下图展示了常见元素。

H 氢																	He 氦
Li 锂	Be 铍											B 硼	C 碳	N 氮	O 氧	F 氟	Ne 氖
Na 钠 3.62 64.7	Mg 镁											Al 铝	Si 硅	P 磷	S 硫	Cl 氯 39.3 1010	Ar 氩
K 钾	Ca 钙	Sc 钪 7.76 199	Ti 钛	V 钒 13.6 177	Cr 铬 93.3 1680	Mn 锰 100 3850	Fe 铁 10.8 254	Co 钴 53.7 2000	Ni 镍 9.38 74.1	Cu 铜	Zn 锌 459 5920	Ga 镓 455	Ge 锗	As 砷 111 1990	Se 硒 51.7 517	Br 溴 491 12500	Kr 氪
Rb 铷 148 720	Sr 锶	Y 钇	Zr 锆	Nb 铌	Mo 钼	Tc 锝	Ru 钌	Rh 铑	Pd 钯	Ag 银	Cd 镉	In 铟	Sn 锡 6.22 34.8	Sb 锑	Te 碲	I 碘 719 9000	Xe 氙
Cs 铯 4.21 68.5	Ba 钡	镧系元素	Hf 铪	Ta 钽	W 钨	Re 铼	Os 锇	Ir 铱	Pt 铂	Au 金 0.44 1.32	Hg 汞 50.9 399	Tl 铊	Pb 铅	Bi 铋	Po 钋	At 砹	Rn 氡
Fr 钫	Ra 镭	锕系元素	Rf 𬬻	Db 𬭊	Sg 𬭳	Bh 𬭛	Hs 𬭶	Mt 鿏	Ds 𫟼	Rg 𬬭	Cn 鿔	Nh 鿭	Fl 𫓧	Mc 镆	Lv 𫟷	Ts 鿬	Og 鿫
镧系元素	La 镧	Ce 铈	Pr 镨	Nd 钕	Pm 钷	Sm 钐	Eu 铕 0.94 23.2	Gd 钆	Tb 铽	Dy 镝	Ho 钬	Er 铒	Tm 铥	Yb 镱	Lu 镥		
锕系元素	Ac 锕	Th 钍	Pa 镤	U 铀	Np 镎	Pu 钚	Am 镅	Cm 锔	Bk 锫	Cf 锎	Es 锿	Fm 镄	Md 钔	No 锘	Lr 铹		

石油中的微量元素

注释：上方数字和下方数字分别表示微量元素在原油中含量的均值和高值（微克/克）
资料来源：《石油炼制工程》《石油化学基础》《石油化工产品概论》，捷诚能源。

原油的品质和特性

原油品质（API 度—硫）

因为新闻报道侧重于轻质低硫与汽柴油价格，所以轻质和低硫原油的相关新闻对油价影响会更明显。炼油行业对原油品质需求的变化，会影响原油价差。API 度和硫含量品质也是原油销售价格的重要计算指标。

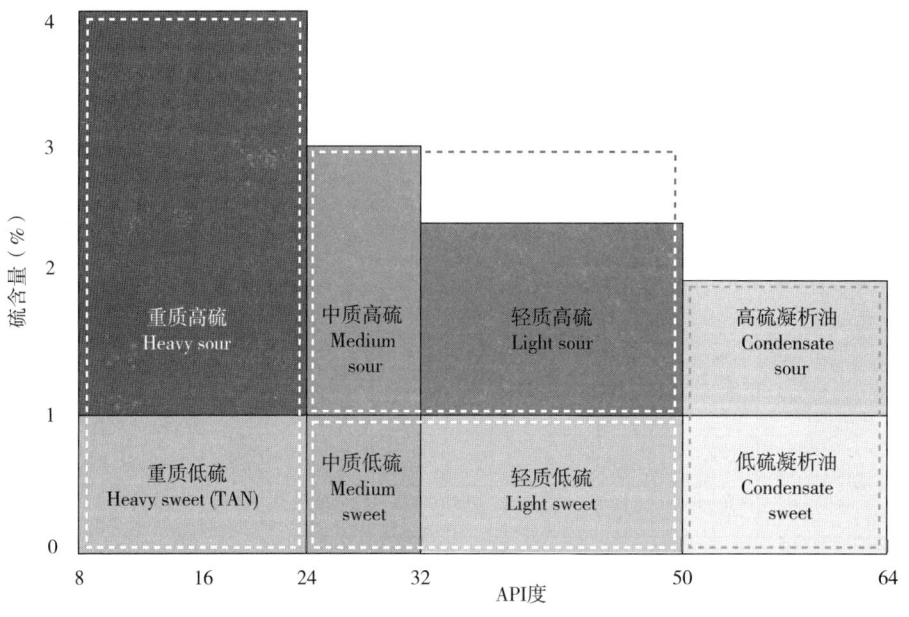

原油品质示意图（API 度—硫）

资料来源：《石油炼制工程》《石油化学基础》《石油化工产品概论》，捷诚能源。

世界原油品质（硫含量和 API 度）变化

世界原油品质不断变化，不同品质的原油价差也随着变化。

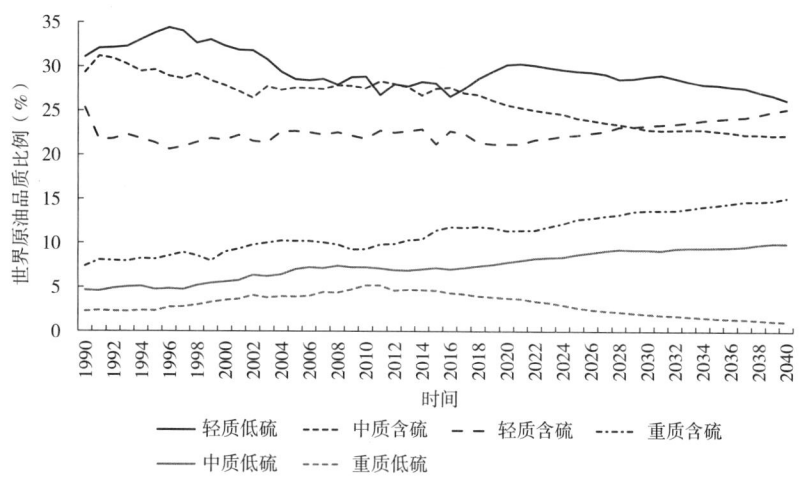

世界原油品质（硫含量和 API 度）变化（1990—2040）

资料来源：埃尼，美国能源信息署，捷诚能源。

世界不同原油品质的供应

全球轻质原油供应稳中有降，而重质原油和合成原油供应总体呈增长趋势。全球轻质原油占比 30%，品质好，对油价影响大。国际原油基准价 WTI 和布伦特都是轻质低硫原油。

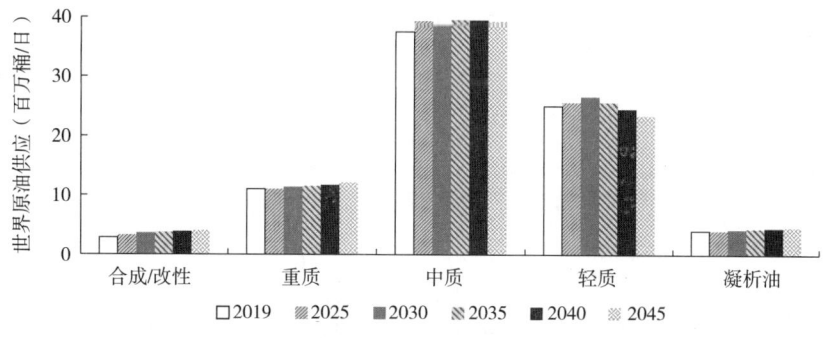

世界不同原油品质的供应（2019—2045）

资料来源：欧佩克，捷诚能源。

全球区域代表性原油

不同产地原油的性质差异很大。同一油田不同时期的原油性质亦不同。

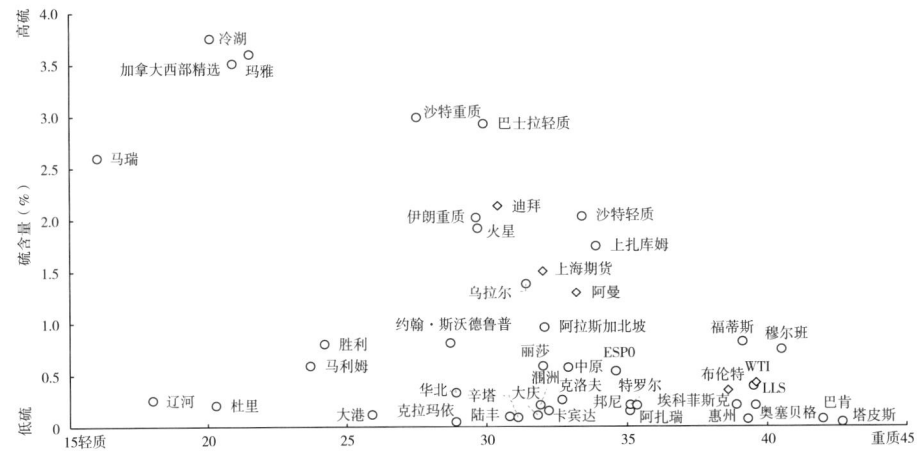

全球区域代表性原油（2021）

资料来源：各公司报告，埃尼，捷诚能源。

全球代表性原油的元素组成

不同原油的元素含量和杂质构成差异较大，从而影响了炼厂加工工艺和装置的选择。

全球代表性原油的元素组成（2021）

原油	碳(%)	氢(%)	硫(%)	氮(%)	残炭值(%)	酸值(毫克/克)	胶质(%)	沥青质(%)	蜡(%)	盐(磅/千桶)	水(%)	灰分(%)	镍(微克/克)	钒(微克/克)
阿拉斯加	85.90	13.11	0.96	0.17	4.49	0.20	14.72	2.59	28.57	0.05	0.27		11.58	27.67
沙特阿拉伯轻质	86.23	11.65	2.03	0.09	4.68	0.22	5.68	0.65	1.58	12.80	0.03	0.03	3.60	13.92
阿塞拜疆	86.15	13.57	0.21	0.12	1.47	0.28		0.02	4.89	1.70			3.58	3.40
巴肯致密油			0.07	0.03	0.66	0.04		0.04	6.73				0.58	0.32
巴士拉轻质	84.42	12.89	2.93	0.15	5.99	0.26		2.62		2.16		2.10	12.90	48.16
邦尼轻质		13.20	0.15	0.10	0.99	0.25		0.01					3.60	0.40

续表

原油	碳(%)	氢(%)	硫(%)	氮(%)	残炭值(%)	酸值(毫克/克)	胶质(%)	沥青质(%)	蜡(%)	盐(磅/千桶)	水(%)	灰分(%)	镍(微克/克)	钒(微克/克)
布伦特混合	86.00	13.60	0.35	0.09	2.06	0.06		0.23					1.24	6.33
卡宾达		13.10	0.15	0.20	3.65	0.10		0.52					12.10	1.90
印度尼西亚辛塔			0.09		5.60	0.49		0.70	26.80				12.00	<1.0
克洛夫	86.26	13.37	0.26	0.14	2.34	0.40		0.12	10.20	3.80			7.18	2.51
加拿大冷湖	84.48	12.15	3.75	0.32	10.28	1.32		7.78		8.80		0.71	55.94	148.28
阿联酋迪拜			2.13		4.20	0.05		17.50					13.00	43.00
印度尼西亚杜里			0.21	0.36	8.01	1.46		0.08					39.28	1.35
挪威埃科菲斯克	86.05	13.69	0.21	0.13	1.81	0.10		0.05	7.73	2.50			2.98	1.86
ESPO			0.54	0.21	2.51	0.08		0.20	3.30	17.00	0.35	0.01	3.60	3.60
英国福蒂斯	85.64	13.51	0.82	0.10	1.96	0.09		0.22	9.47	2.20			3.31	9.22
斯沃德鲁普			0.81	0.17	5.06	0.32		1.98	8.97				3.77	12.06
丽莎			0.58	0.17	3.37	0.24		0.35		20.00			15.96	23.47
马利姆			0.59	0.50	5.50	0.22	17.61	2.54	1.18		0.10	0.02	13.10	22.95
火星			1.92	0.14	5.36	0.41		2.85	1.93				20.97	50.58
玛雅			3.60	0.45	10.80	0.19	9.65	31.60		50.00	0.50		60.88	304.99
马瑞			2.60	0.51	11.80	1.24	15.30	7.60	1.30	34.40	2.43	0.08	37.60	262.00
穆尔班			0.74	0.04	1.96	0.05		1.00	6.00			0.73	1.63	2.38
阿曼			1.29	0.13	3.96	0.58			6.80			0.01	11.40	9.63
奥斯博格	86.07	13.66	0.20	0.07	1.60	0.11		0.22	5.00	1.20			1.03	0.99
塔皮斯	85.97	13.95	0.04	0.03	0.71	0.21		0.06		1.90			1.48	0.10
特罗尔	86.51	13.23	0.21	0.07	1.26	0.65		0.04	6.02	1.60			0.55	0.74
阿布扎库姆	85.28	13.20	1.74	0.09	4.68	0.10		1.41					9.57	10.55
乌拉尔	87.29	12.11	1.38	0.16	3.76	0.10	16.32	0.38	6.57	3.90	0.03	0.02	11.83	37.81
WTI			小于0.42		0.84	小于0.28				91.20	小于1		小于8	小于15
加拿大西部精选			3.51	0.32	9.76	0.97			11.40				54.70	130.70
沙特阿拉伯重质			2.99		8.00	0.29		21.70					17.70	55.00

资料来源：各公司报告，埃尼，捷诚能源。

全球代表性原油的一般性质

全球原油有几百种。影响炼油加工的选择和终端使用特性的主要原油指标，包括密度、黏度、闪点、凝点和蒸气压等。

全球代表性原油的一般性质（2021）

原油	API度	相对密度	运动黏度	闪点（℃）	凝点（℃）	倾点（℃）	蒸气压（psi）
阿拉斯加	32.05	0.87	5.11	23.30		−18.00	10.58
沙特阿拉伯轻质	33.40	0.86	5.77	< 30	−15.00	13.00	2.00
阿塞拜疆轻质	35.35	0.85	4.40	< 30		−18.00	0.59
美国巴肯致密油	42.00	0.75	1.63	< 23		−36.11	11.50
伊拉克巴士拉轻质	31.60	0.86	13.85	< 25		< −36	4.99
尼日利亚邦尼轻质	35.09	0.85		< 50	12.00	−36.00	3.60
布伦特混合	38.60	0.82	2.62			−3.00	10.30
安哥拉卡宾达	32.20	0.86	9.50	< 30	−50.00	5.00	
印度尼西亚辛塔	31.10	0.87		40.00		39.00	
克洛夫	32.68	0.86				−3.00	5.76
加拿大冷湖	20.08	0.93	54.03	< 30	−30.00	21.00	4.57
阿联酋迪拜	30.40	0.87	5.20	< 20	−21.00	21.00	
印度尼西亚杜里	20.29	0.93	205.40	< 30	38.00	10.79	
挪威埃科菲斯克	38.89	0.83	3.10			−3.00	6.90
ESPO	34.60	0.85	5.35	< 20	−21.00	小于 −36	5.86
英国福蒂斯	39.10	0.83	2.44	< 20		−6.00	7.96
约翰·斯沃德鲁普	28.70	0.88	8.66			−22.78	7.76
丽莎	32.00	0.87	5.92			−	5.72
马利姆	23.69	0.91	27.55	22.00	小于 −30	23.00	
火星	29.68	0.88	8.13			−29.20	6.10
玛雅	21.50	0.93	78.25	28.00	−19.00	−30.00	6.00
马瑞	16.00	0.96	206.80	28.00	−24.00	−20.00	0.20
穆尔班	40.50	0.82	2.53	< 30	−22.00	−8.90	5.58
阿曼	33.20	0.86	8.61	< 30	−35.00	−44.90	
奥斯博格	39.57	0.83	2.23	30.00		−15.00	7.99
塔皮斯	42.70	0.81	2.17			16.00	3.20
特罗尔	35.10	0.85	2.99	35.00		−6.18	5.38
阿布扎库姆	33.90	0.86	4.72	< 20	−24.00	−39.00	8.46
乌拉尔	31.39	0.86	6.03	< 30		−8.00	
WTI	39.60	0.85		−17.00		小于 10	5.51
加拿大西部精选	20.90	0.93					
沙特阿拉伯重质	27.50	0.89	18.68	< 25	−18.00	10.00	

资料来源：各公司报告，埃尼，捷诚能源。

布伦特混合原油指标

原油指标（Crude Assay）众多。布伦特混合原油是具有代表性的轻质低硫低酸原油，是国际原油定价的参照基准。

布伦特混合原油指标样本（2021）（℉指华氏度）

布伦特混合原油指标	原油	丁烷和更轻馏分（初馏点～60℉）	轻石脑油碳五（小于165℉）	重石脑油（165～330℉）	煤油（330～480℉）	柴油（480～650℉）	减压馏分油（650～1000℉）	减压渣油（1000℉以上）
馏分（%）	100.00	2.92	9.23	21.26	15.64	16.67	24.54	9.74
API度	40.09	124.61	89.70	56.65	42.77	32.26	22.72	16.10
相对密度（60℉）	0.82	0.55	0.64	0.75	0.81	0.86	0.92	0.96
碳（%）	86.00	82.40	83.74	86.02	85.92	86.37	86.47	86.36
氢（%）	13.60	17.60	16.26	13.98	14.07	13.43	12.89	12.32
倾点（℉）	13.10			−132.79	−71.36	10.11	82.76	89.74
酸值（毫克/克）	0.06	0.07	0.07	0.07	0.05	0.02	0.07	0.09
硫（%）	0.35	0	0	0	0.01	0.21	0.58	1.33
黏度（68℉）	7.01	0.41	0.50	0.77	1.71	6.88	244.74	3337634.48
黏度（104℉）	3.46	0.35	0.42	0.63	1.28	4.00	66.08	137033.93
黏度（122℉）	2.62	0.33	0.39	0.58	1.13	3.20	39.53	38388.97
硫醇硫（微克/克）	1.00	0.07	0.38	2.27	3.42	1.20	0.18	0.01
氮（微克/克）	898.43			0.03	0.93	45.14	933.80	5610.89
康氏残炭值（质量百分比，%）	2.06						0.16	17.81
庚烷沥青质（质量百分比，%）	0.23							2.05
镍（微克/克）	1.24							10.91
钒（微克/克）	6.33							55.90
钙（微克/克）	0.50							
雷德蒸气压（磅力/英寸²）	10.30							
石蜡（%）	39.65	100.00	87.52	46.08	46.66	36.30	24.26	2.78

续表

布伦特混合原油指标	原油	丁烷和更轻馏分（初馏点～60℉）	轻石脑油碳五（小于165℉）	重石脑油（165～330℉）	煤油（330～480℉）	柴油（480～650℉）	减压馏分油（650～1000℉）	减压渣油（1000℉以上）
环烷烃（%）	33.16		12.48	36.84	37.16	43.02	39.66	20.85
芳烃（%）	27.20			17.08	16.18	20.68	36.08	76.37
初馏点（℉）	−9.12		60.69	165.96	330.72	480.82	651.33	1001.08
冰点（℉）				−121.17	−59.13	23.11		
烟点（毫米）				29.11	23.54	16.19		
萘（%）					3.24	11.53		
十六烷值				30.69	41.88	49.11		
浊点（℉）				−127.70	−67.89	15.86		
苯胺（℉）				132.67	146.03	173.48		

资料来源：埃克森美孚，洲际交易所，捷诚能源。

中国和全球原油平均指标

中国原油与全球原油性质差异较大，指标有高有低，影响炼油加工工艺和装置的选择，也影响最终的石油化工产品。

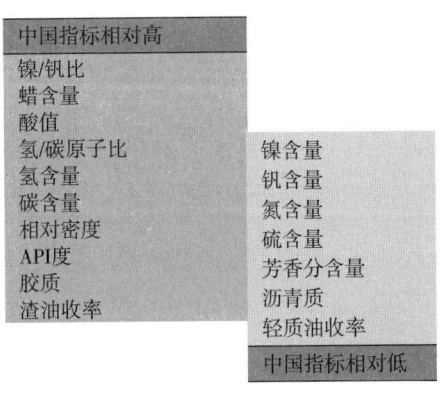

中国和全球原油平均指标（2021）

资料来源：《石油炼制工程》《石油化学基础》《石油化工产品概论》，捷诚能源。

美国原油品质（本土产量）

由于美国页岩油气产量的增加，美国本土原油品质呈现轻质化趋势。

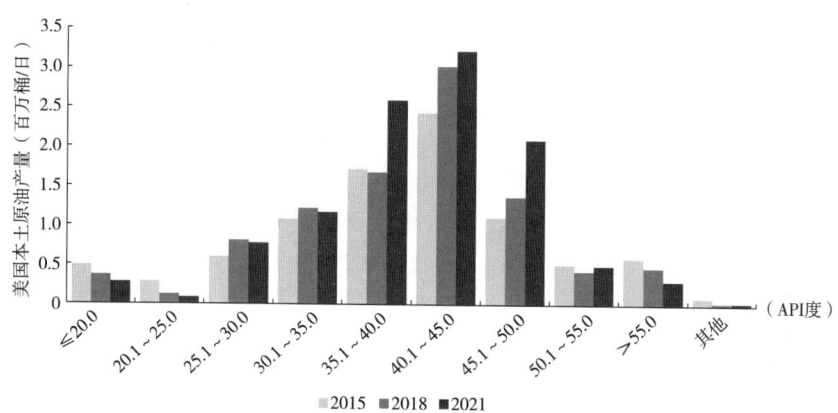

美国原油品质（本土产量）（2015—2021）

资料来源：美国能源信息署，捷诚能源。

美国原油品质（炼厂加工）

随着本土轻质油供应的增加，美国炼厂加工原油的API度逐渐上升，而硫含量有所变化。

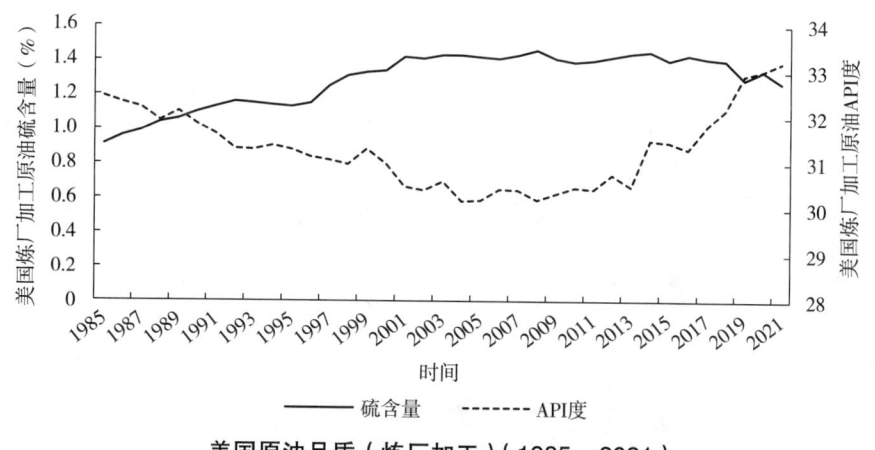

美国原油品质（炼厂加工）（1985—2021）

资料来源：美国能源信息署，捷诚能源。

美国原油品质（进口）

美国主要进口重质低硫、中质和重质含硫原油。

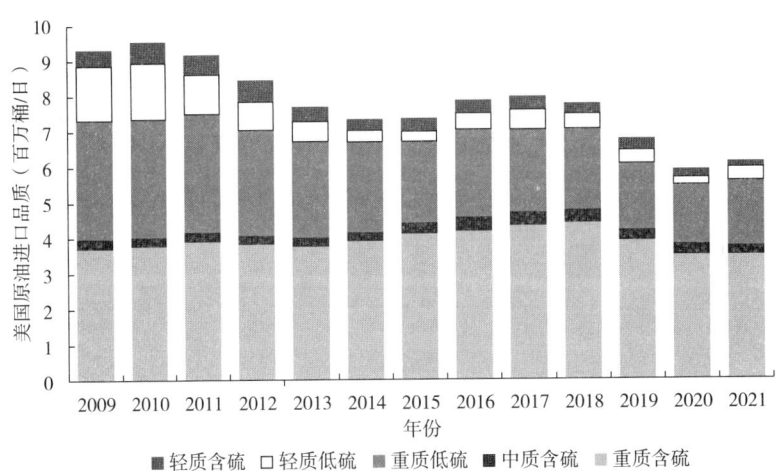

美国原油品质（进口）（2009—2021）

资料来源：美国能源信息署，捷诚能源。

中国原油品质（国产和进口对比）

中国国产原油以重质和中质低硫为主，进口原油以其他品质为主。

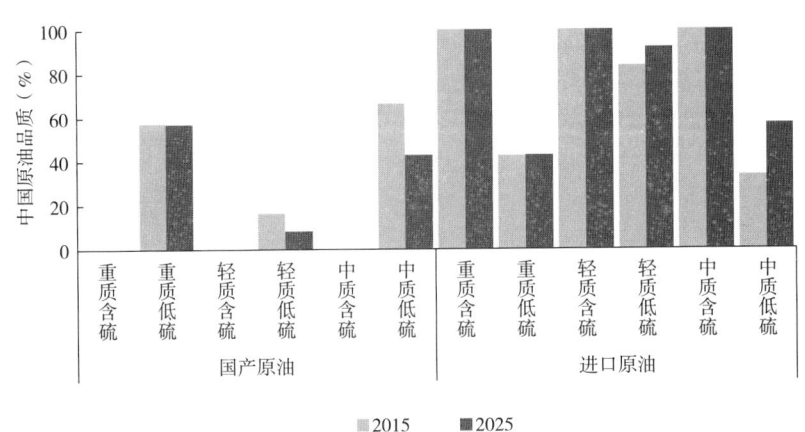

中国原油品质（国产和进口）（2015—2025）

资料来源：埃尼，中国海关总署，捷诚能源。

中国进口原油品质

中国进口原油以中质低硫和中质含硫为主。

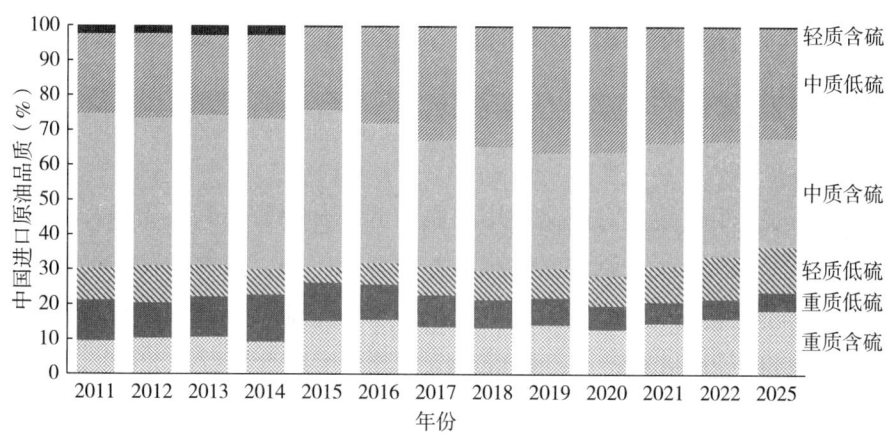

中国进口原油品质（2011—2025）

资料来源：埃尼，中国海关总署，捷诚能源。

中国独立炼厂原油品质

中国独立炼厂国内采购、国际进口和加工的原油品质均有不同。

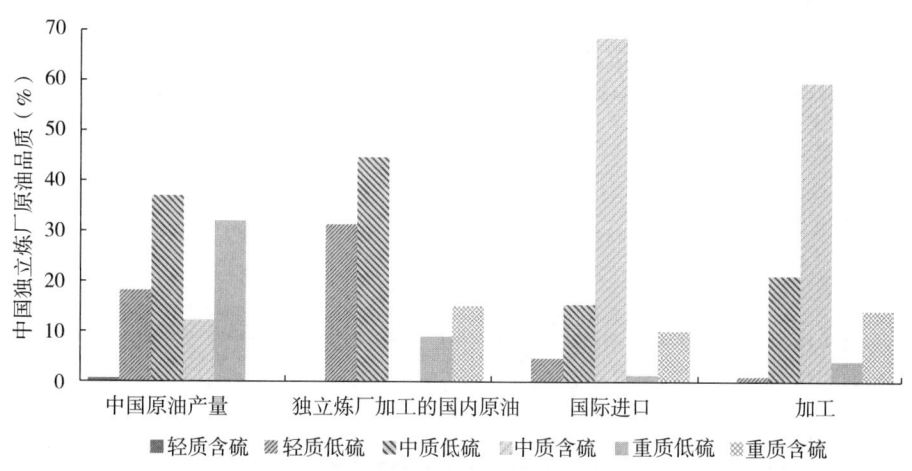

中国独立炼厂原油品质（2020）

资料来源：各公司报告，中国海关总署，捷诚能源。

原油蒸馏、炼油工艺和加工装置

原油一般不直接作为产品使用。原油的综合评价结果作为选择原油加工方案的基本依据。从原油到生产出各种石油产品,通常经过多个物理和化学的炼制加工过程。按照工艺流程图,每个炼油加工过程都有相对独立且自成一体的生产装置,多个装置可组合成一个联合装置。

原油到石油化工产品

原油本身的用途有限,其真正的价值发生在转化为成品油和石油化工产品之后。

原油到石油化工产品分类

燃料产品	非燃料油品	基本化工原料	高分子单体和聚合物		精细化工
常压蒸馏(多)	减压蒸馏(多)	重整反应、芳烃抽提	合成原料(单体)		医药
LPG、炼厂气	溶剂油	苯	对二甲苯	乙二醇	农药
氢气	润滑油	甲苯	对苯二甲酸	丙烯腈	炸药
石脑油	石蜡	二甲苯		己内酰胺	催化剂
汽油	石油焦				添加剂
煤油	沥青	石脑油裂解	合成材料(聚合物)		溶剂
柴油	硫黄	乙烯	合成树脂		染料
燃料油	白油	丙烯	合成纤维		涂料
		丁二烯	合成橡胶		颜料

资料来源:《石油炼制工程》《石油化学基础》《石油化工产品概论》,捷诚能源。

一桶油可加工出的成品油和日用品

从一滴油到一匹布，尽量都不浪费资源。能源化工产品的真实面目很少能直接看到，往往是以服装和瓶罐等其他表现形式出现在日常生活中。

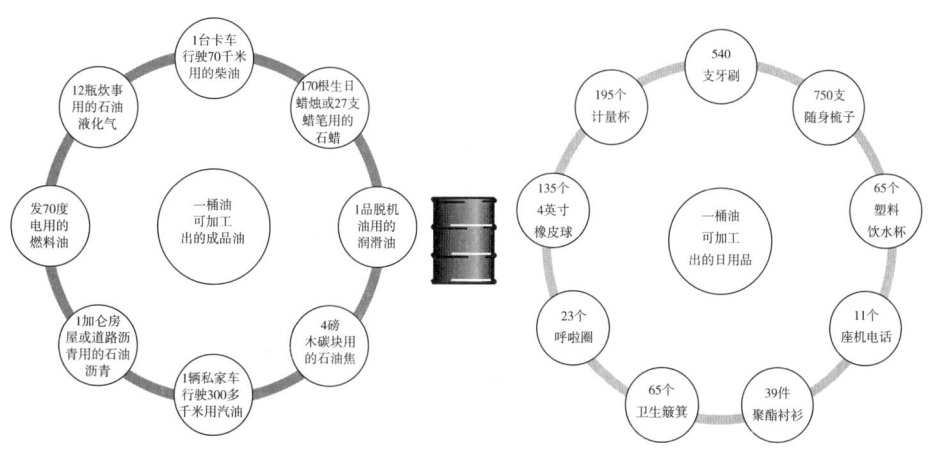

一桶油可加工出的成品油和日用品

资料来源：美国能源信息署，新闻报道，捷诚能源。

石油馏分、沸点范围和产品

石油及其产品是由多种烃类组成的混合物，分子量从几十到几千，没有固定的沸点，沸点范围很宽，从常温到550℃以上。常压蒸馏时，为避免原油的分解（Thermal decomposition），常压蒸馏液相温度一般不超过350℃。对沸点高于350℃的较重馏分，采用减压蒸馏。馏分和产品的名字虽有重合，但是馏分不是产品。需要进一步加工馏分，满足油品规格的要求，才能变成石油产品。碳链的长短决定了石油产品的物理形态和使用特性。

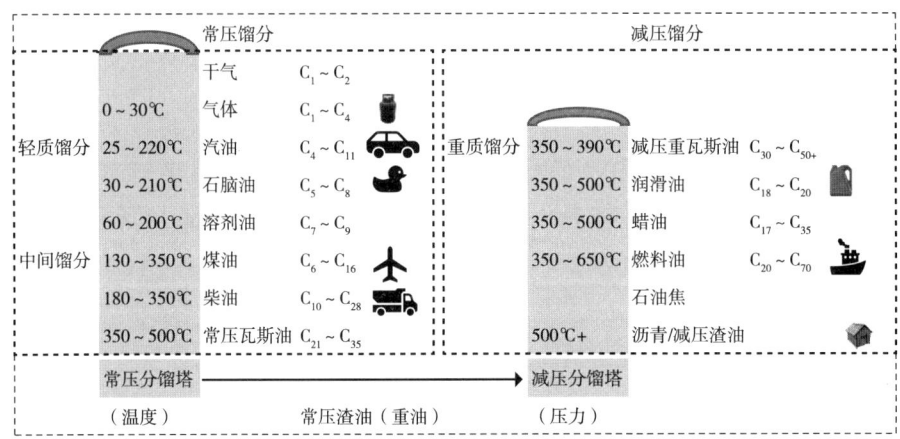

石油馏分、沸点范围和产品示意图

资料来源：《石油炼制工程》《石油化学基础》《石油化工产品概论》，捷诚能源。

原油加工类型

按主要的生产目的和主要产品来划分，炼油厂大致分为五种类型。石油作为复杂的碳氢混合物，在炼厂通过净化、分离、转化、处理、升级和调和等物理分馏或化学加工的工艺，生产出合格、经济、便于使用的石油产品。把原油蒸馏分为几个不同的沸点范围（即馏分）叫一次加工；将一次加工得到的馏分再加工成石油产品叫二次加工；将二次加工得到的商品油制取基本有机化工原料的工艺相当于三次加工。石油加工的本质，是在热、催化剂和/或氢的作用下，利用分子自身和分子之间的化学反应，把不同分子结构的馏分炼制成合适的产品。每一步炼油，都是为了增加原油的价值，最终体现为收率和价差。

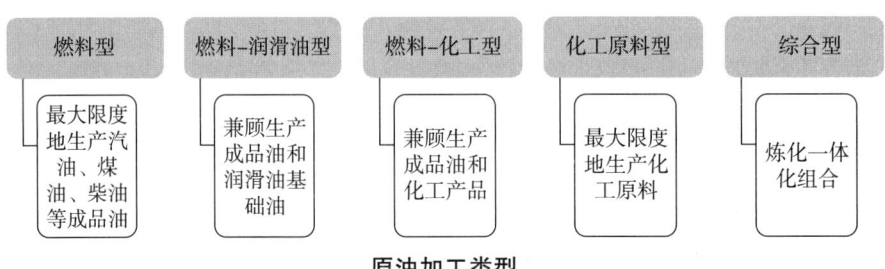

原油加工类型

资料来源：中国石化经济技术研究院，中国石油，捷诚能源。

汽油加工工艺和产品

原油加工装置的构成和生产流程可用工艺流程图来描述。以汽油为例，不同的原油加工工艺和装置产出的汽油组分、特点和特性很不同。

原油加工工艺和产品示意表

汽油调和组分	原料	工艺流程及产品	汽油特点
直馏汽油（Straight run naphtha）	原油	通过常压初馏装置，直接蒸馏生成直馏汽油	主要含饱和烃类，辛烷值不高。直馏汽油极少直接参与调和，一般进重整
催化裂化汽油（Cat cracked spirit）	催化重馏分油、减压馏分油、加氢重油	原料油经过催化裂化热分解，得到相对分子质量更小的馏分，主要生产汽油、柴油、油浆及化工原料	汽油产量高，质量好，稳定，硫含量高，烯烃含量较高，辛烷值一般，需再处理
重整汽油（Reformate）	加氢裂化重质石脑油、直馏汽油	重质石脑油和直馏轻汽油馏分，通过脱硫和脱苯装置，主要生产重整汽油、氢气和芳烃原料	芳烃含量较高，辛烷值较高，最好是脱苯后，再参与调和
异构化汽油（Isomerate）	轻石脑油、正丁烷	异构化改变分子结构，正丁烷异构化得到异丁烷，然后烷基化；或是 C_5 和 C_6 烷烃异构化生成异戊烷、异己烷，可直接做高辛烷值汽油的掺合剂	高辛烷值汽油调和组分，无硫。蒸气压高，易挥发而污染环境
烷基化汽油（Alkylate）	异丁烷、丙烯和丁烯	烷基化与裂化相反，是整合过程。由异丁烷、丙烯和丁烯在低温下反应生成的富含异构烷烃的液体，以异辛烷为主	低气压，高辛烷值，挥发性低，碳含量低，无硫，无氧，无芳烃，无烯烃
加氢裂化汽油（Hydro-cracked）	石脑油、重质馏分油（原料范围广）	加氢裂化在高压、氢气存在下进行，需要催化剂，把重质原料转化成煤油、柴油、润滑油和汽油等	产品收率较高，质量好，稳定性好，清洁，但辛烷值低，一般直接用作汽油相对浪费，而是进重整

续表

汽油调和组分	原料	工艺流程及产品	汽油特点
延迟焦化汽油（Coker）	减压渣油、常压渣油	减压渣油、常压渣油深度裂化，主要生产固体石油焦炭，同时获得气体和液体产物，转化减压渣油到中间馏分，再生产汽柴油	含胶质高，含杂质多，辛烷值极低，不稳定，因此不直接参与汽油调和，精制后生产出合格汽油组分
减黏裂化汽油（Visbreaker）	常压渣油、减压渣油	渣油，通过减黏裂化，主要生产燃料油、石脑油、柴油，不再生产汽油	辛烷值极低，质量低，不环保，不达标
芳构化（Aromatization）	醚后碳四	烷烃或环烷烃，通常在加热、加压和催化剂的存在下，经芳构化，生产出高辛烷值的汽油和芳香烃	烯烃含量低，辛烷值高
裂解汽油（Pyrolysis gasoline）	轻质石脑油	轻质石脑油，通过裂解，主要生产烯烃、芳烃、炔烃。汽油是乙烯装置的副产品	芳烃含量较高，辛烷值较高，一般不直接进入汽油池
催化柴油加氢—催化组合（LTAG）	催化柴油馏分、催化裂化轻循环油	将柴油分子中的周边支链剪掉，剩芳环和少量支链，生产高辛烷值芳烃组分	芳烃含量高，辛烷值高
催化叠合（Catalytic polymerization）	轻烯烃	整合烯烃分子，生产汽油	提高汽油辛烷值
重整抽余油（Raffinate）	重整组分	把重整组分中抽走"三苯"后余下的油	辛烷值高，含硫高，不易雾化，颗粒物多
甲基叔丁基醚（MTBE）	甲醇和催化碳四	甲醇和催化碳四合成，生产高辛烷值汽油调和MTBE、ETBE、TAME等组分	高辛烷值汽油调和组分

资料来源：《石油炼制工程》，梅赛德斯，《石油化工产品概论》，捷诚能源。

石油处理对象和目的

非碳氢元素在石油中占比虽少,但以化合物形式存在的比例很大。原油是复杂的混合物,含有大量的非烃类化合物。微量元素、各种化合物、杂质和不理想成分对上游生产开发、炼油加工、中游储运和终端使用的影响很大,因此需要全产业链地处理。

石油处理对象和目的

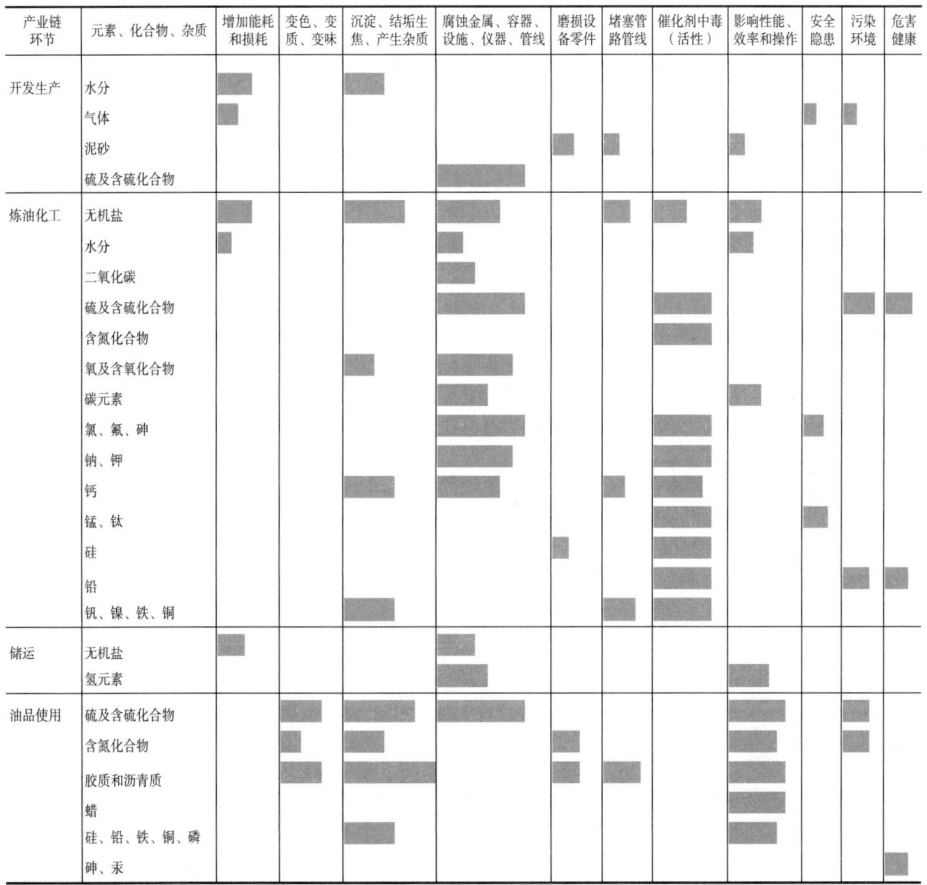

资料来源:《石油炼制工程》《炼油厂油品储运技术及管理》《成品油计量与管理》,捷诚能源。

原油和石油产品的颜色

原油中纯粹的饱和烃类为无色，芳烃组分多为浅黄色，胶质和沥青质为褐色和黑色。原油的颜色主要与其含有的芳烃、胶质和沥青质有关，也和元素组分、密度有关。原油的颜色可用来鉴别石油产品有无杂质。成品油的颜色和原油来源、加工工艺、调和配方、对可见光产生吸收的化合物等有关，也跟储存时间、储存条件、环境温度有关。成品油的颜色可用来鉴别成品油的质量。

原油和石油产品的颜色

颜色	一般标准范围						
原油（油田）	无色（新疆）	淡黄色（大港）	黄褐色（四川）	红色（塔里木）	深褐色（冀东）	黑绿色/墨绿色（玉门）	黑色（大庆）
汽油		淡黄色	淡黄绿色	淡红色			
柴油			黄绿色	暗红色	棕褐色	茶色	暗绿色	发黑
基础油	无色	淡黄色					
润滑油		淡黄色	金黄色		棕色	墨绿色	
润滑脂			黄色	红色		绿色	黑色
航油	无色	淡黄色					
石脑油	无色						
LPG	无色						
溶剂油	无色	浅黄色					
石油蜡	白色	浅黄色					
燃料油					黑褐色		黑色
取暖油				红色		绿色	
沥青					黑褐色		黑色
石油焦						灰色	黑色

注：阴影表示主要颜色。

资料来源：各公司报告，《石油化工产品概论》，捷诚能源。

石油产品的特性和质量标准

原油和石油产品行业特性

品质和技术特性：

- 原油本身用途有限，需要转换为石油产品和石化产品来使用。
- 石油产品和石化产品、可变性强，能加工出成千上百种产品。
- 石油产品具有互换性（Fungible）。当一种成品油的调和原料来源越少，工艺流动性越差，其调和性、兼容性和稳定性会越差，越容易在配送环节出问题，交易越不活跃，在期货上越不容易成功。
- 石油产品的品质取决于原油的基本属性、理化特性以及加工过程和质量标准。
- 原油品质多样性，而石油产品品质标准化。原油是天然品质，油田和炼厂习惯于原油品质不一样，不影响交易。石油产品是原油加工后，符合使用性能和满足标准规范的产品，不合格则可能难以成交。
- 石油产品质量标准相比化工产品要求的纯度级别低，其侧重于使用性能，而化工产品大多是单一的化合物，追求纯度和分子结构等。
- 汽油、柴油以液态存在，能量密度相对高，仓储物流和加注相对便利，适合在车辆和移动机械上使用，比煤炭、天然气或氢气有优势。与醇醚燃料比，主要是能量密度优势，燃烧效率高。

经营（加工、使用、存储）特性：

- 石油产品多是液态，在供应链的每个环节都依赖于存储设施。
- 石油产品和石化产品的运输、储存和使用，需要载体设施，仓储物流成本相对高。如果成本过高，则经济性差。
- 原油和成品油管道运输系统发达。
- 石油化工设备、管输和仓储设施等资产具有专属性。
- 炼油生产过程基本都是在设备和管线里进行，肉眼难以看到，更多是借助温度计、压力表、流量计以及 AI 视觉技术等来判断生产是否正常。

- 石油产业链有合理运行区间，负荷过高过低都会造成生产运营压力。
- 石油产品共同生产，不同石油产品来自原油的不同馏分，任何一种石油产品的价格都不是单独定价的，而是要考虑其他产品的供需，也体现为产品收率。
- 石油产品的复杂加工基本在炼厂环节完成，到了终端加油销售环节，基本不需要继续加工，下游终端销售工艺流程相对简单。在终端销售时，加油只是物理过程。

经济特性：

- 炼油和石油化工投资规模大，属于资本密集型产业。
- 石油生意是大宗商品生意，一般薄利多销，需要通过成规模的生产和加工将单位成本降低至市场化应用的可承受区间内。
- 成品油要有经济性，才具备竞争优势。
- 石油产品和石化产品的成本严重依赖于原油价格的变化。
- 汽油和煤油等消费类成品油与经济发展和消费者生活水平有密切关系，类似奢饰品，税赋重。而柴油更多体现生产资料属性，主要和经济活跃度相关。
- 消费者对成品油价格很敏感，成品油价格与个人可支配收入及消费者承受力相关。

市场特性：

- 成品油供需和价格有明显的周期性，受商品周期和经济周期影响大。
- 石油的政治经济属性显著，受地缘政治因素影响大。
- 石油资源生产地与市场所在地往往不在一起，影响贸易流向。
- 原油面向资源方和炼厂，而成品油面向终端消费者，需要满足日益发展的消费者行使原料和燃料的选择权。
- 符合标准的成品油多是同质产品，而在销售时提供的配套服务的差异化是市场竞争力的关键区别。
- 终端加油站核心竞争力是品牌，而润滑油核心竞争力是想象力营销。

能源或燃料转化为电能原理

亚里士多德创造了Energy（能源或能量）一词。能量是某一物理系统做功的能力。不同发电装置通过能源转化将化学能、热能、机械能等，最终转化成电能。

能源燃料转化电力和动力原理

类型	初始能源或燃料	二次转化的能源	三次转化的能源	终端能源
核能发电	核能（原子能）	热能	机械能	电能
	原子核	原子核在反应堆裂变，释放热能，在蒸汽发生器内产生蒸汽	蒸汽推动汽轮机，将热能转化为机械能	带动发电机，产生电能
水力发电	重力势能	动能	机械能	电能
	水	水位落差使势能转化为动能	冲击转动水轮机，将水能转化为机械能	带动发电机，产生电能
太阳能光伏发电	太阳能	热能		电能
	太阳光辐射能	利用太阳能级半导体电子器件吸收辐射能		利用电池光能转变成电能
太阳能光热发电	太阳能	热能	机械能	电能
	太阳热能	利用阵列抛物、塔式或碟形镜面，收集太阳热能，换热提供蒸汽	推动汽轮机	带动发电机，产生电能
风力发电	动能		机械能	电能
	风		风力转动叶轮，将风能转化为机械能	带动发电机，产生电能
地热能发电	热能		机械能	电能
	天然蒸汽和地下热水		利用地下热能转变为机械能	机械能转变为电能
潮汐能发电	重力势能	动能	机械能	电能
	潮汐	利用潮位高低之间落差形成的动能	推动水轮机旋转	带动发电机，产生电能
生物质发电	太阳能（化学能）	热能	机械能	电能
	动植物、细菌或真菌等有机质	有机质在锅炉中直接燃烧，产生蒸汽	推动汽轮机	带动发电机，产生电能
氢能燃烧发电	化学能	热能		电能
	氢气和氧气（或空气）	利用氢气和氧气燃烧		带动发电机，产生电能
燃气发电	化学能	热能	机械能	电能
	天然气	天然气与空气在燃烧室燃烧，余热锅炉回收，转化为蒸汽	蒸汽推动汽轮机	带动发电机，产生电能
燃煤发电	化学能	热能	机械能	电能
	煤炭	煤在锅炉中燃烧时加热水，高温高压下水变成蒸汽	蒸汽高压推动汽轮机旋转，形成凝结水，热能转化为机械能	带动发电机，发电

资料来源：中国国家统计局，东方电气，捷诚能源。

石油产品使用特性

不同石油产品有各自独特的质量标准要求和使用性能，包括蒸发性能、挥发性、燃烧性能、安全性、低温性质、流动性、安定性、洁净性能、防腐蚀性能、静电性能、热膨胀性能和毒害性等特性。

石油产品使用特性

石油产品性能	主要使用特性	主要指标
油品适当的蒸发性能	影响发动机的正常启动和加速	馏分沸点、蒸气压
油品合适的挥发性	增加油品的损耗，影响油品的燃烧或有爆炸风险	温度、蒸发速度、流动速度、蒸发面积、压力
燃料优良的燃烧性能	影响抗爆性、发动机启动和油品的燃烧	辛烷值、十六烷值、自燃点
油品较强的安全性	发生燃烧、着火和爆炸的难易程度，火灾危险性	闪点、自燃点
油品良好的低温性能	燃油正常供油所需的最低温度	凝点、倾点、冰点、蜡含量
油品适当的流动性	油品的黏稠程度和流动的难易程度，影响雾化和燃烧的完全程度	分子量、黏度、温度
油品较强的安定性	在热、氧化、光、化学作用下，油品保持其性质不变的能力	不安定组分、化学安定性、抗氧化安定性、热安定性
燃料良好的洁净性能	影响雾化和供油性能，引发堵塞和磨损，造成发动机故障	水分、灰分、机械杂质、残炭、胶质
油品良好的防腐蚀性	对金属等腐蚀，影响发动机和储运设施的运行和使用寿命	酸值、硫含量
燃料的静电性能	静电火花积聚而使燃料蒸气着火、爆炸的程度	流动速度、导电率、压力、湿度
油品的热膨胀性能	造成容器发生爆裂或损坏报废	温度、体积
油品的低毒害性		芳烃含量
油品适当的润滑性	影响油泵和齿轮的运行和使用寿命	化学组成

资料来源：《石油炼制工程》，梅赛德斯，《石油化工产品概论》，捷诚能源。

全球区域汽油组分构成

车用汽油组分主要来自催化重整、催化裂化、烷基化、直馏石脑油和异构化等。各国的炼化行业发展阶段、加工工艺和油品质量标准不同,因此,汽油组分和添加剂的比例各不相同。

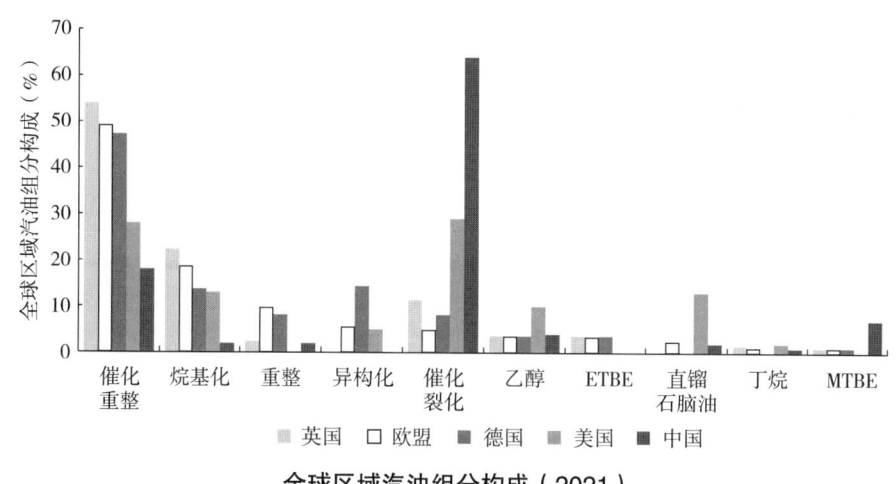

全球区域汽油组分构成(2021)

资料来源:石油公司欧洲环境健康安全组织,英国石油,梅赛德斯,捷诚能源。

全球区域油品标准

全球各国油品质量标准均在不断提升。

全球区域油品标准(硫含量) 微克/克

	汽油		柴油			汽油		柴油	
	2005	2030	2005	2030		2005	2030	2005	2030
英国	50	10	50	10	澳大利亚	150	10	500	10
德国	10	10	10	10	墨西哥	500	15	500	15
俄罗斯	500	10	2000	10	阿尔及利亚	1000	50	1500	350
巴西	400	50	2000	50	阿根廷	500	50	2500	30
美国	30	10	500	15	印度尼西亚	2000	10	5000	10
南非	1000	10	3000	10	马来西亚	1000	10	1000	10
日本	50	10	50	10	伊拉克	500	50	10000	350
新加坡	500	10	50	10	肯尼亚	5000	150	5000	50
以色列	50	10	50	10	沙特阿拉伯	1000	150	5000	50
印度	500	10	500	10	委内瑞拉	1500	150	5000	500
阿联酋	1000	50	500	50	尼日利亚	2000	1000	5000	50

资料来源:中国石化联合会,斯塔特思顾问公司,捷诚能源。

中国汽油牌号演变与加油的选择

汽油牌号的演变反映了油品的不断升级和优化。汽油牌号以辛烷值高低来划分,表示汽油的抗爆性。牌号越高,汽油的抗爆能力也就越好。95号汽油的辛烷值为95,表示其与含95%的异辛烷和5%的正庚烷的燃料抗爆性相当。同一种车用汽油的研究法辛烷值(RON)比使用马达法辛烷值(MON)高出8～12。炼厂提高辛烷值需要提高能耗,所以高牌号售价高。牌号高低并不表明汽油的好坏,跟汽油本身的品质质量、杂质多少、汽油的清洁度、续航里程、省不省油以及动力大小无关。省不省油是由汽车发动机的压缩比决定的。发动机的压缩比越高,所选汽油的牌号应越高。汽车发动机在设计阶段,已经根据压缩比设定了应使用的汽油牌号,车油匹配,合适最好。

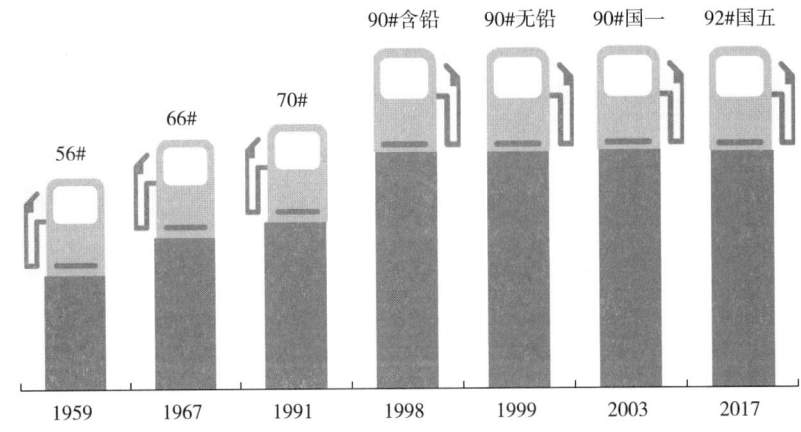

中国汽油牌号演变与加油的选择(1959—2017)

资料来源:中国国家发展改革委,中国商务部,各公司报告,捷诚能源。

中国汽车排放和油品质量标准

车用汽油经历了含铅、无铅和清洁汽油等阶段。车油标准要匹配，随着发动机技术的改进和环保要求日益严格，对汽柴油质量提出了更高的要求。汽柴油质量标准的实施通常晚于汽柴油汽车排放标准的实施。

中国汽车排放和油品质量标准（1999—2023）

	1999	2000	2001	2003	2004	2005	2007	2008	2010	2011	2013	2014	2015	2017	2019	2020	2023
汽油车			国一		国二		国三		国四					国五		国六	
汽油标准	含铅	无铅		国一		国二			国三			国四		国五	国六A		国六B
柴油车			国一		国二			国三			国四			国五	国六		
柴油标准	含铅	无铅				国二				国三				国四	国五	国六	

资料来源：中国国家标准化管理委员会，中国国家质检总局，中国国家生态环境部，捷诚能源。

经典观点与经验分享

许勤华　中国人民大学国家发展与战略研究院副院长、欧亚研究院执行院长、国际能源与环境战略研究中心主任、教授

原油作为最重要的大宗商品之一，其定价问题一直广受关注。能源宪章组织（Energy Charter）对国际原油定价机制做出定义，认为国际原油定价机制是"关于贸易、交换和市场（包括准入）的组织，以及价格谈判与沟通的方式"。

国际原油定价机制的组成要素包括：货币即石油美元，国际组织即石油输出国组织（欧佩克，OPEC）和国际能源署（IEA），国家即欧佩克和国际能源署内部的生产国和消费国、非欧佩克成员的生产国和非国际能源署成员的消费国，商品交易市场即交易西得克萨斯轻质原油（WTI）的纽约商业交易所（NYMEX）、交易北海布伦特原油（Brent）的洲际交易所等。这些要素形成了以原油供需基本面为市场基础，以金融为主导因素，欧佩克、国际能源署等国际组织以及相关生产国、消费国和途经国之间相互作用的运行基本框架，各自发挥着维持国际原油市场的功能。

在现行国际原油定价机制中，美国有着极其特殊的地位。美国拥有石油美元，是最大的原油消费国，也是世界上多个主要产油国和消费国的主要盟友。美国石油企业在油气上中下游全产业链各领域都最具全球竞争力，美国同时具有保障运输的军事实力。美国市场形成的WTI价格，对国际石油交易有着支配性的影响。欧佩克的衰弱是一个长期的过程，这也是"欧佩克+"形成的原因之一，通过把俄罗斯等其他产油国纳入机制内，将过去临时的协商机制正式化，借助欧佩克以外的力量实现欧佩克的目标。

国际原油定价机制正处于新一轮调整变化期，国际原油市场的不确定性加剧。中国应格外关注国际原油定价机制的变化动向，重视潜在的原油供应安全风险，做好充足准备，应对国际原油市场不确定性引发的问题。同时，要坚持发展新能源及可再生能源，缓解对进口原油的过度依赖，维护国家能源安全。

第2章

油价百年史、预测的误差与市场参与者

本章聚焦石油市场供需概况及其与油价的关系、油价周期、价位波动范围、预测及误差和市场参与者对油价的影响力。

油价百年史、周期与负油价

大宗商品价格周期

大宗商品价格周期（Super cycle）特征明显，持续时间久。能源价格的波动常高于矿产和农产品价格的波动。接受大宗商品价格繁荣与萧条（Boom-bust）周期，有助于抓住周期底部，烫平波动的冲击。

加拿大央行大宗商品价格指数（1972—2022）

资料来源：加拿大皇家银行，捷诚能源。

世界油价百年史

油价通常指的是名义原油价格（Nominal price）。预测油价时，还会参考剔除了通货膨胀率之后的实际油价（Real price），各方均能接受的长期合理均衡的油价水平（Equilibrium price）当前在65美元/桶上下。2008

年 7 月 11 日,美国 WTI 油价盘中达 147.27 美元/桶,结算价为 145.08 美元/桶,而布伦特油价盘中达 147.5 美元/桶,结算价为 144.49 美元/桶。

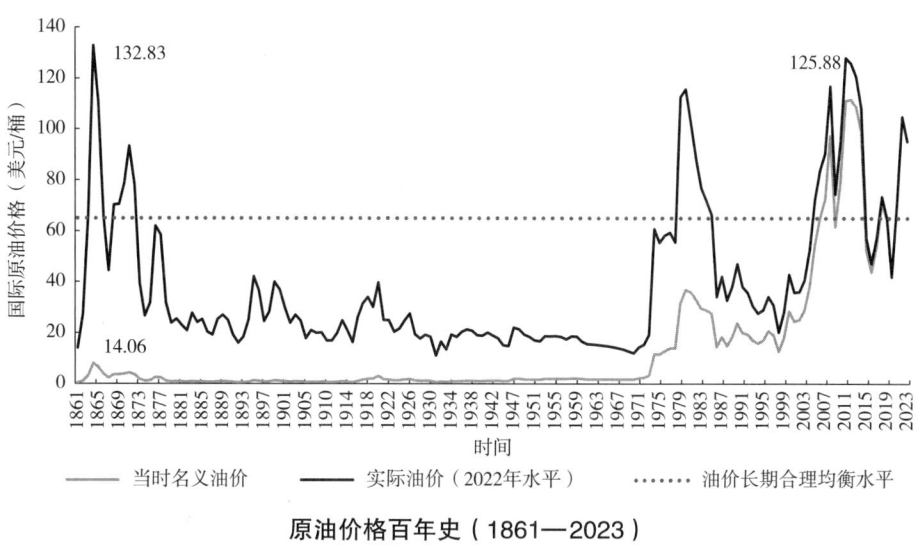

原油价格百年史(1861—2023)

资料来源:英国石油,美国能源信息署,洲际交易所,美国劳工部,世界银行,捷诚能源。

油价暴跌恢复周期

油价从暴跌中恢复,最短需要 30 周左右,普遍需要 100 周左右。

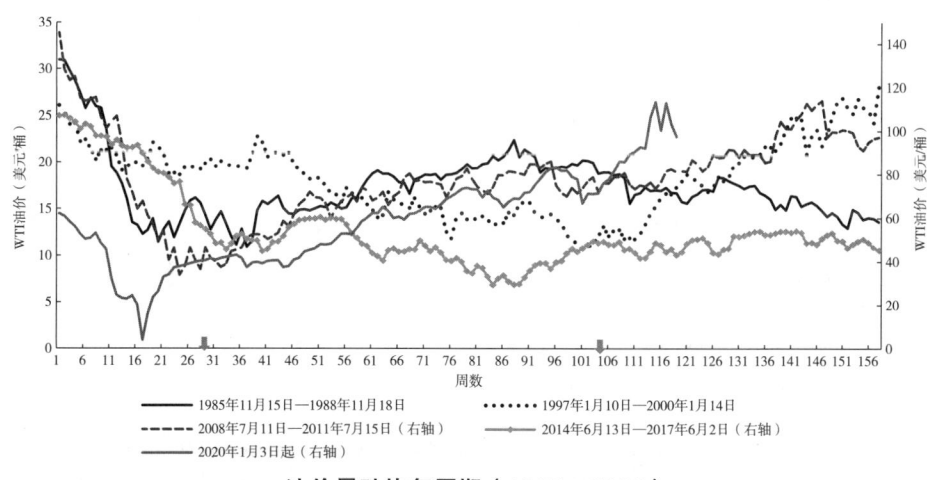

油价暴跌恢复周期(1985—2022)

资料来源:美国能源信息署,捷诚能源。

布伦特油价增速与高位区间

国际原油价格增速的回落斜率可用于判断油价的顶部和高位震荡区间。

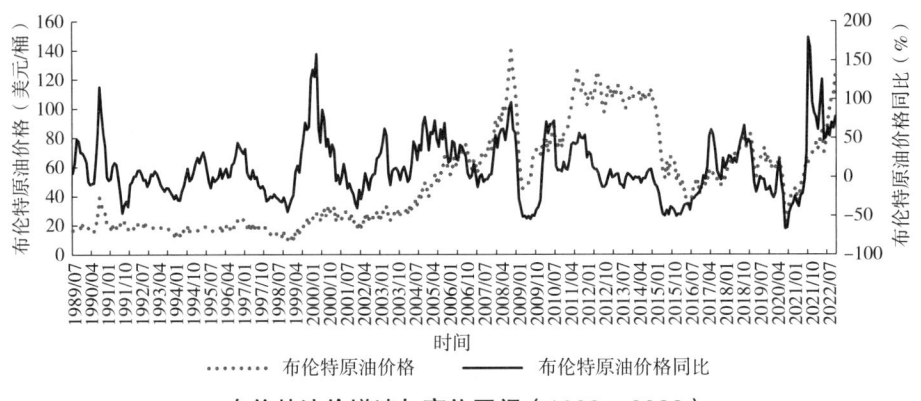

布伦特油价增速与高位区间（1989—2022）

资料来源：洲际交易所，捷诚能源。

美国 WTI 油价和移动均值

美国 WTI 油价 10 周移动均值（Moving Average）与周度油价高度同步。40 周移动均值是短期油价的先行指标。

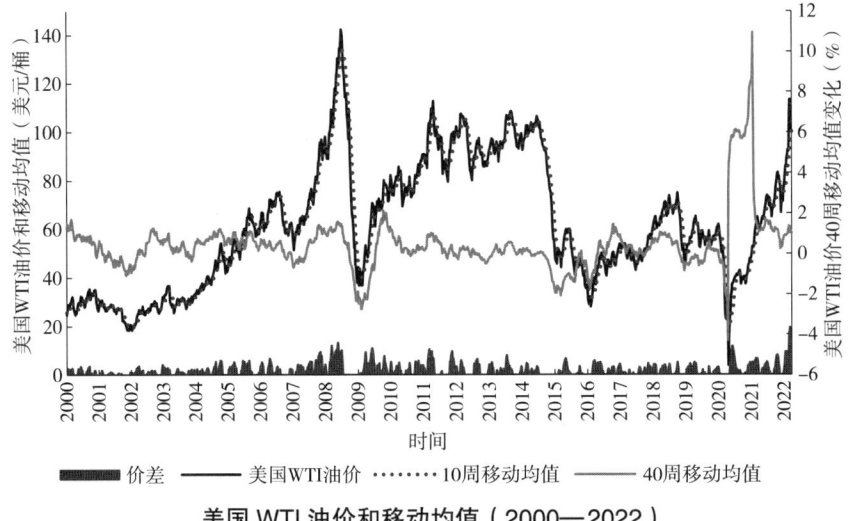

美国 WTI 油价和移动均值（2000—2022）

资料来源：美国能源信息署，捷诚能源。

美国 WTI 负油价前后的重大事件

在能源行业中，负电价、负天然气价格并不罕见。2020 年 3 月 18 日，美国怀俄明沥青酸性原油出现现货负油价。3 月 19 日，芝加哥商品交易所（以下简称"芝商所"）熔断机制价格阈值从 7% 提高至 15%。4 月 3 日，芝商所修改交易代码，支持价格零值和负值交易。4 月 8 日，芝商所与清算公司和会员单位沟通价格负值的技术修改。4 月 15 日，芝商所测试系统。2020 年 4 月 20 日周一，美国 WTI 原油期货 5 月合约（4 月 21 日到期、5 月交割）价格深跌 55.90 美元/桶至 -37.63 美元/桶结算价，成交价格最低 -40.32 美元/桶，出现了该合约上市以来第一个负值结算价。2020 年 4 月 21 日周二，该合约收盘结算价为 10.01 美元/桶。原油期货负价格的出现主要是受到供需失衡、存储能力不足、临近交割日、交易规则修改、空逼多等多重因素的影响。

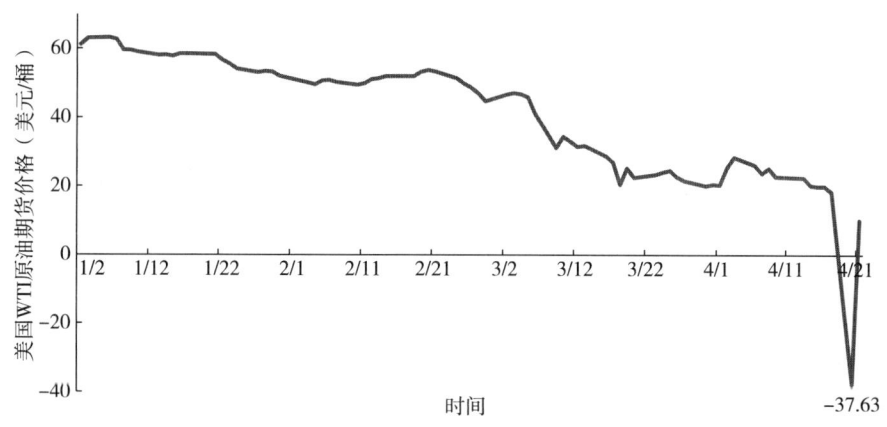

美国 WTI 负油价前后的重大事件（2020）

资料来源：芝商所，美国商品期货交易委员会，捷诚能源。

美国 WTI 负油价当日时间表

2020 年 4 月 20 日北京时间，美国 WTI 原油期货价格在突破零美元后，快速下跌，直至 -40 美元/桶，最终结算价为历史性的 -37.63 美元/桶。

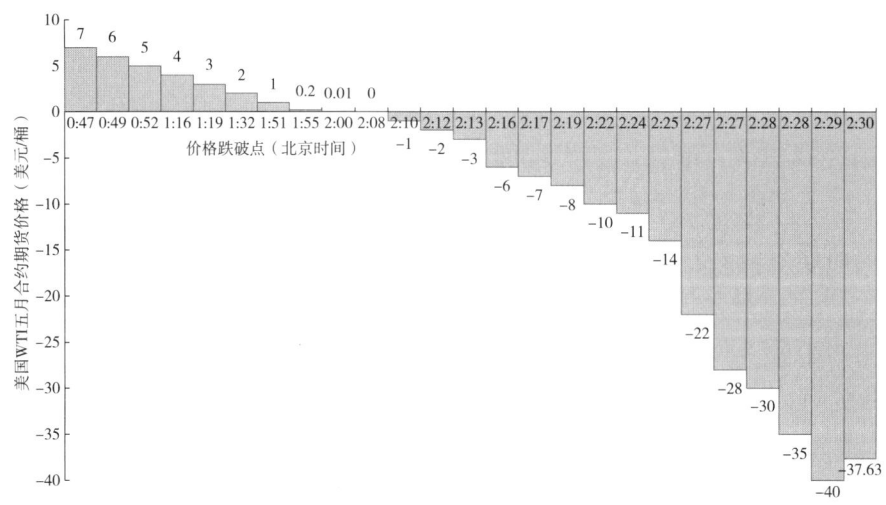

美国WTI负油价当日时间表（2020年4月20日）

资料来源：芝商所，捷诚能源。

美国各地原油现货价格

美国WTI原油期货价格出现负油价之后，2020年4月21日，美国主要产油区现货价格仍有负油价情况。

美国各地原油现货价格示意图（2020年4月21日）

资料来源：捷诚能源。

油价的预测及误差

对未来的预测是人类趋利避险的自然本能。价格是难以预测的，但是预测的结果都是概率性的。对预测误差的纠偏是不断扪心自问、敬畏市场和自我完善的过程。

美国国家能源建模系统

美国能源信息署（Energy Information Administration，EIA）于1978年正式成立，2022年预算1.3亿美元，全职员工350人左右。作为美国能源部统计和分析机构，EIA主要负责收集与能源资源、储量、产量、需求、技术相关的数据。

油气供应	宏观活动	国际能源	居民需求
天然气市场	国家能源建模系统（NEMS）集成模块		商业需求
煤炭市场			交通需求
可再生燃料	电力市场	液态燃料市场	工业需求

美国国家能源建模系统示意图

资料来源：美国能源信息署，捷诚能源。

美国能源信息署 WTI 油价预测

美国能源信息署定期发布油价展望，认为油价预测（Prediction）是对未来的最好猜测，而预估（Projection）是基于具体假设的估算。其预估模型通常假设法律法规和行业趋势在某预估时间段内不变。

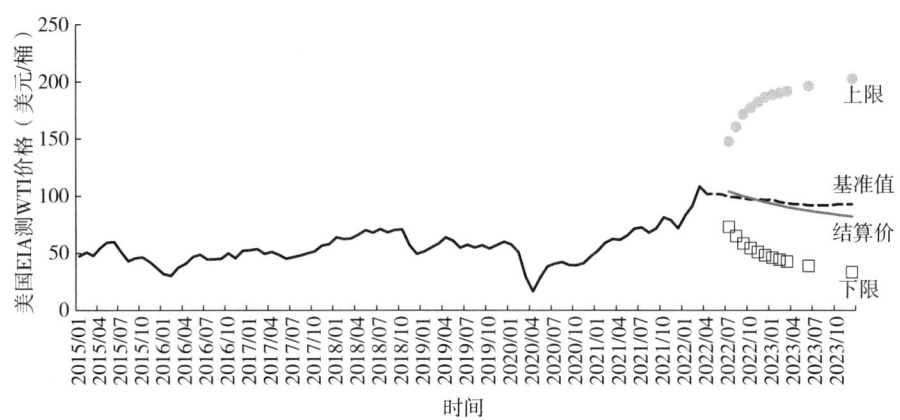

美国能源信息署预测 WTI 价格（2015—2023）

资料来源：美国能源信息署，捷诚能源。

国际机构油价长期预测情景

美国能源信息署和国际能源署分别于 1985 年和 1993 年构建了全球能源预测模型体系。油价的趋势形状很少是一条单边直线，更像抛物线，多呈现 S 曲线。国际机构的油价预测至少分为高、低和基准情景。情景分析的目的，不是为了验证预测油价的标准程度，而是未来不管哪种情景发生，今天都可以做好应对的准备。

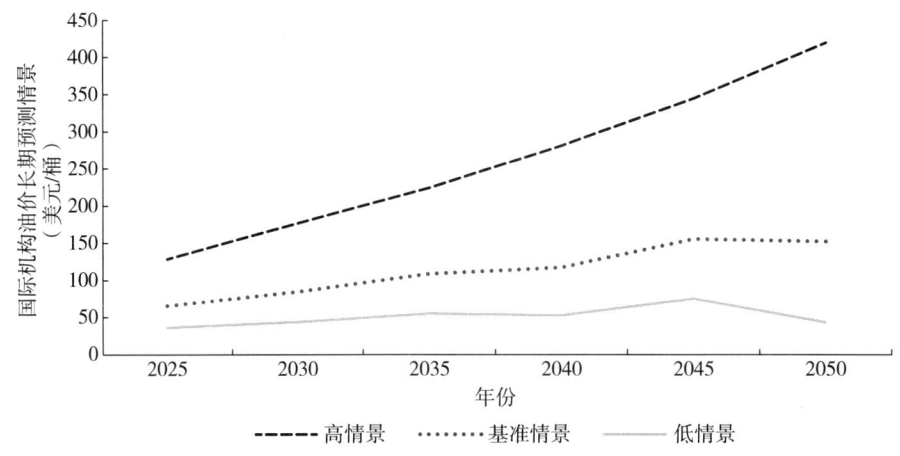

国际机构油价长期预测情景（2025—2050）

资料来源：国际能源署，美国能源信息署，日本能源经济研究院，高盛研究部，捷诚能源。

国际石油公司长期油价假设

国际石油公司对长期油价的看法影响其对长期供应的投资预算。

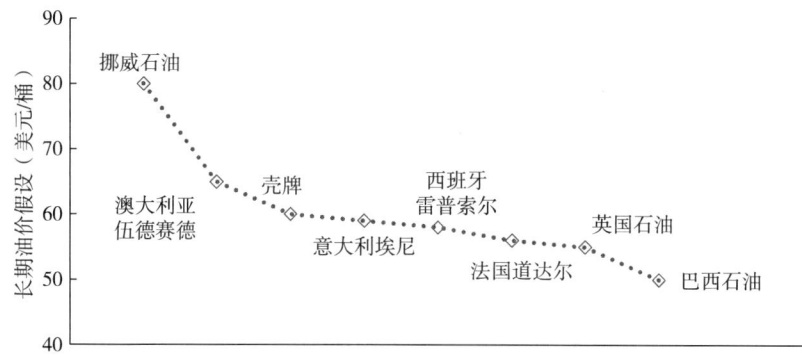

国际石油公司长期油价假设（2050）

资料来源：各公司报告，捷诚能源。

布伦特原油价格预测偏差

油价预测的准确性一直有挑战。2021年年底，近百家国际机构纷纷预测2022年油价。但是，没有一家预测到2022年3月，油价接近130美元/桶。

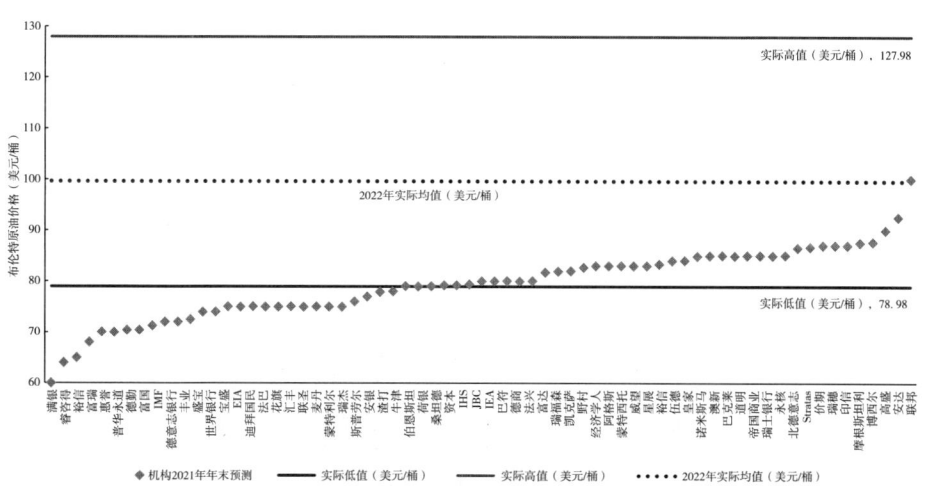

布伦特原油价格预测偏差（2022）

资料来源：各机构报告，新闻报道，捷诚能源。

石油市场参与者及其对油价的影响力

利益相关方的油价涵义

影响石油市场的因素众多,参与市场的主体也多样化,包括资源国、生产商、金融市场、炼油化工企业、批发零售商、交通运输业、输配存储企业、工业发电企业以及终端消费者。油价对石油市场不同的利益相关方的涵义是不一样的。市场参与者面临不同的价格风险,对油价的敏感度不同,会采取相应的实物贸易和金融衍生品风险管理策略。

利益相关方的油价涵义

利益相关方	油价的涵义
欧佩克成员国	国家财政预算所需的油价
经济合作与发展组织成员国	油价高到抑制需求的水平
发展中国家	维持社会经济发展的补贴程度
资源国	经济、政治等谈判砝码
国际机构	市场供需的平衡点
终端消费者	汽油消费在可支配收入中的占比
石油公司	开发新项目的成本、公司可持续发展所需油价
金融机构	期现价差、套利、套期保值等
油气勘探开发企业	原油销售价格
炼油加工企业	炼油毛利、裂解价差
航空公司和运输企业	燃料费用在运营成本中的比例
贸易商	价差和套利机会
石化企业	化工原料或燃料成本

资料来源:捷诚能源。

市场参与者价格预测的自我实现性

阴谋论在油气和金融市场盛行。然而,阴谋论是结果,不是起因。以高盛等投行、bp 等石油公司、剑桥能源等咨询公司、欧佩克和国际能源署等国际组织以及贝克公共政策研究院等学术机构为代表的国际机构都预测油气价格,但各家出发点、利益相关性和时间周期很不一样。当任何一家机构对市场有一定影响力之后,它对油气价格的预测会有一定的自我实现性。它们与其他市场参与者充分互动,彼此影响,一道作用于市场、行业、国家政策。

市场参与者价格预测的自我实现性

资料来源:捷诚能源。

国际组织成员国

国际石油市场统计数据约定俗成地将全球划分为不同区域或组织。这些国际组织的市场分析报告和观点被广泛参考。

石油输出国组织(Organization of the Petroleum Exporting Countries,简称 OPEC 或欧佩克)成立于 1960 年 9 月,目前有 13 个成员国。欧佩克联盟有 23 个成员国。经济合作与发展组织(Organization for Economic Co-operation and Development,简称 OECD 或经合组织)成立于 1961 年,旨在共同应对全球化带来的经济、社会和治理等方面的挑战,并把握全球化带来的机遇,目前有 38 个成员国。国际能源署(International Energy Agency,IEA),成立于 1974 年,在石油危机后致力于协调能源政策和在发生能源短缺时满足对紧急共享系统的需要,在经合组织秘书处的行政指导下自主运作,目前有 31 个成员国。

国际组织成员国（2022）

国际能源署（IEA）	经合组织（OECD）	欧佩克及联盟（OPEC+）
澳大利亚	澳大利亚	阿尔及利亚
奥地利	奥地利	安哥拉
比利时	比利时	刚果
加拿大	加拿大	赤道几内亚
捷克	智利	加蓬
丹麦	哥斯达黎加	伊朗
爱沙尼亚	哥伦比亚	伊拉克
芬兰	捷克	科威特
法国	丹麦	利比亚
德国	爱沙尼亚	尼日利亚
希腊	芬兰	沙特阿拉伯
匈牙利	法国	阿联酋
爱尔兰	德国	委内瑞拉
意大利	希腊	阿塞拜疆
日本	匈牙利	巴林
韩国	冰岛	文莱
拉脱维亚	爱尔兰	哈萨克斯坦
立陶宛	以色列	马来西亚
卢森堡	意大利	阿曼
墨西哥	日本	俄罗斯
荷兰	韩国	苏丹
新西兰	拉脱维亚	南苏丹
挪威	立陶宛	墨西哥
波兰	卢森堡	
葡萄牙	墨西哥	
斯洛伐克	荷兰	
西班牙	新西兰	
瑞典	挪威	
瑞士	波兰	
土耳其	葡萄牙	
英国	斯洛伐克	
美国	斯洛文尼亚	
	西班牙	
	瑞典	
	瑞士	
	土耳其	
	英国	
	美国	

资料来源：国际能源署，经合组织，欧佩克，捷诚能源。

国际组织能源供需比较

欧佩克联盟控制着全球石油剩余可采储量，国际能源署则拥有大量的石油储备，经合组织石油消费高，大力投资新能源。三大国际组织能在短时期内改变市场供求格局，从而改变市场对石油价格走势的预期。欧佩克能通过控制库存和富余产能来影响油价形状和波动幅度。但欧佩克不是边际供应者，而且其有限的富余产能不足以完全取代高成本产量，因此，欧佩克难以控制长期油价。

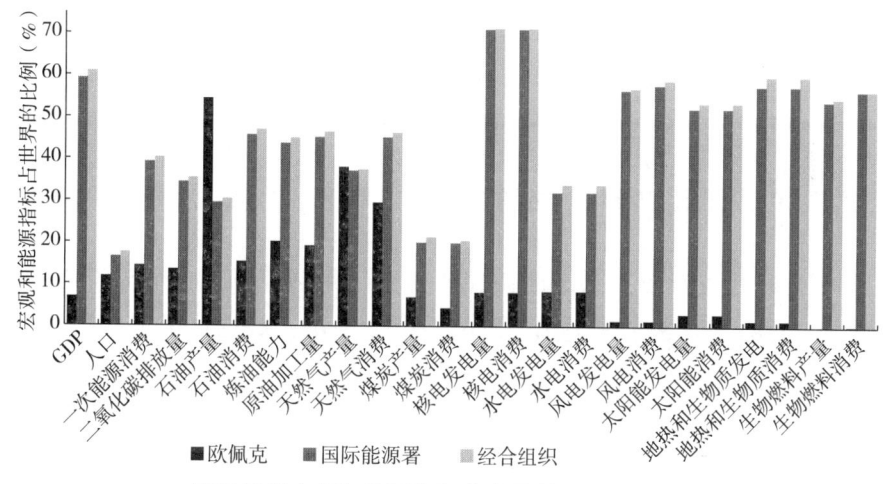

国际组织宏观和能源指标占世界的比例（2021）

资料来源：国际能源署，经合组织，欧佩克，世界银行，捷诚能源。

欧美区域石油市场

美国石油管理区（Petroleum Administration for Defense Districts，PADD）源于第二次世界大战期间汽油限购令。美国本土的原油和成品油市场划分为五个PADD管理区，分别为东海岸PADD 1区，中西部PADD 2区，墨西哥湾PADD 3区，落基山脉PADD 4区以及西海岸PADD 5区。

欧洲成品油市场，根据交通基础设施、批发零售市场和原油供应来源等，分为西北欧（North West Europe，NWE）、地中海（Mediterranean，MED）和中东欧（Central and Eastern Europe，CEE）。

国际石油市场统计数据以此来分区。

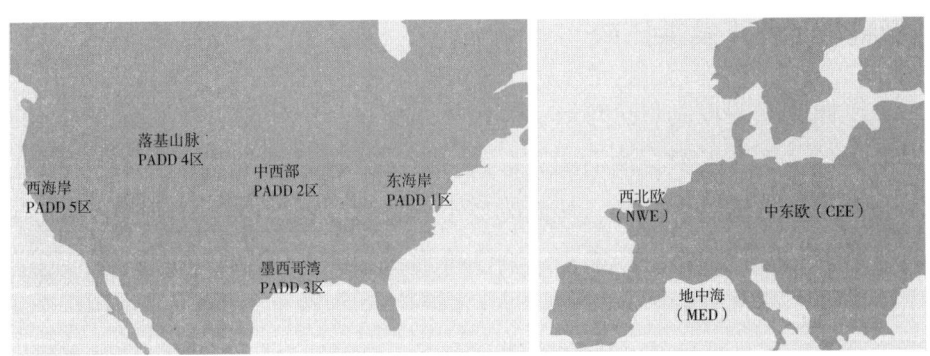

欧美区域石油市场（2022）

资料来源：美国能源信息署，欧盟，捷诚能源。

美国 PADD 3 区占美国市场比例

飓风等自然灾害对美国能源化工行业之所以影响大，是因为墨西哥湾以及 PADD 3 区聚集了美国主要的海上油气田、炼油化工生产基地、能源进出口设施、集输管道、风光等新能源项目。得克萨斯州铁路委员会（Texas Railroad Commission）曾对油价有重要的影响。

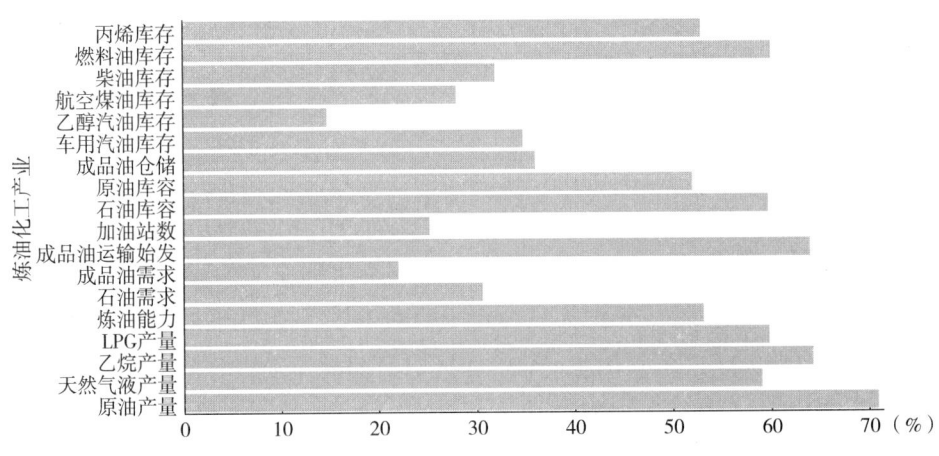

美国 PADD 3 区占美国市场比例（2021）

资料来源：美国能源信息署，美国交通统计局，捷诚能源。

石油产业链及各环节计量单位

分析国际石油市场一大难点是计量计价单位众多，换算繁杂。原油单位通常为美元/桶，需要换算成吨、加仑等单位。成品油单位更加多样化，美国为美元/加仑，亚洲为美元/吨或美元/桶，而欧洲为欧元/吨。

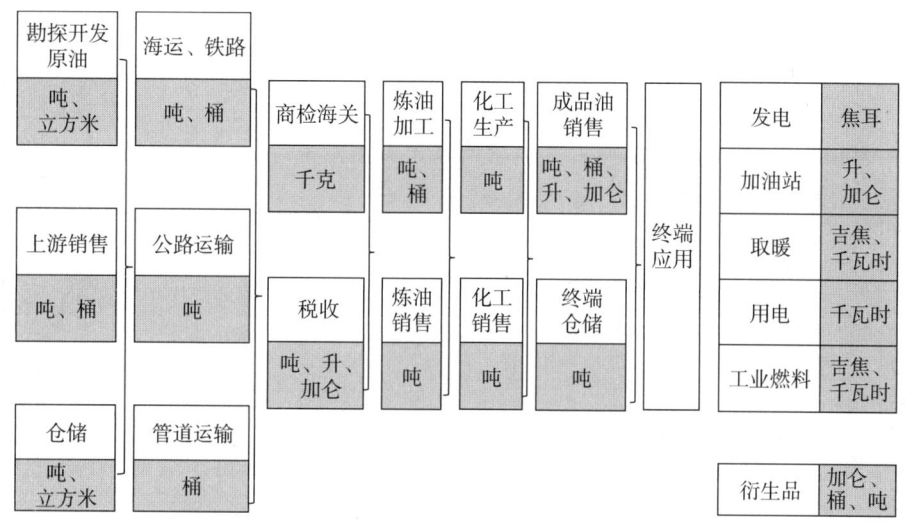

石油产业链及各环节计量单位示意图（2022）
资料来源：国际能源署，美国能源信息署，英国石油，联合国，捷诚能源。

美国石油产业链格局

页岩油气革命首先能在美国发生，这与其市场开放与市场参与者充分竞争不无关系。美国石油产业链完整、参与者众多、规模庞大、基础设施发达。上万家高度专业化的公司在美国竞争性市场上不断创新。

美国石油产业链格局（2020—2022）

勘探开发环节	处理与集输系统	炼油化工和仓储环节	石油产品需求
历史油井数 465.3 万口	商业港口 360 个	炼厂 129 座	加油站 15.3 万座
原油活跃井数 37.33 万口	商业深水港 150+ 个	乙醇汽油生产厂 197 座	加油便利店 66568 家 新注册登记车辆 1184 万辆
天然气活跃井数 35.56 万口	石油港口 334 个	生物柴油生产厂 75 座	销售油品便利店 12.2 万家 汽车销售量 340 万辆
油气生产设施 16000 座	国家公路里程 23 万英里	天然气液处理厂 114 座	传统油加油站 2.6 万座 卡车注册登记 1.561 亿辆
独立油气生产商 6751 家	铁路原油终端 94 个	天然气处理厂 478 座	便利店 15.1 万家 轻型卡车销售量 1100 万辆
国际石油公司 8 家	铁路里程 16 万英里	化工企业 13000+ 家	LPG 加注站 3062 座 重型卡车销售量 40.95 万辆
大型独立生产商 18 家	货运铁路 575 条	基础材料生产设施 1277 个	加气站 CNG1563 座，LNG114 座 机动车销售量 1500 万辆
中型独立生产商 35 家	内河和沿海航道 12000 英里	石化生产设施 230 多座	生物柴油 722 座，乙醇汽油 3840 座 天然气汽车注册登记 17.5 万辆
页岩产区 45 个	运河 13000 英里	乙烯裂解装置 30 座	加氢站 63 座 燃料电池车注册登记 1.1 万辆
生产井 50 万口	水道 41 条	化工产品 70000 多种	充电设施 97600 座 电动车注册登记 180 万辆
海上区块 58319 个	液体管道运营商 551 家	战略储备六 60 个	通用航空飞机 20.498 万架 住宅 1.41 亿套
有效租约 2275 个	原油州际管道 57467 英里，州内管道 27758 英里	石油产品库 1484 座	航班次数 1640.5 架次 家庭 1.29 亿个
在产租约 523 个	原油配送管道 5701.20 英里，州内储罐 3351 个	成品油库 1500 多座	公用机场 5082 座 发电厂 9414 个
海上油气生产平台 4000 座	成品油州际管道 53182 英里，州内管道 11152 英里	汽柴油库 14551 座	通用机场 14551 座 在役核电站 55 座，核反应堆 94 座
墨西哥湾生产平台 560 座	成品油配送管道 5.4 万英里，州内储罐 4962 个	乙醇汽油库 1200+ 座	机场 19633 座 太阳能光伏板 147 万块
墨西哥湾生产非定向钻机 11 台	天然气液管道 70000 多英里	跨境管道入口 47 个	航空公司 59 家 太阳能设施 2916 座
墨西哥湾定向钻机 15 台	生物燃料州际管道 1.7 万英里，州内管道 16.7 英里	跨境卡车出入口 8 个	民航飞机 5882 架 风机 63003 台

资料来源：公开资料，捷诚能源。

美国石油产业链供需流向图

从上游原油供应到终端消费,下图是美国石油产业链供需流向图。

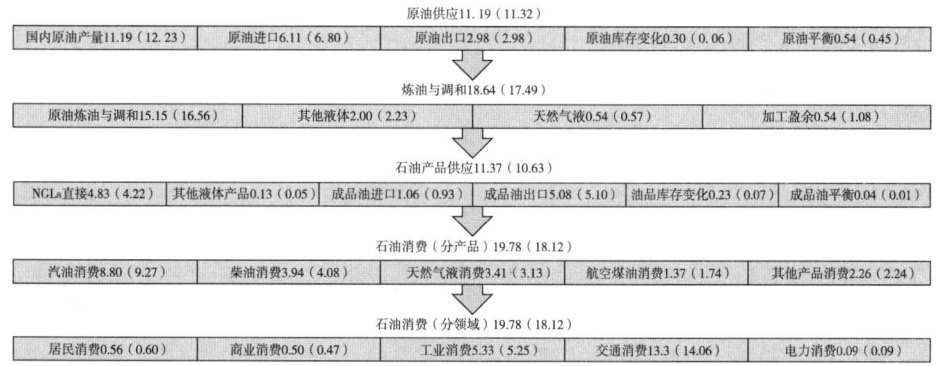

美国石油产业链供需流向图(2020—2021)

注:2021(2020),单位:百万桶/日。
资料来源:美国能源信息署,捷诚能源。

石油市场供需格局

大宗商品是实物现货资产(Physical and spot assets)而不是预期资产(Anticipatory assets),首先受供需关系驱动,也会受需求增长率驱动。市场供需格局决定了油价的长期走势。

世界石油供需格局

石油市场供需格局决定了油价的长期走势。世界石油供需总体平衡,而供应一般随着需求的变化而变化。如供不应求,则价格上涨,从而减少需求,市场回归平衡。

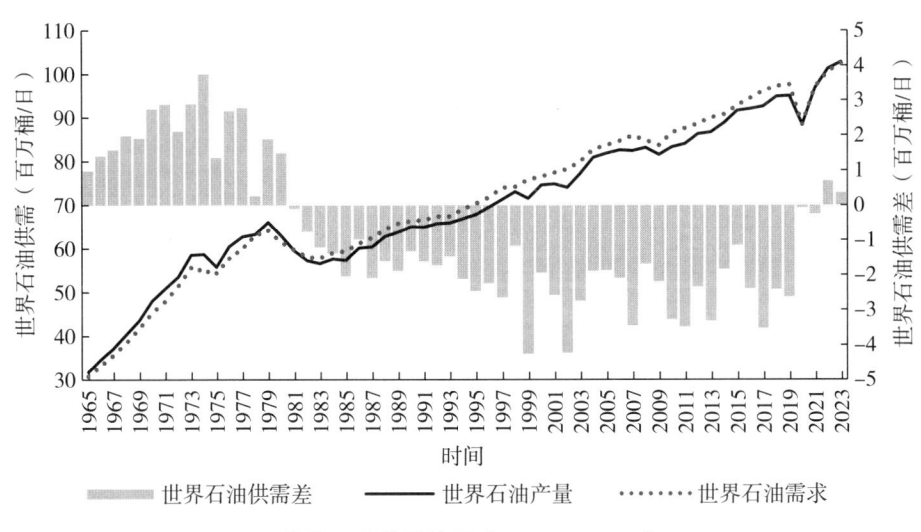

世界石油供需格局（1965—2023）

资料来源：国际能源署，英国石油，捷诚能源。

世界石油产量增幅与油价弹性关系

油价是产量的函数，供应弹性影响价格。当原油供应增速放缓，供应弹性减弱，供需会紧平衡。弹性大，容易消化吸收外部冲击，价格波动小。长期以来，资源方对油价影响要大于消费方，但在逐渐减弱。

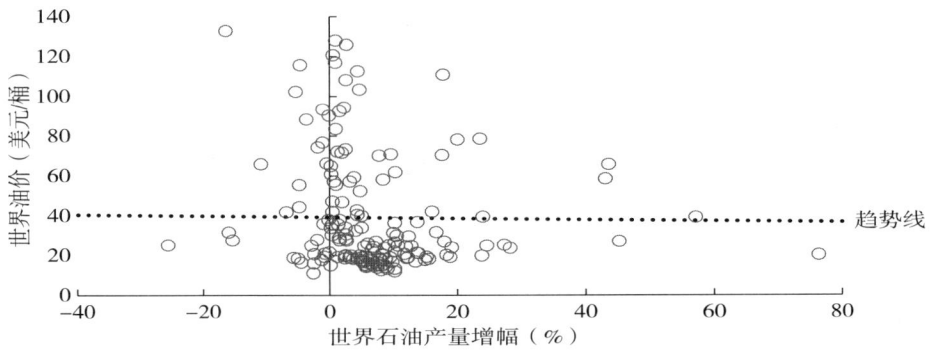

世界石油产量增幅与油价弹性关系（1860—2023）

资料来源：壳牌，英国石油，美国能源信息署，欧佩克，《新编世界含油气盆地图集》，捷诚能源。

世界石油需求增幅与油价弹性关系

长期以来，消费者别无选择地接受用能成本的高低。过高的油价将毁灭或减少长期需求（Demand destruction），从而通过商业库存和富余产能来实现再平衡。在 20～100 美元/桶，世界石油需求增幅对油价的弹性很低。能源的替代竞争在改变弹性。

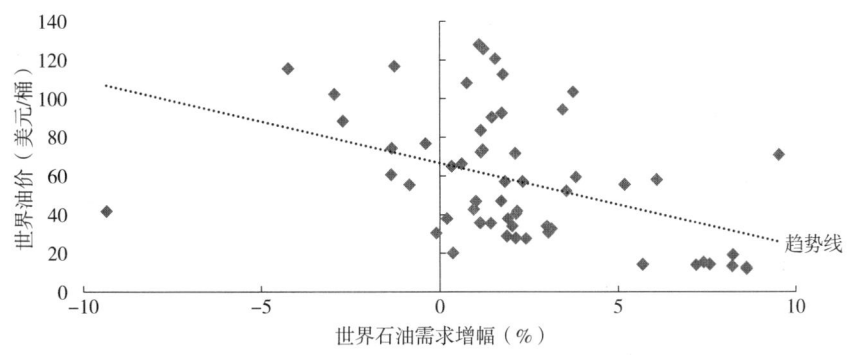

世界石油需求与油价弹性关系（1965—2023）

资料来源：英国石油，美国能源信息署，高盛研究部，捷诚能源。

世界石油需求

在不同情景下，世界石油需求到 2060 年总体呈下降趋势，降幅区别大。

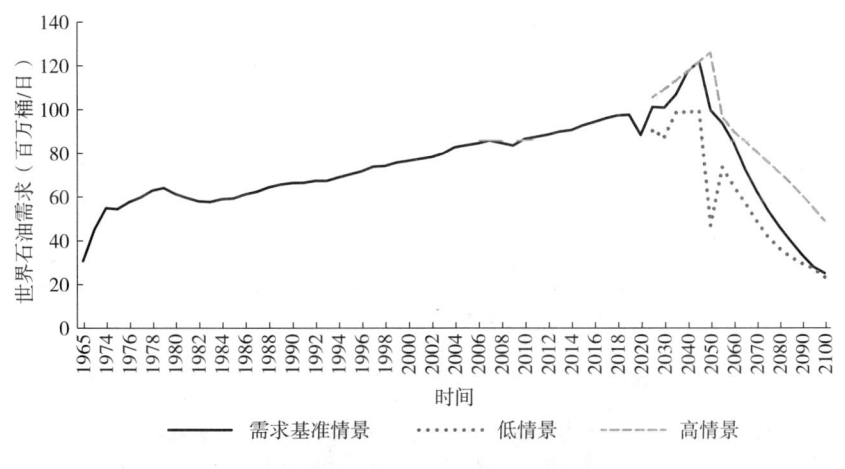

世界石油需求（1965—2100）

资料来源：壳牌，英国石油，美国能源信息署，捷诚能源。

世界石油需求增幅

世界石油需求平均增幅为118万桶/日，一般超过100万桶/日，油价上行压力加大。

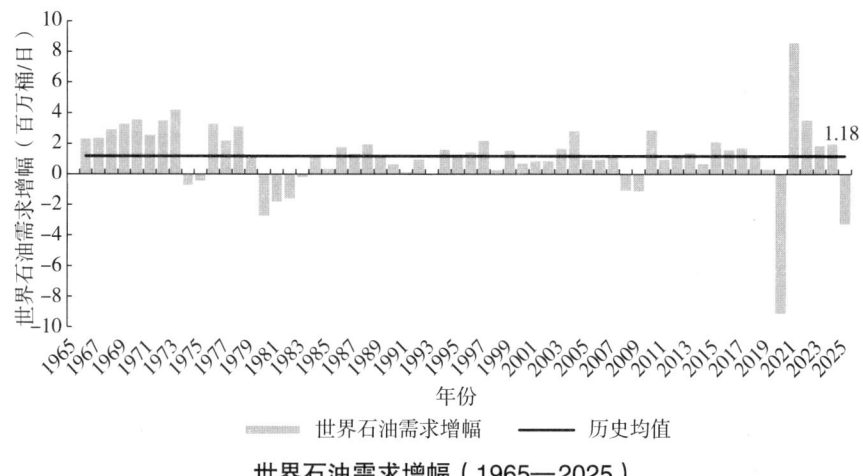

世界石油需求增幅（1965—2025）

资料来源：壳牌，英国石油，美国能源信息署，捷诚能源。

世界石油产量

世界石油产能和产量间的差额不等同于富余产能。在不同情景下，世界石油产量到2100年前大幅下降。

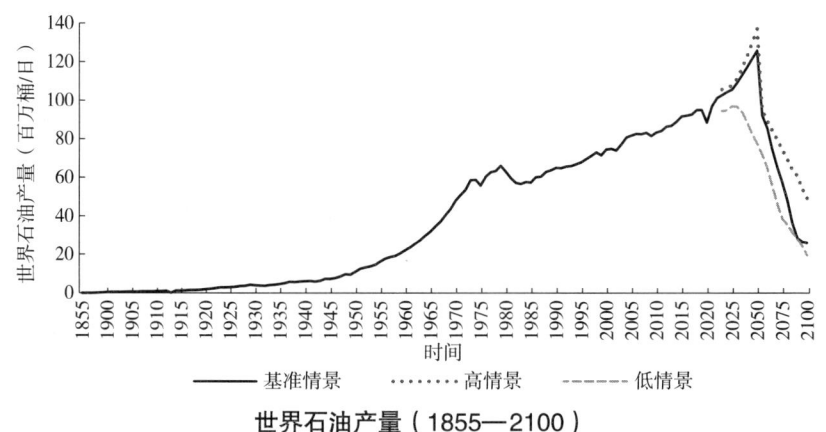

世界石油产量（1855—2100）

资料来源：壳牌，英国石油，美国能源信息署，欧佩克，《新编世界含油气盆地图集》，捷诚能源。

世界石油产量增幅

世界石油产量增幅通常高于需求增幅。1900年—2100年，世界石油产量平均增幅为2.88%。

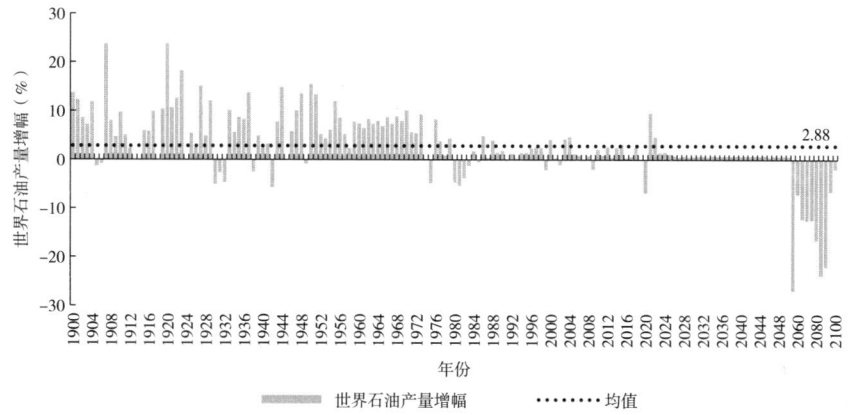

世界石油产量增幅（1900—2100）

资料来源：英国石油，欧佩克，《新编世界含油气盆地图集》，捷诚能源。

全球区域石油需求峰值

1970年之后，各国和地区石油需求逐步达峰（横坐标数字为达峰年份）。

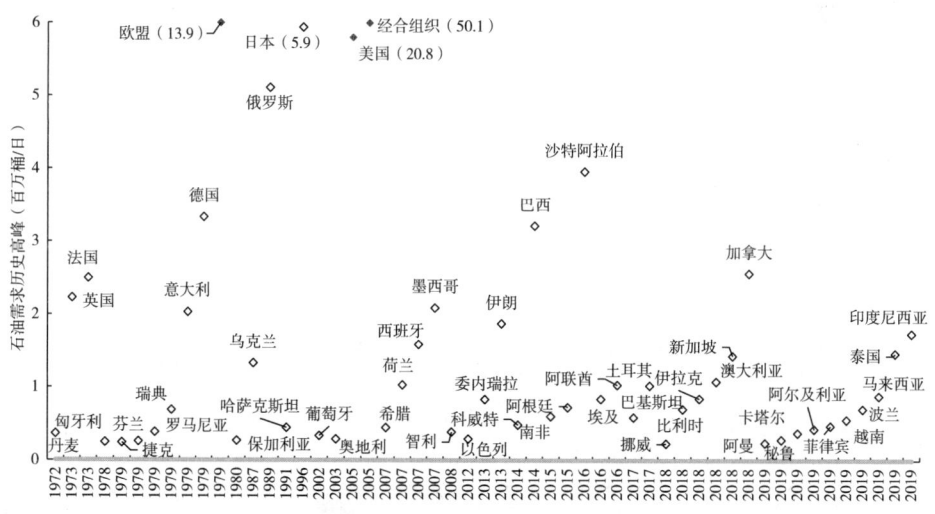

石油需求历史高峰（1972—2019）

资料来源：英国石油，国际能源署，捷诚能源。

全球区域石油产量峰值

1970年之后,各国和地区石油产量逐步达峰(横坐标数字为达峰年份)。

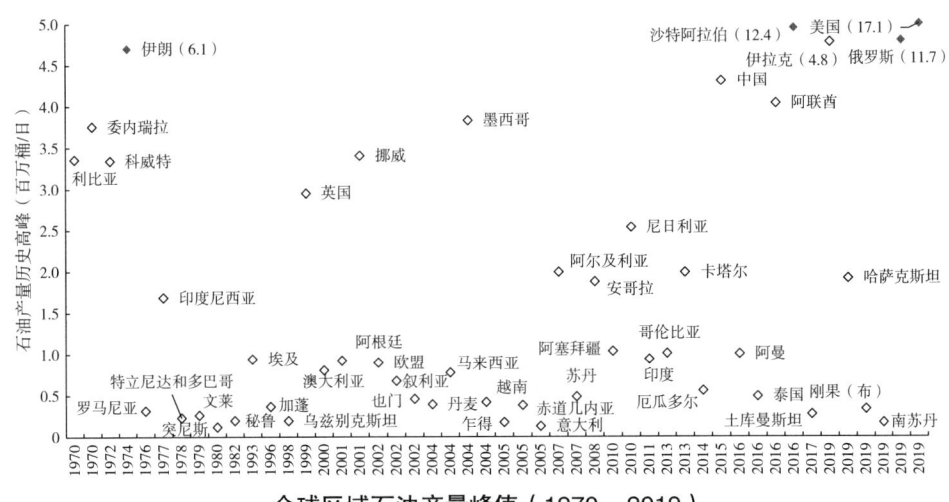

全球区域石油产量峰值(1970—2019)

资料来源:英国石油,国际能源署,捷诚能源。

美国能源供需和进出口

2019年,美国回归成为能源净出口国,实现所谓的能源独立,能源供需拐点出现。

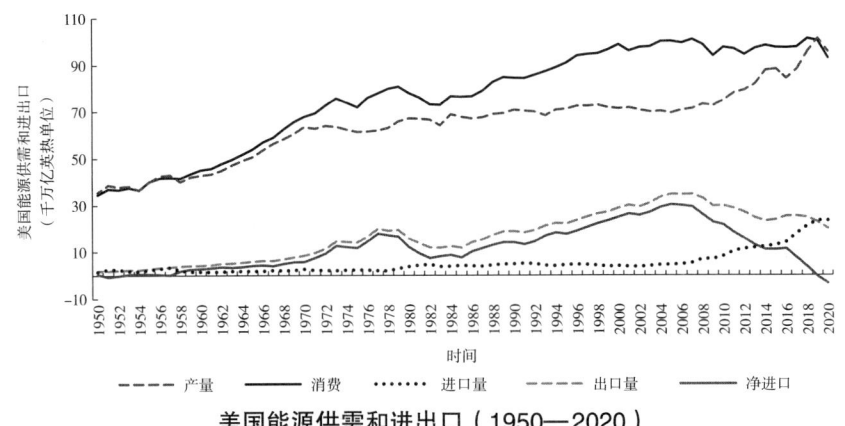

美国能源供需和进出口(1950—2020)

资料来源:美国石油信息署,捷诚能源。

美国石油供需和进出口

2020年,美国石油实现净出口,石油供需拐点出现。

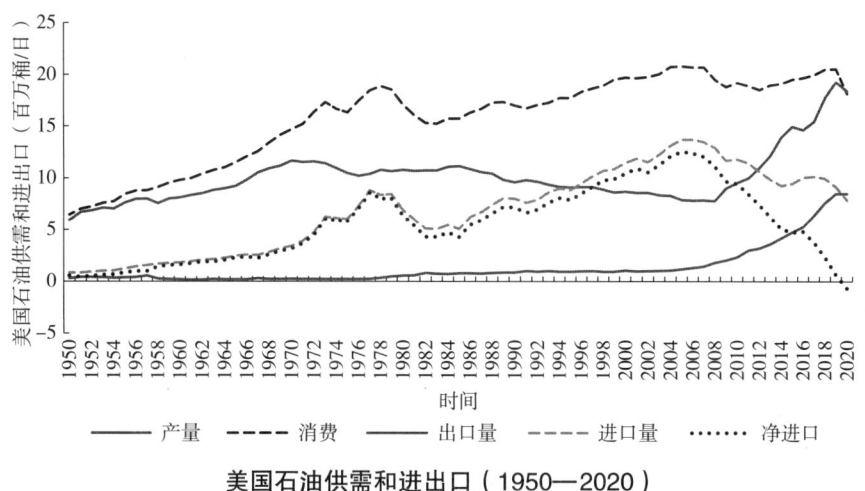

美国石油供需和进出口(1950—2020)

资料来源:美国石油信息署,捷诚能源。

中国石油供需和进出口

1949年以来,中国石油供需不断增加,进口量逐年上升,而出口量总体呈下降趋势。

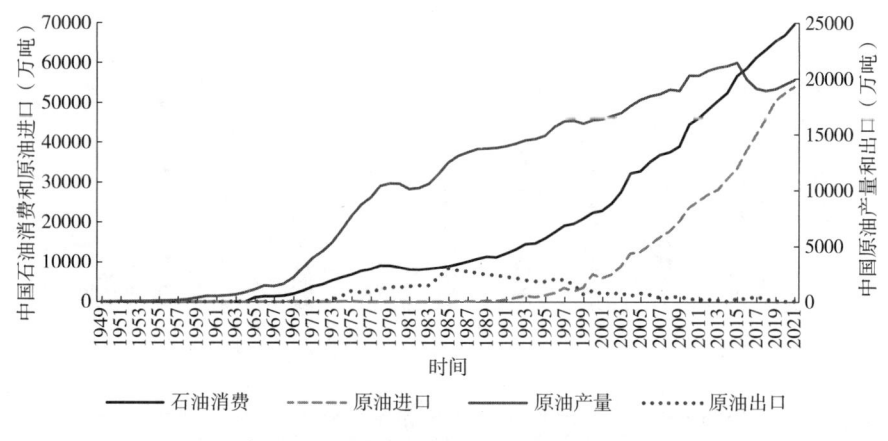

中国石油供需和进出口(1949—2021)

资料来源:中国国家统计局,中国国家发展改革委,中国海关总署,捷诚能源。

石油公司液体产量增幅

2014年油价下跌之后,国际石油公司纷纷增产,而2019年后,普遍减产,应对能源转型和新冠肺炎疫情。

石油公司液体产量增幅(2012—2021)(单位:%)

	2012	2013	2014	2015	2016	2017	2018	2019	2020	2021
埃克森美孚	-5.49	0.78	-4.13	11.08	0.85	-3.47	-0.74	5.30	-1.55	-2.55
英国石油	-4.73	-2.00	-4.82	4.69	2.04	10.35	-3.05	0.91	-4.75	-7.36
壳牌	-3.13	-6.18	-4.08	1.42	23.64	3.04	1.10	4.23	-3.89	-3.82
雪佛龙	-4.60	-1.87	-1.27	2.05	-1.43	0.23	3.42	4.66	0.16	-2.89
道达尔	-0.49	-4.34	-11.40	19.63	2.75	5.90	16.34	6.77	-7.72	-2.79
埃尼	4.38	-5.56	-0.60	9.66	-3.30	-2.96	3.76	0.68	-5.51	-3.45
挪威石油	1.70	-1.93	1.08	3.37	-1.80	-0.44	-0.61	-2.92	1.91	-3.93
中国石油	3.15	2.06	1.35	2.80	-5.27	-3.66	0.37	2.14	1.10	-3.41
中国石化	2.04	2.45	7.38	-3.13	-13.36	-3.13	-1.87	-1.36	-1.41	-0.16
中国海油	4.87	19.80	4.75	17.95	-3.54	-1.67	0.76	7.05	1.80	8.24

资料来源:各公司年报,美国证监会,捷诚能源。

石油公司液体产量占油气当量比例

国际石油公司纷纷提出向低碳能源转型,加大天然气的产量。国际石油公司液态产量在油气当量中的比例普遍高于50%。

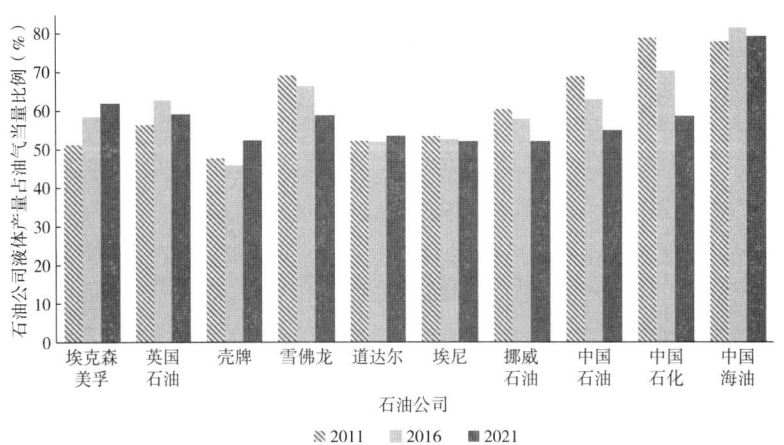

石油公司液体产量占油气当量比例(2011—2021)

资料来源:各公司年报,美国证监会,捷诚能源。

> **经典观点与经验分享**

徐为民　国家发展改革委价格成本调查中心成本监审二处处长

随着我国价格改革的逐步深入，目前政府定价范围，主要集中在网络型自然垄断环节、重要的公用事业和公益性服务领域，初步建立了"准许成本＋合理收益"的科学定价制度，因而，依据准确的成本成为政府合理制定价格的关键。

标杆成本和标准成本都源于企业管理理论提出的概念。标杆成本是指企业根据自身市场定位，以同行先进企业或者竞争企业的成本为标杆，通过与本企业产品成本进行比较、分析和判断，从而促使本企业不断降低成本，提高竞争力，实现进入成本先进企业行列或者超越成本竞争企业的目标。标准成本是指在正常情况下制造产品的实际成本，是有效经营条件下发生的一种目标成本，也叫"应该成本"。企业为加强成本预算控制而广泛应用标准成本控制系统。

在标准成本的基础上能进一步制定出标杆成本。标准成本有三种具体形式：一是正常标准成本，是指根据正常的工作效率、生产能力利用程度和正常价格等条件制定的标准成本；二是现实标准成本，是指根据适用范围合理的耗费量及价格和生产能力利用程度等条件制定的切合实际情况的标准成本；三是理想标准成本，是指根据现有生产条件所能达到的最优水平制定的标准成本，这种成本通常难以全面运用。正常标准成本是基准的标准成本；现实标准成本由于结合具体实际情况才可以有效推行，成为"跳起来够得着"的目标成本；而理想标准成本则是少数企业才能够达到的先进成本，与标杆成本的内涵相同。因此，在制定标准成本的基础上自然也就制定出了标杆成本。正常的标准成本是企业实际成本的众数区间，超过其上限，即可作为先进的标杆成本；低于其下限的，即为落后成本。

政府定价监管重点转移到确定定价成本上，表明政府价格管理已经提升到深入企业内部经营过程监管的新水平上。应用标准成本确定政府定价成本代表着进一步完善成本监管的正确方向。

经典观点与经验分享

单卫国　中国石油经济技术研究院天然气市场所书记

国际社会调节油价，常用的手段包括库存的动用（Stock）、全球选择性采购（Selective purchase）、制裁手段（Sanction）和罢工手段（Strike）等所谓的"4S"理论。

（一）库存的动用。20世纪80年代以来，世界各国纷纷建立并动用了大量石油库存。这对抑制过高的油价起到了重要作用。90年代以来，石油消费国动用库存的频率不断提高。1991年1月17日至2月18日第一次海湾战争期间，国际能源署每天向市场提供250万桶原油，其中200万桶来自库存，其余50万桶来自节约，有效地抑制了油价的猛涨。1月17日战争爆发时，由于动用了库存，美国WTI油价跌至21.44美元/桶，次日又跌至19.25美元/桶。

石油消费国在和平时期也频繁动用库存，一般是二三季度增添库存，一四季度动用库存。正是由于这种季节性调节动用库存，国际石油市场呈现"旺季不旺、淡季不淡"的景象。

（二）全球选择性采购。炼油厂及石油交易商出于利润的考虑，在全球范围内采购原油。

（三）制裁手段。冷战期间，国际社会运用经济制裁只限于南非等极少数国家。伴随着冷战的结束，国际社会使用石油禁运等经济制裁手段频繁。

（四）罢工手段。约翰·刘易斯是知名的能源市场分析专家，也是美国著名的煤矿工会领袖，提出了基于库存的罢工理论。

前两种是压低油价，而后两种是抬升油价。综上所述，说明世界石油市场是可以控制的，同时说明油价不可能太高或太低，应保持适当的水平。

第3章

基本面的平衡
供应及其缓冲器

供需基本面决定了油价的长期趋势。实体供需基本面的失衡是价格波动的关键原因。石油供应来源的构成和持续变化影响长期油价的方向，不同供应的弹性影响油价的波动区间。分析供应时，考虑资源、储量和资源国产量、富余产能、钻井压裂、采收率和递减率等因素。

石油资源与储量

常规油田生命周期

石油产业链始于上游油气田勘探开发，主要流程包括地质勘查、物探、钻井、录井、测井、固井、完井、射孔、采油、修井、增采、运输和油气集输与处理直至弃置等环节，形成环环相扣、相互依存、密不可分的全生命周期。

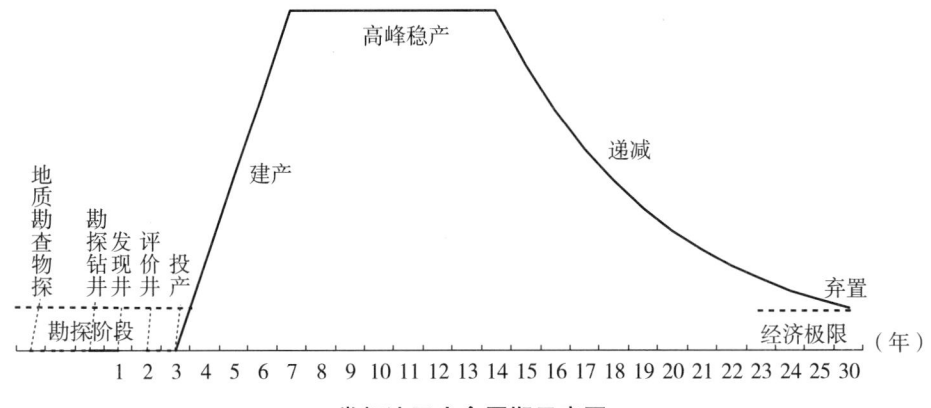

常规油田生命周期示意图

资料来源：《石油地质、勘探、钻井和生产非技术指南》《石油工业概论》，捷诚能源。

全球区域含油气盆地数量

含油气盆地指具有商业价值的、有油气的盆地,是油气生成、运移、聚集的基本单位。全球含油气盆地约 500 个。

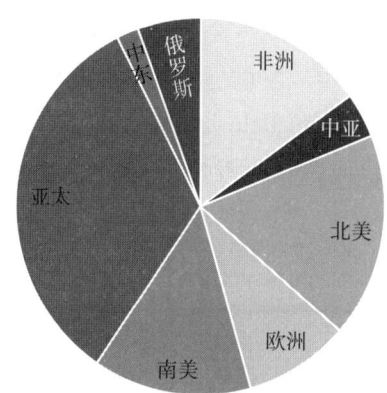

全球区域含油气盆地(2019)

资料来源:中国石油勘探开发研究院,国际能源署,捷诚能源。

世界油气田不同阶段数量

截至 2020 年年底,全球油气资源主要分布在六大地区 130 多个国家。全球油气田数量为 16282 个,其中油田 9318 个、气田 6964 个。

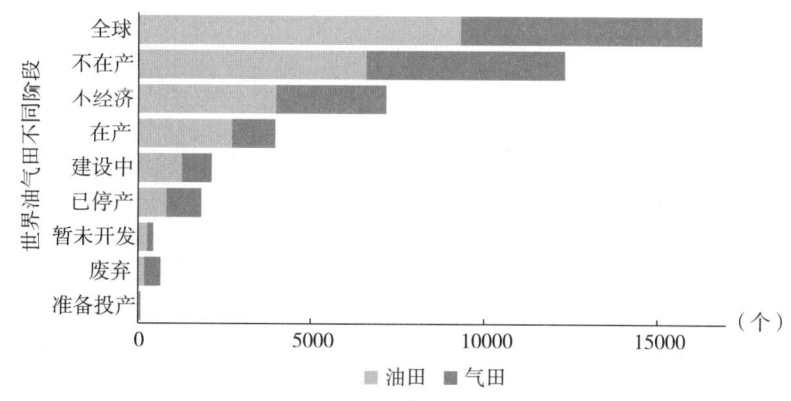

世界油气田不同阶段数量(2020)

资料来源:全球油气勘探开发形势及油公司动态,中国石油勘探开发研究院,捷诚能源。

世界大油气田发现数量和储量

截至2021年年底,全球共发现大油气田近1100个。世界上对大油气田的划分并没有统一的标准,一般按照储量来划分。大油气田(Giant field)通常指最终可采储量大于5亿桶油当量的油气田,其中大于50亿桶油当量的称为超级大油气田(Super-giant field),大于100亿桶油当量的称为巨型大油气田(Mega-giant field)。1970年前后"黄金时代"的发现支撑到了2004年的石油供应,从而维持了相对稳定的边际成本。

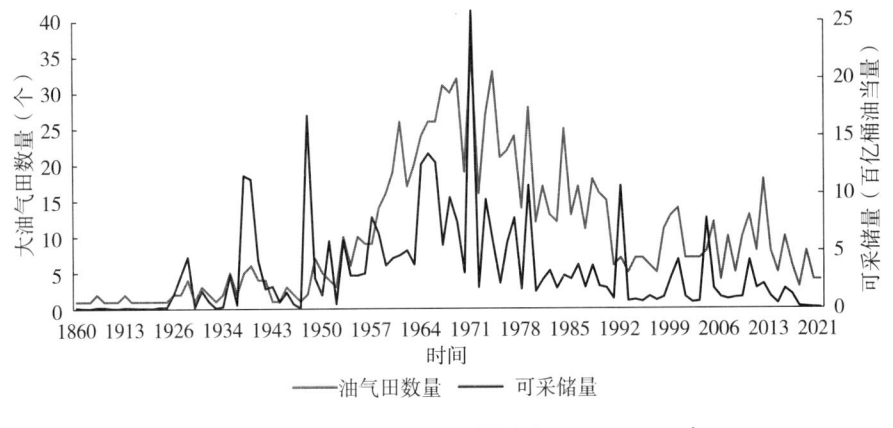

世界大油气田发现数量和储量(1860—2021)

资料来源:中国石油勘探开发研究院,国际能源署,捷诚能源。

中国油气田盆地和已探明油气田

1949年前,中国陆上有油田和气田各3个,累计探明石油地质储量0.3亿吨,探明天然气地质储量不足4亿立方米。截至2020年年底,中国已探明油气田1060个(其中油田771个、天然气田289个),累计生产石油73.5亿吨。2020年,中国石油产量1.95亿吨,其中,产量大于1000万吨的盆地有渤海湾(含海域)、松辽、鄂尔多斯、准噶尔、塔里木和珠江口盆地,合计1.81亿吨,占全国总产量的92.6%。

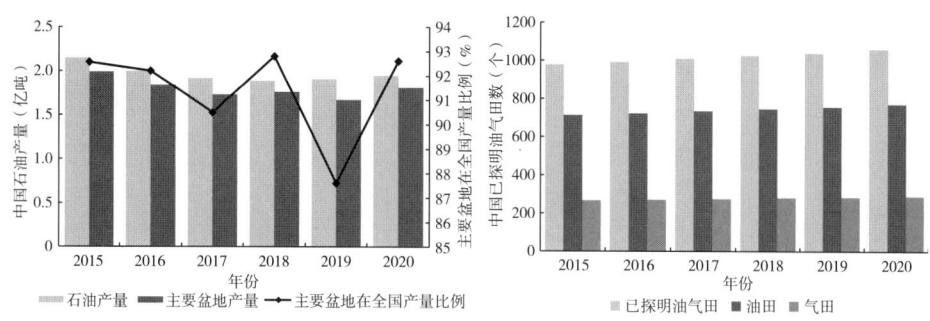

中国油气田盆地和已探明油气田（2015—2020）

资料来源：中国自然资源部，捷诚能源。

石油资源储量分类

证实油气储量是指在现行经济和技术（操作）条件下，地质和工程资料表明将来从已知油气藏中能以合理的确定性采出的原油、天然气和天然气液的数量。油气储量是动态的，需要考虑开发生产新进展、产品价格、合同期限、技术进步或开发方案等因素。

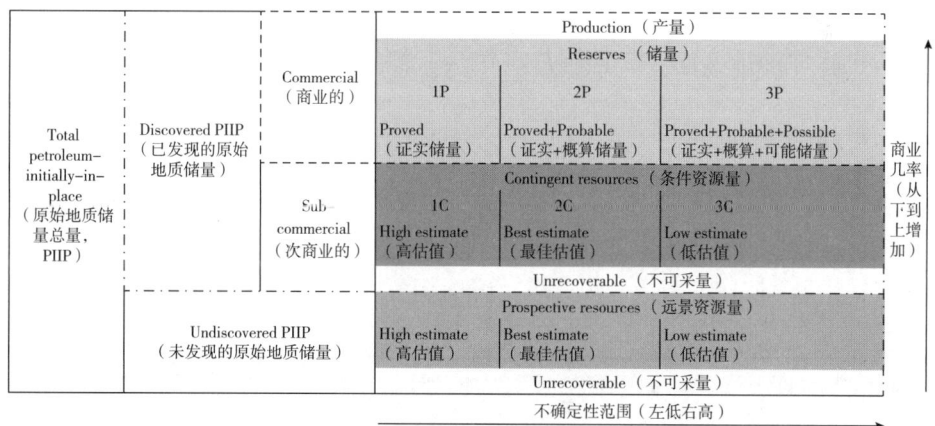

石油资源储量分类示意图

资料来源：石油工程师协会，世界石油大会，震旦能源，油气矿产资源储量分类，捷诚能源。

全球区域资源和储量分布

常规原油资源以中东为主,致密油以北美为主,天然气液以中东和北美为主,超稠油和沥青以北美和拉美为主,油页岩以北美为主。可采资源量总体集中在北美、中东和中亚俄罗斯。

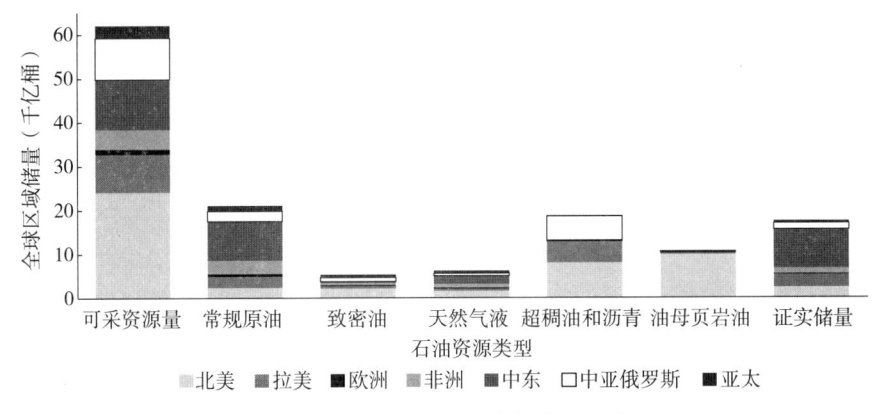

全球区域资源和储量分布(2021)

资料来源:国际能源署,捷诚能源。

世界石油证实储量及增速

世界原油证实储量总体增加,但是,储量增速放缓。

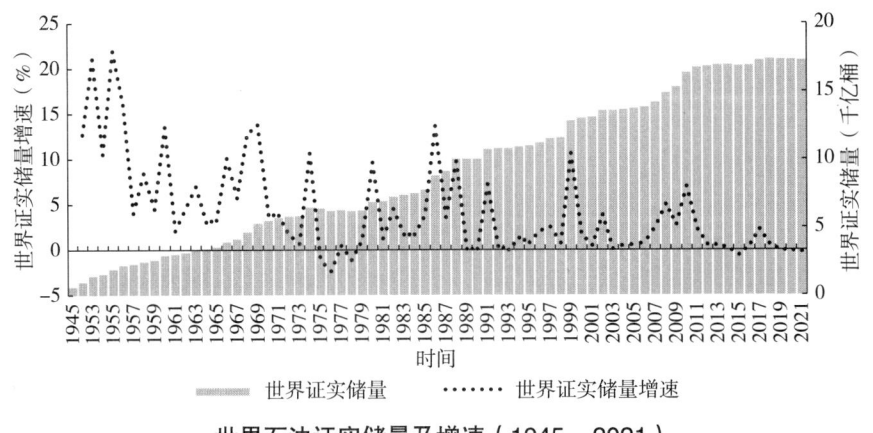

世界石油证实储量及增速(1945—2021)

资料来源:英国石油,欧佩克,国际能源署,捷诚能源。

全球区域石油储采比

石油储采比是年末石油剩余储量除以当年产量,即剩余可采储量按当年开采水平尚可开采的年数。由于地缘政治等原因,委内瑞拉等国家产量大幅下降,导致储采比大幅上升。

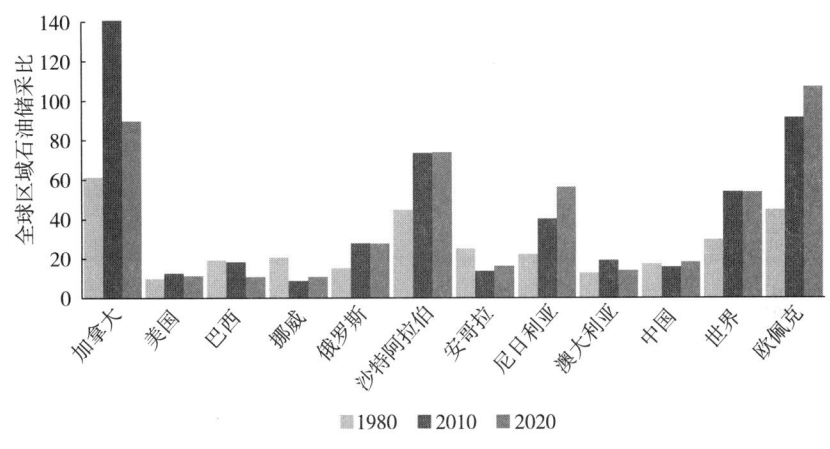

全球区域石油储采比(1980—2020)

资料来源:英国石油,中国国家统计局,捷诚能源。

世界证实储量开采比例

2040年之前,世界化石能源证实储量的大多数有可能留在地下,不会被开采。

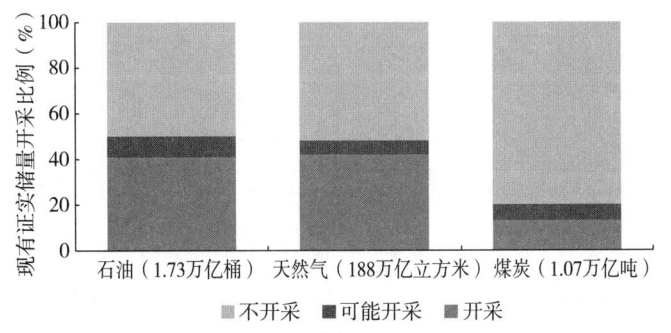

世界证实储量开采比例(2018—2040)

资料来源:国际能源署,英国石油,捷诚能源。

石油供应类型与产量

石油供应的定义随着对资源认知的演变和技术的进步而不断调整。石油供应的分类可按照原油品质、常规或非常规资源、油藏类型、开发阶段、陆地或海上、天然或合成等多种方式。本书聚焦原油、致密油、凝析油、天然气液、生物燃料、稠油（重油）、油砂、油页岩、煤制油和天然气制油等。

世界原油供应资源类型

石油资源并不匮乏，但是低成本常规资源的供应不足。非常规油气突破了储层物性下限与传统圈闭找油理念，降低了勘探风险。

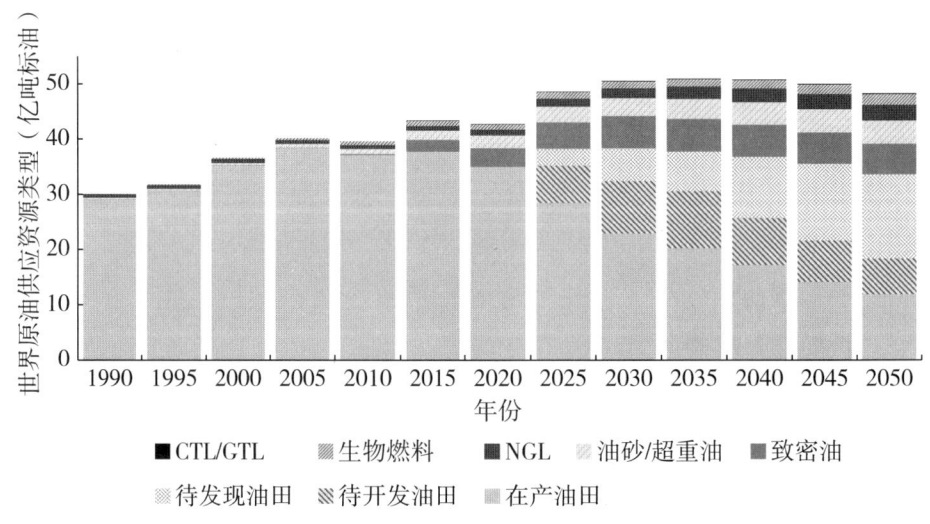

世界原油供应资源类型（1990—2050）

资料来源：中国石油经济技术研究院，捷诚能源。

美国石油产量来源

2012年以来，美国天然气液产量不断上升，可占美国石油产量的25%。

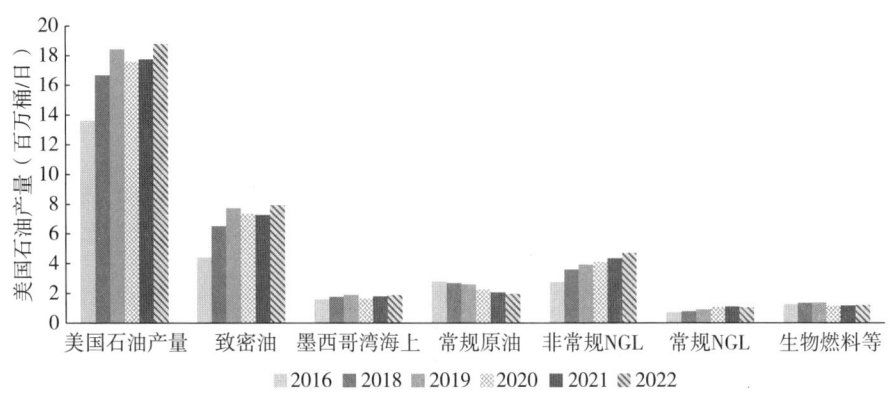

美国石油产量来源（2016—2022）

资料来源：美国能源信息署，欧佩克，捷诚能源。

美国石油产量来源构成

美国石油产量来源构成中，常规资源占比下降，而致密油和天然气液不断增长。

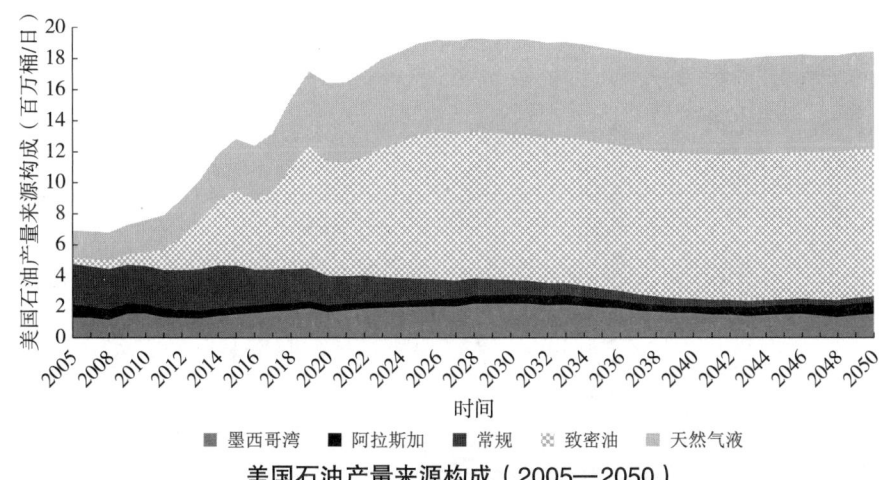

美国石油产量来源构成（2005—2050）

资料来源：美国能源信息署，欧佩克，捷诚能源。

全球区域陆上和海上原油产量

国际上一般定义水深在300米以内的海域为浅水，300～1500米为深水，大于1500米为超深水。海洋开采推动全球原油产量不断增长。截至2021年年底，全球海域在产油气田约2600个，在建油气田约190个，日产油气4000多万桶油当量。

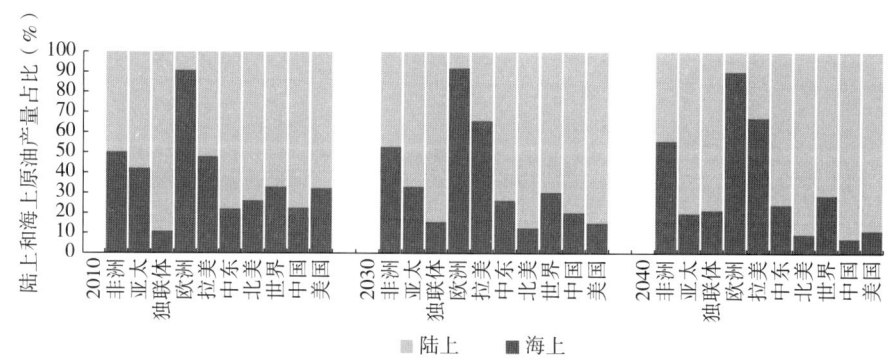

全球区域陆上和海上原油产量（2010—2040）

资料来源：国际能源署，中国石油勘探开发研究院，捷诚能源。

世界近海和深水石油产量

世界近海石油产量在2040年前总体呈增长趋势，深水（Deepwater）石油产量在2055年前总体呈增长趋势。

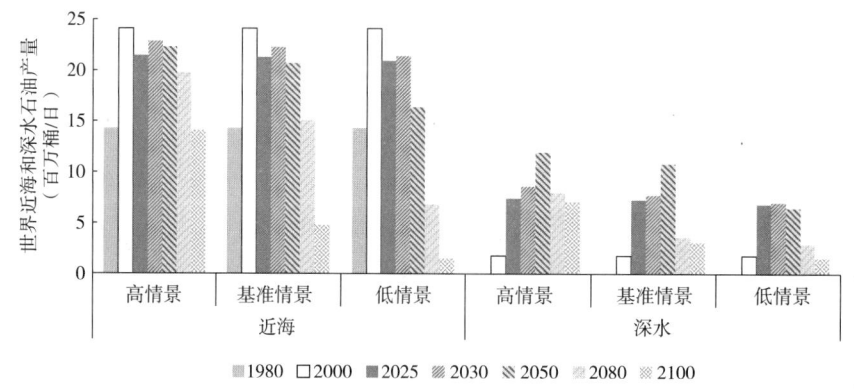

世界近海和深水石油产量（1980—2100）

资料来源：壳牌，捷诚能源。

北极石油产量

北极石油开发存在不确定性,对全球产量增量的潜在贡献大。

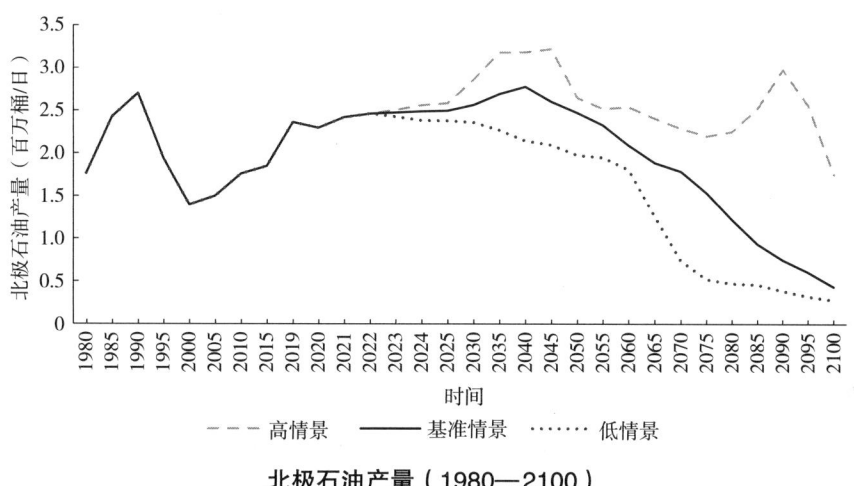

北极石油产量(1980—2100)

资料来源:壳牌,捷诚能源。

美国海上原油产量

美国海上原油产量主要以墨西哥湾为主,占美国产量可高达30%。美国海上禁采区尚有大量潜在资源。

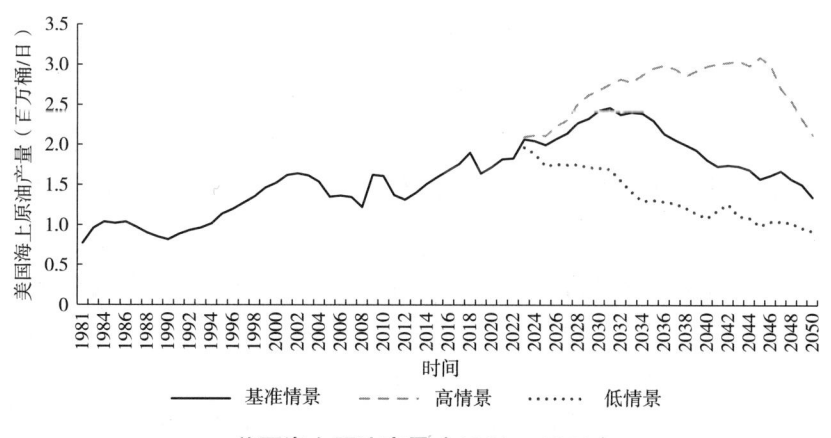

美国海上原油产量(1981—2050)

资料来源:美国能源信息署,捷诚能源。

中国海洋原油产量

1967年，中国第一口探井海1井喷出工业油流。中国渤海、东海和南海在产油田约150个。海洋原油产量是中国石油产量的增长点。

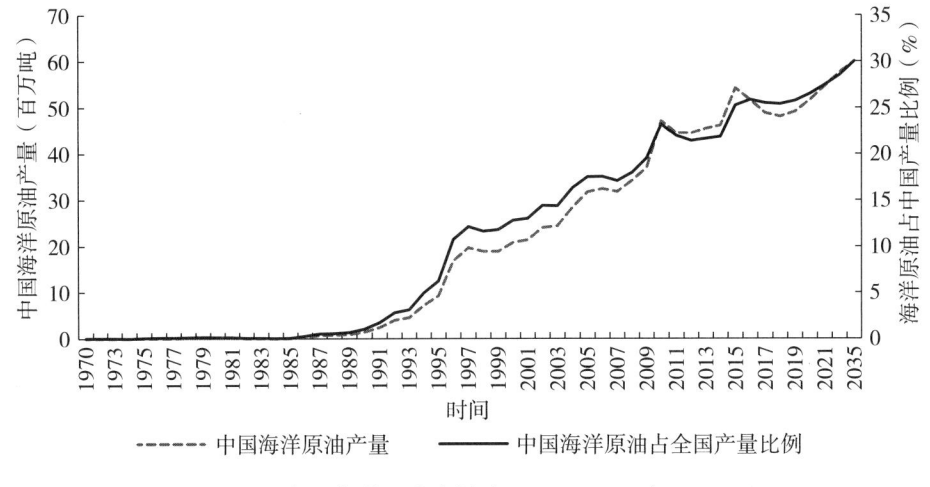

中国海洋原油产量（1970—2035）

资料来源：中国自然资源部，中国海洋经济统计公报，中国海油，捷诚能源。

世界和中国致密油产量

页岩气改变了全球天然气市场，页岩油改变了全球石油市场。页岩代表了短开发周期产量。页岩油（Shale oil）和致密油（Tight oil）的表达常混用。致密油的广义概念包括致密砂岩油、致密页岩油、致密煤层油。而致密油的狭义概念专指致密砂岩油。国内最新定义页岩油（含致密油）是富含有机质页岩层系烃源岩内或与之相邻的粉砂岩、细砂岩或碳酸盐岩，覆盖基质渗透率≤0.1mD（空气渗透率小于1mD）等储集层中的石油。从储层密度来说，页岩油是"磨刀石中的磨刀石"。

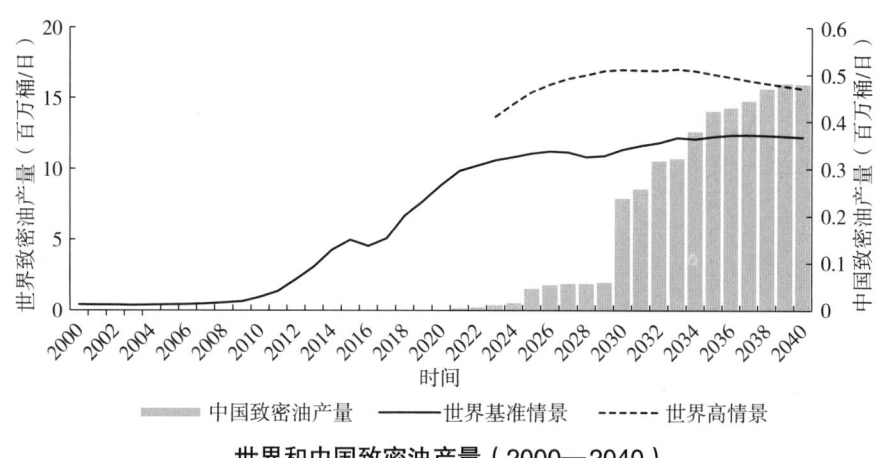

世界和中国致密油产量（2000—2040）

资料来源：美国能源信息署，欧佩克，捷诚能源。

美国致密油产量里程碑

美国率先实现页岩油（致密油）商业开发。2012年，先锋资源公司在二叠盆地的第一口水平井成功，标志着美国页岩油革命的爆发。2003年，戴文公司成功应用水力压裂技术和水平井技术开采地下页岩气，标志着页岩气革命的爆发。

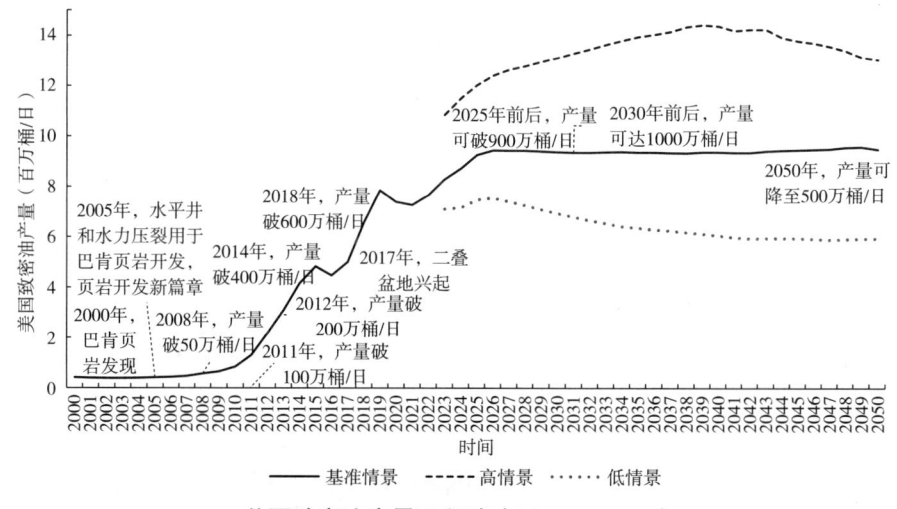

美国致密油产量里程碑（2000—2050）

资料来源：美国能源信息署，《能源新版图》，捷诚能源。

美国页岩产区原油产量

美国页岩主产区中,二叠盆地称为超级盆地,是美国产量增长的主产区,也是重点投资区域。

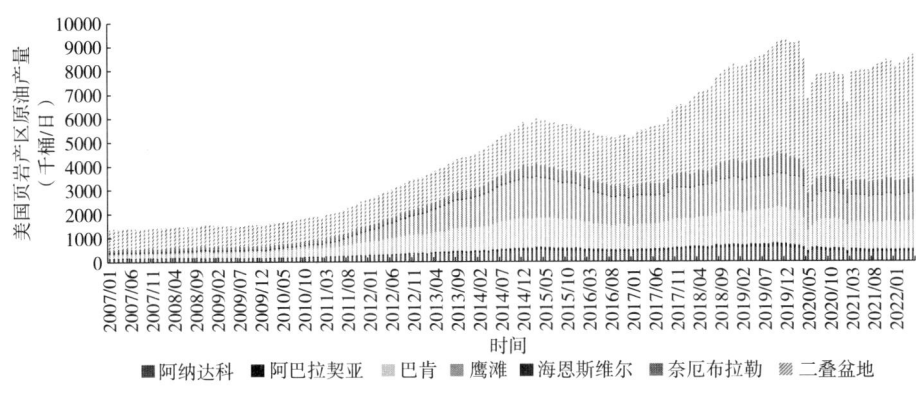

美国页岩产区原油产量(2007—2022)

资料来源:美国能源信息署,捷诚能源。

世界稠油和沥青产量

国内最新定义油砂是,在油藏温度下,黏度 > 10000 兆帕/秒,API 度 < 10 的石油。重油(稠油)的定义是,在油藏温度下,黏度 100～10000 兆帕/秒,10 < API 度 < 20 的石油。油砂(Oil sands)和致密油很多时候互补。加拿大油砂开采成本经常被用作长期边际油价。

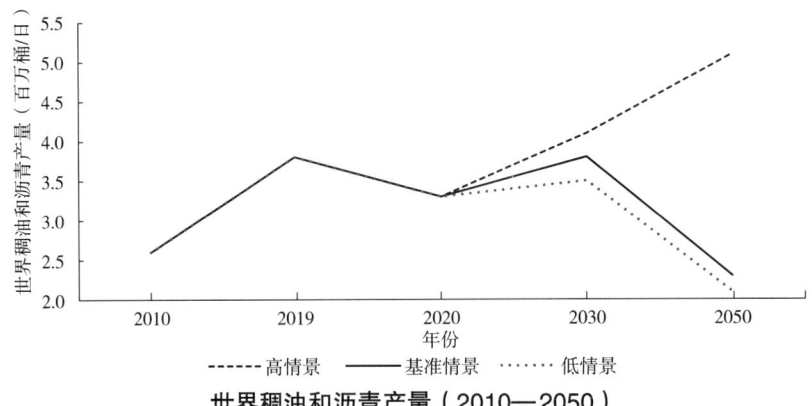

世界稠油和沥青产量(2010—2050)

资料来源:国际能源署,美国能源信息署,捷诚能源。

世界和中国油页岩产量

油页岩（Oil shale）又称油母页岩或干酪根石油，是含有干酪根形式有机质的高灰分固体可燃沉积岩。油页岩干酪根是一种蜡状富烃物质，被认为是石油的前体。油页岩可直接燃烧或通过加热处理提取页岩油，含油率大于3.5%，有机质含量较高，可制成汽柴油或作为燃料油。全世界油页岩分布广泛，油页岩资源量十分丰富。第二次世界大战期间，油页岩得以大力开采。

中国油页岩资源丰富。1949年之前，抚顺已生产页岩油。1958年3月22日，茂名露天矿第一次产出页岩油，1980年油页岩年产达到400万吨的规模，到1992年停产，共开采1.02亿吨油页岩，炼出292万吨页岩油，一般每吨页岩可提炼60～70千克页岩油。

煤制油和天然气制油产量

煤炭和天然气作原料可加工为汽柴油、航空煤油、石脑油等合成油。合成制油起源于第二次世界大战前的德国。1955年，南非开始制作合成染料。20世纪70年代，合成油开始商业化销售。煤制油（Coal to liquids，CTL）和天然气制油（Gas to liquids，GTL）的供应存在很大的摇摆性。

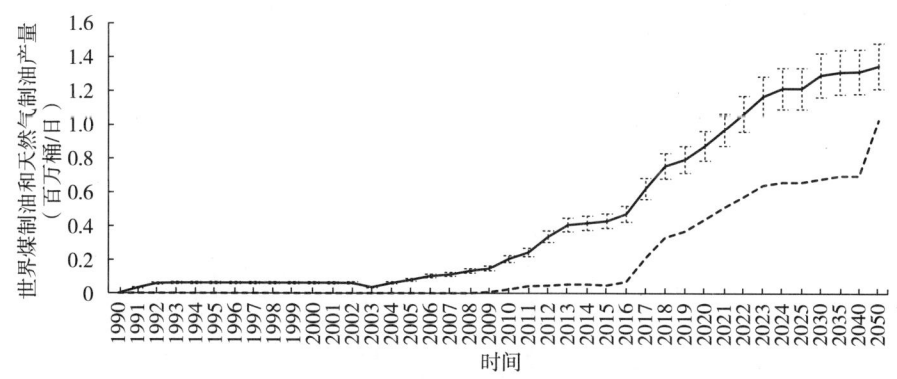

世界煤制油和天然气制油产量（1990—2050）

资料来源：国际能源署，美国能源信息署，捷诚能源。

世界凝析油供需

凝析油（Condensate）和天然气液很相似，但是凝析油碳链较长，两者经常混用。全球凝析油供应主要来自伊朗、卡塔尔、阿联酋、沙特阿拉伯、澳大利亚、尼日利亚、阿尔及利亚、印度尼西亚、利比亚等国。

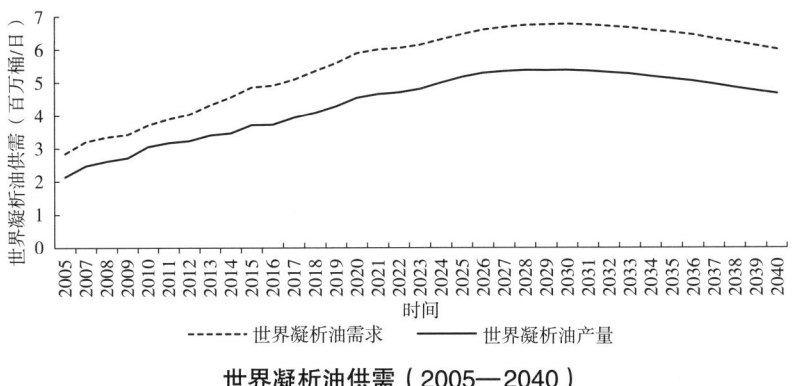

世界凝析油供需（2005—2040）

资料来源：国际能源署，美国能源信息署，捷诚能源。

世界天然气液产量

天然气液（Natural gas liquids，NGLs）作为非炼厂的原料和燃料，直接供应到终端市场。全球天然气液供应大约60%来自于天然气田。美国天然气液供应大约75%来自于天然气田。美国用于化工原料的乙烷和丙烷等天然气液不断增长。

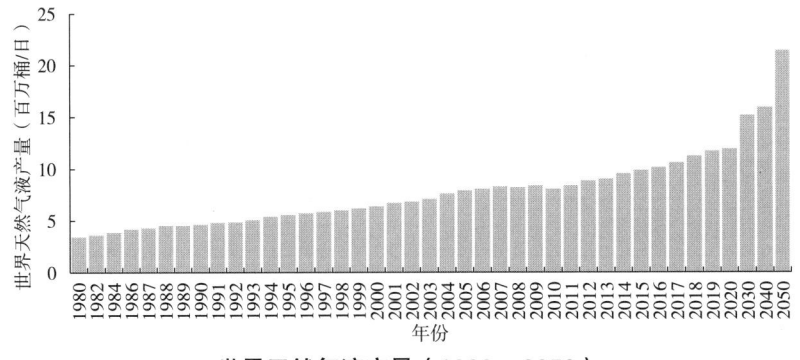

世界天然气液产量（1980—2050）

资料来源：国际能源署，美国能源信息署，英国石油，捷诚能源。

美国天然气液产量

作为美国页岩革命的副产品,美国天然气液的产量和影响逐渐上升。

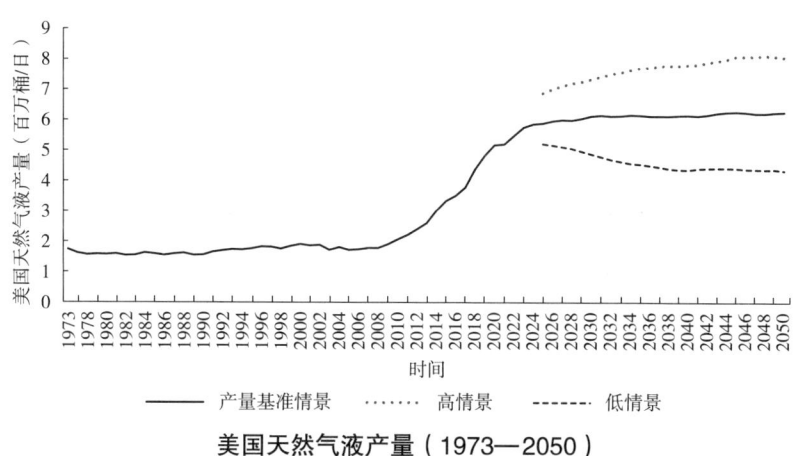

美国天然气液产量(1973—2050)

资料来源:美国能源信息署,捷诚能源。

美国天然气液产量构成

天然气液在美国石油产量的比例不断上升,主要包括乙烷、丙烷、正丁烷、异丁烷和天然汽油等。

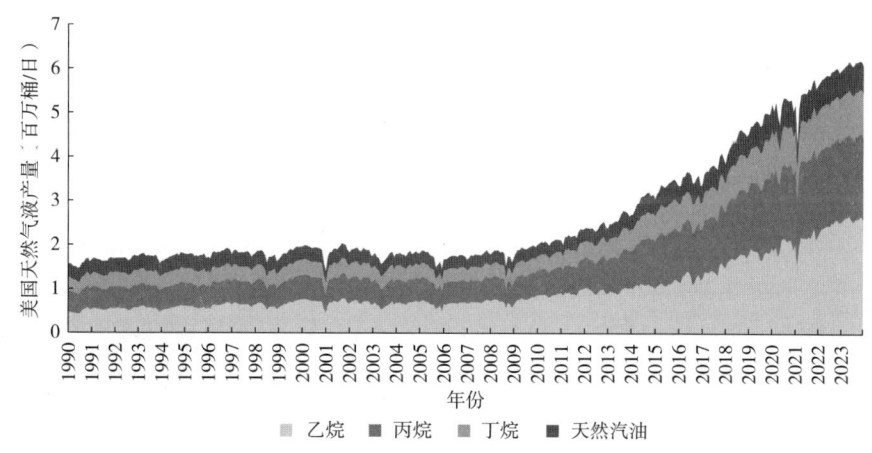

美国天然气液产量构成(1990—2023)

资料来源:美国能源信息署,捷诚能源。

天然气液组分构成

气田生产出来的天然气，分为干气和湿气。当甲烷含量超过95%，天然气被定义为干气，此外，还包括天然气液等。

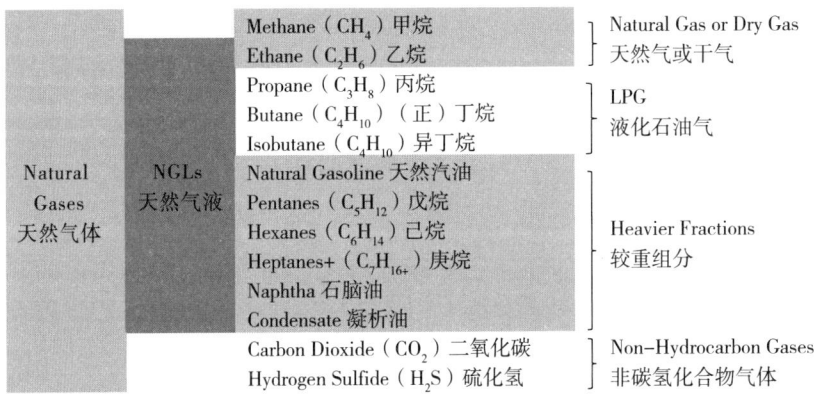

天然气液组分构成

资料来源：美国能源信息署，美国能源部，英国石油，捷诚能源。

天然气液产业链

天然气液在井口分离时，通常是气态，在储运和使用时，通常是液态。天然气液基本是纯度产品（Purity products，仅含一种分子），在炼厂不需要额外加工。美国天然气液国内消费和国际出口均大幅上升。

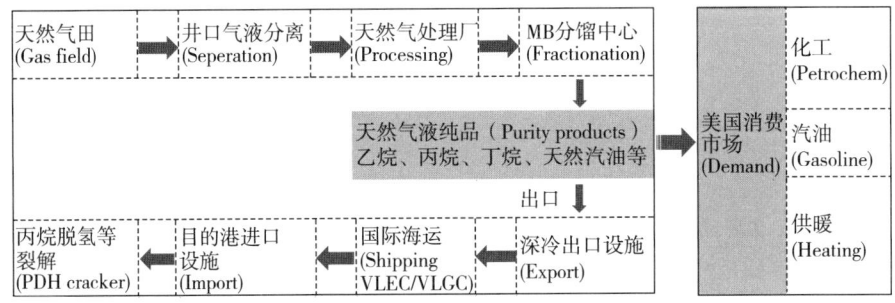

天然气液产业链示意图

资料来源：美国能源信息署，捷诚能源。

油井类型、产量与供应弹性

美国石油供应市场量取决于油价水平。测算美国石油供应变化的指标包括在钻钻机数、已钻井未完井数、压裂活动、边际井数、"孤儿井"数、加密井数、衰减率、初始产量、单井效率等。这些指标和欧佩克富余产能具有供应弹性（Supply elasticity），可适应供需的变化而调节市场，在一定程度上起到了供应缓冲器的作用。商业库存和战略储备是最重要的供需缓冲器，在其他章节中专门论述。

美国油气井数量和石油产量

在一次开采时，当油层通过油井与地面连通后，井口是低压而井下是高压，在压差的作用下，像挤海绵一样将在地层里的石油从油层挤到油井中，并举升到地面。美国约有 10 万口油气井，支撑 1000 多万桶/日石油产量。水平井数量不断增加。

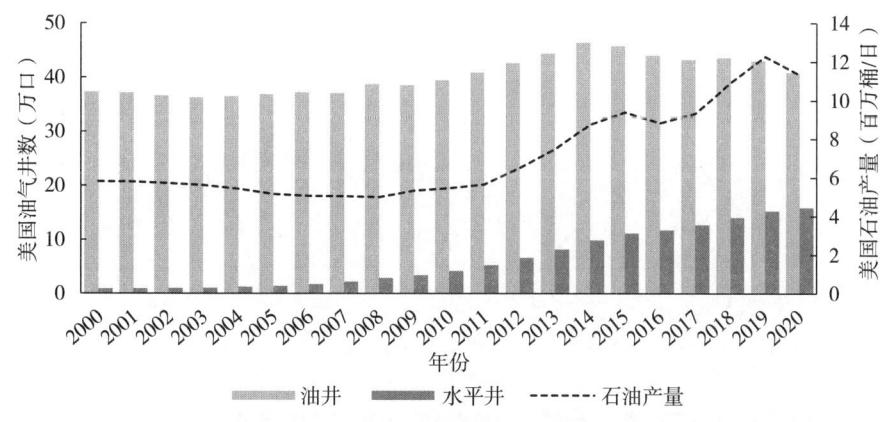

美国油气井数量和石油产量（2000—2020）

资料来源：美国能源信息署，捷诚能源。

美国页岩产区单台钻机产量

地质认知、油气富集区生产、技术进步以及工艺成熟等因素提升了钻井效率和单井产量。单台钻机日产量可达 2500 桶。

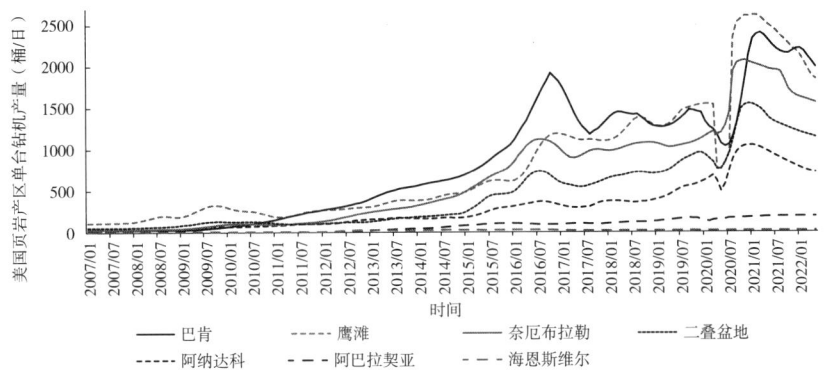

美国页岩产区单台钻机产量（2007—2022）

资料来源：美国能源信息署，捷诚能源。

美国页岩产区已钻但未完井与油价

当油价持续低迷时，在美国页岩产区，已钻至目标层但未完井的油井（Drilled but uncompleted wells，DUCs）会增加。DUC 井的产量变化直接影响美国油气供应速度的快慢、产量规模和市场供需稳定性。钻井和完井之间一般滞后两三个月，DUC 和完井的比值体现了产量的反应速度和规模，影响短期市场供需。

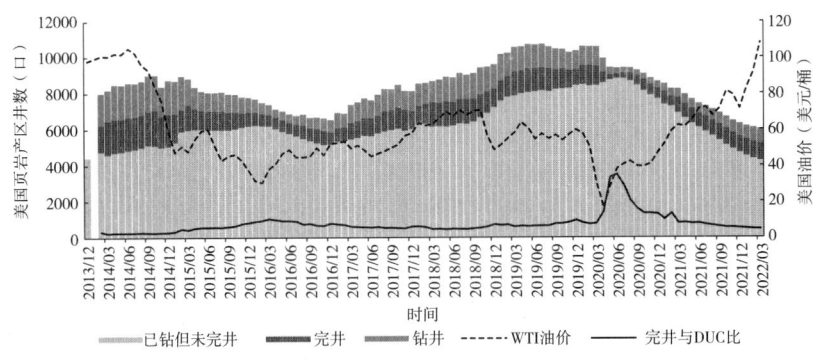

美国页岩产区已钻但未完井与油价（2013—2022）

资料来源：美国能源信息署，捷诚能源。

美国页岩已钻但未完井与原油月差

美国原油期货月差的变化直接影响原油产量，页岩油气生产商通过调整已钻但未完井来应对短期油价的预期变化。

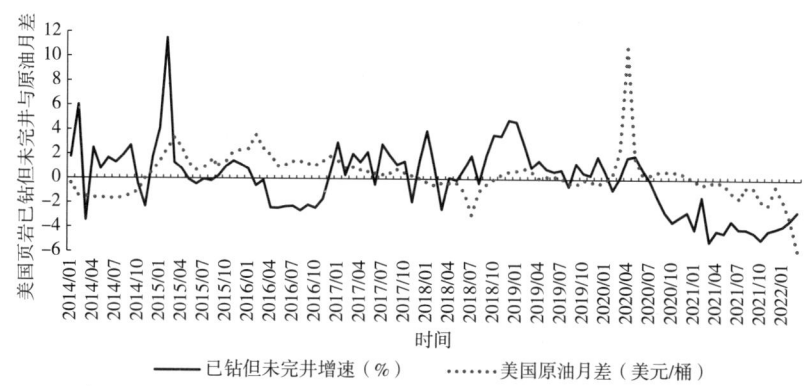

美国页岩产区已钻但未完井与原油月差（2014—2022）

资料来源：美国能源信息署，美国联邦储备委员会，捷诚能源。

美国边际井数和油井生产效率

边际井（Stripper well）通常指日产低于 10 桶（1.6 立方米）的油井和低于 6 万立方英尺（2000 立方米）的气井，即将达到经济下限。边际油井数量占到美国油井的 80%，生产约 10% 的美国原油。

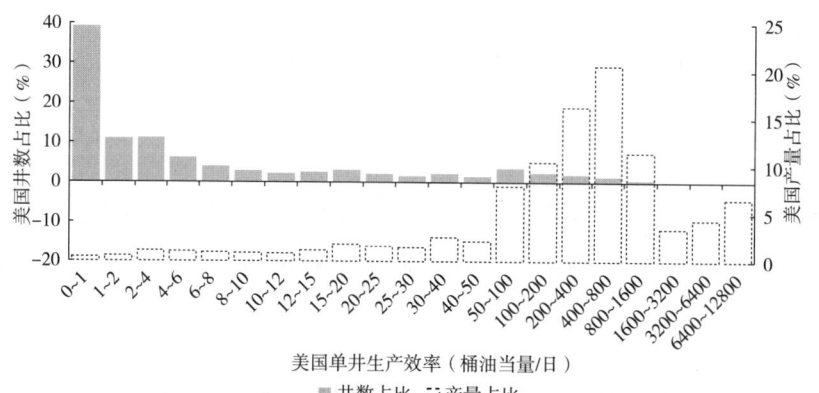

美国边际井数和油井生产效率（2020）

资料来源：美国能源信息署，捷诚能源。

美加"孤儿井"数量

当一口井达到其经济极限要被废弃时,作业者通常会封井回填,相关单井成本可达 10 万美元。但实际上,北美有很多废弃井无人去负责封填,而是直接被遗弃,造成对空气、土地和地下水的污染以及对周边生活和健康的影响。自 1859 年以来,这样的"孤儿井"(Orphan well)占美国总井数的比例居高不下。

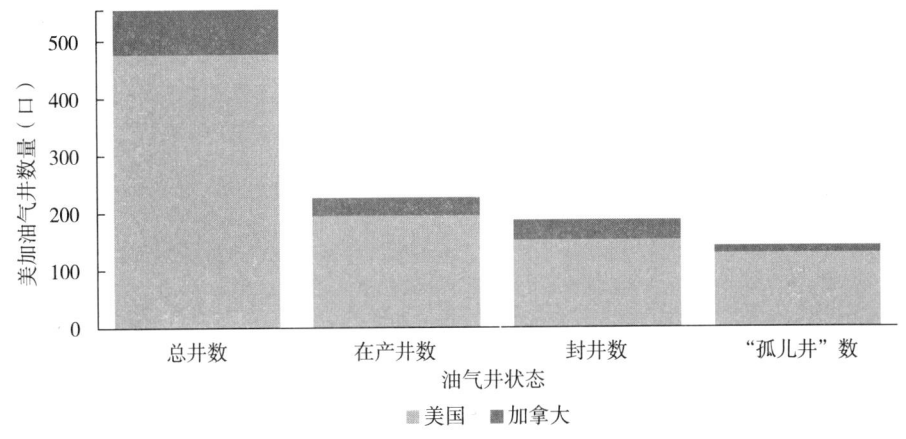

美加"孤儿井"数量(2022)

资料来源:美国环保协会,州际油气契约委员会,美国环保部,美国科学促进会,捷诚能源。

油田加密钻井

在已开发油田投产 5~10 年后,特别是海上油田受平台井位已满或生产空间有限的情况下,当现有井网适应性变差时,通过补打加密井(Infill drilling),加密调整井网,来提高采收率、增加可采储量和加快开采。

在钻钻机、压裂机组与油价

美国陆上油气钻完井成本近期主要包括钻机和钻井液（15%）、压裂泵和设备（24%）、支撑剂（14%）、套管和泥浆（11%）和其他成本。

美国在钻钻机数与原油产量增幅

美国原油陆上在钻（从开钻至目标层）钻机数（Active rig count）的增减会影响美国原油产量，是产量变化的先导指标，两者相关性很高。

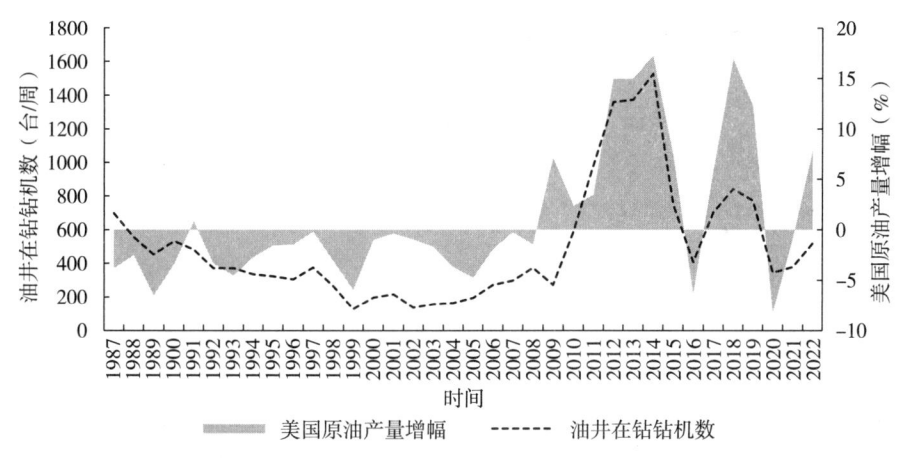

美国在钻钻机数与原油产量增幅（1987—2022）

资料来源：贝克休斯公司，美国能源信息署，捷诚能源。

美国在钻钻机数变化和油价变化

油价变化后，美国陆上在钻钻机数会延迟变化，特别是在油价变化三四个月内，陆上钻井活动才会有所反应。美国陆上在钻钻机数与油价相关性较高，但是对油气价格反应不像过去那么敏感。

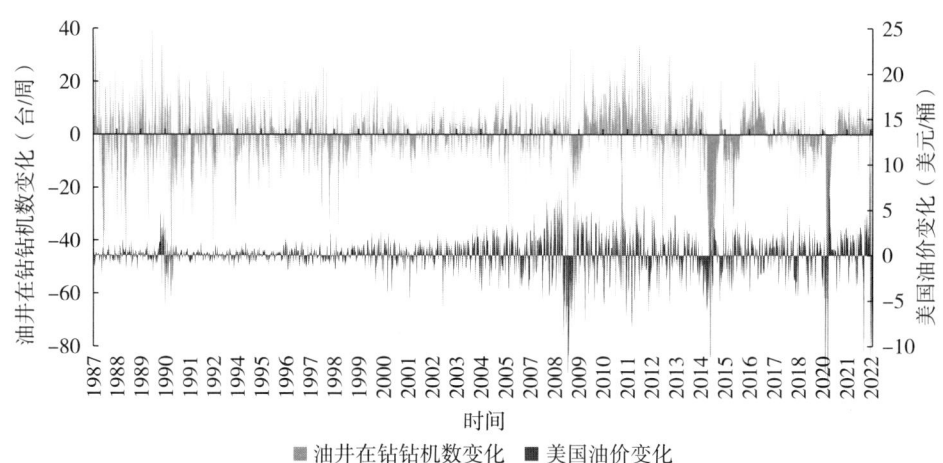

美国在钻钻机数变化和油价变化（1987—2022）

资料来源：贝克休斯公司，美国能源信息署，捷诚能源。

全球区域海上与陆上在钻钻机数

海上资源不断增长，带动海上钻井活动。2022年3月，全球海上钻机194台，陆上钻机（不含中国）上千台。2020年，全球海上探井数的40%以上在中国近海。

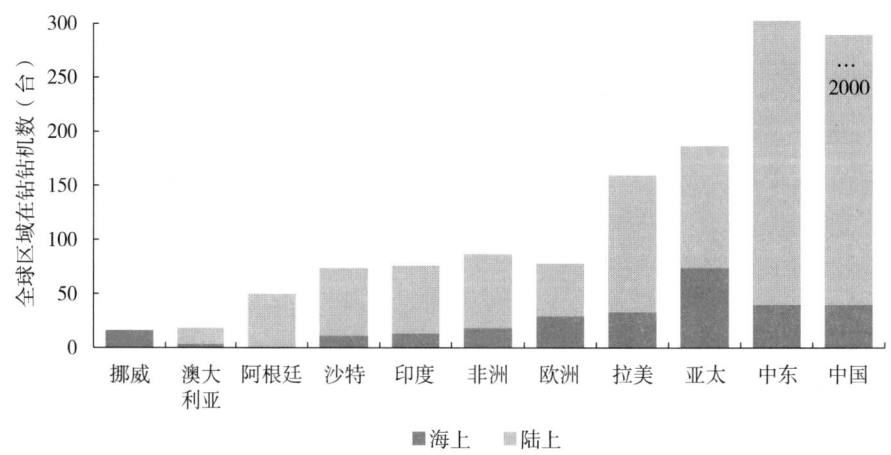

全球区域海上与陆上在钻钻机数（2022）

资料来源：贝克休斯公司，欧佩克，美国能源信息署，捷诚能源。

美国压裂机组数与在钻钻机数

压裂（Fracing）作业是向井内注入高压、大排量压裂液，将地层压开，把支撑剂打入裂缝，受当地环保等政策影响大。压裂在页岩钻完井成本中的占比很高，美国压裂机组数（Frac spread）是重要的产量指标，与在钻钻机数走势经常趋同。

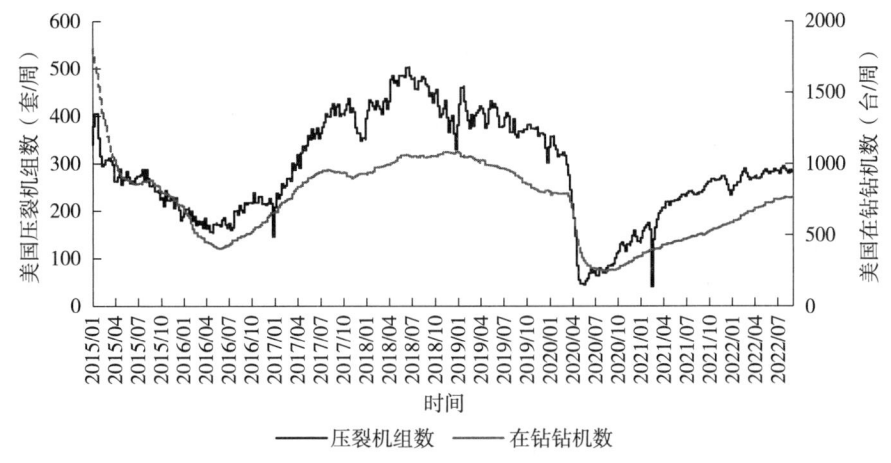

美国压裂机组数与在钻钻机数（2015—2022）

资料来源：贝克休斯公司，Primary Vision，捷诚能源。

渗透率、递减率与采收率

油田多孔介质渗透率

渗透率（Permeability）是土或岩石本身传导液体能力的参数，由亨利·达西（Henry Darcy）提出。当液体流过砂层时，流量与多孔介质进出口之间的压力差和砂层孔隙截面积成正比，与砂层长度和流体黏度成反比。渗透率取决于岩石的强度和孔隙的结构。砂岩和石灰岩等大多数油气藏的渗透率单位为毫达西。

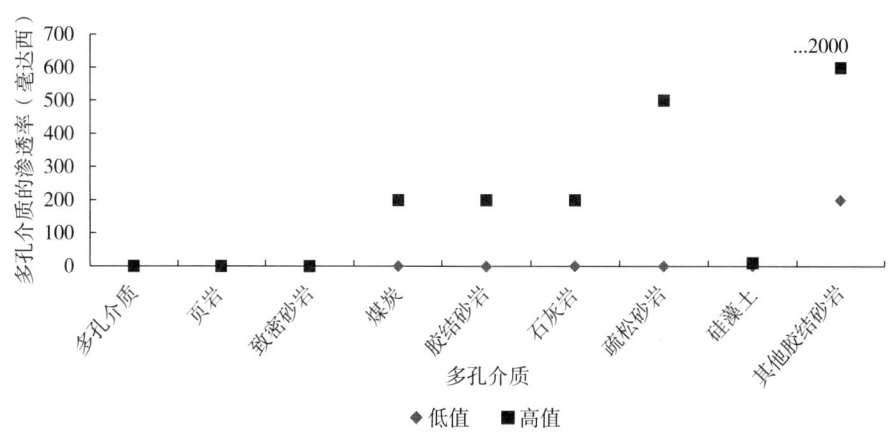

油田多孔介质渗透率（2016）

资料来源：《石油工程概论》，捷诚能源。

世界非欧佩克油田产量递减率

油田产量递减率（Decline rate）受油藏压力、地质条件、经济性、外输基础设施、开发计划、投资规模等影响。平均递减率为4.5%。

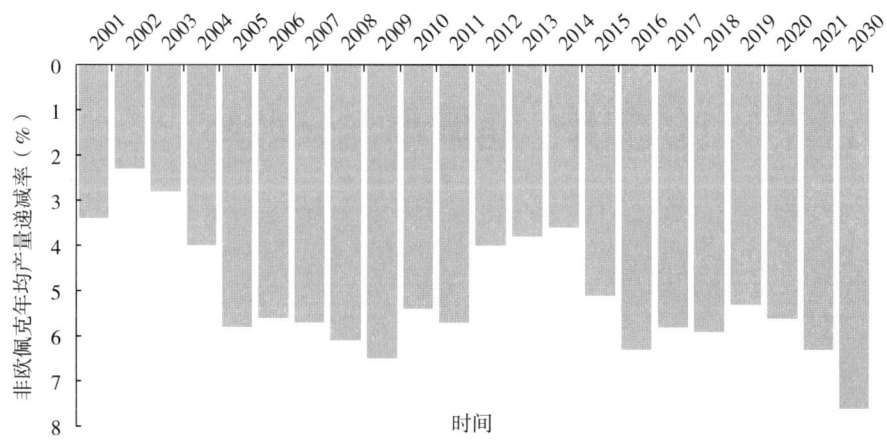

非欧佩克年均油田产量递减率（2001—2030）

资料来源：国际能源署，高盛研究部，巴克莱研究部，捷诚能源。

全球区域油田产量递减率

油田递减率受油气藏的采油速度、开发程度或成熟度、平均油气藏压力、岩石与流体性质和油气藏管理以及实际开采过程等因素影响。

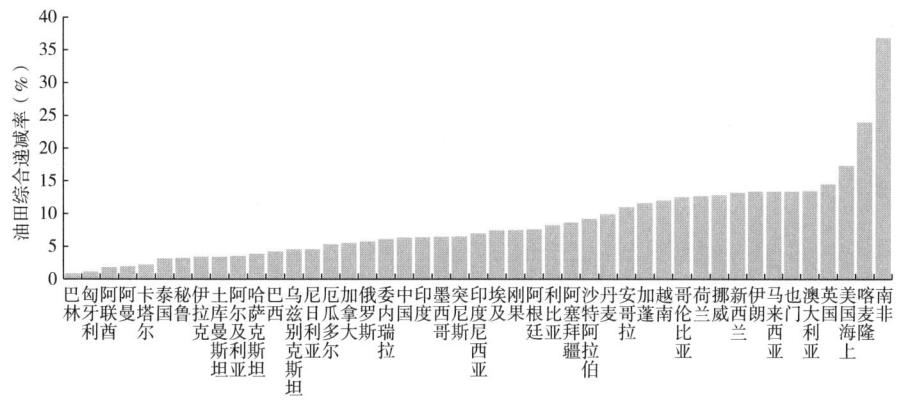

全球区域油田产量递减率（2011—2021）

资料来源：国际能源署，剑桥能源，捷诚能源。

世界原油采收率和类型

为了提高原油采收率（Enhanced oil recovery，EOR）和提升成熟资产的经济效益，在利用油层本身天然能量的一次采油基础上，利用机械能等人工补充能量来二次采油，利用物理化学能来三次采油，此外利用生物能和核能等来提高采收率。

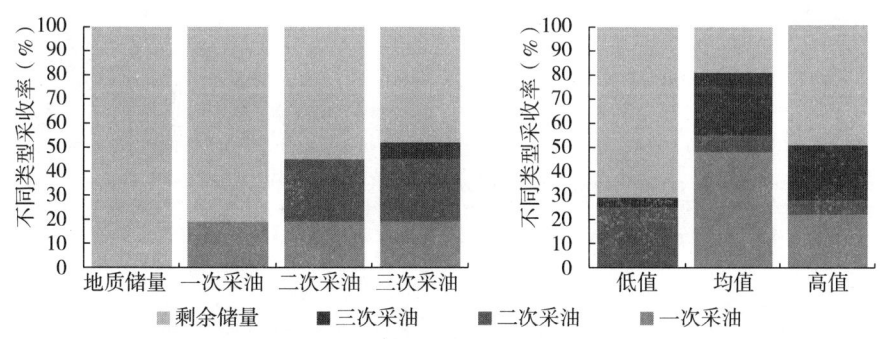

世界原油采收率和类型（2022）

资料来源：德意志银行研究部，捷诚能源。

世界油气藏采收率技术

油气藏采收率（Recovery factor）是从油气藏中累计采出的油气量占初始油气地质储量的百分数，主要因素包括油气藏深度、地层压力水平、原油黏度、气油比、孔隙度和油层渗透率。

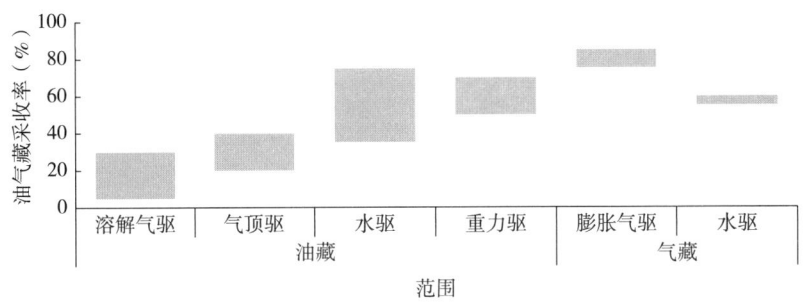

油气藏采收率技术（2012）

资料来源：《石油地质、勘探、钻井和生产非技术指南》，捷诚能源。

世界提高采收率（EOR）产量

老油田进入开发后期，单井产量会下降，而老气田进入增压开采阶段，产水量会增加；强化三元复合驱、减氧空气驱、蒸汽辅助重力泄油（SAGD）等采油措施，可提高采收率，但也增加能耗和成本。

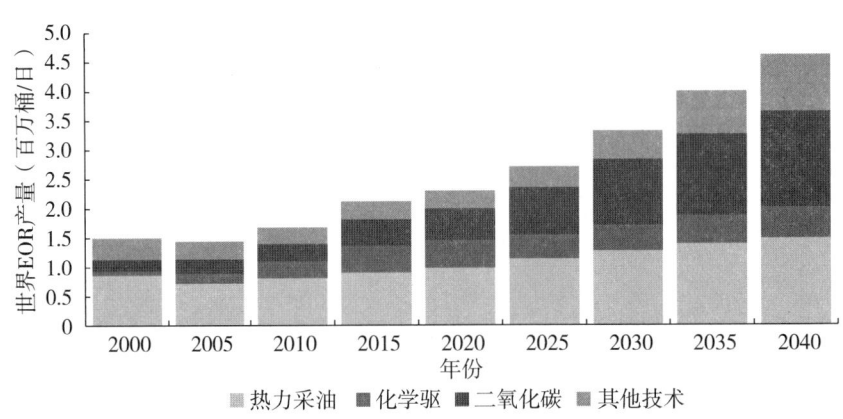

世界提高采收率（EOR）产量（2000—2040）

资料来源：国际能源署，高盛研究部，巴克莱研究部。

英国北海油气田开发指数和采收率

英国北海在产项目进入成熟期，新开发的油气田也越发复杂。在技术进步的同时，油气田开发指数还在下降，油气田采收率总体也没有显著提升。但是，开发指数与采收率之间的差别总体在扩大，表明采收率的实际提高。

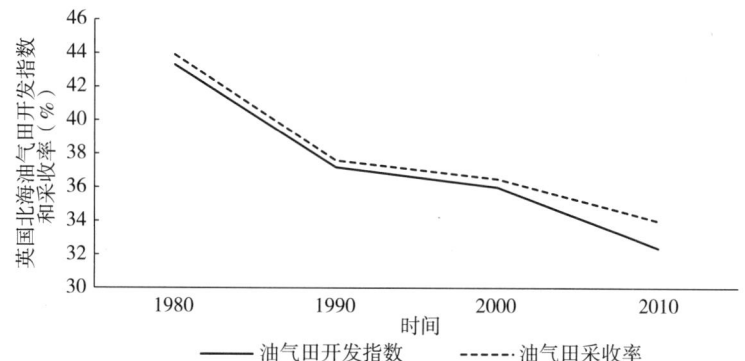

英国北海油气田开发指数和采收率（1980—2019）
资料来源：英国油气管理局，捷诚能源。

中国油藏和提高采收率技术类型

中国采收率是指在一定经济极限内，在现代工艺技术条件下，从油藏中采出的油气占地质储量的比例。采收率的高低不但与储层岩性、物性、非均质性、流体性质以及驱动类型等自然条件有关，也与开发油田时所采用的开发方案和开发工艺技术及石油销售价格和地质储量计算准确程度有关。

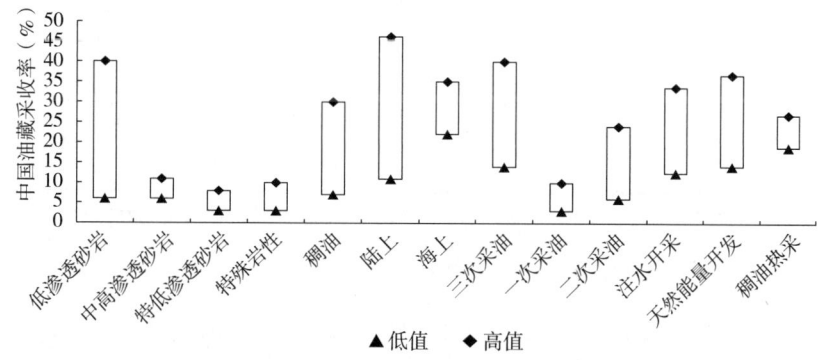

中国油藏和提高采收率技术类型（2021）
资料来源：中国自然资源部，捷诚能源。

欧佩克富余产能和产量调整考虑因素

自成立以来，欧佩克的定位经历了如下阶段：1. 确保对自然资源和财富的永久主权，维持长期稳定和平衡的市场及适宜的供应，保障产油国合理和可持续的收入；2. 确保长期稳定和平衡的市场，成为全球市场可依赖和可靠的供应者，向消费国提供有效、经济和安全供应；维护产油国的共同利益和合理的投资回报；3. 确保长期稳定和平衡的市场，加强与其他国际机构的对话，加强同消费国的对话与合作，维系对产油国和消费国都合适的价格水平；4. 重视扩大同非欧佩克产油国的合作与协商机制，认可非欧佩克产油国的关键作用，长期化和制度化欧佩克与非欧佩克合作。

欧佩克富余产能与油价

富余产能（Spare capacity）一般指沙特阿拉伯、科威特和阿联酋等国拥有的30天内能达产且至少维持90天产量的相关原油产能，类似应急储备，不计入伊朗和委内瑞拉等受制裁而无法正常供应到市场上的产能（Sanctioned supply）。当需求趋弱时，其他产油国也会有富余产能。

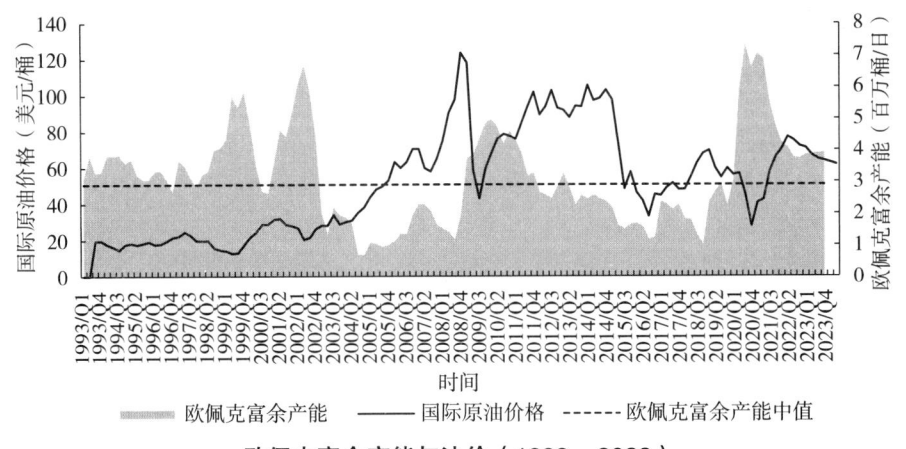

欧佩克富余产能与油价（1993—2023）

资料来源：欧佩克，美国能源信息署，捷诚能源。

欧佩克富余产能变化与油价变化

欧佩克富余产能和油价变化相关性紧密。当富余产能走低时，油价中的相关风险溢价走高。当突发危机导致石油供应减少时，富余产能有助于缓解中断影响，稳定市场，提升全球石油市场的应对能力和供应灵活性。

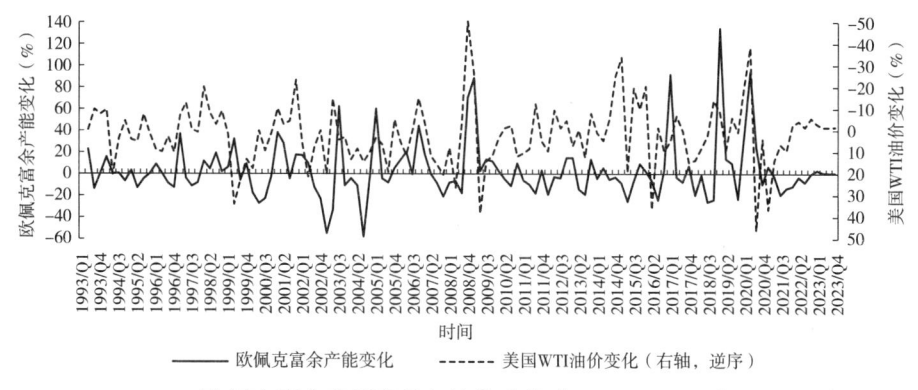

欧佩克富余产能变化与油价变化（1993—2023）

资料来源：欧佩克，美国能源信息署，捷诚能源。

芝商所欧佩克会议结果观察工具

2021年以来，欧佩克联盟的高频率会议增加了其对短期油价的影响力。芝商所的欧佩克会议结果观察工具按照会议前后最近到期的原油期权，逐日估算欧佩克增产、维持现状和减产决定的概率。欧佩克联盟成员国观点不一，概率会随着信息的变化而动态变化，提升了市场预期的管理。

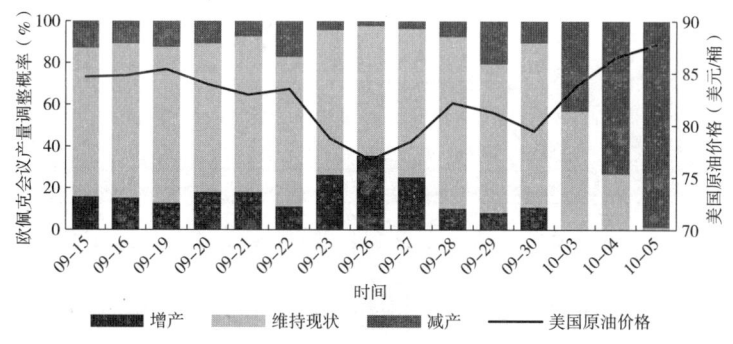

芝商所欧佩克会议产量调整概率观察（2022）

资料来源：芝商所，欧佩克，捷诚能源。

欧佩克富余产能与世界石油需求

欧佩克富余产能的绝对数与其富余产能占世界需求的比例是高度吻合的。如果过于接近，表明供需紧张。

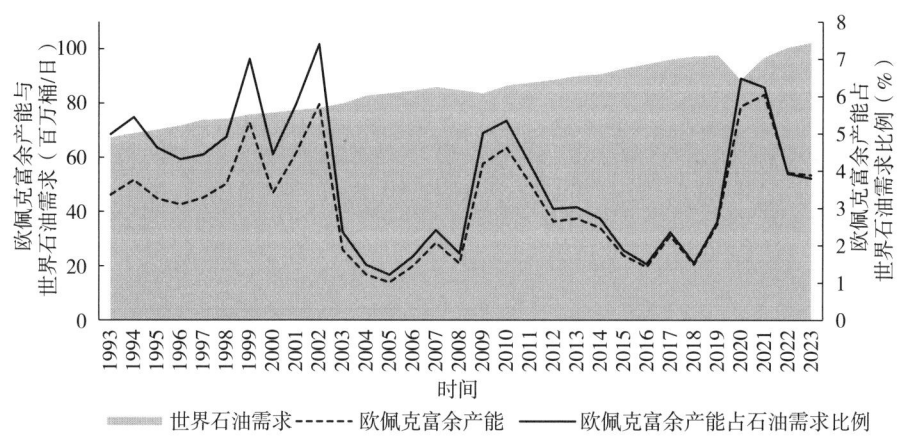

欧佩克富余产能与世界石油需求（1970—2023）

资料来源：欧佩克，美国能源信息署，英国石油，捷诚能源。

欧佩克富余产能和美国战略储备

当自然灾害或战争导致供应中断或市场紧张时，国际能源署协调释放原油战略储备和欧佩克增加富余产能，均能起到了市场缓冲器的作用。

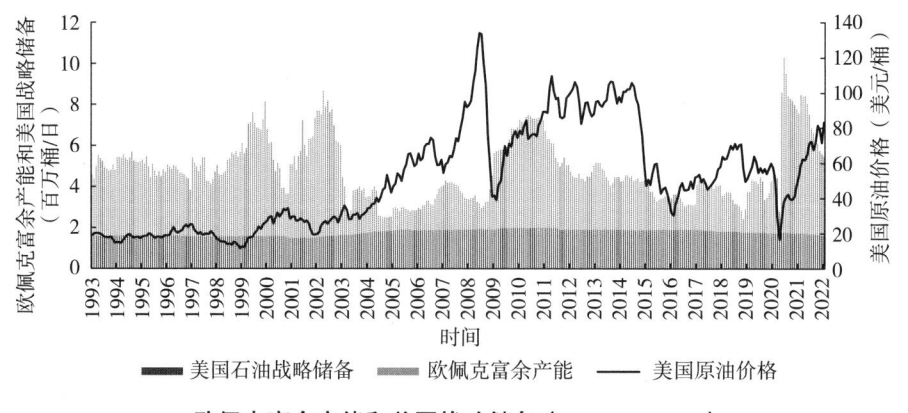

欧佩克富余产能和美国战略储备（1993—2022）

资料来源：美国能源部，美国能源信息署，欧佩克，捷诚能源。

欧佩克供应和市场对其产量的需求

欧佩克供应是世界市场对欧佩克产量需求的函数,取决于市场对其需求的多少。欧佩克在世界石油储量、产量和出口量的占比相当高,通过调节供应和富余产能来影响市场,也承担了市场稳定的责任。

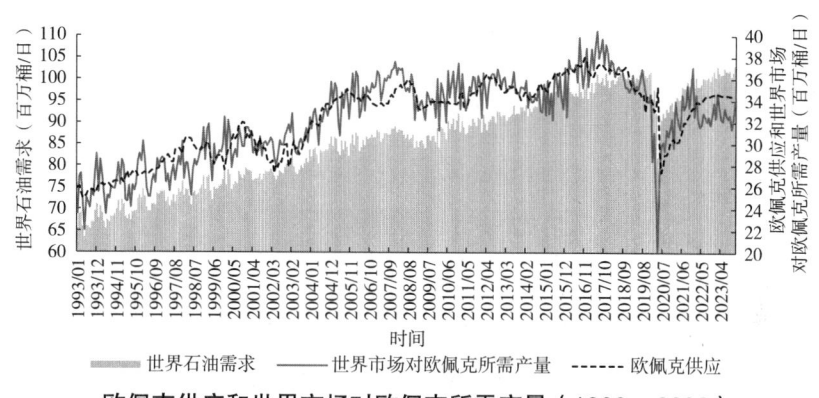

欧佩克供应和世界市场对欧佩克所需产量(1993—2023)

资料来源:欧佩克,美国能源信息署,捷诚能源。

欧佩克产量和市场对其产量的需求

欧佩克供应涉及四个数:欧佩克产量、世界市场所需的欧佩克产量、欧佩克产量配额及富余产能。欧佩克产量与世界市场对欧佩克产量的需求(Call on OPEC),随着世界供需的变化而变化。

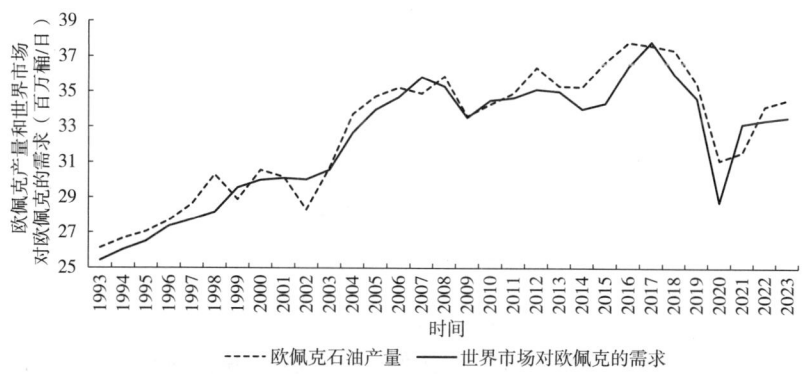

欧佩克产量和世界市场对欧佩克的需求(1993—2023)

资料来源:欧佩克,美国能源信息署,捷诚能源。

欧佩克产量调整的主要因素

欧佩克定期开会的主要目标是协调成员国一道争夺市场，试图通过产量调整来影响价格，同时，平衡未来的投资和成员国从当前油价中的收益。欧佩克调整产量，不只是地缘政治和博弈，还考虑一系列因素和市场形势，通过内部评估机制，得出世界对其石油需求，从而决定产量限额水平和调整幅度。世界对欧佩克的石油需求往往会高于产量限额水平。其他考虑的因素包括汇率、气候变化等。

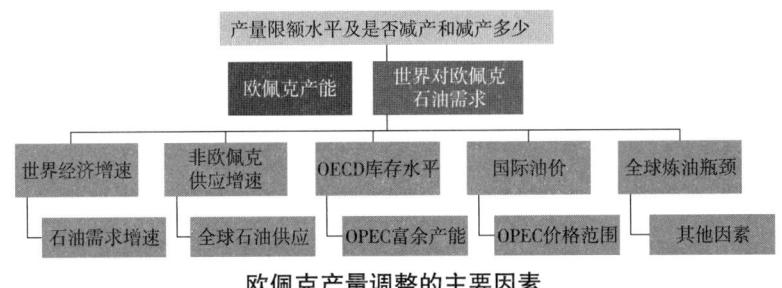

欧佩克产量调整的主要因素

资料来源：欧佩克，捷诚能源。

欧佩克产量调整与价格波动

欧佩克产量调整宣布日往往不是减产实际执行开始日。宣布当日油价波动幅度可达5%，宣布当月油价波动幅度可达10%。

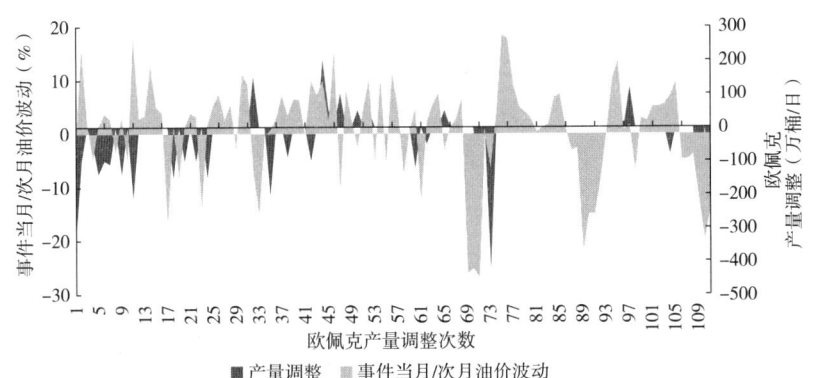

欧佩克产量调整及价格反应（1986—2022）

资料来源：欧佩克，捷诚能源。

欧佩克产量调整与油价波动

历史上，欧佩克减产时，如果减产力度不足，油价跌幅大。减产到位，可推高油价近20%。增产时，油价降幅一般不超过10%。油价对减产的反应大于对增产的反应。没有任何调整时，价格反应区间大。

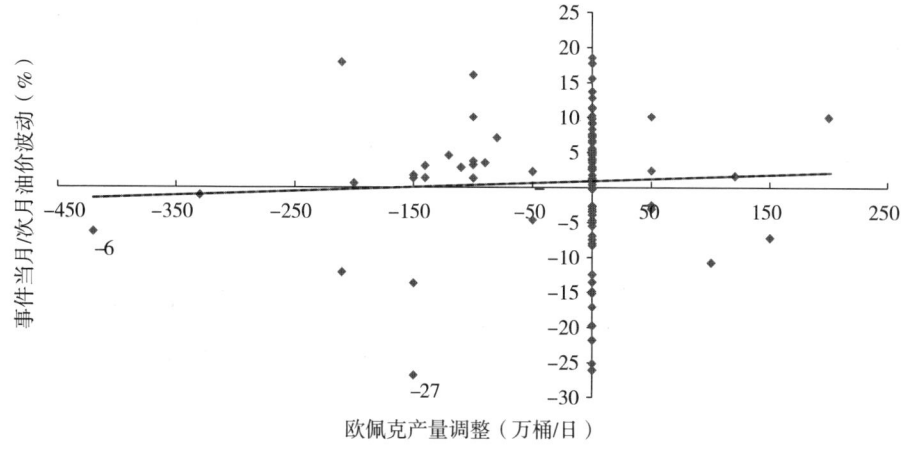

欧佩克产量调整与油价波动（1986—2022）

资料来源：欧佩克，美国能源信息署，捷诚能源。

世界各国石油工业概况

世界百年主要产油国

100多年来，40多个国家先后成为世界前20产油国。内战、禁运、金融危机、财税政策等各种原因都会改变产量排序。第一次世界大战之前，波兰、罗马尼亚、日本、德国、匈牙利和意大利都曾出现在全球主要产油国名单中。

图解 石油 1000张图说清低碳转型中的石油石化市场

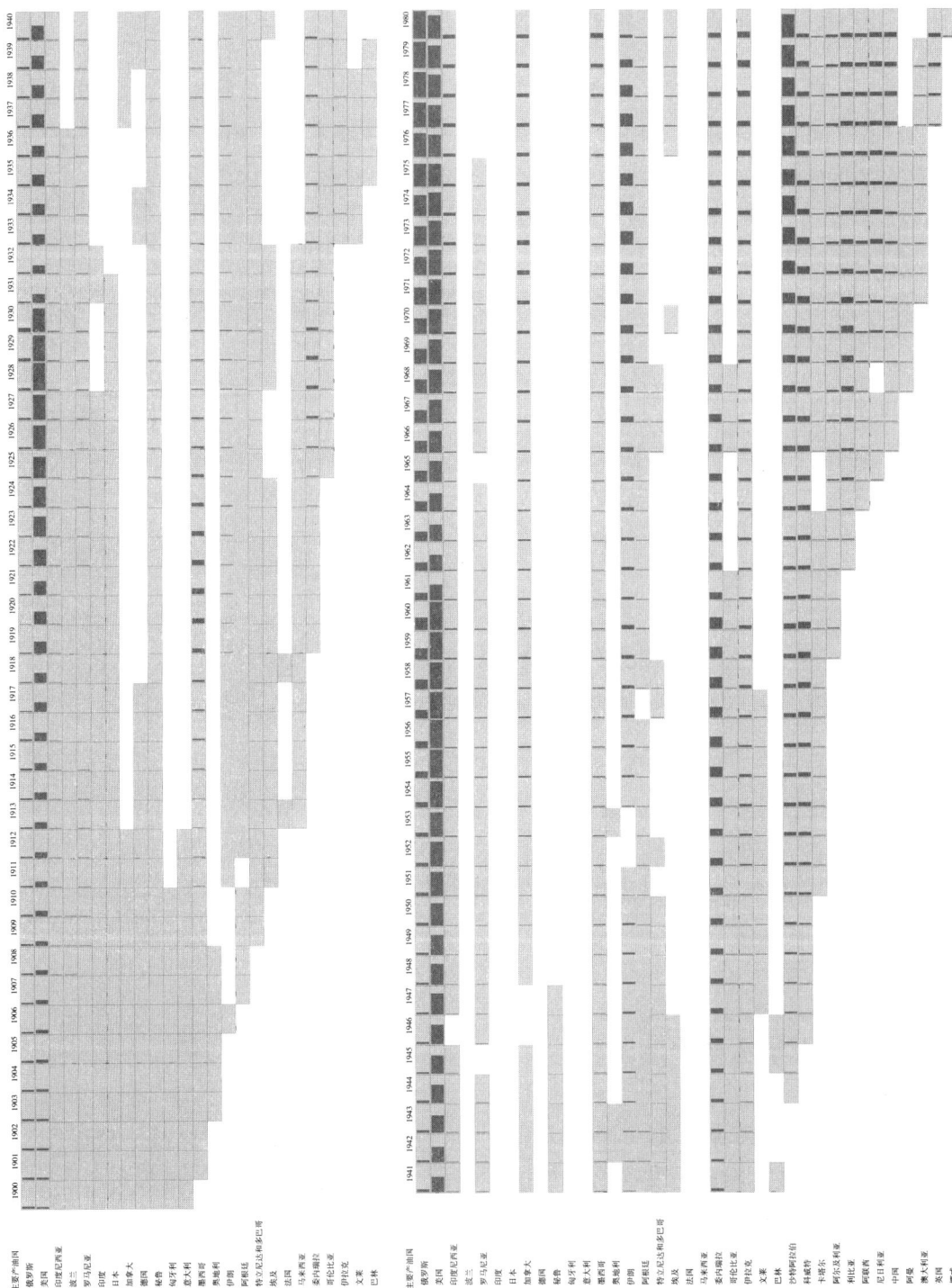

98

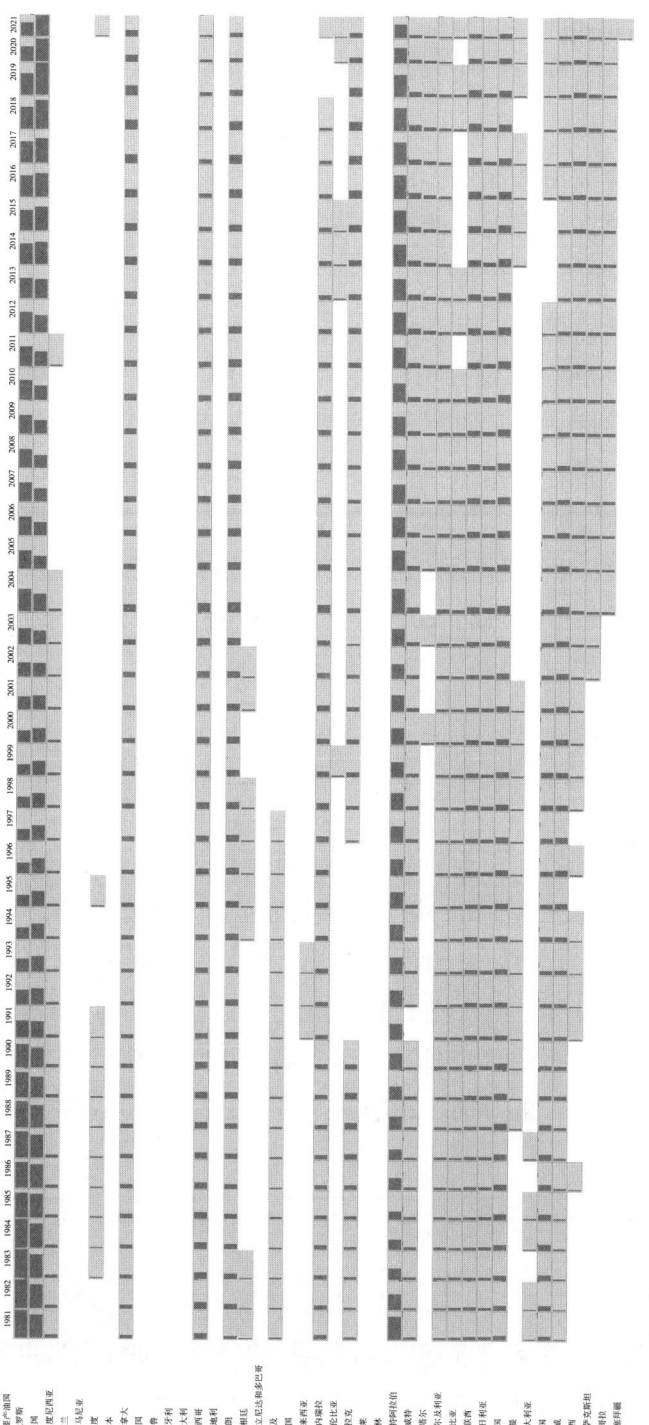

世界百年主要产油国（1900—2021）

资料来源：《新编世界含油气盆地图集》，美国能源信息署，英国石油，公开资料，捷成能源。

阿尔及利亚 Algeria

阿尔及利亚是世界主要的天然气生产国之一，也是第一个 LNG 出口国。公元前，沥青被用来涂船。1892 年，钻探第一口浅井，发现稠油。1956 年，在撒哈拉沙漠发现哈西梅萨乌德大油田和哈西鲁梅勒气田，第一次发现油气。1958 年，开始生产石油。1964 年，世界上第一座商业化 LNG 液化厂在阿尔泽投产。1964 年，向英国供应第一船 LNG，成为世界上第一个 LNG 出口国，其领先地位维持了 15 年。1964 年，签署世界上第一份 LNG 供应合同，合同期为 15 年。1969 年，首次出口 LNG 到亚洲。1983 年，世界第一条跨洲天然气管道穿越地中海输气管道建成，从阿尔及利亚哈西鲁梅勒气田，经由突尼斯、西西里岛，到达意大利博洛尼亚。1996 年，GPDF 天然气管道投运，经摩洛哥，到达西班牙。2007 年，石油日产量达到历史高峰 199 万桶。2018 年，阿赫奈特天然气管道投运。2019 年，石油日消费量达到历史高峰 43 万桶。

阿曼 Oman

1924 年，阿曼开始地面地质调查。1960 年代之前，未获商业油气发现。1962 年，发现耶巴尔油田，揭开阿曼石油工业发展的序幕。1967 年，开始产油。1984 年，开始加大天然气勘探，大力寻找非伴生气。1988 年，开始海上勘探。2000 年，第一座 LNG 液化厂投运，开始出口 LNG，发现致密气田。2016 年，石油日产量达到历史高峰 100 万桶。2019 年，石油日消费量达到历史高峰 24 万桶。2020 年 2 月，钻探第一口深水井。

阿根廷 Argentina

阿根廷海上勘探仍处于早期阶段，油气资源有潜力。虽然阿根廷并不是产油大国，但在 2012 年之前是多家国际石油公司的油气产量重要来源。1865 年，在萨尔塔有石油显示。1886 年，在库约盆地钻探，产出重质原油。1904年，钻获少量天然气。1907年，发现了工业价值的科莫多罗—里瓦达维亚油田。1922年，实质上国有化。1925年，第一座炼厂在拉普拉塔投产。1977年，在内乌肯盆地发现凝析气田。1985年，开始出口石油。2001年，石油日产量达到历史高峰92万桶。2008年，率先采用浮式接收站，第一座再气化接收站建成。2011年后，页岩油气成为热点。2015年，石油日消费量达到历史高峰73万桶。2017年，阿根廷页岩油开始大发展。2019年，开始出口LNG。

阿联酋 United Arab Emirates

阿联酋国家虽小，但是油气资源非常丰富。富查伊拉是全球主要的船用燃料油中心。1950年，阿布扎比开始生产并出口石油。1958年，阿布扎比发现乌姆谢夫海上油气田。1963年，发现上扎库姆油田。1977年，阿联酋及波斯湾第一座LNG液化厂投运，LNG第一次出口，供应日本。1982年，鲁韦斯炼油厂投产。2008年，从卡塔尔进口管道气，成为天然气净进口国。2010年，建成浮式接收站设施，进口LNG。2016年，石油日产量达到历史高峰404万桶，石油日消费量达到历史高峰103万桶。

阿塞拜疆 Azerbaijan

阿塞拜疆石油工业历史悠久。历史上，阿塞拜疆被誉为圣火之地，源于天然气田的火苗。1823年，世界上第一座石蜡厂在巴库建成。1858年，顿钻发现比比埃巴特油田，采用人工挖井方式开采，开启了阿塞拜疆石油工业。1863年，世界上第一座煤油加工厂在巴库建成。1869年，发现巴拉汉—萨蓬奇—拉马纳油田。1872年，在巴库以机械化方式钻井，形成了巴库采油区。1901年，巴库油区原油年产量达到1092万吨，居世界第一。1925年，钻探里海第一口海上油井。1941年，原油产量达峰47.5万桶/日，占当时苏联石油产量72%。1953年，第一座炼厂巴库建成。1985年前后，在里海阿塞拜疆海域发现ACG油田。1986年，石油日消费量达到历史高峰 17 万桶。1999 年，在里海发现沙赫德尼兹海上气田。2010 年，石油日产量达到历史高峰 104 万桶。2006 年，BTC（巴库—第比利斯—杰伊汗）原油管道投运。2007 年，成为天然气净出口国，同年，南高加索管道投运。

埃及 Egypt

埃及石油工业历史悠久，是非洲石油工业发展最早的国家，也是非洲主要的炼油加工基地，拥有苏伊士运河和管网战略优势。1886 年，钻成第一口探井。1907 年，发现第一个有商业产量的吉姆沙油田。1913 年和 1921 年，先后建成两座炼油厂。1965 年，发现摩根油田。1967 年，发现第一个气田阿布马迪。1975 年，开始生产天然气。1993 年，石油日产量达到历史高峰 94 万桶。2004 年，第一座 LNG 液化厂建成。2015 年，发现祖尔气田，推动了环地中海油气勘探。2015 年，埃及第一座浮式接收站投运，开始进口 LNG。2016 年，石油日消费量达到历史高峰 84 万桶。

安哥拉 Angola

安哥拉在大西洋盆地金三角西非一侧，油气勘探较早。1953 年，第一口探井。1955 年，第一次发现石油。1956 年，第一个油田本菲卡开始生产石油，成为撒哈拉沙漠以南非洲最早的产油国。1958 年，第一座炼厂罗安达建成，配套联通卡宾达油田的管道。20 世纪 60 年代以后，进入海上勘探。下刚果盆地特别是卡宾达海上成为安哥拉主要产油区。1983 年，发现第一个盐下油田 9 区块。1996 年，发现吉拉索海上油田，2001 年投产。2000 年，发现帕斯弗洛尔海上油气田，2011 年投产。2008 年，石油日产量达到历史高峰 188 万桶。2013 年，安哥拉第一座 LNG 液化厂投运。安哥拉天然气产量主要来自伴生气，部分回注提高油田采收率。

澳大利亚 Australia

澳大利亚是世界重要的矿产品生产和天然气出口国。同时，进口原油和成品油。澳大利亚关闭其多数炼厂。1900年，在昆士兰州钻水井时，意外发现第一个油气田，建立第一座天然气处理厂。1925年，第一座炼厂克莱德投运，2013年关闭。1953年，第一次发现石油资源。1954年，在昆士兰州发现第一个天然气田。1967年，在外海发现王鱼油田。1970年，吉普斯兰德盆地开发天然气，伴生石油。1989年，开始出口西北大陆架项目的LNG。1996年，世界上第一个煤层气液化天然气项目在昆士兰投产。2000年，石油日产量达到历史高峰81万桶。2014年，昆士兰开始出口LNG。2018年，石油日消费量达到历史高峰105万桶。2019年，"前奏号"浮式LNG投产，澳大利亚成为世界上第一大LNG出口国。

巴布亚新几内亚 Papua New Guinea

1919年，巴布亚新几内亚开始油气勘探。1968年，在中新统礁体发现凝析气。1992年6月，库图布油田投产。2014年，第一座LNG液化项目投产，开始出口。

巴林 Bahrain

巴林是波斯湾岛国。1930年，发现石油。1932年，发现阿瓦利油气田，1934年，开始出口原油，成为阿拉伯地台上发现和生产石油最早的国家。2018年，浮式接收站设施投产。天然气储量丰富，主要是油田伴生气，大多用于发电。近年来，开始向多元化经济发展，建立了炼油、石化及铝制品工业，大力发展金融业，成为海湾地区银行和金融中心。

巴西 Brazil

巴西是乙醇燃料和生物柴油大国，油气产量持续增长，天然气发展相对较慢，主要来自海上伴生气，多回注提高油田采收率。19世纪60年代，开始油气地质勘探。1864年，萨金特被授权在巴伊亚制定区域探矿。1892年，在博菲特钻井，获得2桶油。1920年，开钻第一口钻井。1930年，在巴伊亚发现石油。1939年，在陆上雷康卡沃盆地发现第一个油田瓜瑞西玛。1940年，产油300吨。1950年，第一座炼厂兰杜尔福·阿尔维斯投运。1968年，在坎普斯盆地发现瓜利塞玛海上油田，开发第一个深水原油项目。1971年以来，鼓励甘蔗制生物乙醇。20世纪80年代以来，在250米以上深水地区勘探获得成功，发现大量深水大型油田，石油产储量快速增长。1985年，在坎普斯盆地发现马利姆油田，1991年投产，高峰日产量可达39万桶。1986年，发现阿尔巴科拉—勒斯特油田，2006年投产，高峰日产量可达16万桶。1996年，发现龙卡多深水油田，1999年投产，高峰日产量可达35.4万桶。2007年以来，巴西在东南沿海相继发现大油气田，特别是盐下油田很多成本较低。2007年，发现拉帕油田，2016年投产。2007年，发现世界级油田卢拉油田，2010年，图皮油田开始生产。2008年，发现萨皮尼奥深水油田，2013年投产，高峰日产量可达11.8万桶。2009年，第一座浮式接收站培森投运，进口LNG。2010年，发现里贝拉油田，2017年投产，高峰日产量可达140万桶。2014年，石油日消费量达到历史高峰321万桶。2018年4月，布兹奥斯深水油田投产，高峰年产量可达6000万吨。2020年，石油日产量达到历史高峰303万桶。

白俄罗斯 Belarus

白俄罗斯石油工业历史相对较短。1964年，发现列奇茨油田，标志着白俄罗斯石油工业的开始。1975年，新发现油田减少，老油田产量递减。1986年，石油日消费量达到历史高峰58万桶。

巴基斯坦 Pakistan

巴基斯坦油气勘探始于 19 世纪中叶，但发展缓慢。1915 年，发现第一个油田，1922 年，开始产油。1952 年，发现苏伊气田。20 世纪 90 年代后，天然气发现增多。2015 年，巴基斯坦第一座浮式接收站设施投运，开始进口 LNG。2017 年，石油日消费量达到历史高峰 59 万桶。2022 年，有五座炼厂运营。

保加利亚 Bulgaria

保加利亚石油勘探始于 1925 年。1927 年，在瓦尔纳地区第一口钻井。1949 年，在东部发现第一个气田布里兹纳克。1951 年，在瓦尔纳地区发现祖勒诺沃油气田，当年重质油产量 4700 吨。1962 年，在莫埃西盆地南部发现多尔尼达勃克油田，发现井日产轻质油可达 130 立方米。1963 年，在前巴尔干凹陷发现契林气田，1965 年投产。1980 年，石油日消费量达到历史高峰 27 万桶。1985 年，在黑海开始石油勘探，后发现加拉塔气田。

比利时 Belgium

比利时煤炭已开发殆尽，不产油，油气主要靠进口，出口成品油和化工产品。1869 年，世界上第一艘油轮装载 7000 桶原油从美国抵达比利时安特卫普。安特卫普是全球重要的 ARA 炼油和仓储中心的一部分，也是世界重要的化工和塑料产业中心。生产少量煤层气，1970 年产量 6125 万立方米。1987 年，泽布吕赫再气化接收站建成投产。2018 年，石油日消费量达到历史高峰 70 万桶。

秘鲁 Peru

1864 年，秘鲁钻探南美第一口井。1869 年，发现南美第一个油田拉布雷亚—巴里纳斯。1870 年，开发了南美第一个油田祖里托斯油田。1893 年，原油出口美国加州。1896 年，生产石油 0.6 万吨，成为南美第一个产油国。1977 年，北秘鲁输油管道建成，成为秘鲁石油工业的转折点。1982 年，石油日产量达到历史高峰 20 万桶。1994 年，塔拉拉油田 7 区块成为中国公司在海外运作的第一个油田开发项目。2008 年，帕戈瑞尼凝析气田投产。2009 年，发现页岩气。2010 年，秘鲁以及南美洲第一座基荷 LNG 出口设施投运，首次出口天然气。2019 年，石油日消费量达到历史高峰 28 万桶。

波兰 Poland

波兰曾是主要煤炭和原油生产国。1853 年，钻探第一口油井。1858 年，发现第一个油田博布尔卡。1950 年，发现达萨瓦气田。2016 年，波兰第一座再气化接收站投运，第一船来自卡塔尔。2019 年，石油日消费量达到历史高峰 70 万桶。

玻利维亚 Bolivia

1867 年，开始调查安第斯山麓南部油苗。1923 年，钻探第一口钻井。1924 年，第二口钻井发现拜尔麦赫油田，开始产油。天然气产量集中在塔里哈地区。1998 年，从玻利维亚到巴西天然气管道建成。天然气主要出口到巴西和阿根廷。

赤道几内亚 Equatorial Guinea

赤道几内亚油气勘探始于 20 世纪 60 年代。1991 年，奥尔巴油气田投产。1995 年，发现萨菲罗油气田，1996 年投产。此后，油气资源得以大规模开发。2005 年，石油日产量达到历史高峰 38 万桶。2007 年，赤道几内亚 LNG 液化工厂商业投运。2017 年成为欧佩克成员国。

丹麦 Denmark

1936年，开始陆上油气调查。1950年，开始钻探，至1959年放弃。1971年，发现丹油田，1972年投产。1997年成为油气净出口国。2004年，石油日产量达到历史高峰39万桶。1972年，石油日消费量达到历史高峰37万桶。2021年有19个油气田55座生产平台。丹麦计划在2050年前停止新的油气勘探。2017年丹麦油气公司出售所有油气资产并更名为奥斯特（以丹麦电流磁效应发现者命名），2022年成为世界上最大的海上风电开发商。

德国 Germany

德国油气田数量多，但是油气规模不大。1545年，在汉诺威附近发现油苗。1938年，发现本特海姆气田。1857年，发现少量石油。1885年世界上第一台汽车由德国奔驰设计，世界上第一座加油站在维斯洛赫建成。1860年，德国第一座炼厂在下萨克森州投产。1901年，开始油气生产。1927年，世界上第一座煤炭直接液化厂在德国莱比锡洛伊纳建成。1934年，世界上第一座煤炭间接液化厂由德国用费—托合成工艺建成。在1936—1943年间重点发展煤制油技术，先后建成9套煤炭间接液化装置和18套煤炭直接液化装置。1934年，出台石油法。第二次世界大战期间，加大煤制油产量，高峰年产量达560万吨，远超原油产量。1974年，在北海发现A/06-1气田。1979年，石油日消费量达到历史高峰334万桶。1981年，发现米特尔板油田。2022年，新建LNG接收站。

俄罗斯 Russia

俄罗斯先后发现2300多个油气田，是世界上主要的能源生产国和出口国。1846年，现代石油工业的第一口钻井出现在巴库地区。1858年，顿钻发现比比埃巴特油田，采用人工挖井方式开采。1823年，第一座炼油厂在符拉基米尔省莫斯多克建成。1863年，在巴库成立煤油加工厂。1864年，在北高加索阿纳普以机械化方式钻探第一口油井，发现库达科油田，开启了石油工业。1883年，巴库—巴统铁路运输原油。1886年，第一条原油管道在巴库附近建的，长度为12千米。1875年，诺贝尔兄弟在阿塞拜疆做生意。1898年，罗斯柴尔德家在里海做生意。1898年，俄罗斯原油产量首次超过美国。1901年，年产量1150万吨，为世界第一大产油国。1928年，从格罗兹尼到图亚普特建成世界上第一条焊接的原油管道。1932年，从阿尔马维尔到特鲁多瓦亚建成第一条成品油长输管道。1944年，发现杜马兹油田。1946年，从秋明气田输气至华沙，第一次出口天然气，开启了国际天然气管道贸易。同年，从萨拉托夫到莫斯科建成第一条天然气长输管道。这一年被定为该国现代天然气工业的诞生年代。1948年，发现罗马什金特油田，独创了世界上第一个大规模注水开采石油工艺。1959年，在巴什卡衰竭气田建成世界第一个盐穴地下储气库。1960年，在西西伯利亚盆地北部发现第一个天然气水合物气藏麦索雅哈气田。1965年，发现萨莫特洛尔油田，采取人工井场丛式钻井。1966年，发现奥伦堡凝析气田。1966年，在鄂毕河下游发现乌连戈伊凝析气田。1967年，世界上第一条大口径管道建成投产，起自俄罗斯西部纳德姆气田，经乌克兰至斯洛伐克，之后分为两路。1969年，发现亚姆堡气田。1985年，乌连戈伊气田—中央输气管道系统建成。1989年，石油日消费量达到历史高峰511万桶。1996年，亚马尔—欧洲天然气管道一期建成。2002年，从俄罗斯到土耳其的天然气管道全线竣工。2005年，俄罗斯里海发现油气田。2009年，从萨哈林液化项目开始出口LNG。2009年，东西伯利亚—太平洋（ESPO）原油管道一期建成。2011年，从西西伯利亚气田到德国和北欧的北溪天然气管道建成投运。2017年，南方走廊管线建成，从西西伯利亚产区气田，经土耳其到达欧洲。2017年12月8日，世界上第一条极地自破冰型LNG运输船在萨贝塔港接收第一批亚马尔LNG项目货物。2019年，西伯利亚力量东线建成投运，从东西伯利亚产区到中国。目前，俄罗斯原油输送管网总长超过5万千米，不仅输送俄罗斯原油，还输送来自阿塞拜疆、哈萨克斯坦和土库曼斯坦的原油。

厄瓜多尔 Ecuador

石油是厄瓜多尔（"赤道"之意）的重要经济命脉，油气勘探起步早。1911 年，第一口机械钻井。1919 年开始产油。1921 年，发现真正意义上的第一个油田。1972 年之前，厄瓜多尔油气勘探开发进展缓慢。1972 年，成立国家石油公司，1973 年，石油产量猛增，超过 1000 万吨。1977 年，第一座国有炼厂建成。1994 年，石油产量保持高产稳产。石油出口管道联通哥伦比亚港口。2014 年，石油日产量达到历史高峰 56 万桶，石油日消费量达到历史高峰 26 万桶。2020 年 1 月 1 日，退出欧佩克。

法国 France

法国国内油气资源有限，几乎没有油气开采，进口油气的同时出口核电。1735 年，在阿尔萨斯钻探几百米深的油井，开发佩歇尔布龙油田。1838 年，沥青用于巴黎大街铺路。1854 年，第一家炼油厂在阿尔萨斯建成。1861 年，从美国开始进口原油和成品油。1863 年，马赛港炼厂投运。1864 年，波尔多用柴油灯照明。1924 年，发现加比安油田。1928 年，法国制定石油法律。1951 年，在比亚里茨发现拉克气田。1956 年，开始建设地下储气库。1965 年，从阿尔及利亚进口第一船 LNG。1972 年，法国第一座 LNG 接收站投运。1973 年，石油日消费量达到历史高峰 250 万桶。

菲律宾 Philippines

菲律宾地热资源丰富。1896 年，开始石油勘探。1961 年，第一座炼厂巴丹投产。1962 年，第二座炼厂投产，于 2020 年关闭后改建为进口码头。1976 年，在巴拉望盆地发现尼多油田，年产石油 3.6 万吨。1981 年，发现加洛克海上油田，2008 年投产。1989 年，在巴拉望海上发现卡马戈气藏，1992 年，发现马拉帕亚气田，2002 年投产。1992 年，在巴拉望海上的西利纳帕坎油田投产，日产原油 2400 吨，标志着石油工业进入新时期。2017年，第一座再气化接收站帕比劳投运。2019年，石油日消费量达到历史高峰47万桶。

刚果（布）Republic of Congo

石油和木材为刚果（布）两大经济支柱。1951年，刚果（布）开始石油地质调查。1957年，在印第安角（黑角）地区钻第一口探井，发现第一个油田。1960年，开始石油生产，此后10年勘探停顿，未获任何发现。1969年，恢复勘探，目标转至海上，同年发现埃梅劳德海上大油田，1972年投产，1973年原油产量达到200万吨，从而打开刚果（布）海上油气勘探新局面。此后，相继在海上发现一系列油田。石油开采主要集中在海上，内陆油田尚处于勘探阶段。1982年，第一座炼厂建成。2017年，莫霍北海上油田投产。2019年，石油日产量达到历史高峰34万桶。

刚果（金）Democratic Republic of Congo

刚果（金）自然资源丰富，素有"世界原料仓库""中非宝石"和"地质奇迹"之称。全国蕴藏多种有色金属、稀有金属和非金属矿，其中铜、钴、锌、锰、锡、钽、锗、钨、镉、镍、铬等金属和工业钻石储量很可观。刚果（金）石油资源有限。

哥伦比亚 Colombia

哥伦比亚于20世纪初开始勘探石油。1918年，发现因范塔斯油田，1921年投产。1922年，巴兰卡贝梅哈炼厂投产。1926年，建成通往卡塔赫纳的原油管道，开始石油出口。1956年，卡塔赫纳炼厂投产。1963年，发现奥里托大油田。1973年，开始进口石油。1973年，发现丘丘帕气田，1977年投产。1983年，重新出口石油。1983年，发现卡努里蒙油田，1986年投产。1988年，发现库西亚纳油田，1993年投产。1993年，发现库皮亚瓜油田。2000年，发现关多油田。2007年，泛加勒比海天然气管道投产。2008年，出口天然气到委内瑞拉。2013年，石油日产量达到历史高峰101万桶。2016年，哥伦比亚第一座浮式接收站投运。天然气多回注提高油田采收率。2019年，石油日消费量达到历史高峰36万桶。

古巴 Cuba

1864年，发现第一个油田巴库拉诺。1881年，发现莫坦博油田。1915年，发现巴库拉诺油田。1947年，塞尔吉奥·索托炼厂投运。1961年，开始进口石油。

圭亚那 Guyana

圭亚那是南美为数不多以英语为官方语言的国家。1913年，开始陆上勘探。1940年至1941年，在海岸盆地钻探。1967年，陆上钻井，只有一口井见油气显示。1976年，海上钻探一口井之后，勘探进展缓慢。2015年，发现丽萨海上油田，2019年投产，原油产量大幅增加。

哈萨克斯坦 Kazakhstan

哈萨克斯坦油气资源丰富，依赖于管道出口。1899年，发现卡拉贡古尔油田。1911年，在阿迪劳州马加特地区获得第一口高产自喷油井。同年，发现多索尔油田。1945年，建成第一个炼厂阿特劳。1961年，发现乌津油田。1978年，建成巴甫洛达尔炼厂。1979年，在里海大陆架发现田吉兹油田，1993年投产，日产量达60万桶。1984年，卡拉恰干纳克凝析气田投产。1985年，建成奇姆肯特炼厂。1991年，石油日消费量达到历史高峰44万桶。2000年，在里海大陆架发现卡沙甘油田，2013年投产，日产量可达37万桶。2001年，里海管道投运。2010年，中哈原油管道投产。2019年，石油日产量达到历史高峰192万桶。

韩国 South Korea

韩国油气勘探进展缓慢，油气消费依赖于进口，是炼油大国。1965年，第一座炼厂蔚山投运。1972年，第一座裂解厂蔚山石化投运。1986年，第一座再气化接收站投运，开始进口 LNG。1988年，发现东海1号气田。1994年，第一艘 LNG 运输船建成，成为 LNG 造船大国。2017年，石油日消费量达到历史高峰 275 万桶。

荷兰 Netherlands

荷兰天然气资源较多，是欧洲主要的油气运输、仓储和炼油加工中心，也是天然气交易枢纽。1934年，进行重力勘探。1943年，发现斯库尼贝克油田。1959年，发现格罗宁根气田。1977年，开始注蒸汽采油。2007年，石油日消费量达到历史高峰 103 万桶。2011年，第一座 LNG 再气化接收站投产。

加拿大 Canada

加拿大油气资源丰富，尤其是油砂、页岩油气和致密油气等非常规资源。和美国油气管网高度互联互通。1858年，钻探第一口油井。1860年，钻探第一口气井。1861年，发现油泉子油田。1871年，开建炼厂，1875年，铺设原油管道。1904年，第一辆汽油车上市。1907年，第一座加油站在温哥华投运。1909年，发现波岛气田。1912年，从波岛到卡尔加里铺设天然气管道。1915年，在安大略省威伦气田，建设世界第一座地下储气库。1920年，钻探世界上第一口北极陆上油井。1950年，建成从西部埃尔伯塔省埃德蒙顿到东部苏必利尔湖的沿湖原油输送管道。1967年，在阿萨巴斯卡油砂工厂开始商业性露天开采油砂，加工成合成原油，油砂商业生产开始。1978年，冷湖油田第一次采用水平井热采油砂。1985年，阿萨巴斯卡注蒸汽开采沥青砂。2013年，第一次用槽车拉 LNG 到美国。2009

年，第一次进口 LNG。2014 年，第一次出口 CNG 到美国。2017 年，第一次出口罐箱 LNG 到中国。2019 年，石油日消费量达到历史高峰 261 万桶。2021 年，石油日产量达到历史高峰 543 万桶。2025 年，预计出口 LNG。

加蓬 Gabon

加蓬油气勘探始于 1928 年，主要在下刚果盆地地质调查和地球物理勘探。1934 年第一口探井。1949 年前，未见工业性油流。20 世纪 50 年代勘探转移到滨海地区，1956 年在让蒂尔港奥祖里第一次发现油气，1957 年投产。1961 年，开始海上勘探，发现第一个海上油田安圭莱。1967 年，第一座炼厂投运。1972 年，发现卢西纳油田。1985 年，发现拉比·孔加陆上油田，1989 年产油，高峰日产量 21.7 万桶。1996 年，石油日产量达到历史高峰 36 万桶。天然气主要是油田伴生气。

喀麦隆 Cameroon

1947 年，喀麦隆开始油气勘探。1954 年，在杜阿拉盆地第一次发现石油，1955 年，在洛巴巴发现天然气，2011 年，第一个陆上气田投产。1977 年，在里奥德尔瑞盆地科莱第一个油田产油。1979 年，发现南萨纳加气田，2013 年投产。2018 年，喀麦隆开始从克里比浮式液化装置出口 LNG。

卡塔尔 Qatar

卡塔尔是重要的 LNG 出口国，天然气是其支柱产业，近年来油气产量不断上升。1935 年，卡塔尔开始勘探。1939 年，开始生产。1940 年，发现杜汉油田，1949 年，开始商业性生产石油，出口第一批原油。1960 年，发现依德阿尔沙吉海上油田，1962 年投产。1971 年，在波斯湾海域发现北方大气田，1991 年投产。1996 年，第一座液化厂投运。1997 年，开始出口 LNG。2007 年，"海豚"天然气管线投运，从卡塔尔到阿曼和阿联酋。

2008年，世界上第一条Q-Max船在卡塔尔投运。2011年，全球第一个上下游一体化天然气制油项目投产和出口。2013年，石油日产量达到历史高峰199万桶。天然气主要用于燃气发电和水处理。2019年，石油日消费量达到历史高峰38万桶。

科威特 Kuwait

科威特国土面积小但资源很丰富，产量相对稳定。1936年，钻探第一口探井。1938年，第一次发现油气。1938年，发现大布尔干油田。1940年，开始产油。1946年，开始出口石油。第二次世界大战后，新油田发现不断，曾一度跃居世界储量之首。1949年，米娜·艾哈迈迪炼厂投产。1955年，发现劳扎塔因油田。1956年，发现萨布里亚油田。1968年，舒艾巴炼厂投产。1972年，石油日产量达到历史高峰334万桶。1973年后，产储量持续下降。1986年，从伊拉克进口天然气。2006年，发现侏罗纪非伴生气田。2014年，石油日消费量达到历史高峰49万桶。2022年，科威特接收第一台海上钻井平台，转向海上勘探。2022年，阿祖尔炼厂投产，设计炼油能力为61.5万桶/日。天然气储量大，多为油田伴生气。

利比亚 Libya

利比亚是轻质低硫原油主要供应国。石油工业崛起较晚，大规模油气勘探始于20世纪50年代中期，但发展很快。1958年，在锡尔特盆地发现第一个油田阿特尚，1959年开始产油。1961年，发现塞里尔油田，同年出口石油。1963年，发现哈提巴气田。1970年，石油日产量达到历史高峰336万桶。1970年，开始出口LNG。1974年，扎维耶炼厂投产。2004年，西利比亚天然气项目投产。同年，绿流管道投产，从利比亚到意大利。最早建成的油田和石油化工基地卜雷加港通过172千米原油管道与油田连接（1961年），生产合成氨（1977年）、甲醇（1978年）和尿素（1981年），建有炼厂和天然气液化设施，可停靠30万吨级油轮。利比亚计划新建炼化设施。

罗马尼亚 Romania

罗马尼亚是世界上第一个有正规产油统计资料的国家,曾是主要石油出口国。1857年,开始欧洲工业采油,在普拉霍瓦河谷钻成一口油井。1857年,世界上第一座炼油厂在普洛耶什蒂建成。1863年,发现并开发普洛耶什蒂油田。到20世纪60年代,成为原油进口国。1976年,石油日产量达到历史高峰31万桶。1979年,石油日消费量达到历史高峰39万桶。近年来,在潘诺盆地开发煤层气,计划开发页岩气资源,以减少进口依赖。

马来西亚 Malaysia

马来西亚处于全球能源贸易通道的战略位置,是重要的仓储、调和油和船供油中心。油气资源主要来自海上。1882年,第一次油气显示。1897年,第一口油井钻探。1910年,发现第一个油田米里,同年投产。1914年,第一座炼厂在米里建成。1921年,第一座加油站在吉隆坡开业。1960年,第一个移动钻井平台在马来西亚作业。1963年,发现第一个海上油田巴拉姆。1968年,第一个海上油田西罗东投产。1969年,发现塔皮斯油田。1983年,开始出口LNG。1993年,世界上第一个商业化运营天然气制油项目在沙捞越建成。2002年,在沙巴发现第一个深水油田基卡。2004年,石油日产量达到历史高峰78万桶。2013年,第一座LNG再气化接收站投运。2017年,世界上第一座浮式液化设施投入商业运营。2019年,石油日消费量达到历史高峰85万桶。2020年以来,新建炼化一体化设施。

孟加拉国 Bangladesh

孟加拉国石油资源有限,天然气资源潜力较大。油气勘探始于第一次世界大战之前。1910年至1933年,在东部地区共钻6口探井,均无重大发现。1962年,发现蒂塔斯油田。1995年,在恒河三角洲发现气田。

1998年，发现比比亚纳气田。2018年，石油日消费量达到历史高峰18万桶。2018年，第一座再气化接收站投运，开始进口LNG。

缅甸 Myanmar

缅甸石油工业历史悠久，曾是世界上首批产油国，但总体勘探程度较低。从11世纪起，一直用人工挖井生产石油。13世纪开始采油。仁安羌（缅语意为"油河"）是亚洲最早开采石油的地区之一。1759年，仁安羌油田开始出口原油。1887年，开始用蒸汽机驱动的顿钻打井。1893年，发现仁安吉油田。近期，主要开发海上油气田。1983年，发现耶德那海上气田。

摩洛哥 Morocco

摩洛哥石油勘探历史较早，有页岩资源潜力。1890年，第一口探井。1923年，在拉尔勃盆地发现阿因哈姆拉小油田，1952年，产量达101万吨。1957年，发现哈里恰油气田，1960年，产量可达59万吨，1977年，枯竭。1969年，发现贾巴尔村和克西里气田。1965年，在索维拉盆地发现西迪拉来姆油田，产量达96万吨。在西部塔尔法亚盆地，深水区域有潜力。2019年，石油日消费量达到历史高峰29万桶。

美国 United States

1821年，威廉·哈特在宾夕法尼亚州佛雷多尼亚市开始商业性开采天然气，用竹木管道输送到城镇供街道和住宅照明。1821年被定为现代世界天然气工业的诞生年代。1853年，美国第一座炼厂在匹兹堡建成。1859年，德雷克上校在宾夕法尼亚州阿巴拉契亚盆地成功钻探陆上第一口油井，开启美国石油工业时代。1871年，发现布莱德福油气田，1872年，从井口到工厂，修建铸铁管道，运输天然气作为锅炉燃料，天然气开始成为商品。1873年，美国原油产量首次超过100万吨。1874年，从宾夕法尼亚州油区到匹兹堡建成第一条原油长输管道。1879年，美国第一条州际原油管道建成，从科利维尔到宾夕法尼亚州威廉斯波，全长108英里，直径6英寸，原油日输量1万桶。1881年，美国从印第安纳州格林顿到芝加哥，修建第一条输气管道。1885年，罗伯特·本生发明本生灯，天然气开始用于烹饪和取暖。1886年，第一条天然气管线在美国宾夕法尼亚州凯恩和纽约州布法罗之间建成。1891年，世界上第一条高压天然气管道建成，从美国印第安纳州到芝加哥。1901年，在美国得克萨斯州博蒙特，打出美国第一口万吨井，发现纺锤顶油田。1902年，美国原油产量首次超过1000万吨。1905年，第一座专用加油站在密苏里州圣路易斯市建成。1907年，第一座服务型加油站在华盛顿州西雅图建成。1912年，世界第一座LNG厂在西弗吉尼亚州建成。1912年，库欣地区发现油田，此后8年时间，库欣油田成为全美最大的油田。1913年，第一座免下车加油站在匹兹堡建成。1916年，世界上第一座枯竭气田储气库康克德在纽约州布法罗市建成。1916年，世界上第一个大型非伴生气田在路易斯安那州门罗发现。1916年，第一个墨西哥湾海上油田发现。1917年，在俄克拉何马州巴特斯维尔附近的哈密尔顿，建成第一座从天然气中回收天然气液的工厂。1918年，美国建造一座钢质储油罐。1920年，采用注水方法进行二次采油。1922年，在堪萨斯州胡果顿城苏华德县发现潘汉德胡果顿气田，1928年投产，开启美国现代天然气工业的开发。1923年，在阿拉斯加北坡开始地质调查工作。1925年，世界上第一条全钢长距离天然气输送管道建成。1929年，第一口水平井完钻。1931年，世界上第一条千米以上州际天然气管线建成，输往芝加哥，标志着美国天然气跨州贸易的开始。1936年，在得克萨斯州建立第一座天然气回注油井工厂。1937年，在墨西哥湾钻探世界上第一口外海油井。1938年，发现世界上第一个外海油田克里奥尔。1941年，世界上第一套工业规模的LNG装置在俄亥俄州克利夫兰建成，是典型的调峰设施。1946年，在肯塔基州利用含水层储气。1947年，第一次水力压裂试验，在堪萨斯州胡果顿油气田开采天然气。同年，在路易斯安那州钻探了第一口海上油井，水深18英尺。1948年，开始从中东进口石油，成为净进口国。1951年，从墨西哥湾使用驳船把天然气通过密西西比河运抵芝加哥炼厂。1954年，在墨西哥湾建成第一条海底输油管道。1954年之前，美国原油产量占世界原油产量的60%以上，之后比例开始下降。1957年，在阿拉斯加发现第一个有工业价值的油气田斯温松河。1958年，在肯塔基州建成世界第一个含水层储气库。1958年，在路易斯安那州查尔斯湖建成第一座双壁平底液化气储罐。1959年，世界上第一次越洋LNG船运，由第二次世界大战时期由补给船改装的"甲烷先锋号"，从美国墨西哥湾路易斯安那州查尔斯湖运到英国泰晤士河口坎维岛，成为世界海运史的天然气横渡海洋首例，是世界上最早的LNG贸易，标志着LNG进入商业化国际贸易阶段。1963年，建成世界第一个废弃矿坑储气库。1964年，建成科洛尼尔成品油管道，从得克萨斯州休斯敦到亚特兰大，终点在东海岸的林登。1969年，世界上第一座基本负荷型天然气液化装置在美国阿拉斯加基奈半岛建成。1969年，美国阿拉斯加基奈半岛出口LNG到日本。1970年，在密西西比州建成第一座溶解盐穴储气库。1970年代，美国第一次从阿尔及利亚进口LNG，同时，开始煤层气开发。1971年，第一座LNG再气化接收站投运。1977年，世界上第一条进入北极地区的输油管道，美国阿拉斯加输油管道建成，从北坡普拉德霍湾到阿拉斯加湾瓦尔迪兹港。1986年，东西大管道一期建成，运输西海岸重质原油到墨西哥湾炼厂。1987年，阿拉斯加波弗特海德恩迪科特油田投产，成为世界上第一个北极海上油田。1990年，美国第一次动用战略石油储备。2005年，石油日消费量达到历史高峰2080万桶。2007年，美国页岩革命。2010年，墨西哥湾"深水地平线"钻井平台爆炸，钻井漏油。2016年，美国从路易斯安那州萨宾帕斯开始出口LNG。2016年，美国开始第一次大规模在区域间装运乙烷。2017年，美国重返天然气净出口国。2019年，石油日产量达到历史高峰1711万桶。

墨西哥 Mexico

墨西哥石油工业始于19世纪末。1868年，墨西哥城使用天然气照明。1869年，第一口探井。1901年，在坦皮科盆地发现第一个油田帕努科。

1904年，发现埃巴诺页岩油田。1906年，拉萨罗·卡德纳斯炼油厂建成。1910年，发现石油"金色甬道"产油区。1921年，石油年产量达2700万吨，成为当时世界第二大产油国。1963年，第一口海上钻井。1976年，发现坎塔雷尔油田。1977年，在坎佩切湾海域海岸发现第一个海上油田阿卡尔。1979年，发现库马扎油田。20世纪70年代末，开始出口石油。2004年，石油日产量达到历史高峰383万桶。2006年，第一座再气化接收站投运。2007年，石油日消费量达到历史高峰209万桶。2013年，第一口页岩气井出气。天然气产量主要来自伴生气。原油生产多集中在海上，受飓风等季节性因素影响大。墨西哥不是欧佩克成员国，却是唯一有经合组织、国际能源署和欧佩克减产联盟成员国三重身份的国家。

莫桑比克 Mozambique

莫桑比克石油勘探始于20世纪初。1904年，钻探第一口探井。早期没有商业发现。1951年，发现第一个海上气田。2003年，发现泰玛尼气田。2016年后，有了一系列天然气发现。管道气从泰玛尼气田出口到南非。2022年开始出口LNG，成为全球重要的LNG供应国。

南非 South Africa

目前，南非油气产量有限，大量进口石油和天然气。非常规气和海上气田有潜力，天然气产量有望大幅增长。萨尔达尼亚湾是全球重要的油气仓储中心和中转基地。煤炭资源丰富，合成油产业发达，通过煤制油和天然气制油的方式来生产汽柴油。1927年，探索间接液化工艺等煤液化技术。1954年，第一座炼厂德班恩根投运，2023年计划改建为石油产品进口设施。1955年，第一座煤制油项目投产。1965年，陆上勘探，无商业发现。1969年，第一次海上钻井。1988年，发现第一个油田羚羊，2000年投产。1992年，天然气制油项目投产。1997年，奥里比海上油田投产，高峰日产量2.4万桶，南非第一次海上生产石油。2000年，第一次海上生产天然气。2015年，石油日消费量达到历史高峰60万桶。2019年，在11B/12B区块发现凝析气。

南苏丹 South Sudan

石油勘探始于20世纪20年代对红海沿岸的地质调查。1959年外国公司蜂拥而至，直到70年代，石油勘探才取得突破性进展，先后发现油田和凝析气田。1997年，大规模石油勘探和油田建设。1999年，原油出口实现零的突破。2007年，苏丹石油日产量达到历史高峰48万桶。2019年，南苏丹石油日产量达到历史高峰17万桶。虽然南苏丹控制大多油田，但是需要通过苏丹管道来加工和出口。油田伴生气大多放空或回注。

尼日利亚 Nigeria

尼日利亚是非洲主要的产油国，天然气资源丰富优质。油气勘探始于20世纪初，1937年，开始勘探。1956年，发现第一个油田奥洛伊比里。1958年，发现博穆油田。1958年，开始产油，第一次出口到英国。1963年，开始天然气生产。1964年，发现第一个海上油田。1965年，第一座炼厂哈科特港投产。国有化浪潮之后，尼日利亚是少有的仍对外资开放的资源国。1996年，发现邦加油田。1998年，奥索LNG液化厂投产。1998年，在尼日尔三角洲发现海上油田。1999年，第一座LNG液化厂投运，出口第一船LNG到法国。2010年，石油日产量达到历史高峰253万桶。2011年，西非天然气管线投运。近年来受其国内局势影响，国外投资者举棋不定，陆上投资难有突破，而海上投资力度也亟待加大。

挪威 Norway

1961年，第一座斯莱根坦根炼油厂建成，加工北海原油，近年来计划改为进口终端。1966年，挪威开始北海钻探。1968年，发现科德凝析气田。1969年,发现北海第一个油田埃科菲斯克,1971年投产,从此开启挪威石油工业。1975年,建成第一条海底输油管道。1975年,成为石油净出口国。1979年,发现奥赛贝格油田和特罗尔油田。1986年,挪威国家管道系统建成。1996年,特罗尔气田投产。1997年,从挪威特罗尔气田到法国敦刻尔克的挪法天然气管线建成。2001年,石油日产量达到历史高峰340万桶。2007年,挪威以及欧洲第一座大型LNG液化工厂投产。2011年,发现斯维尔德鲁普海上油田,提振原油产量。2016年,挪威白令海海域第一个油田投产。2018年,石油日消费量达到历史高峰23万桶。从2020年至2050年,北海大陆架油气产量预计自然递减65%。

日本 Japan

日本很早就开发油气资源,产量甚微,公元615年在新泻发现石油。1874年,在秋田发现第一个油田。1891年,机械开采尼濑油田。1910年,第一座炼厂秋田投运。1958年,钻探第一口海上勘探井。1932年,日本石油年消费量达200万吨,而同期本土石油年产量为42.7万吨,因此,发展油页岩制油、煤制油和松根汽油等人造油,并在本土建成三个费托合成装置,实际年产量几万吨。1969年,第一座LNG接收站投产,从美国阿拉斯加基奈半岛进口LNG,是日本和亚洲第一次进口LNG。1972年,开建石油商业储备。1978年,开建战略储备。1981年,日本第一艘LNG运输船建成。1996年,石油日消费量达到历史高峰594万桶。2013年,成功测试可燃冰。2019年,从中国进口第一船LNG。2019年,原油日产量约为1万桶。2022年,首次释放战略储备。

塞内加尔 Senegal

20世纪50年代,塞内加尔开展物探工作。1961年,发现迪亚姆尼亚久陆上油气田。1963年,建设达喀尔炼厂。1966年,第一口海上钻井。1967年,发现凝花顶浅滩稠油油田。之后勘探活动趋缓。1997年,发现加迪亚加气田。2014年，发现桑戈马尔油田，计划2023年投产。2015年和2016年发现大乌龟海上大气田，计划2023年投产。2023年，计划出口LNG。

塞浦路斯 Cyprus

历史上受沉积岩构造和中新生代火山影响，塞浦路斯油气产量有限，未来有望成为天然气新中东的国家之一。1967年第一座炼厂建成，2004年关闭。2008年，石油日消费量达到历史高峰6万桶。2011年，发现第一个气田阿芙罗狄蒂。2018年，发现卡吕普索气田。2014年，石油转运码头投运。2019年，发现格劳克斯气田。塞浦路斯计划建成LNG进口接收站。

沙特阿拉伯 Saudi Arabia

沙特阿拉伯油气工业始于1933年。1935年，钻探第一口探井。1936年，第一个油气发现。1938年，发现第一个油田达曼。1938年，开始产油。1940年，发现布盖格油田。1945年，第一座炼厂拉斯塔努拉投运。1947年，建设泛阿拉伯输油管道。1948年，发现加瓦尔油田。1949年，建成从东部油田，经由叙利亚，到黎巴嫩地中海港口赛达的原油输送管道。1951年，在波斯湾海域发现萨法尼亚油田。1968年，发现谢拜油田。1983年，横贯阿拉伯半岛原油输送管道建成，从东部阿布凯克到红海边延布。2006年，沙特阿拉伯发现第一个海上非伴生气田。沙特阿拉伯近年来大力发展下游，先后建成祖拜尔（2013）、延布（2016）和吉赞（2022）炼厂。2015年，石油日消费量达到历史高峰388万桶。2016年，石油日产量达到历史高峰1241万桶。2017年，将吉达炼厂改建为成品油仓储配送基地。沙特阿拉伯天然气储量巨大，多为非伴生天然气，目前天然气产量不多。

苏里南 Suriname

20世纪20年代,苏里南开始勘探。1968年,发现第一个陆上油田坦巴雷乔,1982年投产,高峰日产量为1.4万桶原油和凝析油。之后,加尔各答和坦巴雷乔西北油田相继投产。1988年,第一次出口原油。1995年,第一座炼厂投运。2020年,在58区块和52区块相继发现大油田,主要是轻质低硫原油,预计2025年投产。苏里南官方语言为荷兰语。

泰国 Thailand

1892年,煤油进口。1921年,开始石油地质调查。20世纪20年代至70年代,没有大规模勘探活动。1953年,钻探第一口探井,发现第一个油田芳,1960年投产。1964年,第一座炼厂投运。1971年,开始海上钻探。1973年,发现第一个海上天然气气田埃拉文。1978年,从暹罗湾到泰国罗勇的海底天然气输送管道建成。1999年,从缅甸进口管道气。2011年,第一座再气化接收站投运。2016年,石油日产量达到历史高峰49万桶。2019年,石油日消费量达到历史高峰146万桶。

特立尼达和多巴哥 Trinidad & Tobago

1860年,特立尼达和多巴哥进行沥青湖地质调查。1867年,开钻第一口钻井,1901年,浅钻获得石油。1888年,出口沥青。1942年,开始海上勘探。1954年,开钻第一口海上钻井。1955年,发现海上油田索尔达多。1973年,石油日消费量达到历史高峰7万桶。1978年,石油日产量达到历史高峰23万桶。1999年,第一座液化厂投产,主要向美国供应LNG。2002年,在东海岸发现铁马油气田。也是全球天然气制甲醇和合成氨主要出口国。

土耳其 Türkiye

土耳其石油资源较少。1925年，开始地质调查。1940年，发现腊曼油田。20世纪70年代，在色雷斯盆地发现天然气。1977年，从伊拉克基尔库克油田至地中海岸伊肯德仑的原油管道建成。1994年，土耳其第一座再气化接收站投运。2017年，石油日消费量达到历史高峰102万桶。

土库曼斯坦 Turkmenistan

土库曼斯坦石油工业历史悠久，天然气资源丰富。1875年，第一口油井开始钻探。1876年，发现第一个油田。1877年，开始产油，石油产量逐年提高。1956年，在里海发现科图泰帕油田。1964年，发现萨曼特佩气田。1988年，中亚天然气管网系统投运。2004年，发现尤勒坦—奥斯曼气田，2013年投产。2006年，发现南约罗坦—奥斯曼气田。2017年，石油日产量达到历史高峰27万桶。2019年，石油日消费量达到历史高峰15万桶。

突尼斯 Tunisia

突尼斯石油工业发展较早，但由于地质条件复杂，勘探开发进展缓慢。1894年，向外国公司颁发第一个石油勘探许可证。1948年，发现邦角气田。1970年，在南撒哈拉地区发现西迪伊塔也姆陆上油田。1971年，发现阿什塔特海上油田。1980年，石油日产量达到历史高峰12万桶。

委内瑞拉 Venezuela

委内瑞拉的超重原油和天然气资源丰富。很早使用沥青涂船。1883年，第一口顿钻浅井产油。1913年，在奥里诺科发现重油。1914年，第一口探井祖马克 1 号井在马拉开波盆地完成，发现第一个油田梅尼格兰德，并开始产油。1914 年，发现玻利瓦尔湖岸油田群，1922 年开始产油。1917 年，第一座炼厂圣洛伦索投运。1918 年，开始出口石油，1928 年，第一次成为当时全球最大石油出口国。1922 年，巴罗佐 2 号油井完钻，发现卡比马斯油田。1924 年，南美第一次使用电取心和测井。1928 年，在东委内瑞拉发现基里基雷油田。1943 年，出台新《碳氢化合物法》。1960 年，石油产量达到 1.5 亿吨，出口石油 1.05 亿吨，再次成为当时全球最大的石油出口国。1970 年，石油日产量达到历史高峰 375 万桶。2008 年，泛加勒比海（从哥伦比亚到委内瑞拉）管道投运。2013 年，石油日消费量达到历史高峰 83 万桶。委内瑞拉原油以重质原油为主，需加入石脑油和凝析油等稀释剂后，方能通过管道运输。委内瑞拉天然气产量主要来自伴生气，基本用于油田提高采收率。作为传统的产油大国，受其国内局势影响和油田开发成本挑战，石油产量出现下滑。

文莱 Brunei

文莱是东南亚主要产油国和世界主要液化天然气生产国。天然气产量主要来自伴生气。文莱油气勘探历史悠久。1899 年，完成第一个勘探井。1929 年，发现第一个陆上油田诗里亚，高峰年产量 570 万吨。1932 年，开始出口原油。1953 年，第一座柴油发电厂投运。1955 年，诗里亚天然气处理厂投运。1956 年，完成第一口海上勘探井。1963 年，发现安帕西南近海油田，1965 年投产。1970 年，发现里皮昂近海油田，1972 年投产。1972 年，文莱以及西太平洋地区第一座大型 LNG 液化厂投产，开始出口 LNG。1975 年，发现马格佩海上油田。1976 年，第一座燃气发电站投运。1977 年，发现甘尼特海上气田。1979 年，石油日产量达到历史高峰 26 万桶。1983 年，第一座炼厂投运。1987 年，第一座双循环燃气发电站投运。1990 年后，转向深水勘探。2019 年，一体化炼化项目投运。2022 年，开始生产尿素。

乌干达 Uganda

乌干达油气勘探始于1913年。1991年之前，进行地质调查和地震勘探工作。2009年，略有产量。2006年，在阿尔伯特湖盆地发现第一个油田翠鸟，2008年，发现蒂伦加油田。计划2025年开始生产原油和凝析油，翠鸟日产量可达4万桶，蒂伦加日产量可达19万桶。项目还修建炼厂，通过东非原油管道出口到坦桑尼亚坦噶港。乌干达一跃成为全球主要产油国。

乌克兰 Ukraine

乌克兰石油工业历史悠久，是中亚和高加索油气对外管线的咽喉。目前，油气供应主要依赖进口。1860年，发现多利纳油田。1950年，在第聂伯—顿涅茨盆地发现谢别林卡巨型气田，曾占苏联天然气产量的25%左右。1986年，利用废弃气田改造建成储气库。1987年，石油日消费量达到历史高峰133万桶。

乌兹别克斯坦 Uzbekistan

乌兹别克斯坦油气勘探历史悠久，但产量一直不高。1880年，在费尔干纳盆地油气勘探。1904年，发现第一个油田奇米昂。1953年，在阿姆河盆地发现第一个气田谢塔兰捷。1956年，在西部发现加兹林气田。1967年投入开发。20世纪80年代以来，天然气产量持续增长，是中亚管道气的主要供应国。1998年，石油日产量达到历史高峰28万桶。

西班牙 Spain

西班牙油气资源有限。1930年，第一座炼油厂圣克鲁斯投产。1960年，发现卡斯蒂洛气田。1964年，发现阿尤伦戈油田。1969年，第一座LNG接收站建成，开始进口LNG。1970年，第一辆LNG槽车外输。西班牙通过海底管线从阿尔及利亚进口天然气。2007 年，石油日消费量达到历史高峰 159 万桶。

希腊 Greece

1953 年，开始勘探工作。1972 年，发现南卡瓦拉气田。1973 年，发现普里诺斯第一个油田。2007 年，石油日消费量达到历史高峰 45 万桶。

新加坡 Singapore

新加坡位于马六甲海峡，是全球重要的航运中心、能源贸易和炼油加工中心、海洋工程制造中心以及船舶燃料油加注中心。裕廊岛是国际石油、石化和化工基地。进口所需原油和天然气，出口加工的石油产品，天然气主要用于发电。2013 年，第一座再气化接收站投运。2018 年，石油日消费量达到历史高峰 143 万桶。

新西兰 New Zealand

1839 年，新西兰有油气记载。1865 年，钻探第一口油井阿尔法。1936 年前，仅有个别钻井有油气显示。1959 年，发现卡普尼凝析气田，1970 年投产。1964 年，第一座炼厂麦斯登角投产，于 2020 年计划转成进口终端。1968 年，钻探第一口海上钻井。1969 年，发现毛伊海上油气田，1979 年投产。1979 年，发现麦基陆上油田。2018 年后，不再开展海上原油勘探。2019 年，石油日消费量达到历史高峰 18 万桶。

叙利亚 Syria

1948 年，叙利亚开展初次地震工作。1956 年，发现卡拉丘克油田。1959 年，发现苏韦迪亚赫油田。1997 年，成为石油净出口国。2002 年，石油日产量达到历史高峰68万桶。2008年，阿拉伯天然气管道投运，从埃及进口天然气，成为天然气净进口国。天然气产量主要来自非伴生气，多用于燃气发电，部分用于提高油田采收率。

也门 Yemen

也门位于曼德海峡战略要地。20世纪80年代之前，也门没有重大油气发现。1984年，发现埃利夫油气田。1986年，开始产油。20世纪90年代，开始产气，但直到2009年，才开始气田商业开发。2002年，石油日产量达到历史高峰46万桶。2009年，第一座液化厂投运。同年，开始出口LNG。未参加任何石油组织，在生产上较具自主性。

伊拉克 Iraq

伊拉克油气工业历史悠久，油气资源丰富，但因为战乱、制裁和地缘政治等原因，经历坎坷，多年来只有部分油气田在产。公元前3000年，发现油气苗。1904年，第一个油气发现。1923年，发现纳夫特·卡纳油田。1927年，第一座炼厂万得建成。1927年，成功钻探第一口商业井"巴巴一井"，发现基尔库克油田。1930年开始产油。1933年，从基尔库克油田到地中海滨海法港的原油输送管道建成。1934年，第一次出口石油。1949年，发现祖拜尔油田。1953年，发现鲁迈拉油田。1960年，石油输出国组织（欧佩克）在巴格达成立。2016年，石油日消费量达到历史高峰76万桶。2019年，石油日产量达到历史高峰478万桶。天然气储量巨大，产量主要来自伴生气，部分回注提高油田采收率。

伊朗 Iran

伊朗是世界油气资源大国，天然气资源丰富，油田伴生气和非伴生气相对占比高。伊朗所在的霍尔木兹海峡是世界主要油气贸易通道，占全球原油海运贸易的近 30%，全球 LNG 贸易的 30% 以上。伊朗油气工业始于 1855 年。1906 年，第一口探井完成，也是中东的第一口油井。1908 年，发现第一个大油田马斯杰德伊苏莱曼，1911 年开始产油。1912 年，第一座炼厂阿巴丹投运。1928 年，发现加奇萨兰大油气田。1938 年，发现阿加贾里油气田。1958 年，发现阿瓦士油气田。1963 年，发现马荣油气田。1965 年，从南部油气区到阿斯塔那，建成南北输气干线。1973 年，发现坎甘气田。1974 年，石油日产量达到历史高峰 606 万桶。1976 年，发现达兰气田。1983 年，非伴生气田开始大量开发。1990 年，伊朗在波斯湾发现南帕斯海上气田。1997 年，伊朗—土库曼斯坦天然气管道开通，从土库曼斯坦进口天然气。2002 年，南帕斯气田一期投产。伊朗大量天然气回注油井，提高采收率。2013 年，石油日消费量达到历史高峰 188 万桶。哈尔克岛和拉万岛建有大量石油仓储设施。伊朗海岸浮仓和剩余库存增加了国际石油市场的不确定性。

以色列 Israel

以色列从埃及进口管道气。2000 年，发现马里—B 气田。2009 年，发现塔玛尔海上气田。2010 年，发现利维坦海上气田。2012 年，石油日消费量达到历史高峰 30 万桶。2015 年 2 月，在戈兰高地勘探。2013 年，FSRU 接收装置投运。

意大利 Italy

意大利是欧洲主要炼油加工中心、成品油出口国和原油中转国。意大利油气勘探工作始于 19 世纪初。1860 年，钻探奥扎诺油井。1891 年，发现维来亚油田。1909 年，在波河河谷瓦莱扎发现第一个油田。1931 年，世界第一辆天然气汽车投运。1934 年，在波河三角洲发现第四系气藏。1944 年，发现卡维亚哥气田，开始使用天然气。1960 年，发现第一个海上气田贝朗特。1970 年，第一个 LNG 再气化接收站投运。1979 年，石油日消费量达到历史高峰204万桶。1982年，亚德里亚海上罗斯波油田成为世界上第一个使用水平井开发的油田。1998年，发现阿尔卑山油田。2005年，石油日产量达到历史高峰13万桶。2009年，世界上第一个重力基础结构接收终端（GBS）海上再气化设施投产。

印度 India

印度是原油和天然气进口国，成品油出口国。油气勘探程度低，只有少量盆地经过详细勘探，深水区和未勘探盆地还有潜力。1889年，发现第一个油田地格波伊。1954年，第一座炼厂在孟买投产。1974年，在西部阿拉伯海大陆架有海上发现。2004年，第一座LNG再气化接收站建成，开始进口LNG。2011年，石油日产量达到历史高峰94万桶。2019年，石油日消费量达到历史高峰521万桶。

印度尼西亚 Indonesia

印度尼西亚的石油勘探历史悠久。公元8世纪，使用原始采油方式在苏门答腊开采原油。1859年，开始石油调查。1872年，在西爪哇马贾钻探第一口井。1885年，在北苏门答腊钻探出石油，发现第一个油田。1941年，发现杜里油田。1944年，发现米纳斯油田。1971年，发现阿隆凝析气田。1977年，石油日产量达到历史高峰169万桶。1977年，第一次出口LNG，供应日本，曾作为世界上第一大LNG出口国长达20多年。2009年，东固LNG液化厂投产。2015年，第一座LNG再气化接收站投运。2016年，深水开发项目（IDD）投产。2019年，石油日消费量达到历史高峰174万桶。生物质在居民用气和地热在发电中有着重要的地位。

英国 United Kingdom

1820年，第一次试验成功把天然气转成液态。1848年，金梅里奇油页岩用于韦勒姆街道的照明。1848 年，第一家炼油厂建成。1896 年，在希斯菲尔德钻井，生产出的天然气用于火车站照明。1919 年，第一个加油站在伯克郡奥尔德玛斯顿开业。1938 年，在苏格兰北部发现气田。1959 年，发现金梅里奇湾陆上油田，1960 年产油。1959 年，世界上第一船越洋 LNG。1960 年，开始使用 LNG。1964 年，接收世界上第一船商业 LNG。1965 年，发现北海第一个气田西索尔，同年，发现西索尔气田的半潜式钻井平台"海上宝石"号在动迁中遇风暴沉没。1969 年，发现英国北海第一个油田。1970 年，发现福蒂斯油田。1971 年，发现布伦特油田。1973 年，发现维奇农场陆上油田，1979 年产油。1974 年，发现尼尼安油田。1978 年，石油产量第一次超过消费量，成为石油净出口国。1985 年，在苏格兰阿伯丁建成世界第一座海上地下储气库。1988 年，布里坦尼亚气田投产。1998 年，从英国到欧洲大陆天然气海底管道开通。1970 年，加油站数达峰。1973 年石油消费达峰（223 万桶/日），1999 年石油产量达峰（295 万桶/日），2005 年成为原油净进口国，2013 年成为成品油净进口国。

越南 Vietnam

20 世纪 60 年代，开始建设成品油管道。1970 年前已开始海上勘探活动。1974 年，越南第一口海上探井。1975 年，发现白虎油田。2004 年，石油日产量达到历史高峰 56 万桶。2009 年，第一座炼厂荣桔投运。2023 年，第一座 LNG 接收站预计投产。

乍得 Chad

乍得石油勘探始于 20 世纪 70 年代。1974 年第一口探井，同年第一个石油发现。2003 年，多巴油田投产，开始产油。2005 年，石油日产量达到历史高峰 17 万桶。2011 年，第一座炼厂恩贾梅纳投产。原油通过乍得—喀麦隆管道出口。天然气基本放空。乍得主要能源消费来源于木柴和石油。

智利 Chile

智利石油工业发展较晚。1909年,在火地岛进行地质调查。1917年,在麦哲伦盆地钻探,未获油气发现。1945年,在曼纳蒂勒斯构造上钻井,发现油田。1947年,首次产油。20世纪60年代,开始海上勘探。1964年,发现天然气。2008年,石油日消费量达到历史高峰39万桶。2009年,第一座再气化接收站投运,开始进口LNG。

经典观点与经验分享

王　佩　中国国际石油化工联合有限公司市场战略部总经理

从中长期来看，在"双碳"目标引领下，天然气作为相对清洁低碳的一次能源，将在能源转型中扮演重要角色，未来仍有望迎来黄金十年的机遇期。结合我国的情况来看，近十年来，在煤改气、能源转型以及经济较快增长等因素推动下，我国天然气消费保持高增长态势，近十年年均增速超过10%，天然气进口年均增速接近20%，已成为全球最大天然气进口国。业内认为，"十四五""十五五"期间我国天然气需求总体将继续保持增长，但增速或有所放缓，到2040年左右，我国天然气需求或触顶，届时需求峰值预计在6500亿～7000亿立方米左右。

从世界范围内来看，2021年或是全球天然气行业的分水岭，自2021年之后，全球天然气价格或正式告别廉价能源时代。2021年至今，亚太、欧洲、美国三大区域天然气价格屡创新高，天然气成为全球最贵的一次能源，相同热值的价格远高于煤炭和石油，传统交易逻辑发生显著变化。这其中，美国将超越卡塔尔和澳大利亚成为全球最大的液化天然气（LNG）出口国，欧洲市场则成为美国LNG出口的重要调节阀，与此同时，欧洲天然气期货吸引大量基金和投机者涌入，欧洲开始引领亚太乃至全球天然气价格走势。值得关注的是，2022年年初爆发的俄乌冲突不仅对短期能源价格造成巨大冲击，显著抬高全球尤其是欧洲的用能成本，也给世界政治经济格局带来深层次影响，使得俄美欧三国能源大博弈更加激烈。

经典观点与经验分享

鲍勃·弗里克伦德（Bob Fryklund）国际知名咨询公司首席上游战略专家

在过去的几年里，石油勘探领域经历了一段艰难的日子，并且继续面临着商业挑战，对于那些要面对大众投资者的上市公司来说，尤为如此。上游格局在重构：更少的上游参与者、更少的石油美元和更少的勘探目标。因此，上游参与者不得不重新思考他们做生意的商业模式，要从"岩石"开始思考。问题是，在一个专注于短周期、低成本、低碳的世界里，哪里还能做勘探？今天，大多数前沿公司注重常规深水勘探项目，特别是在大西洋盆地。与此同时，最近的页岩革命表明，投资非常规是多么的有利可图，非常规页岩项目越来越多，商业回报的周期越来越短。

这使得我们重新审视盆地思维。通过对全球400个盆地地质、油藏和地上因素的研究，我们提出了"超级盆地"的概念。"超级盆地"是指累计产量超过50亿桶当量且剩余可采资源量至少还有50亿桶当量的沉积盆地，有连续富含有机质的泥岩和其他致密的储层以及两个或多个烃源岩。这些储层过去不被认为有商业价值，但是，现在可通过采用水平钻井和多段压裂技术，将这些致密岩石中的大量油气潜力释放出来。"超级盆地"巨大的资源量能充当供应的"压舱石"和市场的颠覆者，并可充当全球油气价格的调节器。

陆上和海上都有"超级盆地"。25个陆上"超级盆地"估计拥有8590亿桶油当量的剩余技术可采资源量。典型的陆上"超级盆地"是美国西得克萨斯的二叠盆地，产量为370亿桶油当量，剩余资源量达600亿桶石油和300万亿立方英尺天然气。由于基础设施成本较高，海上盆地不像陆上盆地那样具有巨大的商业潜力。

"超级盆地"要获得商业成功，不光要解决地下问题，还要解决地上问题，包括成熟的油服支持、发达的基础设施、大量的数据、便利的市场准入和广大的目标市场。而且，"超级盆地"通常有多家生产商相互竞争，其竞争氛围有助于提高效率和绩效。

随着美国二叠这样的"超级盆地"的出现，上游参与者需要在已探明盆地与前沿盆地之间做出选择。

第4章

基本面的平衡
石油产品供需格局和应用领域

石油产品应用领域

在供产端,油田炼厂的建设和生产周期比较长,因此,产量相对稳定,库存相对较好预测。相对于供应,石油产品的需求分析更具挑战性,应用领域众多,燃烧用途和非燃烧用途面临的能源替代与竞争形势不同。石油产品的组分、理化性质、质量标准和使用特性均会影响每一产品的应用前景和竞争优劣势。未来的供需总量、消费结构和布局存在很大的不确定性。

全球区域成品油需求比例

全球不同国家和机构的成品油消费结构不同,成品油需求比例差异较大。

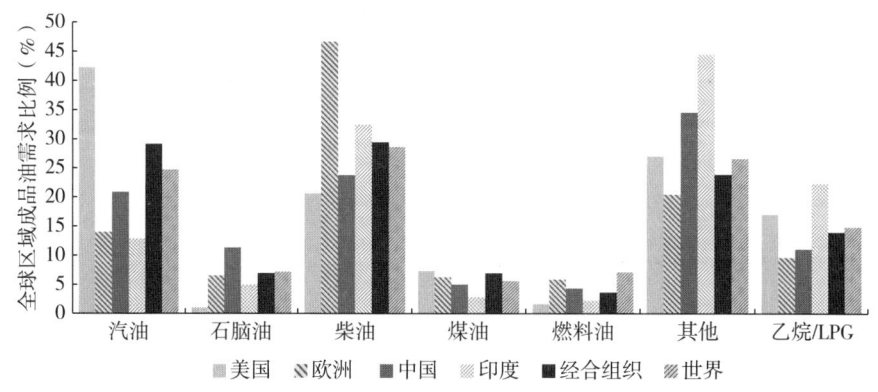

全球区域成品油需求比例(2021)

资料来源:国际能源署,英国石油,捷诚能源。

世界终端用能领域

在工业和交通用能的带动下,世界终端用能总体呈增长趋势。

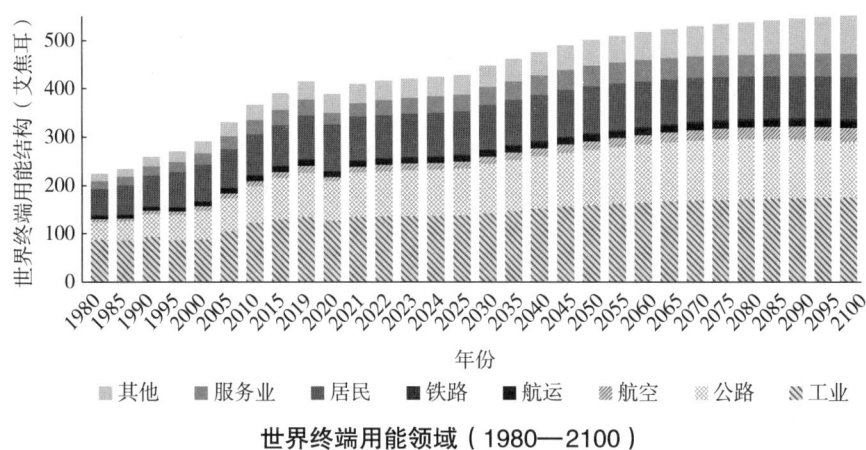

世界终端用能领域(1980—2100)

资料来源:国际能源署,壳牌,英国石油,捷诚能源。

世界石油应用领域

世界石油消费主要作为燃料用于交通领域,而作为非燃烧的化工用油比例不断上升。

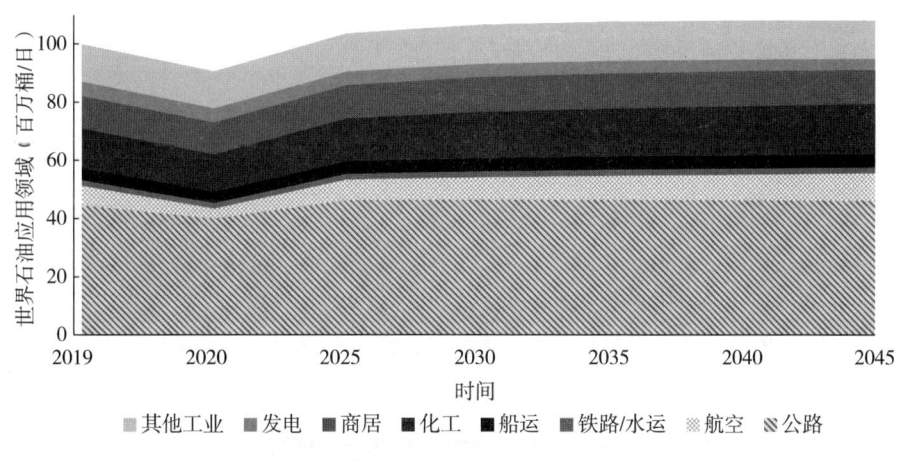

世界石油应用领域(2019—2045)

资料来源:英国石油,欧佩克,国际能源署,捷诚能源。

美国石油应用领域

作为车轮上的国家,美国石油消费以交通为主,接近70%。

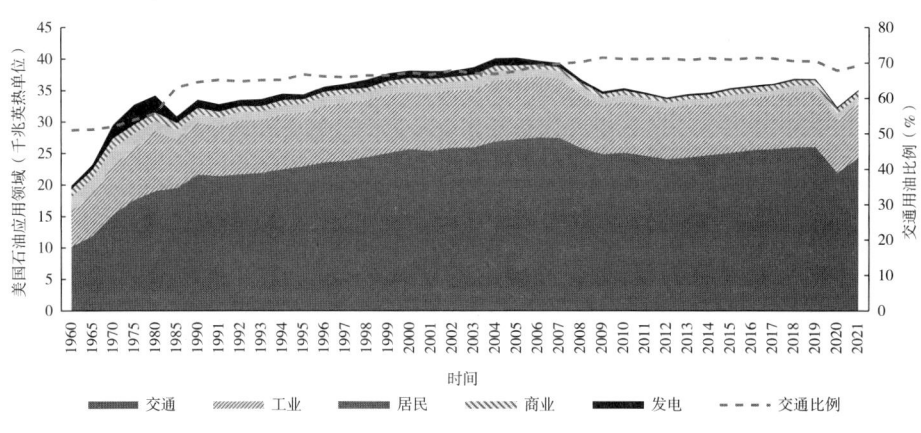

美国石油应用领域(1960—2021)

资料来源:美国交通统计局,美国能源信息署,捷诚能源。

中国石油应用领域

中国石油消费中,交通用油接近50%,化工用油比例相对高。

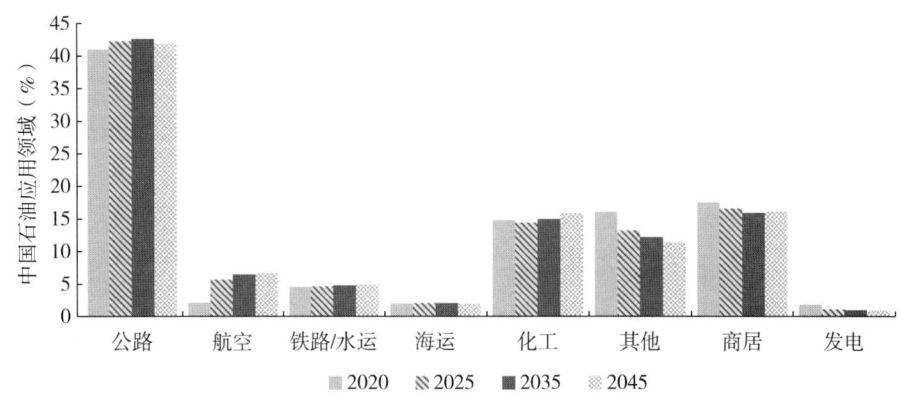

中国石油应用领域(2020—2045)

资料来源:欧佩克,中国石化经济技术研究院,捷诚能源。

交通用能和用油、车用汽油与电动车

交通用能占到世界终端能源消费的近30%。交通用油占到世界石油消费的近60%。人类历史的绝大部分交通方式以人力、畜力、风力和波浪作为动力,直至1769年,随着蒸汽机的出现,人类交通工具得以飞跃式发展。机械化交通工具及其动力来源经历了蒸汽、内燃、电气、自动化等4个阶段。交通工具在本质上是从A点到B点的代步工具,但在现实中被赋予了额外的光环、地位和象征,满足了很多想象力和精神层面的需求。

世界交通用能结构

世界交通用能主要以石油为主。生物质、天然气、电力和氢能均有增长。

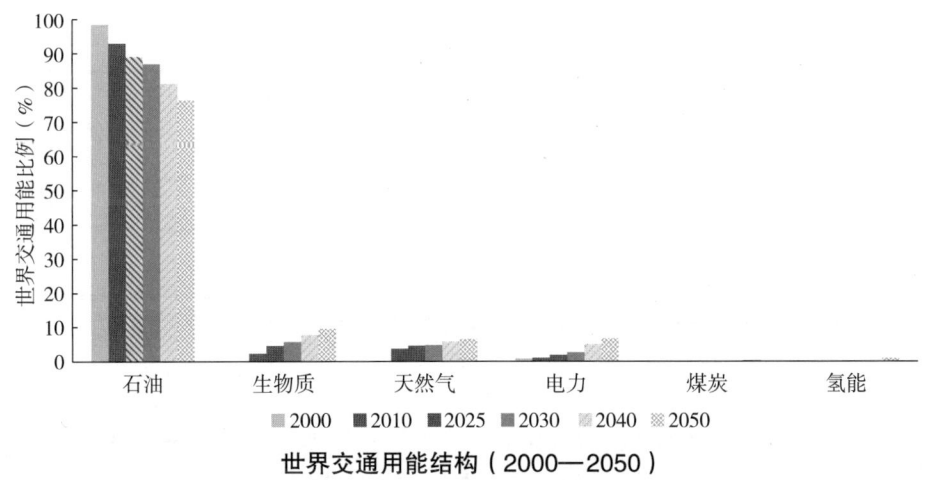

世界交通用能结构(2000—2050)

资料来源:国际能源署,英国石油,美国能源信息署,捷诚能源。

世界交通用能领域

世界交通能源领域中，航运和重卡需求稳中有增，航空需求增速最快，乘用车需求增长乏力。

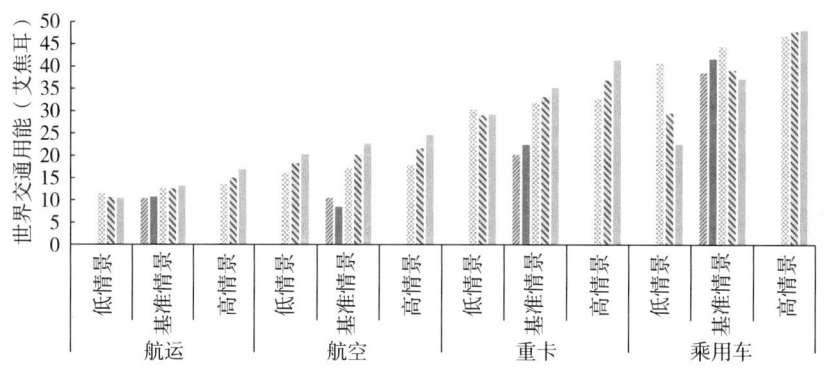

世界交通用能领域（2010—2050）

资料来源：国际能源署，英国石油，美国能源信息署，捷诚能源。

美国交通用能结构

美国交通用能中，汽柴煤占主导地位，而电力和天然气有望增长。

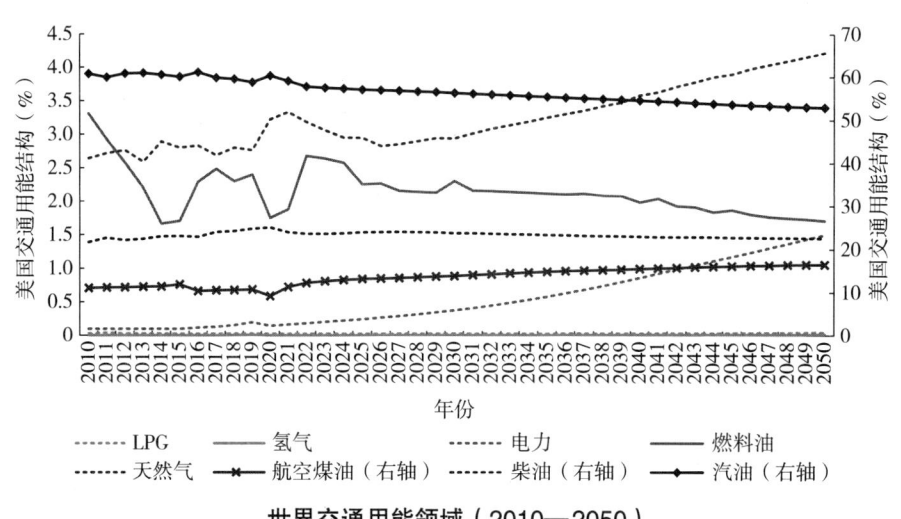

世界交通用能领域（2010—2050）

资料来源：国际能源署，英国石油，美国能源信息署，捷诚能源。

美国交通用油结构

美国交通用油以汽油为主,航空煤油和柴油总体呈增长趋势。

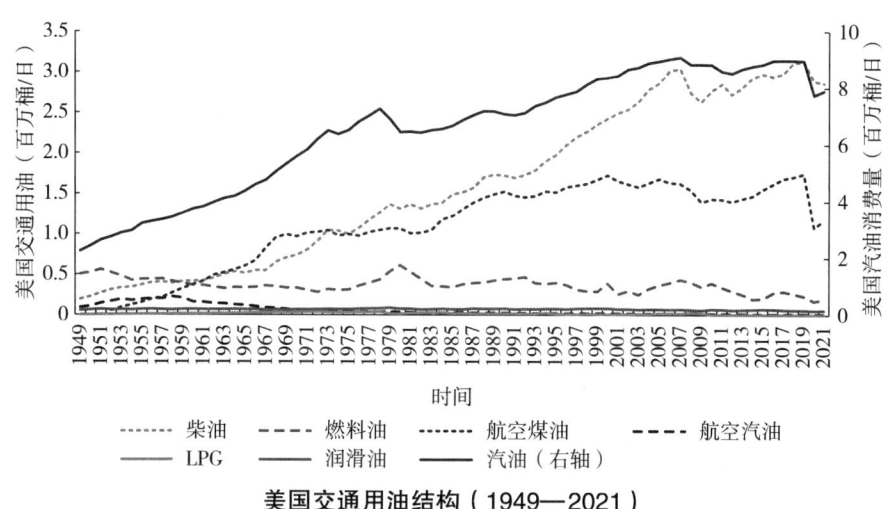

美国交通用油结构(1949—2021)

资料来源:美国能源信息署,捷诚能源。

中国交通用油结构

中国交通柴油、汽油、水路油品和航空煤油消费先后达峰。航空煤油仍有发展空间。

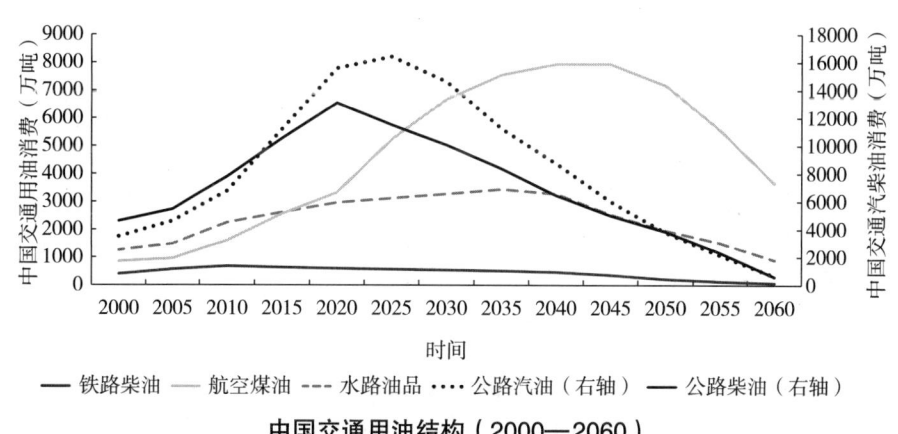

中国交通用油结构(2000—2060)

资料来源:中国石油经济技术研究院,捷诚能源。

世界汽油需求

汽油需求相对明确，主要是交通用油（移动用油）。车用汽油主要是用于乘用车。具体汽油需求的影响因素可参考《图解原油期货》。在2020年低谷之后，世界汽油需求有所恢复，但长期呈下降趋势。

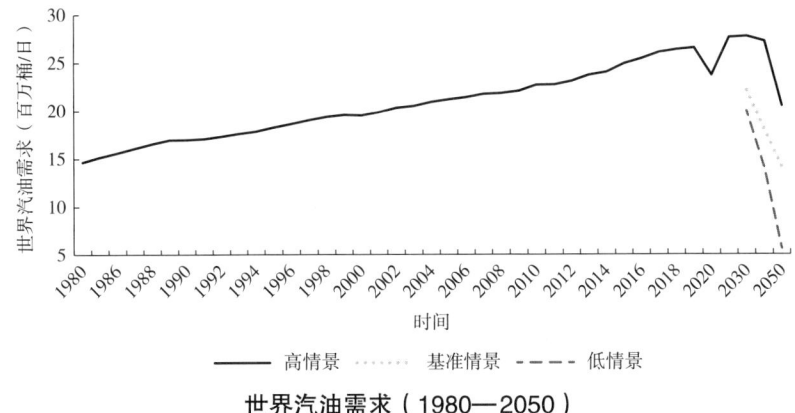

世界汽油需求（1980—2050）

资料来源：国际能源署，美国能源信息署，英国石油，中国国家统计局，捷诚能源。

美国车用汽油消费

汽油需求的变化是油价的主要指标。美国车用汽油消费约占美国石油消费一半。

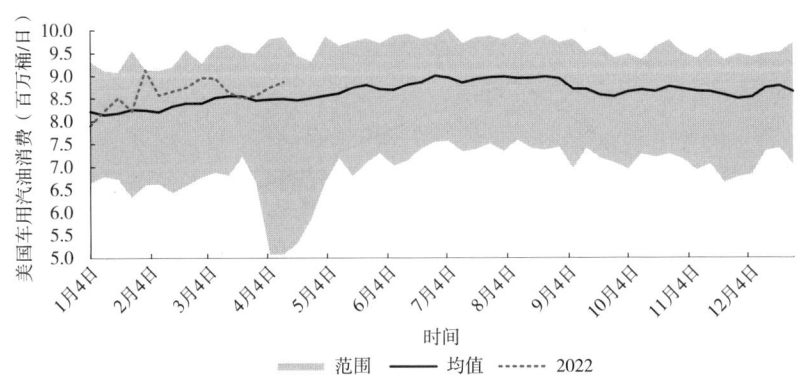

美国车用汽油消费（1991—2022）

资料来源：美国能源信息署，捷诚能源。

美国车用汽油消费与行驶里程

汽车年行驶里程（Mileage）代表汽车出行强度，影响燃油消耗量。里程数能反映消费者对高油价的敏感性以及价格对下游的传导强度。

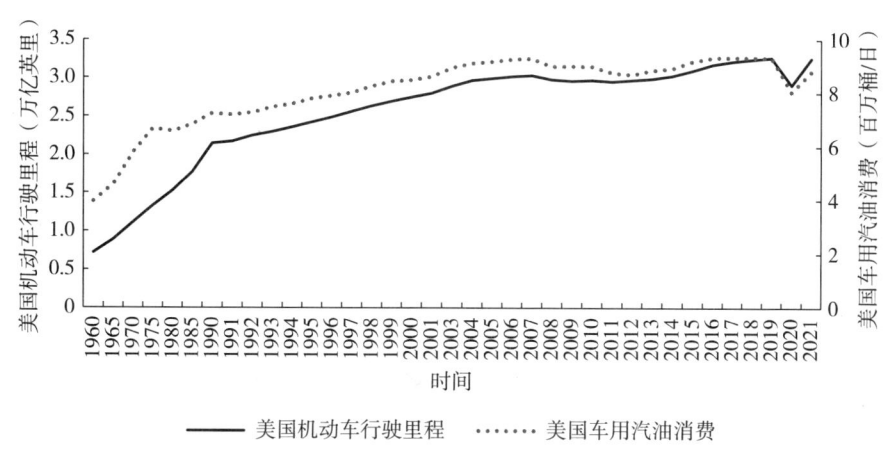

美国车用汽油消费与行驶里程（1960—2021）

资料来源：美国能源信息署，美国交通统计局，捷诚能源。

中国汽油供需

中国汽油供需在达峰后逐步下降，在 2030 年之前仍保持高位。

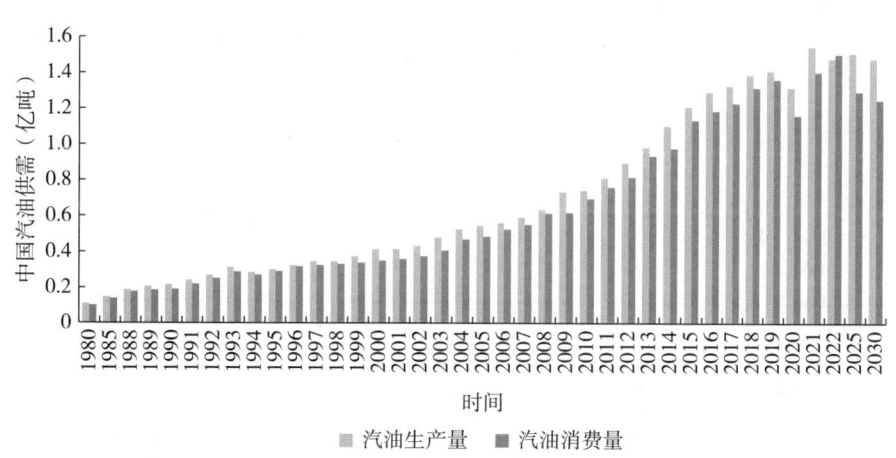

中国汽油供需（1980—2030）

资料来源：中国国家统计局，中国石化经济技术研究院，中国石油经济技术研究院，捷诚能源。

中国汽油消费与机动车行驶量

中国汽油消费与机动车行驶量相关性高，国道行驶量带动汽油增长。

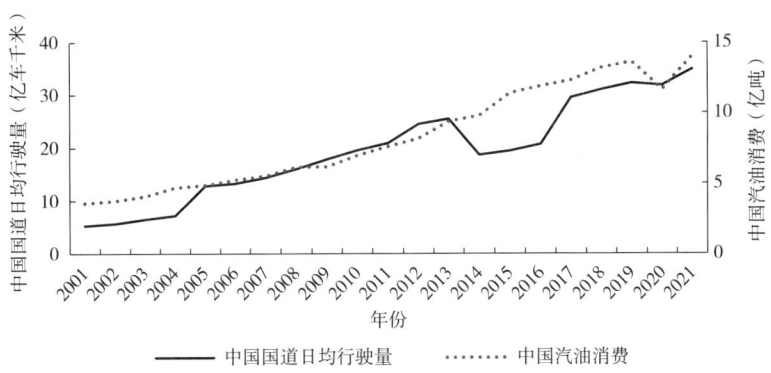

中国汽油消费与机动车行驶量（2001—2021）

资料来源：中国交通部，中国国家统计局，中国国家发展改革委。

全球区域千人汽车保有量

千人汽车保有量（Vehicles per Thousand People）指标用来衡量未来汽车市场规模和出行水平，受成品油价格和供需、经济发展、个人收入、出行习惯、家庭结构、国土面积、人口总量、公路里程、替代交通工具、城镇化、地理环境和气候状况等条件影响。

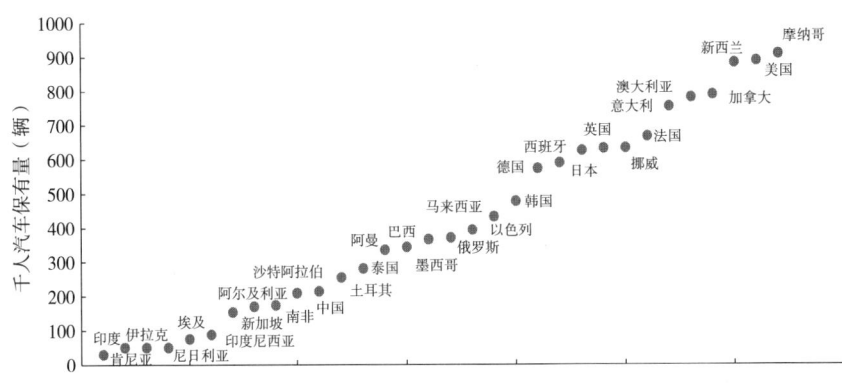

全球区域千人汽车保有量（2018—2022）

资料来源：世界银行，欧洲汽车制造商协会，广东油气商会，捷诚能源。

美国个人可支配收入和千人汽车保有量

美国个人可支配收入到 3 万美元后,千人汽车保有量增速放缓。

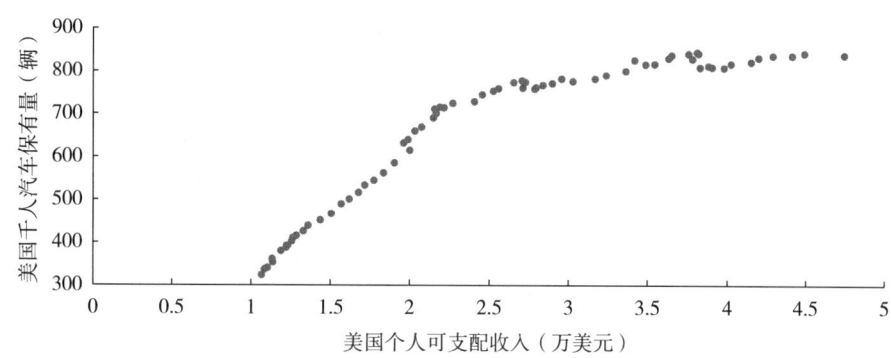

美国个人可支配收入和千人汽车保有量(1950—2022)

资料来源:美国交通统计局,美国联邦储备委员会,捷诚能源。

中国可支配收入和百户家用汽车保有量

汽车保有量的主要因素包括居民收入、人口、城镇化、家庭结构。居民人均可支配收入达到 3.2 万元人民币时,美国居民每百户家用汽车拥有量为 180 辆,而中国为 37.1 辆。

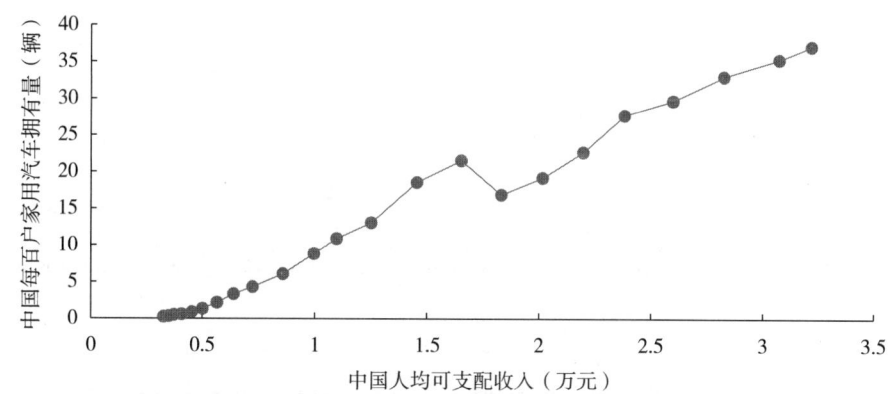

中国人均可支配收入和百户家用汽车保有量(1998—2021)

资料来源:中国国家统计局,中国成品油市场需求预测研究,捷诚能源。

交通用能与电气化趋势

在交通运输行业用电领域中,除了电动车外,交通工具用电主要包括铁路、管道运输、城市公共交通等领域。此外,码头岸电和航空用电也在发展。

交通领域的电气化发展快速,但是电气化技术进步有待进一步突破,商业模式有待成熟,否则,电气化覆盖率仍将保持低位。

全球区域交通用电量增速

全球各国交通用电量快速增长达到一定市场饱和度后,用电量增速逐步放缓。

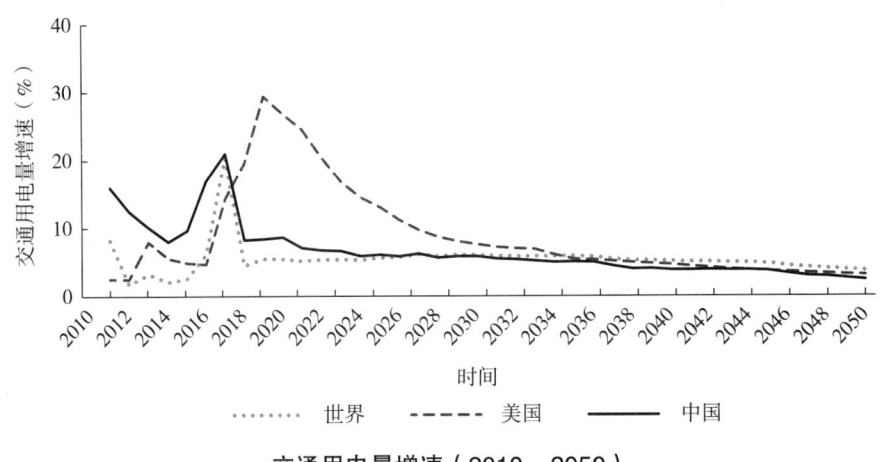

交通用电量增速(2010—2050)

资料来源:国际能源署,美国能源信息署,捷诚能源。

全球区域电动车市场份额

美国联邦政府拥有近65万辆汽车。2021年，其中约3000辆是电动车。美国电动车占新车销量比例，计划2025年到25%，2030年到50%。

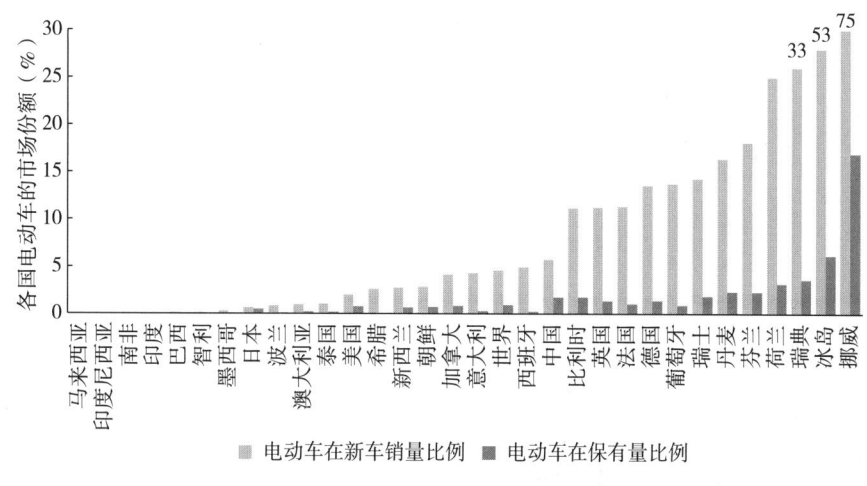

全球区域电动车的市场份额（2020）

资料来源：国际能源署，捷诚能源。

国际机构预测世界电动车市场份额

燃油车退出时间表不断提前，各个机构对电动车市场份额的预测有所不同，但都在不断上调。

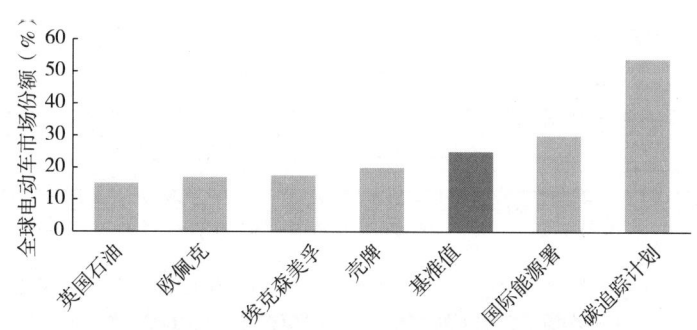

国际机构预测世界电动车市场份额（2040）

资料来源：公开资料，捷诚能源。

美国轻型车平均燃油效率

美国轻型车行驶里程相对稳定,技术和政策明显提高了燃油效率。

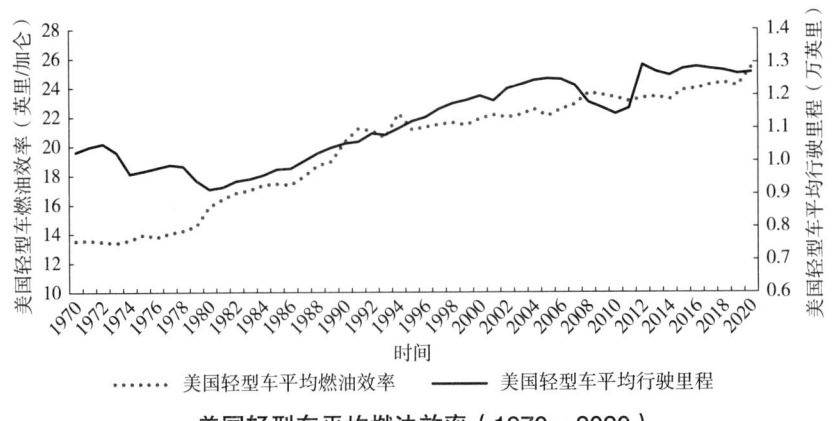

美国轻型车平均燃油效率(1970—2020)

资料来源:美国交通统计局,捷诚能源。

美国轻型车新车燃油经济性

新车燃油经济性(Fuel economy)改进空间有限,电动车经济性遥遥领先。燃油经济性可以用每加仑当量车辆行驶里程来衡量,受燃料类型、胎压、路况、机油、载重、驾驶方式等因素影响。

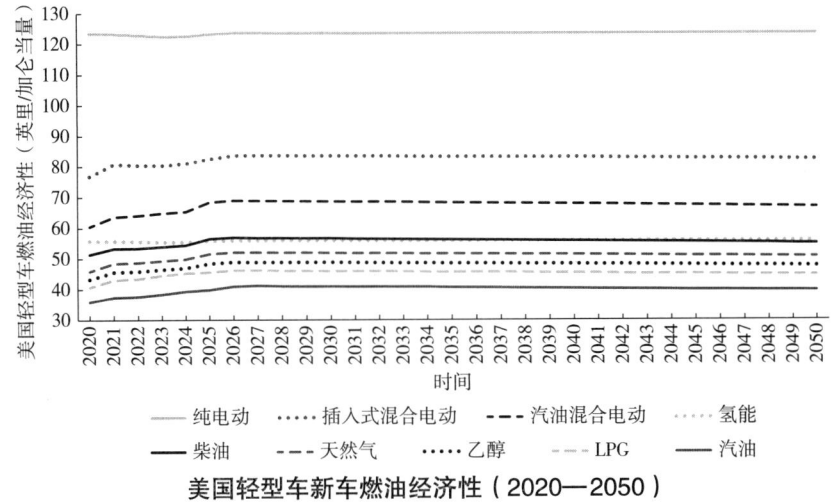

美国轻型车新车燃油经济性(2020—2050)

资料来源:美国交通统计局,美国能源信息署,捷诚能源。

公路用能和用油、柴油、沥青与润滑油

公路用能主要来源于柴油。柴油指直馏柴油和经过精制的二次加工以不同比例调和而成的成品油。柴油主要用作柴油发动机燃料（包括用于欧洲汽车、航油和船用油）和家庭取暖，另外一个主要用途是石油化工燃料。柴油机又称压燃式发动机，主要用于农用机械、重型车辆、铁路机车、船舶、工程和矿山机械。

世界公路用能来源

世界公路用能中，石油比例不断下降，但仍占主导地位，而电力快速上升。

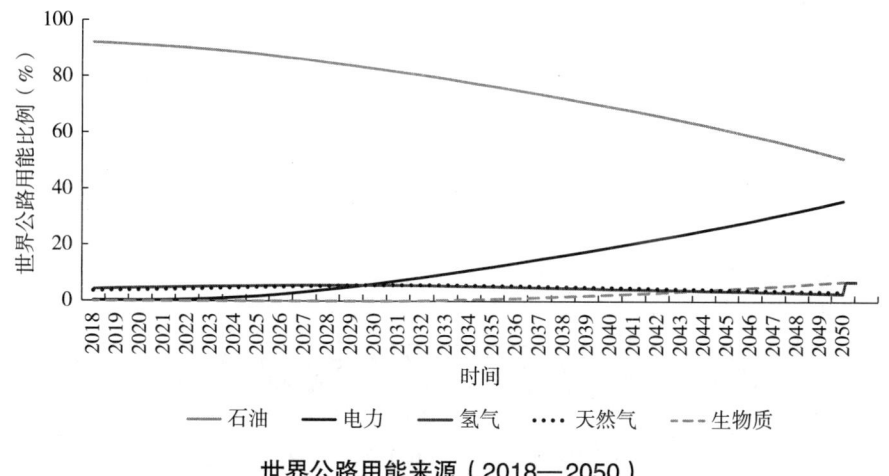

世界公路用能来源（2018—2050）

资料来源：挪威船级社，壳牌，捷诚能源。

中国公路用能来源

中国公路用能中，石油逐步下降，电力快速上升，直到占主导地位。

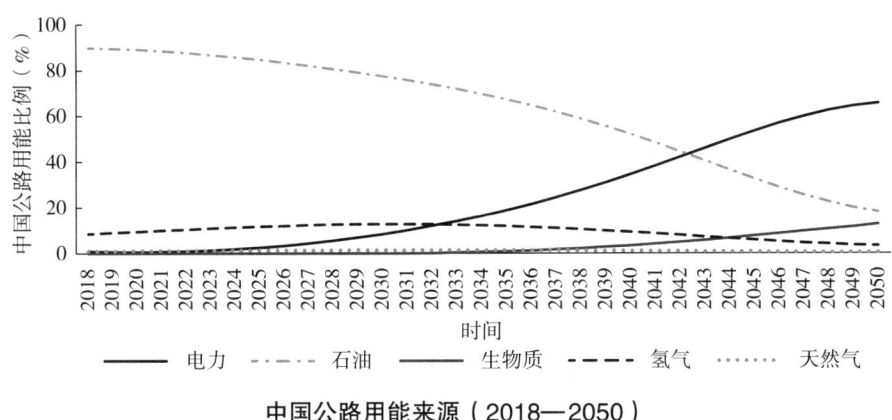

中国公路用能来源（2018—2050）

资料来源：挪威船级社，壳牌，捷诚能源。

世界柴油需求

英文单词 Gasoil 和 Diesel 在汉语中均指柴油。Diesel 通常指车用柴油，而 Gasoil 在欧洲指柴油和取暖油。

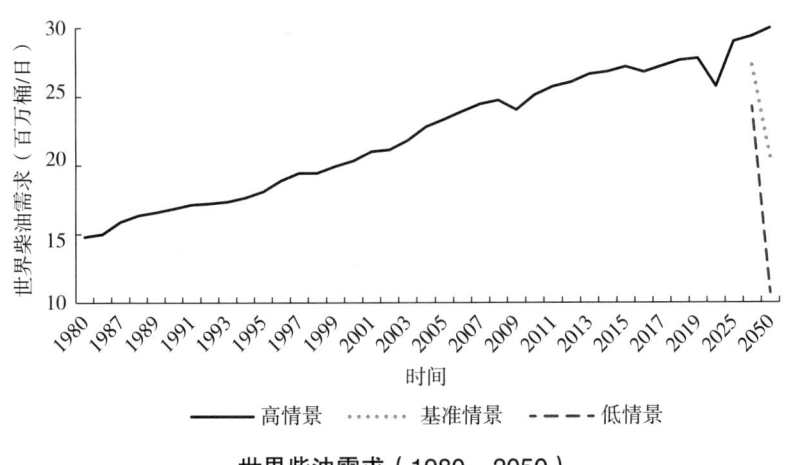

世界柴油需求（1980—2050）

资料来源：国际能源署，英国石油，欧佩克，捷诚能源。

中国柴油供需

受电气化、替代燃料和消费结构的影响,中国柴油供应和消费在达峰后,逐步下降。

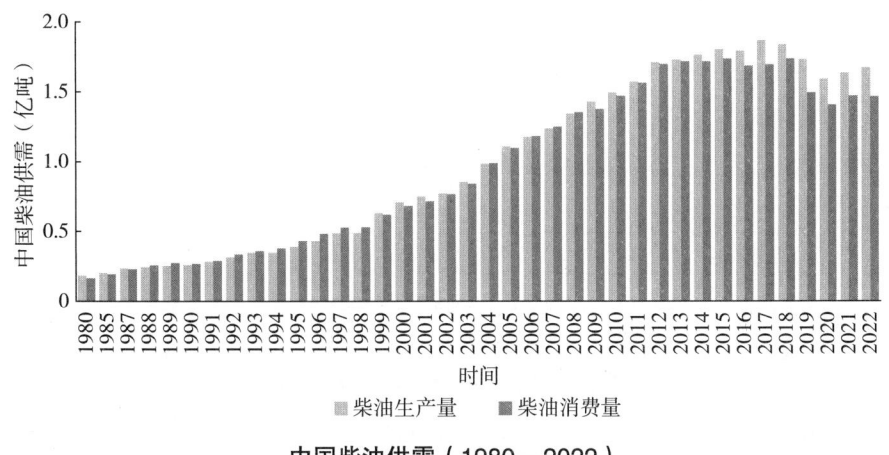

中国柴油供需(1980—2022)

资料来源:中国国家统计局,中国石化经济技术研究院,中国石油经济技术研究院,捷诚能源。

中国柴油应用领域

中国柴油需求总体呈下降趋势,交通用油比例上升,农业机械化推动农业柴油需求的增长,农业用油的拉动力减弱。

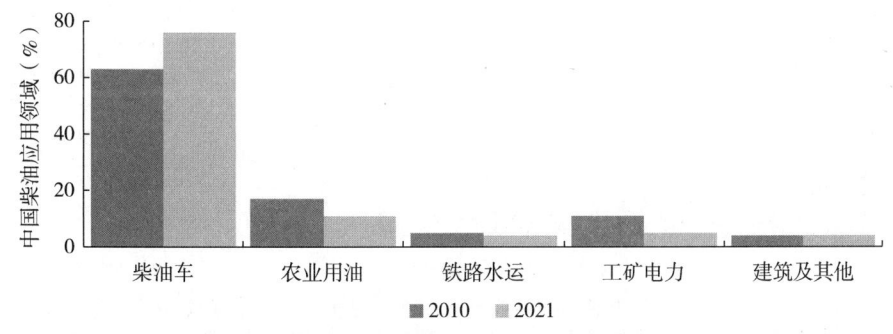

中国柴油应用领域(2010—2021)

资料来源:中国石化经济技术研究院,捷诚能源。

美国重卡耗油量和行驶里程

美国重卡（Heavy-duty truck）行驶里程和耗油总量高度相关。

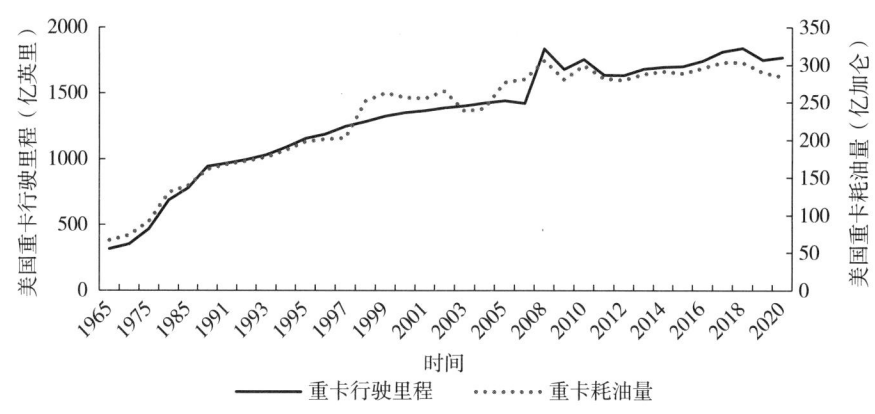

美国重卡耗油量和行驶里程（1965—2020）

资料来源：美国交通统计局，美国能源信息署，捷诚能源。

美国重卡行驶里程和燃油效率

美国重卡行驶里程基准情景稳中有增，燃料效率不断小幅提升。重卡承担了美国65%的长途运输量。

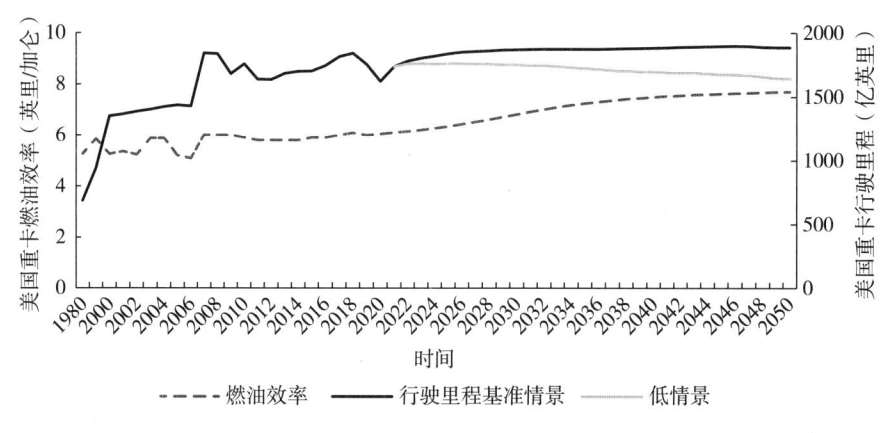

美国重卡行驶里程和燃油效率（1980—2050）

资料来源：美国交通统计局，美国联邦公路局，美国能源信息署，捷诚能源。

世界公路交通用油替代量

燃料效率、行驶里程和替代燃料将减少世界公路交通用油。

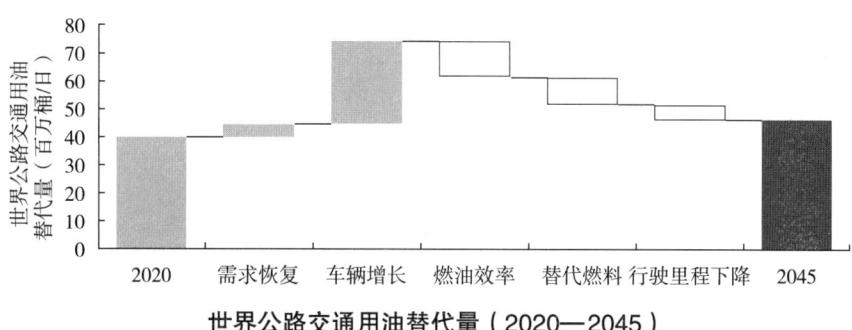

世界公路交通用油替代量（2020—2045）

资料来源：欧佩克，捷诚能源。

美国沥青消费与价格增幅

英文单词 Bitumen 和 Asphalt 在汉语中均指沥青。在美国，沥青常指 Bitumen。Asphalt 是一种天然存在或由石油炼制所生成的深棕色乃至黑色的固体或半固体粘性物质，受热能液化，而其主要成分为沥青质（Bitumen）。在欧洲，Asphalt 的概念更广泛，包括天然沥青及石油沥青、煤焦油沥青等。

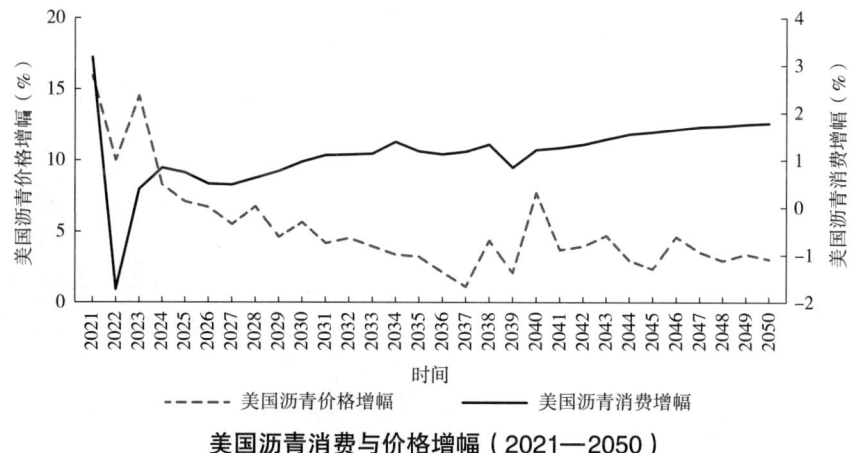

美国沥青消费与价格增幅（2021—2050）

资料来源：美国能源信息署，捷诚能源。

中国沥青供需

沥青是石油里最重的部分，只能从沥青质原油中获得，基本没有替代产品。沥青供需受利润、开工率、原油价格、库存、基建周期、经济和季节等因素的影响。

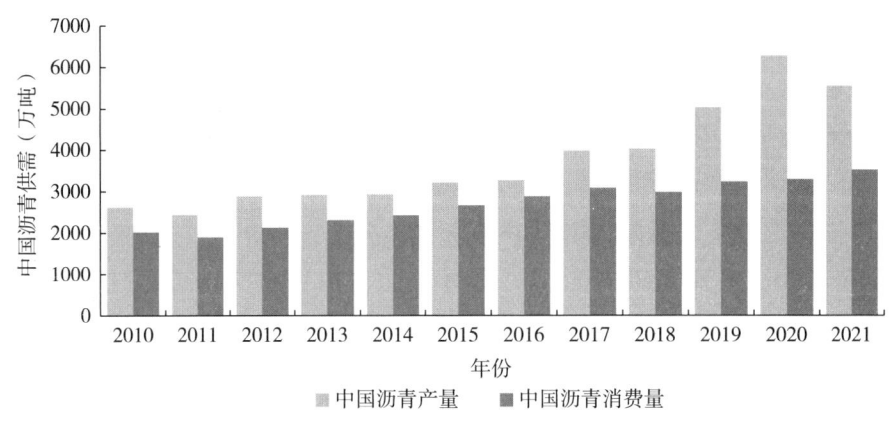

中国沥青供需（2010—2021）

资料来源：中国国家统计局，中国石化经济技术研究院，中国石化联合会，捷诚能源。

中国沥青应用领域

沥青具有良好的黏结性、绝缘性、防水性，防化学侵蚀，广泛用于道路、建筑、水利、防护涂料及保持水土和改良土壤。

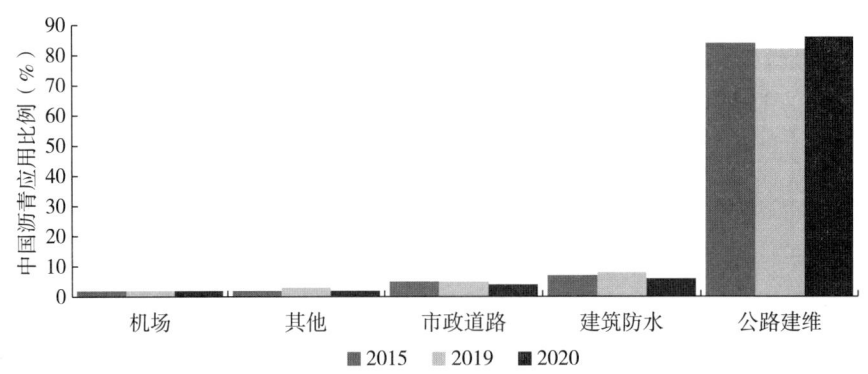

中国沥青应用领域（2015—2020）

资料来源：中国石化经济技术研究院，捷诚能源。

中国公路里程和密度

中国公路和高速公路建设持续开展，公路密度不断提升。国家高速公路计划 2030 年达 13.6 万千米，2035 年达 16.2 万千米。四车道高速公路的沥青用量可达 650 吨/千米。

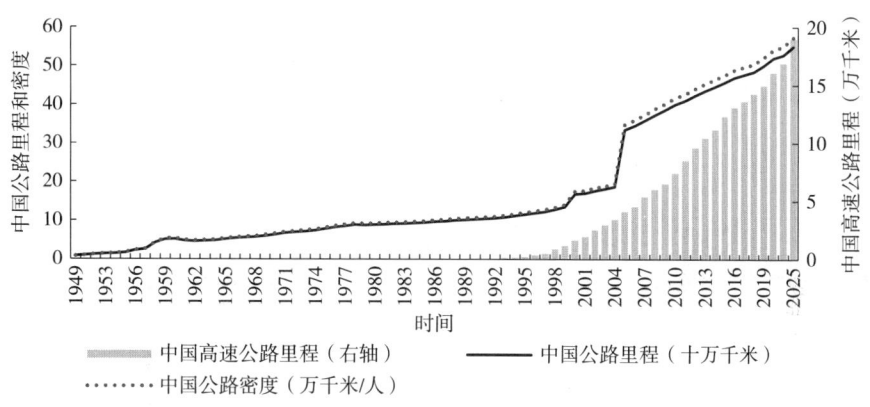

中国公路里程和公路密度（1949—2025）

资料来源：中国国家统计局，中国交通部，捷诚能源。

世界润滑油应用领域

润滑油（Lubricants）产品有工业和交通领域的几百种产品。车用消费的产业链很长，从基础油、调和厂到整车厂和终端 4S 店等。

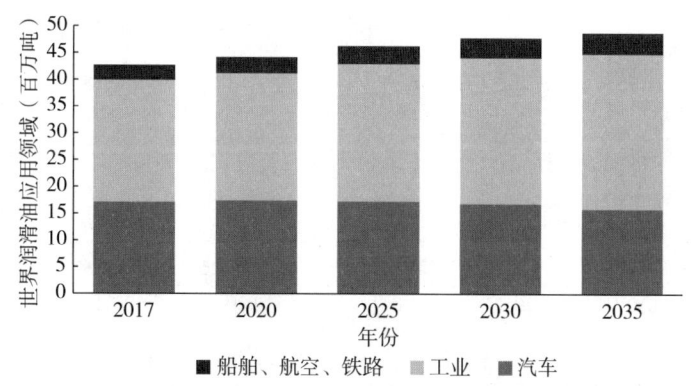

世界润滑油应用领域（2017—2035）

资料来源：麦肯锡，捷诚能源。

中国润滑油供需

润滑油一般由基础油（Base oil）和添加剂（Additives）两部分组成。基础油是润滑油的主要成分，决定着润滑油的基本性质，添加剂则可弥补和改善基础油性能方面的不足，赋予某些新的性能。

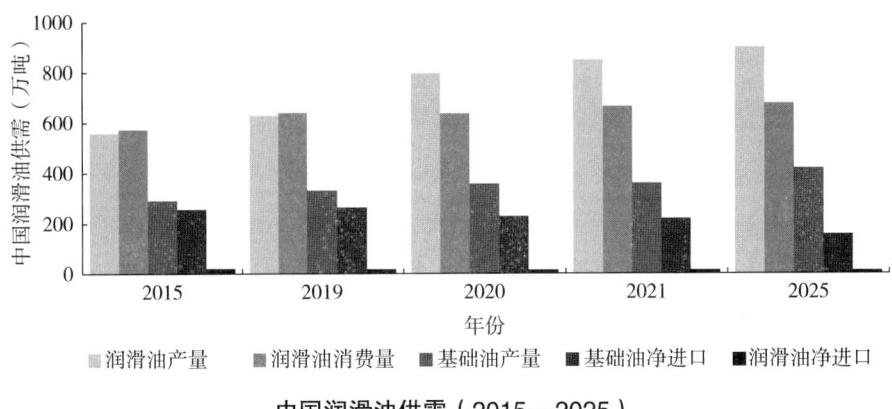

中国润滑油供需（2015—2025）

资料来源：中国国家统计局，中国石化经济技术研究院，捷诚能源。

中国润滑油应用领域

中国润滑油主要用于交通和工业领域，供需逐年增加。

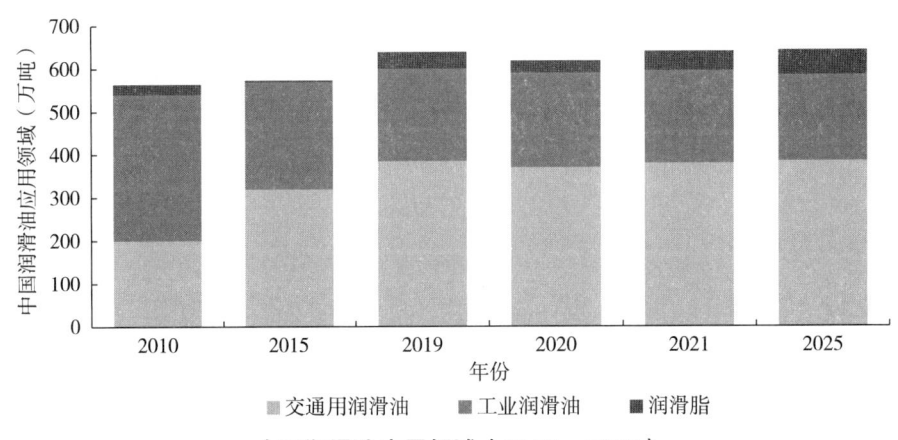

中国润滑油应用领域（2010—2025）

资料来源：中国石化经济技术研究院，捷诚能源。

中国交通用润滑油消费结构

中国交通用润滑油主要用于汽车机油和车辆齿轮油等领域。

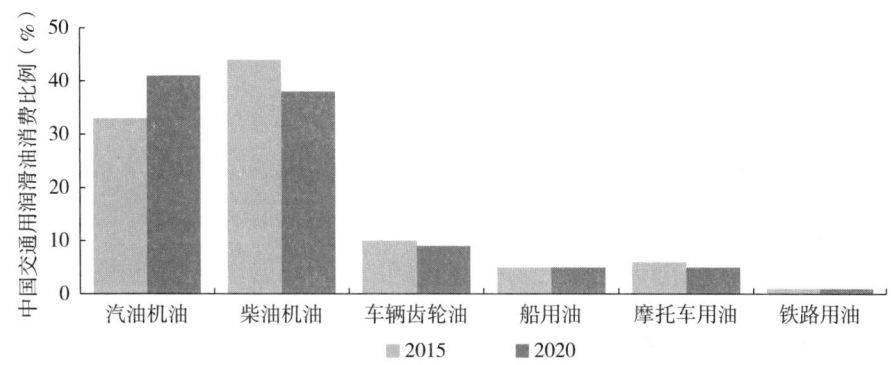

中国交通用润滑油消费结构（2015—2020）

资料来源：中国石化经济技术研究院，捷诚能源。

中国工业润滑油需求

中国工业润滑油用途广泛，主要用于工程机械、电网、钢铁制造和煤矿开采等领域。

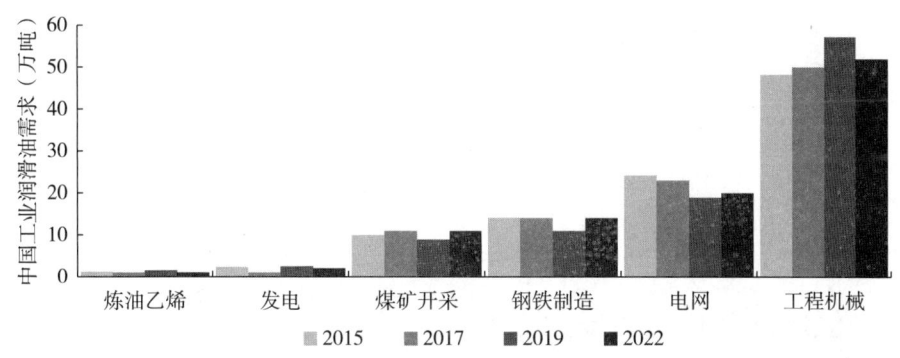

中国工业润滑油应用领域（2015—2022）

资料来源：中国石化经济技术研究院，捷诚能源。

铁路用能和用油、管道用能

世界铁路用能

铁路铁轨能提供极光滑及坚硬的媒介，让列车的车轮在上面以最小的摩擦力滚动。和使用煤炭的蒸汽机车或使用柴油的柴油机车相比，电气化铁路从外部电源和牵引供电系统获得电能，通过电力机车牵引列车运行。在交通工具电气化中，铁路发展最快。世界铁路用能中，石油比例不断下降，电力比例逐步上升。

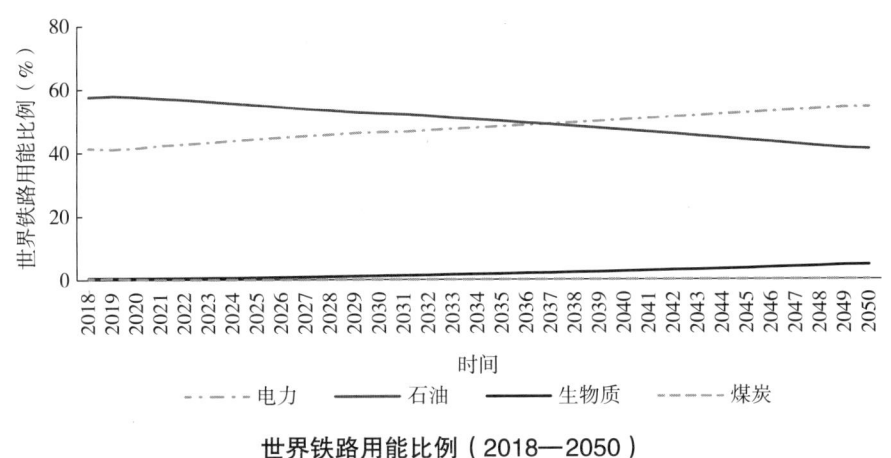

世界铁路用能比例（2018—2050）

资料来源：挪威船级社，捷诚能源。

全球区域铁路用能和柴油占比

在北美铁路用能中，柴油比例高达90%，电气化空间大。到2050年，铁路用能结构中，其他国家和地区的柴油比例普遍低于10%。

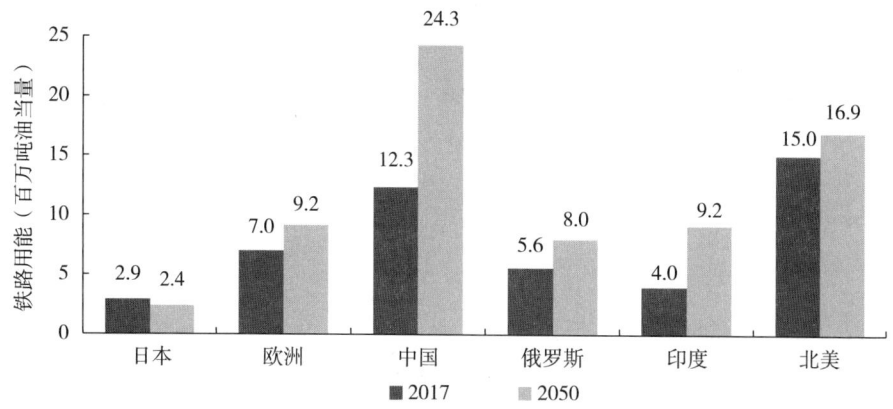

全球区域铁路用能和柴油占比（2017—2050）

注：数字表示柴油在铁路用能的比例（%）。
资料来源：国际能源署，摩根大通研究部，捷诚能源。

美国铁路用能和用油

美国铁路用能主要来自电力和石油，电气化趋势明显。美国铁路用油主要包括内燃机燃料，此外还用于铁路建筑供暖。

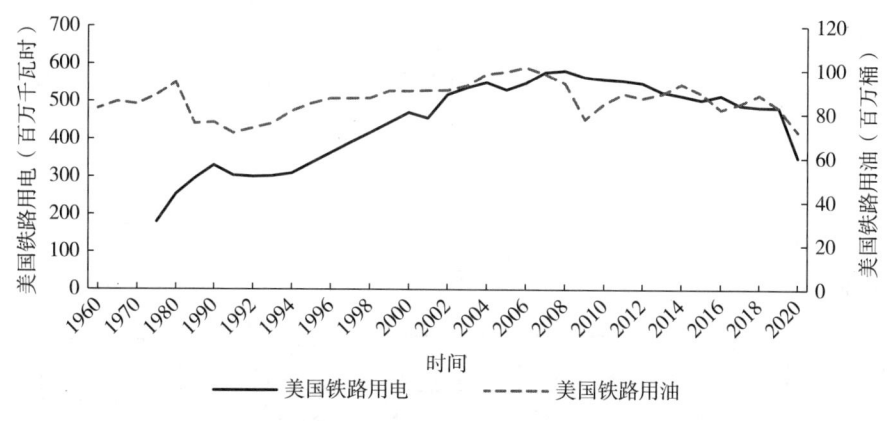

美国铁路用能和用油（1960—2020）

资料来源：美国交通统计局，捷诚能源。

中国铁路用能

中国铁路用能中,柴油和电力主要用于牵引机车、调车作业等运输生产,而煤炭和汽油用于运输辅助活动。

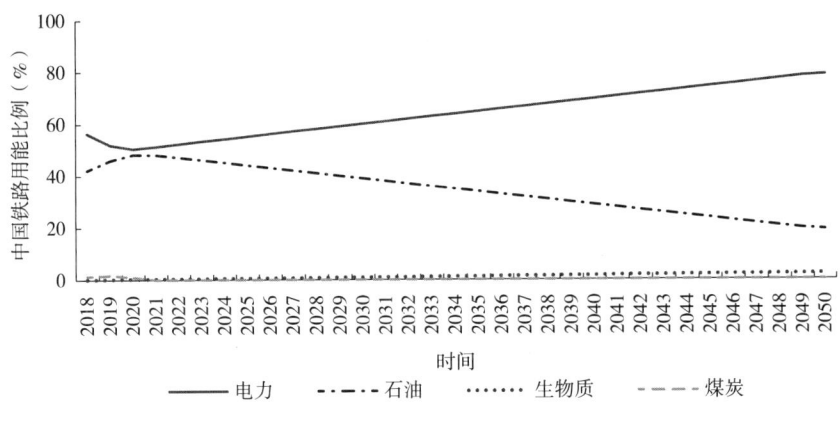

中国铁路用能比例(2018—2050)

资料来源:挪威船级社,捷诚能源。

中国铁路用能消费量

2006年,电耗第一次超过油耗,成为铁路第一大能耗。2010年以来,中国基本淘汰了蒸汽机车,内燃机车明显下降,而电力机车比例持续上升。受电气化影响,2019年,中国铁路用油为585万吨。2020年,降至231万吨。

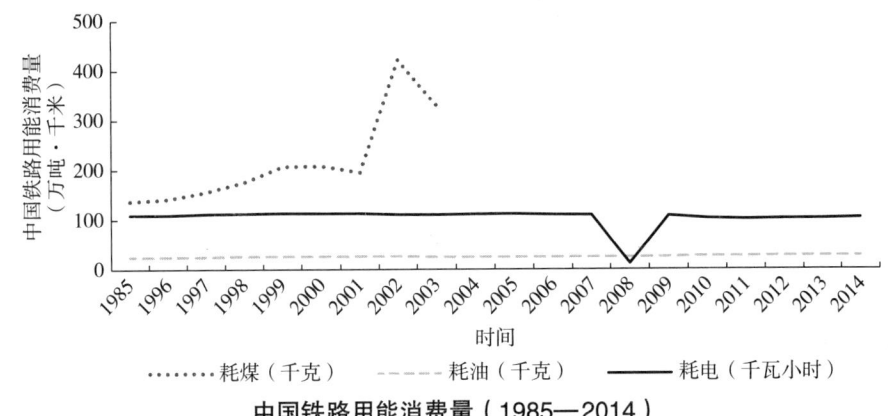

中国铁路用能消费量(1985—2014)

资料来源:《中国统计年鉴》,捷诚能源。

全球区域铁路里程

中国和美国等国,国土面积辽阔,铁路里程长。

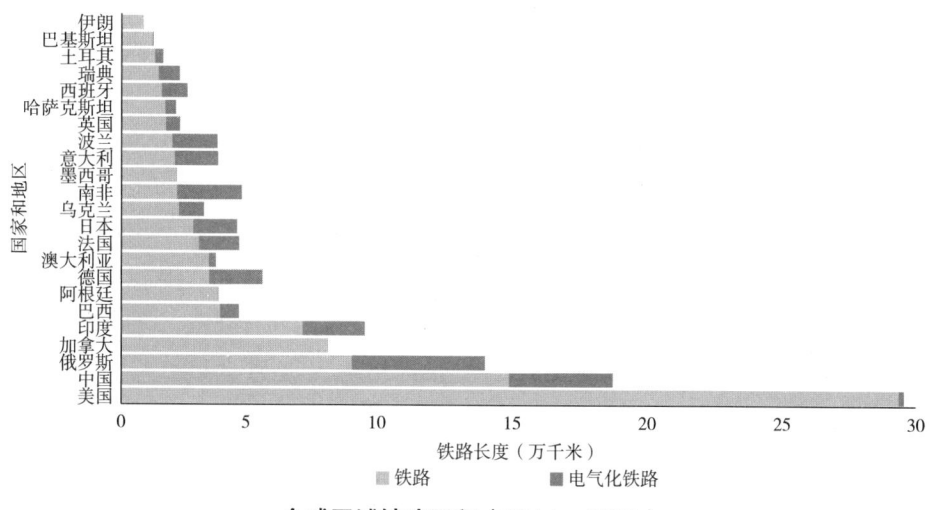

全球区域铁路里程(2014—2022)

资料来源:《世界概览》,捷诚能源。

美国管道用能

管道用能主要是石油管道压力泵和天然气管道压缩机的用电。

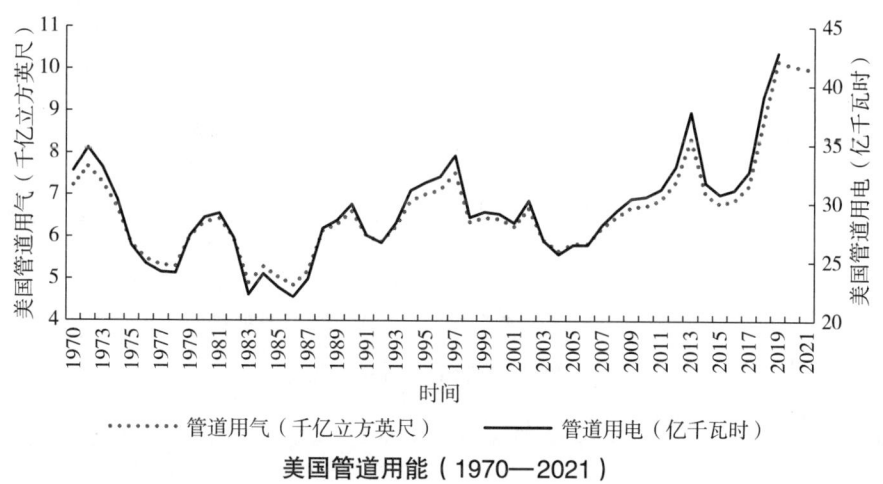

美国管道用能(1970—2021)

资料来源:美国交通统计局,美国能源信息署,捷诚能源。

航空用能和用油、航空燃料

航空煤油是按规定的鉴定程序所通过的原料及生产工艺条件，由蒸馏装置的直馏煤油或经加氢裂化、加氢精制生产的组分，单独或复合加入必要的、有利于改进与提高航空煤油质量的添加剂制成。主要用于航空涡轮发动机燃料，根据所适用的工作环境温度及发动机型号分为不同牌号。

世界航空用能

航空用能以传统煤油为主，生物煤油、氢能和电力增长迅速。

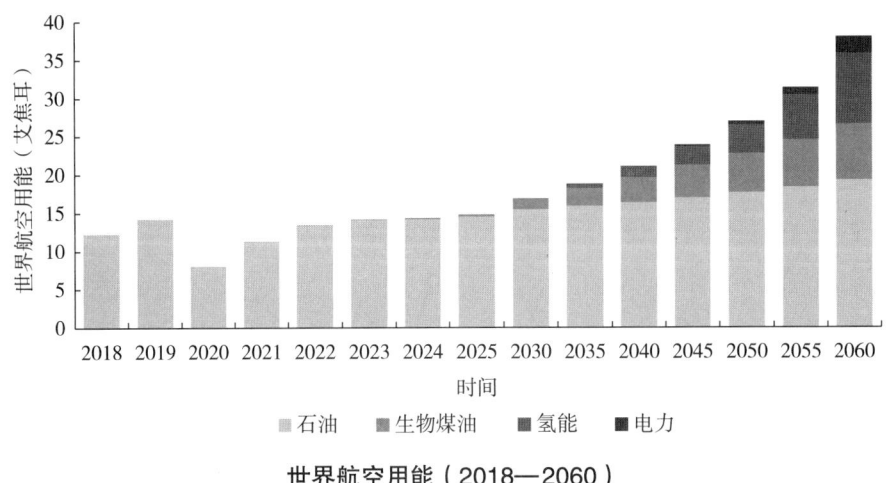

世界航空用能（2018—2060）

资料来源：壳牌，挪威船级社，捷诚能源。

航空用油因素

航空用油需求的影响因素包括航班安排、燃油效率及经济和疫情等。

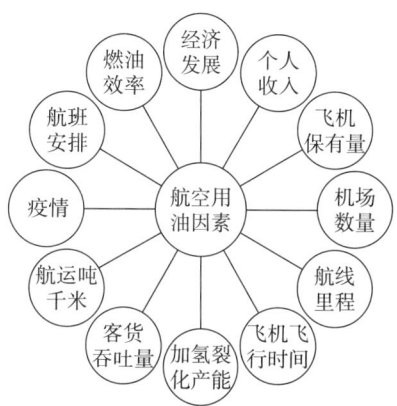

航空用油因素（2022）

资料来源：中国航油，中国石化，捷诚能源。

世界航空煤油供需

世界航空煤油需求在不同情景下总体呈增长趋势，而可持续航空燃料（Sustainable aviation fuel）供应量增长，可与传统的喷气燃料调和。

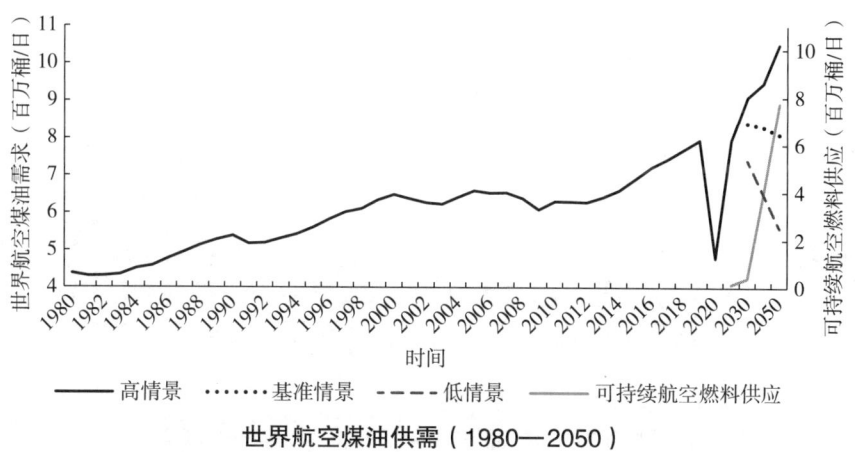

世界航空煤油供需（1980—2050）

资料来源：国际能源署，美国能源信息署，捷诚能源。

全球区域航空煤油消费量

中美两国引领全球航空煤油消费量增长。中国民航占航空煤油消费量的90%以上。

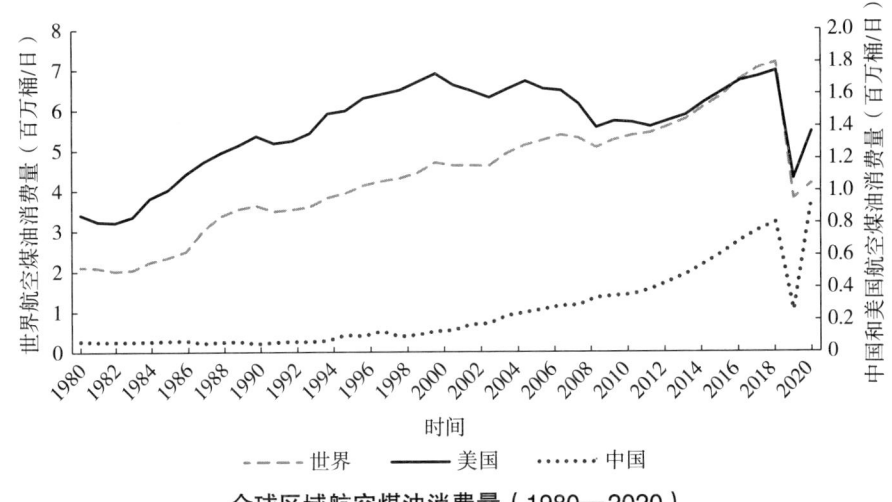

全球区域航空煤油消费量（1980—2020）

资料来源：美国能源信息署，国际能源署，捷诚能源。

中国航空周转量和航空煤油消费量

民航运输的业务类型包括客运和货运。货运主要走水运，而航空货运的优势在于快捷，但成本也相对高。

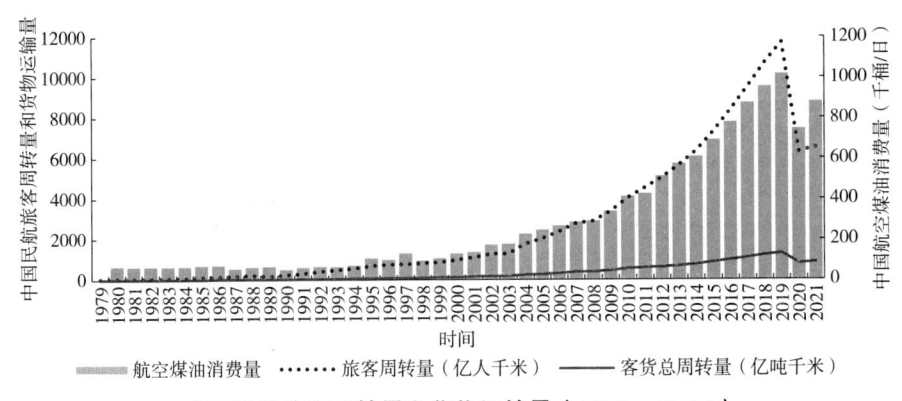

中国民航旅客周转量和货物运输量（1979—2021）

资料来源：中国国家统计局，中国交通部，中国民航总局，捷诚能源。

美国航空燃料消费量

航空燃料（Aviation fuel）应用领域相对单一，主要有航空煤油（Jet fuel）和航空汽油（Aviation gasoline）。航空汽油的质量要求比车用汽油高，高辛烷值、高标号和马力大，并加入染色体以便于区分，在通用飞机和培训等领域有优势。随着通航机场和线路的增加，通航航空煤油量（General aviation fuel）略有增加。

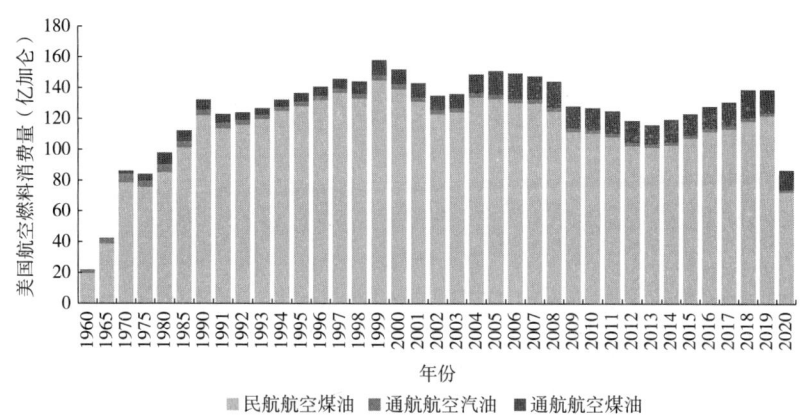

美国航空燃料消费量（1960—2020）

资料来源：美国交通统计局，捷诚能源。

中国煤油供需

中国煤油是为数不多在未来较长时期内还有增长潜力的成品油。

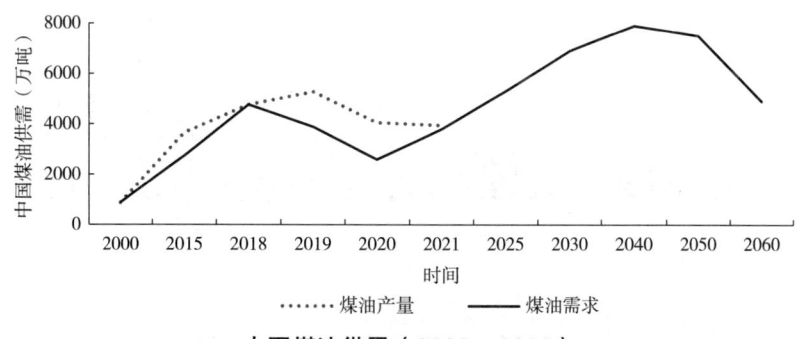

中国煤油供需（2000—2060）

资料来源：中国国家统计局，中国石化经济技术研究院，捷诚能源。

机场加油量与加油架次

世界级机场没有统一的定义,通常指国际中转率超过30%,年旅客吞吐量1亿人次以上的机场。有的机场客运航班多,加油量大,但是机型小。有的机场货运量大,机型大,从而单架次加油量不同。

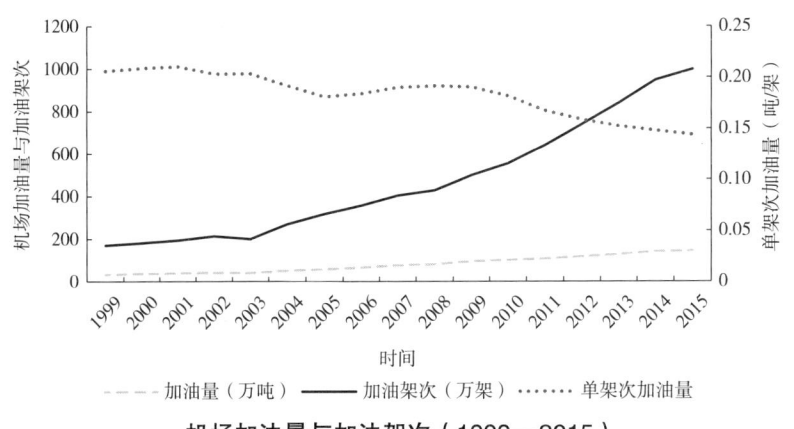

机场加油量与加油架次(1999—2015)

资料来源:各公司报告,捷诚能源。

世界航空客运和货运需求

收入乘客里程(Revenue passenger mile,RPM)是重要的需求指标。2050年前,世界航空客运和货运需求仍不断增长。

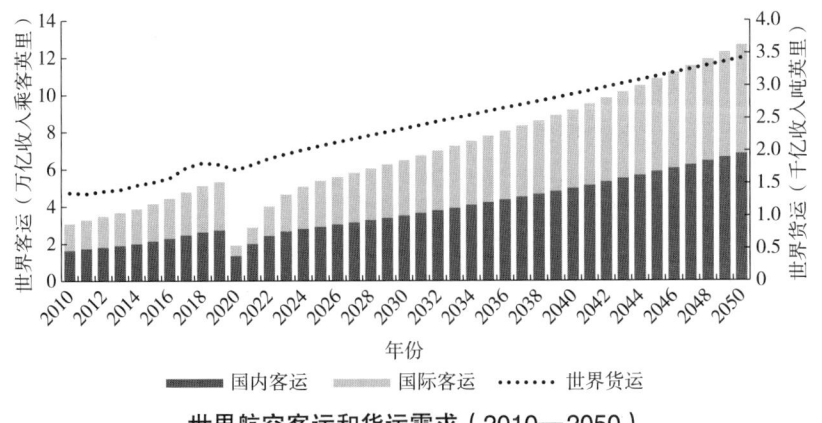

世界航空客运和货运需求(2010—2050)

资料来源:美国能源信息署,捷诚能源。

美国机场安检乘客人数和航班次数

2020 年，美国乘客人数和航班次数大幅下降，之后逐步恢复。

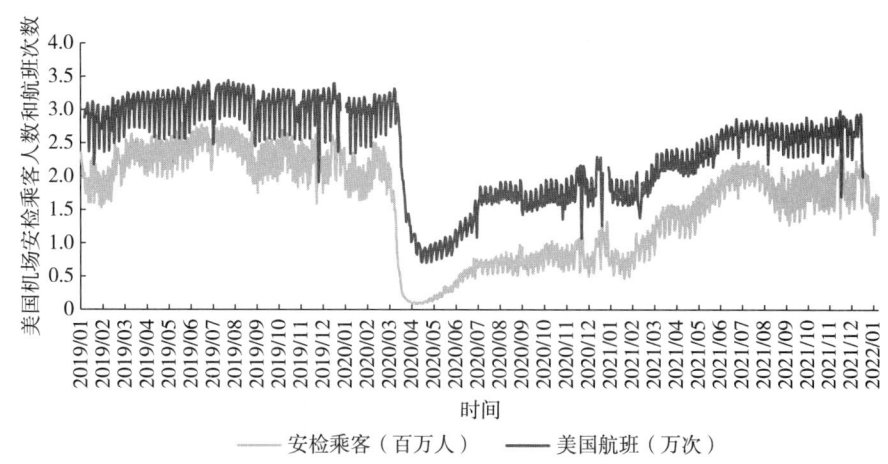

美国机场安检乘客人数和航班次数（2019—2022）

资料来源：美国运输安全局，美国交通统计局，捷诚能源。

美国航班单位飞行里程

美国国内和国际航班单位飞行里程总体呈增长趋势。

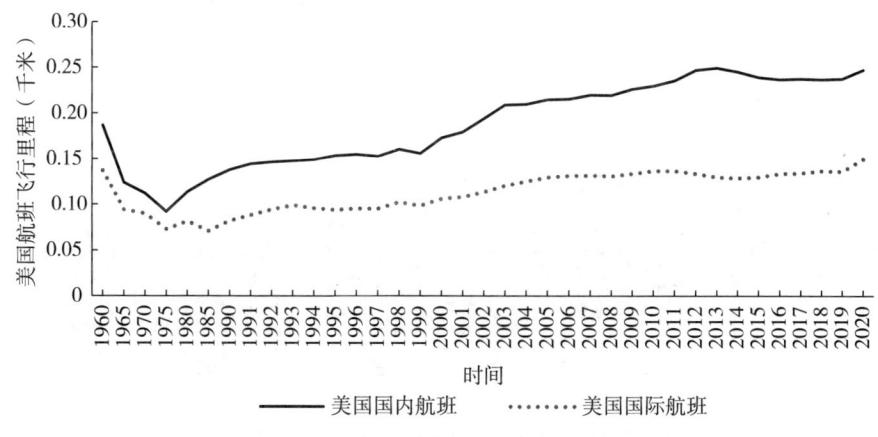

美国航班单位飞行里程（1960—2020）

资料来源：美国运输安全局，美国交通统计局，捷诚能源。

世界飞机燃油效率

包括宽体机型在内的飞机需求在增长。世界飞机燃油效率不断提高。机型、材料、引擎型号、推力大小和天气情况都影响油耗。

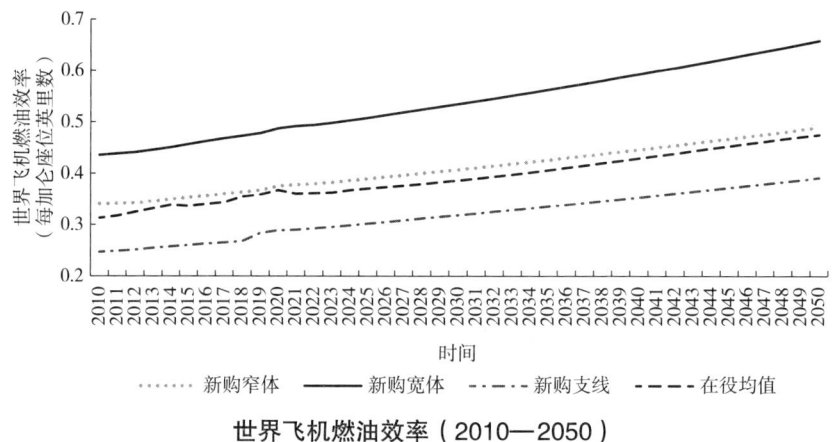

世界飞机燃油效率（2010—2050）

资料来源：美国能源信息署，捷诚能源。

全球航班燃油效率

由于飞机结构设计、发动机能耗、航班运营和环保要求等因素，全球航班能耗持续下降，燃油效率逐步提升。从1990年以来，国际航空燃油效率年均提升2.2%，主要来自发动机和飞机本身的技术进步以及航班运营的提升。

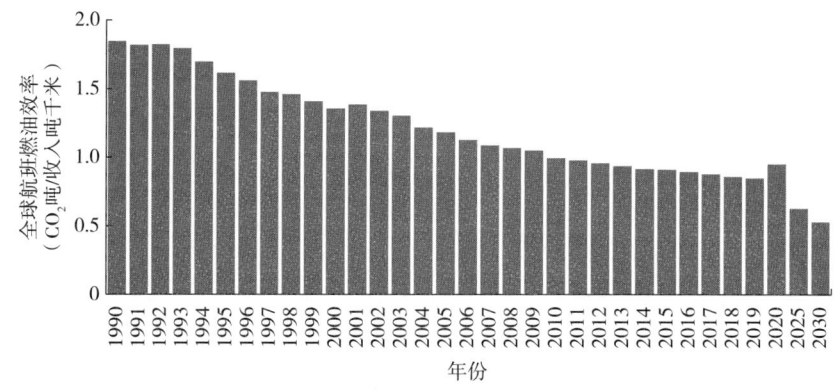

全球航班燃油效率（1990—2030）

资料来源：国际航空运输协会，国际能源署，捷诚能源。

船舶用能和用油、燃料油

炼厂产燃料油主要来自渣油和油浆类重质产品,是经济性较低的炼油加工副产品。燃料油包括船用燃料油、重油或其他燃料油。船用燃料油由原油经蒸馏后的常压重油或减压渣油与适量的二次加工柴油组分按不同比例调和而成,主要用于大型低速远洋船舶柴油机作燃料。

世界燃料油需求

燃料油(Fuel oil)广泛用于船舶锅炉燃料、加热炉燃料、冶金炉和工业炉燃料。世界燃料油需求结构性下降。

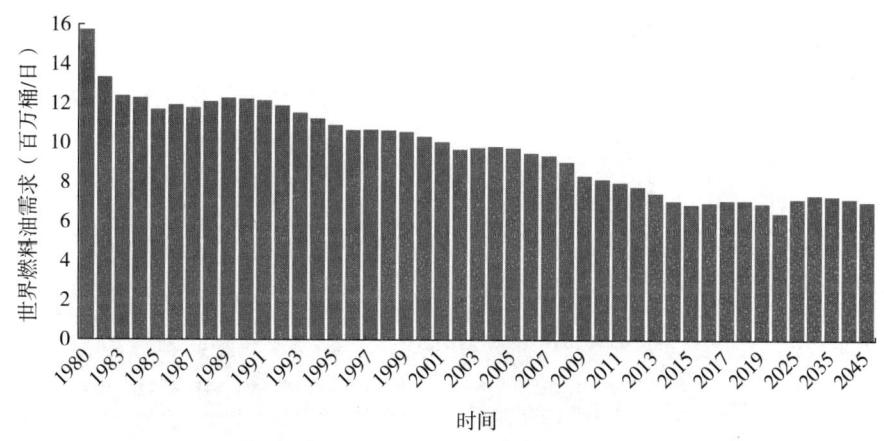

世界燃料油需求(1980—2045)

资料来源:国际能源署,美国能源信息署,英国石油,欧佩克,捷诚能源。

中国燃料油供需

中国燃料油市场受国内外关税、消费税、减排等政策影响大。

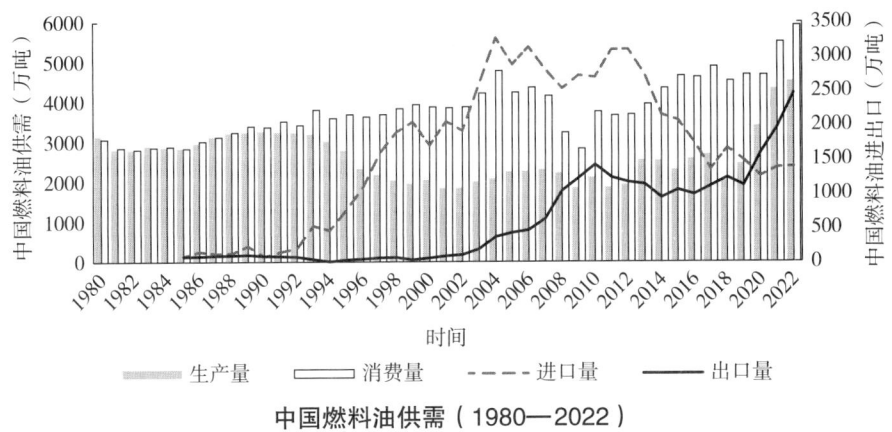

中国燃料油供需（1980—2022）

资料来源：中国国家统计局，中国石油经济技术研究院，中国石化经济技术研究院，捷诚能源。

世界和中国燃料油应用领域

燃料油主要用于工业、交通、发电、供热制气、炼厂原料等领域。燃料油需求与航运直接相关，主要来自新加坡、富查伊拉（阿联酋）和中国。

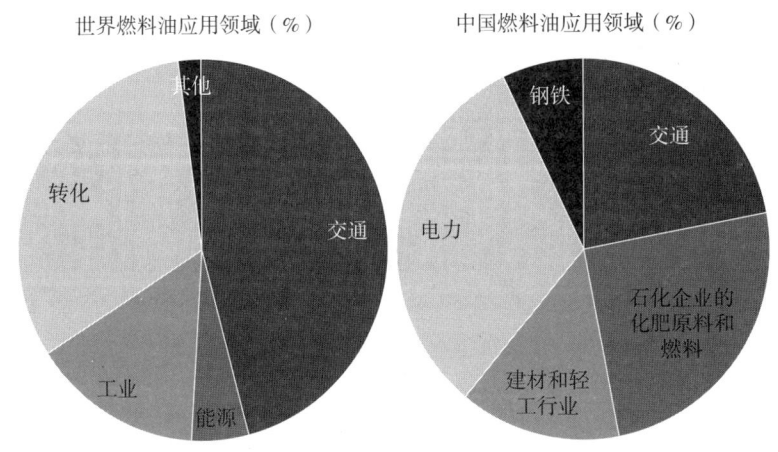

中国和世界燃料油应用领域（2019—2020）

资料来源：中国石化经济技术研究院，捷诚能源。

船用燃料油加注考虑因素

船用燃料油加注港口的选择涉及因素众多,包括船用燃料油(Marine bunker fuel)的价格和加注服务质量等。

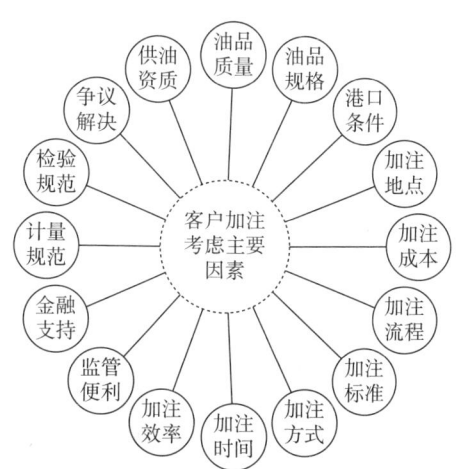

船用燃料油加注考虑因素

资料来源:捷诚能源。

船舶用能综合竞争力

考虑了改造购置成本、燃料成本、技术成熟度、使用场景、发展阶段、船舶数量、吨位、资源供应、爆炸极限、闪点安全性、毒害性、防腐蚀性、密度储运条件、热值能量、碳因子、减排效果、环境风险和加注便利程度等因素,船舶用能综合竞争力总分越高,说明综合竞争力越强。

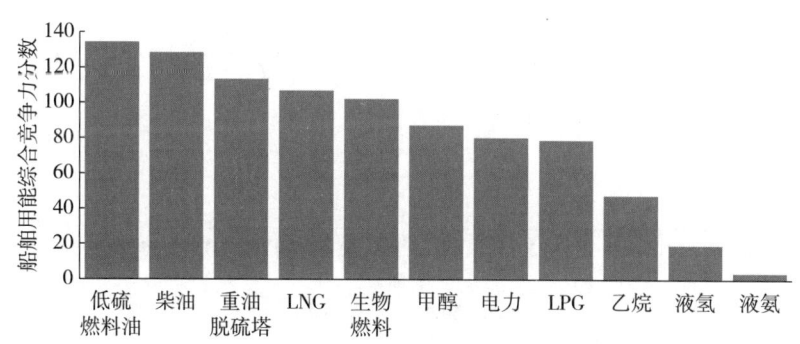

船舶用能综合竞争力(2022)

资料来源:国际海事组织,克拉克森,捷诚能源。

世界海运用能比例

世界海运用能中，石油比例下降，氢能比例上升。

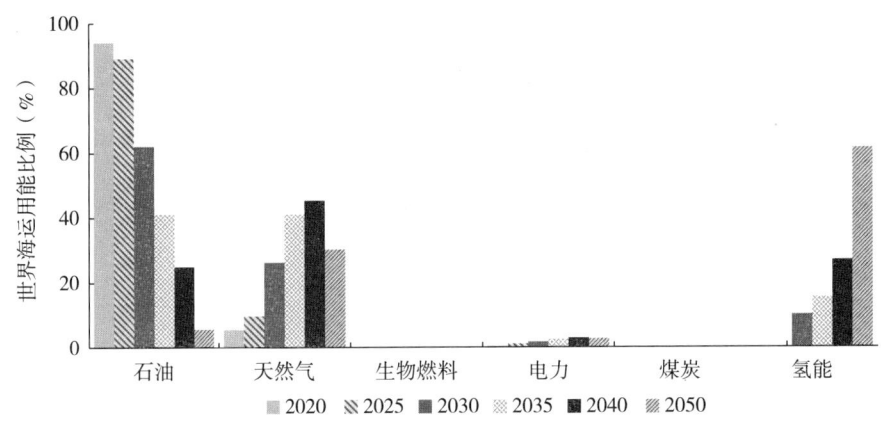

世界海运用能比例（2020—2050）

资料来源：挪威船级社，壳牌，捷诚能源。

世界和中国船用燃料油需求

船用燃料油分为馏分油和残渣油，世界和中国需求总体呈增长趋势。

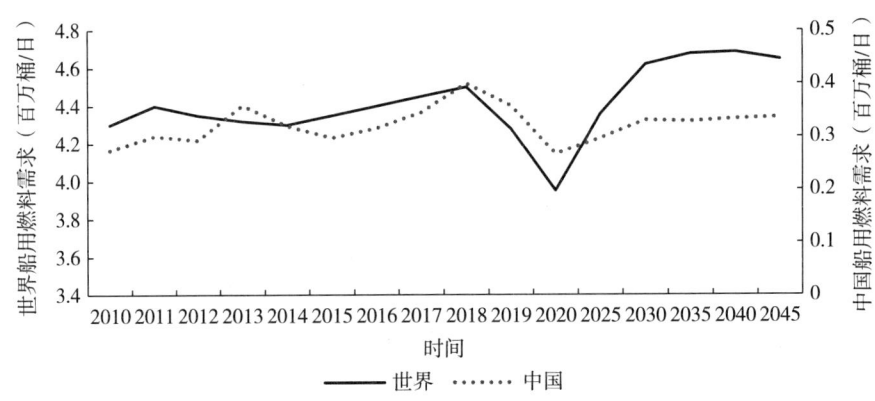

世界和中国船用燃料油需求（2010—2045）

资料来源：中国石化经济技术研究院，欧佩克，国际能源署，捷诚能源。

美国船用油消费量

美国水运燃料需求中，燃料油大幅下降。

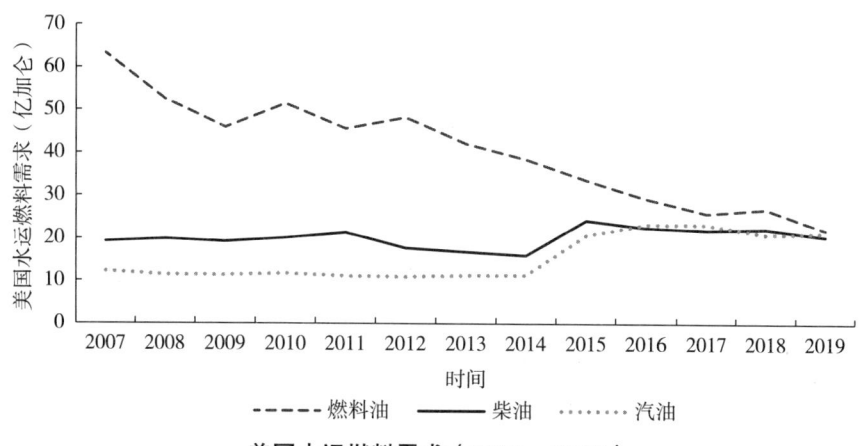

美国水运燃料需求（2007—2019）

资料来源：美国交通统计局，捷诚能源。

新加坡船用燃料油销量

新加坡作为全球最具竞争力的加注港口，其船用燃料油消费量中，低硫燃料油和柴油呈增长态势。

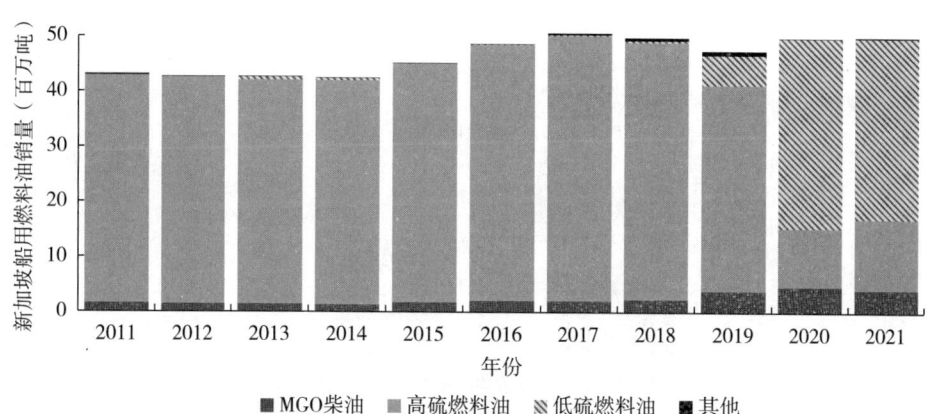

新加坡船用燃料油销量（2011—2021）

资料来源：新加坡海事与港口管理局，捷诚能源。

中国船用燃料油市场分类

中国船用燃料油分为内贸和外贸市场。内河主要使用馏分油,用于江河和内海直达的小型船只。沿海和远洋船舶主要使用残渣油。

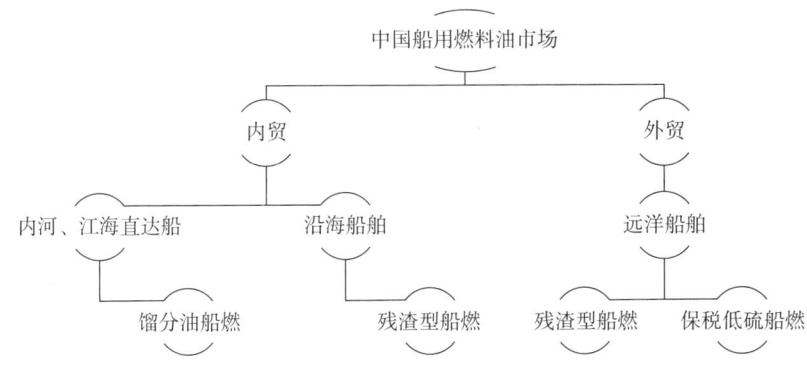

中国船用燃料油市场分类(2022)

资料来源:中国石化经济技术研究院,捷诚能源。

中国保税低硫船舶燃料油政策与流程

中国"境内关外"的保税措施有助于吸引外资参与和加强境内外贸易往来。

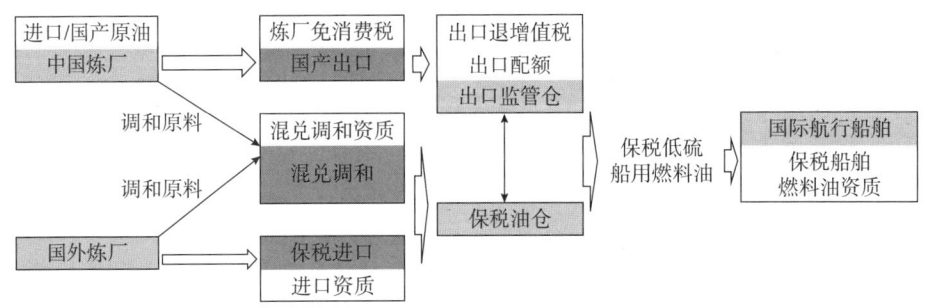

中国保税低硫船舶燃料油政策与流程(2022)

资料来源:上海期货交易所,中国海关总署,中国国家发展改革委,捷诚能源。

工业用能和用油、石油焦

工业用能来源有天然气、燃料油、石油焦、水煤气、焦炉煤气、动力煤、液化石油气、人工煤气、煤制油和电力等替代竞争。工业用能的主要影响因素包括气温变化、经济、市场供需、企业资金成本、配套基础设施、能源供应能力、可中断性排序、环保节能、负荷、需求季节性、工艺设备、工艺技术流程、检修计划、产品价格、替代能源竞争。

全球区域工业用能总量

在基准情景和高情景下,世界工业用能总体呈上升趋势。

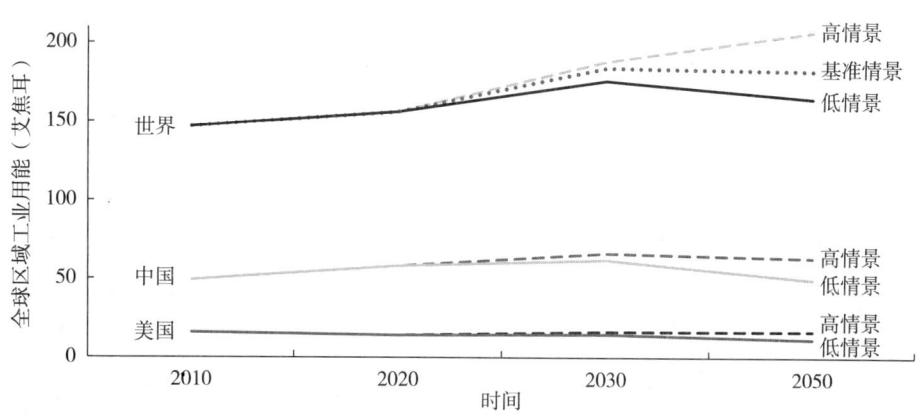

全球区域工业用能总量(2010—2050)

资料来源:国际能源署,捷诚能源。

世界工业用能结构

世界工业用能中，天然气、电力和生物质增长，而煤炭和石油下降。

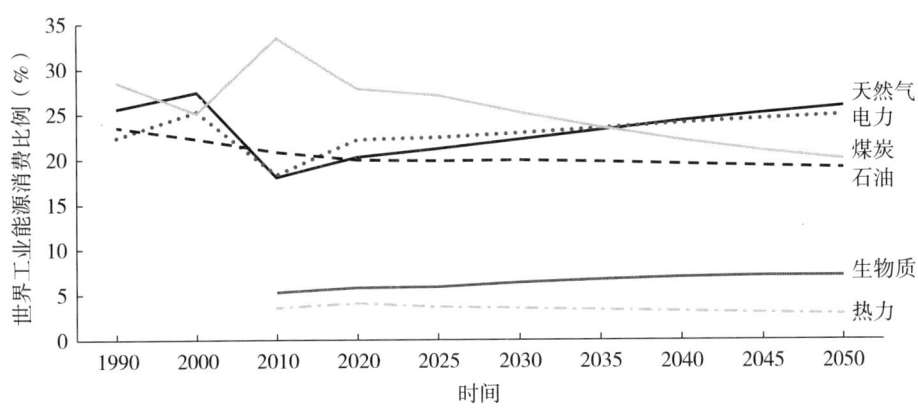

世界工业用能结构（1990—2050）

资料来源：国际能源署，壳牌，挪威船级社，捷诚能源。

美国工业用能结构

美国工业用能结构中，煤炭大幅下降，天然气和可再生能源上升。

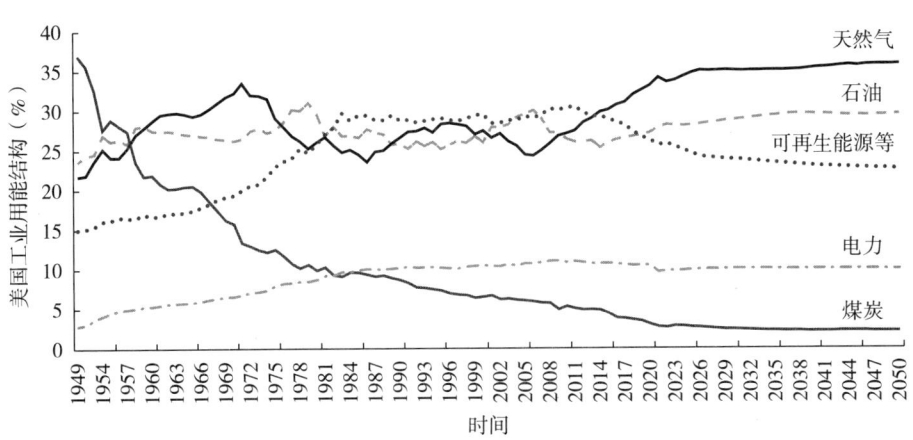

美国工业用能结构（1949—2050）

资料来源：美国能源信息署，捷诚能源。

中国工业用能结构

中国工业用能中,煤炭下降,而电力和天然气上升。

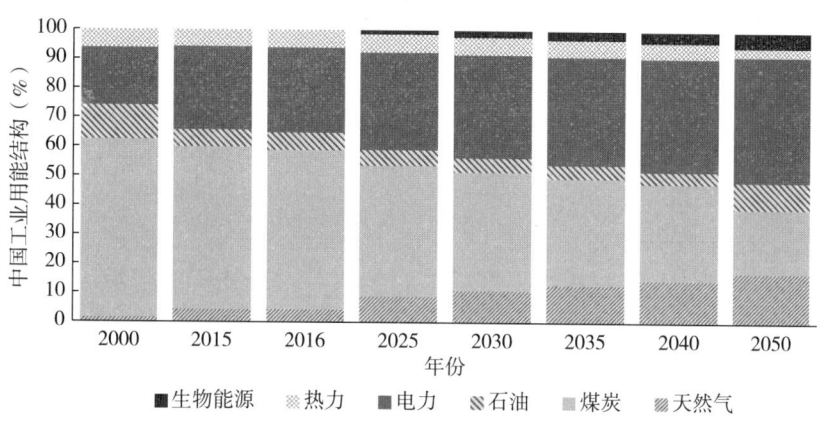

中国工业用能结构(2000—2050)

资料来源:国际能源署,中国石油经济技术研究院,捷诚能源。

中国石油占工业用能结构

制造业和采矿业大量消耗柴油、燃料油、石油焦等石油产品,运输车辆使用汽柴油。石油在多数工业用能领域中的比例有所下降。

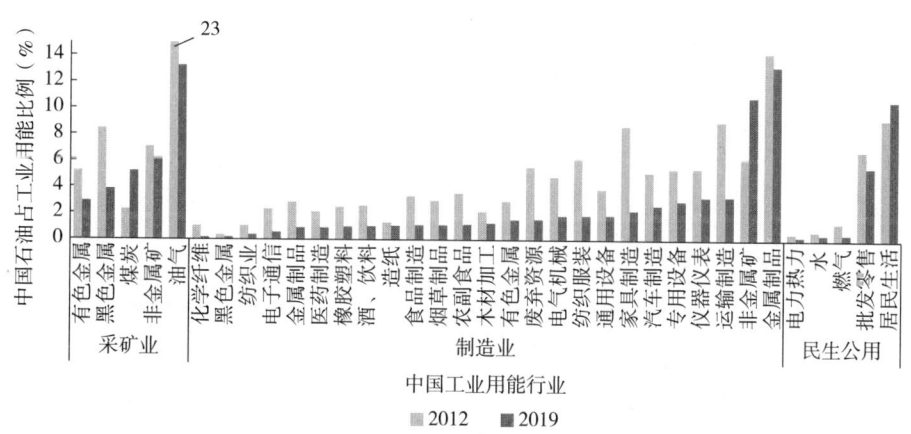

中国石油占工业用能结构(2012—2019)

资料来源:《中国能源统计年鉴》,广东油气商会,捷诚能源。

石油焦产业链

石油焦（Petroleum coke）指以原油经常减压装置蒸馏所得的渣油或以重油为原料，经焦化装置生产的产品，属于炼化企业的末端产品。

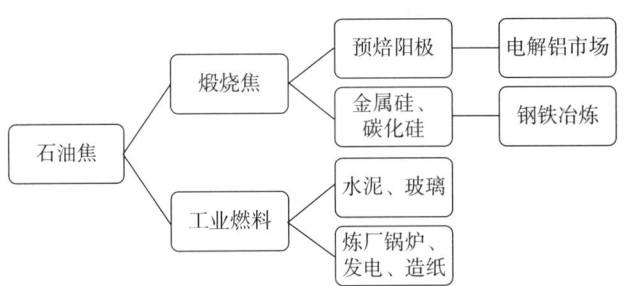

石油焦产业链示意图

资料来源：中国石化经济技术研究院，捷诚能源。

全球区域石油焦产量

全球石油焦产量相对稳定。北美是主要石油焦供应来源地。

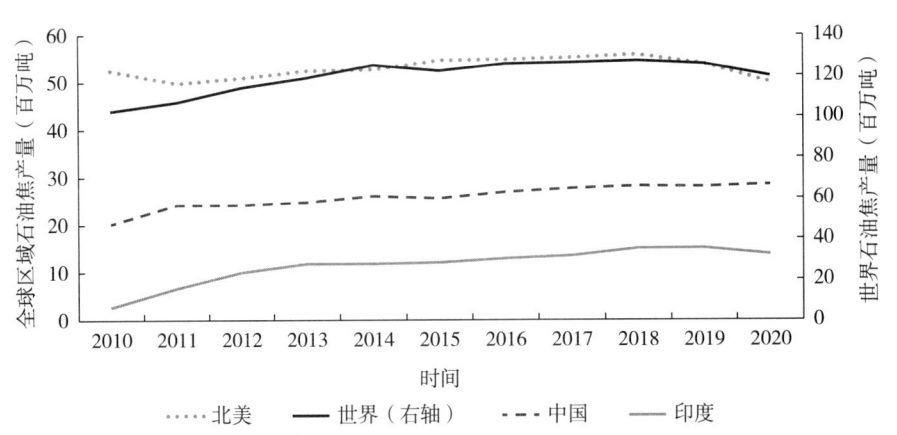

全球区域石油焦产量（2010—2020）

资料来源：中国国家统计局，中国石化经济技术研究院，阿格斯，捷诚能源。

中国石油焦供需

中国石油焦供需缺口逐渐扩大,进口量增加。

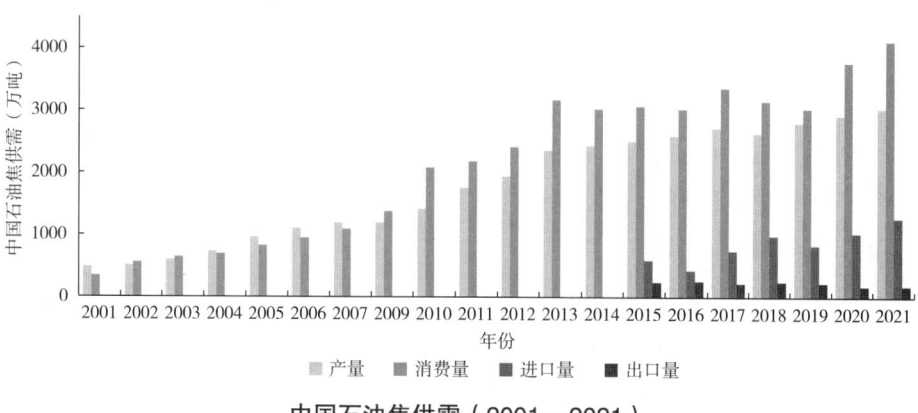

中国石油焦供需(2001—2021)

资料来源:中国国家统计局,中国海关总署,中国石化经济技术研究院,捷诚能源。

中国石油焦应用领域

中国石油焦应用领域以电解铝和燃料为主。作为燃料主要应用于玻璃行业。

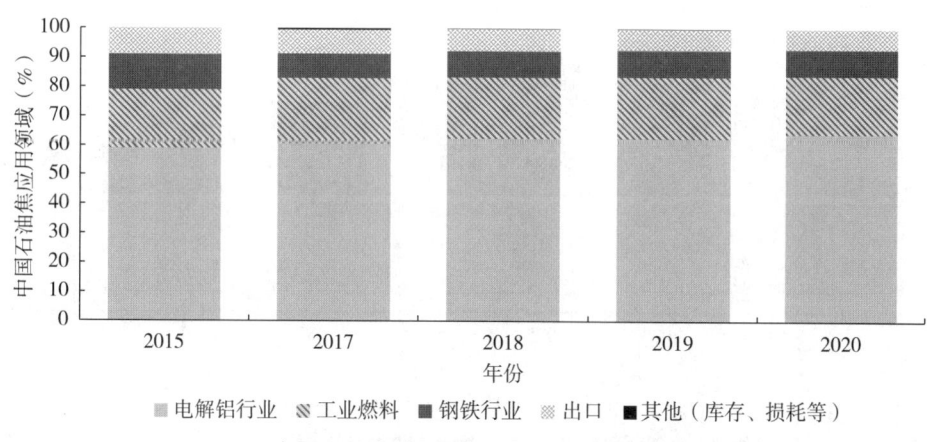

中国石油焦应用领域(2015—2020)

资料来源:中国石化经济技术研究院,捷诚能源。

发电用油和建筑用能

直接发电用油主要是原油和柴油在燃煤发电锅炉的点火引燃、助燃和稳燃,分为发电厂和自备发电机组用油。建筑用能的季节性和峰谷差特征显著,既要满足夏季防暑要求,又要兼顾冬季供暖。美国大约90%的家庭有某种形式的空调,但欧洲只有20%家庭有空调。社会还要面对空调系统效率低下、同时启动造成电网超负荷以及温室气体排放高的问题。

全球区域发电用油

全球发电用油总体呈现下降趋势。近年来,发生燃油发电替代燃气发电的情况,这凸显了燃油发电在未来能源转型过程中的应急作用。在大宗商品紧缺时,在工业燃料乃至发电领域,石油成为顶替煤炭和天然气等能源的最终保供者(Last resort)。

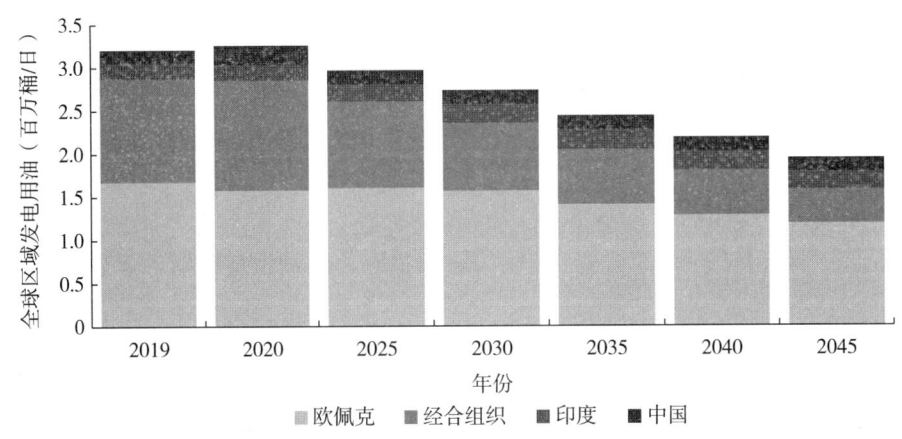

全球区域发电用油(2019—2045)

资料来源:欧佩克,捷诚能源。

全球燃油发电量前 15 国

以沙特阿拉伯和伊朗为主的中东地区占到全球燃油发电量的一半左右。

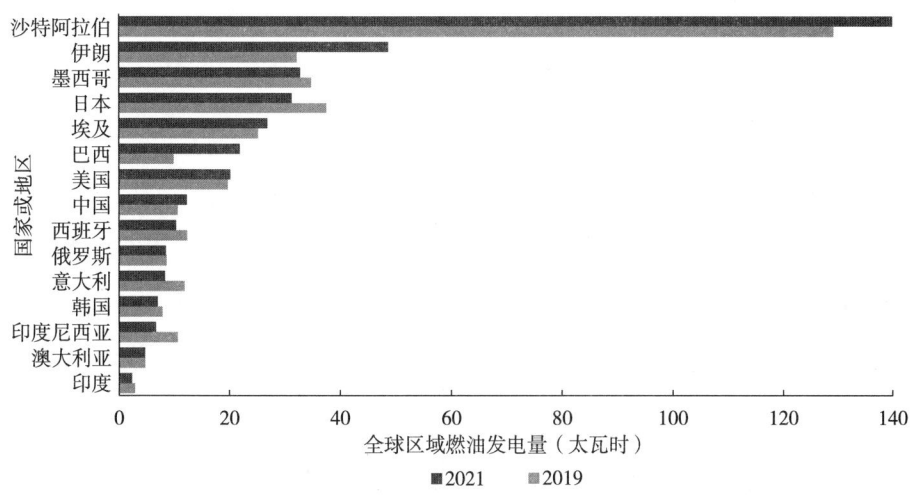

全球燃油发电前 15 国（2019—2021）

资料来源：英国石油，欧佩克，捷诚能源。

美国发电用油来源

美国发电用油总体呈下降趋势，目前不到 10 万桶/日消费量。来源主要为燃料油，此外还有石油焦、柴油和其他石油。

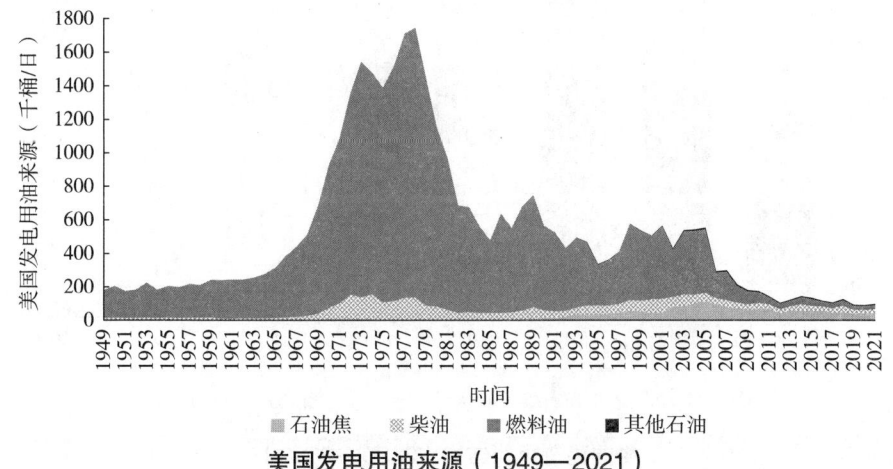

美国发电用油来源（1949—2021）

资料来源：美国能源信息署，捷诚能源。

世界建筑用能需求

世界建筑用能结构中,电力逐渐上升,而煤炭、石油、天然气下降。

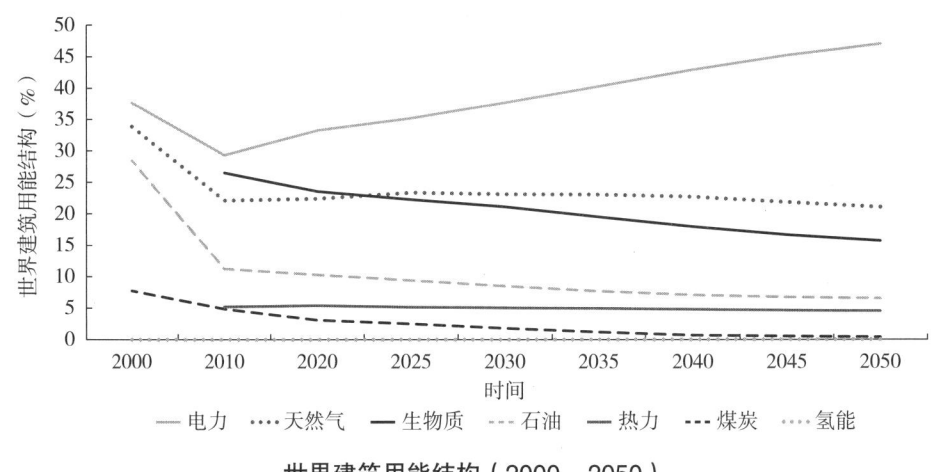

世界建筑用能结构(2000—2050)

资料来源:国际能源署,英国石油,捷诚能源。

中国建筑用能结构

中国建筑用能结构中,天然气和电力上升。

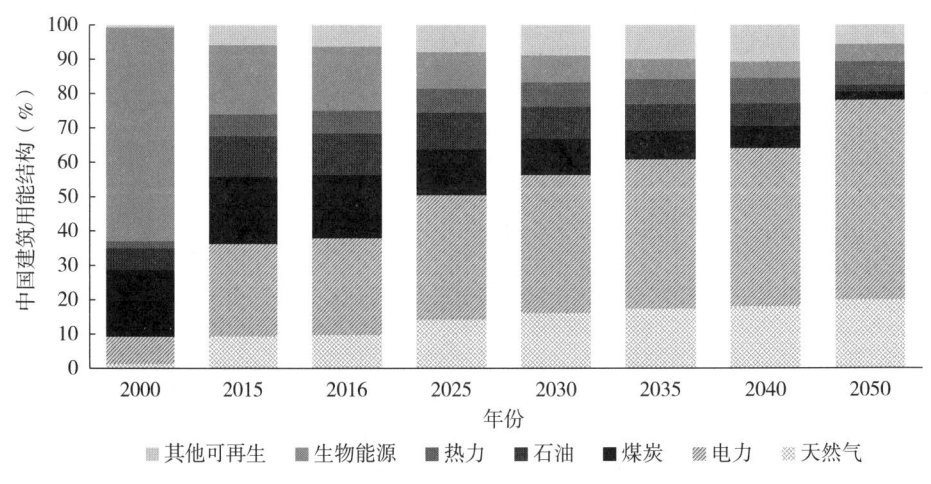

中国建筑用能结构(2000—2050)

资料来源:国际能源署,英国石油,中国电力规划设计总院,捷诚能源。

世界热力用能结构

热力（Heat）是指从物质成分的平移、旋转和振动运动中以及物质物理状态的变化而获得的能量。世界热力用能结构中，太阳能等可再生能源上升，而煤炭和天然气等下降。

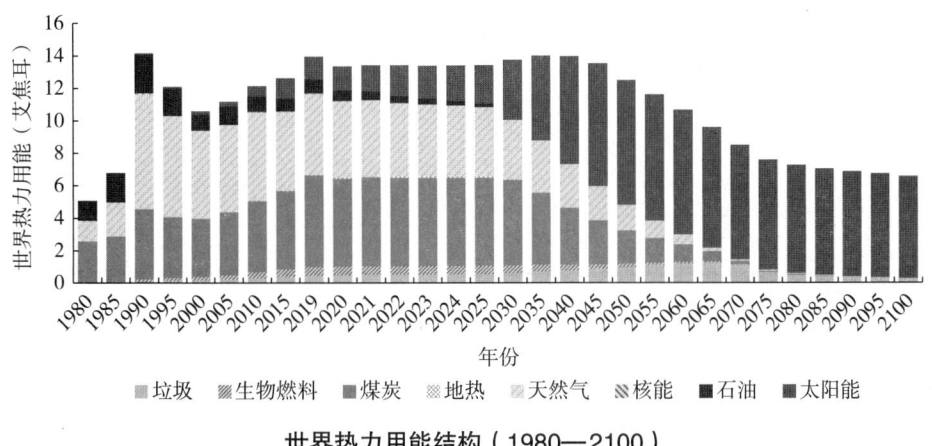

世界热力用能结构（1980—2100）

资料来源：国际能源署，壳牌，捷诚能源。

商业用能和生活用能、液化石油气

液化石油气（Liquefied Petroleum Gas，LPG）是由炼厂气或天然气加压、降温、液化得到的烃类混合物气体，主要成分是丙烷和丁烷，少量的丙烯和丁烯，并含有少量戊烷、戊烯和微量含硫化合物等杂质。天然气液和LPG都含有丙烷，但LPG是指只含有丙烷和丁烷的混合气体，而天然气液是指精炼程度低的混合气体。LPG是替代性燃料和化工原料，受原油、石脑油、汽油和LNG等影响大，也被视为清洁能源的过渡（Gap）能源。

世界商业用能结构

商业用油主要是宾馆、饭店、学校、医院等场所的热水工业锅炉用油，供应大型空调和取暖。世界商业用能结构中，电力不断增长，而天然气和石油稳中有降。

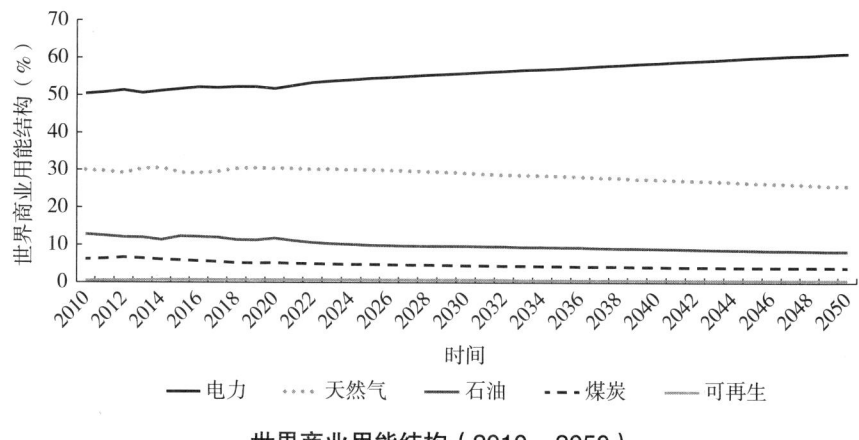

世界商业用能结构（2010—2050）

资料来源：国际能源署，美国能源信息署，捷诚能源。

美国商业用能结构

美国商业用能中，可再生能源和电力比例相对高。可再生能源通常转为电力或氢能之后才供应到终端。

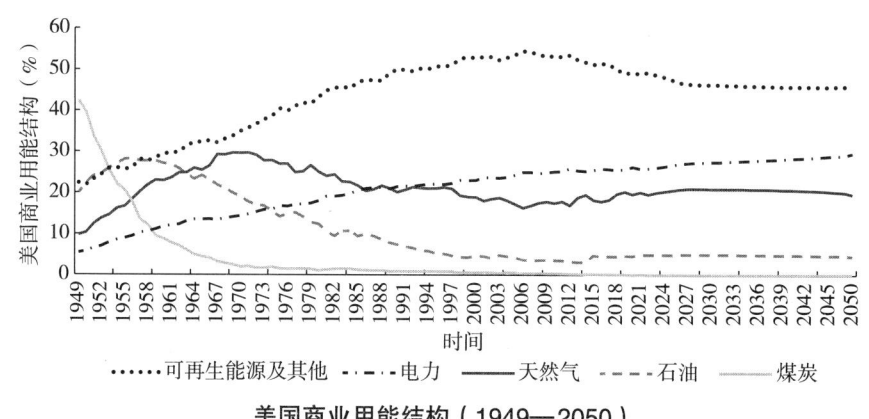

美国商业用能结构（1949—2050）

资料来源：美国能源信息署，捷诚能源。

世界服务业用能结构

世界服务业电气化趋势显著,到2100年,预计电力占比超过90%。

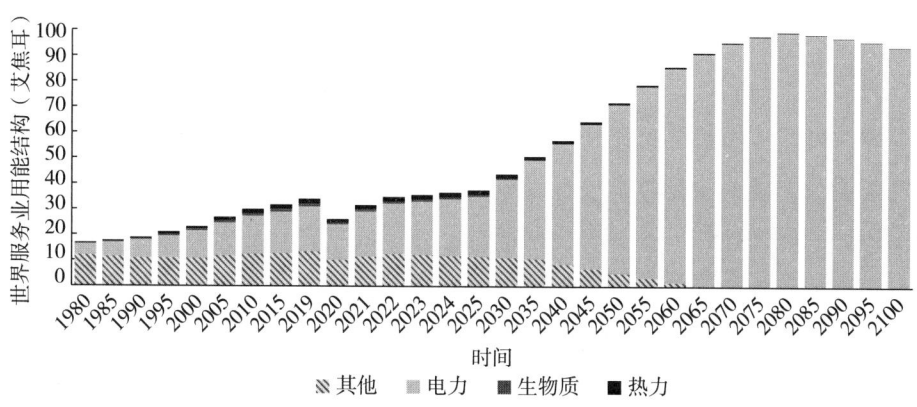

世界服务业用能结构(1980—2100)

资料来源:国际能源署,壳牌,捷诚能源。

世界居民用能结构

世界居民用能结构中,电力将达到50%,天然气和石油稳中有降。

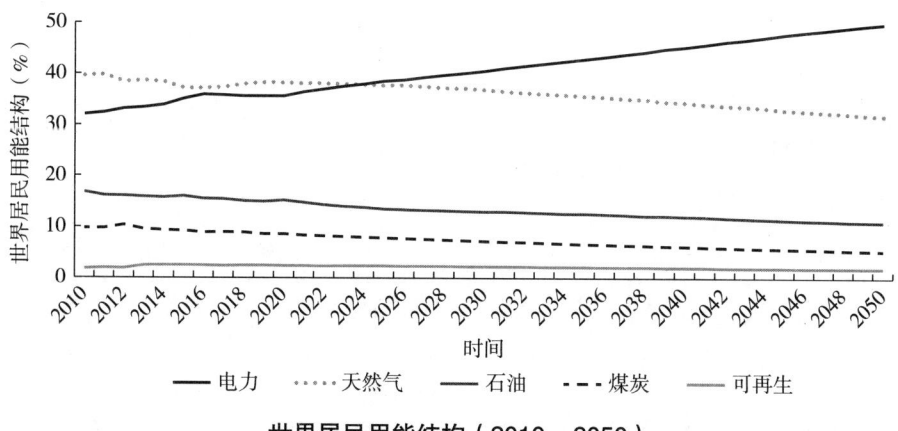

世界居民用能结构(2010—2050)

资料来源:国际能源署,美国能源信息署,捷诚能源。

美国居民用能结构

美国居民用能结构中，石油和煤炭下降，而可再生能源和电力上升。

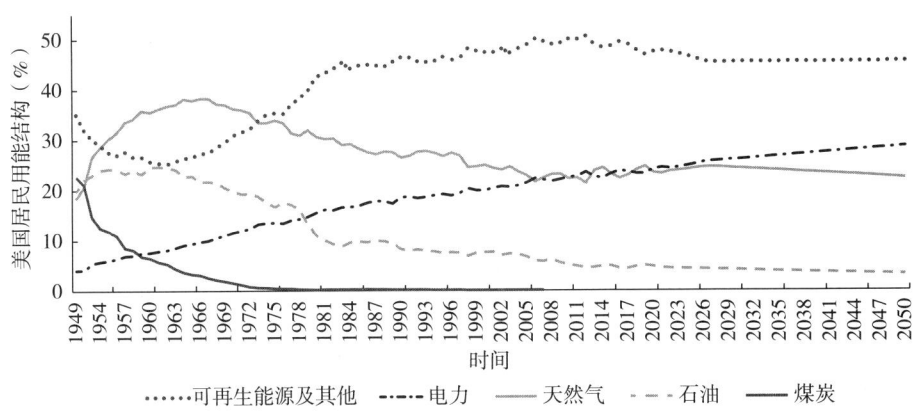

美国居民用能结构（1949—2050）

资料来源：美国能源信息署，捷诚能源。

世界居民炊事用能结构

居民炊事用能长期平稳，电气化趋势明显。

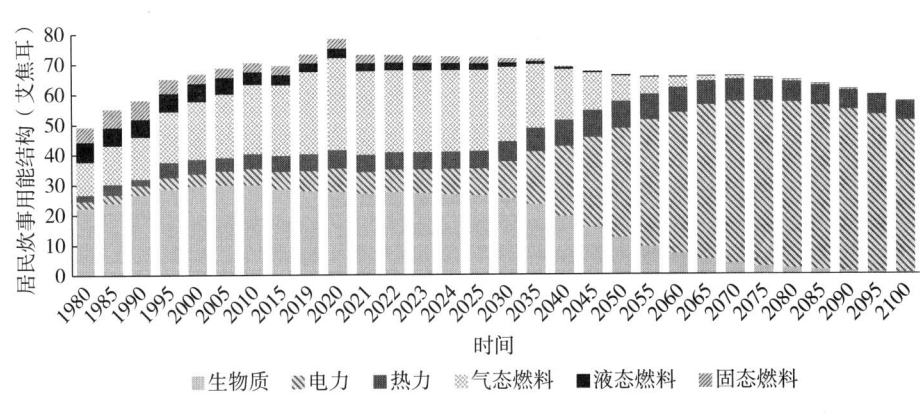

居民炊事用能结构（1980—2100）

资料来源：国际能源署，壳牌，捷诚能源。

世界和美国居民用能领域

世界和美国居民用能主要为供暖制冷、电气设备和热水等。

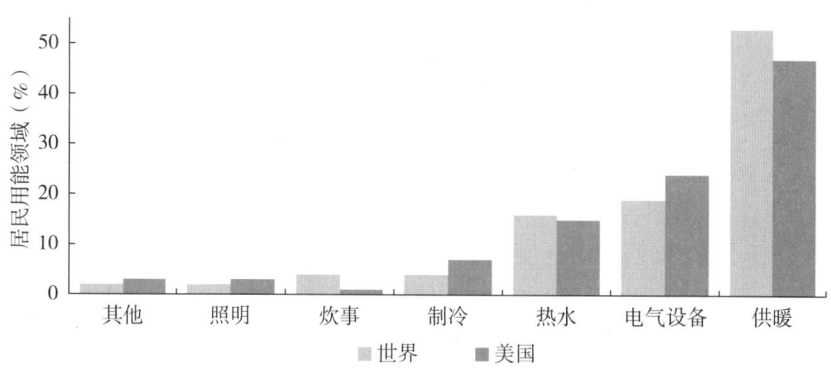

世界和美国居民用能领域（2020）

资料来源：国际能源署，捷诚能源。

美国家庭供暖需求和开销

美国冬季供暖需求依次为丙烷（LPG）、取暖油、天然气和电力。美国冬季供暖季从10月到次年3月。

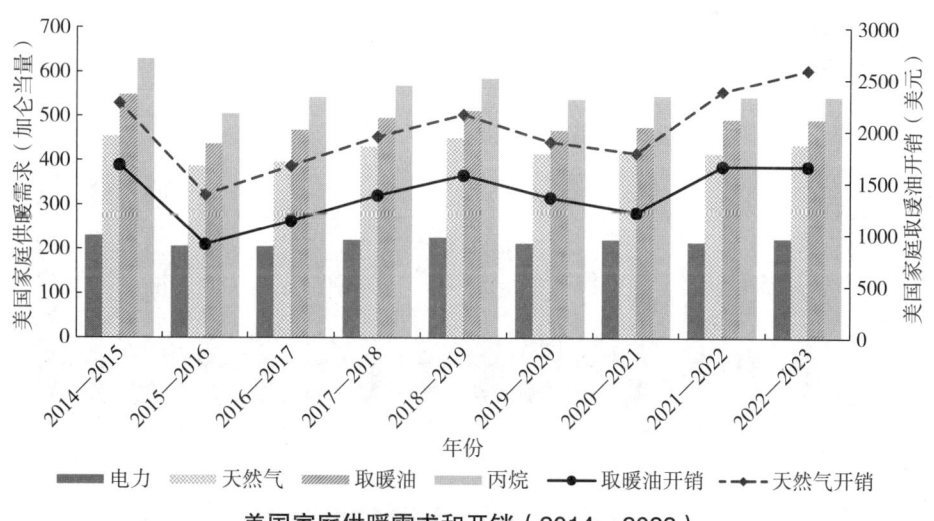

美国家庭供暖需求和开销（2014—2023）

资料来源：美国能源信息署，捷诚能源。

美国冬季供暖家庭数量

冬季取暖来源中，美国家庭依次是天然气、电力、LPG、取暖油、木材等其他能源。取暖油和LPG是少数可居家存放的燃料。

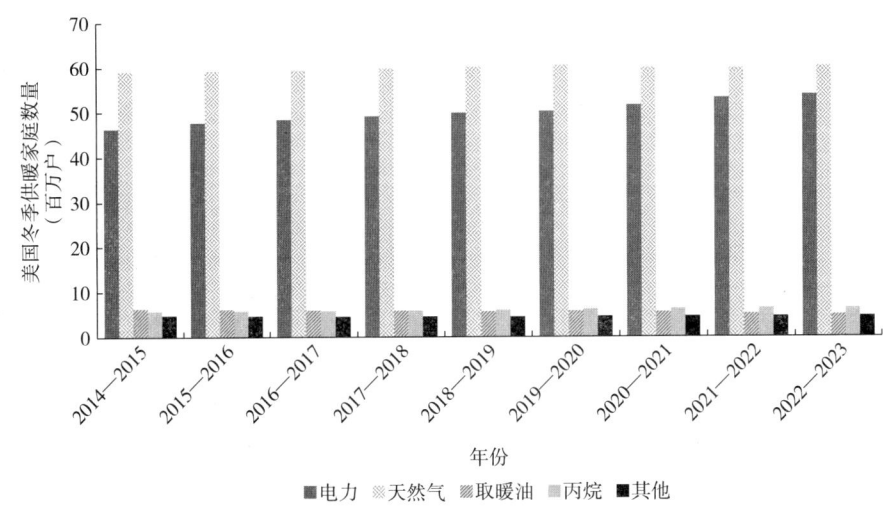

美国冬季供暖家庭数量（2014—2023）

资料来源：美国能源信息署，捷诚能源。

世界LPG供需

世界LPG供需总体呈增长趋势。

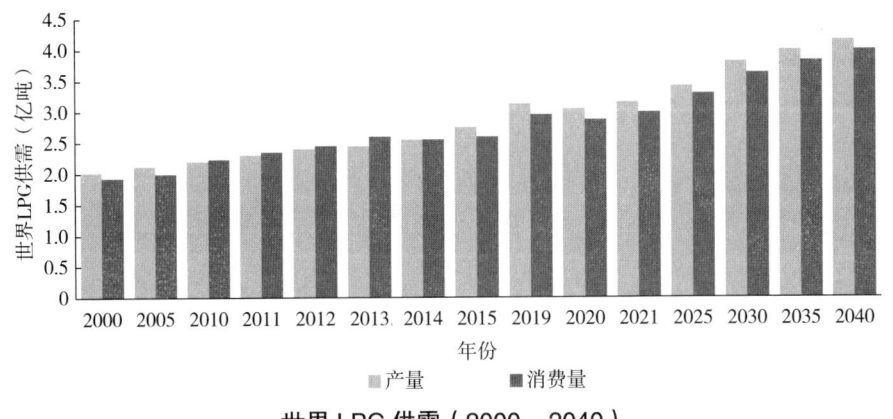

世界LPG供需（2000—2040）

资料来源：中国石化经济技术研究院，美国能源信息署，捷诚能源。

中国 LPG 供需

中国 LPG 供需总体呈增长趋势，大量进口。

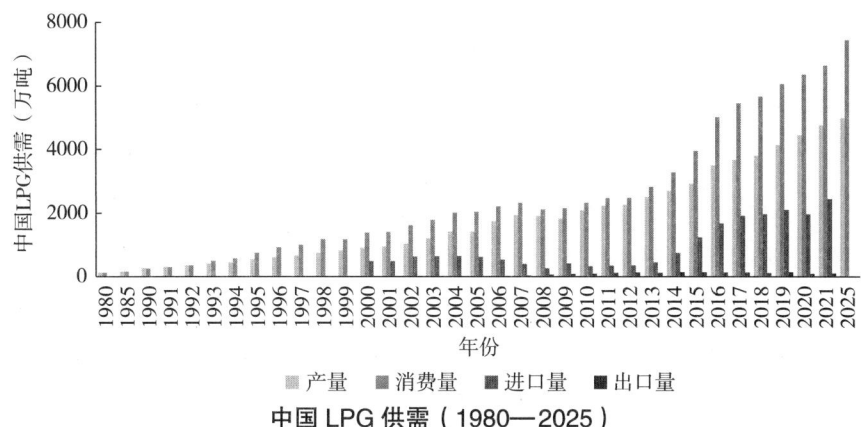

中国 LPG 供需（1980—2025）

资料来源：中国国家统计局，中国石化经济技术研究院，中国石油经济技术研究院，捷诚能源。

中国 LPG 应用领域

中国 LPG 主要用于烹饪、供暖等民用燃料、油品和石油化工原料。LPG 作为燃料的需求有增有减，LPG 作为深加工原料的需求在增加。LPG 中加入强烈气味的乙硫醇，一旦泄漏容易被发觉。

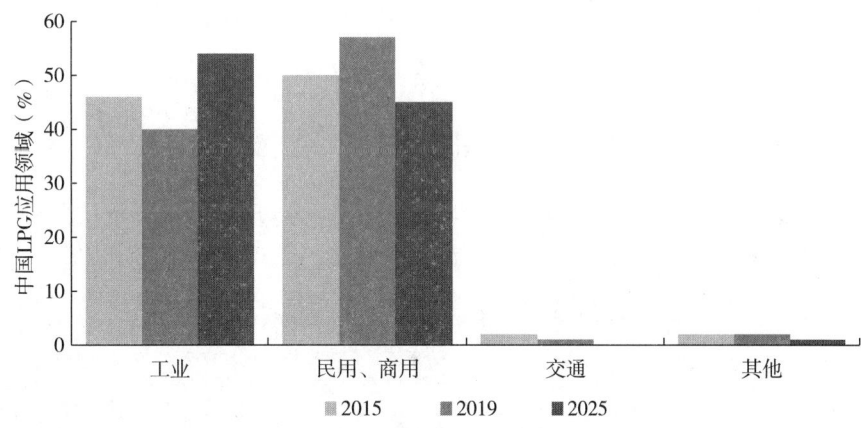

中国 LPG 应用领域（2015—2025）

资料来源：中国国家统计局，中国石化经济技术研究院，捷诚能源。

经典观点与经验分享

王海滨　中化能源股份有限公司教授级高级经济师

世界需要的不是石油本身,而是石油提供的出行、发电、取暖、衣着等各式各样的服务。在石油生产出现之前,一些服务已经由其他能源和材料提供(另一部分服务是石油时代出现后才新出现的)。因此,在能源领域,并不是"天不生仲尼,万古如长夜"。我们也没有必要成为"拜油教"的教徒,毕竟是人使用石油,而不是石油役使人。

由于内燃机技术和石化科技发展取得巨大成功,石油在提供人们需要的许多类服务时,具有比较优势,这是最近100多年来石油受到人们欢迎的原因,也是几十年来之所以"石油为王"的关键。

除了铀,石油在各能源品种中的能量密度最高。但是,在当前和未来各类能源品种的激烈竞争中,石油所享有的物理优势并不是决定性的。发展至今,利用石油的技术已经高度发达,况且还有大量科研机构和石油公司致力于石油利用技术的继续完善。技术的优势更具决定性。

在气候治理的大背景下,低碳转型已成为全球能源业发展大势。随着能源转型的深入发展,石油在交通运输等一些领域的消费会逐渐被替代。但是,由于石油产业的技术、物理等方面的优势,我相信石油与人类的缘分未尽。在今后较长时间,石油还将通过被加工成更好的石化产品等方式,继续为人类服务,而这并不必然与人类社会的气候治理、低碳发展背道而驰。

王　超　中国石化中化成品油销售公司业务处副处长

做好国内成品油业务需要研究市场规律及可持续的经营方法:一是能不断总结市场走势规律,对相关新政策及相关行业给成品油市场带来的影响进行分析,提升市场前瞻性预判分析能力;二是结合市场规律,统筹生产、销售、库存、进出口等经营要素,营造良好的市场氛围,为经营创效助力;三是宏观上结合市场供需关系及经营规律,微观上结合实际市场变化,灵活调整经营策略,主动应对市场变化。

第5章

基本面的平衡
化工用油和石化产品

石油广泛用于附加值更高的化工原料,也作为化工燃料。虽然面临着越来越多的替代与竞争,但是,化工用油和石化产品发展前景广阔,供需格局不断演化。

化工用油的来源与供需

化工用油影响因素

化工用油的影响因素众多。随着技术的进步和市场的变化,更多新的因素会出现。

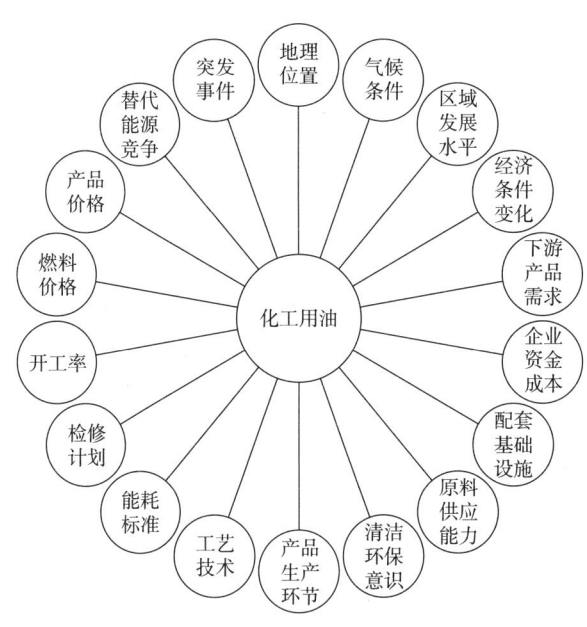

化工用油的影响因素

资料来源:捷诚能源。

世界非燃烧用油占石油消费比例

目前，非燃烧用油（主要是化工用油）在石油消费中的比例尚低。在碳中和情景下，石油需求总体呈下降趋势，化工用油比例大幅提高。

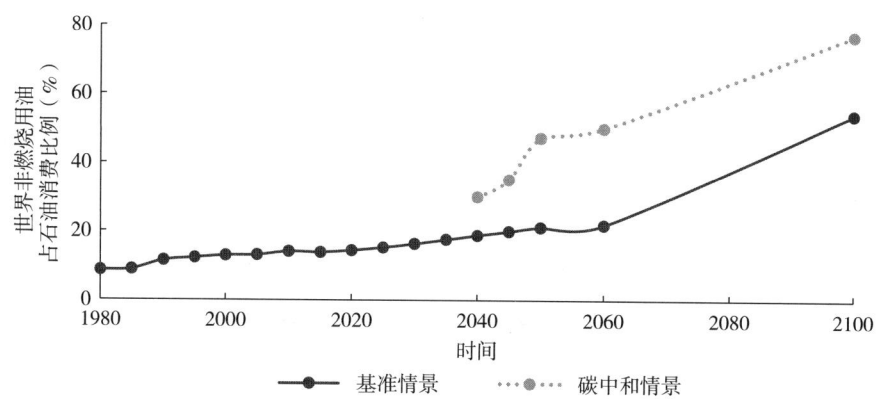

世界非燃烧用油占石油消费比例（1980—2100）

资料来源：国际能源署，欧佩克，英国石油，壳牌，捷诚能源。

全球区域化工用油需求

中国和印度推动全球化工用油持续增长。

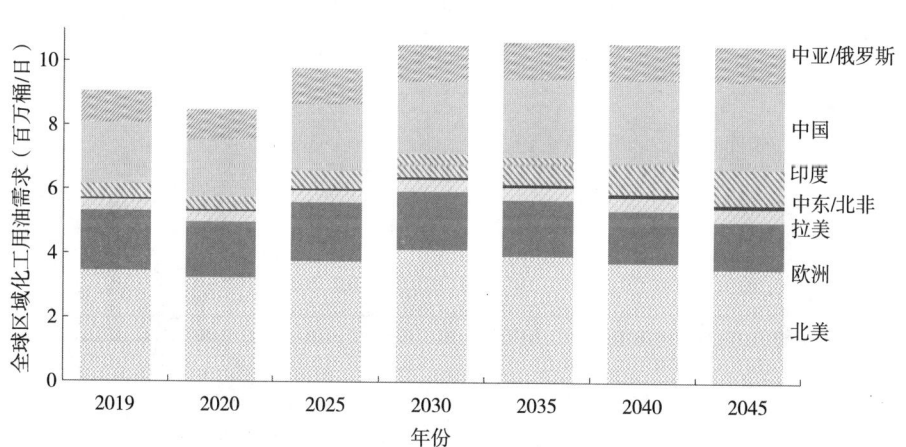

全球区域化工用油需求（2019—2045）

资料来源：国际能源署，欧佩克，英国石油，壳牌，捷诚能源。

全球区域化工用油来源

化工用油来源包括石脑油、乙烷和LPG等,原料区域性明显。

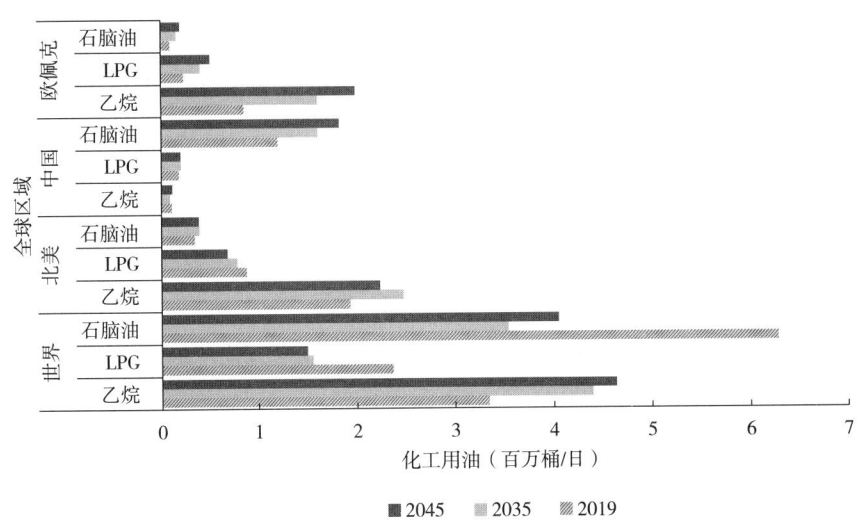

全球区域化工用油来源(2019—2045)

资料来源:欧佩克,捷诚能源。

美国化工用油来源

石油和天然气既是化工行业的原料,也是重要的燃料。美国化工原料来源多样化。天然气和天然气液,而不是石脑油,是美国最重要的塑料原料。

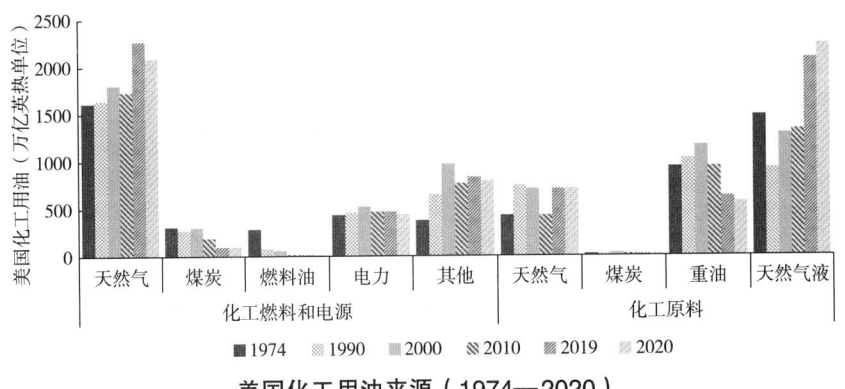

美国化工用油来源(1974—2020)

资料来源:美国化学理事会,美国统计局,美国能源信息署,捷诚能源。

美国化工原料的产品收率

石脑油在贸易上的概念清晰,而在生产上作为化工原料,一般与化工轻油的概念混用。化工轻油通常以石脑油为主,还包括宽馏分汽油组分、烷基苯料和其他化工用轻油。美国炼厂生产的石脑油和其他产品化工原料的收率在 1.7%～3% 之间,总体呈下降趋势。

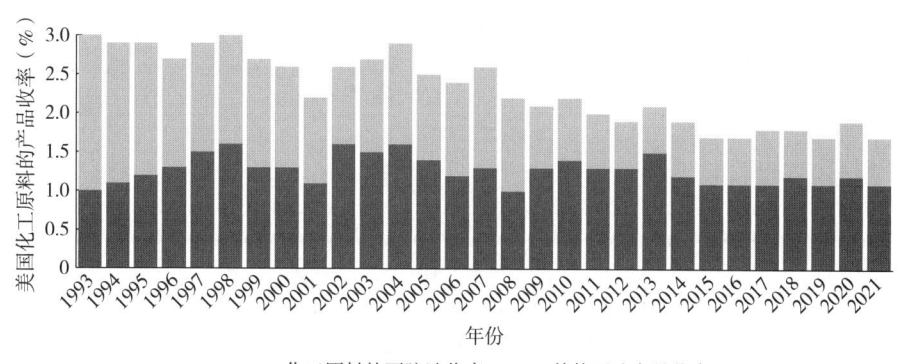

美国化工原料的产品收率(1993—2021)

资料来源:美国能源信息署,捷诚能源。

中国化工轻油消费结构

化工轻油(石脑油)是汽油原料,也是乙烯、芳烃、合成氨、化肥和制氢的原料。石脑油原料的分配和合理利用存在内部竞争的问题。

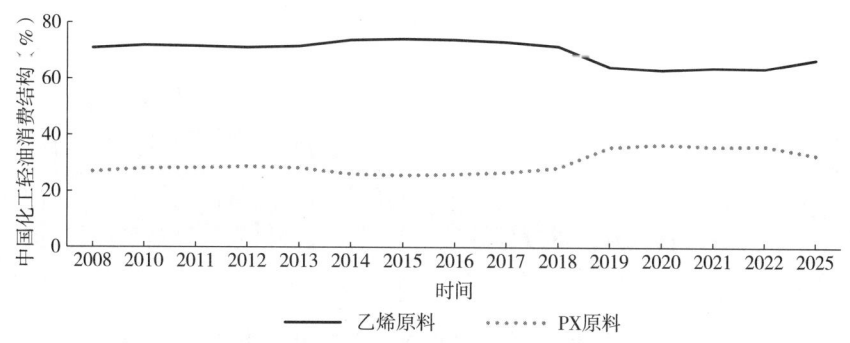

中国化工轻油消费结构(2008—2025)

资料来源:中国石化经济技术研究院,捷诚能源。

世界石脑油需求

石脑油（Naphtha）是一部分石油轻馏分的泛称，又称粗汽油。在常温、常压下为无色透明或微黄色液体，有特殊气味，不溶于水。不同石脑油的区别在于其密度和石蜡、异构烷烃、烯烃、环烷和芳烃等的含量。

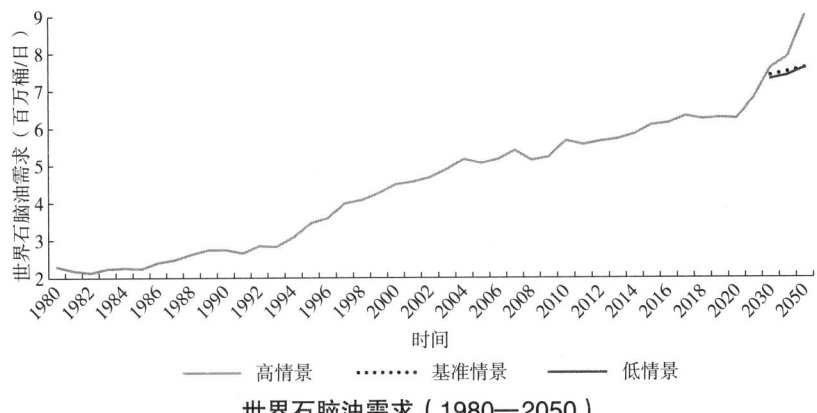

世界石脑油需求（1980—2050）

资料来源：国际能源署，英国石油，欧佩克，捷诚能源。

中国石脑油供需

中国石脑油供需总体增长。石脑油主要来自于原油蒸馏或二次加工切取的相应馏分，少量来自于天然气和煤炭。馏程自初馏点至220℃。轻石脑油对应C5-C7，作为乙烯裂解等化工原料。重石脑油对应C8-C11，作为重整原料，生产芳烃和高辛烷值汽油组分。芳烃抽提出溶剂油。

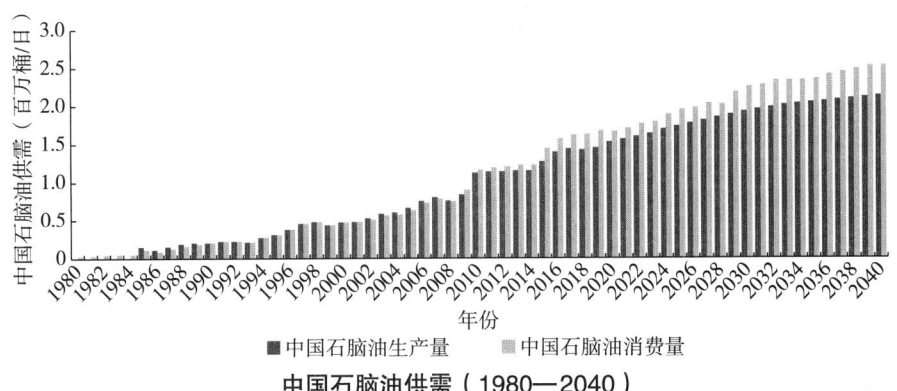

中国石脑油供需（1980—2040）

资料来源：中国国家统计局，中国石化经济技术研究院，欧佩克，捷诚能源。

石油炼厂气来源构成

石油炼厂气（Refinery gas）主要由炼厂或石化厂在原油蒸馏或石油制品处理（如裂化）过程中获得。炼厂气的主要成分有甲烷、乙烷、乙烯、正丁烷、丁烯、丙烷、丙烯等。因加工工艺、条件和原料的不同，石油炼厂气的组成差别很大。

石油炼厂气来源构成（2021）

原料	常减压蒸馏	加氢精制	减粘裂化	催化裂化 减压馏分	催化裂解 重质原料油	加氢裂化 减压馏分	延迟焦化 减压渣油	催化重整 轻油
反应温度（℃）			380～450	480～530	～550	350～450	～500	～500
气体组成（℃）								
氢气		3	0.3	0.16	0.5	0.19	0.66	26.66
甲烷	8.5	24	8.1	4.21	7	1.56	26.61	21.81
乙烷	15.4	70	6.8	1.03	4.3	3.95	21.23	17.98
乙烯				1.5	7.86	8.8	–	3.97	–
丙烷	30.2	3	8.6	11.04	6.6	27.11	18.09	16.62
丙烯			4.8	27.64	37.6	–	10.55	–
正丁烷	45.9		36.4	4.37	1.8	18.77	10.78	4.44
异丁烷				18.43	4.5	41.54	10.78	6.29
丁烯			33.5	23.75	29	–	7.53	–
碳四+及其他				1.51	0	6.88	0.58	6.2

资料来源：《石油炼制》，捷诚能源。

中国石蜡供需

中国石蜡（Paraffin wax）产业庞大，大量出口。石油蜡是由含蜡馏分油或渣油经加工精制得到的一类石油产品，包括石蜡、微晶蜡、液体石蜡、石油脂等。液体石蜡主要用作化工原料。

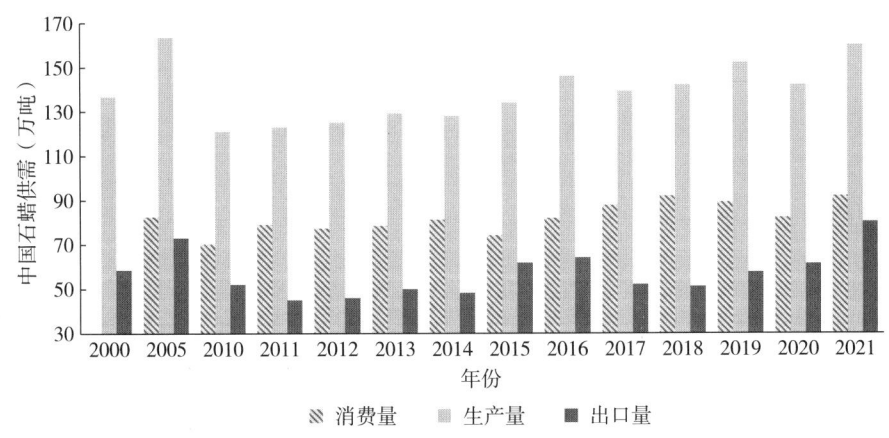

中国石蜡供需（2000—2021）

资料来源：中国国家统计局，中国海关总署，广东油气商会，捷诚能源。

中国溶剂油供需

溶剂油（Solvent oil）以蒸馏装置的直馏汽油组分或催化重整的抽余油为原料，经精制、分馏而制成。溶剂油的用途十分广泛。用量最大的是涂料溶剂油（俗称油漆溶剂油），其次是印刷油墨、皮革、农药、杀虫剂、橡胶、化妆品、香料、医药、电子部件等溶剂油。

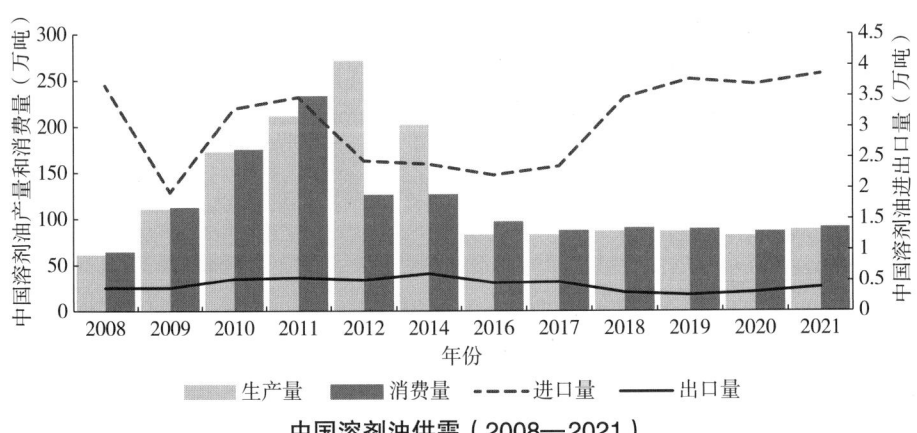

中国溶剂油供需（2008—2021）

资料来源：中国石化经济技术研究院，南华期货，捷诚能源。

石油化工的基本特性与供需

石油化工行业特性

技术特性：

- 石化工艺过程复杂，生产过程中既有高温、高压，又有低温、低压，生产流程具有安全、稳定、节能、高产和长周期的特点。
- 生产工艺多数具有高温、高压、易燃、易爆、易中毒、易腐蚀的情况。
- 化工行业复杂，品种多，工艺差别大。
- 相对于汽柴煤等成品油直接燃烧完，化工品可回收循环利用，可使用期限长。
- 炼油行业多是反应、分离和添加调和，而化工行业多是裂解、聚合和缩合。
- 炼油的对象是原油，产品的主体有限，而化工的对象是成百上千的化工原料（单体），不同组合（聚合）而成的新产品，因此，化工品主体众多。
- 炼油的一次加工是物理过程，不改变物质本身的结构，炼油的二次加工和化工反应是化学流程，通过化学反应改变了物质本身的结构和组成。
- 石化产品主要有三种状态：气态、液态或固态，可互相变换。有的产品当状态改变后，性质随之改变。

经营特性：

- 化工消费结构多样化，应用领域众多，技术创新投资大，技术不断突破，产品更新换代快，跨代升级风险高。
- 化工原料技术路线多元化，供应端替代竞争，主要体现在成本和经济性。
- 石油化工产业链长，一体化程度越来越高，体现互补性和经济性。
- 化工物料在整套装置中连续移动，多为连续生产工种，属流程型行业，各生产环节直接相互依存，有别于机械产品、电子产品"离散型"的生产。
- 石化生产过程必须在密闭的设备和管道进行，不允许有泄漏。
- 炼油工艺和装置对经营生产的影响更显著，而化工装置对经营生产的影响相对弱化。
- 化学工业是装置型工业，资金密集度高，运营维护成本高。
- 化工行业的能源消耗仅次于冶金行业，而耗电量居首位，主要有机化工原料的生产消耗了化工行业三分之二的能源。

市场特性：

- 石化产品具有普遍性，出现在消费者日常生活的方方面面，化工品和消费者的生活息息相关，在日常生活中应用较多。但是化工品不像成品油那样视觉化较强，展现在消费者面前时，看不出是什么化工品，本身的名字也隐于幕后，取而代之的是口罩、可乐瓶等日用品名称。
- 成品油与交通、民生相关，而化工品与民生、健康相关。化工制成品一般无毒，但部分化工品的毒物性能妨碍了消费者对化工品的深入了解，导致谈化色变。
- 化工体现了油基化工和替代者的竞争。与成品油不同，在高油价下，油基化工品很多时候竞争力下降。
- 化工体现了原料和燃料之间的竞争（向材料发展）。

化工产业链

除了可加工生产成品油、石蜡、沥青外，石油还是重要的基础原料，用于生产有机化工原料及塑料、服装、轮胎等 5000 多种重要的产品。

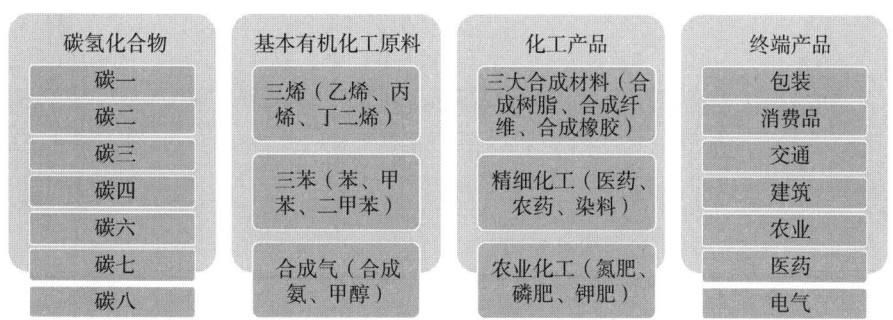

化工产业链示意图

资料来源：美国能源部，《基础化学》，捷诚能源。

世界化工需求

在各种情景下，世界化工需求均有增长。

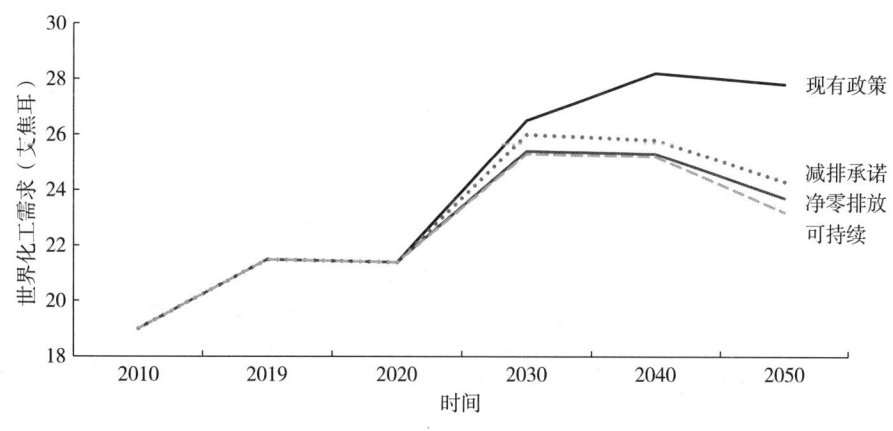

世界化工需求（2010—2050）

资料来源：国际能源署，捷诚能源。

全球化工产量和开工率变化

美国化学理事会制定的全球化工产量区域指数（CPRI）衡量主要国家化工产量和开工率。

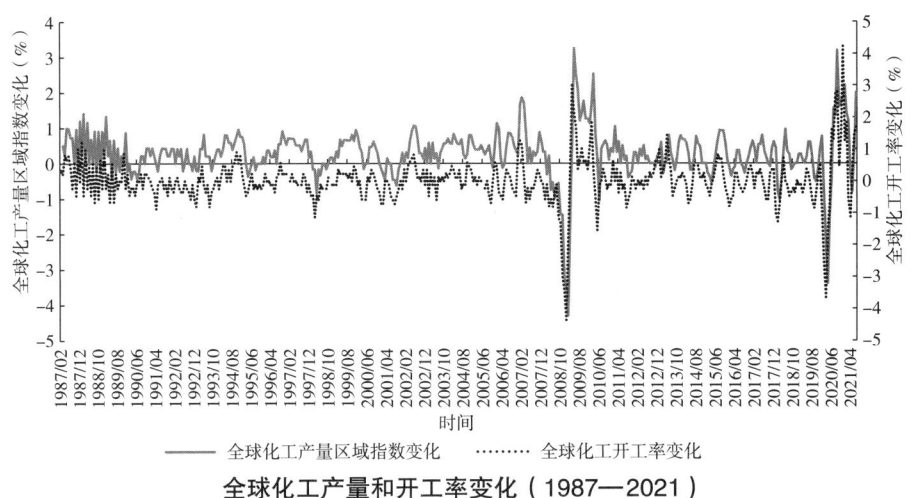

全球化工产量和开工率变化（1987—2021）

资料来源：美国化学理事会，捷诚能源。

全球区域化工销售量

世界化工销售额从 2000 年的 1.5 万亿欧元增长到 2020 年的 3.5 万亿欧元，其中，将近 45% 为中国的增长量。

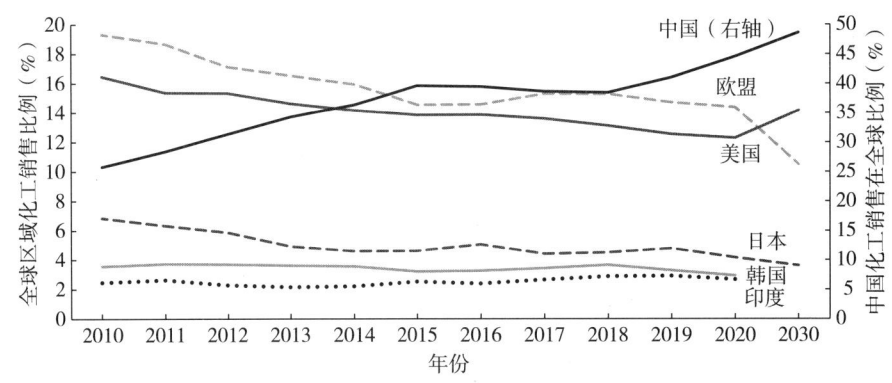

全球区域化工销售市场份额（2010—2030）

资料来源：欧洲化学工业理事会，捷诚能源。

全球化工销售前 25 国

全球化工销售主要在中国和欧美。

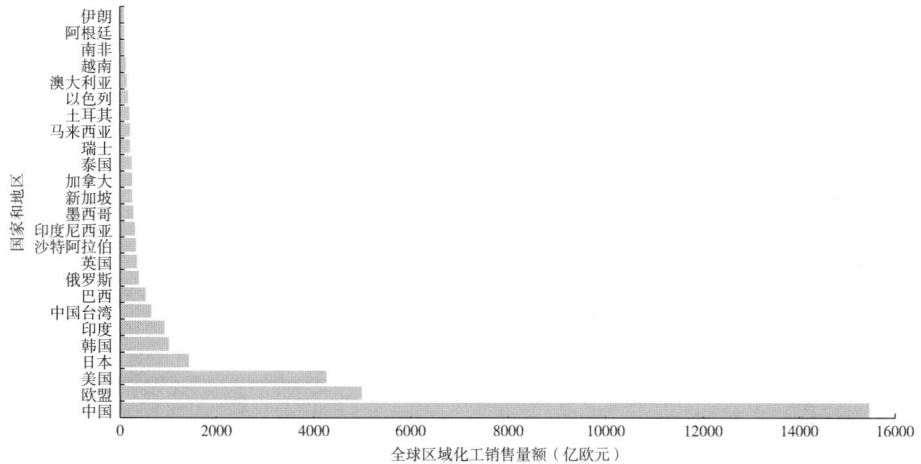

全球化工销售前 25 国（2020）

资料来源：欧洲化学工业理事会，捷诚能源。

美国化工行业规模

美国化工行业主要分基本化工、特种化工、农业化工和消费品。化工行业不断演进，科技含量越来越高。

美国化工行业规模（2020）

行业指标	基本化工	特种化工	农业化工	消费品
市场规模（亿美元）	3459.00	956.00	325.00	909.00
出货规模（亿美元）	2883.62	771.97	307.26	897.07
出口规模（亿美元）	844.70	232.97	69.20	105.62
进口规模（亿美元）	565.56	215.00	72.76	113.65
产品价格（美元/磅）	<0.80	>1.75	0.30～1.50	>2.00
长期增长（GDP 倍数）	1.60	1.30	1.00	1.20
投资回报率（%）	7.00	12.00	13.00	15.00

资料来源：美国化学理事会，捷诚能源。

中国商品人均产量和消费量

在日常生活中,石油化工无处不在,人一生的衣食住行平均会消耗8.5吨石油,其中,"吃"掉0.5吨石油和"住"掉3.5吨石油。由于石化产品很多都出口而实际上没有在国内消费,化工实际人均消费量更低。

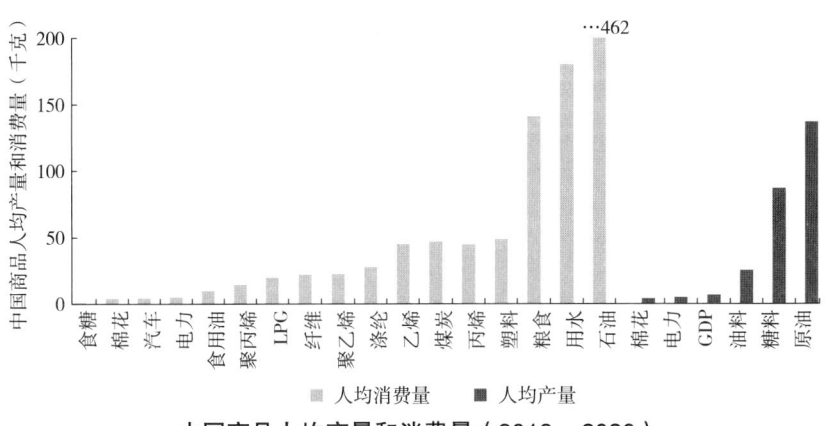

中国商品人均产量和消费量(2019—2020)

资料来源:中国国家统计局,捷诚能源。

中国主要石油石化产品供需增幅

2020年,中国主要石油和石化产量供需增多降少。

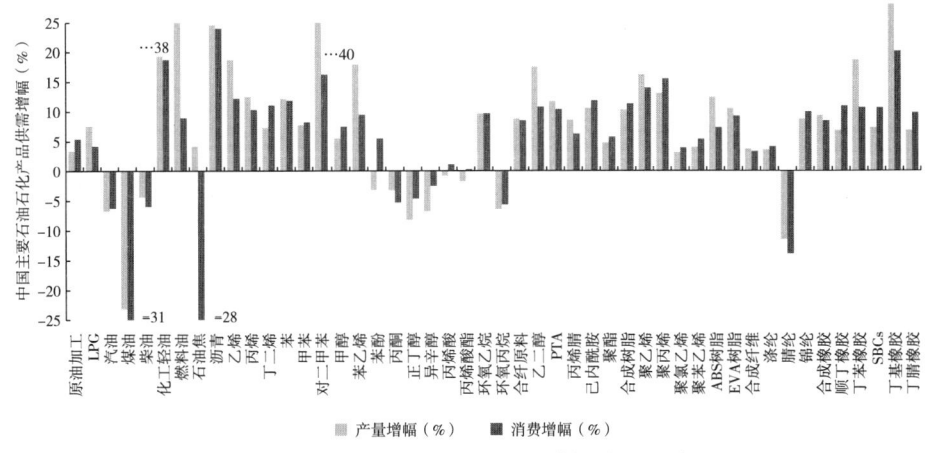

中国主要石油石化产品供需增幅(2020)

资料来源:中国石化联合会,中国国家统计局,捷诚能源。

烯烃、乙烯与丙烯产业链

芳烃和烯烃的区别

原油最大化生产化工原料主要分为烯烃和芳烃两条路线。

烯烃（Olefins）裂解反应是大分子烃裂解变成小分子烃，如烯烃、烷烃、炔烃、双烯烃和氢。烯烃化学性质活泼，能与许多物质发生加成反应生成一系列重要产物，并易氧化和聚合，生成各种有机化工产品和聚合物。在标况或常温下，简单的烯烃中，乙烯、丙烯和丁烯是气体，含有5至18个碳原子的直链烯烃是液体，更高级的烯烃则是蜡状固体。烯烃产业受原料供应、成本和炼化一体化的影响大。

芳烃（Aromatics）是芳香烃的简称，通常指分子中含有苯环结构的碳氢化合物。芳烃是有双键结构、不饱和、环状的碳氢化合物。历史上早期发现的这类化合物多有芳香味道，所以称之为芳香烃。后来发现的不具有芳香味道的烃类，也都统一沿用这种叫法。芳烃原料经过芳构化和分离，按沸点高低顺序，制得纯苯（Benzene）、甲苯（Toluene）和二甲苯（Xylene）。此外还有含两个或两个以上苯环的多环或稠环芳烃。苯环有很强的反应能力，利用芳烃可生产出一系列带有苯环的芳香族化合物，再进一步合成医药、农药、橡胶、树脂、纤维等众多的有机化工产品。

比较而言，烯烃是材料，偏向技术化，而芳香烃是油和溶剂，偏向商品化。烯烃主要来自轻石脑油裂解。芳烃主要来自于重质石脑油芳构化。烯烃产品路线相对复杂，而芳烃前端产品路线相对简单。

烯烃原料与产品收率

原料在高温下进行热加工,制取低分子烯烃。乙烯收率最高,所以一般说裂解乙烯。丁烯收率很低,丁二烯收率高且容易聚合,所以不太关注丁烯。烯烃原料来源不断多元化,包括甲醇制烯烃(MTO)、烯烃裂解(MTO/OCP)和甲醇制丙烯(MTP)等技术路线,轻烃化趋势明显。不同原料路线对应的烯烃产品收率差别很大。

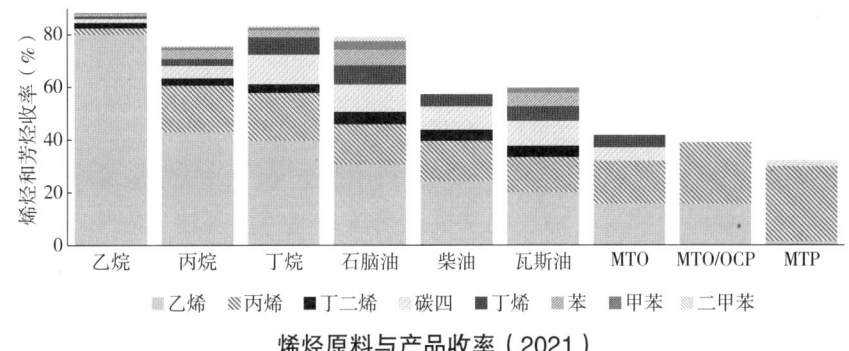

烯烃原料与产品收率(2021)

资料来源:石油和化学工业规划院,惠生工程,《石油化学基础》,捷诚能源。

中国聚烯烃原料构成

中国聚烯烃原料主要来自煤炭、轻烃和石脑油等。加聚反应制得的高分子化合物,习惯上在单体名称前,加一个"聚"字。

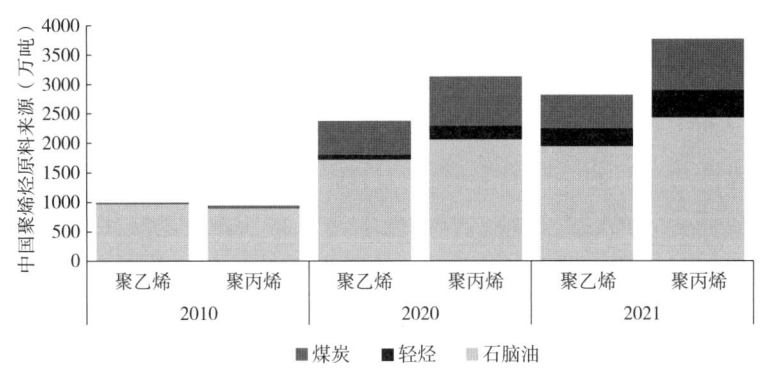

中国聚烯烃原料构成(2010—2021)

资料来源:中国石化经济技术研究院,中国石化联合会,捷诚能源。

乙烯产业链

乙烯（Ethylene）是世界上产量规模最大的石化产品之一，原料来源和下游衍生品众多，用途广泛，主要用于制造塑料、合成纤维、有机溶剂等，也用作水果和蔬菜的催熟剂。世界石化产品的75%来自乙烯，需求受经济和能源周期影响。乙烯被视为石化行业发展的重要标志和业绩标杆。在常温常压下，乙烯为无色易燃气体，有臭味。在生活中很少看到乙烯的踪迹，乙烯难以运输，需要在 $-100\,°C$ 以下存储，商品量极少，基本配套下游衍生物产品。一般都以乙烯当量来计算。

乙烯产业链示意表

乙烯上游原料构成		中间单体	高分子合成材料（聚合）	塑胶加工应用/精细化工
石脑油、化工轻油蒸汽裂解；先进催化裂解（ACO）；甲醇制烯烃（MTO）；碳四烯烃催化裂解（OCC）/烯烃歧化（OMT）；催化裂解（DCC）/催化热裂解（CPP）；煤制烯烃（CTO）；乙醇脱水；丁烷；乙烷；丙烷	基本化工原料：乙烯	聚乙烯 PE	线性低密度聚乙烯 LLDPE、低密度聚乙烯 LDPE、高密度聚乙烯 HDPE 等	薄膜、管材、电线、电绝缘材料、模型、塑料袋、保鲜膜、容器、塑胶绳、塑胶管、啤酒箱等
		环氧乙烷 EO	乙二醇 EG/MEG	聚酯棉丝粒 PET 等	布、宝特瓶、薄膜、胶片、X 光片、工程塑料、涂料涂层等
			乙二醇、醇醚		减水剂、表面活性剂、防冻液、切割液等
		二氯乙烷 EDC	氯乙烯 VCM	聚氯乙烯塑料 PVC	硬质水管、管材、型材、薄膜、民生用品、合成皮、塑胶、地砖等
		苯乙烯 SM		丁苯橡胶 SBR	制鞋、管带
				聚苯乙烯塑料 PS	保丽龙制品、家电外壳、保温衬里、食品容器、包装、板材、玩具、牙刷柄等
				ABS 树脂	家电、安全帽、手提箱、汽车零件、建材等
		醋酸乙烯 VAM		乙烯醋酸乙烯酯塑料 EVA	运动鞋、薄膜、电线电缆、家居用品、汽车用品、光伏材料、太阳能电池粘合剂等
		α-烯烃		高碳醇、烷基苯	轮胎、电线、管材、织物涂层、黏合剂、洗涤剂、增塑剂、添加剂
				乙丙橡胶	
		乙醛		醋酸乙酯 EAC	胶带、软片、涂料、染料、油墨、纤维素等溶剂

资料来源：中国石化经济技术研究院，中国石化联合会，捷诚能源。

全球区域乙烯原料构成

近年来,全球乙烯原料的多元化和轻质化发展趋势明显。石脑油裂解是饱和烃原料在高温下发生断链反应或脱氢反应,在低温下分离,生成小(低)分子烯烃等产物的过程。

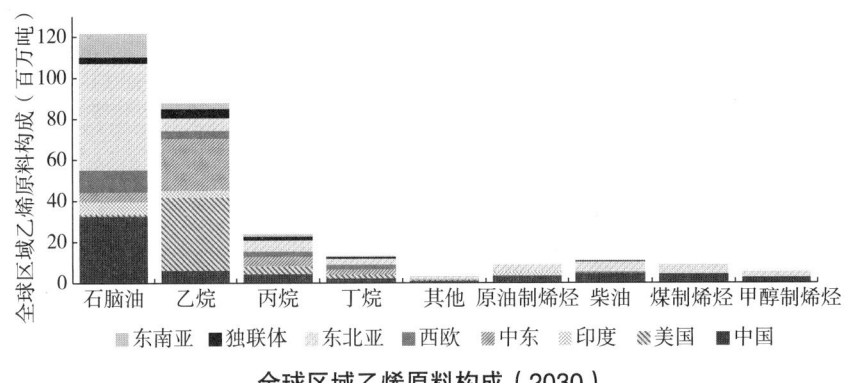

全球区域乙烯原料构成(2030)

资料来源:中国石化联合会,中国石化经济技术研究院,捷诚能源。

中国乙烯原料构成

中国乙烯最初主要以石脑油为裂解原料,还会使用凝析油、轻柴油、抽余油、加氢尾油、轻烃等与石脑油的混合物。2014年以来,煤制和甲醇制烯烃路线的乙烯产能得到快速增长。

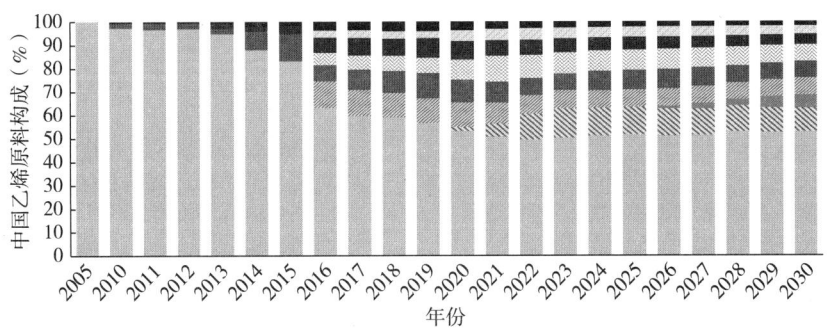

中国乙烯原料构成(2005—2030)

资料来源:中国石化经济技术研究院,中国石油规划总院,捷诚能源。

世界乙烯供需

乙烯是各国产业布局的重要组成部分,世界乙烯供需呈上升趋势。

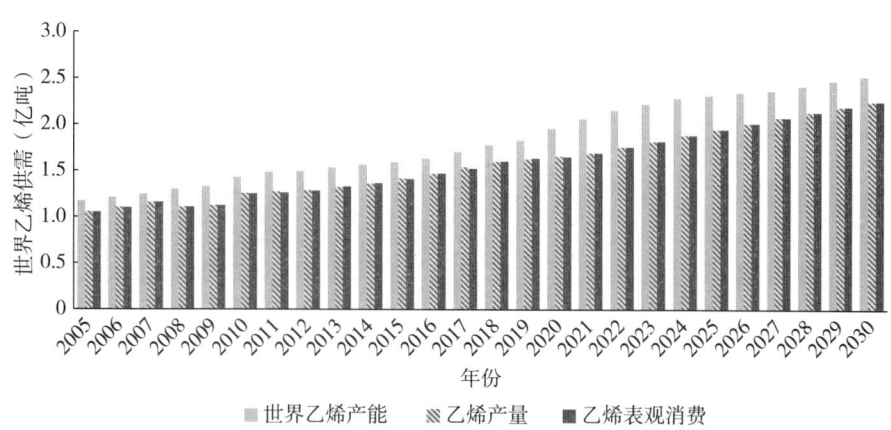

世界乙烯供需(2005—2030)

资料来源:中国石化联合会,中国石化经济技术研究院,捷诚能源。

世界乙烯消费结构

世界乙烯下游消费主要来自聚乙烯、环氧乙烷和二氯乙烷等。

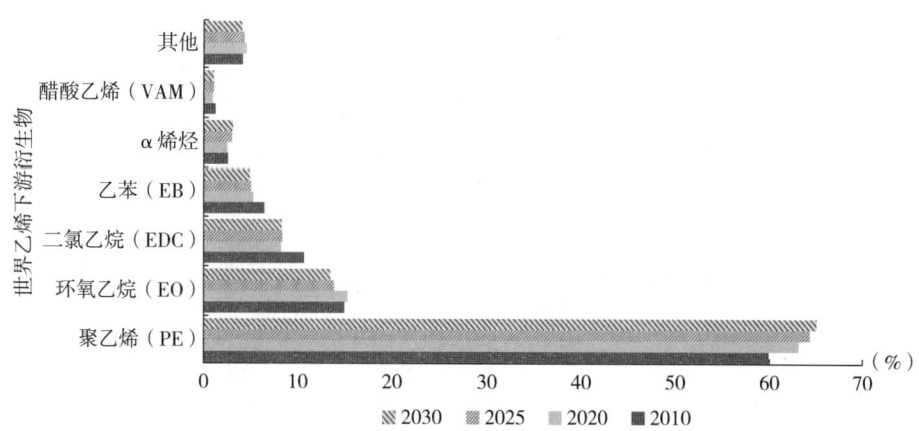

世界乙烯消费结构(2010—2030)

资料来源:中国石化联合会,中国石化经济技术研究院,捷诚能源。

中国乙烯供需

中国乙烯供需持续增长。

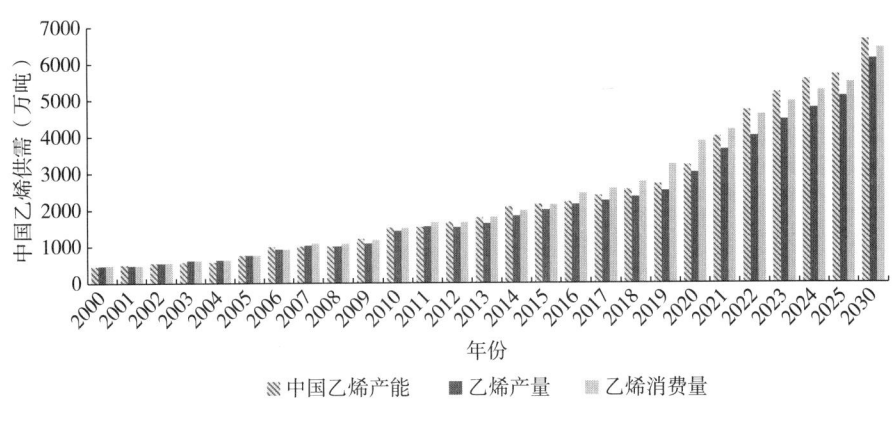

中国乙烯供需（2000—2030）

资料来源：中国石化联合会，中国石化经济技术研究院，捷诚能源。

中国乙烯消费结构

中国乙烯下游化工产品种类繁多，包括聚乙烯、聚氯乙烯、乙二醇、苯乙烯等。

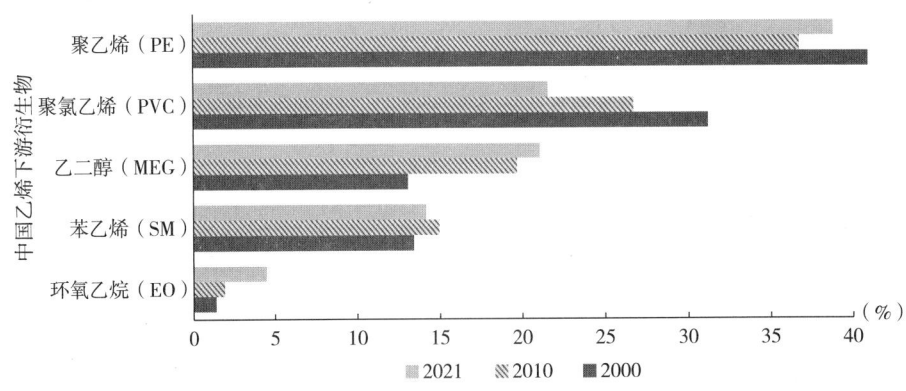

中国乙烯消费结构（2000—2021）

资料来源：中国石化联合会，中国石化经济技术研究院，捷诚能源。

丙烯产业链

丙烯（Propylene）是世界上规模最大的石化产品之一。丙烯原料生产路线众多，多元化发展格局复杂，而需求分散，终端应用广泛。

丙烯产业链示意表

丙烯原料构成	中间单体		高分子合成材料（聚合）	塑胶加工应用/精细化工/日用品
催化裂化重质油；蒸汽裂解石脑油；甲醇制烯烃（MTO）；甲醇制丙烯（MTP）；丙烷脱氢（PDH）；煤制烯烃（CTO）；煤制丙烯（CTP）；烷烃	基本化工原料：丙烯	聚丙烯PP	聚丙烯树脂PP	编织制品、瓦楞板、纤维、注塑（塑料）、双向拉伸薄膜BOPP、汽车零件、延伸膜等
		环氧丙烷PO	丙二醇、丙二醇醚、聚醚多元醇等	冷藏冷链、保温材料、汽车、聚氨酯涂料、玻璃钢等
		丁醇、辛醇	丙烯酸丁酯、醋酸丁酯、丙烯酸异辛酯、DOP、DOTP等	胶黏剂、有机溶剂、增塑剂、油墨等
		丙烯腈AN	SAN树脂、腈纶、丙烯酰胺、聚醚多元醇等	电子电器、汽车、建材、纺织、油田驱油剂、冰箱等保温材料等
			ABS树脂	家电、安全帽、手提箱、汽车零件等
			亚力克棉AS	人造羊毛、填充玩具
		丙烯酸AA	丙烯酸酯、高吸水性树脂SAP等	胶黏剂、涂料、纺织、吸水材料、卫生巾、冰袋等
			丙烯酸酯Acrylates	黏胶、树脂、乳化油漆
		异丙苯	丙酮：环氧树脂、聚碳酸酯	维生素C等医药、农药、清洗剂、稀释剂、溶剂、有机玻璃、尼龙6等
			苯酚：双酚A、环氧树脂Epoxy	杀菌剂、防腐剂、阿司匹林等药物、电子印刷电路板PCB、涂料
		异丙醇IPA	丙酮（Acetone）、丁酮、甲基异丁基酮	制药、涂料、香料、化妆品、油墨、萃取剂、硝化纤维、电子清洗液
		氯丙烯	环氧树脂	甘油等
		乙丙橡胶	乙丙橡胶EPR	

资料来源：中国石化经济技术研究院，捷诚能源。

全球与中国丙烯原料构成

丙烯生产路线众多,包括生产汽油副产丙烯的催化裂化、裂解装置联产丙烯、丙烷脱氢、天然气或煤为原料的甲醇制烯烃等。

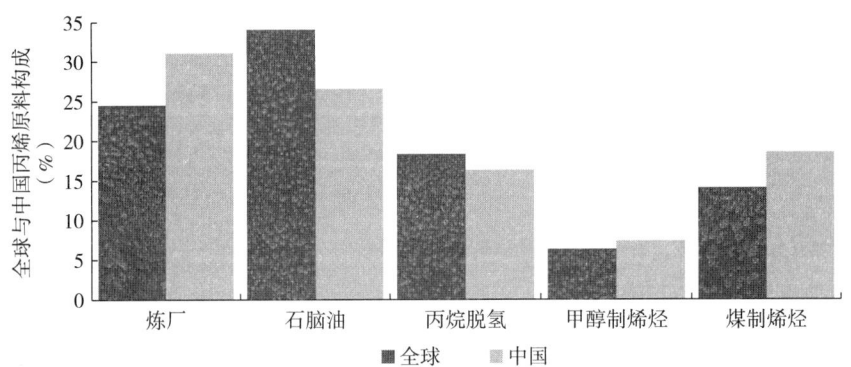

全球与中国丙烯原料构成(2020)

资料来源:中国石化经济技术研究院,捷诚能源。

世界丙烯原料构成

世界丙烯原料技术路线中,蒸汽裂解和炼油副产总体呈下降趋势,而丙烷脱氢上升。

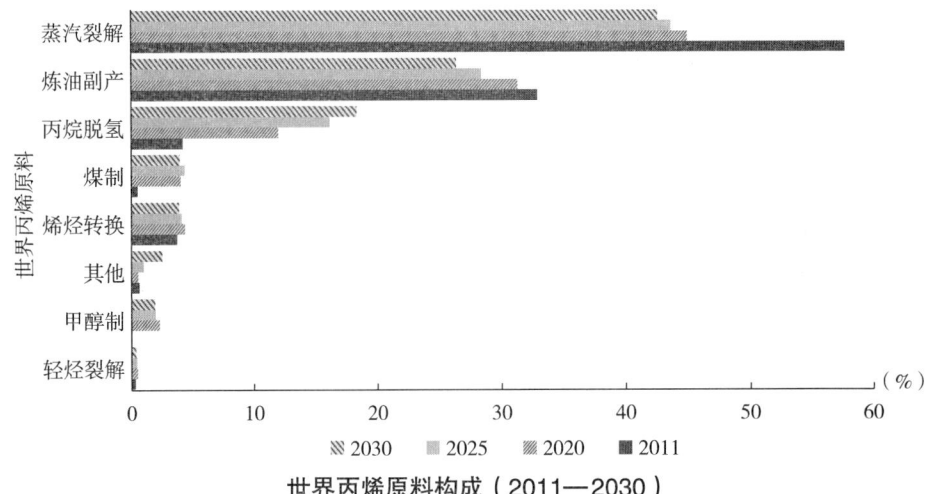

世界丙烯原料构成(2011—2030)

资料来源:中国石化联合会,中国石化经济技术研究院,捷诚能源。

中国丙烯原料构成

中国丙烯原料技术路线中,石脑油和炼厂副产下降,而丙烷脱氢和煤制丙烯上升。

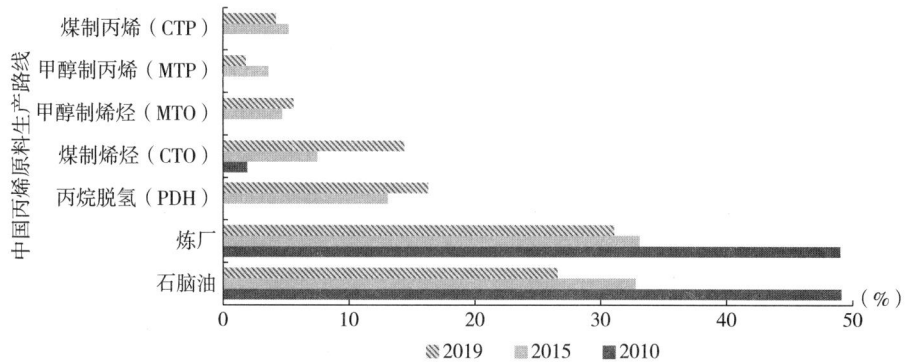

中国丙烯原料构成(2010—2019)

资料来源:中国石化经济技术研究院,中国石化联合会,捷诚能源。

世界丙烯供需

世界丙烯供需总体呈上升趋势。

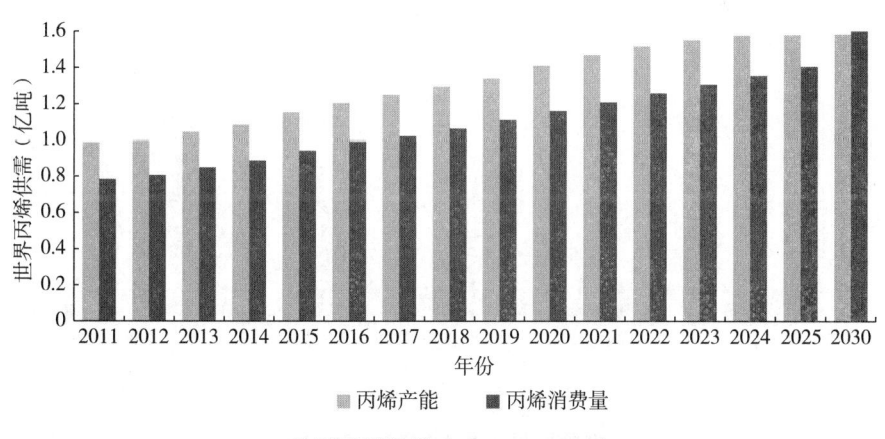

世界丙烯供需(2011—2030)

资料来源:中国石化联合会,中国石化经济技术研究院,捷诚能源。

世界丙烯消费结构

世界丙烯下游衍生物产品众多,主要为聚丙烯、环氧丙烷、丙烯腈和丙烯酸等。

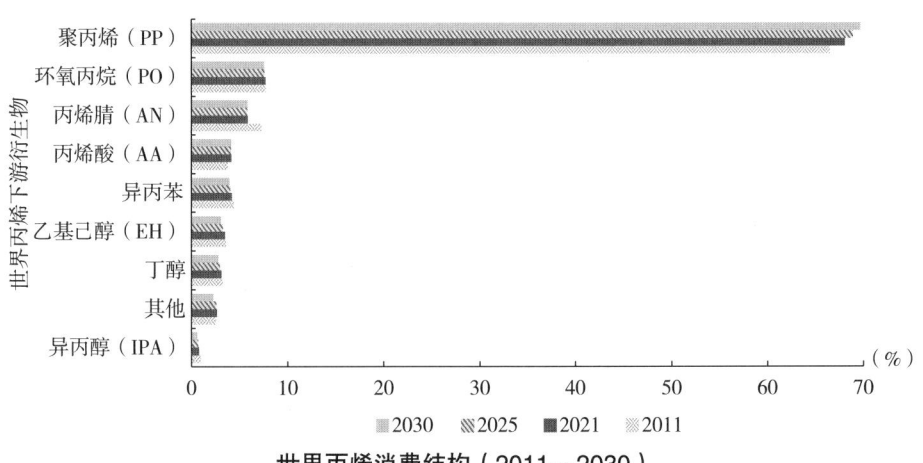

世界丙烯消费结构(2011—2030)

资料来源:中国石化联合会,中国石化经济技术研究院,捷诚能源。

中国丙烯供需

中国丙烯供需总体呈增长趋势。

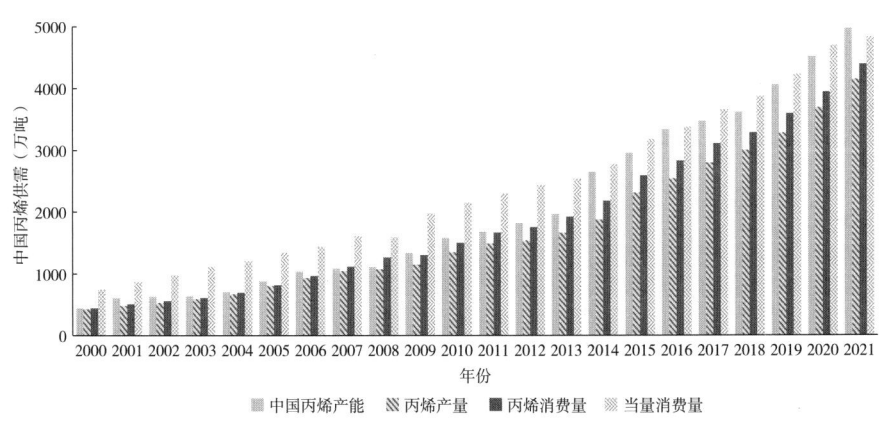

中国丙烯供需(2000—2021)

资料来源:中国石化联合会,中国石化经济技术研究院,捷诚能源。

中国丙烯当量消费结构

中国丙烯消费主要包括聚丙烯、环氧丙烷、丙烯腈和丁(辛)醇等。

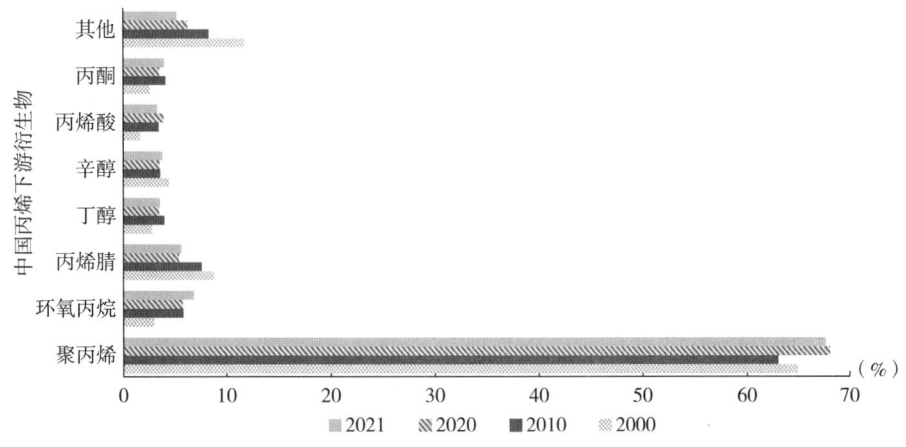

中国丙烯当量消费结构(2000—2021)

资料来源:中国石化联合会,中国石化经济技术研究院,捷诚能源。

塑料与合成树脂产业链

合成树脂(Synthetic resin)是利用化学合成法生产出来的一种与天然树脂类似的有机高分子树脂,具备或超过天然树脂所具有的特性。合成树脂与塑料是不同的,但是,人们常将这两个名词混淆使用。合成树脂仅是高分子合成材料的主要原料。高分子树脂在塑料中含量为40%～100%,而塑料占合成树脂总消费量比例为90%以上。

纯粹的合成树脂通常不能直接用来成型加工,须添加适当的添加剂(助剂或配合剂),经过适当方法,加以混合(或混炼),然后成型为高分子材料,即可制成具有一定特性的可塑材料,通常称为"塑料"。塑料

（Plastics）经过吹塑、挤出、压延、注射等方法加工成型，即可做成各种各样的塑料制品。塑料添加剂或助剂包括稳定剂、润滑剂、着色剂、增塑剂、发泡剂、填料以及根据不同用途而加入的防静电剂、防霉剂和紫外线吸收剂等。

缩聚反应是指由两个或两个以上官能团的单体，相互缩合而生成高分子化合物的反应，并产生小分子副产物。缩聚反应制得的高分子化合物，习惯上在单体简称之后，加"树脂"两字。

世界合成树脂供需

世界合成树脂供需总体呈增长趋势。

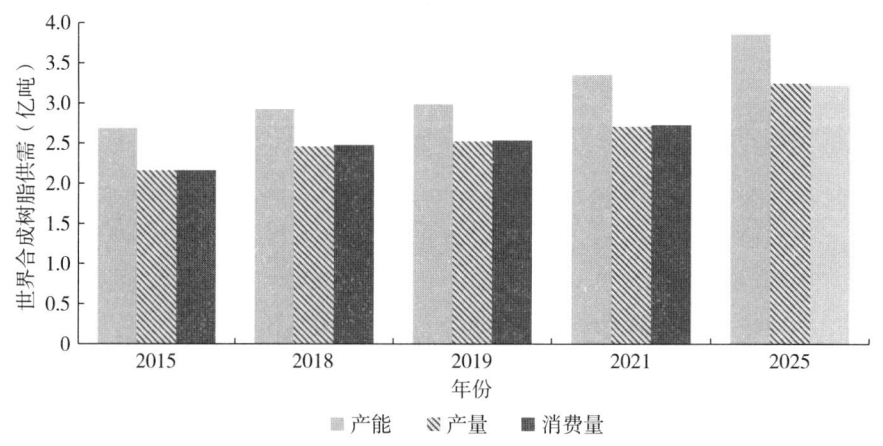

世界合成树脂供需（2015—2025）

资料来源：中国石化经济技术研究院，中国石化联合会，中国石化规划院，捷诚能源。

世界五大通用合成树脂需求

五大通用合成树脂为聚乙烯（Polyethylene，PE）、聚丙烯（Polypropylene，PP）、聚氯乙烯（Polyvinyl chloride，PVC）、聚苯乙烯（Polystyrene，PS）和丙烯腈—丁二烯—苯乙烯树脂（Acrylonitrile Butadiene Styrene，ABS）。

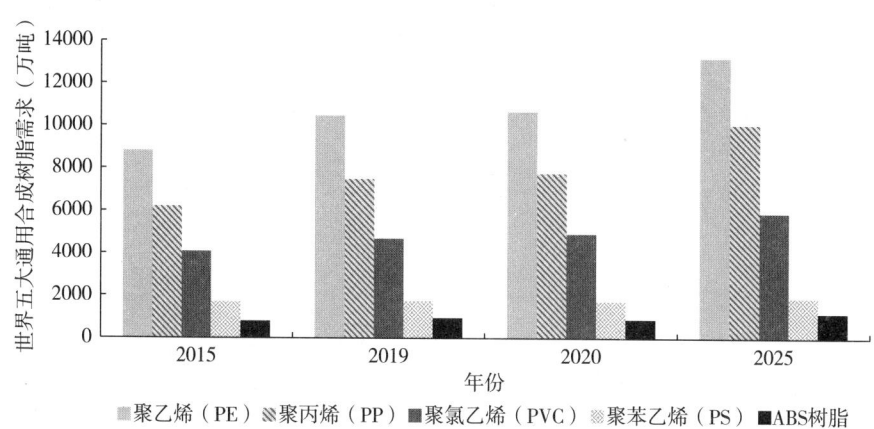

世界五大通用合成树脂需求（2015—2025）

资料来源：中国石化经济技术研究院，中国石化联合会，中国石化规划院，捷诚能源。

中国合成树脂和塑料供需

中国是世界最大的塑料生产国和塑料制品生产国，合成树脂供需、塑料（初级形态）产量和塑料制品出口量总体呈增长趋势。2021年，中国生产了1.1亿吨塑料，进口塑料3397万吨，生产塑料制品8000多万吨。

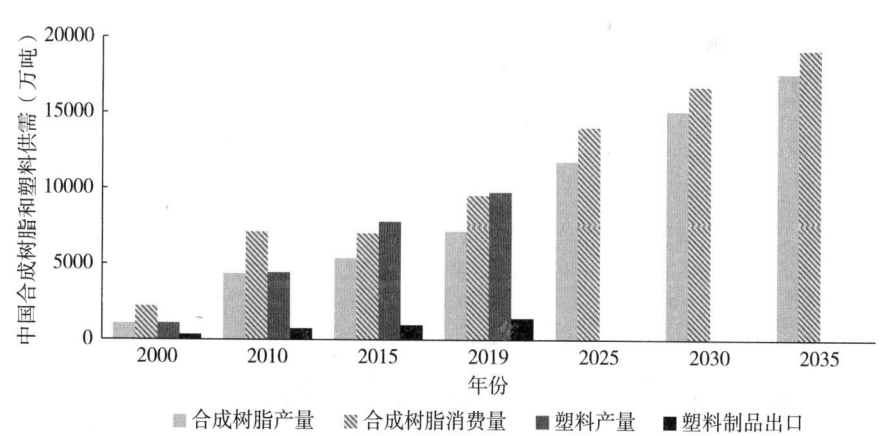

中国合成树脂和塑料供需（2000—2035）

资料来源：中国国家统计局，中国石化经济技术研究院，中国石化联合会，中国石化规划院，捷诚能源。

中国五大通用合成树脂需求

中国五大通用合成树脂需求总体呈增长趋势。

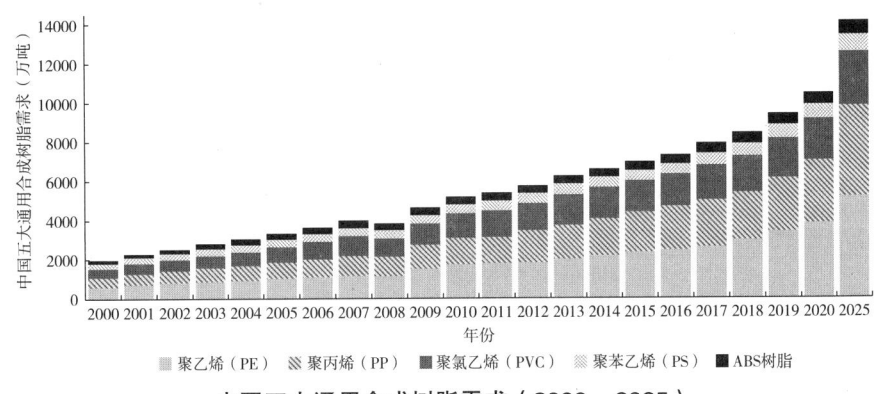

中国五大通用合成树脂需求（2000—2025）

资料来源：中国国家统计局，中国石化经济技术研究院，中国石化联合会，中国石化规划院，捷诚能源。

世界和欧盟塑料产量

经历了旧石器、新石器、陶器、青铜器、铁器时代的人类因塑料的出现而加快提升了文明程度。塑料无处不在，用途广泛，与钢铁、木材、水泥构成现代工业的四大基础材料。1950年，世界塑料产量为170万吨，其中，欧盟国家35万吨。2050年，世界塑料产量预计达6亿吨或更高。

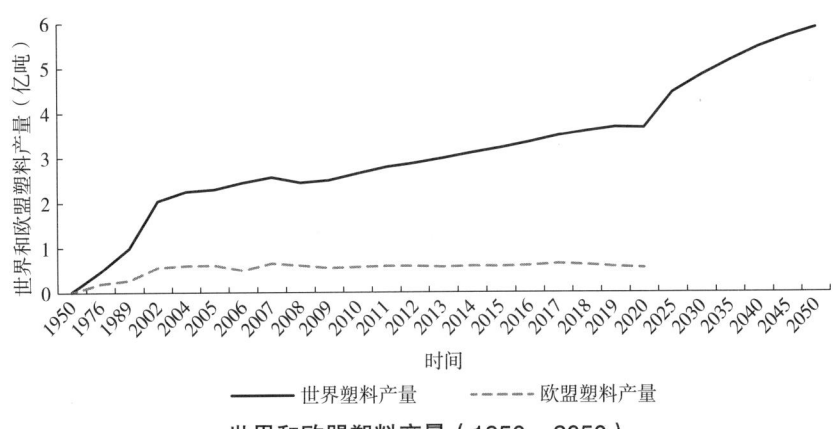

世界和欧盟塑料产量（1950—2050）

资料来源：欧洲化学理事会，斯塔特思顾问公司，捷诚能源。

世界塑料需求

在不同情景下,世界塑料需求均有增长。

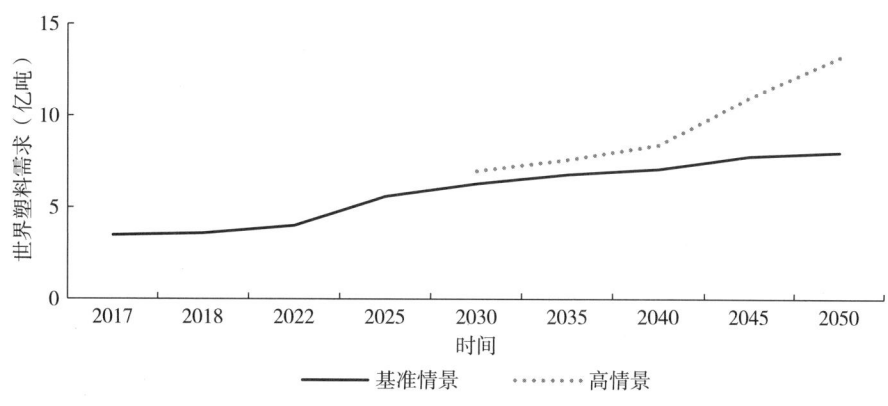

世界塑料需求(2017—2050)

资料来源:欧洲化学理事会,巴克莱研究部,捷诚能源。

世界塑料应用领域

按应用功能划分,塑料分为通用塑料、工程塑料和功能性塑料,主要应用于交通、纺织、消费品、建筑和包装等领域。目前世界通用塑料的产量占塑料总产量的90%以上。

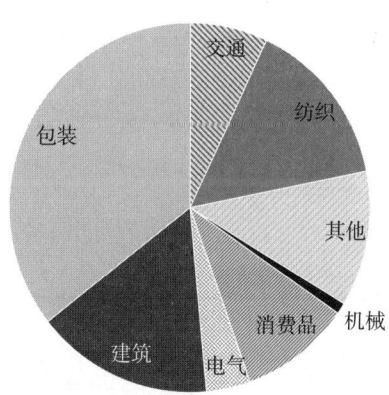

世界塑料应用领域(2019)

资料来源:国际能源署,捷诚能源。

欧盟塑料应用领域

欧美塑料主要用于包装、建材、汽车等领域。

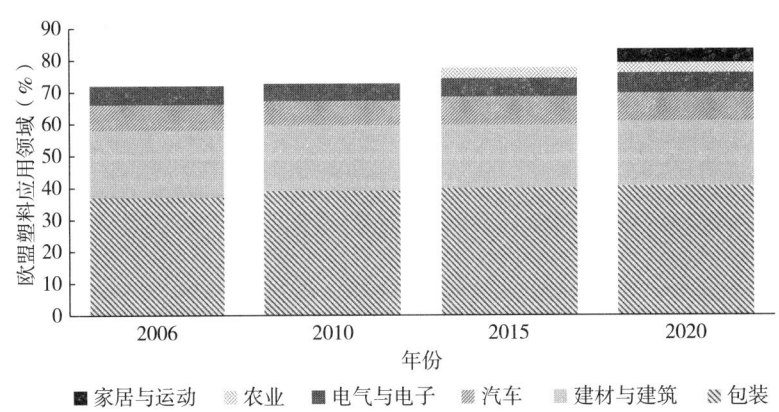

欧盟塑料应用领域（2006—2020）

资料来源：欧洲化学理事会，捷诚能源。

欧盟废旧塑料处理方式

目前，欧盟采取填埋、焚烧、回收再生和热解等方法处理废旧塑料。2020年，欧盟收集了约3000万吨废旧塑料。

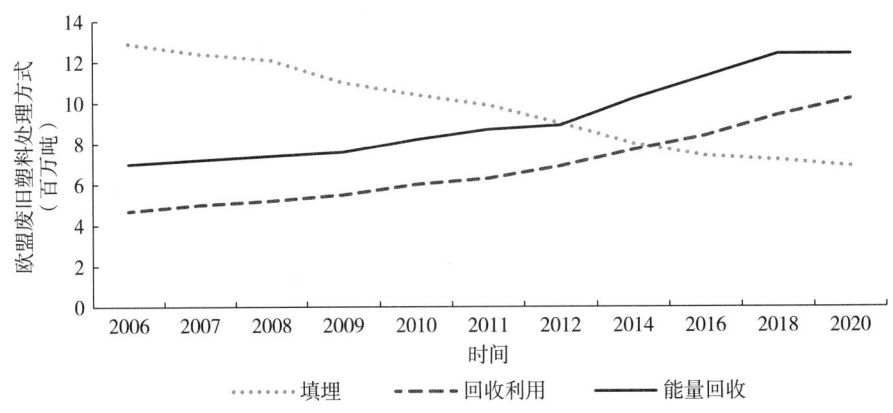

欧盟废旧塑料处理方式（2006—2020）

资料来源：欧洲化学理事会，捷诚能源。

美国塑料产量和处理量

1960 年至 2018 年，美国塑料产量和处理量不断上升。2019 年，全球废塑料回收率在 9% 左右，美国为 8.65%，欧盟为 32.51%，中国表观回收率为 30%。

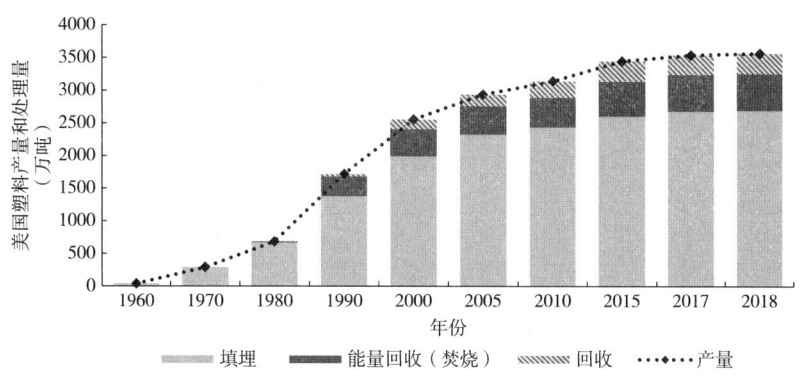

美国塑料产量和处理量（1960—2018）

资料来源：美国环境保护署，美国化学理事会，美国塑料循环协会，中华环保联合会，捷诚能源。

生活废品自然降解所需时间

生活废品自然降解所需时间是非常漫长的。塑料难以降解，自然降解需要几百年。而可降解塑料能在 6 个月内降解成二氧化碳和水。

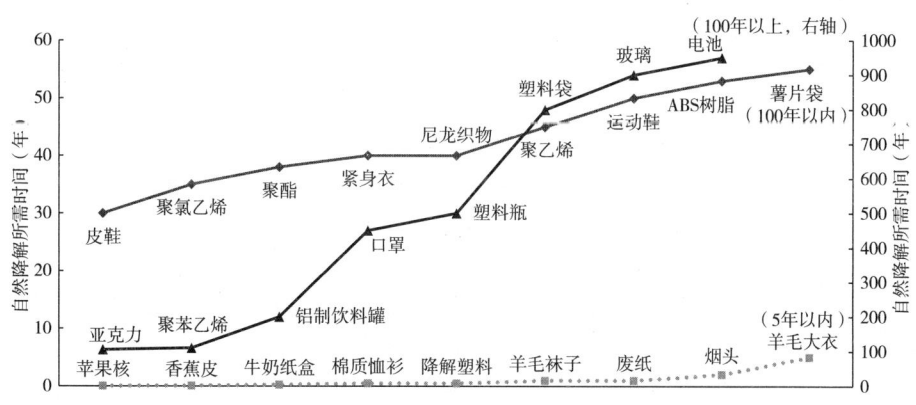

生活废品自然降解所需时间（2022）

资料来源：联合国环境组织，中国循环经济协会，中国石化联合会，捷诚能源。

世界塑料废弃物和可生物降解塑料

世界各国不断改善塑料生产、使用和管理方式。其中,塑料替代包括石油基或生物基可生物降解塑料(Biodegradable),在土壤、沙土、海水、淡水、堆肥等特定环境条件下,可被自然界存在的微生物完全降解变成二氧化碳、甲烷、水及其所含元素的矿化无机盐等。中国生物可降解塑料产能预计从2020年的40万吨增长到2025年的700万吨。

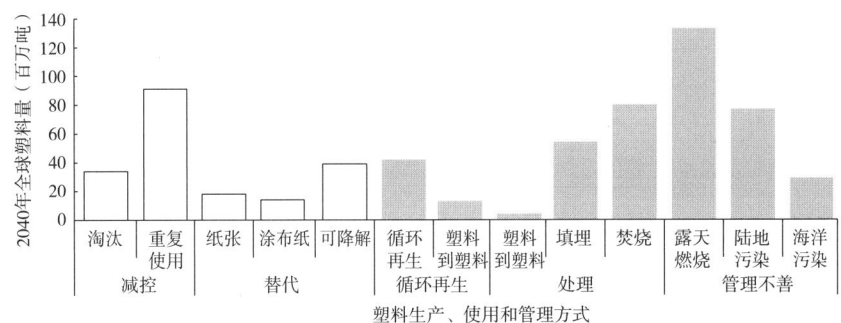

世界塑料废弃物和可生物降解塑料(2040)

资料来源:皮尤信托基金,欧洲生物塑料协会,联合国环境署,捷诚能源。

世界废旧塑料回收率和石油需求

目前,塑料占世界石油需求的6%。每回收1吨废塑料,相当于减少3吨石油。到2040年,预计可回收67%,可替代300多万桶/日石油需求。

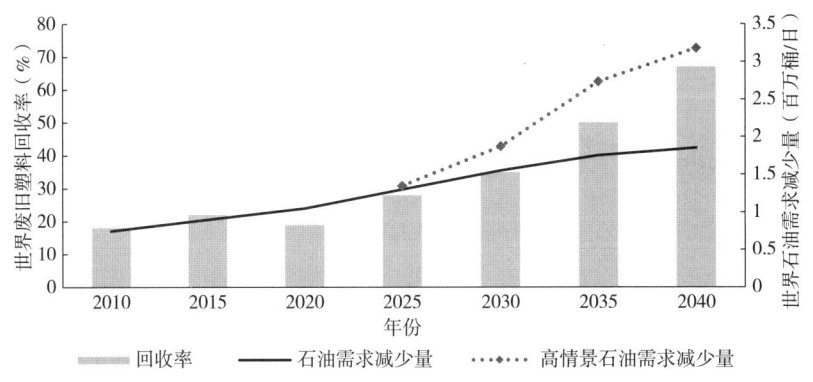

世界废旧塑料回收率和石油需求减少量(2010—2040)

资料来源:国际能源署,美国塑料循环协会,英国石油,捷诚能源。

日常塑料瓶罐材质编号

目前，塑料品种有 300 多种，常用的有 50 多种，而产量大的主要有七种。正规的塑料瓶底部三角形内会有数字 1～7，对应着不同塑料品种。添加剂问题、质量不合格、使用不当和理化性质的误解都会造成人体健康、环保和安全隐患。

日常塑料瓶罐材质编号

1号PET（聚酯）：一般耐热到70℃，耐冷至-20℃，加热易变形而融出有害人体的物质，不能暴晒。耐水耐油，不能装酒和油等，不能循环使用。软质透明、气密性好。目前使用最多的是饮料包装，广泛用于矿泉水瓶和碳酸饮料瓶、食用油瓶、调味品等食品、化工、药品包装等。

2号HDPE（高密度聚乙烯）：耐热到100℃，耐水耐油耐酸耐碱耐腐蚀耐磨耐寒。不适合做水杯或储物。清洁不彻底，不适合循环使用。硬质不透明。用于饮料瓶、奶瓶、洗漱日化用品等容器、白色药瓶等医用品、玩具、瓶塞、护罩和工业配件等。

3号PVC（聚氯乙烯）：耐热到81℃，长时间加热会分解，易产生有害人体的物质。因含有氯、抗老剂和增塑剂，不适用于食品饮料和药品包装。难以清洁，不适合循环使用。产量大，应用广，用于雨衣、塑料膜、塑料盒、建材、电绝缘材料等。

4号LDPE（低密度乙烯）：耐热到80℃，不适用装开水。结晶度低，透明度高，有一定的透气性，柔软性和延伸性好、易加工性，软而黏。少用于容器，多用于工业。耐油性低。适用于做调味料、糕点、饼干、奶粉和茶叶等食品包装、保鲜膜、塑料袋、一次性包装、手套等。

5号PP（聚丙烯）：熔点达167℃，耐热到120℃，耐低温-20℃。机械性质强韧，抗多种有机溶剂和酸碱腐蚀，化学稳定性高。结晶度较低，半透明。广泛用于咖啡和茶等热饮塑料杯、豆浆和果汁瓶、酱油醋瓶、微波炉餐盒、保鲜盒等食品领域以及软包装、香烟盒外层和口罩等。

6号PS（聚苯乙烯）：耐热到100℃，抗寒。抗溶剂性差、易脆裂。适用于一次性饮料杯、白色泡沫快餐盒、方便面外包装、牙刷柄各种需承受开水温度的一次性容器和家装发泡塑料等。不适合在微波炉中加热使用。装橙汁等酸性碱性物质，会分解出有害人体的物质。

7号PC（聚碳酸酯等其他类型）：强度高，可经受蒸汽、清洗剂、加热和辐射消毒。适用于水壶、水杯、奶瓶和饮水机桶等可重复消毒使用的包装，也可用于医疗器械和容器以及人工肾肺等。

资料来源：公开资料，捷诚能源。

石化瓶罐颜色代表的安全性

瓶罐中充装介质不同，充装介质外表涂敷不同组合的涂膜颜色、字样、字色、色环等，作为快速发现和识别安全的标志。安全色代表禁止、警告、指令和提示等安全信息含义。

石化瓶罐颜色代表的安全性

介质名称	识别色	介质名称	识别色	介质名称	识别色	介质名称	识别色
氧	淡酞蓝	硫化氢	白	氖	银灰	乙烷	棕
酸碱	紫	一氧化氮	白	氩	银灰	丙烷	棕
氢	淡绿	乙炔	白	氯乙烷	银灰	丁烷	棕
二甲醚	淡绿	二氧化碳	铝白	氯乙烯	银灰	环丙烷	棕
氯	深绿	氟氯烷类	铝白	溴乙烯	银灰	烯烃	棕
水	艳绿	空气	淡灰	一氧化碳	银灰	乙烯	棕
水蒸气	大红	空气液体	黑	二氧化硫	银灰	丙烯	棕
消防管道	大红	氮	黑	环氧乙烷	银灰	丁烯	棕
气体	中黄	仪表管线	黑	甲胺	银灰	丁二烯	棕
氨	淡黄	LPG（民用）	银灰	乙胺	银灰	CNG	棕
毒性类	淡黄	氟	银灰	稀有气体类	银灰	LNG	棕
二氧化氮	白	氦	银灰	烷烃	棕	LPG（工业用）	棕
磷化氢	白	氪	银灰	甲烷	棕	可热液体	棕

资料来源：气瓶颜色标志，工业管道的基本识别色、识别符号和安全标识，国际标准化组织，捷诚能源。

芳烃、天然纤维与合成纤维产业链

芳烃产业链

芳烃是生产石油化工产品最重要的基础原料之一。其中苯、甲苯、二甲苯也被称为一级基本有机原料，主要用于生产尼龙、聚氨酯、醇酸树脂等合成材料。此外，还有许多小规模的用途，如生产杀虫剂、除草剂、医药和染料等。在约800万种已知有机化合物中，芳烃化合物约占30%。芳烃主要来自石油馏分的催化重整生成油和裂解汽油，少部分来自煤焦油。

芳烃产业链示意表

原料	基本化工原料	中间体		合成材料		日用品应用领域、精细化工
重油催化重整；石脑油裂解；煤焦油；烃类；甲醇；LPG；生物质	乙烯	环氧乙烷 EO	乙二醇 MEG	聚酯 PET	聚酯瓶片	软饮料瓶
					聚酯薄膜	包装
	二甲苯	间二甲苯 MX	对二甲苯 PX	对苯二甲酸 PTA	聚酯纤维	涤纶短纤、长丝
		间二甲苯 MX	间苯二腈			农药
		邻二甲苯	邻二甲苯	邻苯二甲酸酐		增塑剂、医药、染料中间体
	芳烃	二甲苯	对二甲苯 PX			
		苯				
		甲苯酸				染料中间体、医药
	甲苯	甲乙苯	甲基苯乙烯		塑料	
			多元醇	甲苯二异氰酸酯 TDI		聚氨酯软泡、涂料、弹性体
		三硝基甲苯 TNT				TNT 炸药
		氯化苯	苯甲醇			香料、制药、印染、造纸
		乙苯 EB	苯乙烯 SM	聚苯乙烯 PS	塑料、泡沫塑料	防震包装
			苯乙烯 SM	ABS	丁苯橡胶	
	苯	环己烷	环己酮	己内酰胺 CPL	聚酰胺纤维	尼龙	织物、轮胎帘子线
			环己酮	己二酸 AA	己二胺	尼龙	汽车配件、工程纤维
		异丙苯	丙酮、苯酚			黏合剂
		烷基苯 AB				合成洗涤剂
		氯苯				染料中间体、医药
		硝基酸	苯胺	二苯甲烷二异氰酸酯 MDI		聚氨酯涂料、泡沫、弹性纤维
		顺酐	1,4-丁二醇			

资料来源：中国石化经济技术研究院，中国石化联合会，捷诚能源。

中国芳烃供需

在常温下,苯和甲苯是无色透明液体,具有芳香气味。苯是组成结构最简单的芳香烃。二甲苯是涂料工业的优良溶剂。对二甲苯的原料主要是混二甲苯(MX)。

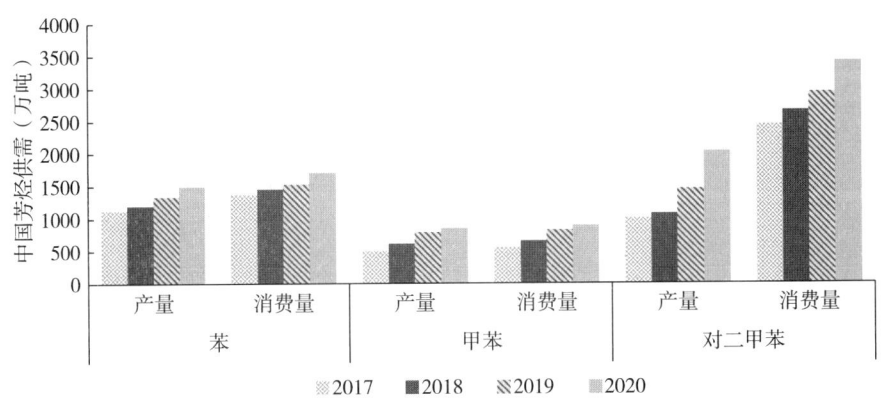

中国芳烃供需(2017—2021)

资料来源:中国石化联合会,中国石化经济技术研究院,捷诚能源。

世界 PX 和 PTA 供需

世界 PX 和 PTA 供需总体呈增长趋势。

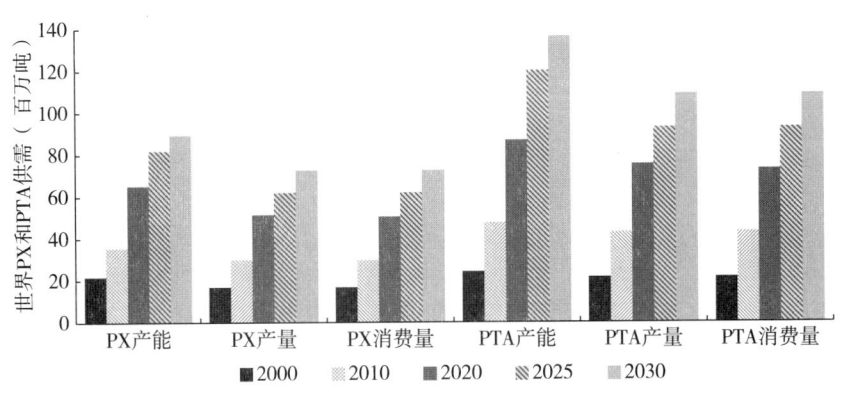

世界 PX 和 PTA 供需(2000—2030)

资料来源:中国石化联合会,中国石化经济技术研究院,捷诚能源。

中国 PX-PTA-PET 供需

中国 PX-PTA-PET 供需总体呈增长趋势。

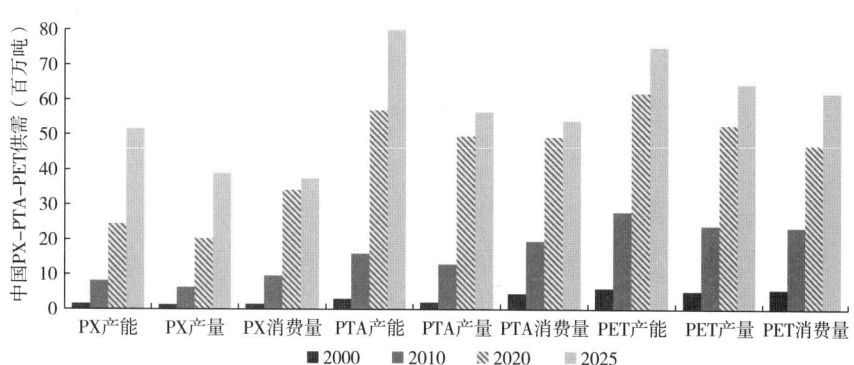

中国 PX-PTA-PET 供需（2000—2025）

资料来源：中国石化联合会，中国石化经济技术研究院，捷诚能源。

中国 PX-PTA-PET 行业集中度

行业集中度指标（Concentration ratio）以产业链中规模最大的前几家企业的销售额、增加值、职工人数、资产总额等指标占整个产业的份额，来表示产业（行业）的集中程度和市场竞争格局。行业集中度越高，市场竞争越趋向于垄断；反之，集中度越低，市场竞争越趋向于竞争。

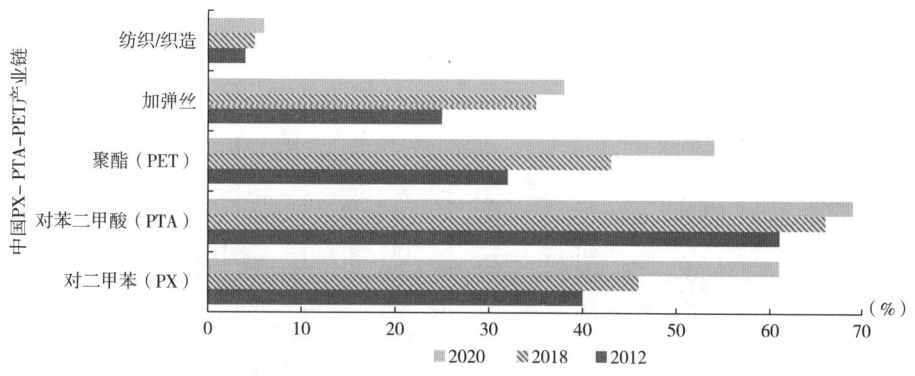

中国 PX-PTA-PET 行业集中度（2012—2020）

资料来源：中信期货，捷诚能源。

天然纤维与化学纤维

纤维是长度比其直径大很多且有柔韧性的纤细物质。耕地、气候、产量和性能限制了天然纤维的量产，而化学纤维丰富了人类生活。合成纤维是由高分子化合物制成的化学纤维，在耐磨、耐酸碱、质轻保暖、不易皱褶、经洗耐穿等方面补充了天然纤维的不足。

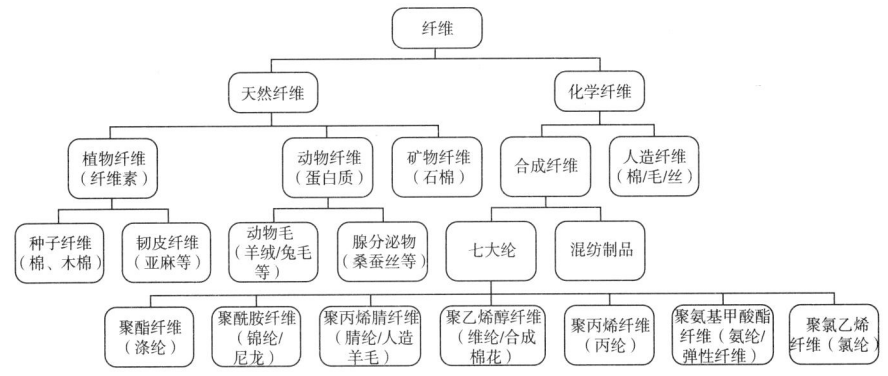

天然纤维与化学纤维示意图

资料来源：中国石化经济技术研究院，捷诚能源。

世界纤维来源和产量

世界纤维包括天然纤维和化学纤维。世界天然纤维产量主要来自中国、印度和美国等棉花生产国以及澳大利亚等羊毛生产国。

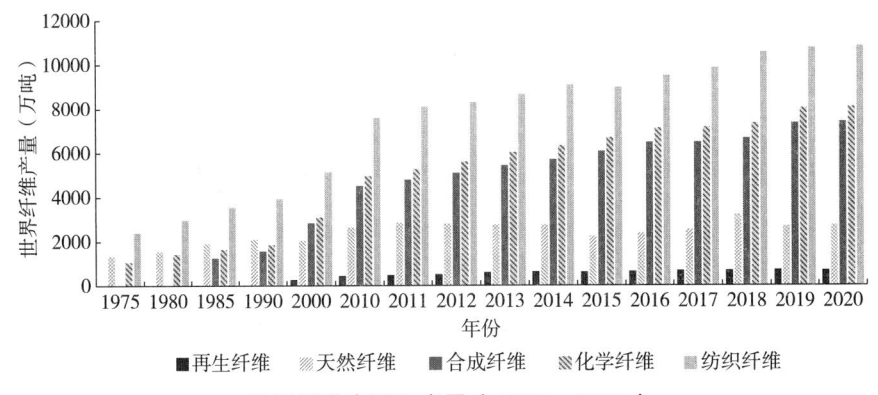

世界纤维来源和产量（1975—2020）

资料来源：中国石化联合会，中国石化经济技术研究院，日本化纤协会，捷诚能源。

中国合成纤维供需

中国合成纤维供需总体呈增长趋势。

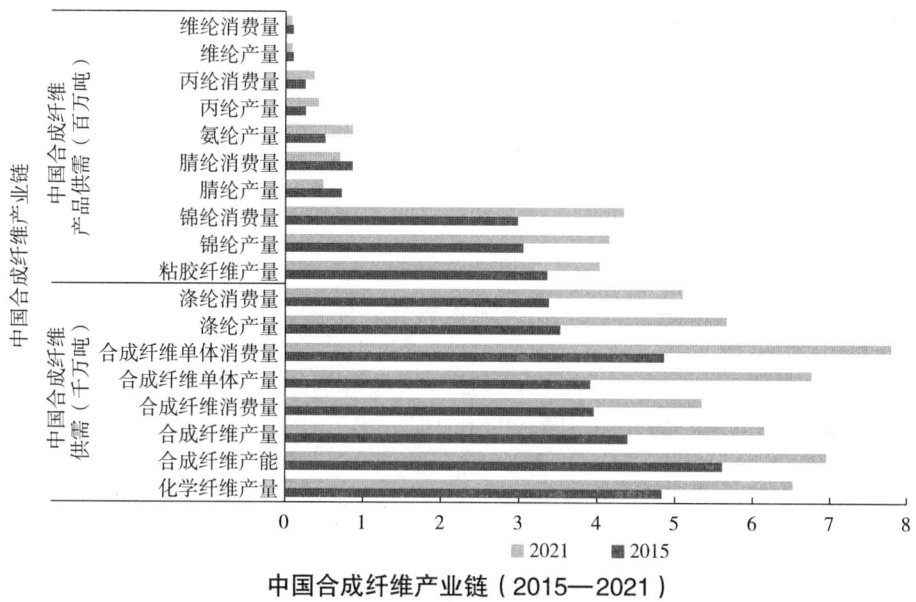

中国合成纤维产业链（2015—2021）

资料来源：中国化学纤维工业协会，中国石化联合会，中国石化经济技术研究院，捷诚能源。

中国合成纤维应用领域

中国合成纤维主要用于服装服饰、家用纺织品、产业制造和医疗卫生等领域。

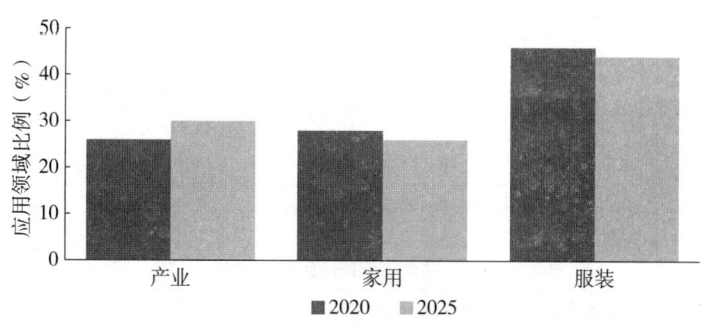

中国合成纤维应用领域（2020—2025）

资料来源：中国石化经济技术研究院，捷诚能源。

丁二烯、天然橡胶与合成橡胶产业链

丁二烯—合成橡胶产业链

丁二烯是乙烯裂解的副产品，而乙烯来源的多元化，影响丁二烯的供需，需求转向可降解塑料和己二腈等新领域。丁二烯是中间产品，不易储存，易燃易爆，在常温常压下，为无色气体，略带蒜味。

丁二烯—合成橡胶产业链示意表

丁二烯原料构成	中间单体	高分子合成材料	日用品应用领域 / 精细化工
乙烯裂解 C_4；丁烷和丁烯脱氢；乙醇	基本化工原料：丁二烯及其他原料	丁二烯与苯乙烯	丁苯橡胶 SBR（乳聚丁苯橡胶、溶聚丁苯橡胶）	轮胎、管带、制鞋、胶带、电线电缆、医疗器具
		丁二烯	顺丁橡胶 BR（丁二烯橡胶）	轮胎、耐寒制品、缓冲材料、胶鞋等
		丁二烯与丙烯腈	丁腈橡胶 NBR	耐油品、油料的输送软管、阻燃输送带、密封器件、保护手套
		氯丁二烯	氯丁橡胶 CR	传动带、运输带、电线电缆、耐油胶板、耐油胶管、密封材料等橡胶制品
		乙烯与丙烯	乙丙橡胶 EPR	汽车部件、建筑用防水材料、电线电缆护套、耐热胶管、胶带、汽车密封件、润滑油添加剂及其他制品
		异戊二烯	异戊橡胶 IR	轮胎、黏合剂、增黏剂、载重越野轮胎
		异丁烯和异戊二烯	丁基橡胶 IIR	球类内胆、胶黏剂、面具和手套、药品封口塞、口香糖、轮胎
		丁二烯与苯乙烯	苯乙烯—丁二烯—苯乙烯嵌段共聚物 SBC	制鞋（油胶）、胶黏剂（干胶）、沥青改性（道路改性）
		甲基丙烯酸甲酯、丁二烯、苯乙烯	甲基丙烯酸甲酯、丁二烯和苯乙烯的接枝共聚物 MBS	高强度工程塑料、汽车配件、电器外壳
		丙烯腈、丁二烯、苯乙烯	丙烯腈—丁二烯—苯乙烯共聚物 ABS	电子电器、汽车、建材等行业

资料来源：中国石化经济技术研究院，中国石化联合会，捷诚能源。

世界丁二烯供需

世界丁二烯供需总体呈增长趋势。随着乙烯产能的增加，丁二烯产量也会不断增加。下游合成橡胶市场发展有限，需要拓宽丁二烯应用。

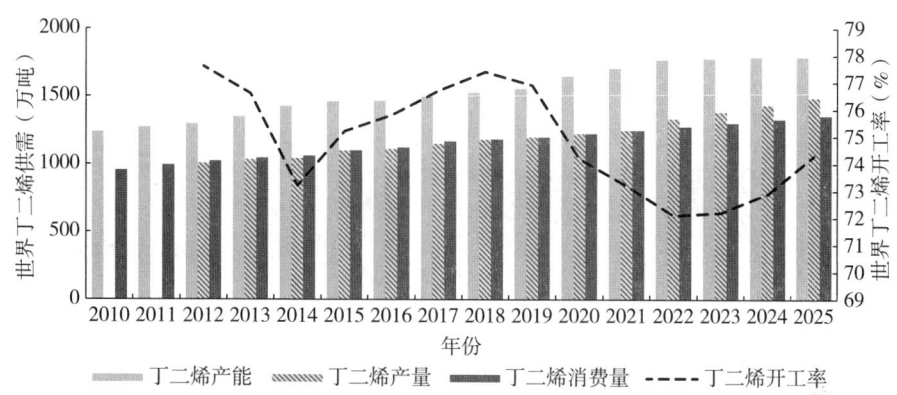

世界丁二烯供需（2010—2025）

资料来源：中国石化经济技术研究院，中国石化联合会，捷诚能源。

中国丁二烯供需

中国丁二烯供需总体呈增长趋势。

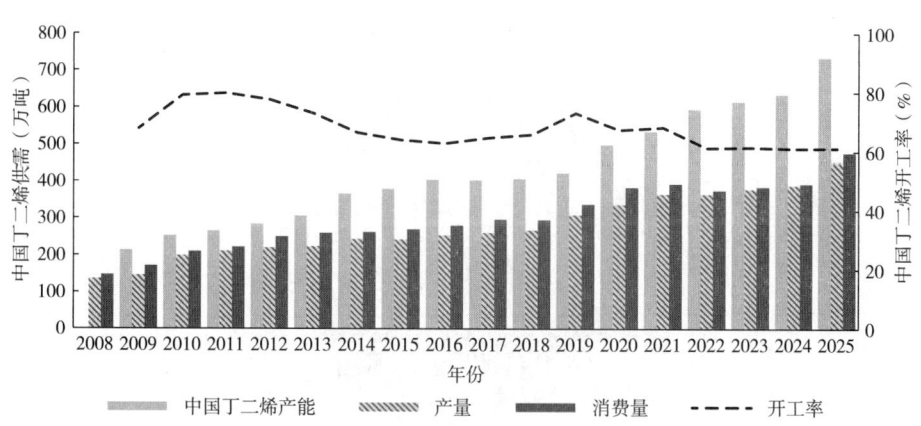

中国丁二烯供需（2008—2025）

资料来源：中国石化经济技术研究院，中国石化联合会，捷诚能源。

世界丁二烯消费结构

丁二烯是制造合成橡胶、合成树脂、尼龙等的原料。70%的丁二烯用于合成橡胶。合成橡胶中约80%是以丁二烯为基础的。随着乙烯产能的增加，丁二烯产量也会不断增加。

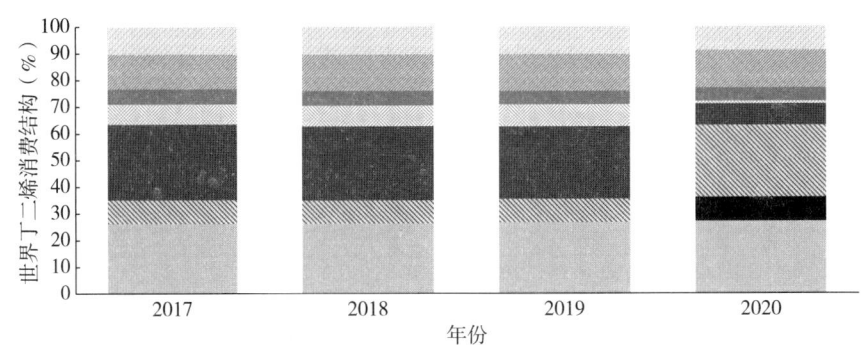

世界丁二烯消费结构（2017—2020）

资料来源：中国石化经济技术研究院，中国石化联合会，捷诚能源。

中国丁二烯消费结构

中国丁二烯主要应用于橡胶领域。

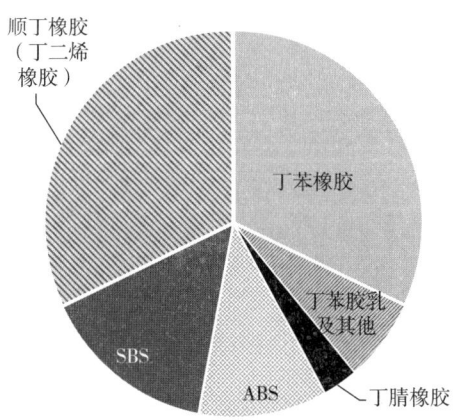

中国丁二烯消费结构（2021）

资料来源：中国石化经济技术研究院，捷诚能源。

世界合成橡胶与天然橡胶供需

橡胶（Rubber）与弹性体（Elastomer）几乎是同义词。高黏弹性是橡胶最典型的特征，起到了缓冲、防震、密封、回弹、减阻等作用。橡胶是指在较小外力作用下，会产生较大变形，而当外力消除后，又能迅速恢复原状的具有弹性的高分子材料。按其来源可分为天然橡胶和合成橡胶两大类。橡胶要获得应用性能，一般需要改性（硫化），将不定型的线性大分子变为交联的网状结构。未硫化的橡胶在低温下变硬，高温下变软，不能保持形状，力学性能低，几乎没有使用价值。纯粹的合成橡胶通常不能直接用来成型加工，须添加适当的添加剂（助剂或配合剂），经过适当方法，加以混合（或混炼），然后成型为高分子材料。

合成橡胶（Synthetic rubber）是以石油、天然气、煤炭或农副产品为初始原料，通过多种化学方法先制取合成橡胶的基本原料（也叫单体），再经过聚合或缩合反应以及凝聚、洗涤、脱水、干燥、成型等工序，制得具有弹性的高分子均聚物或共聚物。合成橡胶包括丁苯橡胶（SBR）、顺丁橡胶（BR）、丁基橡胶（IIR）/卤化丁基橡胶（HIIR）、丁腈橡胶（NBR）、热塑丁苯橡胶（SBCs）、异戊橡胶（IR）、乙丙橡胶（EPR）及三元乙丙橡胶（EPDM）等。此外，还有热塑性橡胶、粉末橡胶、液体橡胶和特种合成橡胶等约上百个品种，数千种牌号。合成橡胶类高分子化合物，在橡胶二字前，加上能代表单体名称的几个字，如 1-丁二烯，3-丁二烯与苯乙烯的聚合物称为丁苯橡胶。

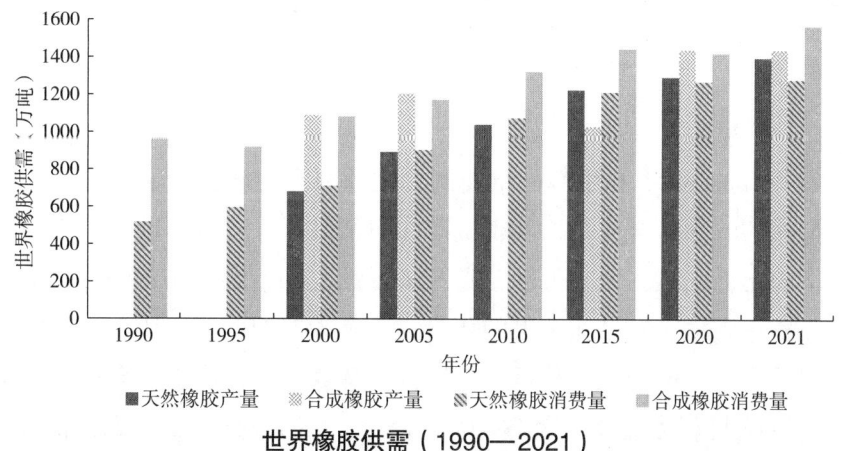

世界橡胶供需（1990—2021）

资料来源：国际橡胶研究组织，天然橡胶生产国协会，中国石化经济技术研究院，捷诚能源。

中国合成橡胶供需

汽车行业需求推动中国合成橡胶产量总体呈上升趋势。

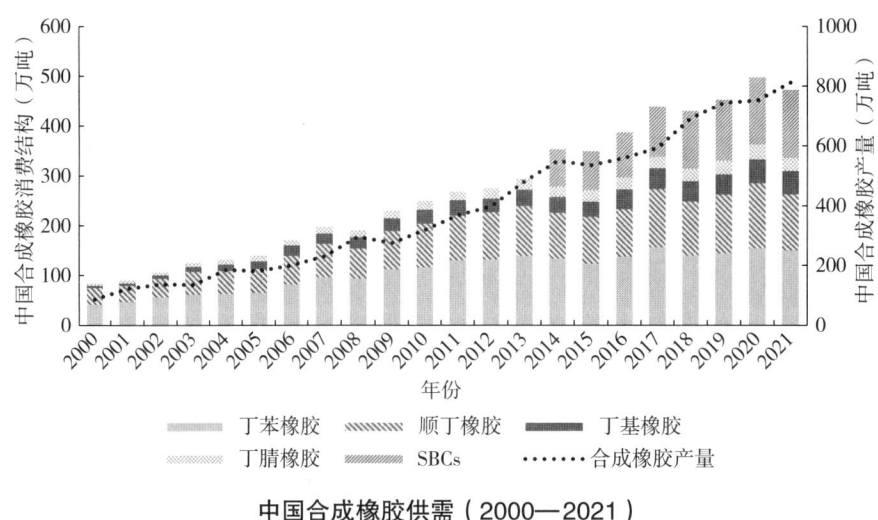

中国合成橡胶供需（2000—2021）

资料来源：中国国家统计局，中国石化联合会，中国石化经济技术研究院，捷诚能源。

合成氨与化肥

氨（Ammonia）和甲醇是重要的非油原料和燃料，主要来自于一氧化碳和氢气的混合体合成气，两者也都在清洁燃料上有发展前景。氨在常温常压下为无色气体，比空气轻，具有刺激性气味，能灼伤皮肤、眼睛，刺激呼吸器官黏膜。氨是氮和氢的化合物，是天然的储氢介质；在常压状态下，只需要将温度降低到 –33℃，就能够将氨液化，便于安全运输。氨对地球上的生物相当重要，是食物和肥料的重要成分。氨可以用来生产尿素。氨也是很多药物和商业清洁用品的直接或间接组成部分。

化肥产业链

基本有机合成产品可用于制造化肥、农膜、杀虫剂、除虫剂和植物生长剂等,对农业现代化起着重要作用。化肥是重要的农业生产物资,是农作物产量和品质的保证。化肥有"粮食的粮食"的称号。由于氮、碳、钾三种元素是农作物生长过程中不可或缺的基础元素,故常见的化肥品种分为氮肥、磷肥、钾肥及合成肥。

化肥产业链示意表

原料	中间产品	化肥类型	适用性		
天然气	合成氨（Ammonia Synthesis）	氯化铵（Ammonia Chloride）	氯化铵酸性,适用于稻田	氮肥（Nitrogen Fertilizer）	
		硫酸铵（Ammonia Sulphate）	硫酸铵是优质氮肥,适用于各种土壤和作物		
煤炭		尿素（Urea）	适用于植物,尿素90%用作肥料		
	硝酸（Nitric Acid）	硝酸铵（Ammonia Nitrate）	硝酸铵用于肥料、烟火等		
钾矿（卤水）（Potash Rock）		氯化钾（Potassium Chloride）	氯化钾直接施用于农田,可抗旱,不适宜盐碱地和烟草	钾肥（Potash）	复合肥（Compound Fertilizer）
		硫酸钾（Potassium Sulphate）	硫酸钾使用方便,水溶性好		
		硝酸钾（Potassium Nitrate）	硝酸钾适用于马铃薯、疏菜、水果、花卉等,高溶解性		
硫酸（Sulfruic Acid）	磷酸（Phosphoric Acid）	磷酸一铵（MAP）	MAP酸性,溶于水,稳定	磷肥（Phosphate Fertilizer）	
		磷酸二铵（DAP）	DAP碱性,溶于水,稳定性较弱		
		重钙（TSP）	重钙酸性,溶于水,较稳定		
磷酸盐岩（Phosphate Rock）		普钙（CSP）	普钙酸性,溶于水,易吸收		
		钙镁磷肥（FCMP）	钙镁磷肥碱性,溶解性差		

资料来源:中国石化联合会,捷诚能源。

全球区域氨产量

氨是仅次于硫酸的世界第二大无机化工产品。中国、俄罗斯和美国是主要生产国。

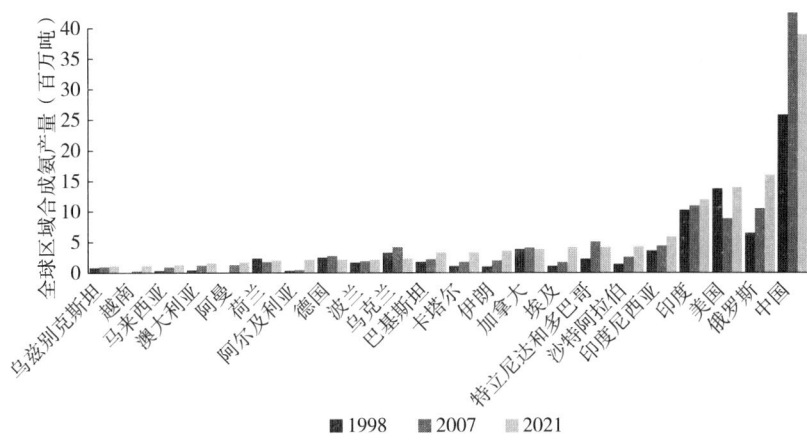

全球区域氨产量（1998—2021）

资料来源：国际肥料协会，美国地质调查局，捷诚能源。

世界合成氨与化肥供需

全球80%的氨用于生产氮肥。50%以上的氨用于生产尿素。氮肥占全球化肥的60%。全球尿素的80%~85%用于化肥，而全球40%食物的施肥来自尿素。

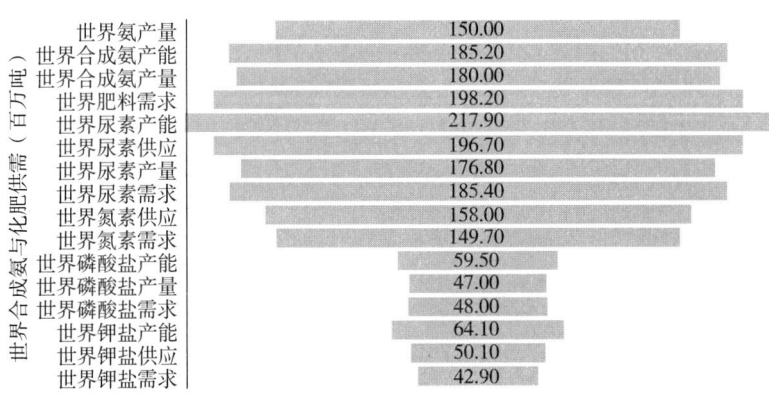

世界合成氨与化肥供需（2021）

资料来源：国际肥料协会，美国地质调查局，捷诚能源。

中国合成氨与化肥供需

中国是世界上化肥用量较多的农业大国。目前,中国用9%的土地和全球35%的化肥,生产了全球20%的粮食。

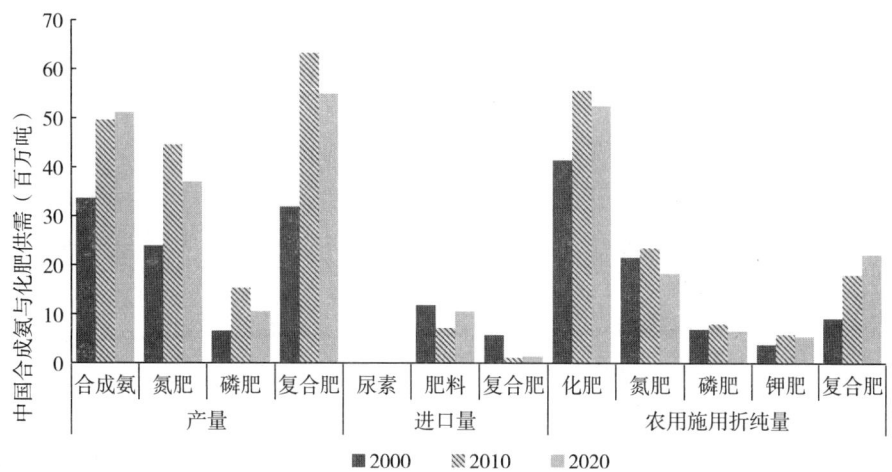

中国合成氨与化肥供需(2000—2020)

资料来源:国家统计局,中国石化联合会,捷诚能源。

甲　醇

甲醇(Methanol),又称羟基甲烷,是一种有机化合物,无色、易燃、易挥发、有毒。甲醇是结构最为简单的饱和一元醇。甲醇主要用于生产溶剂和化工中间体,用途广泛,是基础的有机化工原料和优质燃料,主要应用于精细化工、塑料等领域,制造甲醛、醋酸等多种有机产品,在深加工后可作为一种新型清洁燃料,也可直接加入汽油掺烧。

世界甲醇供需

甲醇仓储周期短，周转快，供需相对平衡，产量不断增长。

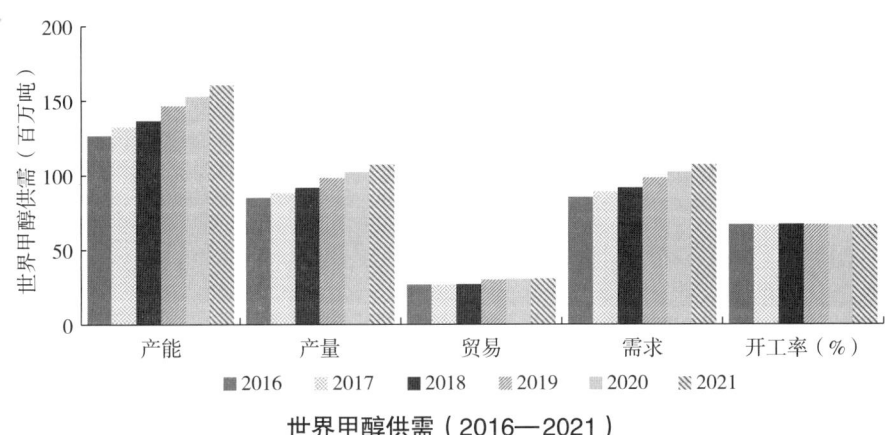

世界甲醇供需（2016—2021）

资料来源：国际甲醇协会，捷诚能源。

世界甲醇消费结构

甲醇市场相当分散，可直接使用或深加工。作为大宗商品，甲醇和石油化工行业深度交集，主要做化工原料，也用作燃料和能源载体。甲醇需求受燃料价格、燃料和塑料化工需求、政策法规、可再生要求、房地产等因素影响。

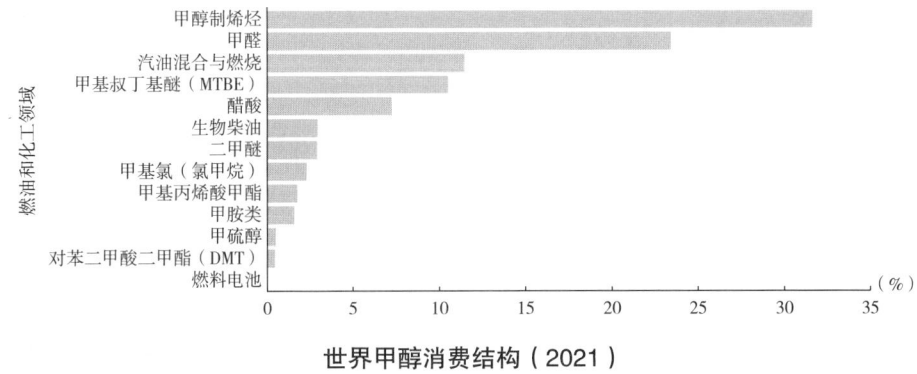

世界甲醇消费结构（2021）

资料来源：国际甲醇协会，捷诚能源。

中国甲醇原料结构

甲醇最早是从木材干馏的液体产物中发现的，所以又名木醇或木精。中国甲醇主要来自煤炭、天然气和焦炉气。

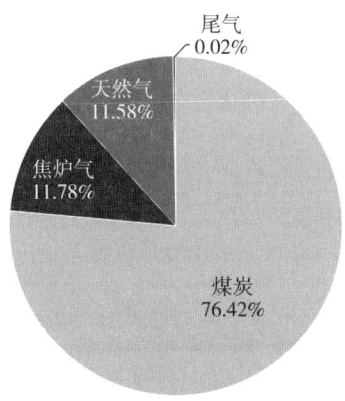

中国甲醇原料结构（2020）

资料来源：中国石化经济技术研究院，捷诚能源。

全球区域甲醇合同价格

梅赛尼斯公司（Methanex）定期公布全球区域合同价格。甲醇下游市场是石油产品的替代，因此甲醇价格与油价有较强的相关性。

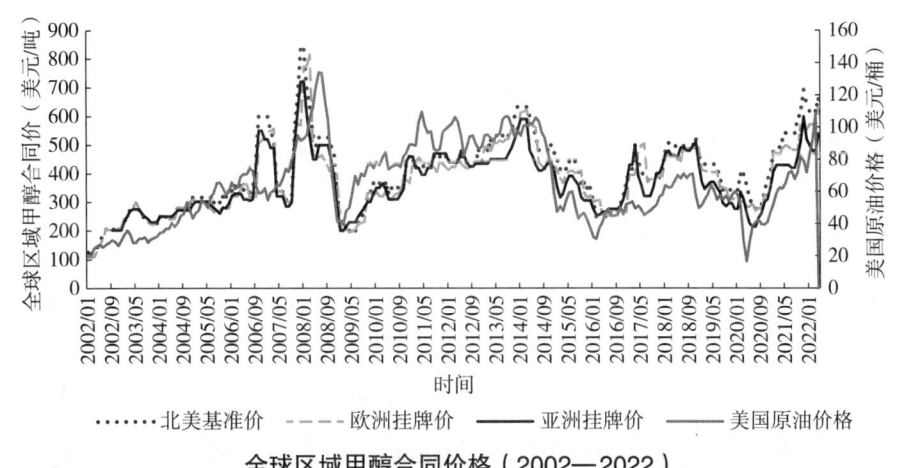

全球区域甲醇合同价格（2002—2022）

资料来源：梅赛尼斯公司，捷诚能源。

全球区域甲醇价格

全球区域甲醇价格中,中国到岸价相对低,反映了中国煤制甲醇与全球其他区域甲醇有着一定的竞争优势。

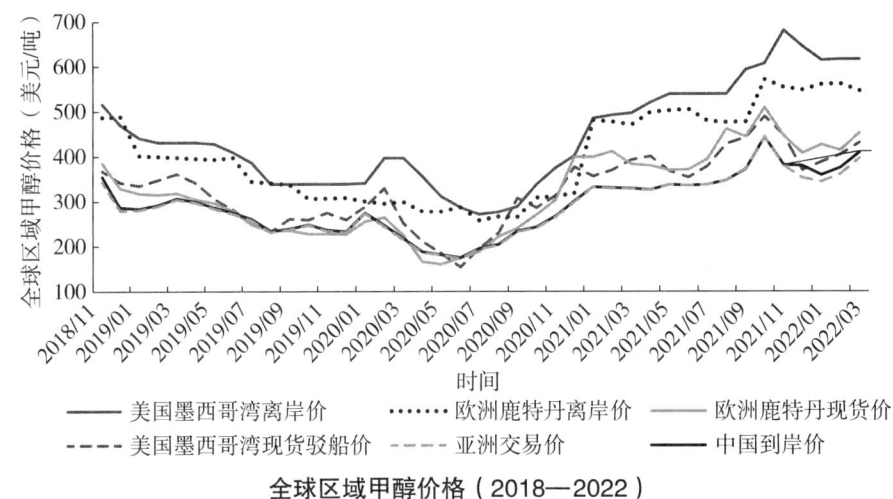

全球区域甲醇价格(2018—2022)

资料来源:国际甲醇协会,捷诚能源。

生物能源与生物燃料

生物能源产业链

生物质(Biomass)可用作工业燃料、交通燃料、发电和化工产品原材料。存在食物(Food)和燃料(Fuel)之争。生物柴油(Biodiesel)和生物煤油(Bio-jet fuel)来自脂肪酸甲酯或乙酯等单酯混合物。油脂是高级脂肪酸与甘油形成的酯,是油和脂的合称。常温下,固态的油脂,称之为脂,多为动物脂肪。液态的油脂,称之为油,多为植物油。

任何含有大量糖、淀粉或纤维素可转化成糖的物质都可用于生产乙醇。燃料乙醇(Fuel ethanol)还不是汽油,需要和汽油调和,生成乙醇汽油。

生物能源产业链示意表

生物质	生产工艺	生物燃料	生物能源应用领域
燃料作物	发酵和蒸馏	生物乙醇	**工业领域**
甘蔗、甜菜、甜高粱			工业燃料
淀粉类作物	糖化、发酵和蒸馏		**交通领域**
玉米、小麦、大麦、黑麦、马铃薯、木薯			乙醇汽油
纤维质材料			车船用生物柴油
柳枝稷、芒属草植物、柳树、杨树、秸秆			生物航空煤油
油料作物	萃取和酯化	生物柴油	**化工领域**
不饱和脂肪酸油类（大豆、向日葵、玉米、红花、胡麻）			乙烯
单不饱和脂肪酸油类（橄榄、油菜籽）			甲醇
较均衡的不饱和脂肪酸油类（花生、芝麻）			氢气
饱和脂肪酸油类（油棕、椰子、可可）			液氨
动物脂肪			其他化工
废弃地沟油（脂肪酸和甘油三酯）			**建筑领域**
藻类等微生物油脂			炊事、取暖
		生物气	**生物质发电**

资料来源：联合国粮农组织，国际能源署，国际甲醇协会，捷诚能源。

生物燃料不同作物原料的单产

生物燃料（Biofuel）的原料、生产体系和转化效率不同，不同作物的生物燃料单产差别很大。乙醇产量取决于糖类、淀粉类和纤维素含量的多少。而生物柴油产量取决于作物含油率。生物燃料要占有更大的市场份额，本身需要绿色可持续的生产。

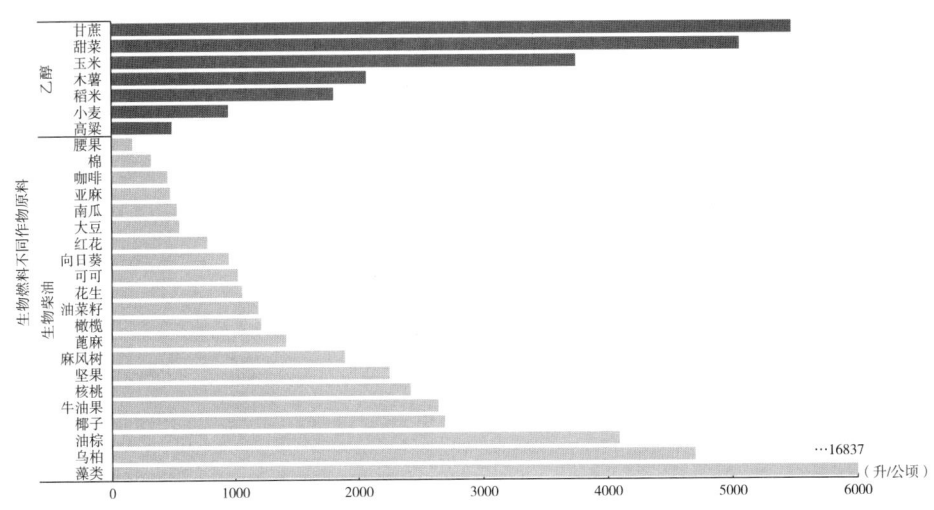

生物燃料不同作物原料的单产（2021）

资料来源：联合国粮农组织，国际能源署，捷诚能源。

全球主要生物燃料供需国家

生物燃料主要生产国来源不同，美国和中国以玉米为主，巴西以甘蔗为主，印度尼西亚以棕榈油为主。生物乙醇原料，美国是粮食（淀粉原料），巴西是甘蔗（六碳糖原料），而中国有大量秸秆（纤维素、半纤维素和木质素为主），其中只有纤维素（约占30%）可以转化为乙醇。

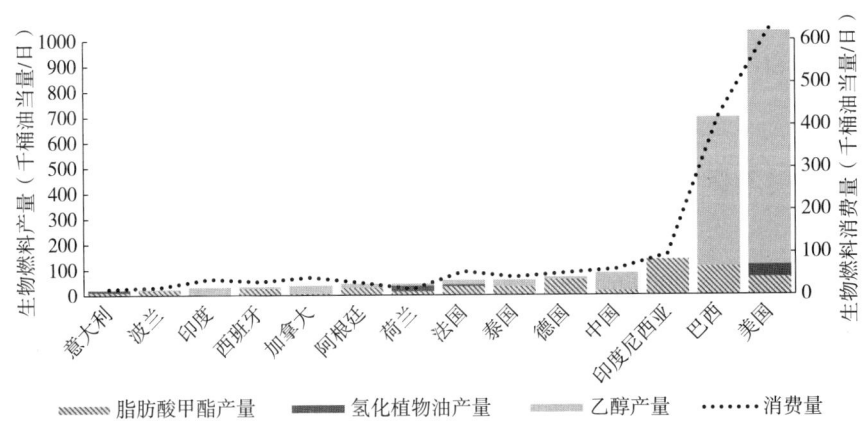

全球主要生物燃料供需国家（2019）

资料来源：英国石油，21世纪可再生能源政策网，捷诚能源。

世界生物燃料供需

能源转型推动了生物燃料供需的快速增长。

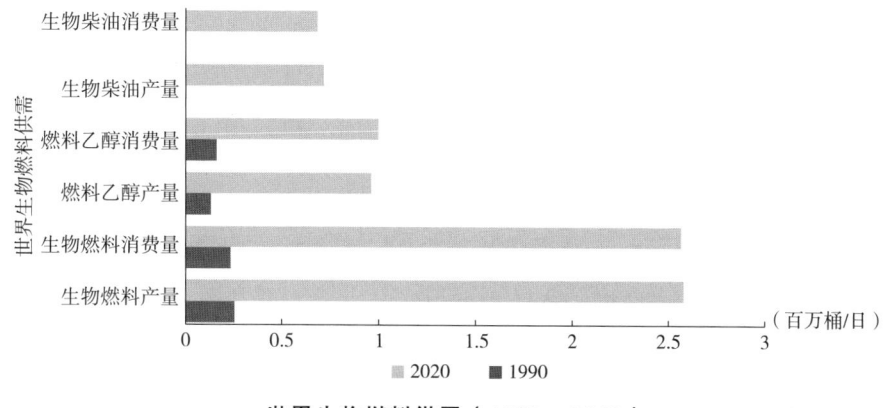

世界生物燃料供需（1990—2020）

资料来源：国际能源署，美国能源部，英国石油，壳牌，捷诚能源。

美国生物燃料供需

美国生物燃料和生物柴油供需大幅增长。

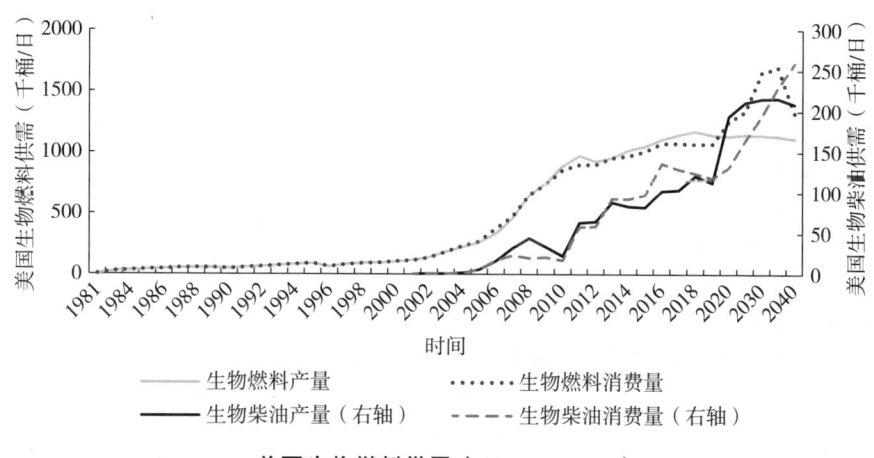

美国生物燃料供需（1981—2040）

资料来源：英国石油，国际能源署，美国能源部，壳牌，捷诚能源。

中国生物燃料供需

中国生物燃料供需大幅增长。

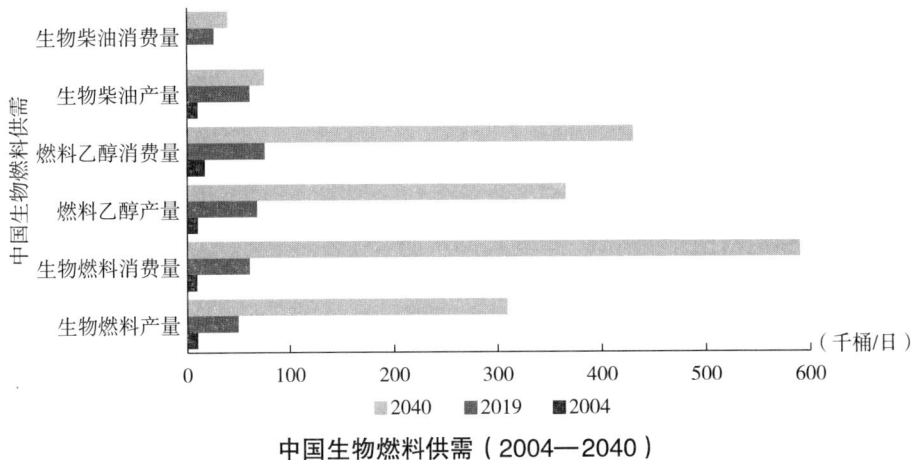

中国生物燃料供需（2004—2040）

资料来源：英国石油，国际能源署，美国能源部，壳牌，捷诚能源。

世界生物能源应用领域

世界生物能源需求主要集中在建筑和终端消费。交通、航空和船用需求呈上升趋势。

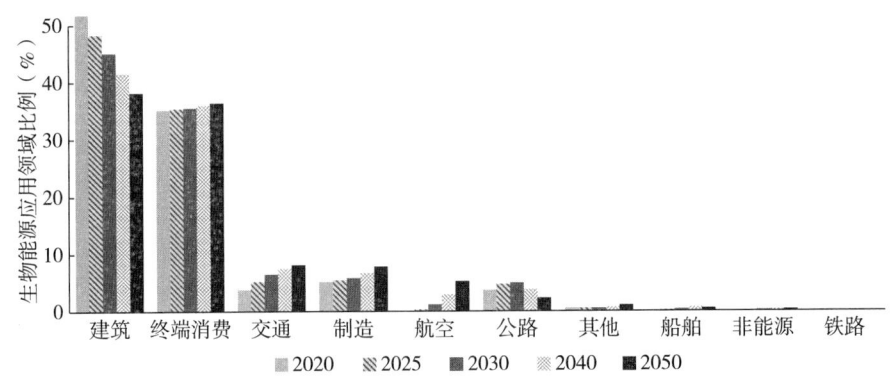

世界生物能源应用领域（2020—2050）

资料来源：挪威船级社，国际能源署，美国能源部，壳牌，捷诚能源。

世界生物燃料应用领域

世界生物燃料主要用作交通运输等液态燃料，用于发电有一定潜力。

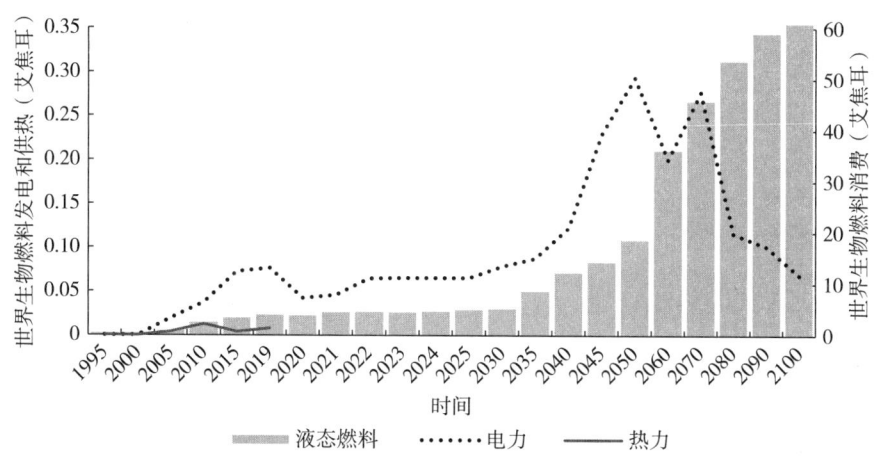

世界生物燃料应用领域（1995—2100）

资料来源：壳牌，挪威船级社，21世纪可再生能源政策网，捷诚能源。

生物柴油与乙醇汽油

醇醚类具有较好的燃烧性能，可作为石油的替代品。生物柴油是通过可再生的天然油脂资源生产的柴油，也可以从植物、脂肪或地沟油等生产，通常指没有掺混的。燃料乙醇是指以生物质为原料通过生物发酵等途径获得的可作为燃料用的乙醇，燃料乙醇经变性后与汽油按一定比例混合可制成车用乙醇汽油。目前，汽车发动机不需要做任何调整或改进，可直接使用乙醇汽油。生物航空煤油指以废弃动植物油脂（地沟油）、农林废弃物、油藻、棕榈油等为原料，通过加氢、催化等工艺加工得到的航空煤油。

美国可再生柴油产量

低碳环保要求和清洁能源优惠政策推动部分传统炼油能力转换为可再生燃料（Renewable fuel）产能。美国可再生柴油（Renewable diesel）和传统生物柴油的原料一样，但在加工过程、使用规格和优惠政策上有所不同。

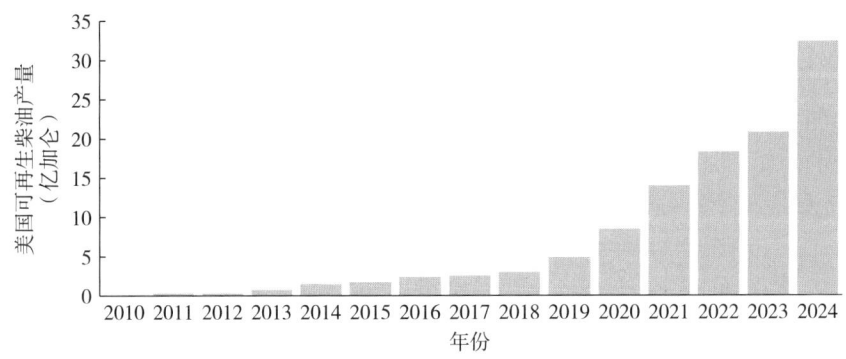

美国可再生柴油产量（2010—2024）

资料来源：美国环境保护部，美国能源部，高盛研究部，捷诚能源。

美国可再生燃料识别码（RINs）

可再生燃料识别码（Renewable Identification Numbers，RINs）是为了满足美国可再生燃料标准，生成的可再生识别号。RINs价格是可再生燃料的边际成本，用来衡量美国炼厂满足年度义务的难易程度，判断可再生燃料所需新增投资的规模大小。

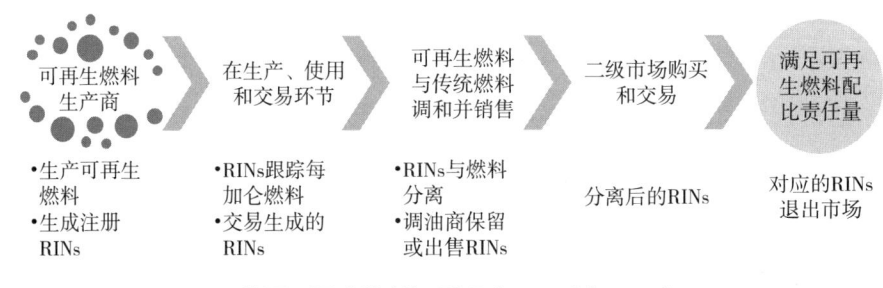

美国可再生燃料识别码（RINs）（2022）

资料来源：美国环境保护署，巴克莱研究部，捷诚能源。

美国生物柴油送到价格构成

美国生物柴油送到价格中包括原料成本、能源成本、运费、能量罚款（Energy penalty）等。

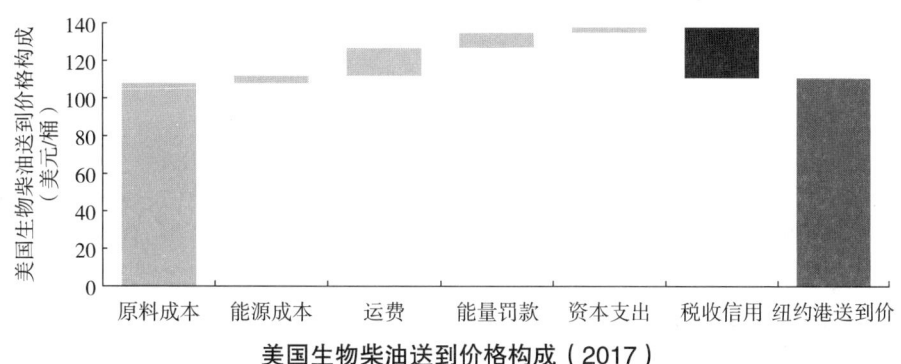

美国生物柴油送到价格构成（2017）

资料来源：巴克莱研究部，剑桥能源，捷诚能源。

美国大豆生物柴油收入和成本构成

各国资源禀赋不同，生物柴油的原料差别也较大。大豆油是美国生物柴油的重要原料。原材料成本占到生物柴油总成本的80%以上。生物燃料对财税补贴和优惠政策、原料和能源价格敏感。

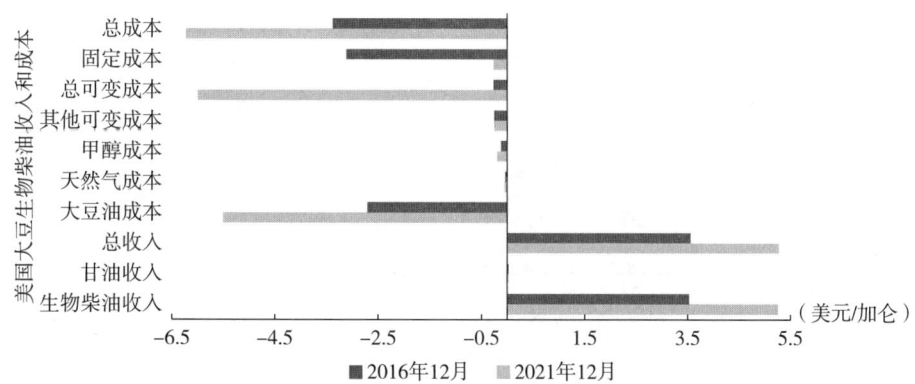

美国大豆生物柴油收入和成本构成

资料来源：美国农业部，爱荷华州立大学，捷诚能源。

美国乙醇汽油和传统汽油价格

乙醇汽油价格很多时候低于传统汽油价格，每加仑燃油效率相对低。

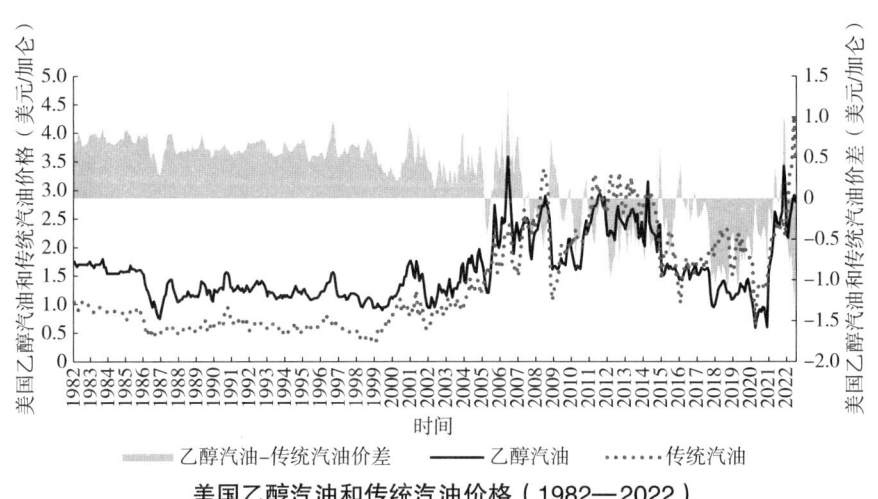

美国乙醇汽油和传统汽油价格（1982—2022）

资料来源：美国能源部，美国内布拉斯加环境与能源局，捷诚能源。

中国乙醇汽油与传统汽油价差

乙醇汽油含有10%燃料乙醇，当此部分免征消费税时，乙醇汽油可比普通汽油少缴纳消费税，乙醇汽油价格一般低于传统汽油价格。

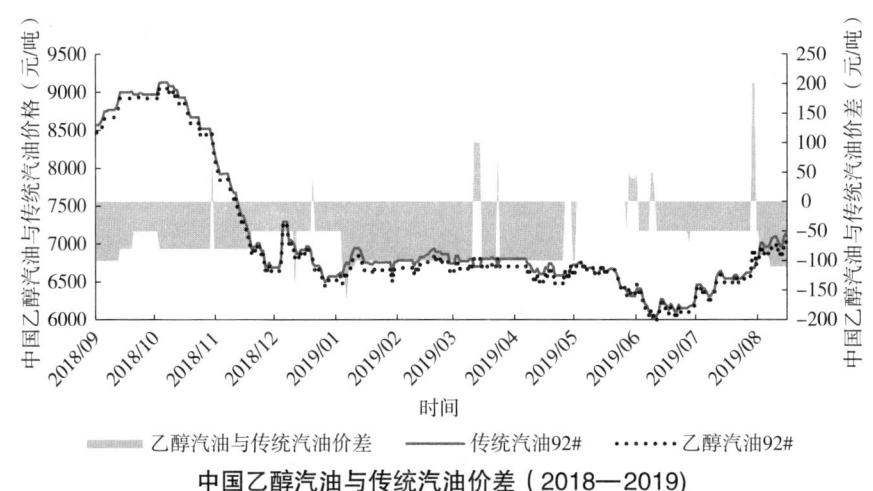

中国乙醇汽油与传统汽油价差（2018—2019)

资料来源：中国石油经济技术研究院，捷诚能源。

中国燃料乙醇原料构成

中国燃料乙醇原料构成主要是玉米和木薯。

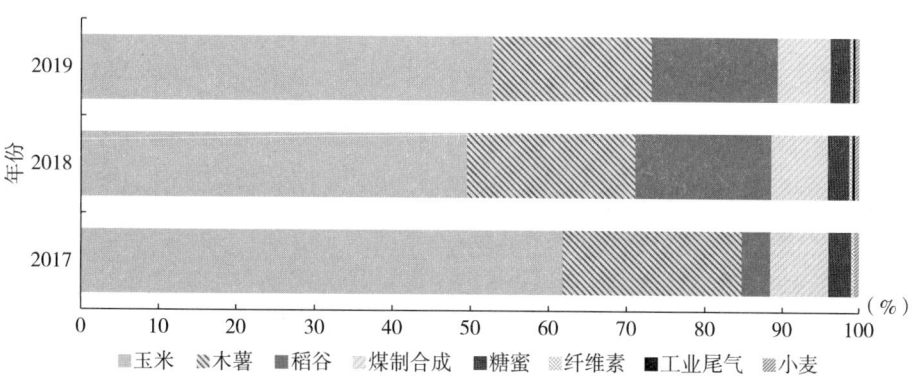

中国燃料乙醇原料构成（2017—2019）

资料来源：中国农业部，捷诚能源。

中国燃料乙醇供需

中国燃料乙醇供需不断增长，同时也大量进口。

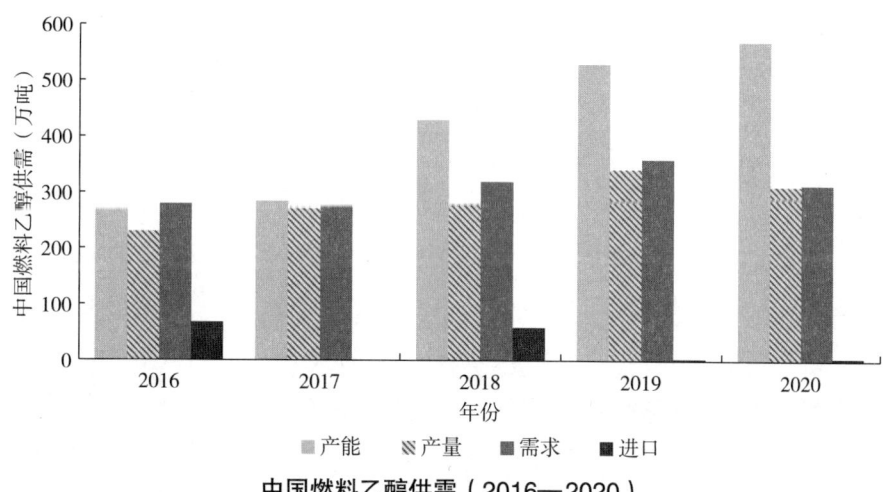

中国燃料乙醇供需（2016—2020）

资料来源：万得，中国石化经济技术研究院，捷诚能源。

经典观点与经验分享

范 敏 中国石油和化学工业联合会信息与市场部副主任

石油和化工行业是中国支柱性产业之一，21世纪以来发展迅速，经济规模占全国工业的比例基本在11%～15%左右。

从发展水平看，20年多年来特别是"十三五"以来，行业科技水平明显提升，绿色发展深入实施，产业布局不断优化，园区发展日趋规范，产业体系更趋完整，对外贸易持续增长，国际竞争力总体提升。

尽管规模很大，进步明显，但目前中国石化行业整体来看还是存在不少问题。一是能源资源短缺带来的产业安全问题，油气、硫黄、钾肥等对外依存度很高，容易受到国际地缘政治变化的影响。二是产能过剩问题依然存在，中国炼油一次产能超过9亿吨，但加工量刚刚突破7亿吨，产能利用率近几年基本都在80%以下，明显低于发达国家，一些原来过剩行业仍存在反弹风险。三是大而不强的问题，这也是产业目前最主要的矛盾。在基础研究、技术研发和高端产品方面和美欧日还有不小的差距，一些领域如工业软件、高端装备和特种材料方面存在"卡脖子"的风险和短板，尤其是在中美战略竞争加剧的国际环境下，需要加快追赶。四是在国际化投资和经营方面还存在不足，一些企业走出去取得一些成果，但还缺少足够的经验积累，国际贸易竞争也越发激烈，关税壁垒在多边和双边贸易协定体系下总体控制尚好，但非关税壁垒增多。五是作为耗能产业，国家"双碳"目标和行动，将对行业部分高耗能产品发展带来制约。

从发展前景看，未来10年中国石化行业仍有很大潜力。中国经济由高速增长转向高质量发展，仍处于重要的战略机遇期，从国家制定的"十四五"规划和2035年远景目标来看，未来10年中国GDP仍将保持在较快合理增长区间，新型工业化、城镇化、信息化和农业现代化加快推进，人民生活水平提高促进消费升级，新能源及新能源汽车、高速轨道交通、大飞机、汽车轻量化、生物医药等，对高端聚烯烃、工程塑料、特种橡胶、聚氨酯弹性体、高端合纤材料、先进膜材料等化工新材料、生物化工、环保材料等提供了大量需求。初步预计，未来10年中国石化行业增速将比前10年有所放缓，但总体仍将保持年均3%左右的稳定增长。

第6章

基本面的平衡
炼油化工生产经营和终端销售

从生产到终端销售,炼油化工产供销存在很多的瓶颈和约束。衡量市场供需和价格变化的指标有产能、加工量、产能利用率、产品收率、加工盈余和损耗等。

炼油加工能力与加工量

作为一种未加工的资源,原油需经过炼厂转化才能成为可供消费者使用的产品。

世界炼厂数和炼厂规模

全球目前有600多座炼厂。世界和美国炼厂数量总体呈下降趋势,而单体炼厂规模呈上升趋势。2000年以来,低碳环保要求和清洁能源优惠政策推动部分传统炼油能力转换为可再生燃料产能。

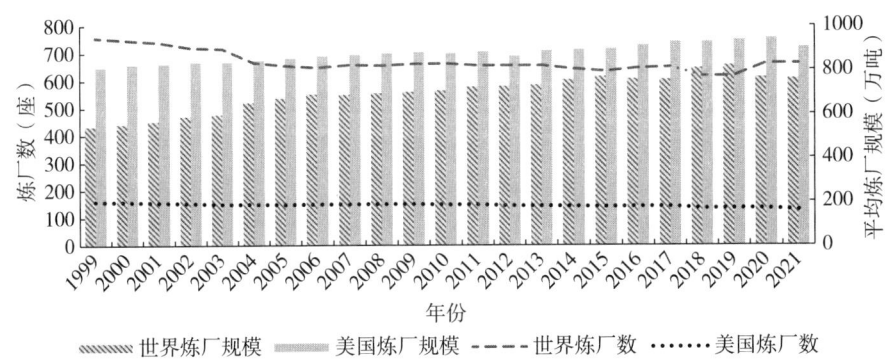

世界炼厂数和炼厂规模(1999—2021)

资料来源:美国能源信息署,国际能源署,《油气杂志》,捷诚能源。

世界炼油能力与原油加工量

世界炼油能力和原油加工量（Refining throughput）在达峰后，逐步下降。

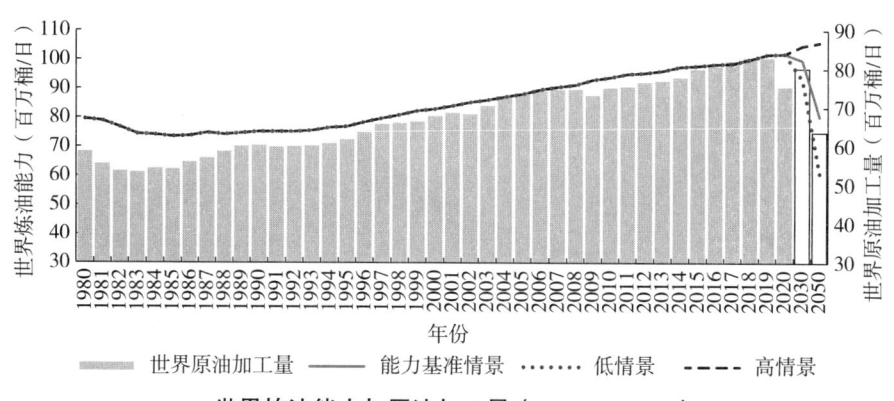

世界炼油能力与原油加工量（1980—2050）

资料来源：国际能源署，英国石油，捷诚能源。

全球区域原油加工量

原油加工量通常指直接进入蒸馏装置及二次加工装置加工的原油量，是衡量炼化企业生产规模、能力和经济技术水平的基础指标。亚太和中东引领全球原油加工量的增长。

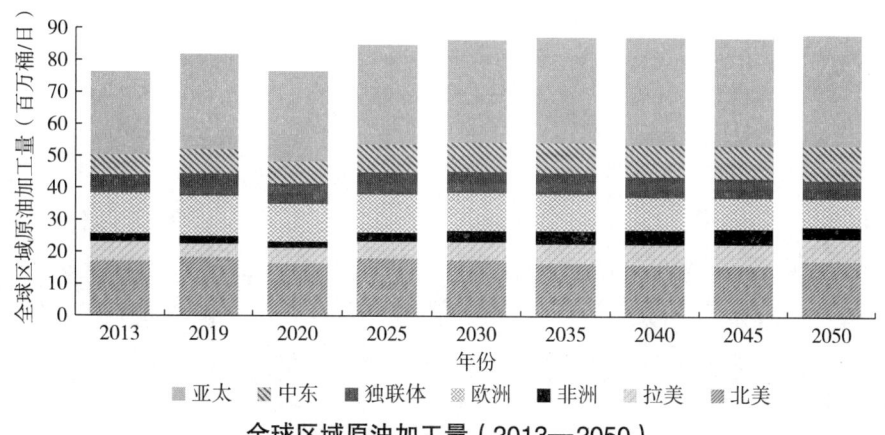

全球区域原油加工量（2013—2050）

资料来源：欧佩克，国际能源署，能源统计报表制度。

中国炼油能力和原油加工量

中国将近 200 家炼厂的炼油能力和加工量总体呈增长趋势，炼油产能平均利用率保持在 70% 以上。

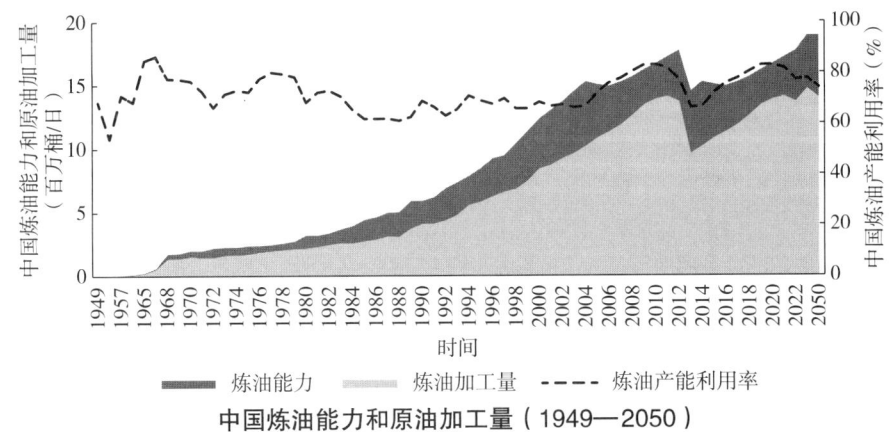

中国炼油能力和原油加工量（1949—2050）

资料来源：中国国家统计局，中国国家发展改革委，国际能源署，中国石油经济技术研究院，捷诚能源。

中国炼油能力合理水平

炼油产能要同时满足国内成品油需求、化工用油以及进口原料和潜在的出口。有效市场往往会供大于求，需要有一个供需缓冲，炼油能力的合理水平取决于供大于求的幅度。从中国成品油产量和出口的角度看，炼油能力过剩。从化工乙烯的需求角度看，炼油能力结构性过剩。

名义炼油能力（亿吨）				9.06
实际炼油能力高出炼厂设计能力（%）				90
实际炼油能力（亿吨）				10.07

情景一		情景二		情景三	
成品油产量（亿吨）	3.57	汽柴油出口量（亿吨）	0.50	未来乙烯产能（亿吨）	0.70
		汽柴油换原油折算系数0.6	0.60	乙烯产能（千万吨炼油/百万吨乙烯）	6%
所需原油加工量（亿吨）	5.95	所需原油加工量（亿吨）	0.83		
炼油利用率（%）	75	炼油利用率（%）	75	乙烯开工率（%）	80
实际所需炼油能力（亿吨）	7.93	实际所需炼油能力（亿吨）	1.11	实际所需炼油能力（亿吨）	11.67
市场供需缓冲量（%）	10	市场供需缓冲量（%）	10	市场供需缓冲量（%）	10
产量隐含合理炼油能力（亿吨）	8.73	出口隐含合理炼油能力（亿吨）	6.11	乙烯产能隐含合理炼油能力（亿吨）	12.83
得出		得出		得出	
实际过剩炼油能力（亿吨）	1.34	实际过剩炼油能力（亿吨）	3.96	实际过剩炼油能力（亿吨）	-2.77
炼油能力过剩比例（%）	13.31	炼油能力过剩比例（%）	39.35	炼油能力过剩比例（%）	-27.48

中国炼油能力合理水平（2022）

资料来源：中国国家统计局，中国海关总署，中国石化经济技术研究院，捷诚能源。

中国成品油出口量折算原油加工量

假设中国主要成品油出口量为 5000 万吨，直接折算原油加工量超过 8000 万吨，而考虑了需求之后的隐含原油加工量达 6 亿吨。

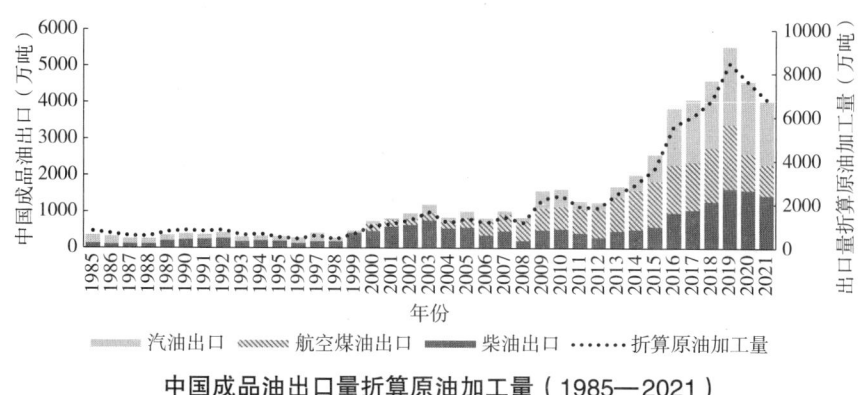

中国成品油出口量折算原油加工量（1985—2021）

资料来源：中国国家统计局，中国海关总署，中国石化经济技术研究院，捷诚能源。

中美炼厂乙烯产量占炼油能力比例

千万吨级炼油能力大体匹配百万吨级乙烯能力。美国乙烷和丙烷制乙烯产能大幅上升，因此，美国炼油能力和炼厂乙烯产能比上升。2021年，中国两大石油公司乙烯产量为 2000 万吨，占原油加工量的 4.8%，乙烯产量占比有待提升。

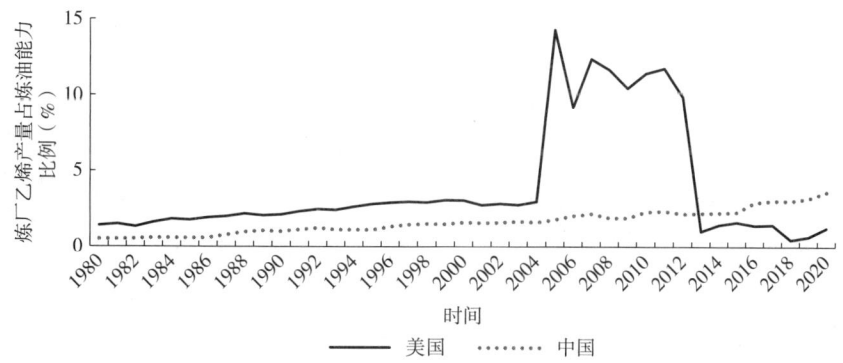

中美炼厂乙烯产量占炼油能力比例（1980—2020）

资料来源：美国能源信息署，中国国家统计局，中国国家发展改革委，捷诚能源。

中国炼油加工市场结构

中国炼油能力和加工量以三大石油公司为主,非主营炼厂产能不断增加。

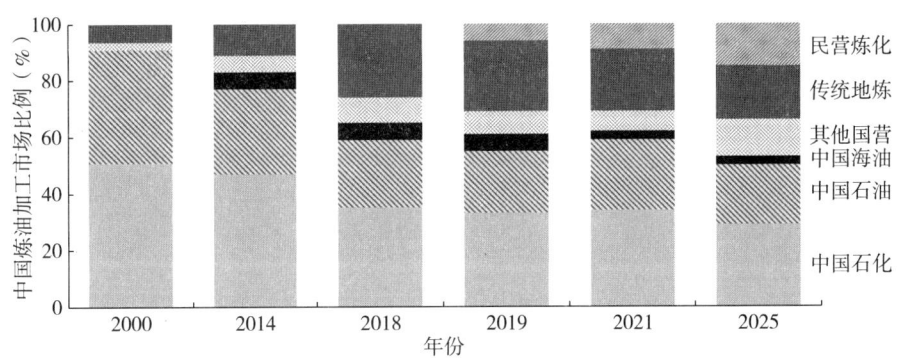

中国炼油加工市场结构(2000—2025)

资料来源:各公司年报,中国石油经济技术研究院,中国石化经济技术研究院,捷诚能源。

全球区域炼油装置能力

全球区域炼油装置能力与原料、装置和产品结构等一起作为炼厂评价指标。

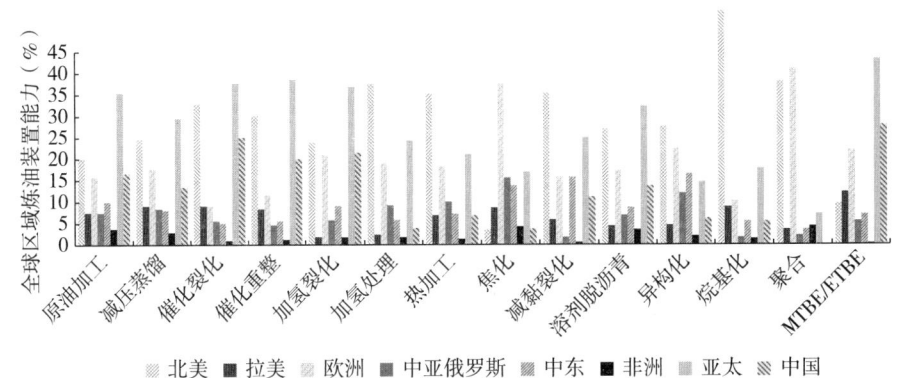

全球区域炼油装置能力(2020)

资料来源:欧佩克,《国际石油经济》,捷诚能源。

世界和中国炼厂数量和装置类型

世界和中国炼油装置类型不同，相关工艺的装置能力也有差异。

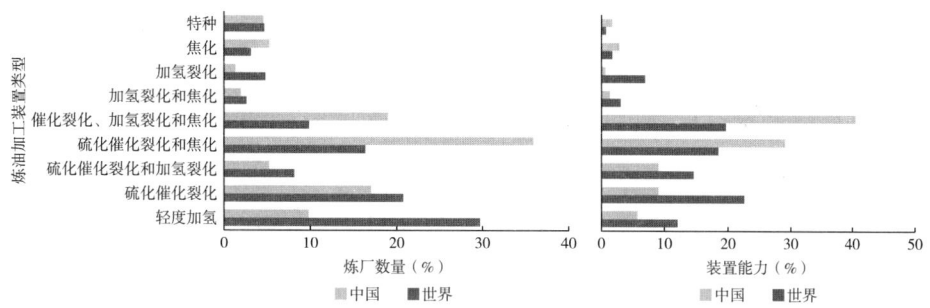

世界和中国炼厂数量和装置类型（2020）

资料来源：美国能源信息署，国际能源署，捷诚能源。

美国炼油装置能力

2021年，美国在运营炼厂125座，闲置炼厂4座，常压蒸馏加工能力为18.13百万桶/日。加氢裂化、加氢精制、脱硫等装置能力不断增长，而催化裂化、催化重整等装置能力稳中有降。

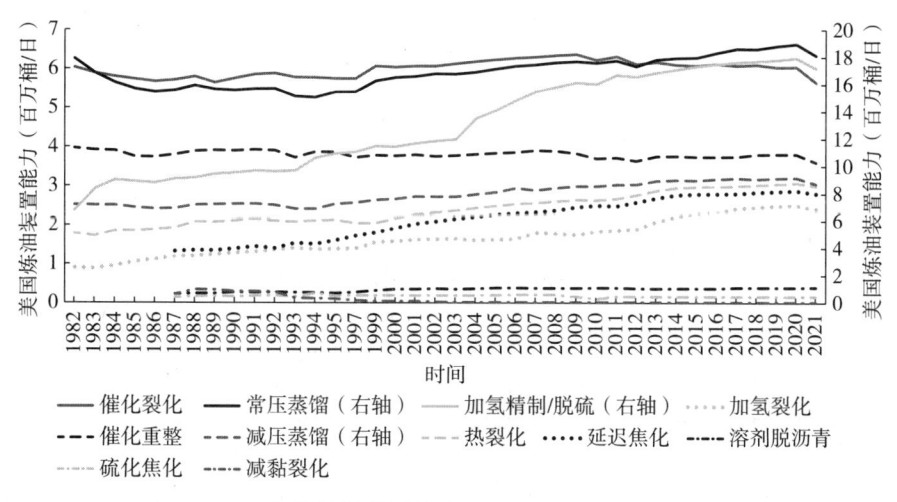

美国炼油装置能力（1982—2021）

资料来源：美国能源信息署，捷诚能源。

炼油装置复杂性与炼化产能利用率

一般来说,炼厂装置是按照某些特定加工原料设计的,但在市场不断变化中,炼厂设计产能只作为参考。炼厂利用率指标考核装置能力、装置复杂系数、运行因数和利用率等炼厂综合指标。

全球区域炼厂装置复杂性

尼尔森复杂性指数(Nelson Complexity Index)反映炼厂装置的复杂性、投资水平、置换成本以及炼厂潜在的附加值。一次原油蒸馏装置的复杂因子为1.0,其他炼油装置根据其投资成本和加工量,得出相应的系数,然后汇总出一家炼厂的复杂性指数。

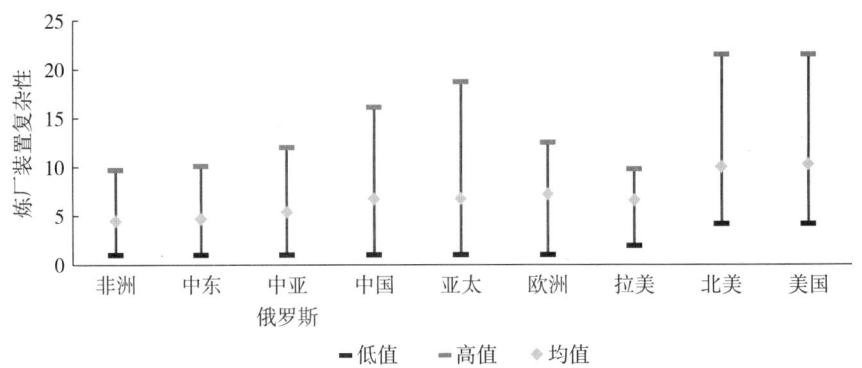

全球区域炼厂装置复杂性(2020)

资料来源:所罗门,中国石化联合会,捷诚能源。

全球区域和企业炼油能力与转化率

转化指数(Conversion index)衡量炼油企业将减压馏分油和减压渣油转化为轻质油的能力,特别是重油深加工能力。

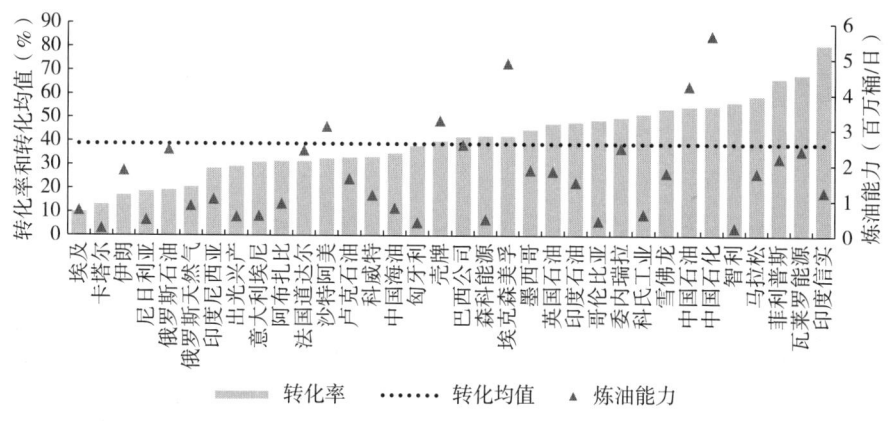

全球区域和企业炼油能力与转化率（2020）

资料来源：摩根大通研究部，捷诚能源。

世界炼油闲置产能

炼油闲置产能（Refining spare 或 Idle capacity）通常指，在全球炼油利用率84%的前提下，未在检修中，能在30天内投运，可在90天内维修完成的产能。去全球化和产业链区域化需要更多的闲置产能来作供应的缓冲。

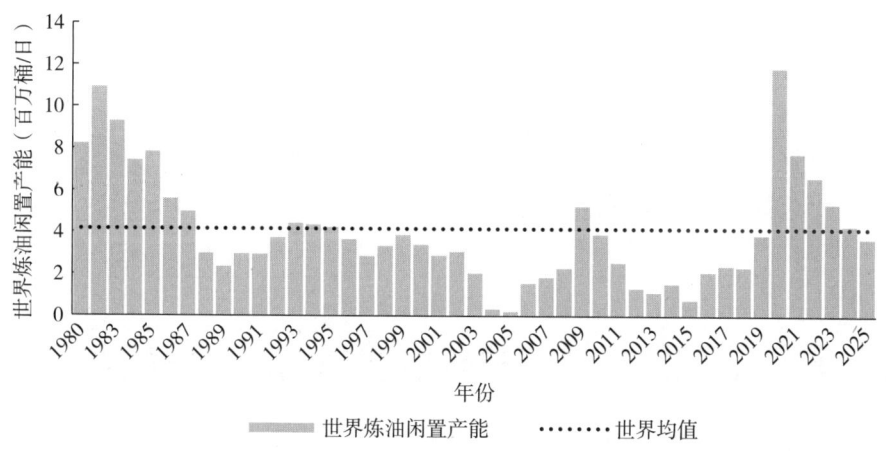

世界炼油闲置产能（1980—2025）

资料来源：美国能源信息署，欧佩克，捷诚能源。

全球区域炼油产能利用率

全球区域炼油产能利用率（Refining utilization rate）也称为炼厂开工率，通常在80%左右。炼油产能包括蒸馏装置在运行和闲置的产能。

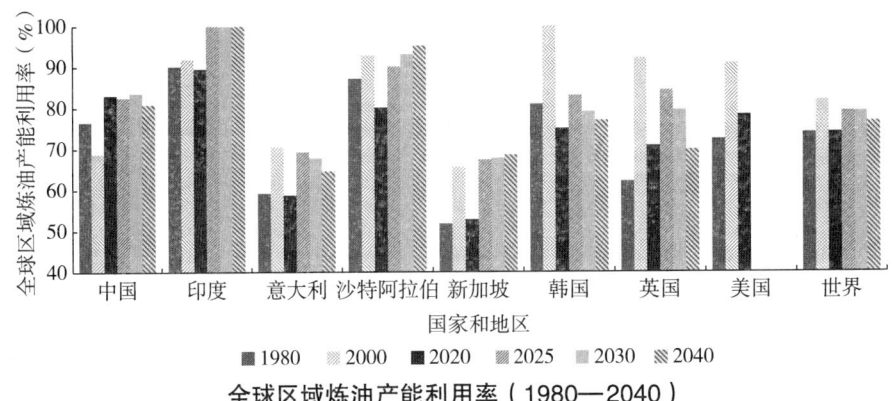

全球区域炼油产能利用率（1980—2040）

资料来源：英国石油，欧佩克，中国石化经济技术研究院，捷诚能源。

美国炼油产能利用率与原油价格变化

炼厂的计划内和意外检修等因素影响炼油产能利用率，进而会影响成品油价格。市场价格及裂解价差也会影响炼厂的经营策略和投资意向。

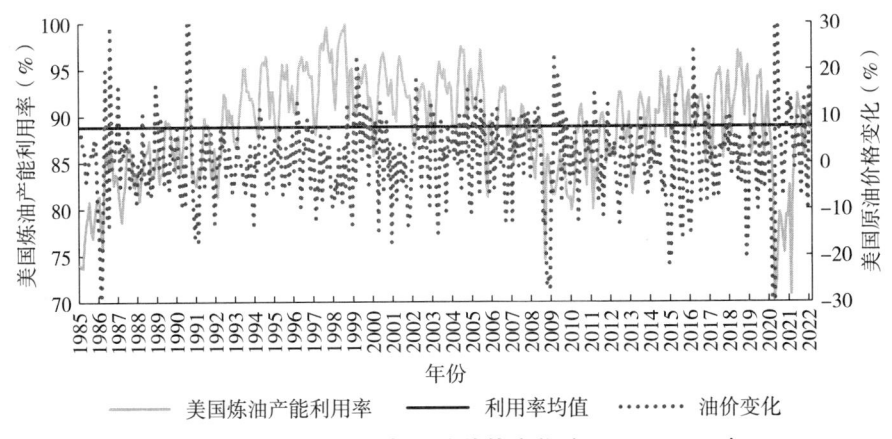

美国炼油产能利用率与原油价格变化（1985—2022）

资料来源：美国能源信息署，捷诚能源。

美国炼油产能利用率与汽油价格

当供应链中断风险加剧时,运费增加,原油库存低位,炼厂闲置产能不足,炼油产能利用率走高,汽油价格折算出来的原油价格会远高于实际的原油价格。

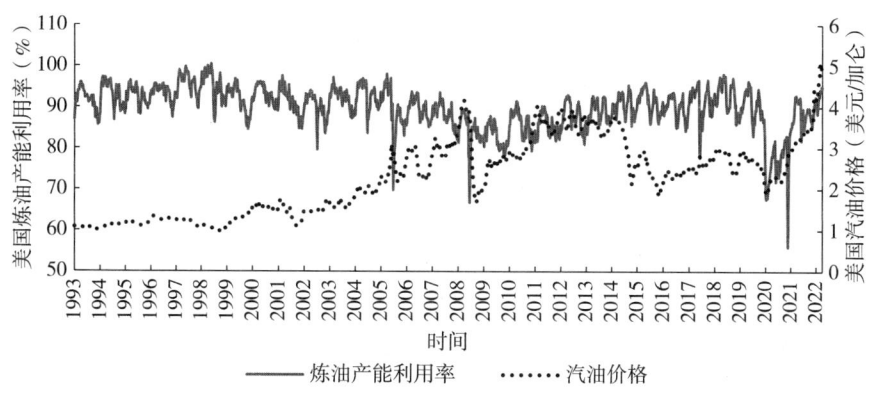

美国炼油产能利用率与汽油价格(1993—2022)

资料来源:美国能源信息署,高盛研究部,捷诚能源。

中国炼厂开工率

国内外政策和市场变化推动了独立炼厂开工率的攀升,也提升了中国炼厂平均开工率。

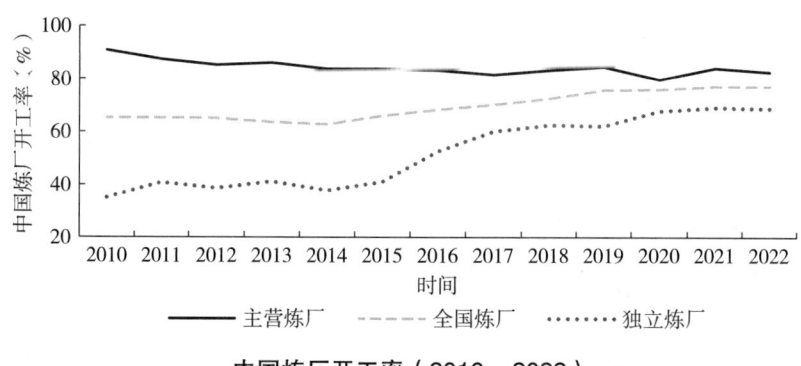

中国炼厂开工率(2010—2022)

资料来源:中国石油经济技术研究院,中国石化经济技术研究院,捷诚能源。

石油公司炼油产能利用率

国际石油公司炼油产能利用率变化较大，而中国公司炼油产能利用率相对稳定。

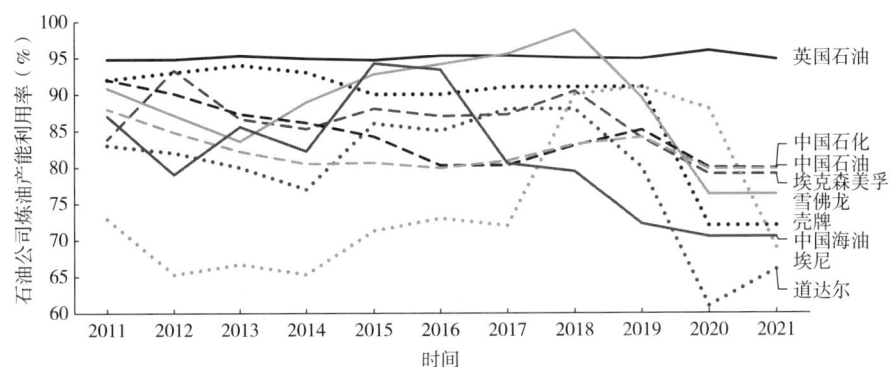

石油公司炼油产能利用率（2011—2021）

资料来源：各公司年报，《可持续发展报告》，捷诚能源。

全球主要化工产品开工率

化工产品开工率，特别是产业链开工率，影响高成本生产商。

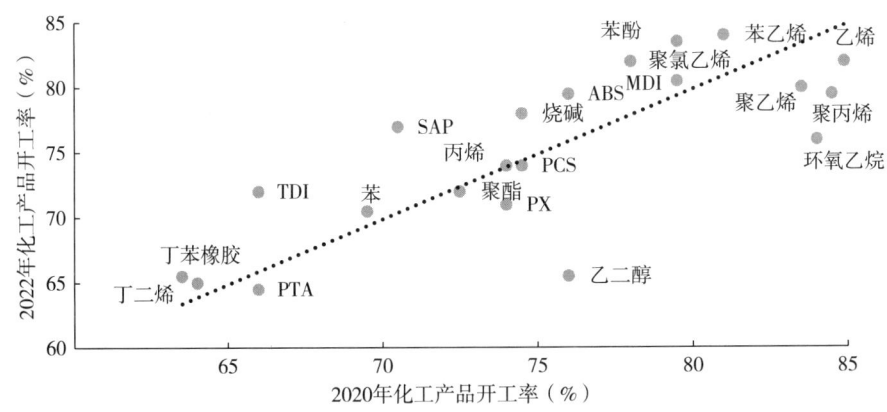

全球主要化工产品开工率（2020—2022）

资料来源：高盛研究部，中国石化经济技术研究院，捷诚能源。

欧盟化工行业开工率

欧盟的上游资源相对有限，而对石油化工市场影响大。欧盟化工行业平均开工率通常在 80% 以上。

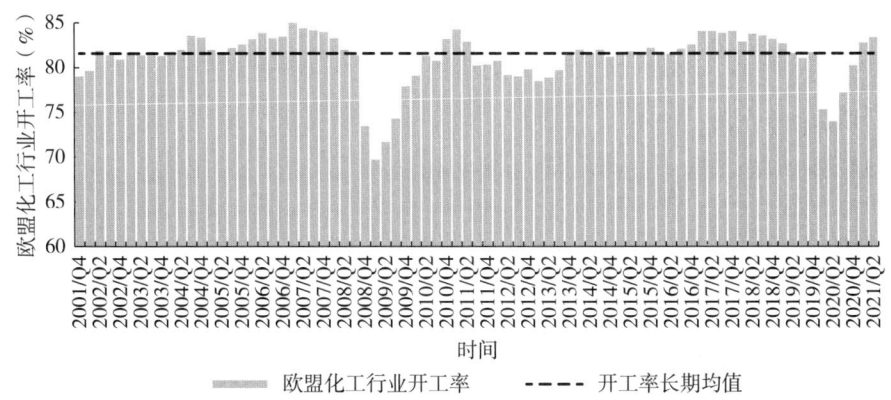

欧盟化工行业开工率（2001—2021）

资料来源：欧洲化学工业理事会，欧盟统计局，捷诚能源。

全球区域乙烯装置开工率

2022 年，全球乙烯装置 300 多套，装置平均开工率在 85% 以上，而中国装置开工率基本在 90% 左右。

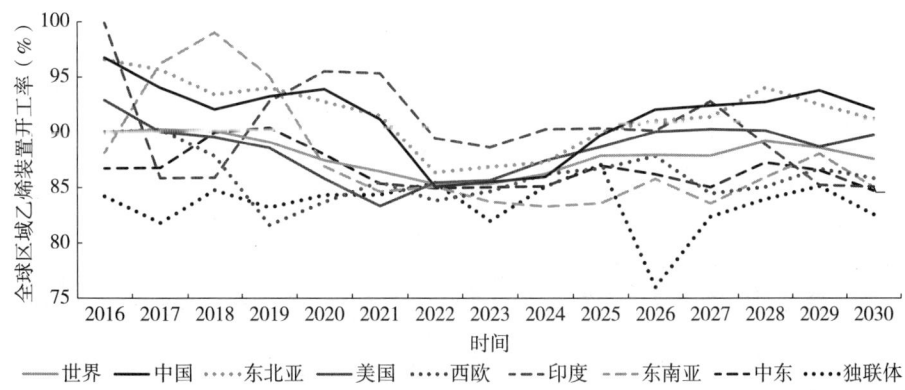

全球区域乙烯装置开工率（2016—2030）

资料来源：中国石化联合会，中国石油经济技术研究院，捷诚能源。

炼油原油原料与产品收率

炼厂收率（Products yield）是指由原油和原料进料生产出的成品油的百分比。由于炼厂运营、经济性、原料和市场需求等原因，炼厂收率会相对稳定。成品油收率用来测算炼油毛利。

原油占炼厂进料比例

炼厂进料（Refinery intake）包括炼厂加工的原油、天然气液、炼厂原料、添加剂（Additives）、氧化剂（Oxygenates）、调和组分和其他非原油碳氢化合物。添加到石油制品中或与石油制品混合和进料用以改变其辛烷值或十六烷值等性能。

炼厂原料（Refinery feedstocks）有石脑油、中间馏分油、裂解汽油和来自减压蒸馏和石化厂的重油等。在统计炼厂进料时，原油数据指实际进入炼油装置的数量，而非送到炼厂的原油数量，这两者的差额就是炼厂的原油库存变化。

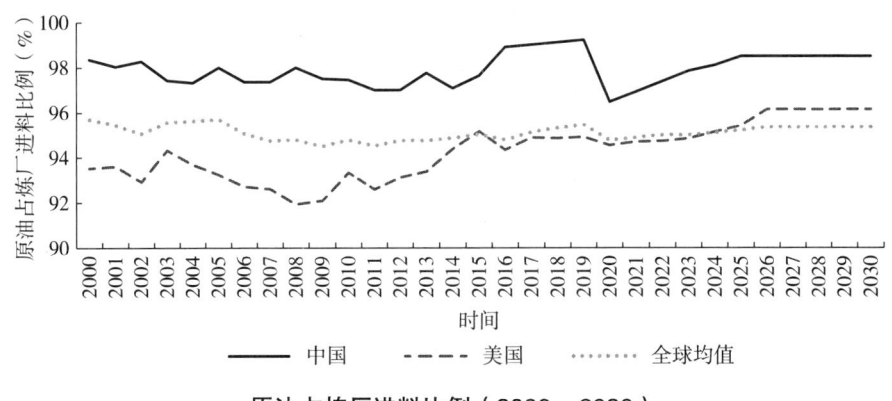

原油占炼厂进料比例（2000—2030）

资料来源：美国能源信息署，国际能源署，中国国家统计局，捷诚能源。

炼厂原油净输入与边际成品油产量

美国炼厂不断优化，相对于原油净输入（Refiner net input），每多加工一桶原油，得到更多的柴油和航空煤油，中间馏分的边际收率不断提高。

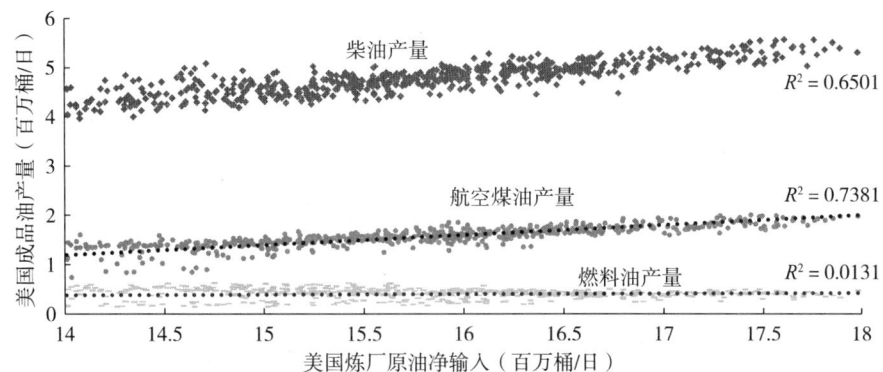

美国炼厂原油净输入与边际成品油产量（2010—2022）

资料来源：美国能源信息署，摩根斯坦利研究部，捷诚能源。

全球区域原油产品收率

原油组分构成及其产品收率（Products yields）体现了原油品质的不同。原油品质较轻，其汽油、柴油、煤油的收率也较高。

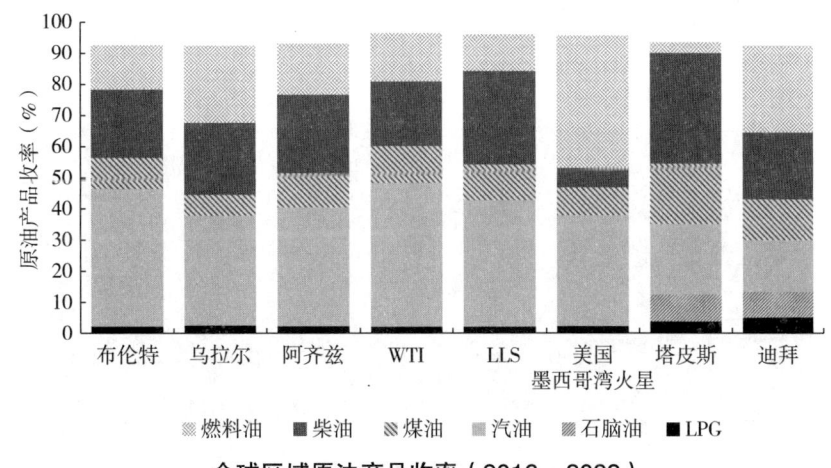

全球区域原油产品收率（2016—2022）

资料来源：中国石化经济技术研究院，中国石化联合会，捷诚能源。

全球区域炼厂产品收率

炼厂的基本功能是生产石油产品,影响炼厂的装置结构和运行。一国典型大炼厂(按照炼油能力)的主要产品收率各不相同。

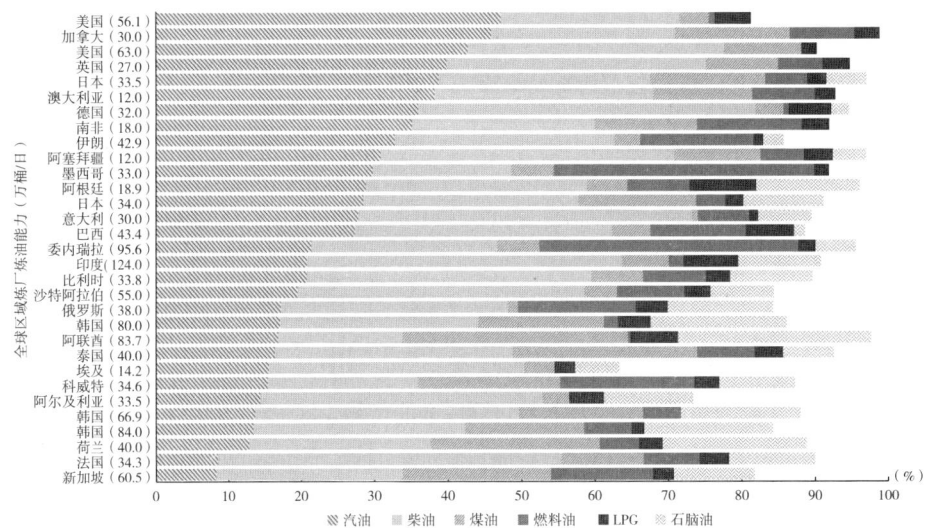

全球区域炼厂产品收率(2020—2022)

资料来源:世界银行,各公司报告,捷诚能源。

美国炼厂产品收率

美国汽油收率高于柴油收率。

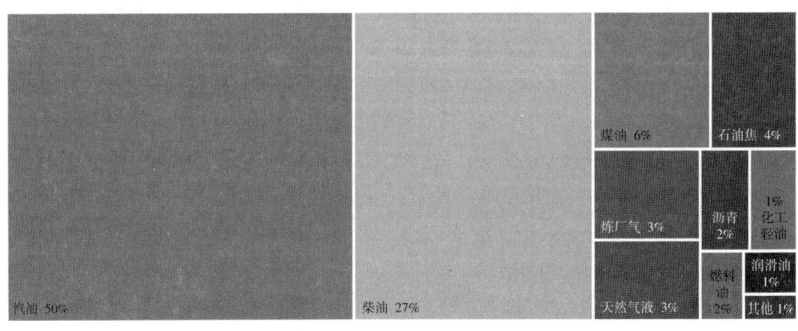

美国炼厂产品收率(2020)

资料来源:美国能源信息署,捷诚能源。

中国炼厂产品收率

中国炼厂产品收率以汽柴油为主。

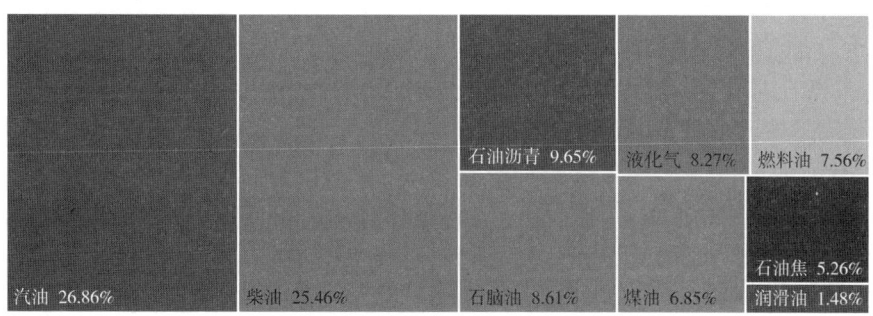

中国炼厂产品收率（2021）

资料来源：中国国家统计局，中国石油经济技术研究院，中国石油经济技术研究院，捷诚能源。

能源公司主要成品油收率

能源公司主要成品油收率取决于炼厂类型，相比于中国石油和中国石化 60%～70% 的成品油收率，民营炼油化工一体化项目成品油设计收率可低于 50%。

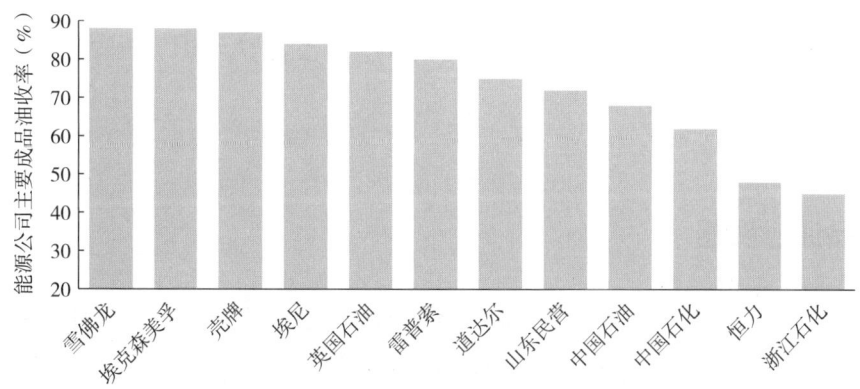

能源公司主要成品油收率（2021）

资料来源：各公司报告，捷诚能源。

中国生产和消费柴汽比

成品油以销定产。经济结构、炼油结构、燃料清洁化和终端消费结构的变化推动了生产和消费柴汽比的变化。中国汽车保有量增长支撑了汽油需求，而经济结构调整等因素减少了柴油消费。

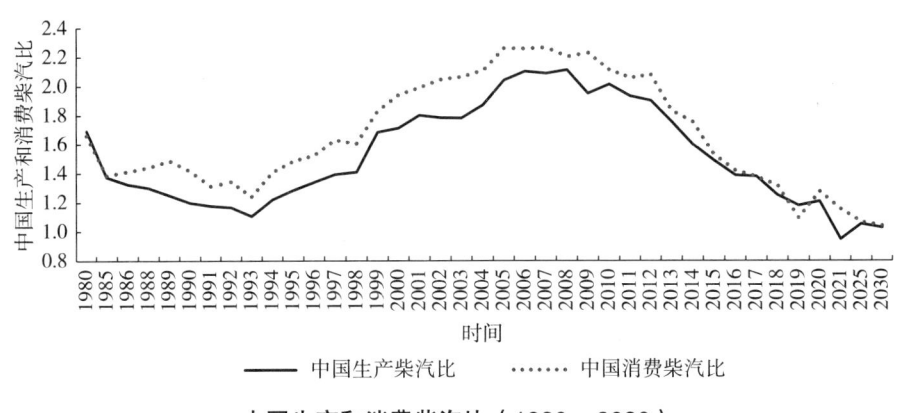

中国生产和消费柴汽比（1980—2030）

资料来源：中国国家统计局，中国石化经济技术研究院，捷诚能源。

加工盈余、损耗与过头量

成品油过头量

炼厂日常卡边操作，但为了确保质量达标，出厂的成品油质量要比标准还严格。产品实际质量优于规格的数值称为质量"过头值"或者"质量过剩"。辛烷值或蒸气压等过头值与其产量的乘积称为"过头量（Giveaway）"，为赠送之意。

世界炼厂加工盈余

当炼油产品的平均密度低于加工的原油密度时,炼厂产品体积膨胀,加上其他原料,会产生加工盈余(Processing gains)。炼厂加工盈余一般计入石油供应量。炼厂加工损失一般计入石油需求量。2020年,美国炼厂的平均加工盈余为6.3%,加工42加仑(一桶)原油,生产约45加仑炼制产品。

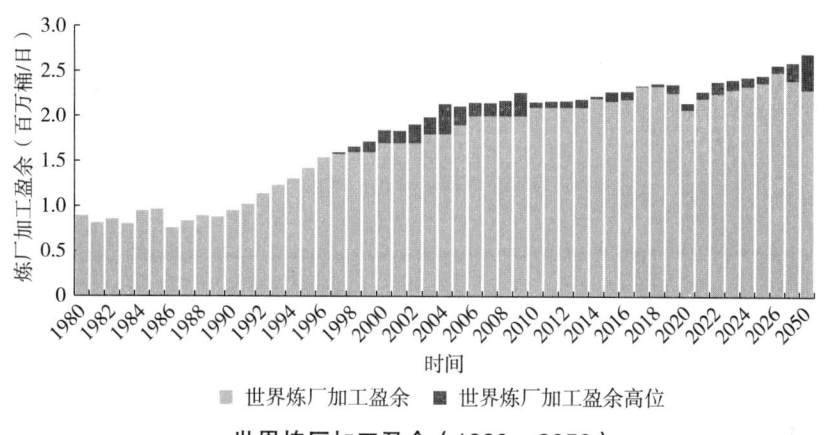

世界炼厂加工盈余(1980—2050)

资料来源:美国能源信息署,国际能源署,欧佩克,捷诚能源。

中国炼油加工和储运损失率

日常运营和泄漏、污染、火灾等都会导致炼厂原油损耗。中国炼油企业为改善盈利水平,不断降低原油原料加工损失率和储运损失率。

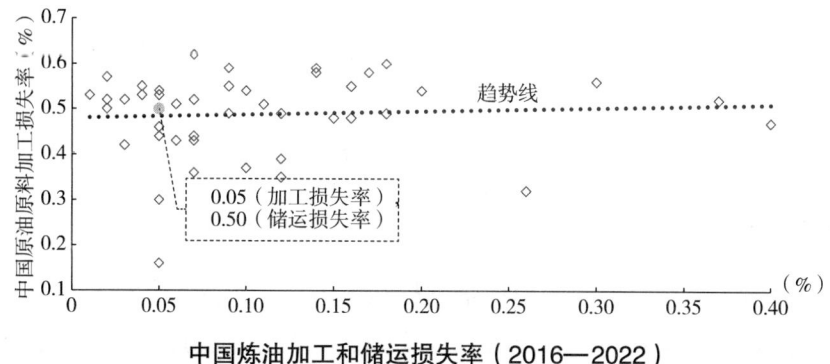

中国炼油加工和储运损失率(2016—2022)

资料来源:各公司报告,中国石化联合会,捷诚能源。

石油产业链各环节损耗

由于蒸发、跑损撒漏、压力变化、计量不当、混油、气温环境等原因，石油从生产到销售各环节存在自然和事故损耗。损耗费用是油气企业营运成本的一部分，可投保来减少部分损耗，超出量由保险公司赔付。

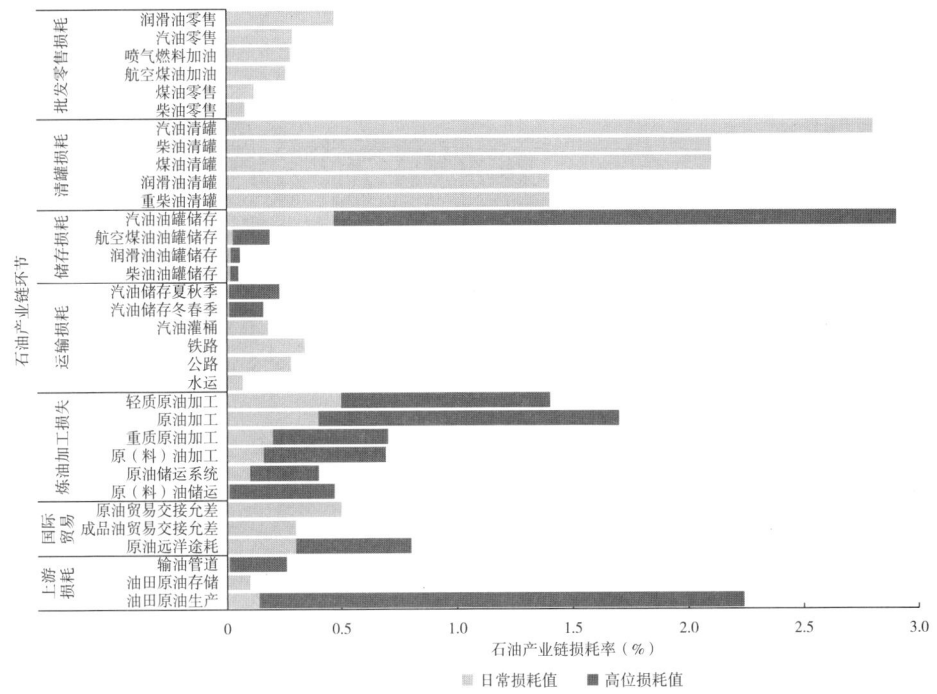

石油产业链各环节损耗（2022）

资料来源：散装液态石油产品损耗标准，炼油厂油品储运技术及管理，成品油计量与管理，捷诚能源。

加油站和便利店经营

加油站是油品销售终端，配备有储油设施，为机动车加注汽柴油等车用燃料，并可提供其他便利性服务。综合能源服务站集成品油零售、CNG加气、氢能加注、汽车充换电、非油品销售、车辆保养等服务于一体。

石油公司成品油销量和加油站数量

国际石油公司认为直接长期拥有加油站,相当于进入房地产行业。美国14.5万座加油站中,约40%使用五大石油公司的产品,不到0.1%实际为大石油公司的资产。

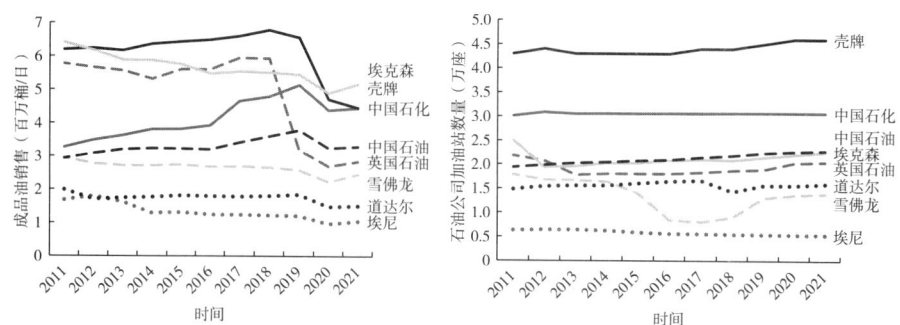

国际石油公司成品油销量和加油站数量(2011—2021)

资料来源:各公司年报,捷诚能源。

美国站均车辆数和汽油销量

美国加油站曾多达30万座,目前不到15万座。加油站数下降的同时,站均服务车辆数和单站汽油消费相对稳定。单体店减少,单店规模变大。

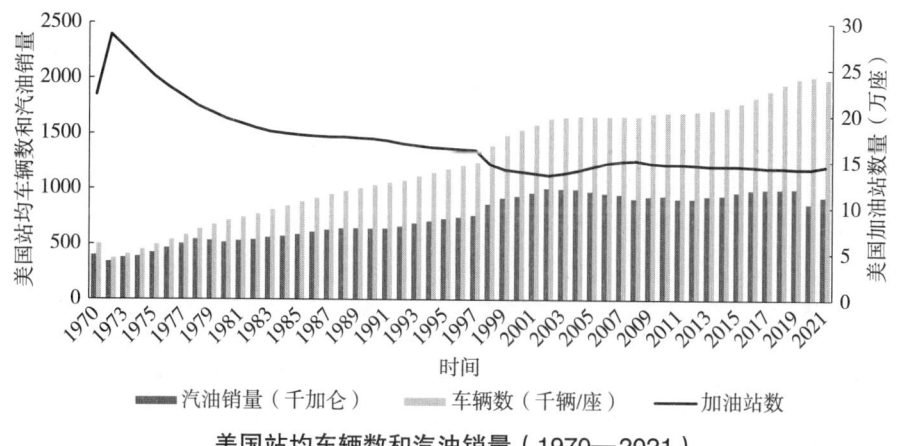

美国站均车辆数和汽油销量(1970—2021)

资料来源:美国交通统计局,美国便利店协会,美国能源信息署,捷诚能源。

美国加油站密度

美国国土辽阔，公路里程总体增加，加油站密度在早期下降后，保持稳定。在城区内，加油站密度可按照平方英里来算，而在城区外，可按照道路里程来算。

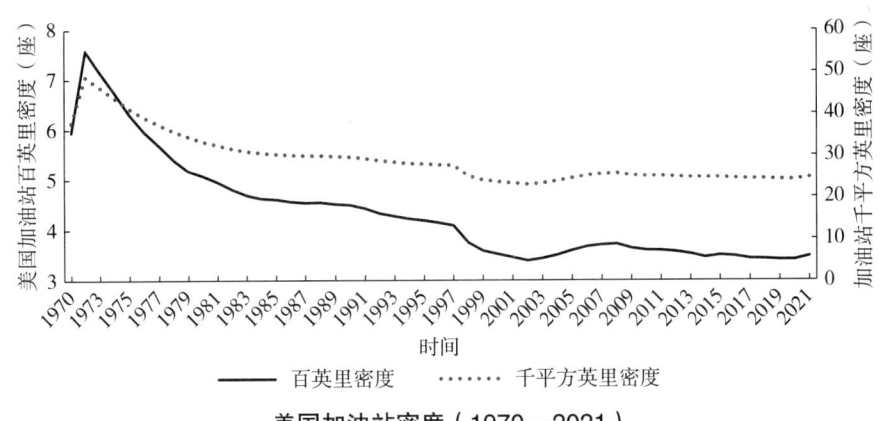

美国加油站密度（1970—2021）

资料来源：美国交通统计局，美国便利店协会，美国能源信息署，捷诚能源。

美国商店数量

美国很多商店同时销售油品，总体呈增加趋势。目前全美销售油品的便利店占便利店总数的80%以上。而美国配套有便利店的加油站约7万座。

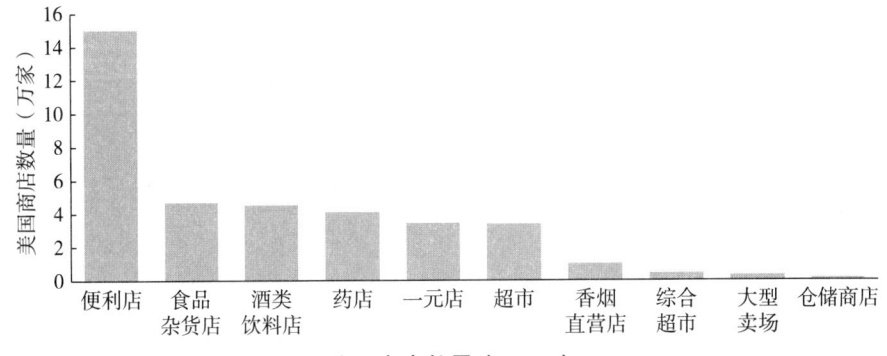

美国商店数量（2020）

资料来源：美国便利店协会，捷诚能源。

美国加油站便利店数量和收入比例

美国加油站便利店从1971年的1400座发展到2000年的93400座,目前在12万座以上。根据美国便利店协会注册数据,美国销售燃料的便利店占比80%以上,燃料收入占比在50%以上。

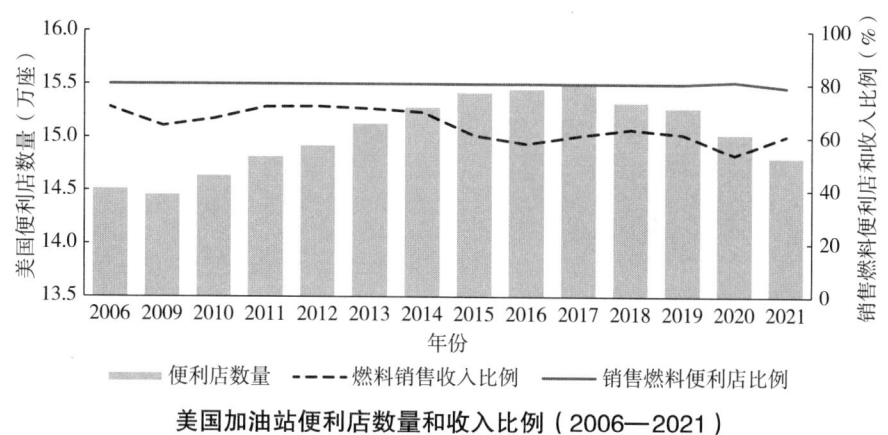

美国加油站便利店数量和收入比例(2006—2021)

资料来源:美国便利店协会,捷诚能源。

美国便利店非油品销售

美国便利店非油品销售主要有烟草、食品和饮料等。

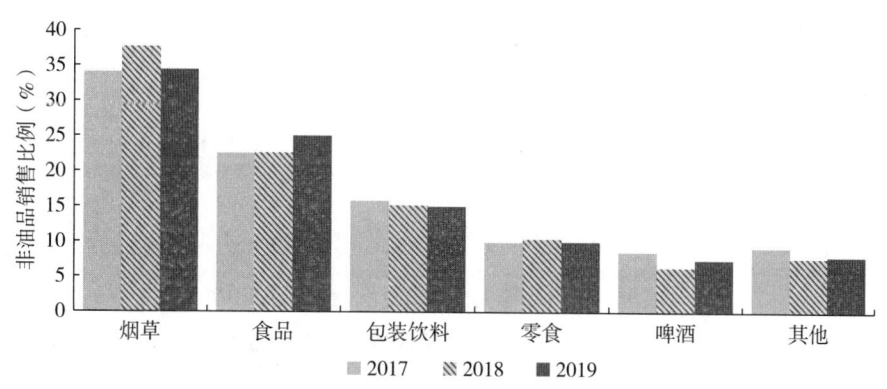

美国便利店非油品销售比例(2017—2019)

资料来源:美国便利店协会,捷诚能源。

中国加油站市场份额和销量

中国加油站目前有加油站 11 万座左右。中国石油和中国石化占全国加油站数的不到 50%，而销售量超过 50%。

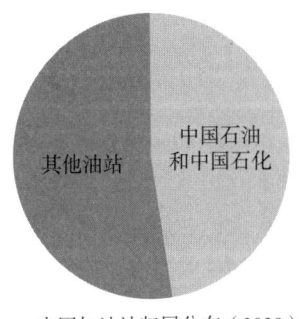

中国加油站归属分布（2020）

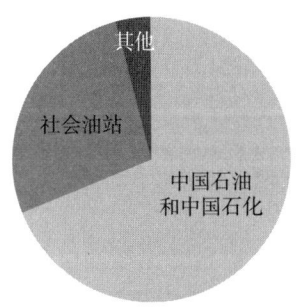

中国加油站销量分布（2020）

资料来源：中国商务部，中国国家统计局，上海国际能源交易中心，捷诚能源。

中国成品油生产、批发和零售企业

中国成品油生产、批发和零售环节中，参与主体的规模和程度不同。

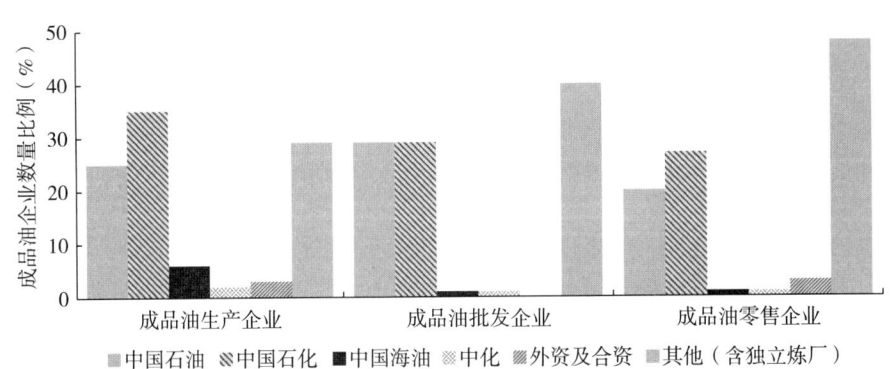

中国成品油生产、批发和零售企业（2020）

资料来源：中国商务部，中国国家统计局，上海国际能源交易中心，捷诚能源。

中国加油站概况和指标

截至 2020 年年底，中国共有加油站（加油点、加油船）11.20 万座，各项加油站指标均有长足的发展。

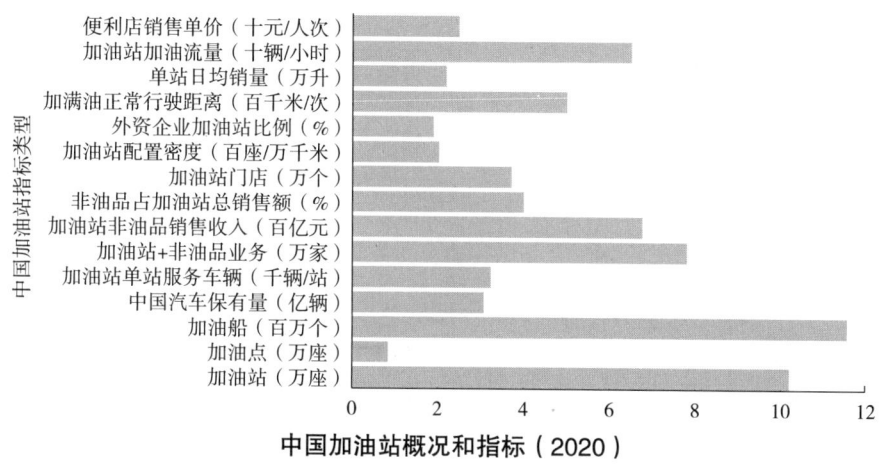

中国加油站概况和指标（2020）

资料来源：中国商务部，中国国家统计局，中国工商联，广东油气商会，捷诚能源。

中国加油站数量和密度

2000 年后，中国加油站快速发展，密度增加，预计 2030 年前达峰。

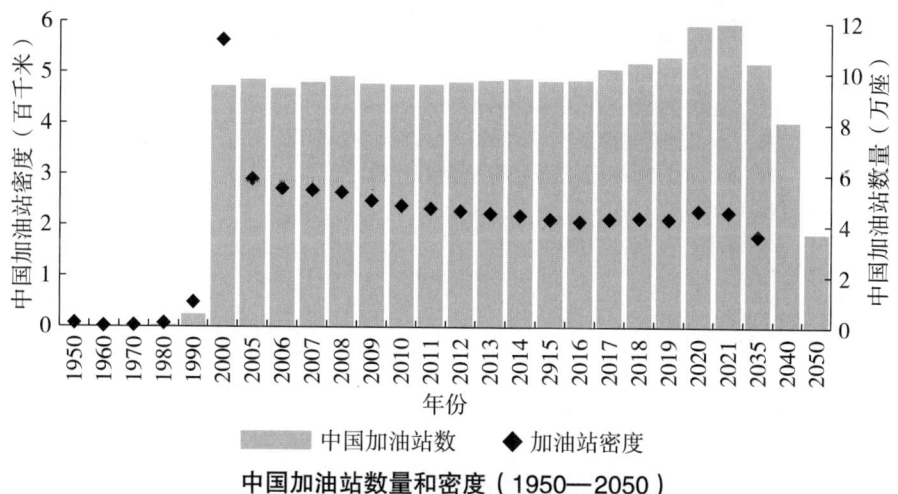

中国加油站数量和密度（1950—2050）

资料来源：中国商务部，广东油气商会，中国国家统计局，中国石油规划总院，捷诚能源。

中国加油站非油品销量构成

以油品日销量5万升的加油站为例，非油品日均营业额包括汽油促销和实际非油品销量。便利店提升购物体验感，有咖啡馆的气氛，满足快捷便利等消费习惯，将有助于销量增长。

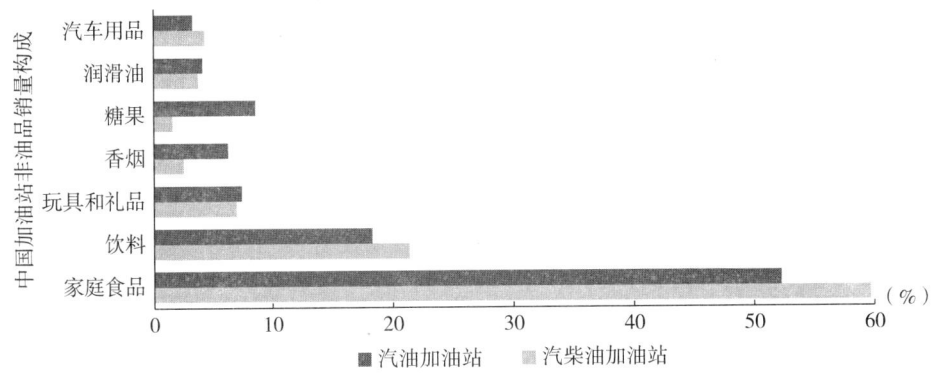

中国加油站非油品销量构成（2014—2022）

资料来源：广东油气商会，捷诚能源。

中国品牌便利店构成

中国品牌便利店总数不断增加，特别是加油站便利店服务也多元化。

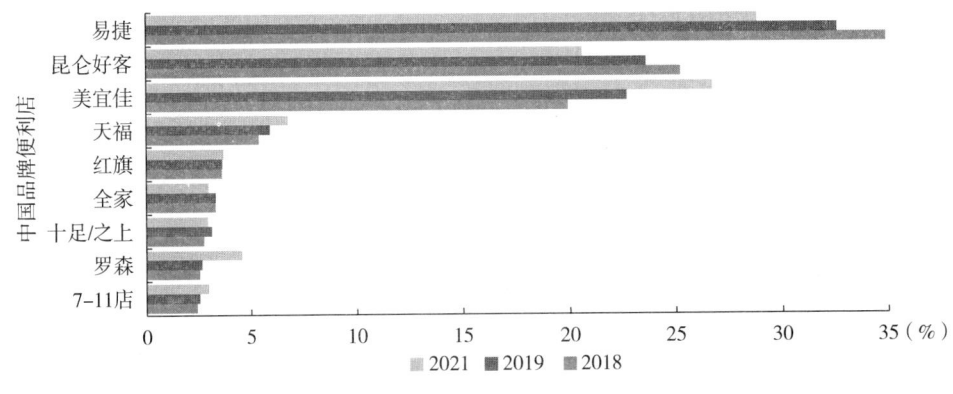

中国品牌便利店构成（2018—2020）

资料来源：中国连锁经营协会，毕马威，捷诚能源。

经典观点与经验分享

张留成 中国（独立炼厂）石油采购联盟主席、山东省企业集团海外发展促进会执行会长、山东省高端化工产业发展促进会秘书长

石油是工业的血液，炼油业是全球最为重要的行业之一。进入21世纪，随着经济发展和技术进步，炼油行业格局发生一系列变化。2008年金融危机后，多重因素交织，石油行业面临更大的转型"风口"，全球炼油企业发展呈现一些新特点和方向。中国炼油工业经过长期发展，由小变大，由大到强，正站在转型升级、实现高质量发展的拐点。

（1）炼油技术提升快，装置结构复杂化。世界炼油产业日臻成熟，技术进步成为产业发展的核心动力。近年，随着炼油能力的提升、原油价格的升高、各国对清洁燃料的要求等，炼厂逐步由单一的常减压装置，发展到催化裂化、加氢裂化、重整等多装置联合持续生产，结构逐渐复杂，对原油加工的适应性和灵活性逐渐增强，石化产品品种增加。

（2）炼油装置规模向大型化和炼化一体化发展。随着经济发展和技术进步，传统炼油企业逐步由燃料型向化工型转变，企业炼油装置从炼油为主向炼油、乙烯、芳烃一体化转变，实现化工品的规模化生产以及石油原油的集约化利用，达到节省成本和提高效益的目的。截至目前，全世界有30多座规模超2000万吨/年的大型炼厂在运转生产，并且个别企业规划建设的单体项目产能超过4000万吨/年。

（3）炼油企业生产基地化。从资源节约、产业链条化发展情况来看，基地化成为炼油产业发展的主要趋势，全世界形成了以新加坡裕廊岛为代表的一批世界级炼油基地。国内正在抓紧建设浙江舟山、江苏连云港等"七大石化基地"，基地炼油规模均在2000万吨以上，遵循"化主油辅、少油多化"原则，配套大型乙烯、PX装置；面对炼油产能过剩、化工产能不足的结构性矛盾，中国目前炼油行业的主要方向是由上游炼油到下游化工产品生产于一体，有效整合资源，实现炼油企业由燃料型向化工型转变。

（4）炼油企业产品出口聚集化。由于全球炼油企业发展的区域布局不均衡、环保紧要求、成品油的标准逐渐趋同、国际危化品物流的发展，使大规模的成品油与化工品的流转成为更加经济的模式。纵观全球，世界正在形成以中国沿海、美国墨西哥湾、波斯湾沿岸、印度西海岸、新加坡裕廊岛的外向型出口基地。

第7章

基本面的平衡 库存与储备

库存随着经济周期和短期供需冲击而变化,时间维度一般为1—2年。绝对库存水平充当供需博弈的缓冲器。相对库存水平是市场供需宽松或紧张的指标。去全球化和产业链区域化需要更多的库存来充当缓冲,也强化了库存的应急保供功能。

库存与价格

持有库存成本是商品价格的一部分。价格波动是库存变化的函数,库存变化影响了价格波动幅度。

国际大宗商品价格波动率

储存(持仓)成本是期货价格波动的主要驱动指标。当一个商品储存难,储存成本越高,价格波动往往也越大。石油持有成本在其商品价值中的比例远高于金属产品。

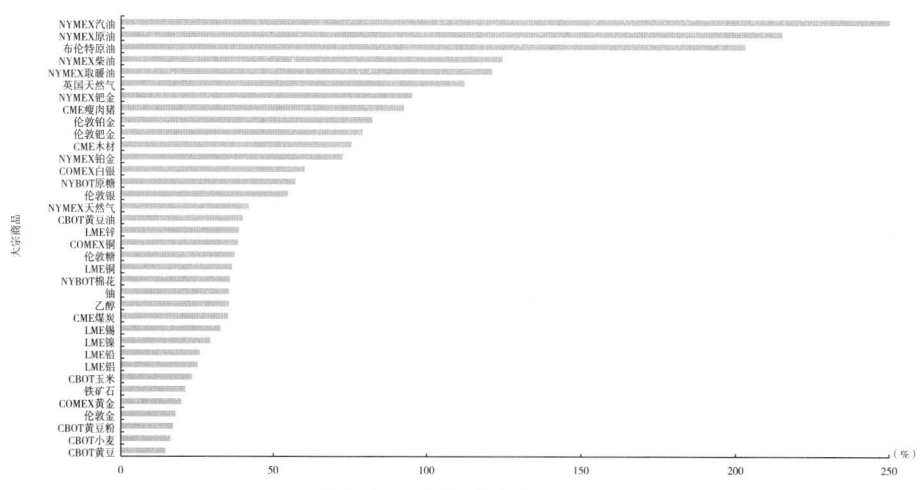

国际大宗商品价格波动率(2020年)

资料来源:洲际交易所,芝商所,捷诚能源。

中国大宗商品价格波动率

中国能源化工产品价格的波动率反映了市场供需和投资者行为。

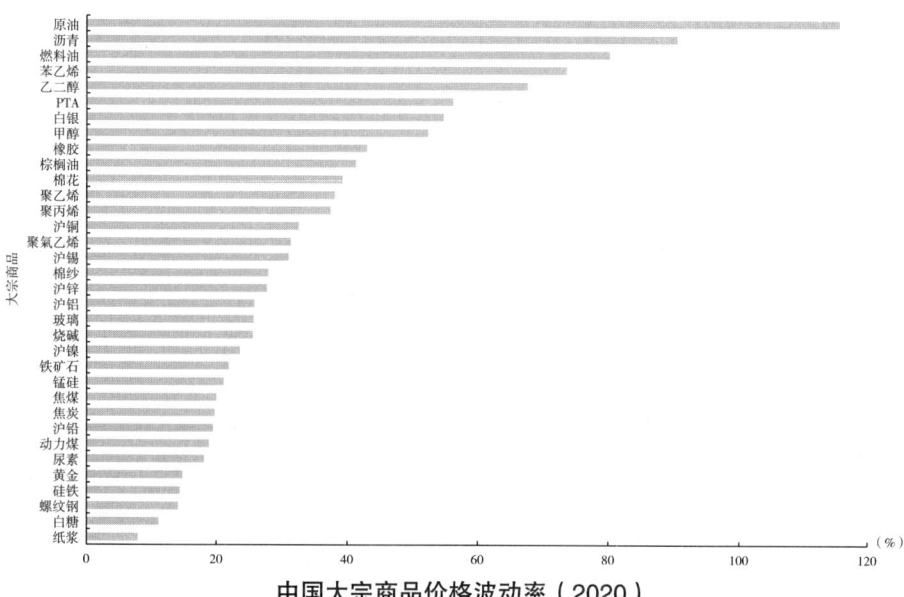

中国大宗商品价格波动率（2020）

资料来源：上海期货交易所，大连商品交易所，郑州商品交易所，捷诚能源。

世界石油供需和库存变化

库存相当于虚拟供应，是供需的补充，反映短期内的供需波动及紧张与否。一旦库存过高，供应须降到与需求相当水平，达到供需平衡。库存受经济周期和短期供需冲击的影响大。

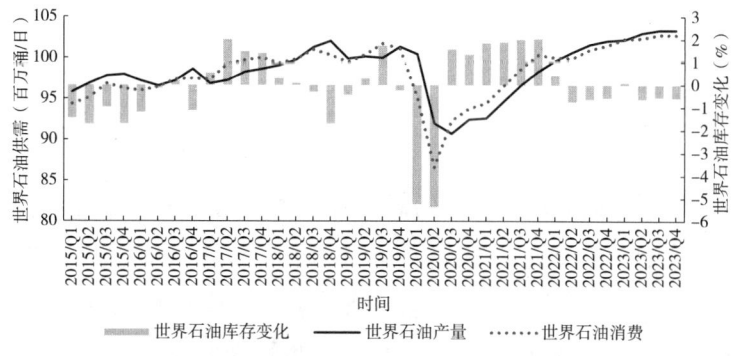

世界石油供需和库存变化（2015—2023）

资料来源：国际能源署，美国能源信息署，捷诚能源。

世界石油库存变化与油价

市场通常对高频库存数据的反应非常灵敏。库存的绝对量及其在某一时段内的均值有助于寻找市场拐点的信号。库存的相对量（变化）对短期油价影响大。

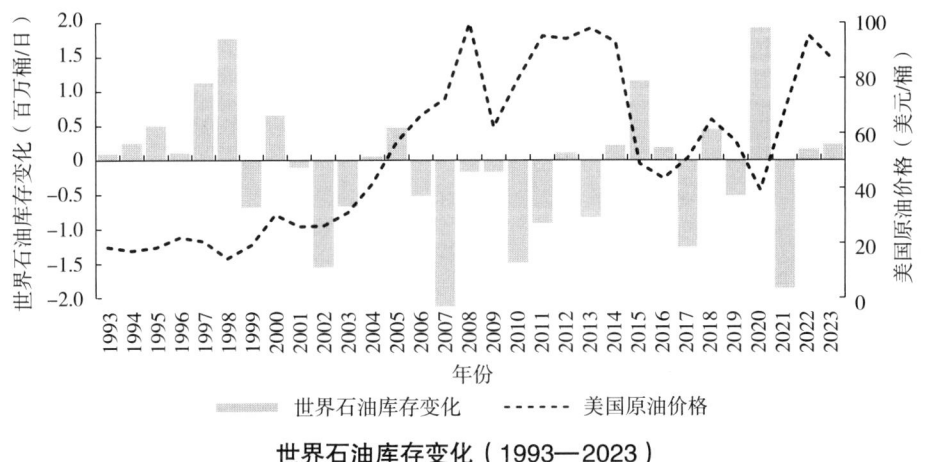

世界石油库存变化（1993—2023）

资料来源：美国能源信息署，捷诚能源。

全球区域石油库存

全球区域石油库存

2020年的负油价引发了市场对全球石油库容和库存规模的梳理。石油市场去库存有一定顺序，一般从仓储成本高的库存开始。石油库存有多种归类方法，可分为原油和成品油，或分为商业库存和战略储备，也可分为海上浮仓、海上在途库存和陆上库存，亦可分为炼厂、罐区、在途、仓库、管存等。

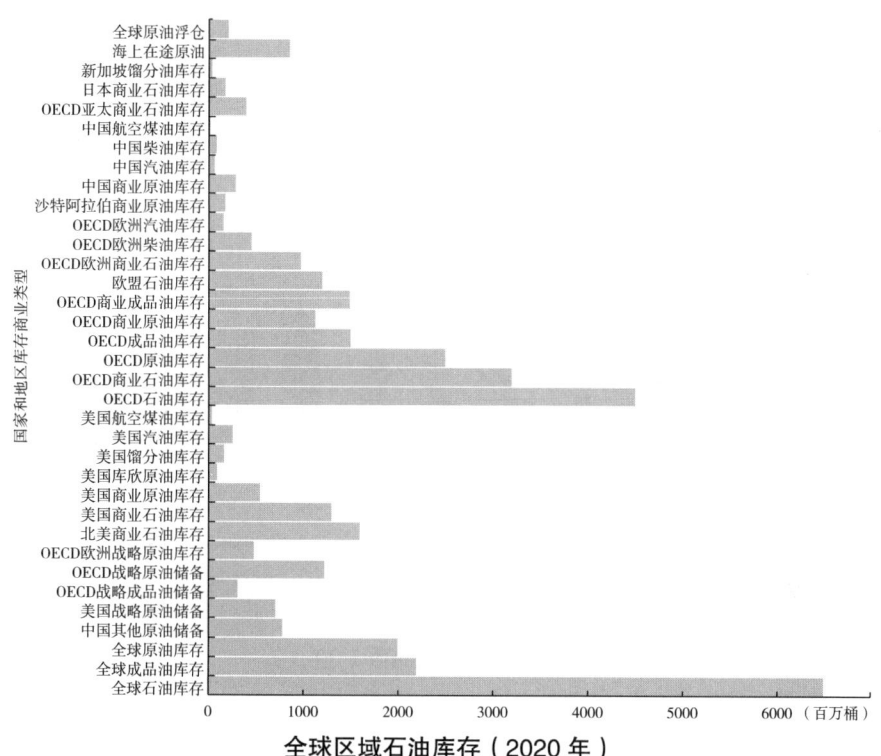

全球区域石油库存（2020年）

资料来源：公开资料，捷诚能源。

全球区域石油罐容利用率

2020年8月，包括炼厂仓储在内的全球石油罐容利用率在60%以下。

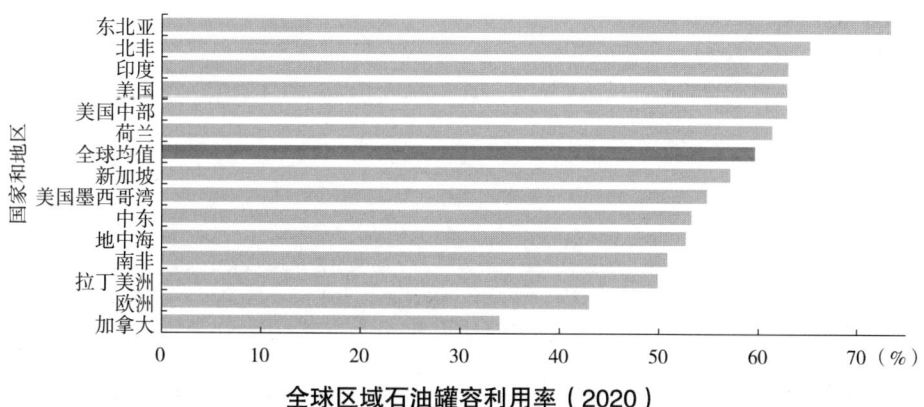

全球区域石油罐容利用率（2020）

资料来源：国际货币基金组织，Ursa空间系统公司，捷诚能源。

全球区域成品油仓储费

全球成品油仓储中心主要分布在欧洲阿姆斯特丹 – 鹿特丹 – 安特卫普（ARA）地区、中东富查伊拉、美国休斯敦和亚洲新加坡。仓储费反映了市场供需、地理位置、仓储设施状况以及质量安全等因素。

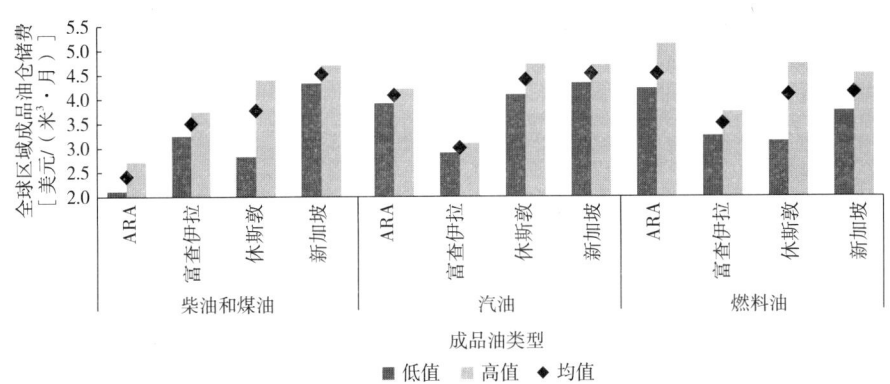

全球区域成品油仓储费（2021）

资料来源：全球洞察公司，爱迪生投资研究，捷诚能源。

南非原油库存

南非萨尔达尼亚湾是南半球最大的原油仓储中心，连接了欧亚消费点，在低油价时，是过剩原油的理想存储地。南非本土油气田的发现和全球供应链中断风险的加剧，使得其更为重要。

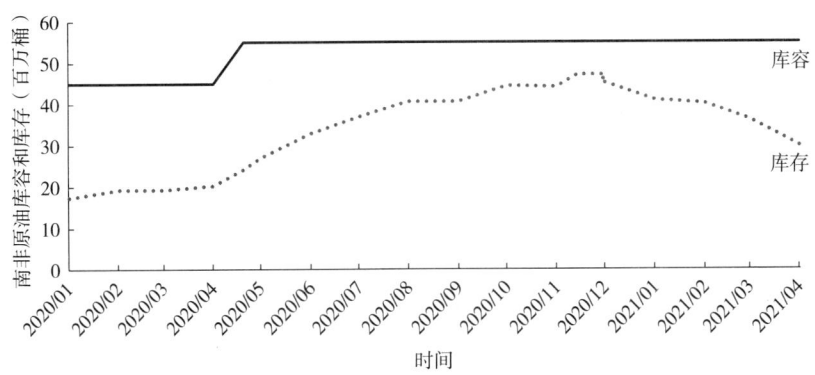

南非萨尔达尼亚湾原油库存（2020—2021）

资料来源：彭博，捷诚能源。

中国原油和成品油库存

2020年4月负油价前后，中国原油和成品油库容保持相对较高水平。

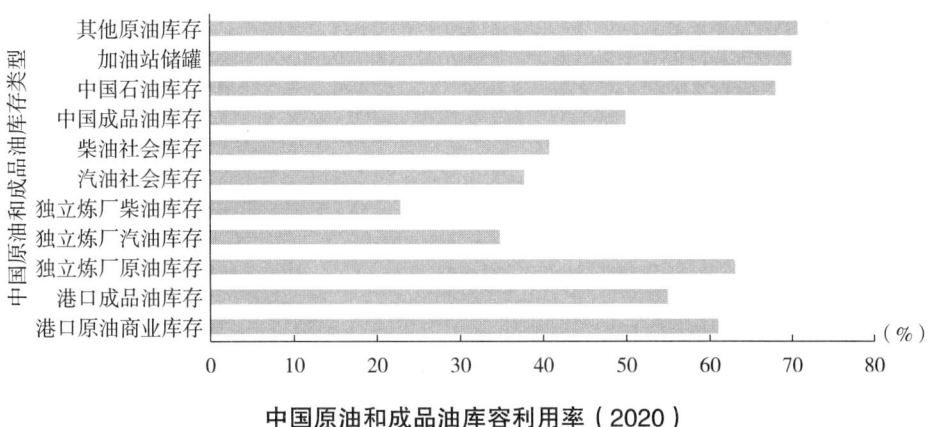

中国原油和成品油库容利用率（2020）

资料来源：公开报道，捷诚能源。

经合组织石油库存

经合组织石油库存旨在消化市场冲击和稳定市场。市场参与者通过分析库存供应天数或消费天数、库存与油价及月差、库存变化与油价变化等指标，来判断油价的走势和拐点。

经合组织商业原油库存供应天数

经合组织商业原油库存供应天数（OECD days of supply）指库存可以满足需求的天数。库存除以下月的原油加工量，得出供应天数。

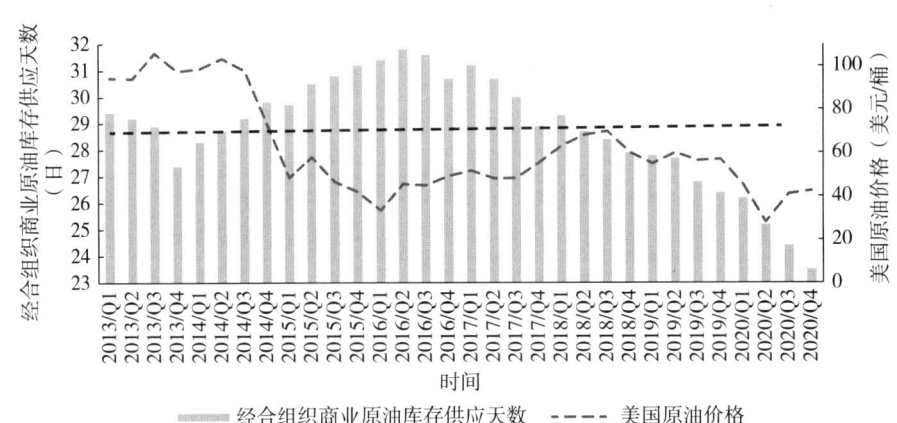

经合组织商业原油库存供应天数与油价（2013—2020）

资料来源：国际能源署，美国联邦储备委员会，瑞杰研究部，捷诚能源。

经合组织商业石油库存供应天数

经合组织商业石油库存天数（OECD commercial stocks days of supply）如果低于50天，则可能推高油价，如果高于62天，则可能抑制油价。

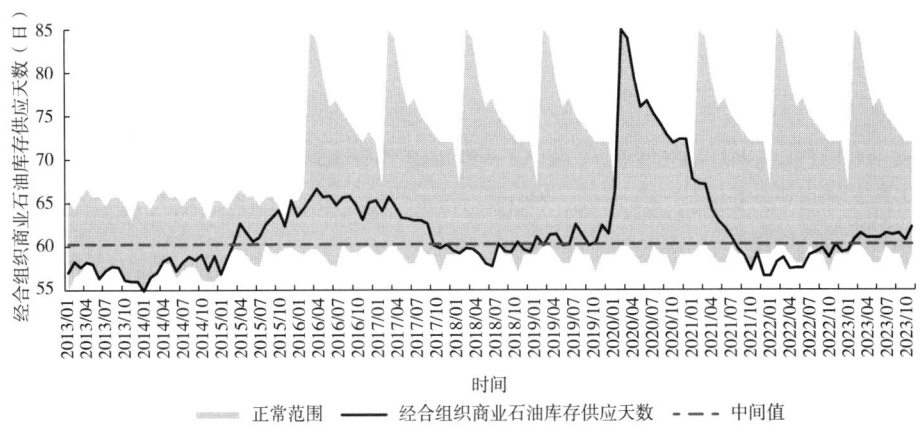

经合组织商业石油库存供应天数（2013—2023）

资料来源：美国能源信息署，捷诚能源。

经合组织月度商业石油库存

经合组织月度商业石油库存的绝对量及其在某一时段内的均值是寻找市场拐点的信号。

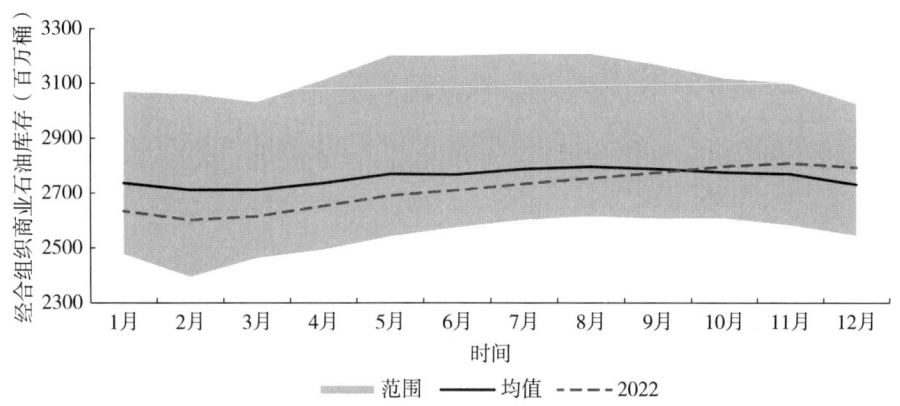

经合组织商业石油库存（2003—2023）

资料来源：国际能源署，美国能源信息署，欧佩克，捷诚能源。

经合组织石油消费天数变化与油价

油价是石油库存的函数。油价随石油库存变化而变动。经合组织商业石油库存消费天数变化每波动1%，国际油价反向波动3%左右。

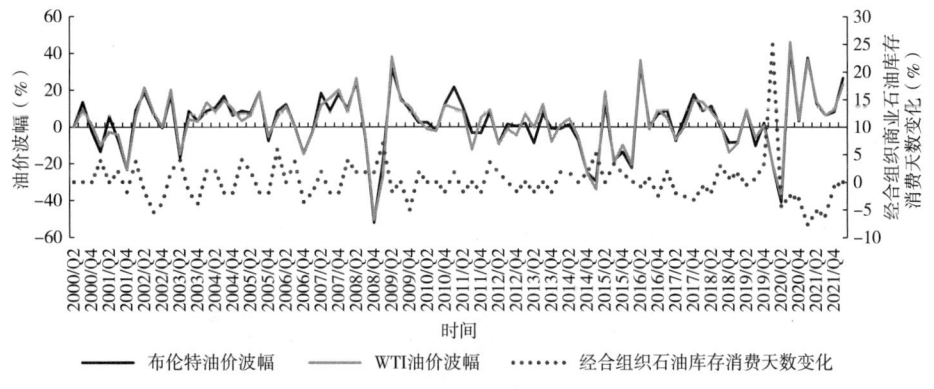

经合组织商业石油库存消费天数变化与油价波幅（2000—2021）

资料来源：国际能源署，美国能源信息署，欧佩克，捷诚能源。

经合组织石油库存消费天数与油价

经合组织商业石油库存消费天数（OECD days of forward consumption）类似其石油供应天数，合理水平一般为55天，有助于判断市场供需形势。随着经合组织在全球石油消费比例的下降，这一指标对油价的影响在减弱。

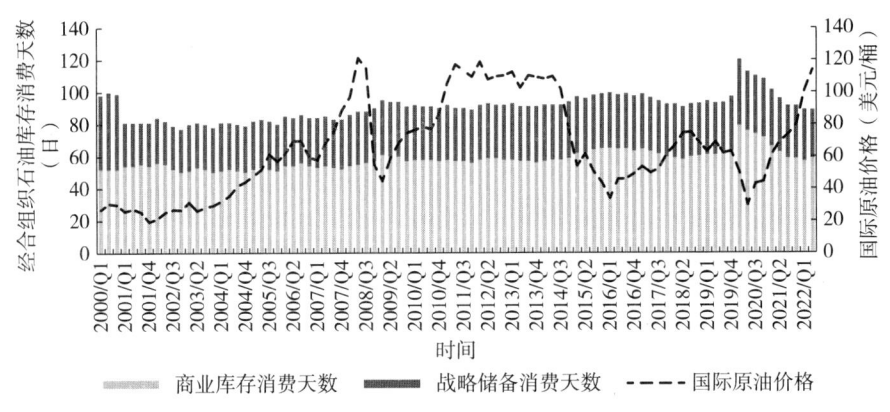

经合组织商业石油库存消费天数与油价变化（2000—2022）

资料来源：国际能源署，美国能源信息署，欧佩克，捷诚能源。

经合组织商业库存消费天数与月差

经合组织商业石油库存消费天数相对于国际原油价格1—3月价差有3个月的滞后，是判断市场是否存在结构性短缺的重要指标。

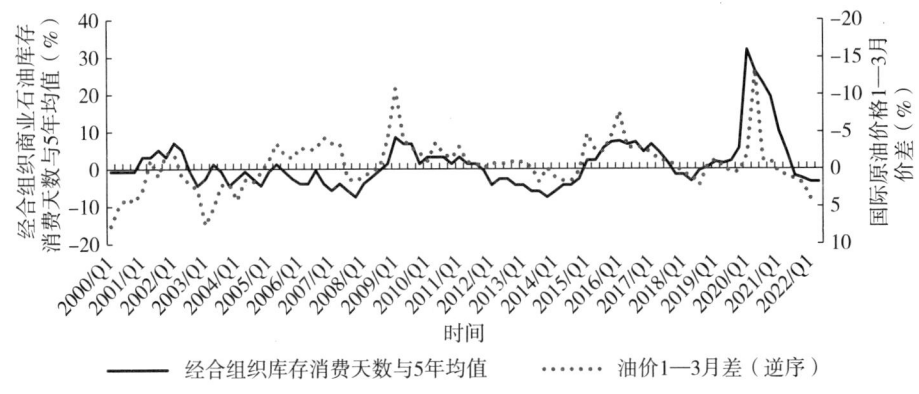

经合组织商业石油库存消费天数与月差（2000—2022）

资料来源：国际能源署，美国能源信息署，欧佩克，捷诚能源。

经合组织石油需求与库存变化

经合组织石油需求一般先于库存变化，两者呈高度负相关。反之，经合组织库存减少一定规模，需求会出现反弹。

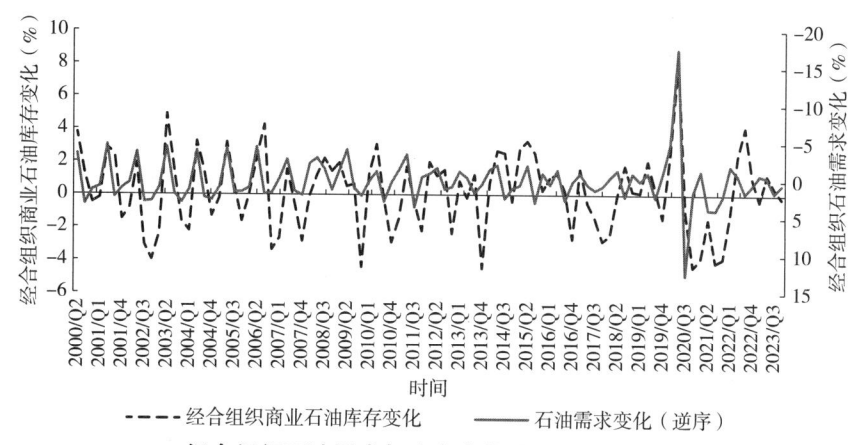

经合组织石油需求与库存变化（2000—2023）

资料来源：国际能源署，欧佩克，美国能源信息署，捷诚能源。

欧洲 ARA 地区成品油库存

成品油库存（Oil products inventory）变化影响石油市场。欧洲阿姆斯特丹—鹿特丹—安特卫普（ARA）地区炼油、仓储和物流运输基础设施发达，提供良好的现货市场交易流动性，是全球重要的石油定价中心。

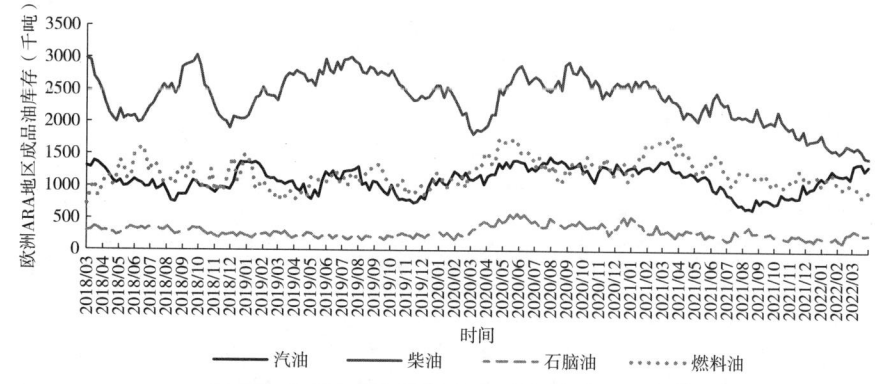

欧洲 ARA 地区成品油库存（2018—2022）

资料来源：南华期货，捷诚能源。

美国石油库存

库存变化及其与市场预期的偏差会导致油价的波动。美国石油协会和美国能源信息署于每周定期发布美国原油和石油产品库存数据。在库存数据报告公布当日，原油价格的历史日均波动率为 2.77%，最大日波动率高达 8.37%。

美国石油库存变化与油价变化

美国石油库存（Stocks of crude oil and petroleum products）变化和油价变化高度负相关。除负油价发生前后，美国石油库存每变化一个点，同期油价变化的范围一般在 0.8～1.2 之间，库存变化对油价的影响直接而显著。

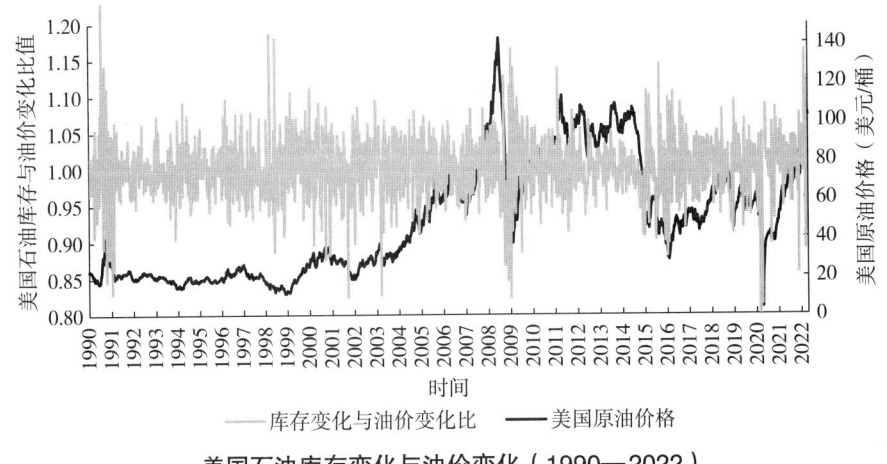

美国石油库存变化与油价变化（1990—2022）

资料来源：美国能源信息署，捷诚能源。

美国原油和成品油供应天数

石油供应天数（Days of supply）可用于判断合理的库存水平和需求。美国原油供应天数一般不低于16天，近期在28天左右，而成品油供应天数普遍不低于20天，一般在25天到35天之间。

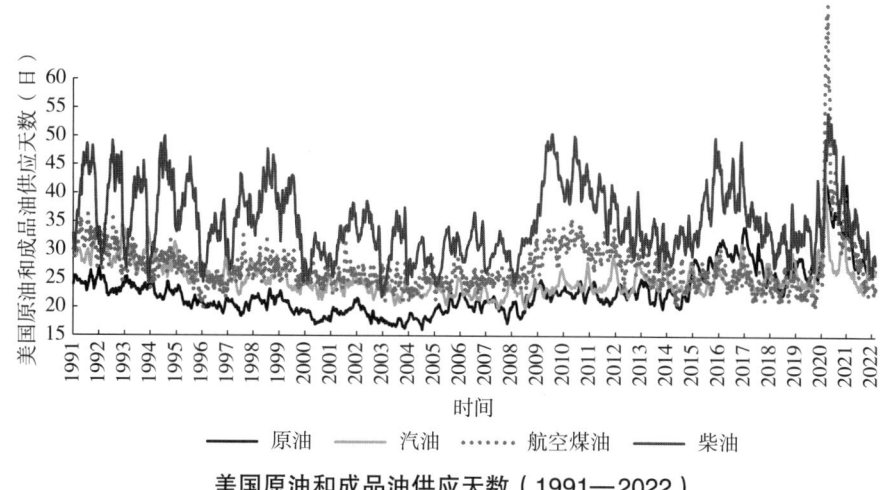

美国原油和成品油供应天数（1991—2022）

资料来源：美国能源信息署，捷诚能源。

美国石油库存与均值差

美国原油现货价格常紧跟美国石油和原油库存变化，影响长期油价的形状。

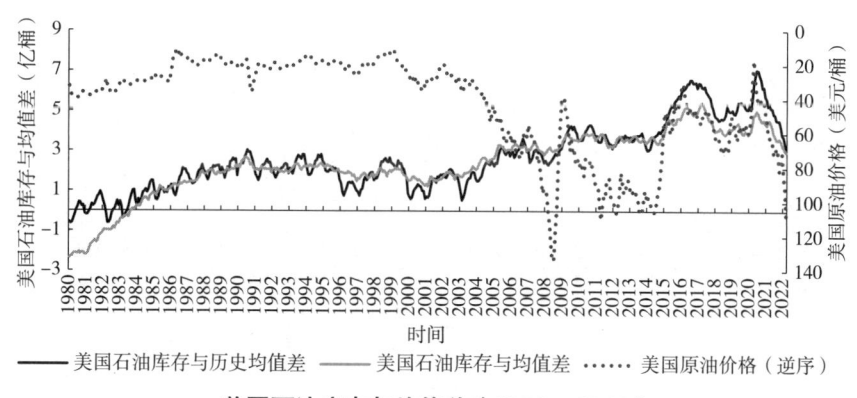

美国石油库存与均值差（1980—2022）

资料来源：美国能源信息署，高盛研究部，捷诚能源。

美国原油汽油中间馏分库存变动

去库存是有顺序的，首先是存储成本高和对需求更敏感的石油库存。不考虑时间差，当原油库存和汽柴煤等成品油库存能同方向变动时，油价的走势相对明朗。美国成品油库存的变动，领先于原油库存约6个月。

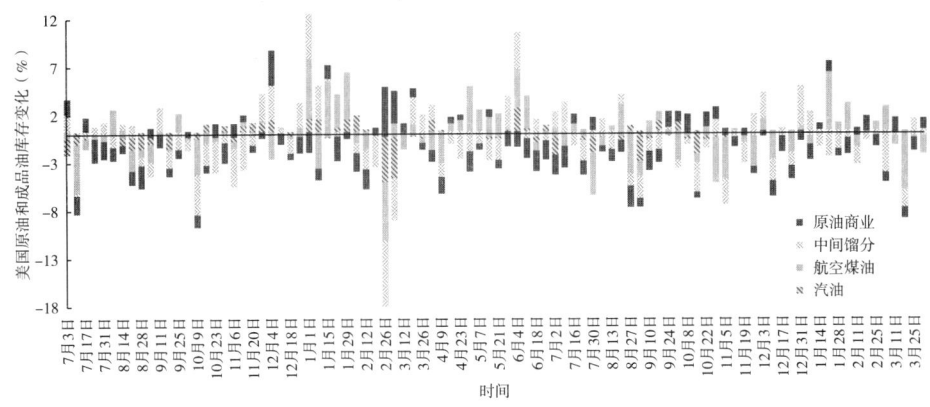

美国原油和成品油库存变化（2020—2022）

资料来源：美国能源信息署，捷诚能源。

美国丙烷库存和价格

丙烷出口需求、冬季供暖和原油价格都影响美国丙烷库存和价格。

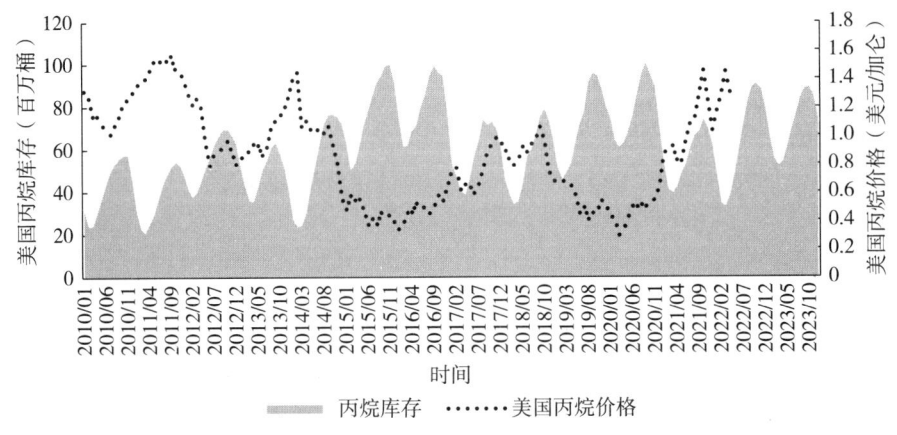

美国丙烷库存和价格（2010—2023）

资料来源：美国能源信息署，捷诚能源。

美国原油库存和类型

美国原油库存包括战略储备和商业库存。原油商业库存又分为炼厂、罐区、在途、仓库、管存和租赁等方式。

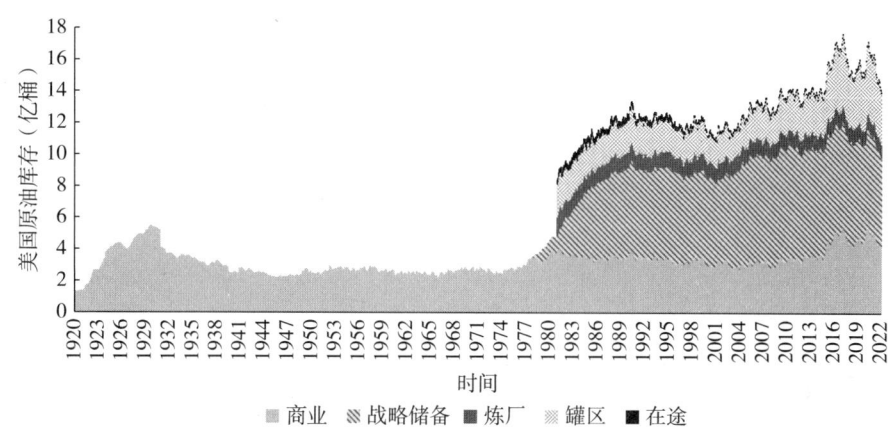

美国原油库存和类型（1920—2022）

资料来源：美国能源信息署，捷诚能源。

美国原油库存周度变化

库存均值回归是油价预测的约束性指标。美国原油库存均值在9亿桶以上。

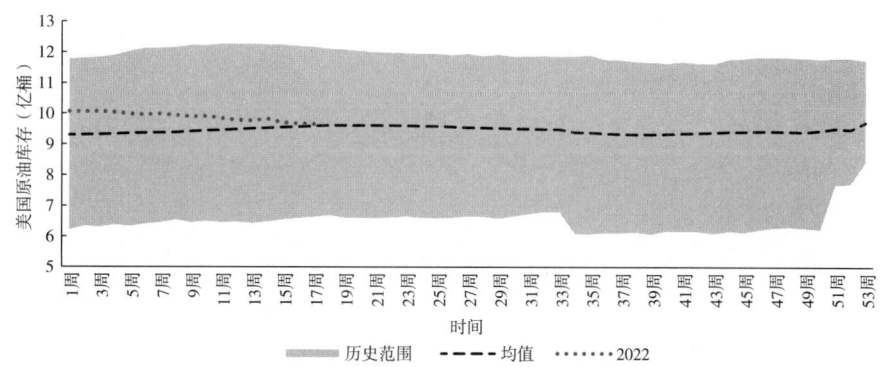

美国原油库存周度变化（1982—2022）

资料来源：美国能源信息署，捷诚能源。

美国库欣原油库存周度变化

2020年4月20日，美国WTI原油期货5月合约跌至–37.63美元/桶，与交割地在库欣当时的库存高位和实物交割条件设计有关。WTI期货实物交割量差不多只有合约的1%。在交易日之后交割月期间，期货合约多头持仓者有义务租赁库欣库容，在指定具体油阀接油。如果多头无法指定交割阀门接货，则会承担不能交割的后果，包括保证金损失、直接的现金罚款、名声污点、抵押品的清算、交易资格的取消和违约的法律成本等。

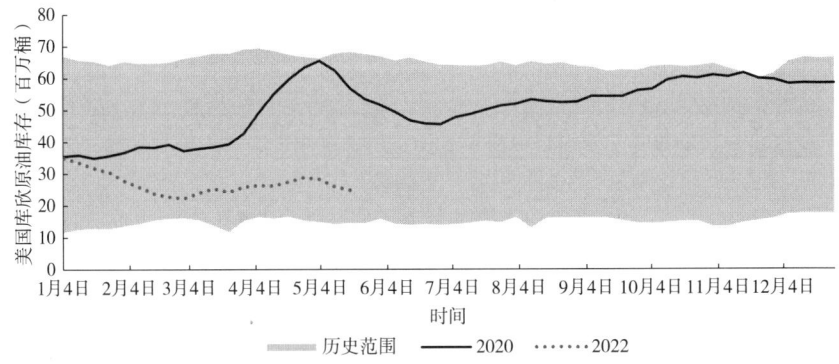

美国库欣原油库存周度变化（2004—2022）

资料来源：美国能源信息署，芝商所，捷诚能源。

美国原油库容月度利用率

美国原油总库容利用率相对平稳，而库欣原油库容利用率波动大。

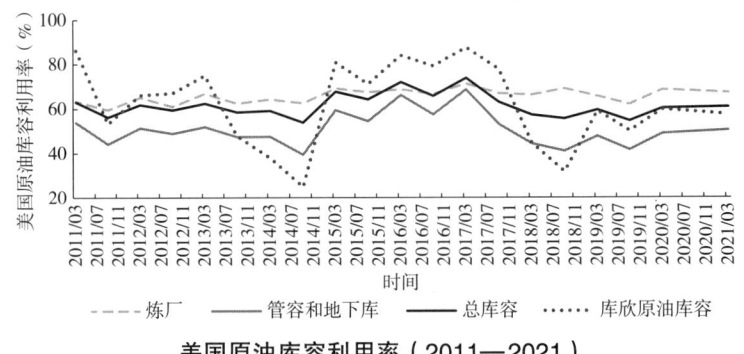

美国原油库容利用率（2011—2021）

资料来源：美国能源信息署，捷诚能源。

美国主要原油仓储区域和库欣概况

美国原油库存主要集中在墨西哥湾和库欣等地区。

位于美国中部俄克拉何马州,库欣到俄克拉何马市70英里,到休斯敦500多英里,到纽约华尔街1400英里。库欣因油而生,其历史可以追溯到100多年前。1912年3月,库欣地区发现高产油田,一度是美国最大的油田,带动了管道、仓储和炼厂等基础设施的发展,号称"世界管道的十字路口（Pipeline Crossroads of the World）"。1983年,纽约商品交易所选择库欣作为WTI原油期货合约的交割地。2004年4月9日,美国能源信息署开始发布库欣原油库存数据。业主类型包括生产商、中游储运公司、炼厂、经销商和综合型公司。目前,主要有10家公司运营近30条管道系统,总计3000多英里,输入管道能力为370万桶/日,输出管道能力为310万桶/日。主要有20座储存终端,占地面积约5000英亩,430多座大型地上石油储罐,平均罐容在5万至60万桶之间。其中,78座固定顶油罐,库容达630万桶,约为库欣总库容的7%。

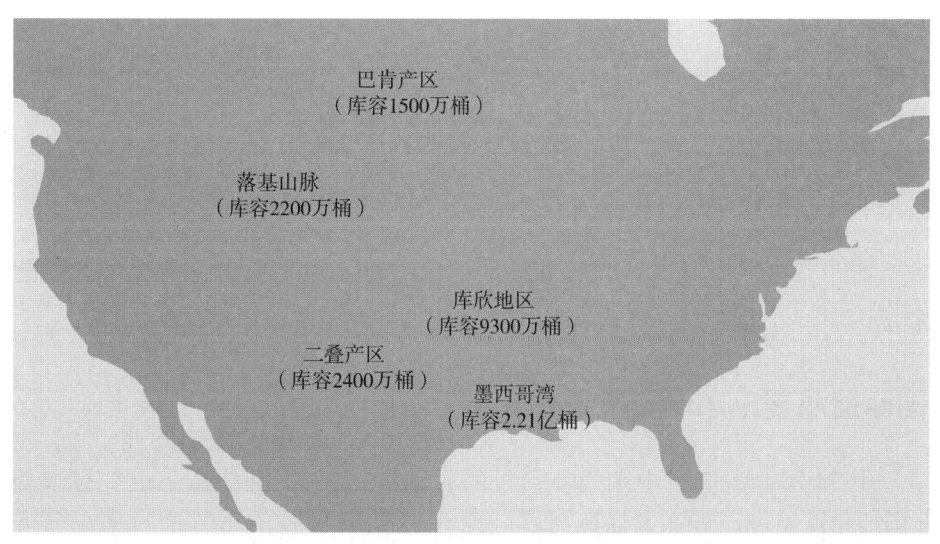

美国主要原油仓储区域和库欣概况示意图（2022）

资料来源：美国能源信息署,捷诚能源。

美国原油储罐库容利用

原油储罐库容可到20万立方米。原油库存水平和库容利用率或满库率受安全考虑、维护、罐底油、混装原油品质、经济性和运营条件等影响。

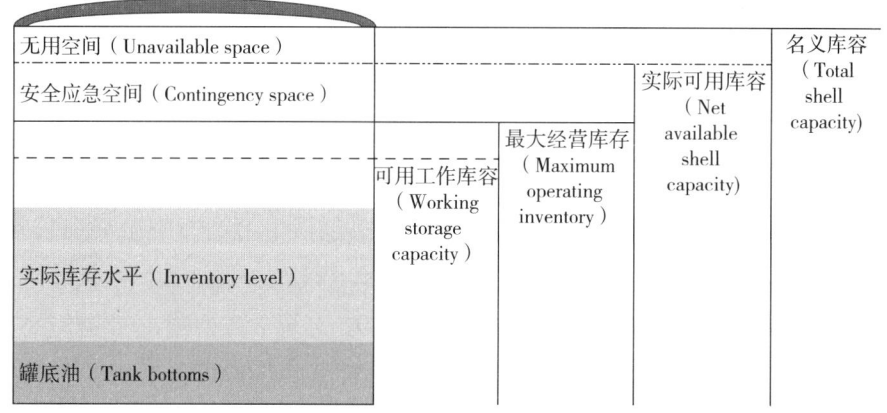

美国原油储罐库容利用示意图

资料来源：美国能源信息署，美国石油协会，捷诚能源。

应急和战略储备

储气库主要用于天然气市场供需平衡，而石油储备的应急保供的功能显著。

国际能源署应急储备净进口天数

1974年，为应对中东战争引发的石油危机，《国际能源协议》规定相当于60日净进口量的石油储备，后提升至90日。1991年1月，为应对海湾战争，宣布释放3750万桶，政府储备实际释放1920万桶。2005年9月，为应对美国墨西哥湾飓风，宣布释放6300万桶，政府储备实际释放2880万桶。2011年6月，为应对利比亚等冲突，宣布释放6000万桶。2022年

3月，宣布释放6000万桶，实际承诺6170万桶。当时，国际能源署有15亿桶政府储备和5.75亿桶行业储备。2022年4月，宣布释放1.2亿桶。

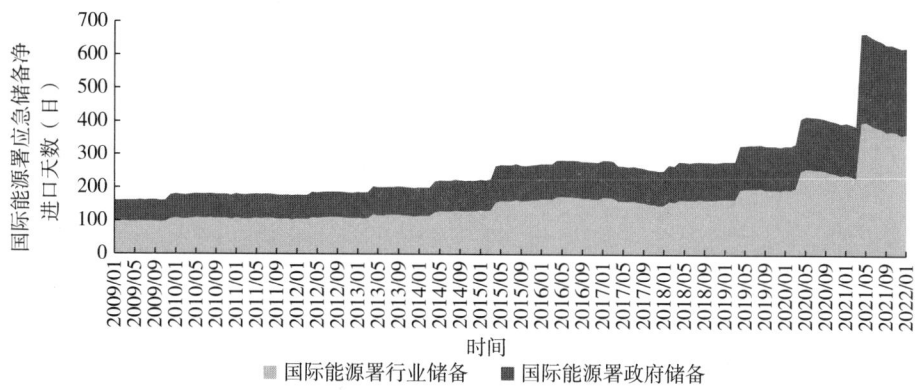

国际能源署应急储备净进口天数（2009—2022）

资料来源：国际能源署，美国能源部，高盛研究部，捷诚能源。

美国原油战略储备释放目的与释放量

1977年，第一批原油注入美国石油战略储备库（Strategic petroleum reserve，SPR），最高库存达7.27亿桶，目前库容为7.14亿桶。1985年以来，美国释放原油战略储备30多次，主要用于早期的系统测试、对战争或飓风的应急、解炼厂燃眉之急的商业置换、改善财政收入和改造储备设施等的非应急释放等。平均采购油价为29.7美元/桶。

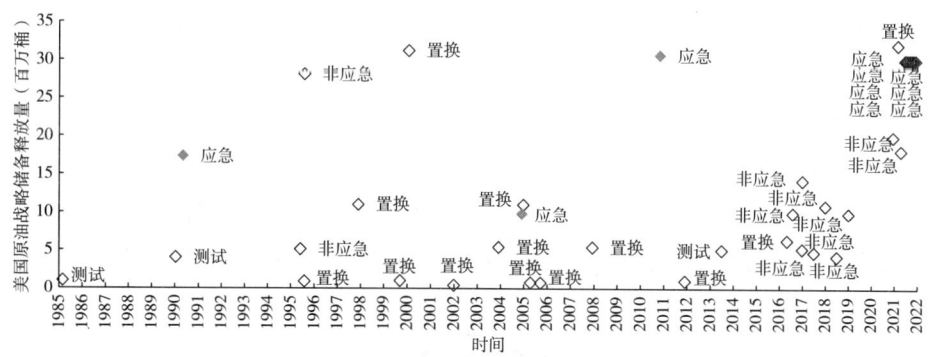

美国原油战略储备释放目的与释放量（1985—2022）

资料来源：美国能源部，捷诚能源。

美国原油战略储备释放量与油价波动

战略储备的释放,有助于缓解市场压力,减轻供应短缺对经济的冲击。同时,起到一定威慑作用,降低人为的供应冲击的发生频率。

美国石油战略储备的释放一般会抑制油价的飙升,推动油价的下跌。从总统令到进入市场,一般需要13日,每天最大释放量不超过440万桶。

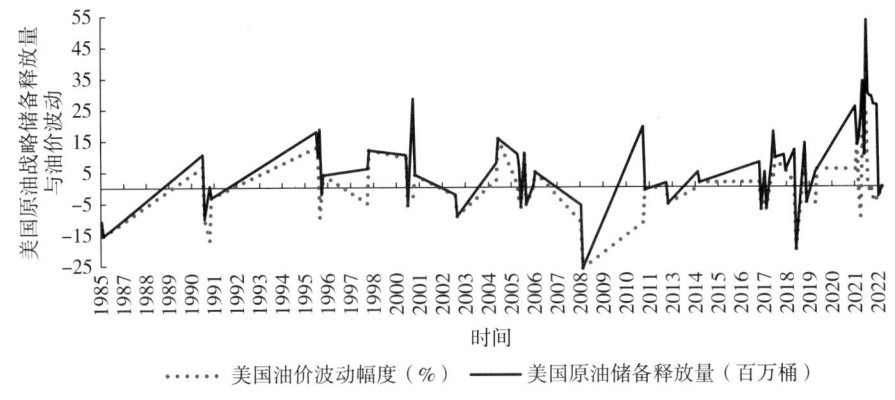

美国原油战略储备释放量与油价波动(1985—2022)

资料来源:美国能源部,美国能源信息署,捷诚能源。

美国成品油应急储备和释放价差

美国是少数拥有成品油储备的国家。2000年7月10日,美国决定成立200万桶的取暖油应急储备(Northeast Home Heating Oil Reserve,NHHOR),2012年,调整为100万桶超低硫馏分(柴油),主要在波士顿、纽约港和康涅狄格州。在冬季极端天气引发供应中断时,应急美国东北部商业和居民取暖大约10天的需求,相当于从墨西哥湾到纽约港的运输时间。2012年12月,通过线上招标系统,首次释放成品油储备。2012年,飓风导致纽约加油站断油多达30天,决定成立汽油应急储备(Northeast Gasoline Supply Reserve,NGSR)。2014年6月20日,批准在东北部建立100万桶汽油应急储备,满足几天的需求。该储备量本意不是用作判断市场供需松紧的指标,但其释放储备量价差仍受关注。

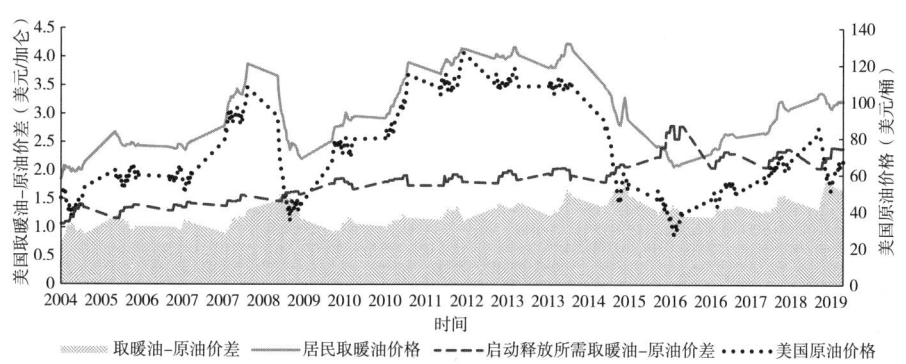

美国启动释放所需取暖油 – 原油价差（2004—2019）

资料来源：美国能源部，美国能源信息署，捷诚能源。

海上库存、浮仓和高频数据

经合组织海上石油库存与油价

经合组织海上石油库存（Oil on the water）包括在途运输的石油和海上浮仓储存的石油。

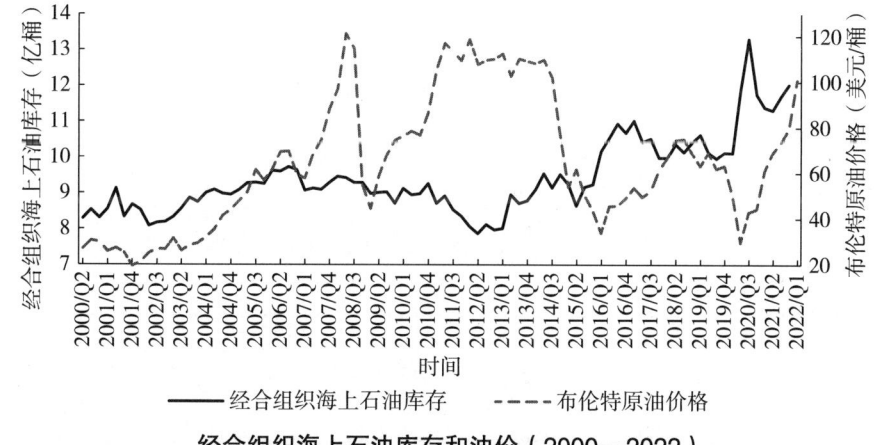

经合组织海上石油库存和油价（2000—2022）

资料来源：欧佩克，经合组织，美国联邦储备委员会，捷诚能源。

世界海上原油库存

海上原油库存（Crude oil on the water）包括在途运输和海上浮仓储存的原油。

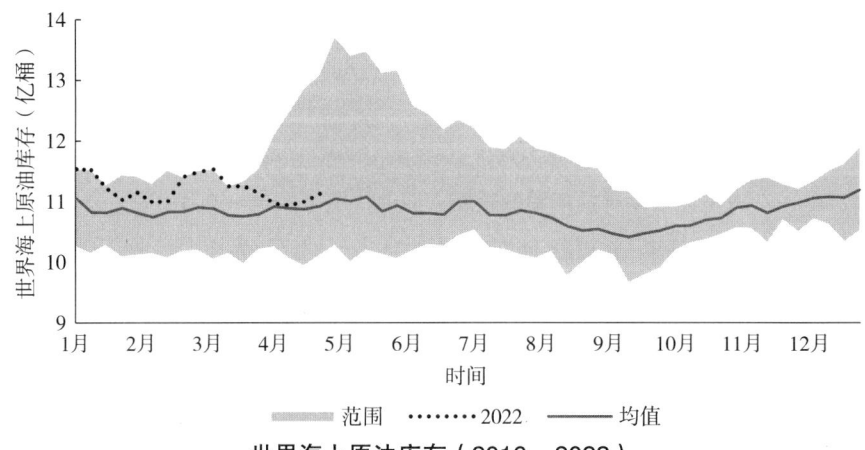

世界海上原油库存（2016—2022）

资料来源：上海国际能源交易中心，彭博，捷诚能源。

世界海上在途石油运量

世界海上在途石油运量（Oil-in-transit on ships）受航线、船型和其他库存等因素影响，在供需宽松时，起到的作用更大。

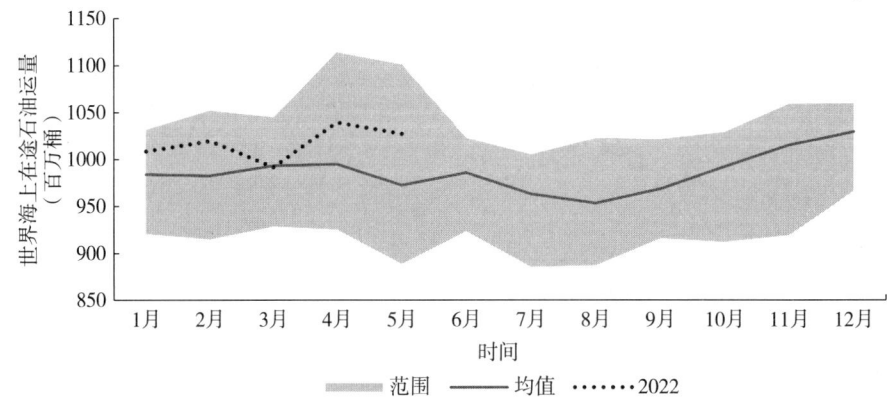

世界海上在途石油运量（2016—2022）

资料来源：彭博，捷诚能源。

世界海运原油出口量

石油是全球经济发展的血液。区域经济发展的差异化和石油供需不均衡推动世界海运原油出口量（Seaborne oil exports）和贸易流向。

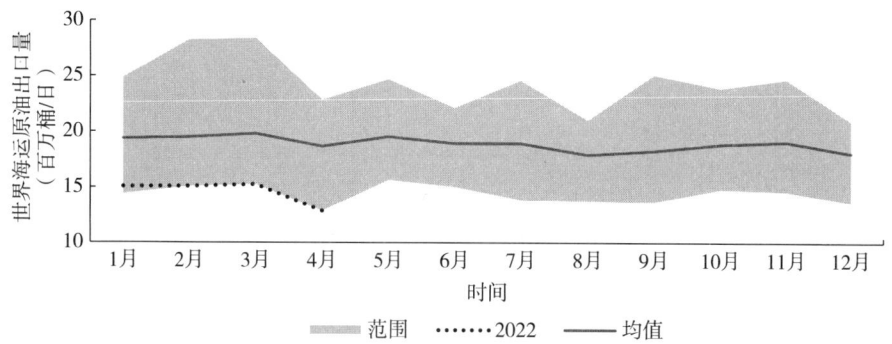

世界海运原油出口量（2002—2022）

资料来源：彭博，捷诚能源。

全球浮仓规模

如果油轮满载且至少7天未移动，则定义为浮仓（Floating storage），如果达到30天以上，则定义为长期浮仓。由于成品油难以长期储存，一般侧重于原油浮仓。全球VLCC船舶装载的原油浮仓量可达3.5亿桶，如果加上其他船型和成品油船舶，石油浮仓可达8亿桶。浮仓是判断市场供需形势和油价方向的最敏感的指标之一。

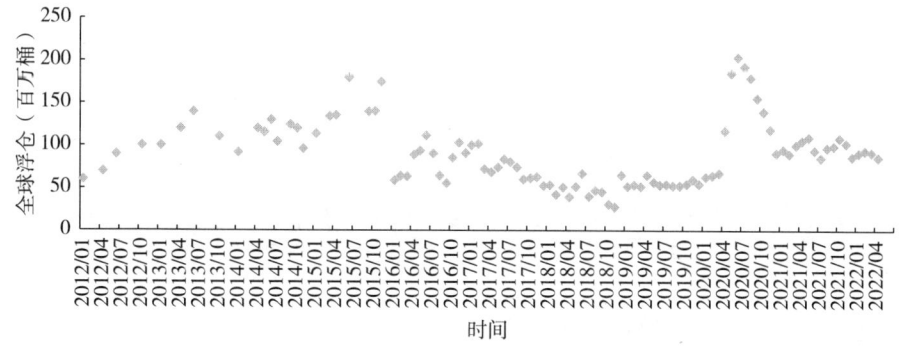

全球浮仓规模（2012—2022）

资料来源：南华期货，上海国际能源交易中心，沃泰克萨，捷诚能源。

伊朗原油浮仓

由于历史和地缘政治原因,伊朗动用油轮存储其无法正常出口的原油和凝析油。2022年5月,伊朗海上石油库存1亿桶,其中原油浮仓接近3000万桶,一旦大规模释放到市场,短期影响大。

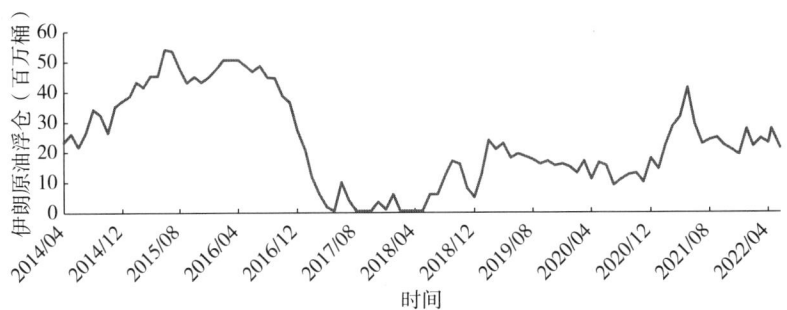

伊朗原油浮仓(2014—2022)

资料来源:科博勒,彭博,捷诚能源。

全球原油浮仓量与原油月差

全球原油浮仓的上升与油价月间差的扩大有直接的相关性。

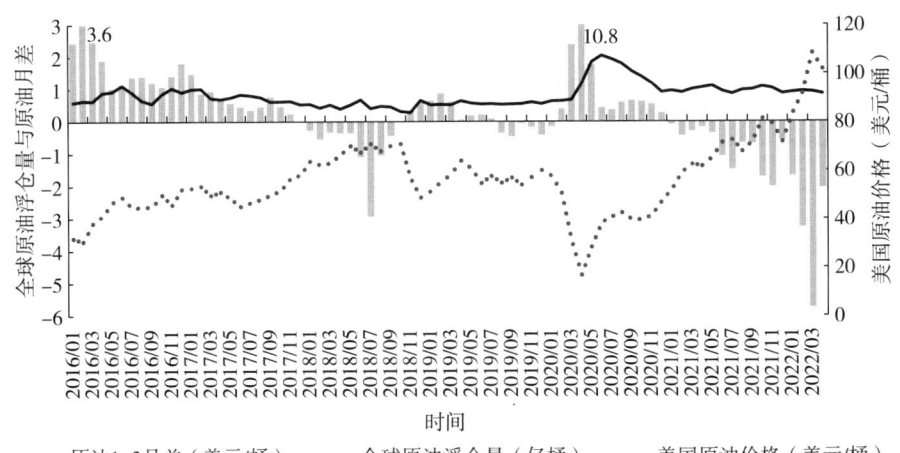

全球原油浮仓量与原油月差(2016—2022)

资料来源:美国能源信息署,南华期货,沃泰克萨,上海国际能源交易中心,捷诚能源。

浮仓盈亏平衡所需油价

原油期货价格出现升水（Contango）结构时，即期价格低于远期价格，如果现货与期货价格之间月差足够大，市场会买现货储存原油而同时卖期货，利用套利收益高于租用浮仓的成本（原油仓储、损耗和资金等成本）进行无风险套利，然后在期货交割日兑现收益。海上浮仓一般会增加。

浮仓盈亏平衡所需原油价格 1—12 月差（2021）

		原油价格（美元/桶）						
		20	30	40	50	60	70	80
VLCC 运费（千美元/日）	10	2.50	2.80	3.00	3.30	3.60	3.80	4.10
	20	4.40	4.60	4.90	5.10	5.40	5.70	5.90
	30	6.20	6.40	6.70	7.00	7.20	7.50	7.80
	40	8.00	8.30	8.50	8.80	9.10	9.30	9.60
	50	9.90	10.10	10.40	10.60	10.90	11.20	11.40
	60	11.70	11.90	12.20	12.50	12.70	13.00	13.30
	70	13.50	13.80	14.00	14.30	14.60	14.80	15.10
	80	15.30	15.60	15.90	16.10	16.40	16.70	16.90
	90	17.20	17.40	17.70	18.00	18.20	18.50	18.80
	100	19.00	19.30	19.50	19.80	20.10	20.30	20.60
	110	20.80	21.10	21.40	21.60	21.90	22.20	22.40
	120	22.70	22.90	23.20	23.50	23.70	24.00	24.30

资料来源：美国银行研究部，捷诚能源。

卫星雷达新技术与自动识别系统数据

自动识别系统数据广泛应用在能源运输行业，实时了解全球油轮状况，提高了船舶和港口的运营效率。高频数据和新技术的应用提升了全球能源系统的透明度和油价的波动性。对原油基础设施的动态分析可通过雷达卫星。光学拍摄通过浮顶油罐阴影来计算油罐库存，而雷达拍摄通过反射点计算油罐库存。

生产经营库存

全球区域国内产量满库天数

如果国内原油库容不足，油田可能不得不停产或减产。全球区域国内产量满库天数差别很大，反映了产量与库存的适配性。

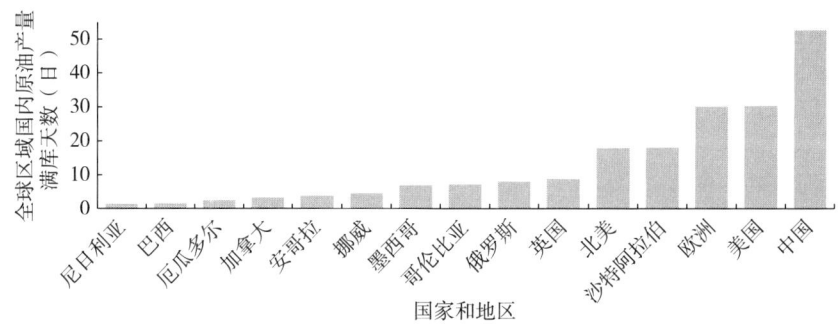

全球区域国内原油产量满库天数（2020）

资料来源：彭博，捷诚能源。

生产经营日常储存天数

根据生产经营要求、市场供需、基础设施等情况，产业链各环节会维持一定天数的合理库存。当全球供应链中断风险上升时，企业更重视提高库存水平。

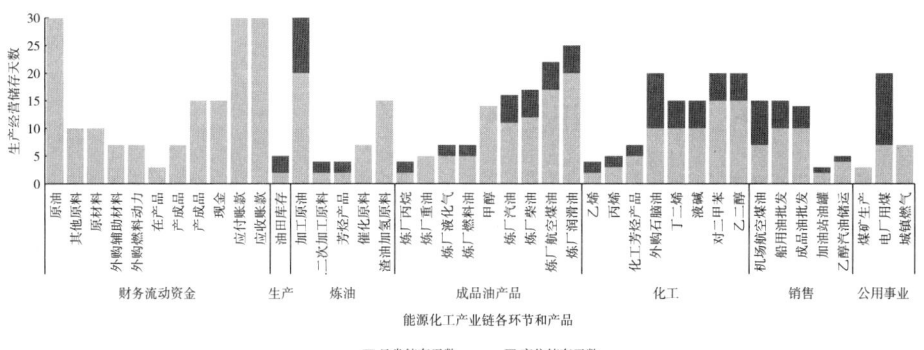

能源化工生产经营储存天数（2022）

资料来源：《油气储存与销售》，中化能源，捷诚能源。

经典观点与经验分享

佘建跃　一德期货有限公司总经理助理、《原油阳谋论》作者

成熟的国际大宗商品都拥有现货和期货两个市场。现货市场是实物对接，侧重于量的交易，价格往往直接或间接挂靠期货价格；期货市场是发现价格，侧重于价的交易，为现货市场传递价格信号。商品期货由近到远，分月份连续或不连续挂牌交易，不同月份的期货合约的价格是不同的，其价差被称为跨期价差，并形成所谓的远期价格曲线。现货与近月期货的价差，则被称为基差。期现价差结构和远期曲线结构与供需平衡状态密切相关。

库存作为供需平衡的结果，势必也与期现结构和远期曲线结构密切相关。库存在短期能够充当供给或需求的角色，影响供需平衡和商品价格波动。超过市场预期的库存变动常常会对价格产生相当大的冲击。

期货跨期价格比值和库存变动都是反映原油市场供需平衡状态的重要观测指标，分别体现了原油的金融属性和商品属性。相关性分析表明，6个月的期货跨期价格比值和2年移动平均的库存变动是用来衡量原油市场供需预期的有效指标周期。在美国，从购买或销售WTI原油现货到实际交割的时间间隔大概在2~3周，加上美国能源信息署每周三发布的原油库存是上周数据，因而从期货跨期价格比值变动到库存数据变化的总时间间隔大约在1个月左右。

期货跨期价格比值直接反映了期货市场参与者对于当前和未来不同时期市场供需情况的预期，并影响市场参与者的当期交易策略，最终影响了未来的供需和库存。在美国WTI原油市场，受期货跨期价格比值影响的这部分库存变动占总库存变动的比例超过50%，从期货跨期价格比值改变传递到未来库存改变需要1个月左右的滞后期，且在3~4个月后库存变动最大。原油生产商和炼油厂一般制定3个月的生产和采购计划，因此当期期货跨期价格比值的变动会影响到3个月后原油库存变动。库存的变动对期货跨期价格比值的影响远小于其他因素，库存波动对期货跨期价格比值波动的长期贡献度仅在2%左右，且影响时间不超过3个月。

第8章

基础设施和供应链的平衡

能源化工行业的运营有赖于基础设施和交通物流。价格波动是实体基础设施瓶颈的函数。从生产到储运和终端使用，基础设施的约束和瓶颈限制了实体市场应对供需冲击的能力，市场为消化这些冲击，常导致价格剧烈波动。

交通工具运距与石油化工运输方式

世界大宗商品海运贸易平均运距

平均运距反映各地区生产力布局、全球产业链产运销联系及资源流动的地域范围，是产业在全球范围内配置资源能力的体现。

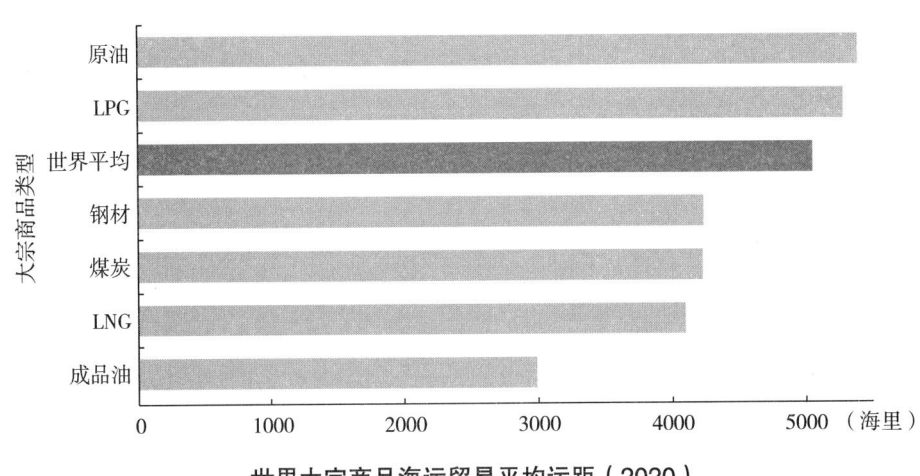

世界大宗商品海运贸易平均运距（2020）

资料来源：联合国，捷诚能源。

中国交通工具运输运距

经济合理的客货运输体现为运距最短、耗时最少和费用最低。中国基本形成了大宗货物及集装箱中长距离运输以铁路和水路为主的多式联运发展格局。

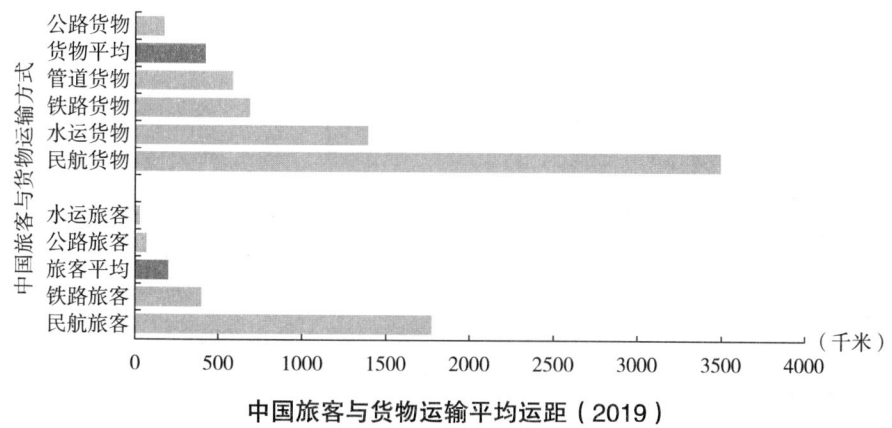

中国旅客与货物运输平均运距（2019）

资料来源：中国国家统计局，中国交通部，捷诚能源。

中国交通工具运输里程

中国油气管道运输、电气化铁路和民航里程不断增加。油气管道通过加压、分输站场和阀室等设施，将油气从生产和存储地送到资源需求地。

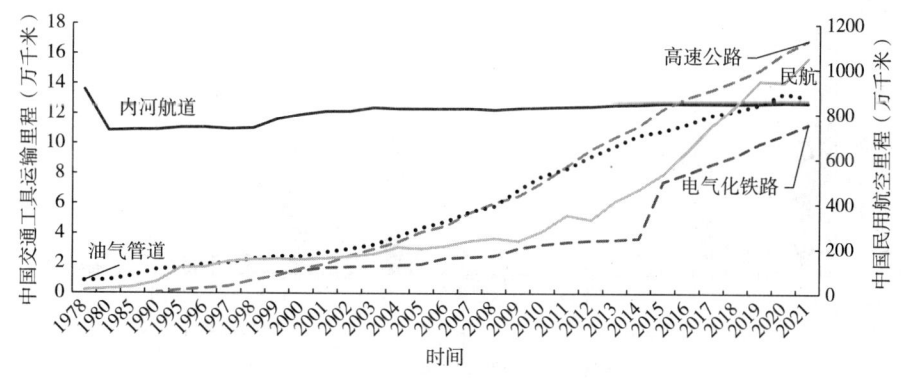

中国交通工具运输里程（1978—2021）

资料来源：中国国家统计局，捷诚能源。

美国国内运输工具单次平均交通里程

美国国内运输工具中,航空和铁路单次交通里程增长,成品油管道里程略有下降,而原油管道里程略有增长。

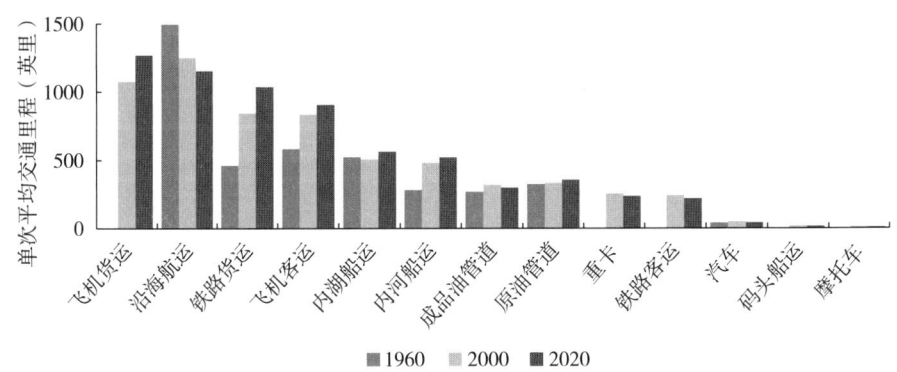

美国国内运输工具单次平均交通里程(1960—2020)

资料来源:美国交通统计局,捷诚能源。

美国原油和成品油运输方式

原油管道是生产经营产业链的一部分,主要是油田与炼厂的点对点连接。石油管道不断增长,水路运输随之减少,而公路油罐车运输波动较大。成品油管道是发展型的,市场的不断扩大为成品油管道创造了发展的机遇。

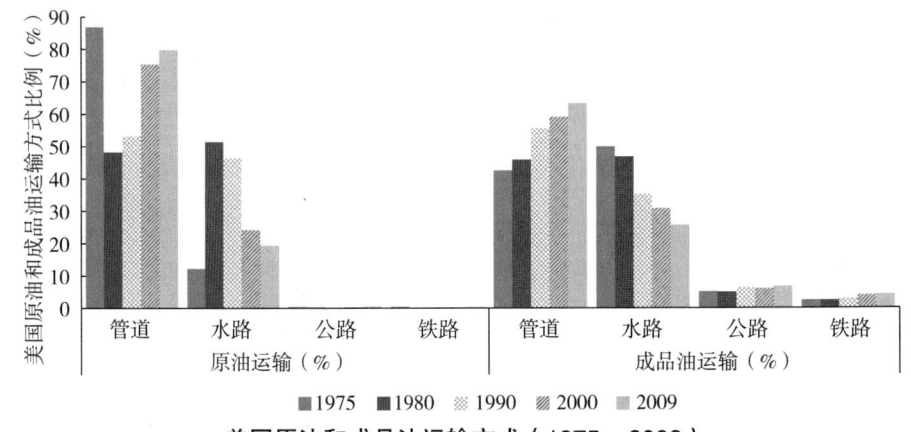

美国原油和成品油运输方式(1975—2009)

资料来源:美国交通统计局,捷诚能源。

美国石油管理区炼厂原油运输方式

在美国不同石油管理区（PADD），炼厂原油采取不同的运输方式。

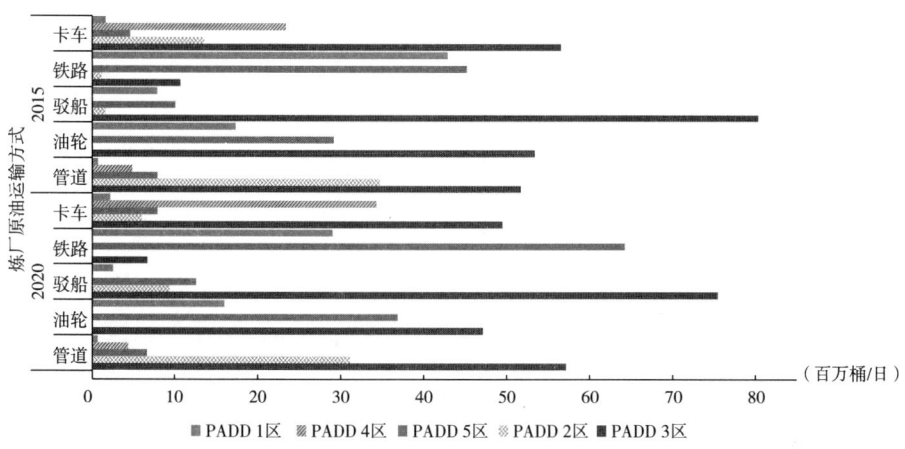

美国石油管理区炼厂原油运输方式（2015—2020）

资料来源：美国能源部，美国燃料和石化制造商协会，捷诚能源。

北美原油产业链运输方式和运费

原油特性与炼厂工艺的匹配相对固定。北美原油产区、库区、炼厂和消费地运输方式以管道为主，铁路和卡车为辅。

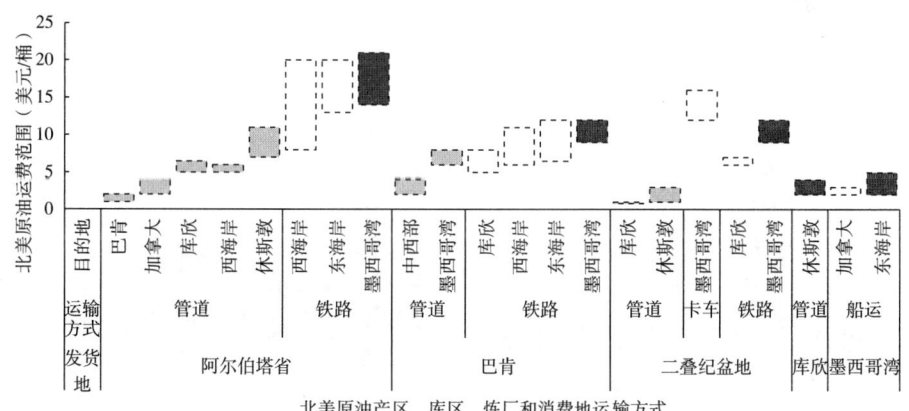

北美原油产业链运输方式和运费（2021）

资料来源：美国能源信息署，美国铁路协会，美国石油管道协会，巴克莱研究部，高盛研究部，捷诚能源。

美国化工品运输方式和运费

美国化工品运输方式主要为公路、水运和铁路。2020年，美国化工品运输量为9.48亿吨，运费达554亿美元。

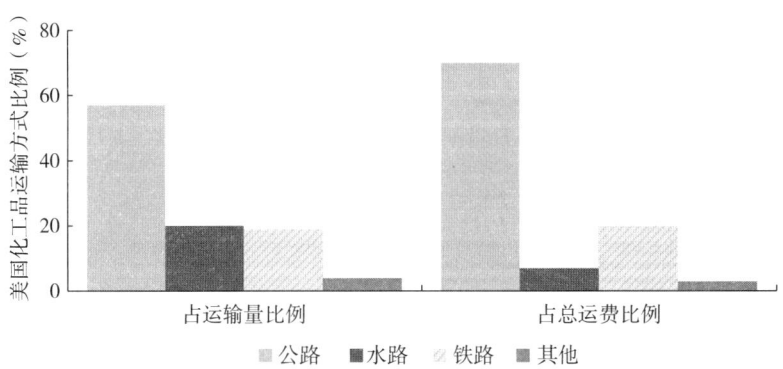

美国化工品运输方式和运费（2020）

资料来源：美国化工学会，美国铁路协会，捷诚能源。

中国原油和成品油运输方式

从1975年起，中国开始了以管道运输为主的阶段。从油田到炼厂，炼厂到成品油库区，以管道运输为主；从库区到终端消费，油罐车的使用大幅增加。

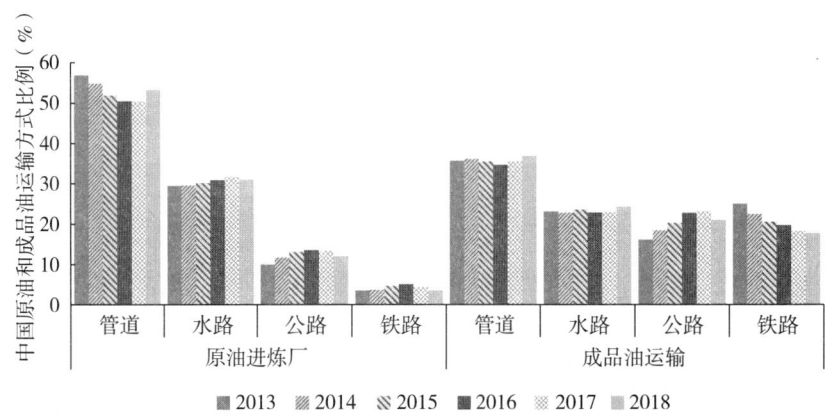

中国原油和成品油运输方式（2013—2018）

资料来源：中国石化联合会，捷诚能源。

欧洲成品油运输方式和成本

欧洲成品油运输方式中,公路罐车成本高。如果某一成品油供需紧张,炼厂收取的溢价相当于外部供应的运输成本。

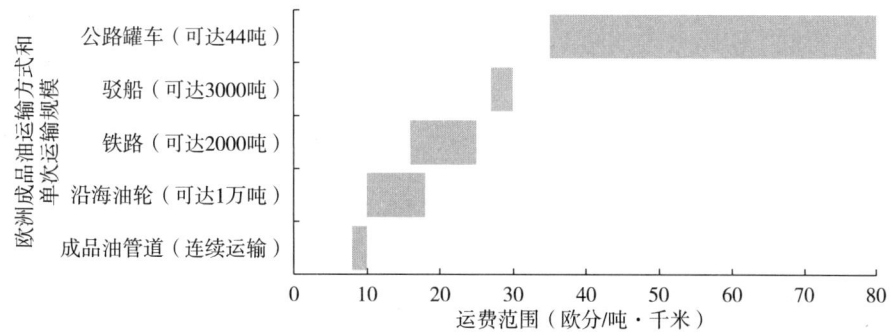

欧洲成品油运输方式和单次运输成本(2009)

资料来源:欧盟,捷诚能源。

世界交通工具行驶里程和载重量

各种交通工具的行驶里程和载重量构成了动态的交通场景。

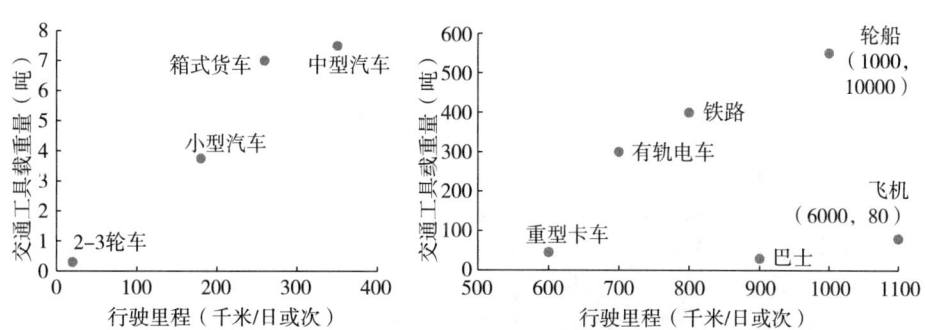

世界交通工具行驶里程和载重量示意图

资料来源:国际能源署,壳牌,德勤,氢能理事会,捷诚能源。

铁路运输与管道运输

美国原油铁路运量占产量比例

美国页岩革命使美国原油产量上升,而管道外输能力不足,新建管道受阻,推动了铁路运输的短期反弹。每节车皮能装714桶(3万加仑)原油。从北达科他州到墨西哥湾铁路运输可7日内到达,而管道则需40日左右。

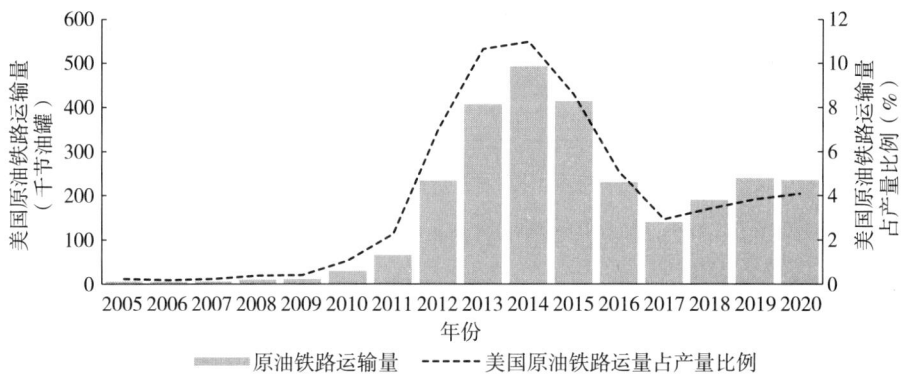

美国原油铁路运量占产量比例(2005—2020)

资料来源:美国能源信息署,美国铁路协会,捷诚能源。

美国能源产品铁路运输量

化工品铁路运量大,燃料乙醇和生物燃料运输量总体增加。

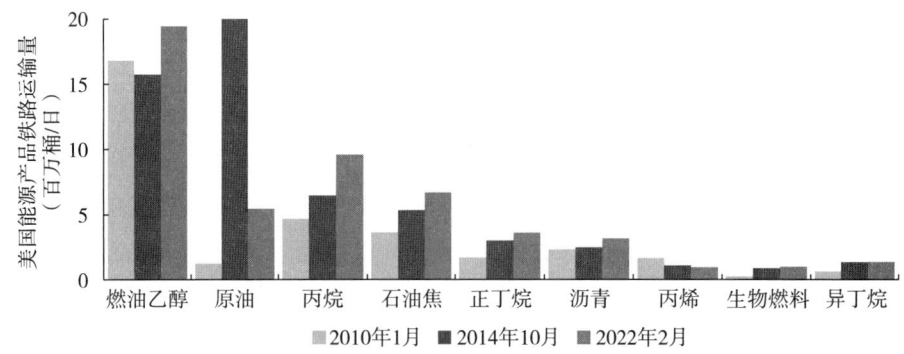

美国能源产品铁路运输量(2010—2022)

资料来源:美国能源信息署,美国铁路协会,捷诚能源。

中国铁路货运量和平均运距

铁路平均运距为 749 千米,承担了大量中国石油运输。

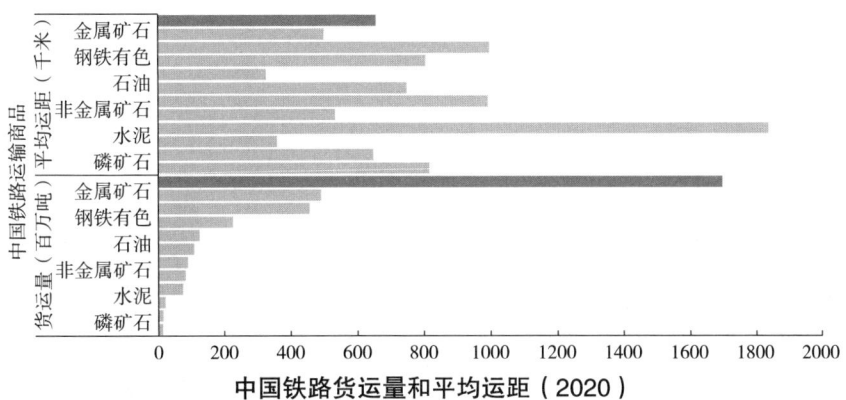

中国铁路货运量和平均运距(2020)

资料来源:《中国统计年鉴》,捷诚能源。

全球区域原油管道里程和密度

每平方千米的原油管道里程(即管网密度)体现各国管道互联互通和网络化程度,与国土面积和消费量有关。截至 2021 年年底,全球在役管道总里程约 202 万千米,其中天然气管道约 135 万千米,原油管道约 40 万千米,成品油管道约 27 万千米。未来,全球油气管道建设仍以天然气管道为主。

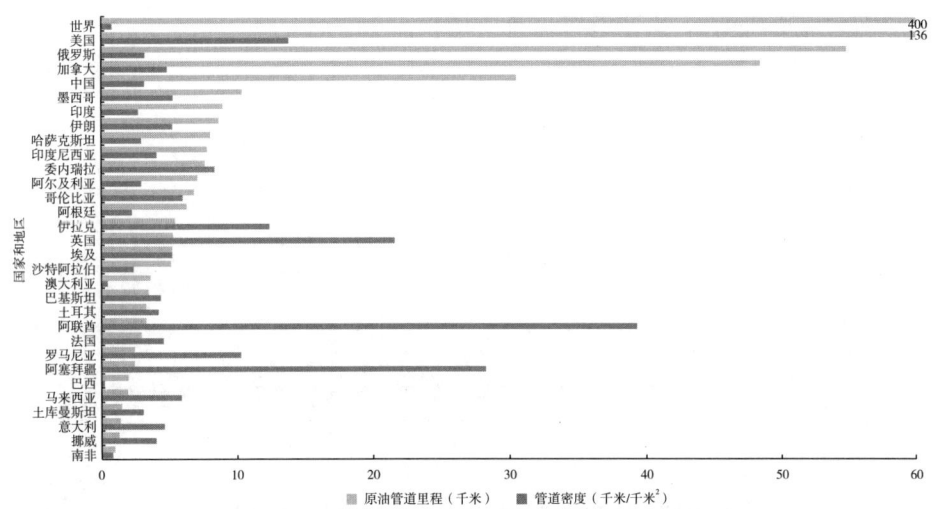

全球区域原油管道里程和密度(2020—2021)

资料来源:公开报道,捷诚能源。

美国能源商品管道里程和缓冲罐

美国管道运输基础设施较为健全，原油和成品油长输管道里程相差不大，原油集输管道占比较大，成品油缓冲罐数量较多。

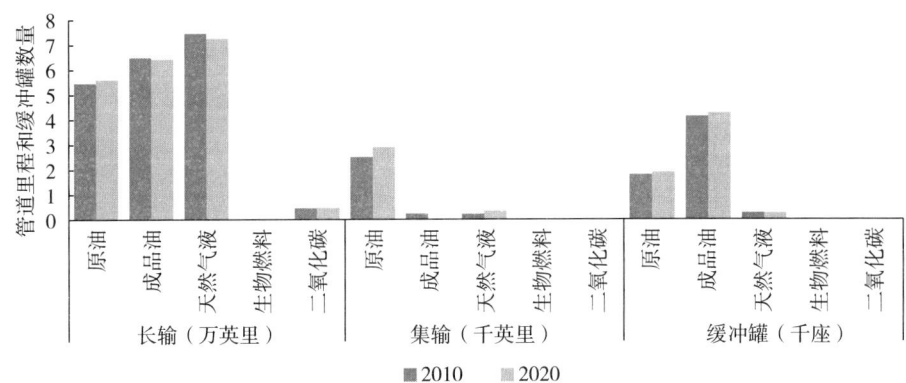

美国能源商品管道里程和缓冲罐数量（2010—2020）

资料来源：美国交通统计局，美国石油学会，美国交通部，捷诚能源。

美国原油和成品油管道里程

美国原油和成品油管道里程经历了高峰期下滑后，在美国页岩油气行业快速发展的推动下，管道里程有所增长。

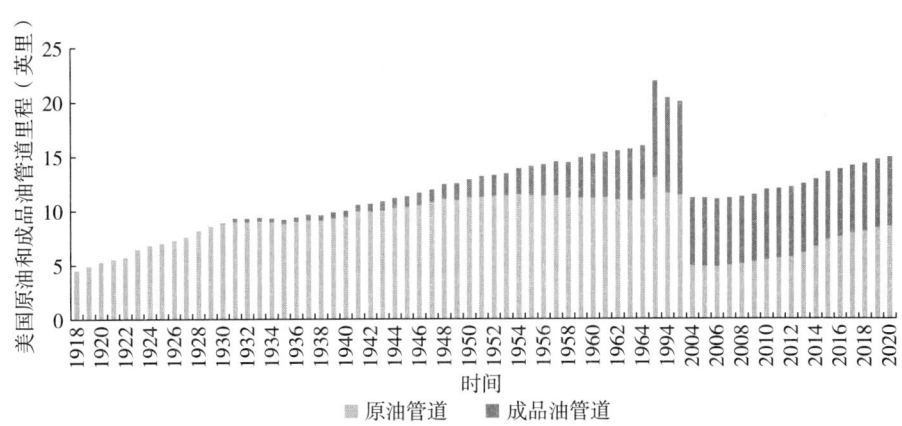

美国原油和成品油管道里程（1918—2020）

资料来源：美国能源部，美国交通统计局，捷诚能源。

北美新增管道里程和管输能力

由于石油生产、进口、消费、炼油地域分布不均衡,需通过不同石油管理区(PADD)的原油和成品油的运输体系来进行调节。在美国,该体系的核心是管道运输。如果产量迅速上升而本地炼油能力有限,油田管道外输能力不足常会抑制产量,扩大现货价差,加剧价格波动。北美通过新建、改扩建现有管道,管道反输以及改建成品油和天然气管道等方式,新增了原油管道里程和提高了输送能力。2010年以来,原油和天然气液新增管道主要集中在 PADD 2 和 PADD 3 油气主产区,而成品油新增管道有限。

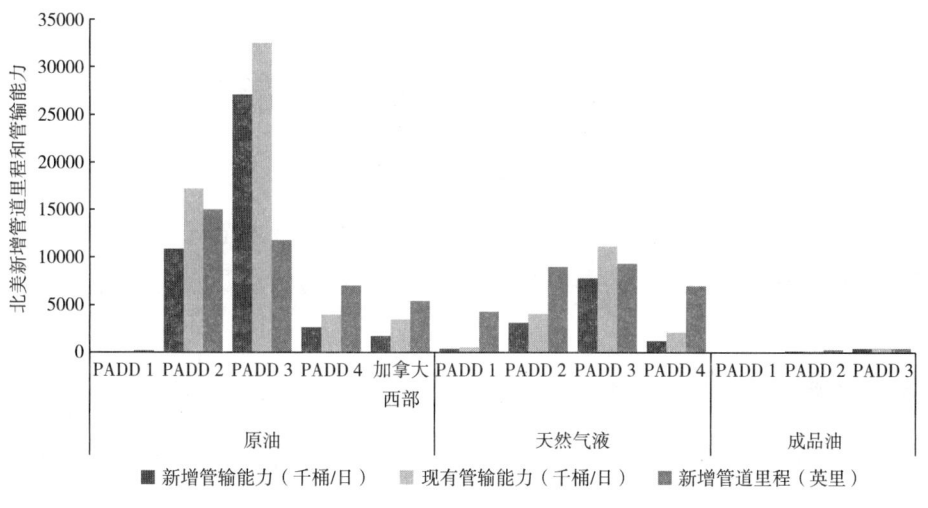

北美新增管道里程和管输能力(2010—2022)

资料来源:美国能源信息署,捷诚能源。

中国油气管道里程

中国原油管道随油田产量的稳定而放缓。成品油管道随成品油市场的发展,不断适应市场的需要和变化而逐渐成熟。国家石油天然气管网集团有限公司成立后集中建设、管理及运营中国油气骨干管网。

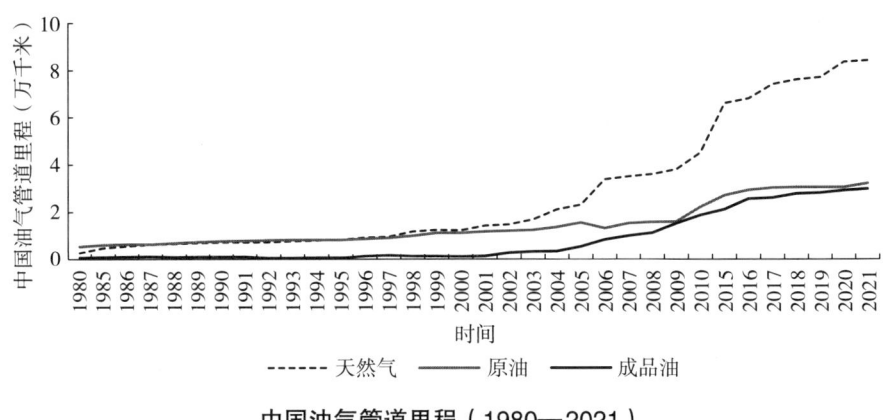

中国油气管道里程（1980—2021）

资料来源：中国国家统计局，中国石油经济技术研究院，国家管网，捷诚能源。

海洋运输船舶、航线和航速

超过 80% 的国际贸易量是通过海运来实现的。去全球化和供应链重塑影响海洋运输市场。海洋运输也是石油化工贸易的主要方式之一。

世界船龄

世界船龄一般不超过 30 年，船龄间接地体现了船舶竞争力和经济性。

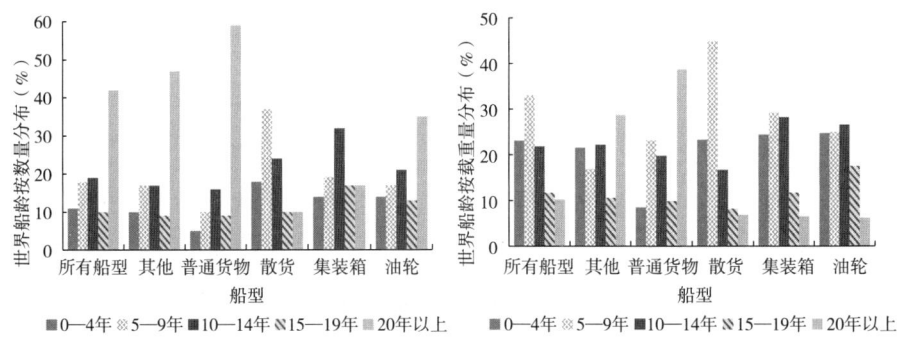

世界船龄（2021）

资料来源：联合国贸易和发展会议，克拉克森航运，捷诚能源。

新船造价

新船造价受海运市场需求、造船产能、新船价格、钢板价格和运价等因素影响。

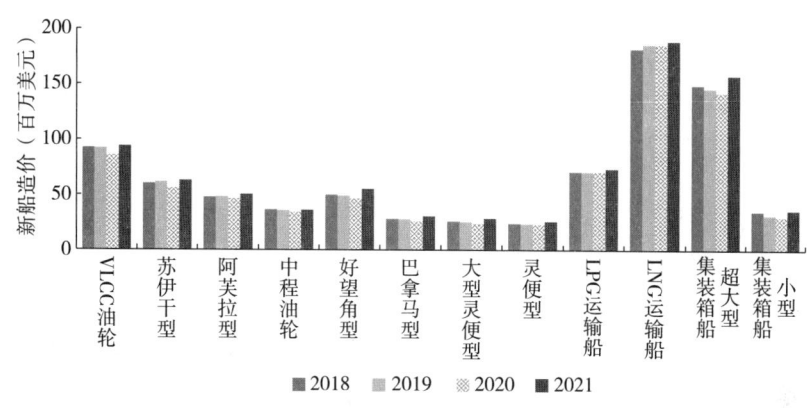

新船造价（2018—2021）

资料来源：联合国贸易和发展会议，克拉克森航运，捷诚能源。

全球船舶数量和运力

2021年，全球船舶超过十万艘，货船超过6.2万艘，总运力约为21亿吨，而油轮等各类液干散货船舶约为2.3万艘。干散货船、油轮和集装箱船运力较大，而普通货船等数量较多，但运力较小。

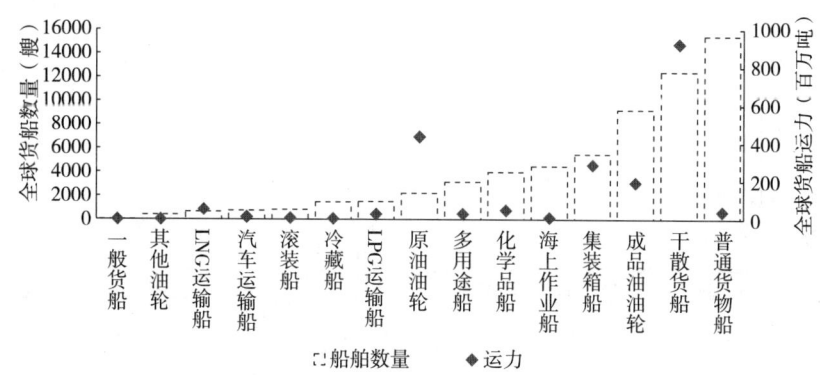

全球船舶数量和运力（2021）

资料来源：联合国贸易和发展会议，克拉克森航运，捷诚能源。

全球油轮类型与载重吨位

同样一船货物，船东从载重吨的角度看，而货主从货物大小的角度来看。载重吨位（Dead Weight Tonnage，DWT）表示船舶在营运中能够使用的载重能力。总载重吨指船舶根据载重线标记规定所能装载的最大限度的重量，为船舶所载运的货物、船上所需的燃料、淡水和其他储备物料重量的总和。按照载重量和船型，油轮可分为特大型油轮（VLCC）等级别。

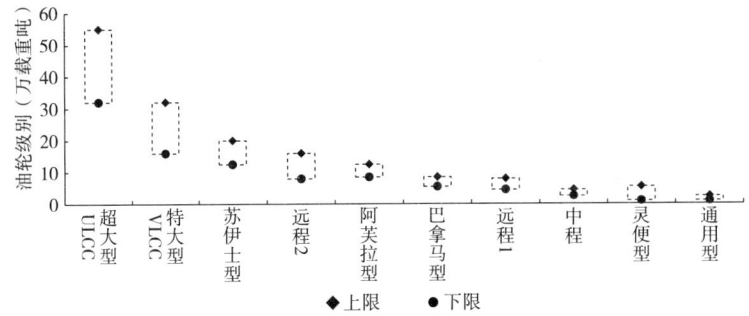

全球油轮类型与载重吨位（2022）

资料来源：美国能源信息署，克拉克森航运，捷诚能源。

美国到港船舶类型

按照载重吨位计算，美国到港船舶以油轮为主。1920年，琼斯法令要求在美国国内港口之间运输的船舶，必须挂美国国旗、由美国制造、美国公民拥有和运营，导致有些港口从国外进口的成本要低于从墨西哥湾运输的成本。

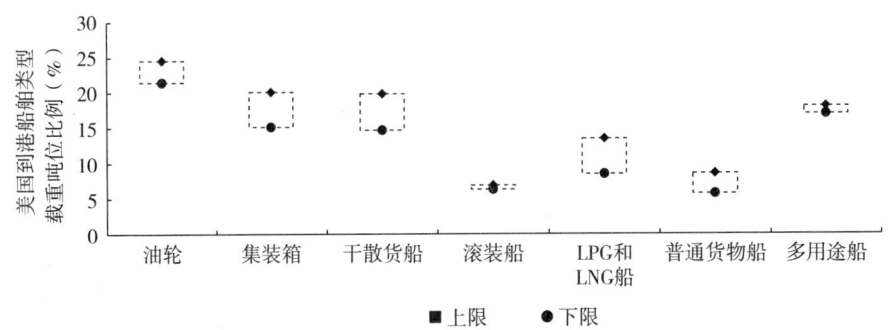

美国到港船舶类型（2005—2015）

资料来源：美国交通统计局，捷诚能源。

中国散装液体船数量、运输量和运力

中国沿海散装液体船舶主要为原油、成品油和化学品船。

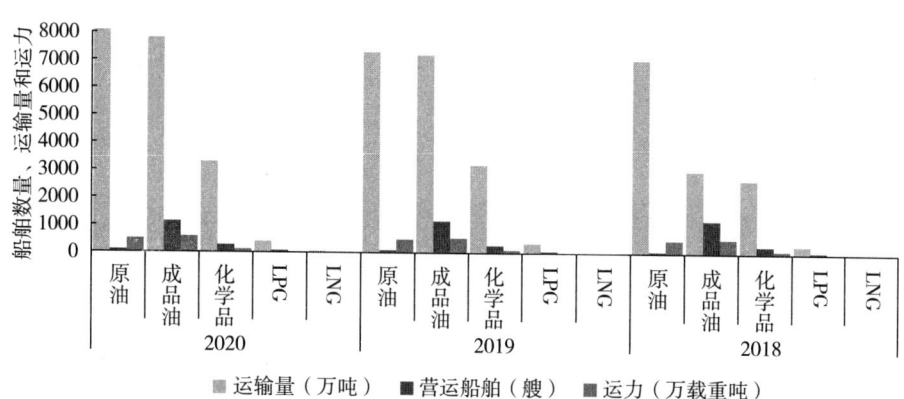

中国沿海散装液体船舶数量、运输量和运力（2018—2020）

资料来源：中国交通运输部，捷诚能源。

世界和中国液散货船舶类型

世界和中国到港液散货船中，原油船舶占比10%～15%，成品油船舶占比35%～50%，化学品船舶占比20%～40%。

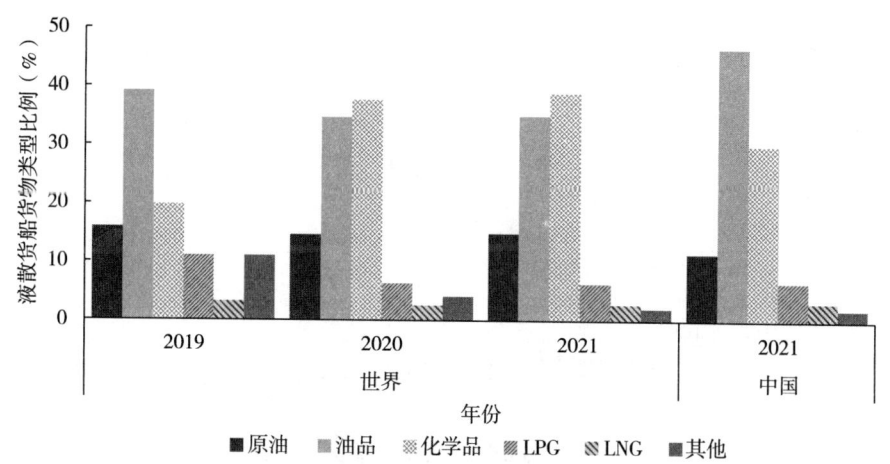

世界和中国液散货船舶类型（2019—2021）

资料来源：联合国，克拉克森航运，捷诚能源。

全球天然气液船舶数量与运费

全球天然气液船舶（VLGC）数量不断增加。

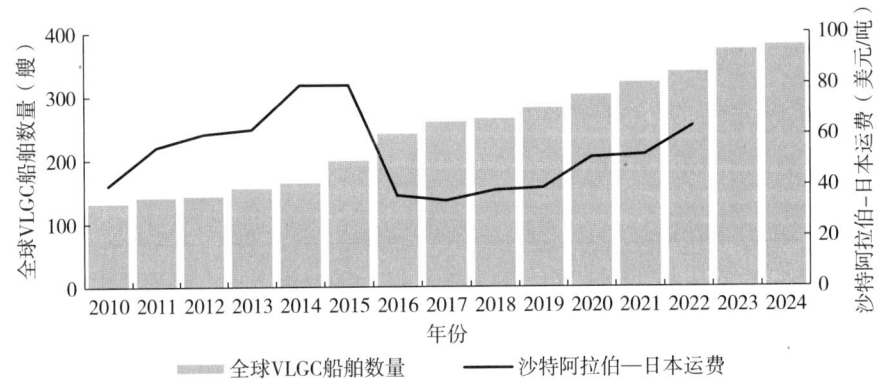

全球天然气液船舶数量与运费（2010—2024）

资料来源：环球航运集团，捷诚能源。

全球天然气液新增出口量所需运力

特大型油轮（VLCC）可运输原油，而超大型液化气船（Very Large Gas Carriers，VLGC）可运输 LNG、LPG 和液氮等。

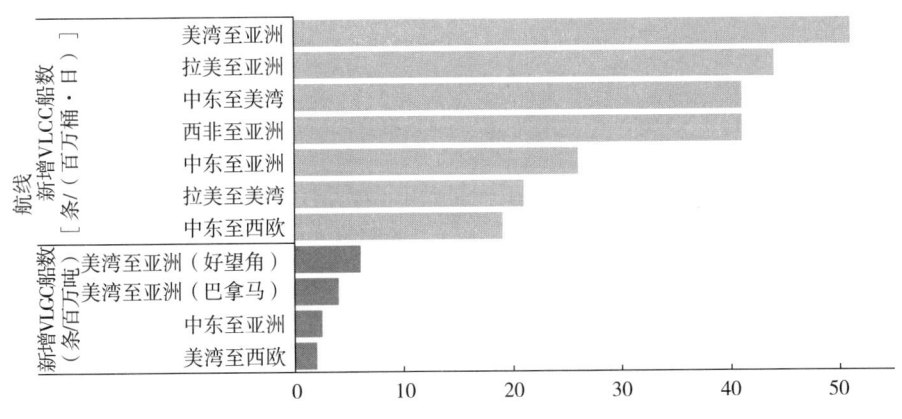

全球天然气液新增出口量所需运力（2021）

注：美湾指美国墨西哥湾。

资料来源：美国银行研究部，环球航运集团，捷诚能源。

全球油轮主要贸易航线运力和运量

在全球油轮航线中，亚洲目的地航线占油轮市场主导地位。航线运距的远近会影响运量和运价。吨·海里和百万桶是常用的全球油轮需求和贸易量指标。

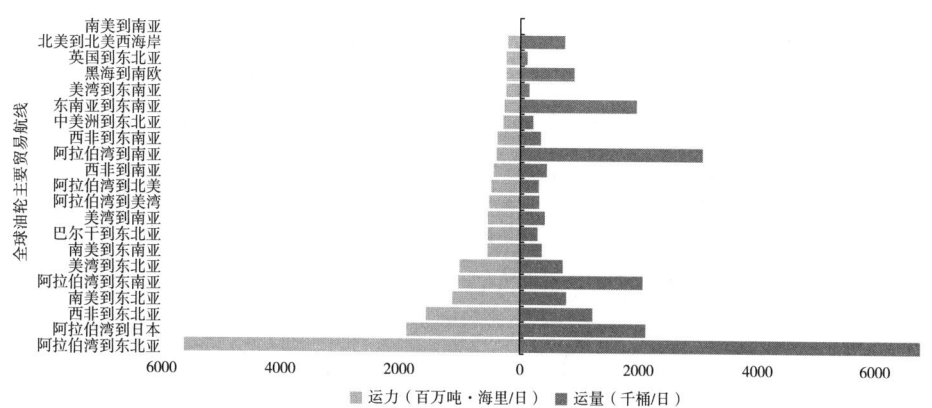

全球油轮主要贸易航线运力和运量（2021）

注：美湾指美国墨西哥湾。
资料来源：劳氏信息，波誊，捷诚能源。

油轮平均航速

航行速度影响船只航行时间以及燃油的单位消耗，间接影响运输市场。在运费市场不景气情况下，通过降低航速来实现航次盈亏平衡是船东和租家之间的互相妥协。减速也是缓解运力供应过剩的主要方法。通常用节（Knots）来表示船舶航行速度，1节 =1海里/小时 =1.852千米/小时。

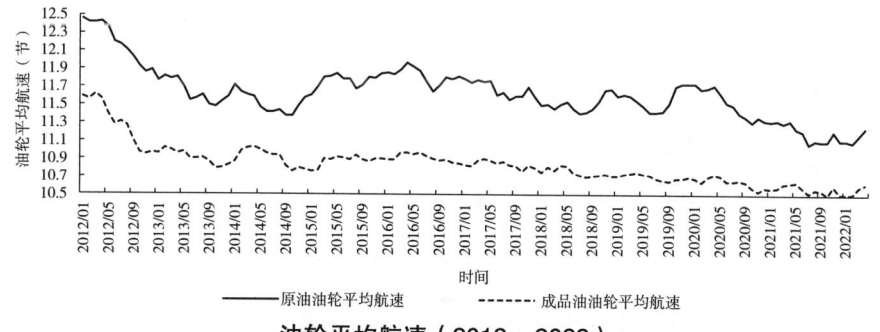

油轮平均航速（2012—2022）

资料来源：克拉克森，捷诚能源。

油轮标准航速与经济航速

船舶营运时会有装载（Laden）和压载（Ballast）两种状态，与赔偿金额有关。船东常采用经济航速来控制船燃成本，维持毛利水平，间接起到调整海上库存和改变石油供应的作用。最低航速一般也要能赶上卸货港窗口期。

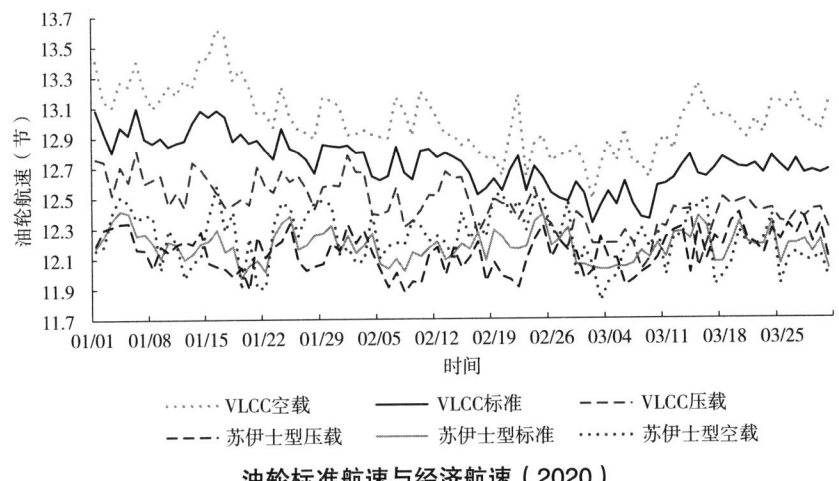

油轮标准航速与经济航速（2020）

资料来源：克拉克森，捷诚能源。

中东和美国原油出口油轮航行时间

美国和中东是主要原油出口国，主要通过油轮远洋运输。

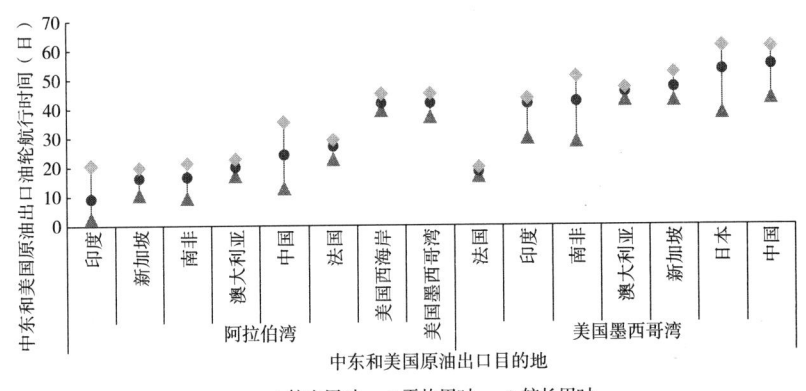

中东和美国原油出口油轮航行时间（2020—2022）

资料来源：捷诚能源。

中国原油进口到港油轮航行时间

航次时间包括航行时间和停港时间。停港时间由承运人装货时间来定。航行时间由航行距离、平均航速、经济、航道、港口情况、作业效率、天气等因素影响。

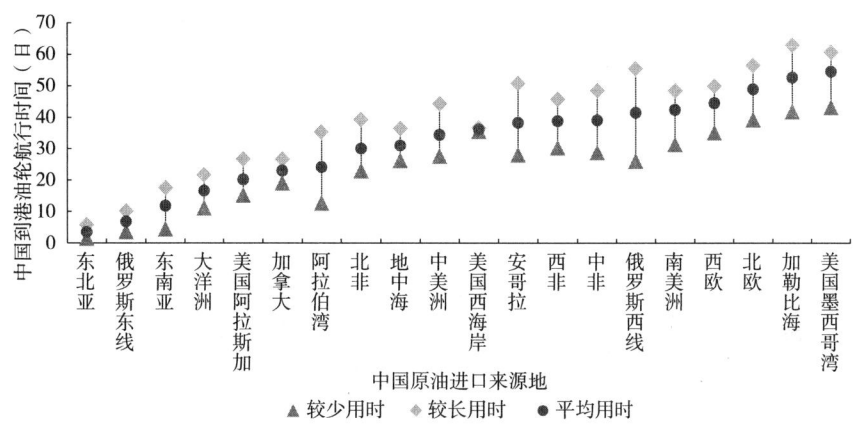

中国原油进口到港油轮航行时间（2020—2022）

资料来源：捷诚能源。

全球区域船舶在港时长和载重量

港口标准装卸时间为72个工作时。2020年，油轮在港停留时间中值，全球均值为0.97日，美国为1.62日，中国为1.14日。

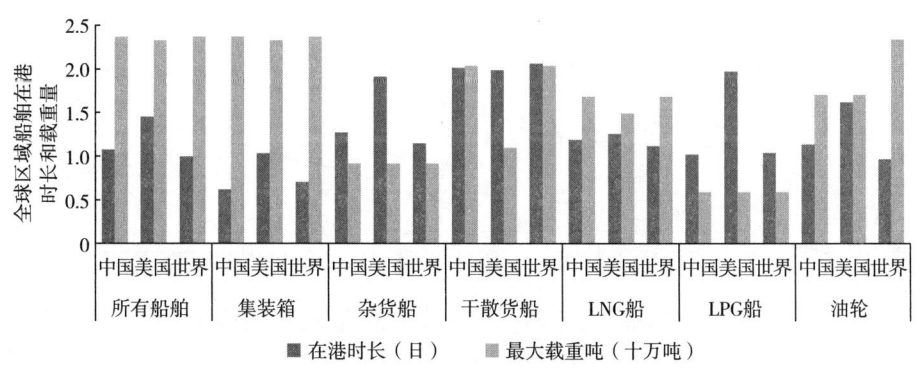

全球区域船舶在港时长和载重量（2020）

资料来源：联合国贸易和发展会议，捷诚能源。

港口与码头

全球区域港口数量

全球目前有 2 万多艘油品、化学品、原油、LNG、LPG 等各类液散货船舶。有与石油化工相关的港口 2900 多个、码头 4100 多座和泊位 8800 多个。

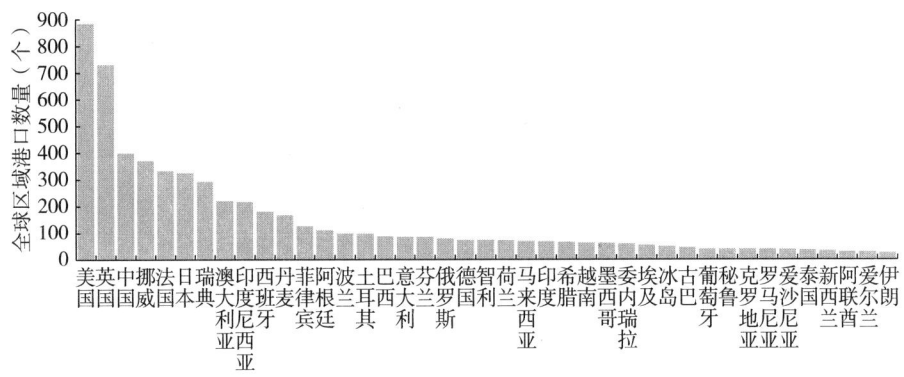

全球区域港口数量（2021）

资料来源：港口在线，捷诚能源。

中国港口泊位构成

2020 年，中国港口拥有万吨级及以上泊位 2076 个，其中，专业化泊位 1371 个，原油泊位 87 个，成品油泊位 147 个，液态化工泊位 239 个。

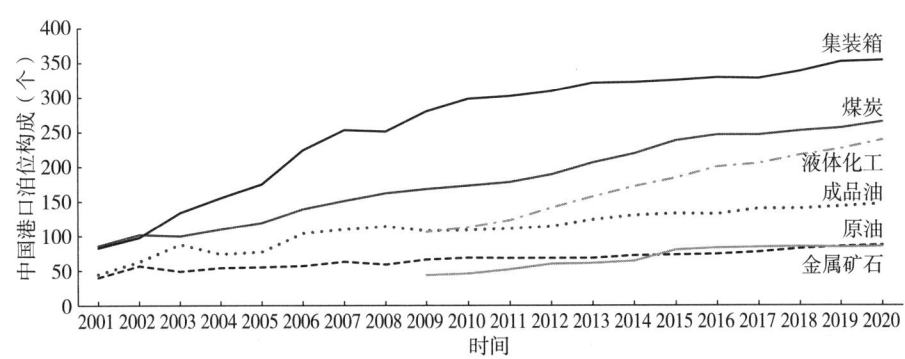

中国万吨级及以上泊位构成（2001—2020）

资料来源：中国交通运输行业发展统计公报，捷诚能源。

中国原油进口卸货港和来源地

2020年1月至2021年9月，中国进口原油主要卸货港包括宁波、舟山、青岛等港口。

中国原油进口卸货港和来源地（2020—2021）

原油进口港	到港船次	装载量（万吨）	来源地数量	发货国家（原油进口来源地）占比95%或前15国
宁波/舟山	804	12747	48	沙特阿拉伯、伊拉克、阿曼、科威特、阿联酋、巴拿马、美国、巴西、安哥拉、俄罗斯、马来西亚、英国、新加坡、伊朗、利比亚
青岛	669	8833	37	巴西、安哥拉、科威特、伊拉克、沙特阿拉伯、马来西亚、俄罗斯、阿联酋、新加坡、印度尼西亚、挪威、美国、刚果(布)、丹麦、阿曼
岚山	585	7777	34	安哥拉、阿曼、巴西、沙特阿拉伯、哥伦比亚、阿联酋、英国、刚果(布)、俄罗斯、美国、马来西亚、挪威、伊拉克、新加坡、韩国
大连	402	6783	33	沙特阿拉伯、伊拉克、阿联酋、美国、巴西、阿曼、土耳其、俄罗斯、马来西亚、挪威、卡塔尔、安哥拉、科威特、新加坡、英国
惠州	331	4326	27	沙特阿拉伯、安哥拉、科威特、伊拉克、巴拿马、伊朗、阿曼、刚果(布)、尼日利亚、卡塔尔、巴西、加纳、俄罗斯、阿联酋、赤道几内亚
湛江	319	4019	33	沙特阿拉伯、阿联酋、维尔京、安哥拉、科威特、伊拉克、阿曼、加纳、刚果(布)、加蓬、马来西亚、巴拿马、巴西、新加坡、利比亚
董家口	303	4135	29	俄罗斯、挪威、新加坡、巴西、安哥拉、马来西亚、美国、丹麦、韩国、土耳其、刚果(布)、阿联酋、伊拉克、阿曼、赤道几内亚、加蓬、乌拉圭、中国香港、沙特阿拉伯、委内瑞拉、科威特、巴拿马、哥伦比亚、英国、加纳、印度尼西亚、喀麦隆、越南、加拿大
天津	261	3271	26	巴西、俄罗斯、阿曼、安哥拉、阿联酋、美国、刚果(布)、马来西亚、英国、沙特阿拉伯、科威特、伊拉克、巴拿马、尼日利亚、加蓬、韩国、乌拉圭、卡塔尔、挪威、加拿大、喀麦隆、印度尼西亚、赤道几内亚、新加坡、加纳、丹麦
泉州	208	3639	14	沙特阿拉伯、伊拉克、俄罗斯、阿曼、安哥拉、科威特、英国、卡塔尔、马耳他、马来西亚、美国、韩国、尼日利亚、巴拿马

续表

原油进口港	到港船次	装载量（万吨）	来源地数量	发货国家（原油进口来源地）占比95%或前15国
烟台	195	2539	27	马来西亚、巴西、安哥拉、挪威、俄罗斯、阿联酋、阿曼、南非、加蓬、新加坡、韩国、美国、刚果（布）、印度尼西亚、英国
鲅鱼圈	176	2287	25	新加坡、伊拉克、俄罗斯、阿曼、阿联酋、沙特阿拉伯、马来西亚、巴西、美国、安哥拉、土耳其、挪威、哥伦比亚、英国、加蓬、印度尼西亚
龙口	168	1360	15	俄罗斯、马来西亚、韩国、新加坡、伊朗、印度尼西亚、澳大利亚、阿曼、阿联酋、伊拉克、文莱、巴布亚新几内亚、科威特、赤道几内亚、加拿大
水东	118	1741	16	伊拉克、巴拿马、沙特阿拉伯、科威特、阿曼、卡塔尔、俄罗斯、美国、阿联酋、丹麦、英国、墨西哥、韩国、利比亚、厄瓜多尔
莱州三山岛	116	978	10	俄罗斯、马来西亚、韩国、俄罗斯、新加坡、马来西亚、塞浦路斯、英国、伊拉克、加拿大
曹妃甸	108	1828	14	伊拉克、科威特、沙特阿拉伯、巴拿马、马来西亚、美国、安哥拉、英国、阿联酋、圣卢西亚、卡塔尔、日本、阿曼、俄罗斯
洋浦	108	1456	21	阿曼、安哥拉、加纳、刚果（金）、俄罗斯、喀麦隆、利比亚、马来西亚、挪威、刚果（布）、委内瑞拉、阿联酋、尼日利亚、沙特阿拉伯、土耳其、巴西、美国、丹麦、赤道几内亚、韩国、埃及
防城港	89	1262	12	沙特阿拉伯、科威特、伊拉克、阿联酋、卡塔尔、阿曼、安哥拉、挪威、刚果（布）、加蓬、苏丹、印度尼西亚
北仑	87	1317	20	沙特阿拉伯、科威特、阿曼、伊拉克、美国、苏丹、巴拿马、安哥拉、英国、刚果（布）、澳大利亚、阿联酋、巴西、刚果（金）、卡塔尔
东营	82	348	6	韩国、马来西亚、新加坡、印度尼西亚、泰国、中国香港
锦州	69	638	19	阿曼、美国、安哥拉、阿联酋、加蓬、马来西亚、英国、苏丹、刚果（布）、新加坡、丹麦、俄罗斯、尼日利亚、巴西、韩国

资料来源：中银期货，捷诚能源。

海洋船舶与运输事故

全球油轮大中规模漏油次数和漏油量

1967年"托利卡尼翁号(Torrey Canyon)"油轮漏油事故发生,引发对海洋溢油污染的关注。1970年至2020年期间,小规模泄漏(7吨以下)占80%以上,全球大中规模(7吨以上)泄漏量呈下降趋势,共漏油586万吨。

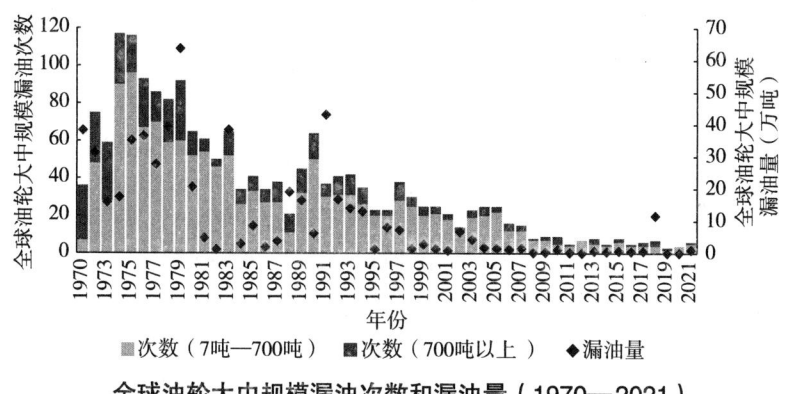

全球油轮大中规模漏油次数和漏油量(1970—2021)

资料来源:国际油轮船东污染联合会,捷诚能源。

全球油轮大中规模泄漏原因

全球油轮大中规模泄漏事故次数占所有油轮泄漏事故的5%以内,泄漏原因包括碰撞、搁浅、船体故障、设备故障和火灾爆炸等。

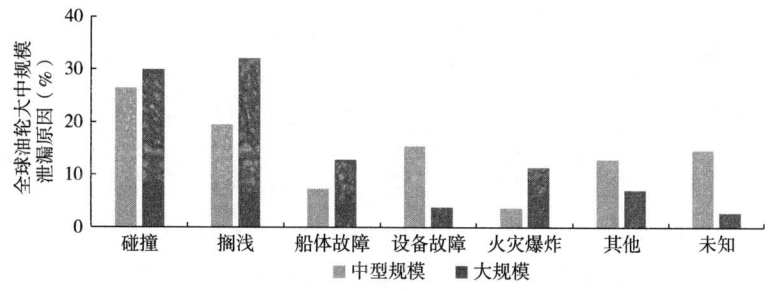

全球油轮大中规模泄漏原因(2021)

资料来源:国际油轮船东污染联合会,捷诚能源。

美国水域石油泄漏量和事故数量

美国水域及其周边的石油泄漏量（Oil spills）总体呈下降趋势，不同运输方式的泄漏量不同。

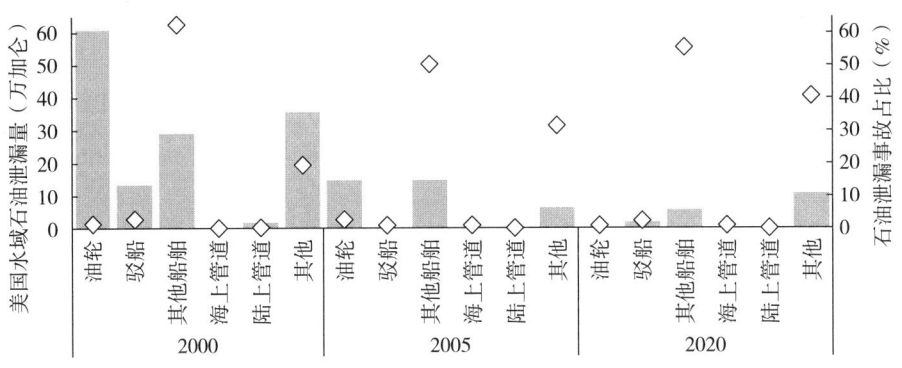

美国水域石油泄漏量和事故数量（2000—2020）

资料来源：美国交通统计局，捷诚能源。

国际航运船舶损失类型

航运船舶损失包括自然灾害、火灾爆炸、凹瘪破裂、盗窃抢劫、雨淋发霉等。与整体索赔率的下降背道而驰，船上火灾的发生率有所增长。

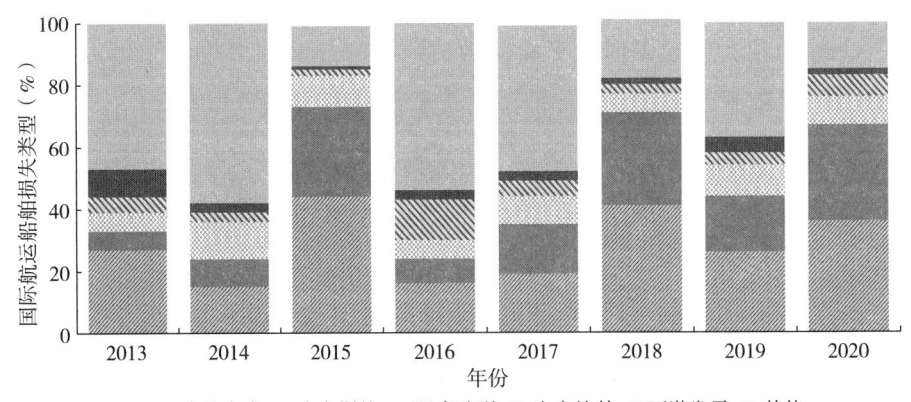

国际航运船舶损失类型（2013—2020）

资料来源：国际海上保险联盟，捷诚能源。

国际船舶事故类型

国际船舶事故类型包括沉没、搁浅、着火爆炸等。

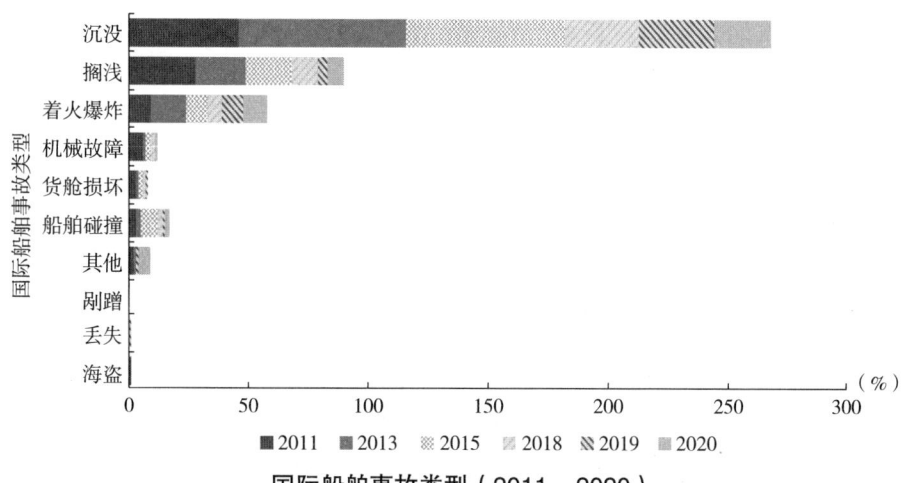

国际船舶事故类型（2011—2020）

资料来源：安联全球，捷诚能源。

国际事故船舶类型

油轮和LPG船发生的事故较少，而渔船和杂货船事故多发。

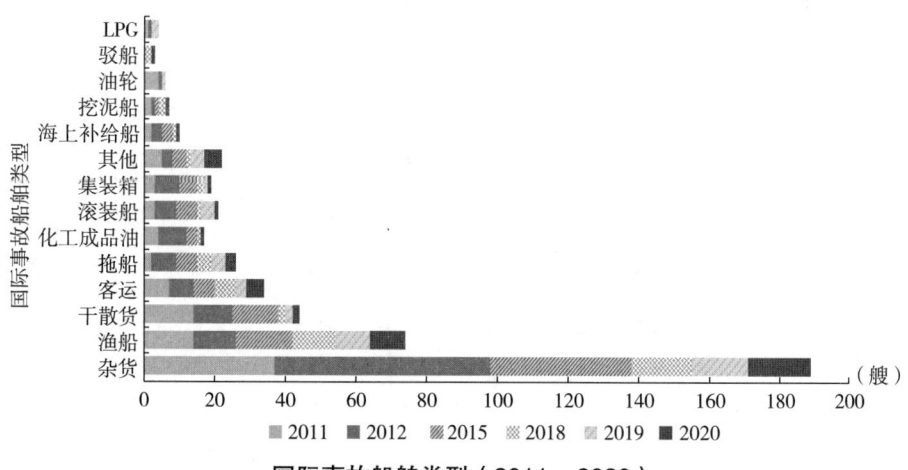

国际事故船舶类型（2011—2020）

资料来源：安联全球，捷诚能源。

油气生产与管道运输事故

全球海上石油重大事故和漏油量

海上油气生产事故包括井喷失控、火灾与爆炸、平台遇险、直升机失事、船舶海损、油气生产设施与管线破损和泄漏、有毒有害物品泄漏、潜水作业事故、溢油事故等。海洋石油工业的安全风险大,但是钻井平台事故、海洋作业船舶和油轮等海上石油重大事故并不常见。2010年,英国石油在墨西哥湾发生"深水地平线"钻井平台火灾和漏油事件,引发了全球对海洋生态环境的关注,改进了海洋工程的风险评估和管理。

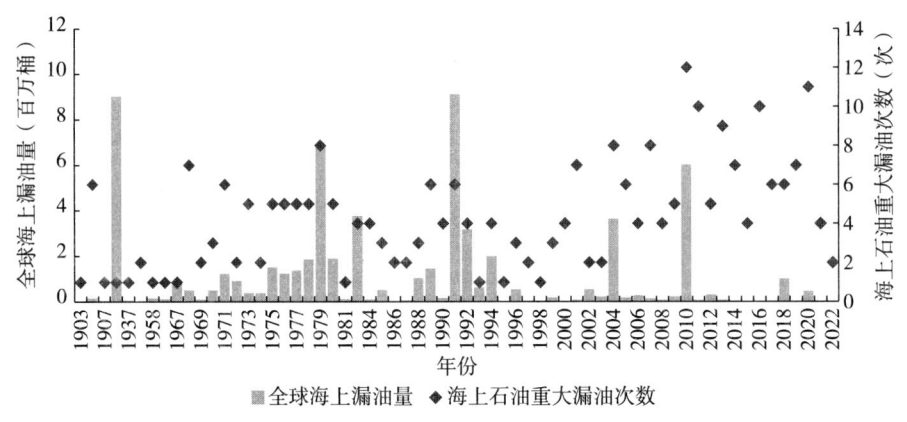

全球海上石油重大事故和漏油量(1903—2022)

资料来源:公开报道,各公司报告,捷诚能源。

油气管道安全风险因素

各类油气管道事故安全风险因素的发生概率和危害程度不同,均有可能影响油气正常运营,甚至导致供应中断。

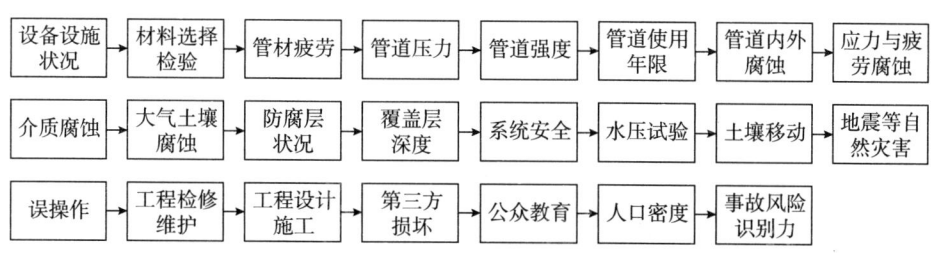

油气管道安全风险因素

资料来源:美国石油管道协会,美国管道和危险品安全管理局,国家管网,捷诚能源。

美国能源液体管道事故和泄漏量

油气管道的输送是一个承压密闭系统。机械损伤、管道内外壁腐蚀、施工缺陷等原因均可能引起管线泄漏,释放出大量有毒、有害和危险的物质,甚至引发火灾和爆炸,造成财产损失和人员伤亡。油气管道内压力一般为4兆帕~10兆帕,油品喷出时速度可达50~150米/秒,巨大压力使油气就像子弹一样射出,会造成人员伤害或设备损坏。

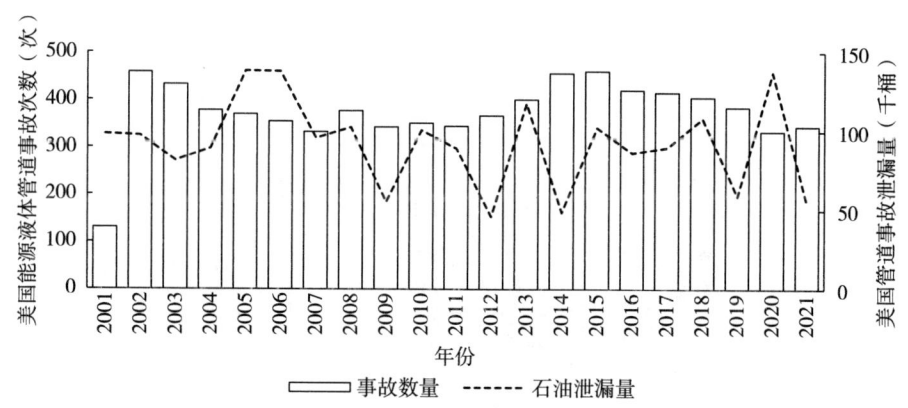

美国能源液体管道事故和泄漏量(2001—2021)

资料来源:美国管道和危险品安全管理局,捷诚能源。

美国液体商品管道事故比例

2012年至2019年,美国能源商品管道事故年均发生413起,其中,原油管道事故超过50%。由于美国成品油终端油库和加油站对安全要求高并会重罚,转运站到终端加油站的事故相对少。

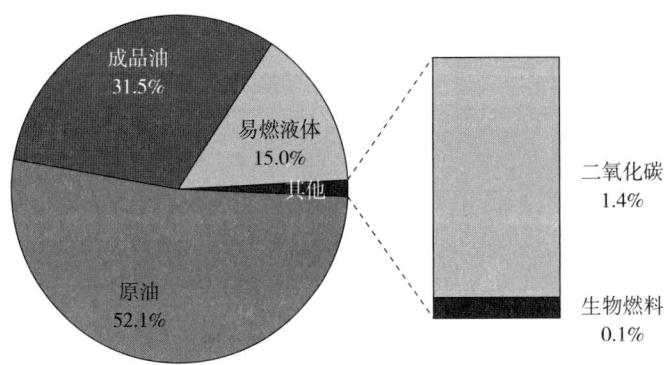

美国能源液体商品管道事故比例(2012—2019)

资料来源:美国石油协会,美国石油管道协会,捷诚能源。

美国液体管道严重事故原因

美国液体管道事故主要原因包括设备故障、腐蚀和违规操作等。

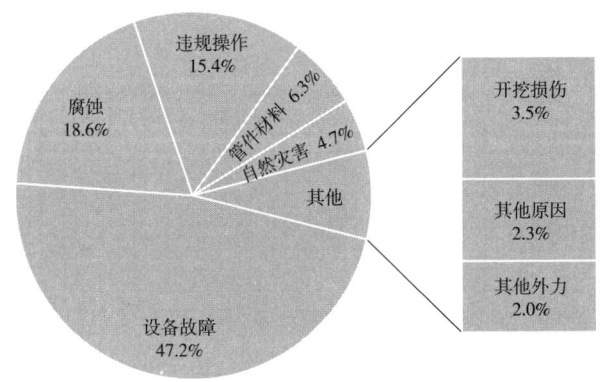

美国液体管道事故原因(2019)

资料来源:美国石油协会,美国石油管道协会,捷诚能源。

炼化与零售终端安全事故

炼厂成品油储运事故

成品油储运过程主要会发生跑冒滴事故和火灾爆炸事故。

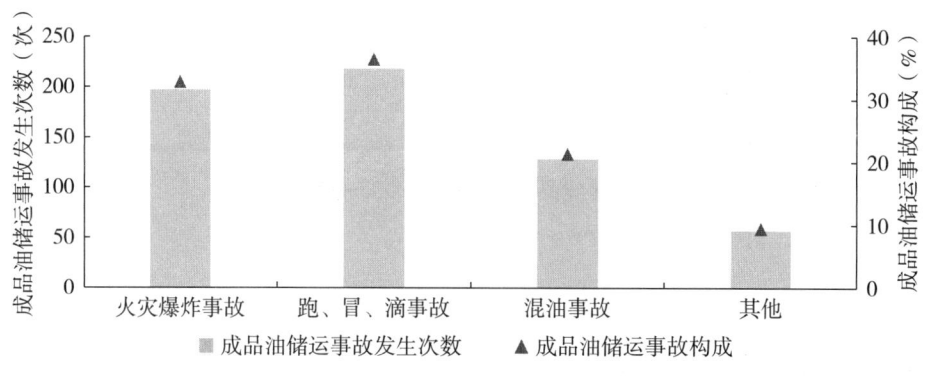

炼厂成品油储运事故（2015）

资料来源：公开报道，环评报告，捷诚能源。

加油站场地污染

污染场地指对潜在污染场地进行调查和风险评估后，确认污染危害超过人体健康或生态环境可接受风险水平的场地。污染场地包含的污染介质形式多样，既有土壤又有水，涉及的污染物众多，如农药、石油烃、多氯联苯、汞、铅、砷等有机物和重金属污染物，多为有毒有害物质，对人体健康不利。加油站油罐泄露主要为有机物污染。地下储罐、输油管线一般在20年左右因锈蚀和腐蚀而开始渗漏。某国际石油公司调查了其在英国的1100个加油站，发现其中1/3已对当地土壤和地下水造成污染。20世纪90年代初，美国调查了约200万个地下汽油储罐，其中被证实发生泄漏的约有9万个。1970年以前建设的加油站，几乎都存在渗漏现象。

美国化学品污染事故

化学品泄漏和释放可造成空气、土地、水和场外污染。美国环境保护部定期统计约 800 种化学品。

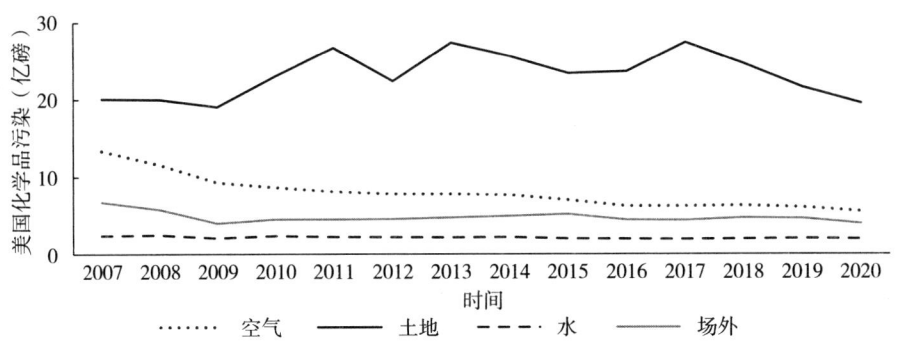

美国化学品污染事故（2007—2020）

资料来源：美国环境保护部，捷诚能源。

欧盟化学品意外污染泄漏事故

欧盟化学品泄漏污染事故逐年下降，但仍有近 2000 起事故。

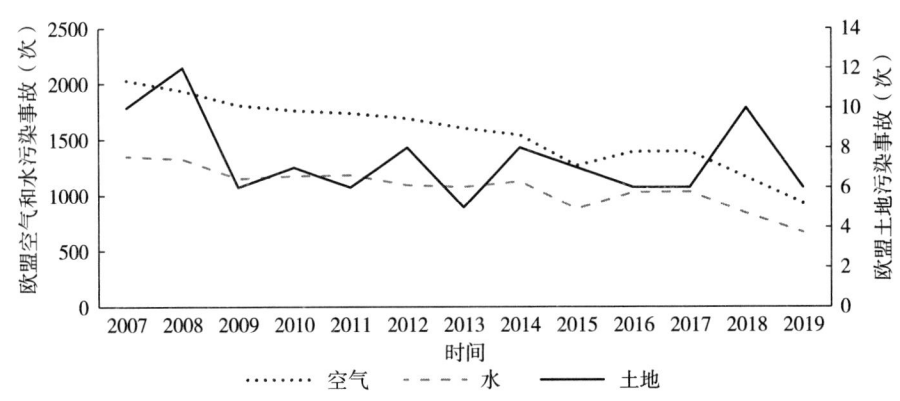

欧盟化学品意外污染泄漏事故（2007—2019）

资料来源：欧洲化学理事会，捷诚能源。

电动车车辆起火时状态

燃油车在停放时较少发生自燃。电动车一旦着火,锂化学性质较活泼,在空气中因发生氧化、氮化反应,迅速失去金属光泽,遇水发生燃烧。锂电池燃烧时间更长,温度更高。

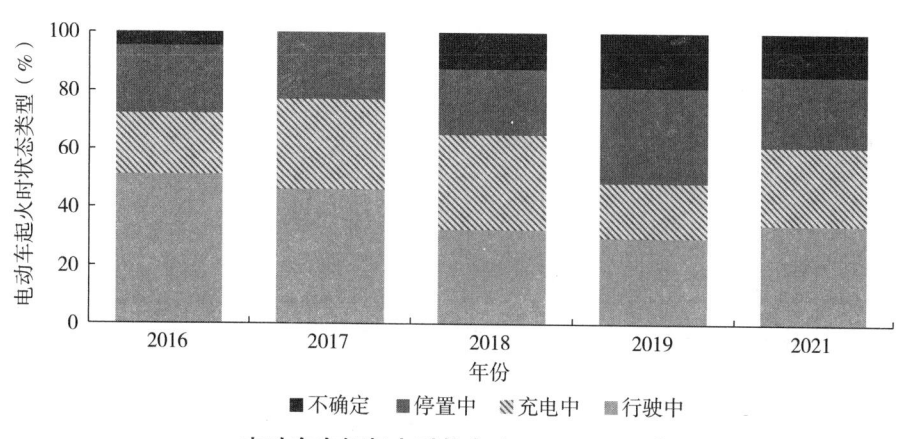

电动车车辆起火时状态(2016—2021)

资料来源:中国公安部,电动车辆国家工程实验室,公开报道,捷诚能源。

供应链中断风险

供需弹性越大,供应链中断对商品的冲击也越大。

全球化经济走向区域化过程中,即时生产和低库存(Just In Time)管理模式受到挑战,而稳产和适度库存(Just In Case)模式受到重视。过去许多公司都在学习日本丰田公司即时生产模式,尽量降低库存和管理成本,从而提高利润率。但是,这种模式有赖于全球相对和平、全球供应链高度紧密协调、市场不确定性相对较低。贸易环节,不是单向的,而是像齿轮箱一样,相互影响,一旦全球形势变得复杂混乱,系统瓶颈层出不穷,给这种模式纠错的空间就很小。

过去几十年，能源化工行业得益于制造、供应、配送、消费分工的不断细化，日趋复杂的供应链不断快速发展和互联互通。从井口到炼厂化工厂，到加油站商店，能源化工行业需要复杂的储运设施来支撑。在世界各地市场上自由流动，灵活进出口，顺畅地周转物流。供应链中断的风险会瞬时影响短期市场价格，导致交通物流不畅，影响基础设施运转，导致劳动力短缺，增加世界石油市场的不确定性。

美国制造业供应商交货指数

供应商交货（配送）时间是企业经营和库存管理的关键指标。库存水平影响销量和客户满意度。美国供应管理协会编制的供应商交货指数是监测供应链风险和库存管理的重要指标，当指数高于50临界点时，则表明交货延误。

交货延误通常表明需求旺盛，经济在增长。2020年初，美国非制造业供应商交货指数上涨51.45%，同样创历史纪录高位。

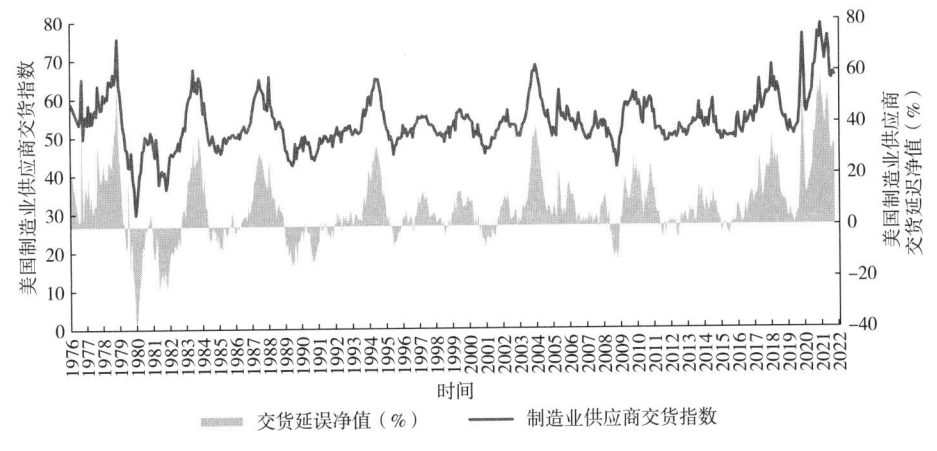

美国制造业供应商交货指数（1976—2022）

资料来源：纳斯达克，美国供应管理协会，捷诚能源。

滞期和不可抗力因素中可免则的条件

滞期和不可抗力事件都会影响货物交付,增加流通成本。航次租船合同中,当船舶装货或卸货过程延期超过规定的装卸货时间(滞期时间),使船东增加在港费用支出并遭受船期损失,由租船人向船东支付约定款项(滞期费)。这种额外费用是运费的延伸或损害赔偿。在英国,滞期费被认为是约定性损害赔偿(Liquidated damages),而在美国,滞期费被认为是延期运费(Extended freight)。大部分合同会规定,只要滞期费发生,船舶就处于滞期状态(On demurrage),在计算滞期费时就不再减去周末这样的除外时间,所以有这样的说法:一旦滞期,永远滞期(Once on demurrage, always on demurrage)。

滞期和不可抗力因素中可免则的条件(2022)

滞期和不可抗力因素中可免则的条件	离岸交货(FOB)	离岸加运费价(CFR)	到岸价(CIF)	目的港船上交货(DES)	不可抗力(Force majeure)
等待自由航行、拖船、潮汐、引航或日光	适用	适用	适用	适用	—
航道内,直至船舶安全靠泊位,且其舷梯已就位,或船舶无法卸货	适用	适用	适用	适用	—
恶劣的天气或海况,或自然灾害	适用	适用	适用	适用	适用
准备和处理或转移压载物、舱底、污水或其他物质或加油	适用	适用	适用	适用	—
船东、承租人或船长施加的限制,或对方不能履约	适用	适用	适用	适用	适用
遵守相关法规和其他要求所花费的时间	适用	适用	适用	适用	适用
船舶设备故障、未遵守码头对船上设备的要求或其他导致装载延误或限制的事项	适用	适用	适用	适用	—
任何其他可归因于船舶、买方(卖方)或买方(卖方)代理人的延误	适用	适用	适用	适用	适用
船员的任何船上罢工、禁运、劳工纠纷	适用	适用	适用	适用	适用

资料来源:史密夫律师事务所,英国石油,捷诚能源。

经典观点与经验分享

王金照　国务院发展研究中心产业经济研究部部长

进入新时代，在保持对外开放的同时，不断提升中国在核心领域的自主可控能力成为统筹发展和安全的必有之意。因为只有实现产业链供应链关键环节的自主可控才能统筹发展和安全，掌控发展的主动权；才能将国内循环畅通起来，实现需求牵引供给、供给创造需求的更高水平动态均衡；才能将国内超大规模市场和人力资源丰富的优势发挥出来；才能提升在全球产业格局中的位势、影响力和掌控力。实现产业链供应链关键环节的自主可控成为产业领域发展中必须要解决好的关键矛盾。

从解决实现产业链供应链关键环节自主可控的思路来看，一是将发挥市场在资源配置中的决定性作用和更好发挥政府作用结合起来，调动方方面面的积极性。通过畅通国内循环给市场带来调动企业攻克关键技术的积极性。政府要在基础研究、应用基础研究和人才培养上加大支持力度，为企业在科技攻关提供支撑。二是将增加政府财政投入与推动体制机制改革结合起来，提高投入产出效率。该政府投入的领域，如基础研究、应用基础研究和人才培养上，政府要加大力度投入，并且要集中稳定地投入，以产生积累性效果，避免科技投入"撒胡椒面"。与此同时，要通过体制机制改革将国有企业、民营企业的创新积极性调动起来，通过规划引领、政策引导、财税支持等方式将产业链上下游的企业协同起来，从而释放全社会的创新效率，提高财政投入产出比。三是将独立自主和国际合作结合起来，提高内循环的效率并营造良好的外部环境。在我国相关领域还不能替代国外技术和产品时，坚定不移地研发替代产品的同时，还是要购买国际先进的产品和技术来提高整个经济体系的效率。当我国具有相关技术和产品能力时，仍要开放竞争，将过去的垂直分工调整为水平分工，在各自都掌握技术体系的情况下，通过差异化的产品和服务来开展贸易。

要实现产业链供应链关键环节自主可控的目标，从政策措施上看，既要构建精准的产业政策体系，发挥政府对产业发展的直接引导调节作用，也要在创新体系、金融体系、人才政策、企业发展机制上加快建设，完善体制机制，培养良好自主可控的产业生态和创新生态。在建立以我为主的国内体系的同时，还要用好用活国际市场和资源，进一步加快自主可控步伐并提高经济循环的效率。

第9章

贸易的平衡

区域石油市场供需的不平衡和产业链上下游的不匹配催生了贸易。全球化分工促进了贸易的发展。石油的需求和进口对贸易的影响大于生产和出口。

石油贸易流程与风险

石油公司产量、加工量和销售量结构

在全球分工细化中,石油公司的上下游资产很难完全匹配。当石油产量、原油加工量和成品油销售量之间的差值越大,经营风险就越高,有必要通过实体贸易或衍生品等方式弥补产业链缺口,管理和降低风险。

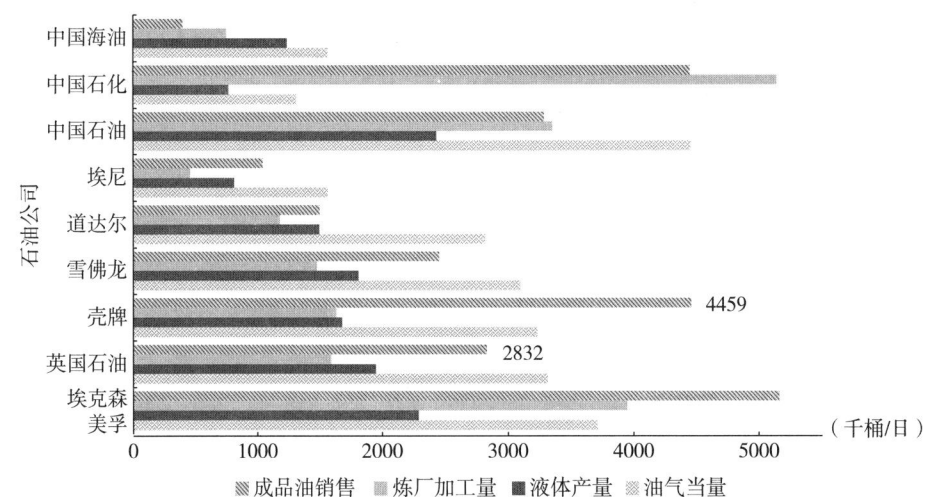

石油公司油气当量、液体产量、炼厂加工量、成品油销量结构(2021)

资料来源:各公司年报,各公司可持续发展报告,证监会,捷诚能源。

国际原油现货采购销售流程

从海外采购原油,运到国内港口需要大概两个月,然后用一个月炼制出成品油,销售到国内市场时,对应的原油价格已经是三个月后的价格,因此,存在价格风险。

2020年1月	2020年2月	2020年3月	2020年3月	2020年3月	2020年4月
国际油价70美元/桶 在国外购买1桶原油	国际油价60美元/桶 进口到国内炼厂储罐	油价跌至35美元/桶 炼厂加工成成品油	送到价格7266元/吨 汽油输到加油站	终端价格5.5元/升 消费者加油	账面上-25美元/桶 企业存货贬值损失

国际原油现货采购和销售流程示意图(2020)

资料来源:中国石油,捷诚能源。

贸易风险与费用

国际货物所有权和风险同时转移,除非合同另有约定。贸易商将货物和其他资产作为抵押品,从银行和金融公司获得信用证(Letter of credit),作为对其供应商的付款担保。贸易商有时还会提供保函(Letter of indemnity),保证其拥有货物而不是运输文件,以证明交易的真实性。

贸易风险与费用

贸易报价方式	交货地点	运费	保险	出口手续	进口手续	风险转移
工厂交货价(Ex Workshop)	出口国厂库	买方负责	买方负责	买方负责	买方负责	目的港
离岸价(FOB)	装运港	买方负责	买方负责	卖方负责	买方负责	装运港船舷
成本加运费(CFR)	装运港	卖方负责	买方负责	卖方负责	买方负责	装运港船舷
到岸价(CIF)	装运港	卖方负责	卖方负责	卖方负责	买方负责	装运港船舷
目的港船上交货(DES)	目的港	卖方负责	卖方负责	卖方负责	买方负责	目的港船上

资料来源:国际贸易术语解释通则,振华石油,捷诚能源。

世界石油贸易格局与趋势

世界石油贸易主要是通过海运。世界石油贸易格局正经历着自20世纪70年代阿拉伯石油禁运以来的最大调整,自由贸易受到限制,市场参与者及其贸易行为发生改变,船舶和货物的保险、运费和融资成本增加。

世界海运贸易量

世界海运贸易量中,石油和成品油的比例有所下降。同时,未来成品油贸易,尤其是汽油、柴油、煤油贸易在国际石油贸易中的占比有所提升。

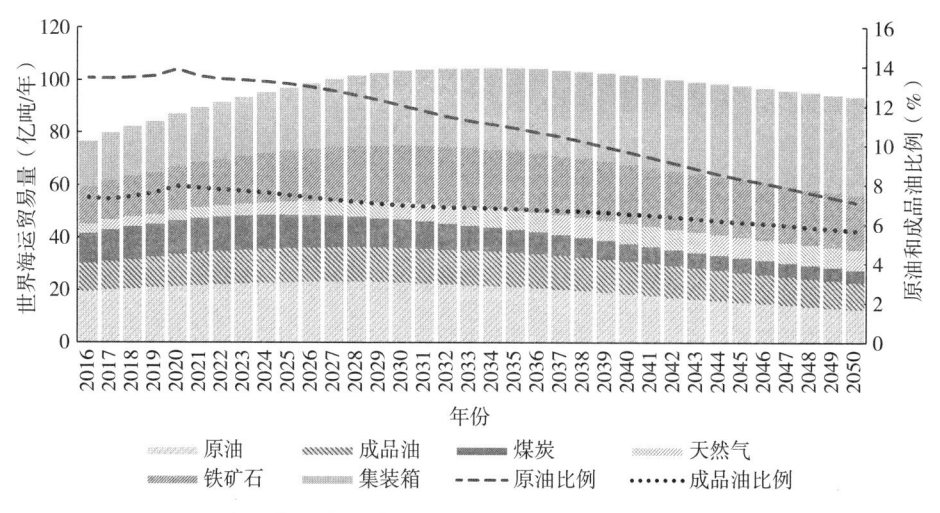

世界大宗商品海运贸易量展望(2016—2050)

资料来源:挪威船级社,捷诚能源。

世界石油化工海洋运量

国际石油化工海洋运量以原油为主,成品油和化工品运量时有增加。

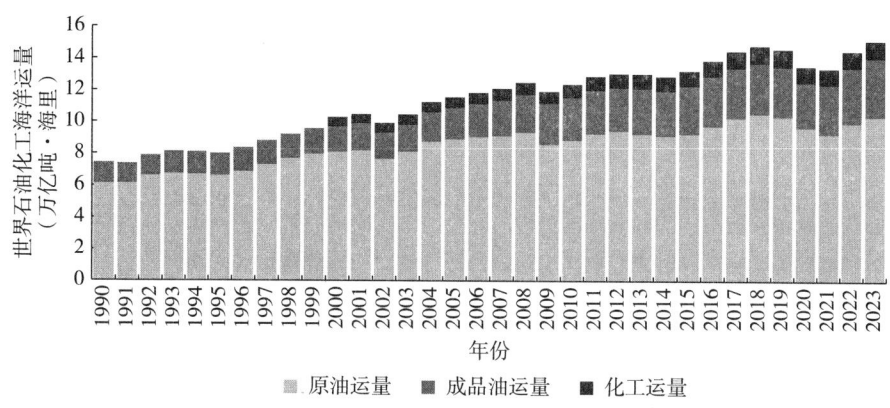

世界石油化工海洋运量(1990—2023)

资料来源:联合国贸易和发展会议,克拉克森航运,捷诚能源。

世界石油贸易趋势

全球石油资源分布不均衡,产地和消费地分离,石油跨区价差的存在,推动了国际石油贸易的发展。

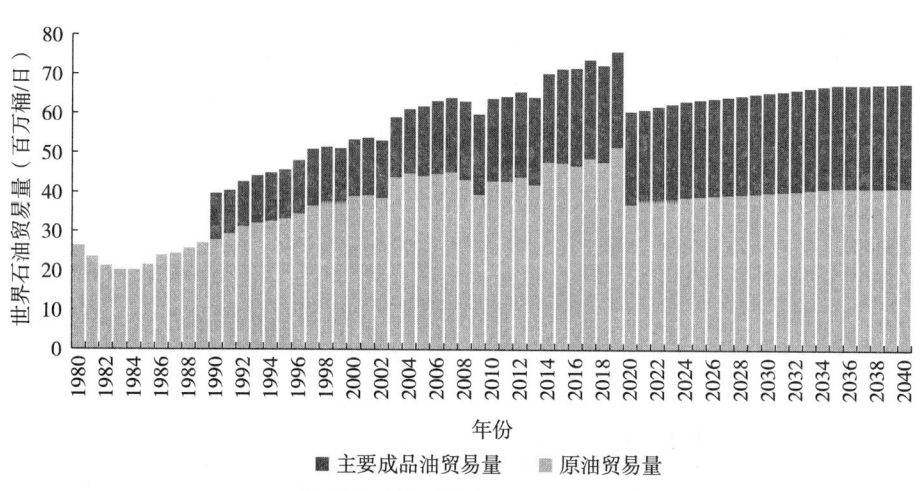

世界石油贸易量(1980—2040)

资料来源:英国石油,捷诚能源。

世界石油贸易量增速

受石油需求逐渐达峰、替代能源竞争加剧和地缘政治复杂化等因素影响，世界石油贸易量增速放缓。

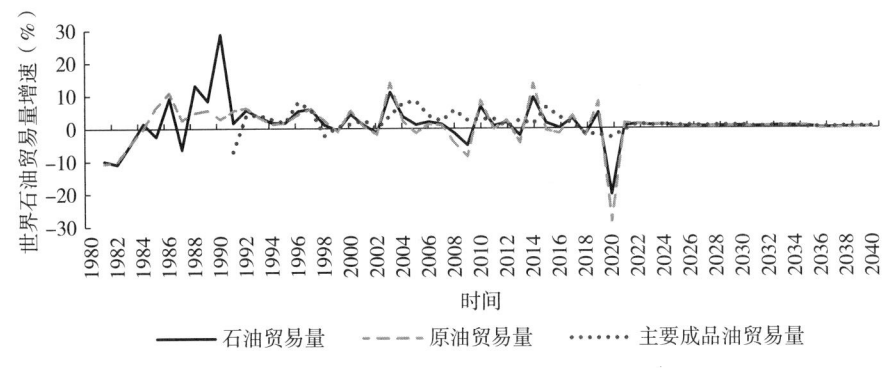

世界石油贸易量增速（1980—2040）

资料来源：英国石油，捷诚能源。

区域石油贸易量占世界贸易量比例

中国在世界石油贸易量中的比例总体呈上升趋势。美国贸易量呈下降趋势。

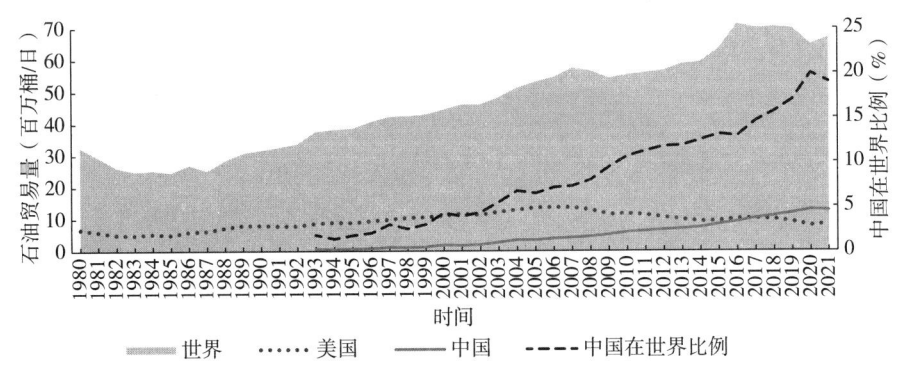

区域石油贸易量占世界贸易量比例（1980—2021）

资料来源：英国石油，捷诚能源。

区域石油贸易量在世界消费量比例

全球和中国石油贸易量在世界消费量的比例呈上升趋势,而美国呈下降趋势。

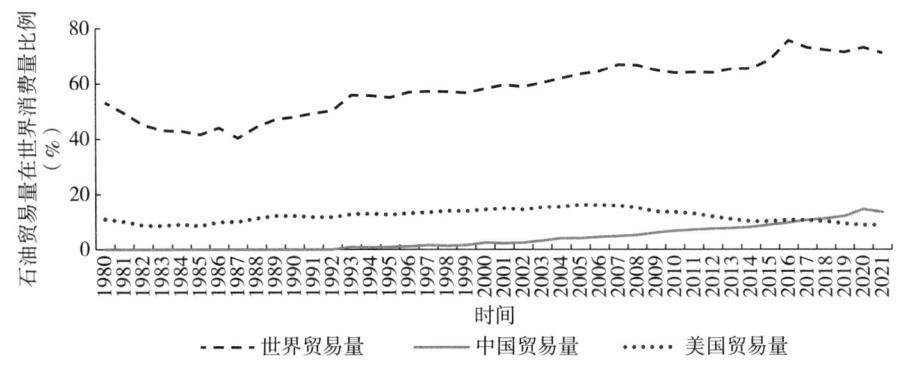

区域石油贸易量在世界消费量比例(1980—2021)

资料来源:英国石油,捷诚能源。

全球区域燃料进出口占货物贸易比例

燃料主要指煤炭、石油、天然气和电力等。中国燃料出口量占其货物总出口的比例从1984年的23.02%降至2021年的2%以下,进口量从1984年的不到1%上升至近年的15%左右。美国燃料出口量占其货物总出口的比例从1962年的3.75%上升至2021年的15%左右,进口量从高位的32.84%降至2021年的7.63%。

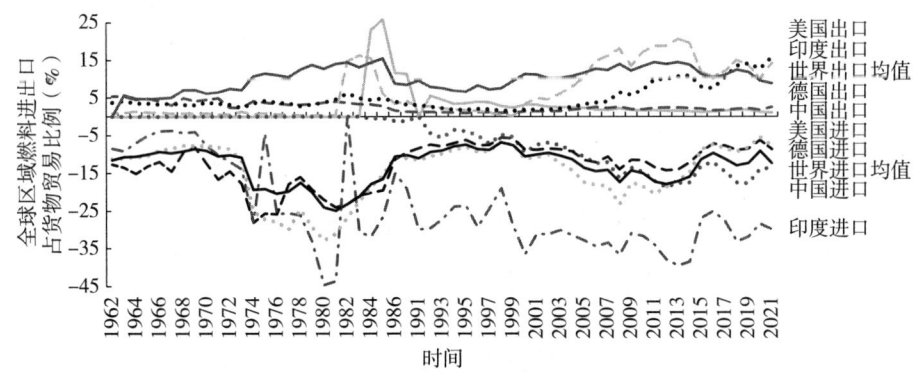

全球区域燃料进出口占货物贸易比例(1962—2021)

资料来源:世界银行,联合国,捷诚能源。

全球原油和凝析油贸易格局与趋势

贸易流向主要取决于石油产地和消费地的不同以及区域经济的发展水平。运输成本、品质差异、消费者习惯和价差套利机会都会影响贸易流向。

全球区域原油出口量

全球原油出口,以中东为主。

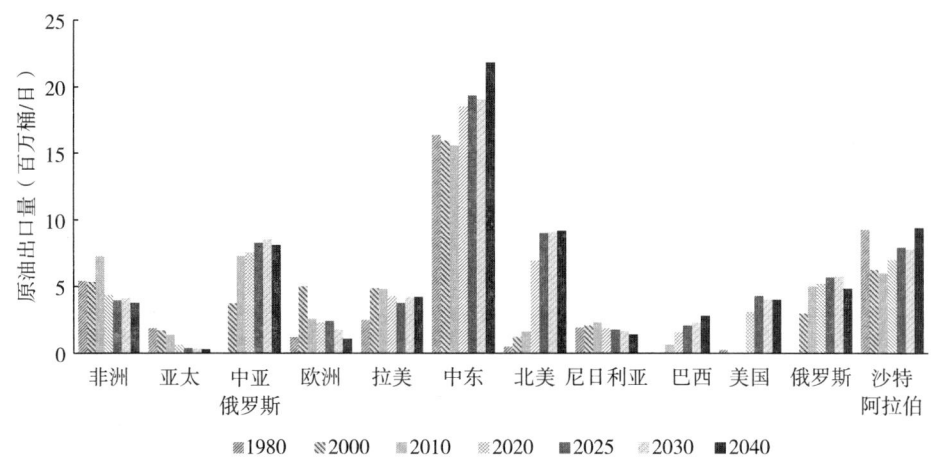

全球区域原油出口量(1980—2040)

资料来源:英国石油,国际能源署,美国能源信息署,捷诚能源。

全球区域原油进口量

全球原油进口量以亚太地区为主,印度原油进口量呈稳步增长趋势。

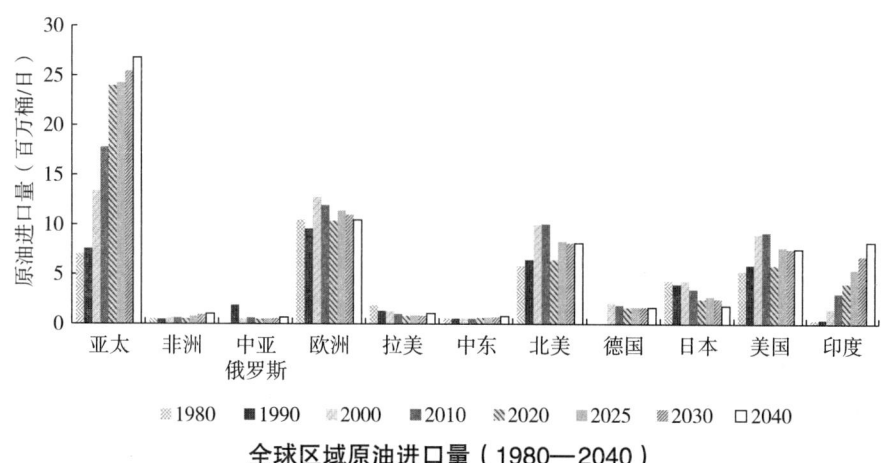

全球区域原油进口量(1980—2040)

资料来源:英国石油,国际能源署,美国能源信息署,捷诚能源。

全球区域原油进出口增速

全球原油贸易,沙特阿拉伯出口呈增长趋势,而印度进口呈增长趋势。

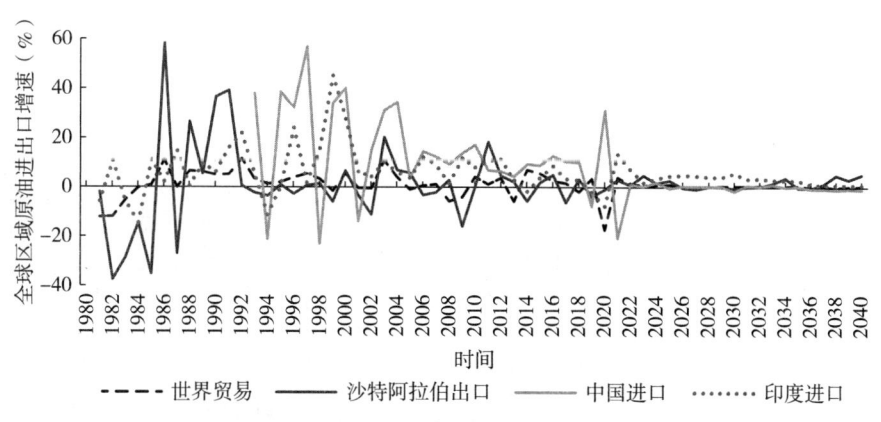

全球区域原油进出口增速(1981—2040)

资料来源:英国石油,国际能源署,美国能源信息署,捷诚能源。

全球区域原油净进口

全球原油净进口地区为亚太和欧洲。

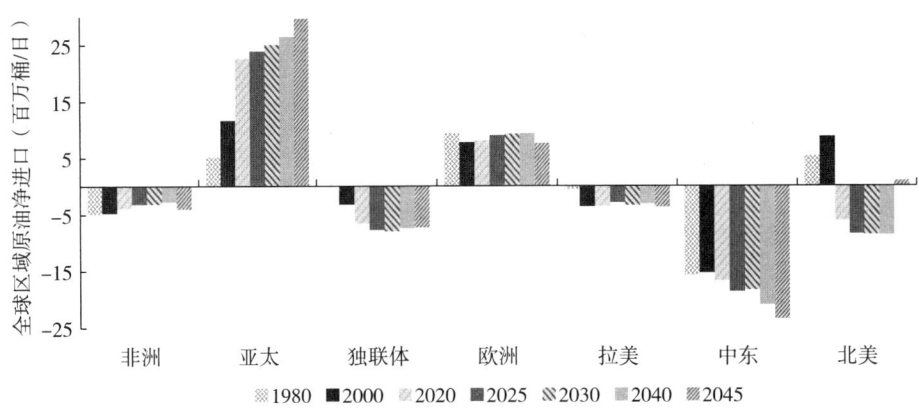

全球区域原油净进口（1980—2045）

资料来源：欧佩克，英国石油，捷诚能源。

中东和非洲原油出口目的地

中东和非洲原油主要出口目的地为亚太和欧洲。

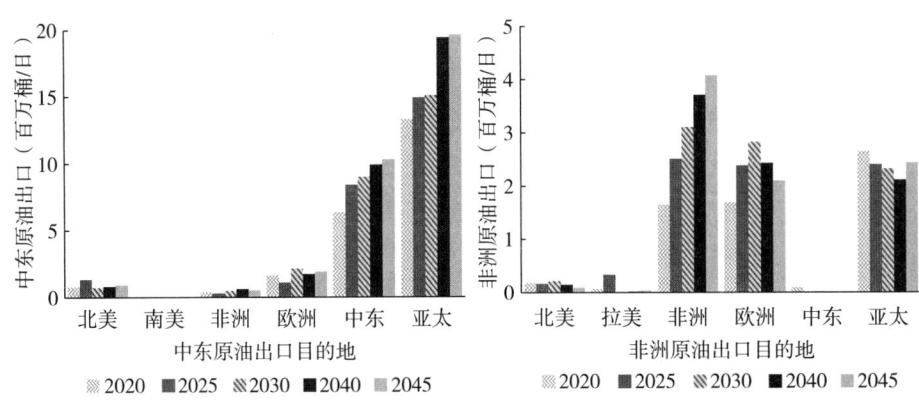

中东和非洲原油出口目的地（2020—2045）

资料来源：欧佩克，英国石油，捷诚能源。

北美和中亚俄罗斯原油出口目的地

中亚俄罗斯原油出口目的地主要为亚太和欧洲。北美原油出口目的地在北美区域内。

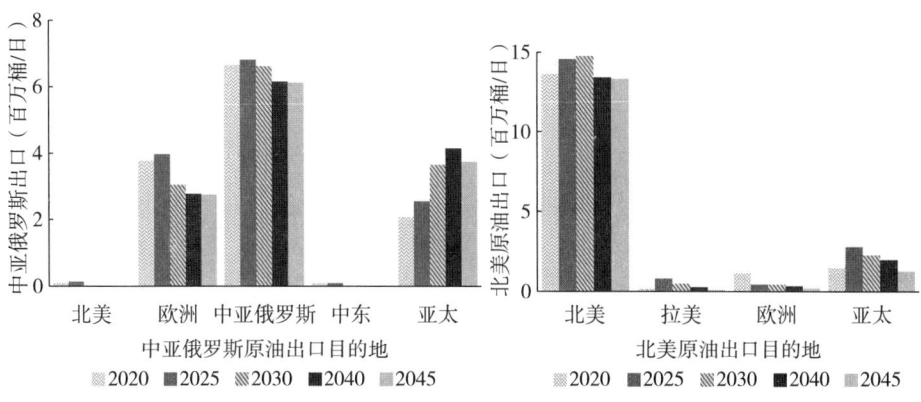

北美和中亚俄罗斯原油出口目的地（2020—2045）

资料来源：欧佩克，英国石油，捷诚能源。

欧洲和亚太原油进口来源地

欧洲主要原油进口来源于中亚俄罗斯、非洲、中东等地区。亚太主要原油进口来源于中东。

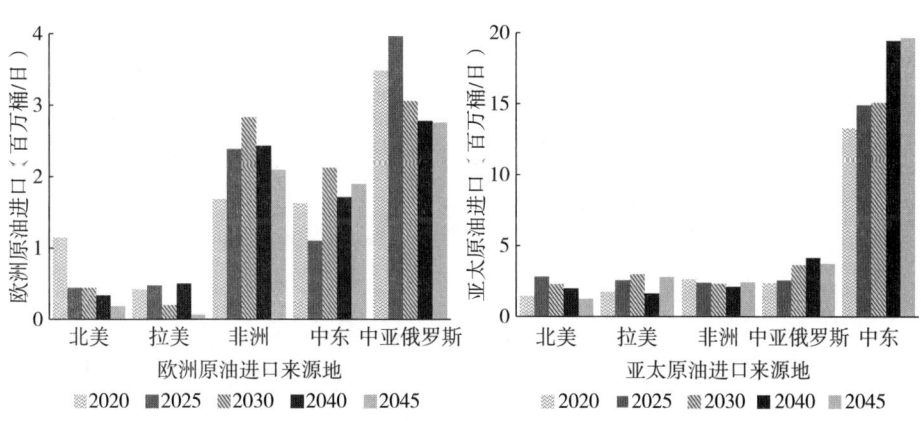

欧洲和亚太原油进口来源地（2020—2045）

资料来源：欧佩克，英国石油，捷诚能源。

全球区域凝析油贸易流向

全球凝析油贸易中，中国引领全球凝析油贸易量。中东和美国凝析油出口不断增加，拉美凝析油贸易量有限。

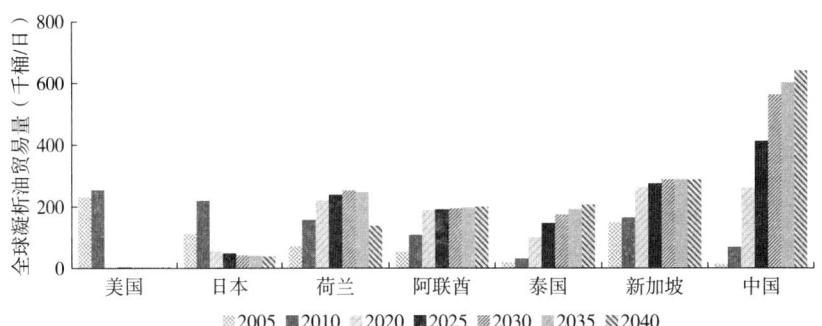

全球区域凝析油贸易量（2005—2040）

资料来源：欧佩克，美国能源信息署，国际能源署，捷诚能源。

全球成品油和石化贸易格局

世界成品油贸易量增速

世界成品油贸易量总体呈增长趋势。

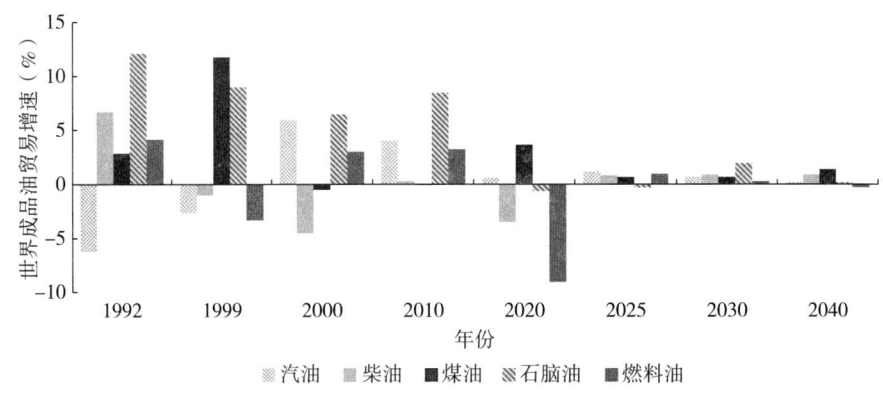

世界成品油贸易增速（1992—2040）

资料来源：英国石油，国际能源署，美国能源信息署，捷诚能源。

全球区域成品油净进口贸易量

全球成品油贸易中,北美和中东净出口,而非洲和亚太净进口。船舶在国际航运中消耗的船用燃料和飞机在国际航线中消耗的航空燃料一般不计入出口数据。

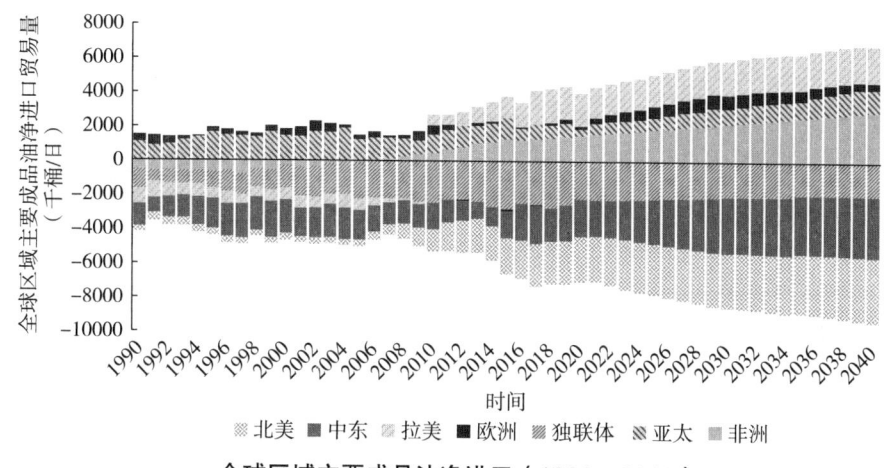

全球区域主要成品油净进口(1990—2040)

资料来源:英国石油,国际能源署,美国能源信息署,捷诚能源。

世界主要化工品贸易量

世界乙烯和丙烯等主要基本化工产品贸易量有所下降,而苯贸易量总体呈增长趋势。

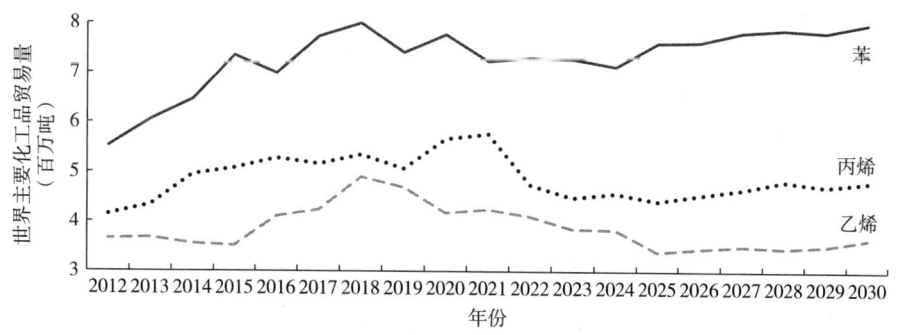

世界主要化工品贸易量(2012—2030)

资料来源:国际能源署,中国石化联合会,欧洲化学委员会,捷诚能源。

全球区域LPG贸易流向

美国LPG产量的快速增长推动了全球LPG贸易。

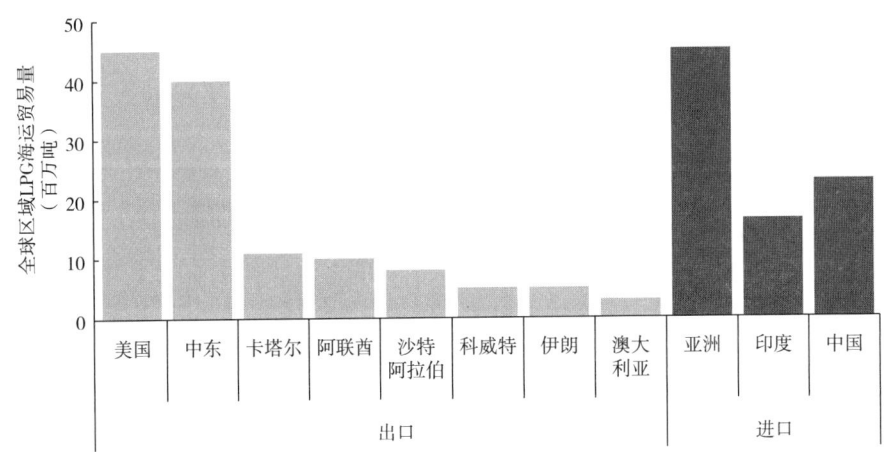

全球区域LPG海运贸易量（2021）

资料来源：中国石化联合会，中国燃气，捷诚能源。

全球区域乙烯净出口

中国和印度是乙烯主要进口国，而美国和中东是主要出口来源地。

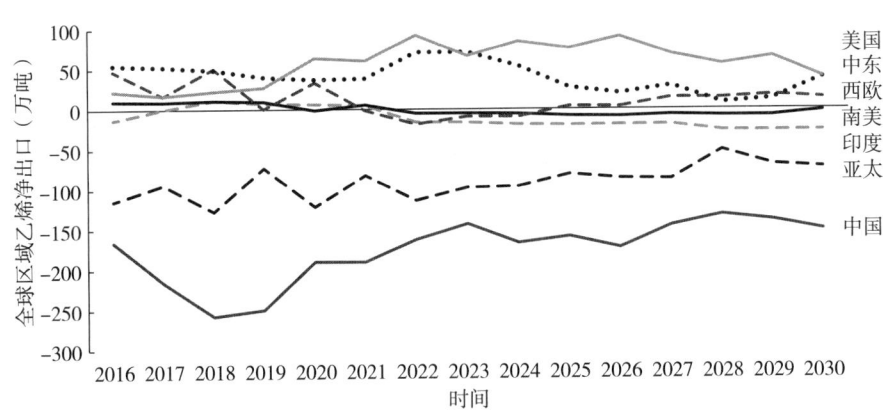

全球区域乙烯净出口（2016—2030）

资料来源：中国石化联合会，捷诚能源。

美国石油进出口

美国原油和成品油进出口

在美国大量出口原油和成品油的同时,也进口原油和成品油。

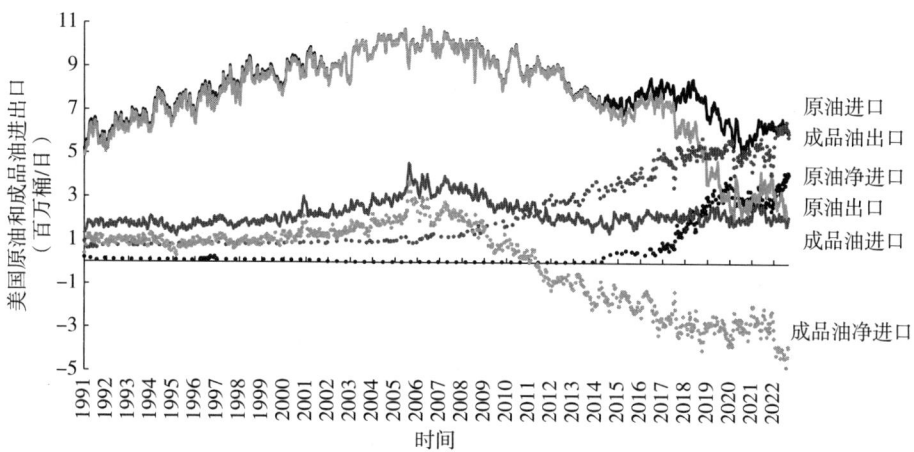

美国原油和成品油进出口(1991—2022)
资料来源:美国能源信息署,捷诚能源。

美国石油净进口

2004年以来,美国原油净进口下降。2011年以来,美国天然气液和成品油出口高于进口。

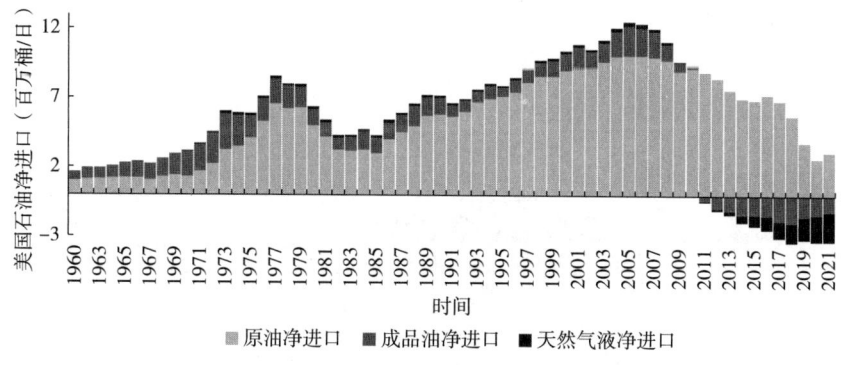

美国石油净进口(1960—2021)
资料来源:美国能源信息署,捷诚能源。

美国成品油净进口

美国净进口的成品油包括燃料油和石脑油等。

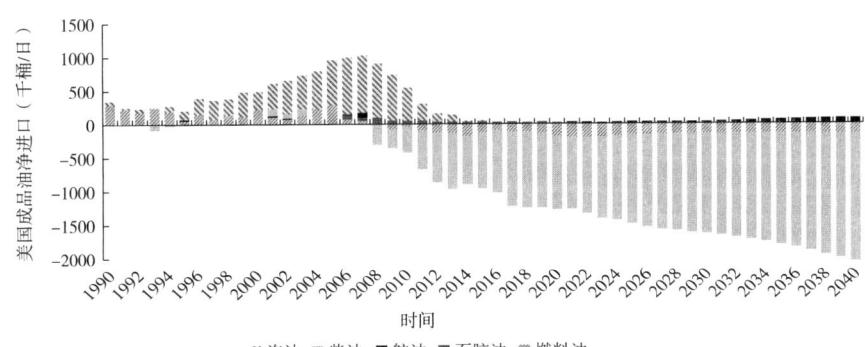

美国成品油净进口（1990—2040）

资料来源：美国能源信息署，英国石油，捷诚能源。

美国原油进口来源国

美国从约60个国家进口原油。近年来，加拿大、墨西哥和沙特阿拉伯是主要来源国。加拿大和圭亚那等国进口有较大增幅，而委内瑞拉、尼日利亚和沙特阿拉伯等国进口量大幅下降。

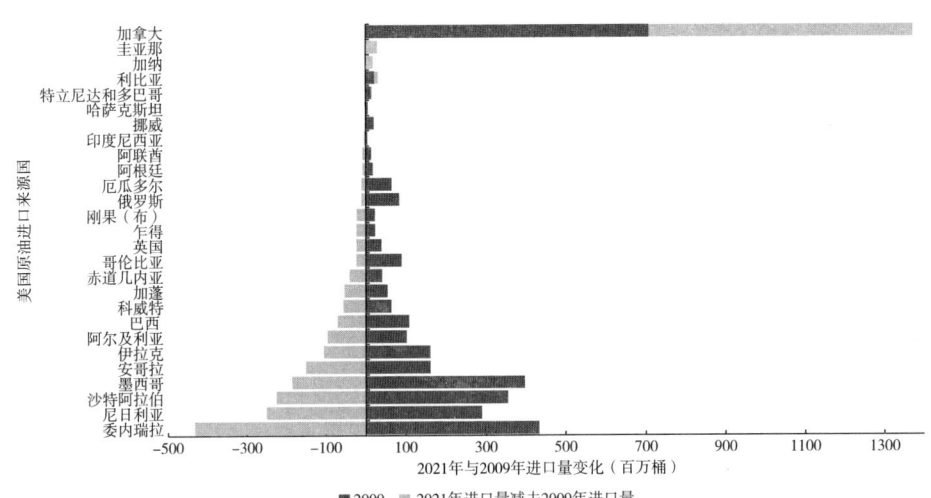

美国原油进口来源国（2009—2021）

资料来源：美国能源信息署，美国商务部，捷诚能源。

美国石油出口

美国石油出口总量逐步上升。1996 年，美国开始向中国出口原油。2004 年，美国开始向中国出口成品油和天然气液。

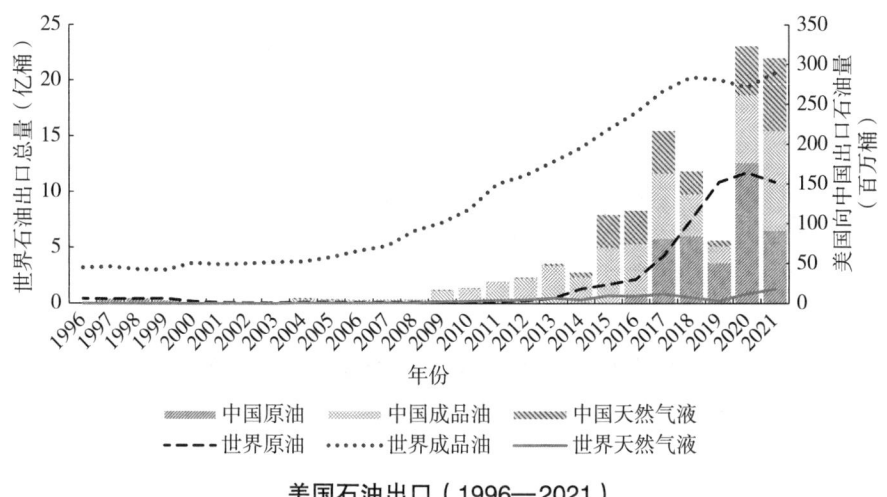

美国石油出口（1996—2021）

资料来源：美国能源信息署，捷诚能源。

中国石油化工进出口

中国经济发展、能源供应保障、产业链分工和价差套利机会推动了中国石油化工产品的进出口。中国进口原油和乙烯等原材料，同时，中国是全球主要的石油化工产品消费国、加工地和出口国。

中国能源化工产品进口量占消费量比例

中国大量进口能源化工原材料，同时出口制成品。

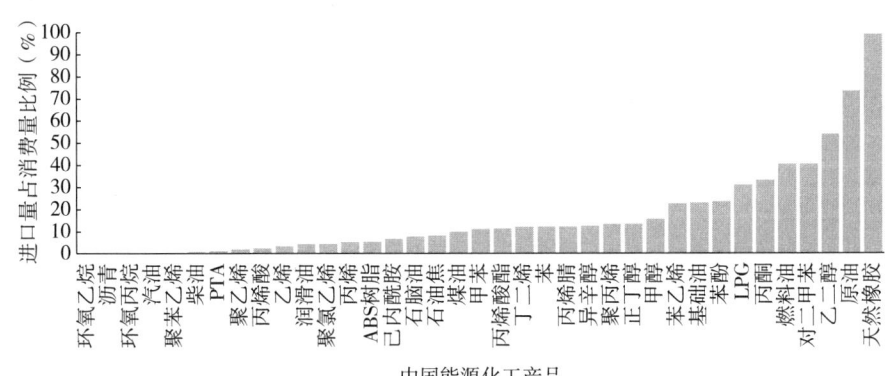

中国能源化工产品进口量占消费量比例（2020）

资料来源：中国海关总署，中国石化联合会，捷诚能源。

中国原油和石油对外依存度

1993年，中国石油净进口。1996年，中国原油净进口。中国原油和石油进口依存度相对高位。

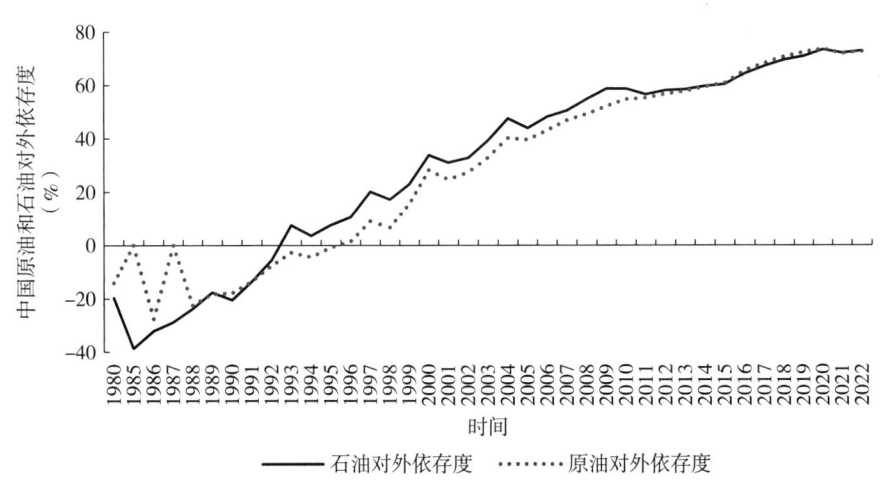

中国原油和石油对外依存度（1980—2022）

资料来源：中国国家统计局，中国海关总署，中国石油经济技术研究院，捷诚能源。

中国原油进口来源国和进口油价

中国从全球约 50 个国家进口原油。2021 年,最大的原油进口来源国包括沙特阿拉伯、俄罗斯和伊拉克等国家。原油进口单价大多低于国际油价。

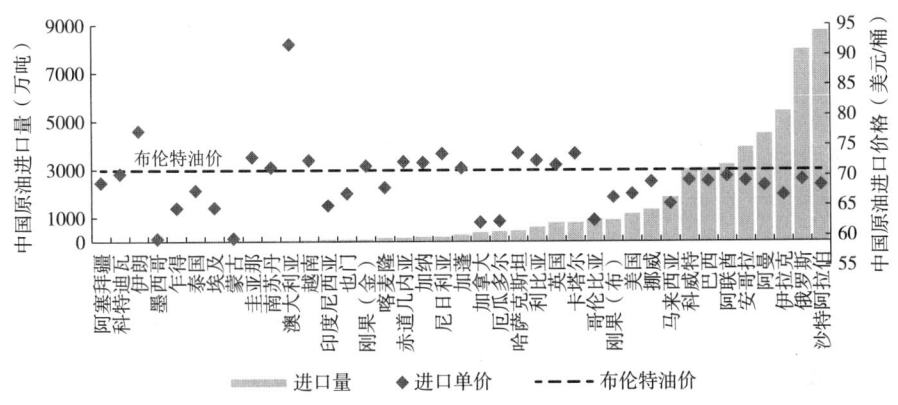

中国原油进口来源国和进口油价(2021)

资料来源:中国海关总署,洲际交易所,美国能源信息署,捷诚能源。

中国原油海运进口来源地

2020 年至 2021 年,中国原油进口海运发货国家接近 60 个,包括沙特阿拉伯、伊拉克、安哥拉、阿曼和俄罗斯等国。

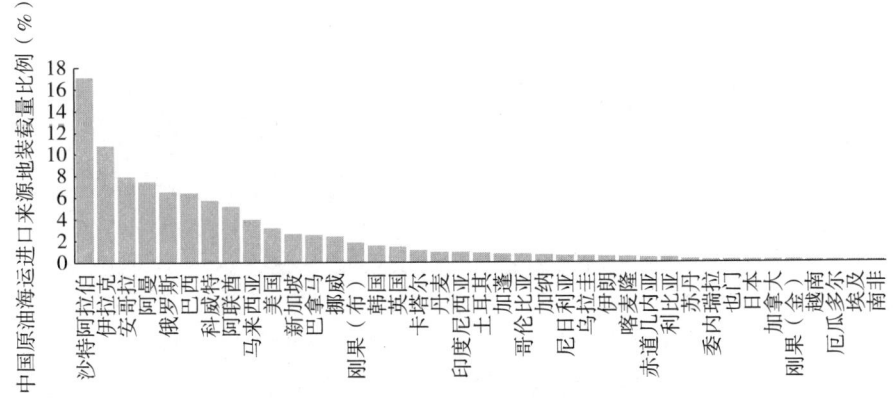

中国原油进口海运发货国家和装载量(2020—2021)

资料来源:中国海关总署,捷诚能源。

中国成品油出口目的地和出口价格

中国成品油产量主要在国内消费，成品油出口量不大，主要用于平衡市场供需。代加工两头在外的模式颇有挑战。中国成品油出口到全球100多个国家和地区，主要目的地约为30个国家。

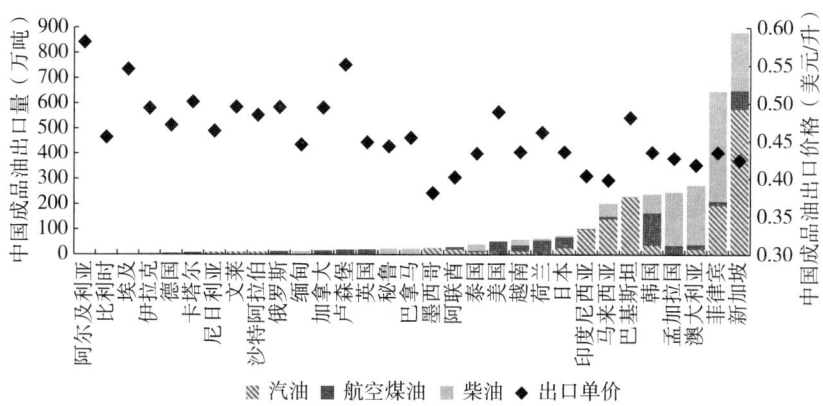

中国成品油出口目的地和出口价格（2021）

资料来源：中国海关总署，捷诚能源。

中国成品油净进口

中国成品油进口少，以出口为主，随着成品油政策的调整而调整。

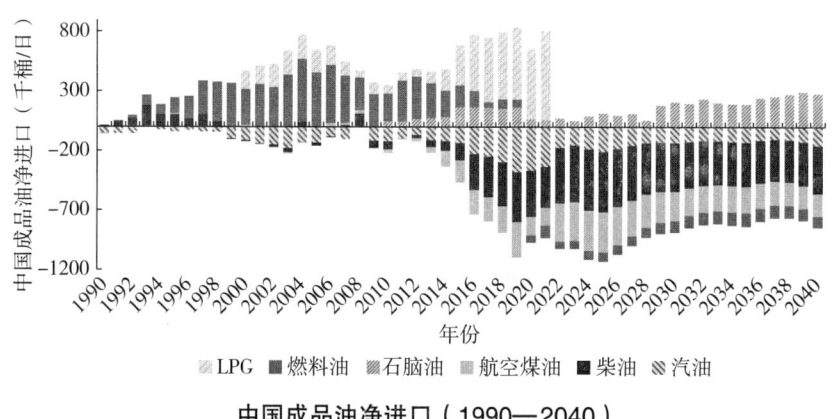

中国成品油净进口（1990—2040）

资料来源：中国国家统计局，中国海关总署，中国石油经济技术研究院，中国石化经济技术研究院，捷诚能源。

中国成品油混兑资源进口量

混合芳烃（作汽油组分）、稀释沥青（作炼厂加工原料）和轻质循环油（作炼厂中间物料或混兑）等混兑资源影响了中国石油市场供需平衡。

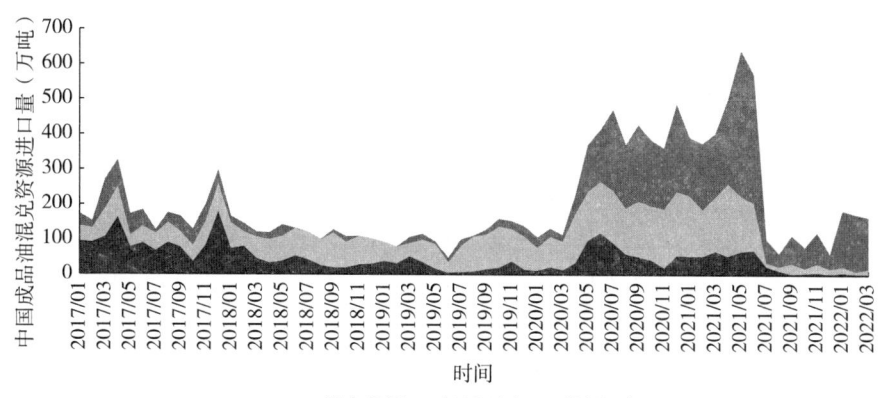

中国成品油混兑资源进口量（2017—2022）

资料来源：中国海关总署，捷诚能源。

中国乙烯、丙烯和丁二烯进口量

中国是石化产品生产国和出口国，同时也进口乙烯等基础原料。丙烯贸易跨区流动少。中国乙烯、丙烯和丁二烯等有机原料进口量相对稳定。

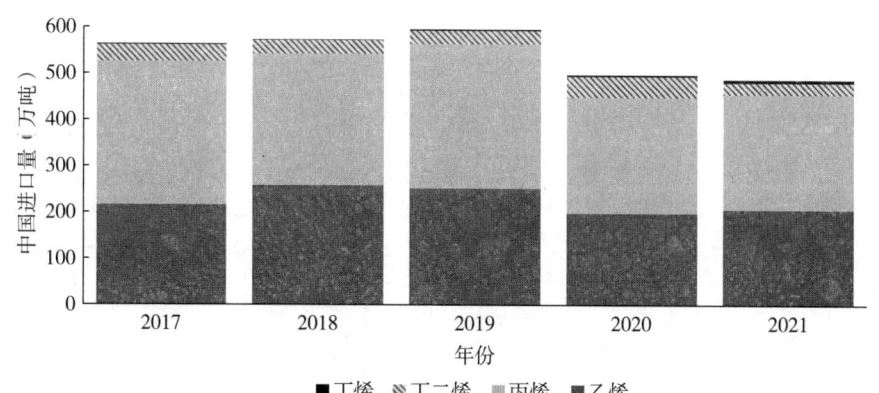

中国乙烯、丙烯和丁二烯进口量（2017—2021）

资料来源：中国海关总署，捷诚能源。

经典观点与经验分享

王 震 中国海油集团能源经济研究院党委书记、院长

国际石油市场呈现新特征，国际油气贸易格局正在发生变化。

在能源转型过程中，传统化石能源行业机遇与挑战并存，中国油气行业面临"三大三小"挑战。一是市场巨大但腾挪空间小；二是贸易量大但定价话语权小；三是天然气潜力巨大但竞争力小。

就石油市场而言，主要体现在以下几个方面：一是全球油品贸易量增速高于原油贸易增速。二是轻质油产量占比下降，重质油产量占比上升。三是亚太地区成为全球原油供应的最大目标市场。中国、日本和印度原油进口量迅速增长。四是世界炼油工业重心逐步东移。北美与欧洲的炼油能力大幅削减，全球份额持续下降。五是中国石油贸易一枝独秀，贸易主体和贸易方式日趋多元。六是转型背景下油价波动更趋激烈。投资、产量、价格的周期特征叠加气候变化、能源转型冲击、地缘政治博弈加剧，未来油价波动将更趋激烈。

经典观点与经验分享

江丹丹 广州海关统计分析处

在我国能源结构转型升级期，石油产品仍是我国经济发展的重要资源。自1993年我国首次迈入油气产品净进口国家的行列后，油气产品进口规模在2003—2021年间以接近20%的年均增速实现提升，其中，天然气，原油、液化石油气进口年均增速高达21.1%、10.1%、7.8%，我国已成为全球油气产品需求增长的重要来源。随着全球油气贸易格局进入深度调整期，我国原油、天然气等部分油气产品进口依存度降低、进口来源更趋多元等特征也更加明显，同时在"减油增化"趋势下成品油出口缩减趋势凸显。在当前地缘政治冲突加剧、下游需求不及预期、关联大众商品价格波动，我国石油来源仍受世界市场风险影响等背景下，未来我们应灵活利用国内外两个市场，实现石油资源多元、多点、多渠道、多类型供应，加快炼油行业转型升级，提高供给侧抗风险能力，为我国绿色经济发展提供更为可靠的能源保障。

第10章

金融市场的平衡
石油定价体系和衍生品工具

贸易、交易和期货衍生品是国际公司应对能源转型和增加盈利的重要手段。油气价格是公司盈利的主导因素。

油气实体产业从投资生产到销售有一定周期。在长周期内，油气销售价格不断变化，而生产成本相对稳定，降本增效空间有限。由于价格与成本不匹配，相对于生产成本，油气销售存在贱卖和超卖的情况。

石油定价体系与期货市场

世界石油定价体系经历了五个阶段。1. 国际石油公司主导国际原油市场与原油标价阶段。第二次世界大战后到 1973 年第一次石油危机之前，世界石油价格十分稳定；2. 官价阶段。20 世纪 60 年代到 70 年代，欧佩克成员国石油工业国有化与定价权的转移影响了石油价格；3. 参考价阶段。20 世纪 70 年代到 80 年代，现货价格合约的使用与石油期货市场的发展推动了定价体系发展；4. 期货价格阶段。在经历了两次石油危机后，20 世纪 80 年代到 90 年代，随着现货市场规模的扩大，现货价格的频繁波动就产生了规避价格风险的要求，石油期货合约的推出也就具备了成功的基础条件；5. 20 世纪 90 年代至今，计算价阶段。

大宗商品市场成熟度与价格市场化进程

按照市场成熟度、价格市场化以及市场效率等影响因素，可判断各类大宗商品市场价格演变阶段可分为早期、发展中和成熟阶段。具体从供需、市场、价格、现货、期货、交易与交割 6 个方面来分析某一商品市场的成熟度，通过给每项指标打分，按权重加以汇总，从而得到评价结果。

大宗商品市场成熟度与价格市场化进程（2022）

1. 供需	2. 市场	3. 价格
市场季节性	市场准入壁垒	价格流动性
替代能源成本	市场信息透明度	价格透明度
国内外资源垄断程度	供需双方自主选择	市场定价或管制
地缘政治和国内政策	市场参与者活跃度	价格和信用风险程度
4. 现货	5. 期货	6. 交易与交割
现货流动性	商品标准化	交易交割成本
贸易合约期限	交易时间和灵活性	进出口便捷程度
贸易合约灵活性	计价单位及计价货币	现金或实物交割
金融交易者参与程度	交易规则与合约标准化	储存运输难易程度

资料来源：牛津能源研究院，捷诚能源。

国际石油贸易方式

石油市场由实货和金融市场组成。围绕实货商品价格所衍生出来的价值，金融市场提供各种衍生品工具，推动市场买卖交易。从市场容量来看，场外市场是金融衍生品交易的主要市场，不论是其交易量还是产品的丰富程度都远远要超过场内市场。

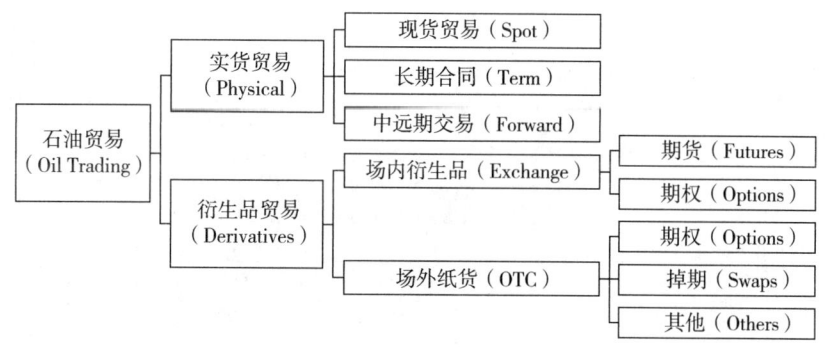

国际石油贸易方式

资料来源：上海国际能源交易中心，捷诚能源。

价格指数成功要素

价格指数一般指商品价格在两个不同时期价格的相对值或在某一特定时期内的绝对值。价格指数要对实体经济有积极引导作用,服务市场交易行为。市场参与者在日常交易中"好用、喜欢用、爱用"的价格指数才是成功的价格指数。价格指数可成为定价基准,也可以作为交易标的,是分析价格动态变化的重要工具。

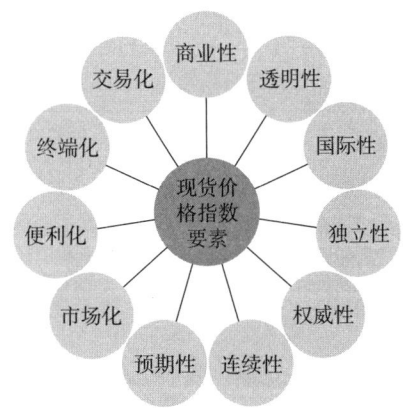

现货价格指数要素(2022)

资料来源:牛津能源研究院,捷诚能源。

期货合约定义

期货不是货物,而是期货合约。期货合约是标准化合约,包括标准化的品质规格、交易单位、统一的交割时间和交割地点。

期货合约	交易
·在商品期货交易所(场内) ·在今天下单交易(买卖) ·特定的标的物或商品品种 ·以标准化的期货合约的形式 ·采取场内公开集中竞价的交易方式 ·通过公开竞价来确定交割价格 ·在明确的未来交割月 ·按照事先约定的交割价格交割或平仓	·T+0交易,统一结算 ·保证金交易(杠杆)以确保规避无法按期履约的风险 ·当日无负债交易,逐日盯市,需要保障保证金交易 ·允许以对冲合约的方式来结束交易,而不必实物交割(所有权的转移) ·双向交易,可看多和看空。国外是买入和卖出两种,默认平仓,净头寸;国内是买入开仓、卖出开仓、买入平仓、卖出平仓四种
标准化合约 ·标准化的品种/规格 ·标准化的数量/交易单位 ·统一的交割时间 ·指定的交割地点 ·唯一不确定的是未来的价格	期货不是货物,而是期货合约	期货报价体现了 ·以交易者在交割时愿意支付的价格 ·以交易者对未来现货价格的预估 ·以同意换手现金流的合约

期货合约定义(2022)

资料来源:《燃料对冲与风险管理》,捷诚能源。

期货市场基本功能

期货的基本功能包括价格发现、套期保值、优化资源配置和转移汇率风险等。

价格发现	·形成反映市场供需关系的基准价格
套期保值	·为产业链上下游企业提供可有效规避风险的管理工具
套利投机	·跨期套利、跨区域套利、跨品种套利
优化资源配置	·价格信号支持企业生产经营和投资决策
转移汇率风险	·交易上海原油期货，采用人民币计价

期货市场的功能

资料来源：上海国际能源交易中心，捷诚能源。

现货和金融衍生品市场比较

现货和金融衍生品市场指标包括交易对象、交易期限、交易成本、流动性、信用风险等指标，各自有其优劣势和适用性。

现货和金融衍生品市场比较（2022）

产品或市场	即期现货	远期现货	期货	期权	掉期/互换
交易对象	非标准化合约、实物商品	非标准化合约	交易所标准化合约	标准化合约、非标准化合约	非标准化合约
交易目的	收入、盈利、现金流	风险管理（锁定未来价格）	风险管理	风险管理	风险管理
主要功能	满足生产、消费和贸易需求，是市场的基础	实现区域性资源再分配，是现货市场的必要补充	价格发现（指导生产、交易定价）、风险管理（套期保值、锁定利润）、资产配置（管理库存、投资组合）	买"保险"，有权利而无义务	减少资金成本、增加融资渠道

续表

产品或市场	即期现货	远期现货	期货	期权	掉期/互换
交割目的	获得或让渡商品所有权	延期获得或让渡商品所有权	转移风险、追求风险收益	转换为标的物头寸	收益互换
交易时间	即期现货交易	远期交易	远期交易	远期交易	远期交易
交易期限（月）	0～3	0.5～12	1～72	0.5～180	0.5～180
支付交割次数	单次	单次	单次	单次	多次
结算方式	实物交收	实物交收、背书转让	实物交割、现金结算	行权、现金结算	实物交割、现金结算
盈亏方式	—	到期交收、对冲	到期交割、对冲平仓	对冲、行权、到期放弃权利	到期结算、合约转售
场内场外	场外	场外	场内	场内、场外	场外
交易渠道	现货交易场所	现货交易场所	期货交易所	期货交易所、现货交易场所	现货交易场所
交易参与方	一对一	一对一	竞价交易，交易所为中央对手	一对一	一对一
交易对手信用风险	违约风险高	违约风险高	基本无违约风险（清算机构提供担保、保证金制度、每日无负债结算）	场内基本无违约风险、场外有风险	违约风险高（场外交易若场内清算，则违约风险低）
合约转让流动性	流动性低	合约不容易转让	流动性高	流动性相对高	流动性低
现金流产生时点	合约到期	合约到期	每日结算	卖方每日结算、行权	合约到期、合约转售
价格透明度	透明度低	透明度低	透明度高	场内透明度高，场外低	透明度低
保证金制度	—	交易双方商定	交易所统一规定	卖方需要缴纳保证金	保证金或经纪商授信
交易成本	—	信用证、经纪人佣金	保证金、手续费、经纪人佣金	—	—
交易成本高低	交易成本高	交易成本高	交易成本低	交易成本低	交易成本低

资料来源：上海期货交易所，燃料对冲与风险管理，捷诚能源。

现货和金融衍生品交易期限

现货和金融衍生品交易期限满足市场不同的需求。现货（spot）合约通常是指下月交付的货物。

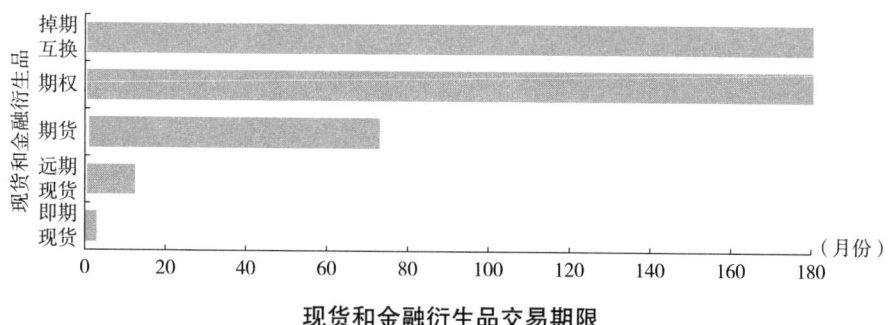

现货和金融衍生品交易期限

资料来源：《燃料对冲与风险管理》，捷诚能源。

原油与成品油期货合约

全球区域石油基准价

美国芝商所（CME）、英国洲际交易所（ICE）、上海国际能源交易中心（INE）、迪拜商品交易所（DME）和洲际阿布扎比交易所（IFAD）等商品交易所纷纷上市了原油和成品油期货合约，通常作为全球石油交易的基准价。

目前的成品油定价，多是基于石油作为燃料使用，与油价挂钩，随着石油越来越多地用于化工原料，需要重估定价方式。

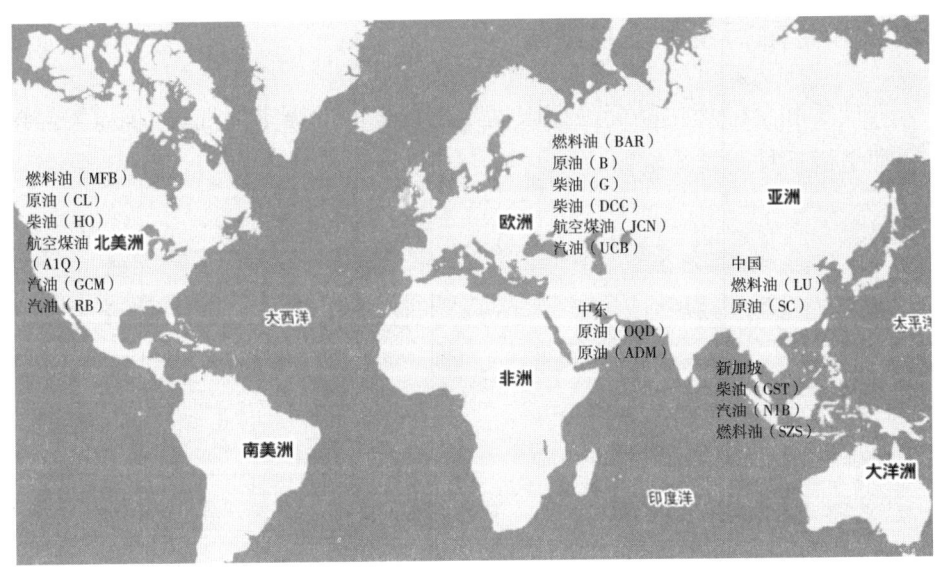

全球区域石油基准价示意图（2022）

注：括号中为期货合约代码。
资料来源：上海国际能源交易中心，捷诚能源。

国际主要原油期货合约规则比较

国际原油期货合约区域性特征明显，合约规则存在共性和互补性。最低交易保证金等指标会根据市场风险状况而进行调节。

国际主要原油期货合约规则比较（2022）

交易所	上海国际能源交易中心	伦敦洲际交易所	芝商所	迪拜商品交易所	洲际阿布扎比交易所
所在区域	亚太	欧洲	北美	中东	中东
主要合约代码	INE SC	ICE Brent（B）	NYMEX WTI（CL）	DME Oman（OQD）	IFAD（ADM）
合约名称	上海中质含硫原油	布伦特原油	WTI原油	阿曼原油	穆尔班原油
交易品种	中质含硫原油	北海一揽子原油	西得克萨斯轻质中间基原油	阿曼原油	穆尔班原油
交易单位	1000桶/手	1000桶/手	1000桶/手	1000桶/手	1000桶/手

续表

交易所	上海国际能源交易中心	伦敦洲际交易所	芝商所	迪拜商品交易所	洲际阿布扎比交易所
报价单位	人民币/桶	美元/桶	美元/桶、美分/桶	美元/桶	美元/桶、美分/桶
合约月份	最近1—12个月连续月份及随后8个季月	96个连续月份	本年和未来8年的月度合约及2个额外连续月份合约	交易当年及其后5年月份挂牌	48个连续月份
最低交易保证金	合约价值的5%	4000～12000美元/手	4000～12000美元/手，远月递减	11800美元/手（9000美元/手）	3529～8890美元/手
最小变动价位	0.1元/桶	0.01美元/桶	0.01美元/桶	0.01美元/桶	0.01美元/桶
价格最大波动限制	不超过上一交易日结算价±4%	临时熔断机制区间限价	熔断机制	无	区间限价
每日结算价	日按成交量的加权平均价格	伦敦时间19:28起2分钟的按成交量的加权平均价格	纽约时间14:28至14:30成交量的加权平均价格	新加坡时间16:25至16:30成交量的加权平均价格	伦敦时间19:28起2分钟的按成交量的加权平均价格
交易时间	北京时间9:00至11:30和13:30至15:00及其他规定时间	纽约时间20:00至次日18:00	纽约时间18:00至次日下午17:00	芝加哥时间16:00/16:45至次日16:00	纽约时间20:00至次日18:00
最后交易日	合约交割月份前一个月份的最后一个交易日	合约月份前第二个月的最后一个工作日	交割月份前一个月的第25个日历日前的第三个交易日（非交易日，则提前）	交割月份前两个月的最后一个交易日	合约交割月份前第二个月的最后一个交易日新加坡时间16:30停止（非交易日，则提前）
交割类型	CIF	FOB	FOB	FOB	FOB
交割方式	实物交割	现金结算、期货转现货	实物交割	实物交割	实物交割
交割地点	指定港口交割库	—	库欣	费赫勒港	富查伊拉港
交割方法	指定港口保税交割	期货转现货	管道或仓库交割	装船港交割	装船港交割
交割日期	最后交易日后连续五个工作日	一般以EFP形式在到期前现金交割	交割月第一个日历至交割月最后一个日历日	交割月前一个月安排，交割月交割	交割月第一个至倒数第三个装卸日

资料来源：上海国际能源交易中心，芝商所，洲际交易所，迪拜商品交易所，捷诚能源。

布伦特计价原油产量和定价里程碑

布伦特原油现货价格不断面临产量快速递减和品质不停变化的问题，其定价机制一直在调整中。

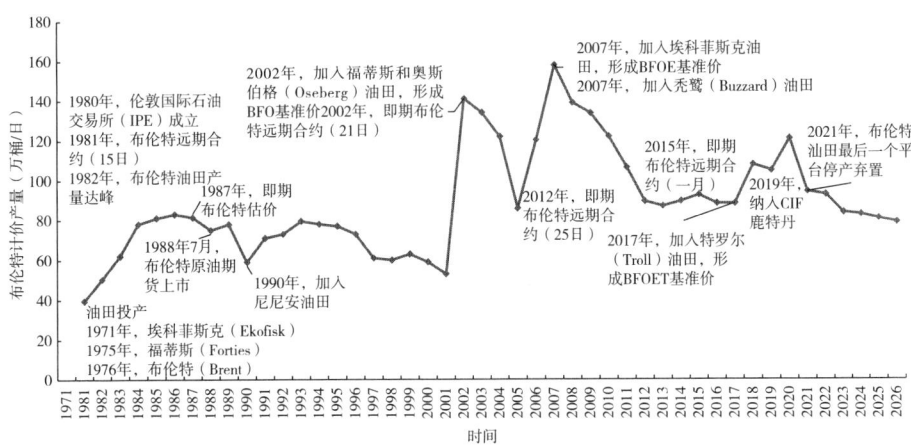

布伦特计价原油产量和定价里程碑（1971—2026）

资料来源：洲际交易所，英国油气管理局，标普，捷诚能源。

中国上市品种形态演变

中国能源化工期货上市品种从固态到液态，再到气态和氢能。

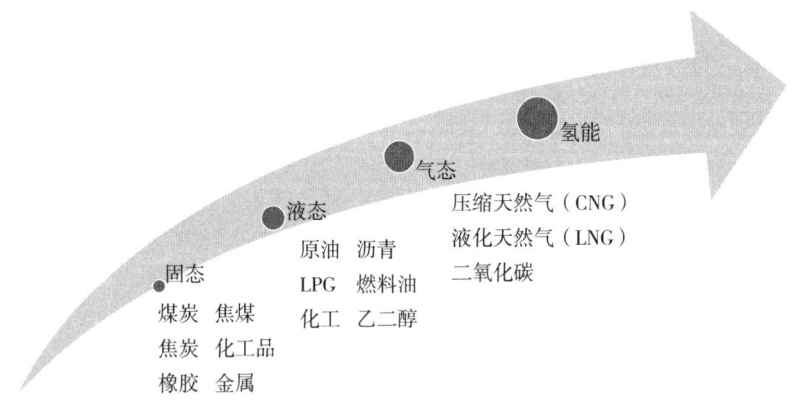

中国能源化工上市期货品种形态演变（1992—2022）

资料来源：中国证监会，上海期货交易所，郑州商品交易所，大连商品交易所，捷诚能源。

中国能源金融衍生品挂牌上市历程

截至 2022 年 8 月，中国上市期货期权品种已达 101 个，包括 64 个商品期货和 25 个商品期权。

中国能源化工相关金融衍生品挂牌上市历程（1992—2022）

挂牌上市年份 / 期货期权品种									
1992	1993		2004		2006	2007			2008
铝	铜	天然橡胶	棉花	燃料油	玉米	PTA	棕榈油	锌	聚乙烯	黄金
2009		2011		2012		2013			
螺纹钢	聚氯乙烯	甲醇	铅	焦炭	玻璃	白银	铁矿石	石油沥青	焦煤	动力煤
2014		2015		2017		2018			
聚丙烯	硅铁	锰硅	镍	锡	棉纱	乙二醇	原油	铜期权		
2019									
PTA期权	甲醇期权	黄金期权	纯碱	铁矿石期权	天胶期权	棉花期权	20号胶	尿素	苯乙烯
2020									
涤纶短纤	国际铜	LPG	LPG期权	低硫燃料油	动力煤期权	聚丙烯期权	聚氯乙烯期权	聚乙烯期权	铝期权	锌期权
2021	2022 年以后								
棕榈油期权	原油期权	LNG	汽油	柴油	石脑油	航空煤油	润滑油	乙醇	电力	氢能

资料来源：上海期货交易所，郑州商品交易所，大连商品交易所，广州期货交易所，捷诚能源。

国际主要成品油期货合约规则比较

国际成品油期货合约区域性特征明显，合约规则多样化。

国际主要成品油期货合约规则比较（2022）

交易所	上海国际能源交易中心	芝商所	芝商所	伦敦洲际交易所
所在区域	亚太	北美	北美	欧洲
合约名称	上海低硫燃料油	美国无铅汽油	纽约港取暖油	欧洲粗柴油
主要产品代码	INE Low Sulfur Fuel Oil (LU)	RBOB Gasoline (RB)	New York Harbor ULSD (HO)	ICE Gas Oil (G)
合约规模	10 吨	42000 加仑（1000 桶）	42000 加仑（1000 桶）	100 吨
报价单位	元/吨（不含税）	美元及美分/加仑	美元及美分/加仑	美元及美分/吨（欧盟进口关税已付）
交易时间	北京时间 9:00 至 11:30 和 13:30 至 15:00 及其他规定时间	美东时间周日至周五 18:00 至次日 17:00	美东时间周日至周五 18:00 至次日 17:00	伦敦时间上午 1:00 至 23:00（周一早上/周日开盘时间为晚上 23:00）
最小价格波幅	1 元（人民币）/吨	0.0001 美元/加仑（每份合约 4.20 美元）	0.0001 美元/加仑（每份合约 4.20 美元）	0.25 美元/吨（每份合约 25 美元）
最大价格波幅	不超过上一交易日结算价 ±5%	熔断机制，最初限幅为 0.25 美元/加仑	熔断机制，最初限幅为 0.25 美元/加仑	区间限价
上市合约	最近 1—12 个月连续月份	当年与未来 3 年的连续月份加上第 4 年的 1 月	当年与未来 3 年的连续月份加上第 4 年的 1 月	96 个连续月份
最后交易日	交割月份前第一月的最后一个交易日	交割月份前一个月的最后一个工作日	交割月份前一个月的最后一个工作日	交易于交割月价第 14 个公历日之前的两个工作日，伦敦时间 12:00 终止
交割方式	实物交割	实物交割，备选交割程序（ADP），期货转现货（EFP）	实物交割，备选交割程序（ADP），期货转现货（EFP）	实物交割，备选交割程序（ADP），期货转现货（EFF）和期货转互换（EFS）
交割期限	最后交易日后连续五个交易日	于交割月份的第五个工作日开始起到当月最后一个工作日为止	于交割月份的第五个工作日开始起到当月最后一个工作日为止	所有交割应当在整个交割月即当月的第一天至最后一天，均匀安排

资料来源：上海国际能源交易中心，美国芝商所，洲际交易所，捷诚能源。

期货合约表现

原油期货合约参与者持仓比例

各大交易所公布的期货和期权持仓报告（Commitment of Traders）被广泛引用。美国商品期货交易委员会每周公布美国石油期货和期权持仓报告（Commitment of Traders），将市场参与者分为生产商/贸易商/加工商/用户（Producer/ Merchant/ Processor/ User）、掉期交易商（Swap Dealers）、资金管理基金（Managed Money）、机构投资者自营仓位等可报告投资者（Other Reportables）、个人投资者等不用报告的投资者（Non-Reportables）。

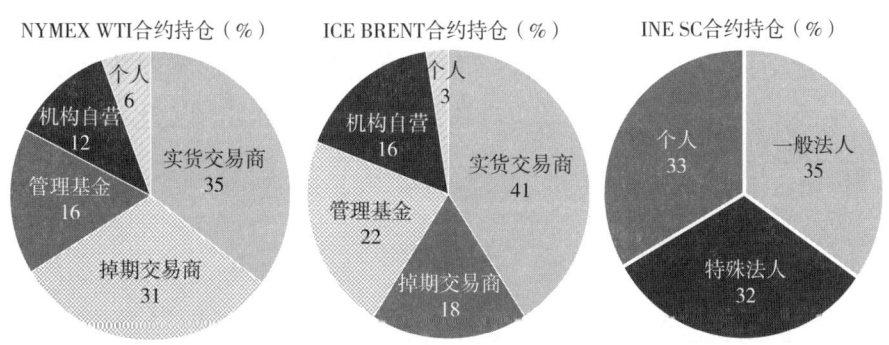

原油期货合约参与者持仓比例（2022）

资料来源：美国商品期货交易委员会，洲际交易所，上海国际能源交易中心，捷诚能源。

期货持仓量是指投资者持有的某个合约的未平仓合约总量。持仓量等于该合约未平仓的多仓和空仓之和。未平仓合约中，多仓总量与空仓总量总是相等的。持仓量会计入期货期权所对应的期货合约数量。

国际原油期货合约持仓量里程碑

上海原油期货用了几个月就达到原油期货合约持仓量 10000 手里程碑。

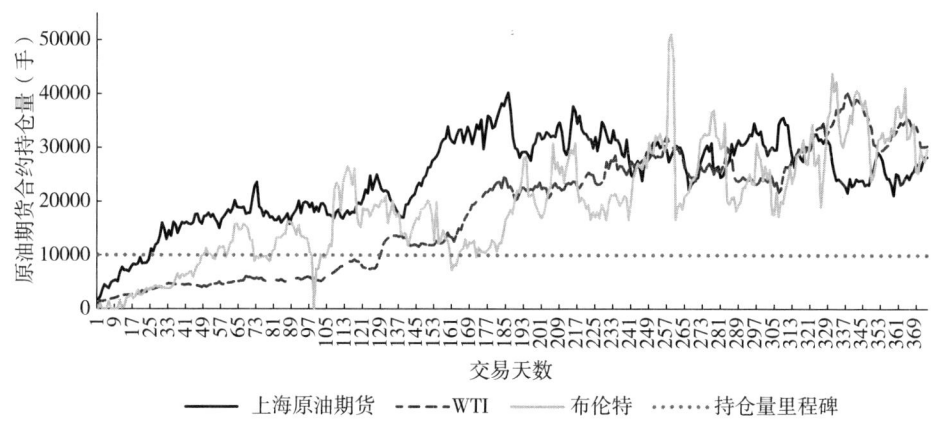

国际原油期货合约持仓量里程碑（1983—2018）

资料来源：上海国际能源交易中心，芝商所，洲际交易所，捷诚能源。

美国原油期货净多头与净空头持仓

实货交易商经常是净空头，而管理基金是净多头。管理基金在期货市场中的比例越高，市场波动也会越大。净头寸与价格周变化相关性接近 20%，月变化相关性接近 50%。

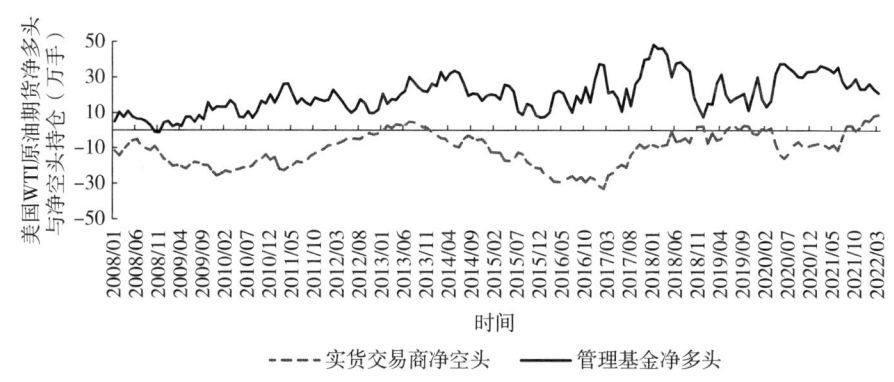

美国 WTI 原油期货净多头与净空头持仓（2008—2022）

资料来源：美国商品期货交易委员会，美国能源信息署，捷诚能源。

美国 WTI 原油期货持仓量

持仓量（未平仓合约）是期货市场活跃度的重要指标。

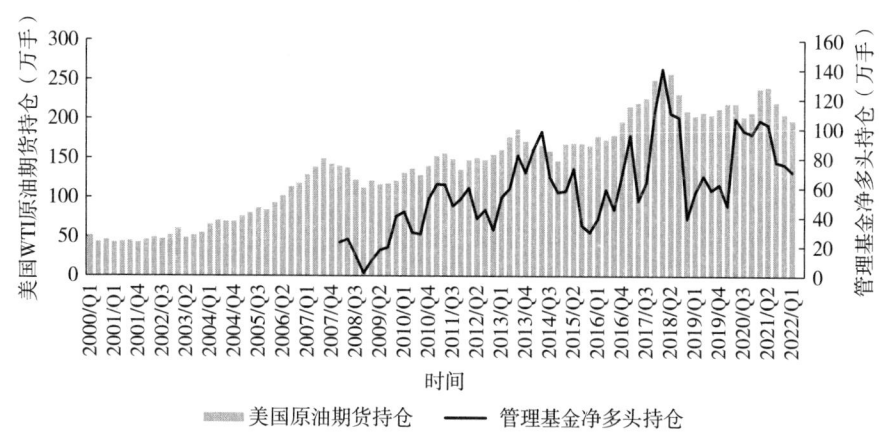

美国 WTI 原油期货持仓量（2000—2022）

资料来源：美国商品期货交易委员会，美国能源信息署，捷诚能源。

原油期货交易交割指标

按照装船量来计算上海原油期货、美国 WTI 原油期货和英国布伦特原油期货的交易和／或交割指标，可以看出 WTI 实物交割在 2020 年负油价期间面临的库容挑战。

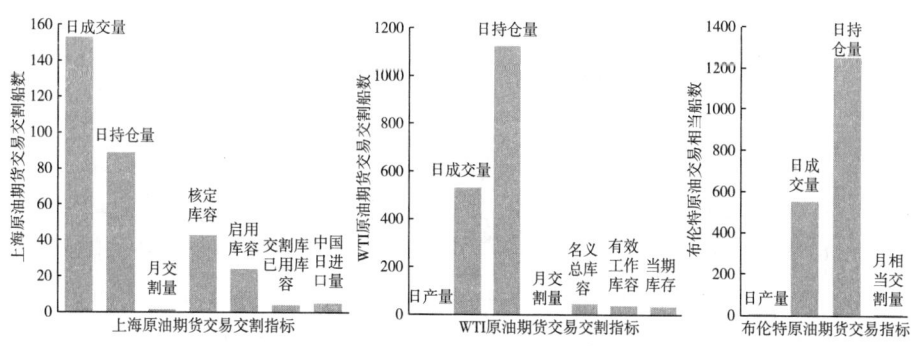

原油期货交易交割指标（2020）

资料来源：上海国际能源交易中心，芝商所，洲际交易所，美国能源信息署，捷诚能源。

美国 WTI 原油期货交易量与油价

原油期货成交量不断上升，交易员的影响增强，期货对短期油价的影响也越来越大。量化和算法交易可占 WTI 原油期货每日交易量的 60% 以上，并不改变市场长期趋势，但这些交易策略相关的市场交易量足以影响短期原油价格的变化方向。

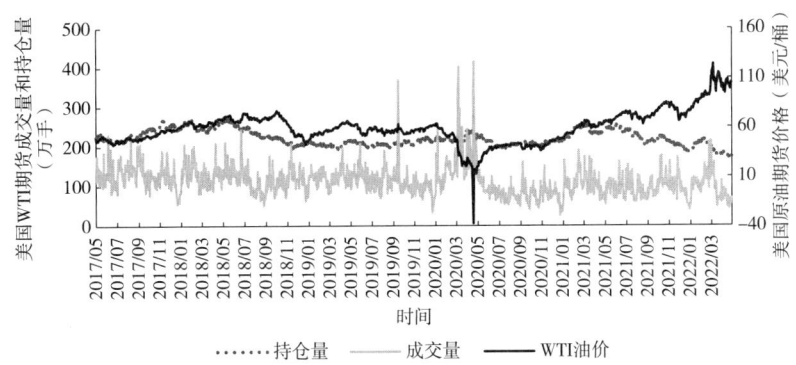

美国 WTI 原油期货交易量与油价（2017—2022）

资料来源：上海国际能源交易中心，美国能源信息署，芝商所，捷诚能源。

上海原油期货成交量、持仓量和结算价

上海原油期货上市当日，SC1809 合约开盘首日成交量为 40656 手，成交额达 176.4 亿元，持仓量为 3114 手。上市以来，成交量和持仓量稳步发展。

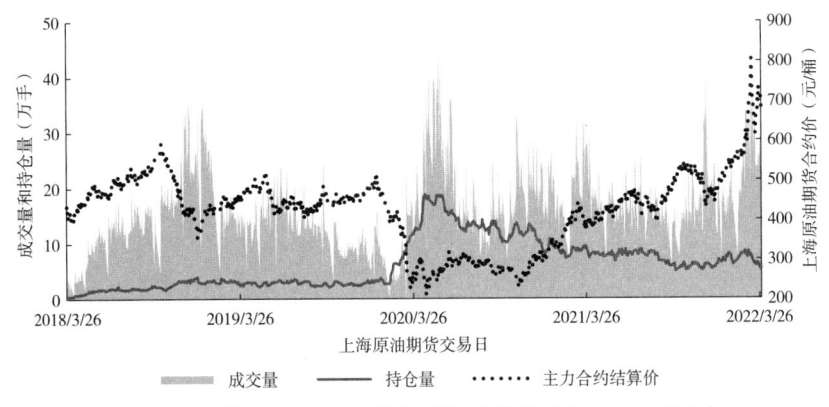

上海原油期货成交量、持仓量和结算价（2018—2022）

资料来源：上海国际能源交易中心，捷诚能源。

美国汽油和取暖油期货合约成交量

美国无铅汽油期货合约（Reformulated Blendstock for Oxygenate Blending，RBOB）是主要的汽油基准价格。2013年，芝商所用硫含量15微克/克的超低硫柴油（Ultra-Low Sulfur Diesel，ULSD）替换了硫含量2000微克/克的取暖油（Heating Oil，HO）期货合约，但沿用了交易代码HO，借壳上市。

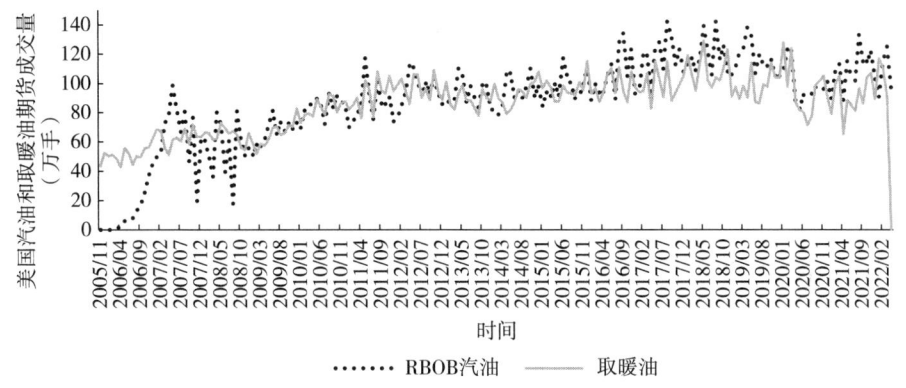

美国汽油和取暖油期货合约成交量（2005—2022）

资料来源：芝商所，上海国际能源交易中心，捷诚能源。

中国沥青 – 燃料油 –LPG 期货运行情况

中国先后上市了沥青、燃料油和液化石油气（LPG）等成品油期货。

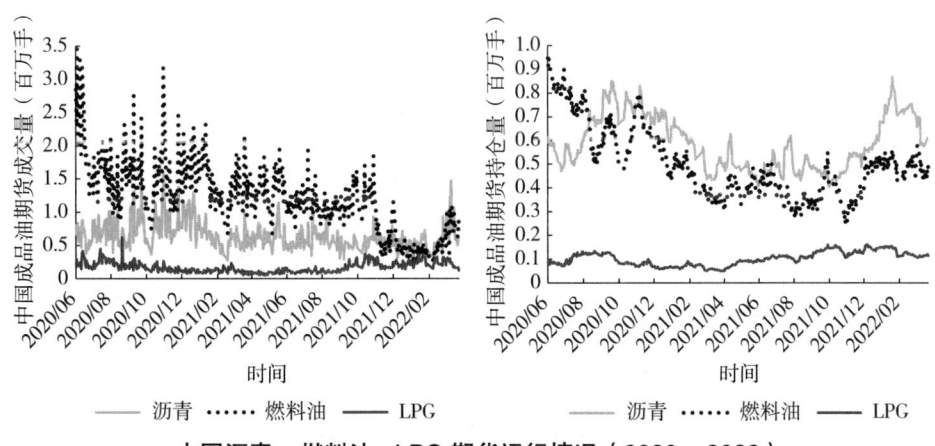

中国沥青 – 燃料油 –LPG 期货运行情况（2020—2022）

资料来源：上海期货交易所，大连商品交易所，捷诚能源。

期货合约与油价

期货价格不能简单地用于未来现货价格的预测。期货远端价格走势、期货远期曲线结构、期货迭期、期权交易等指标，常用来相互印证油价走势和寻找拐点。

国际原油期货合约远期曲线

商品价格远期曲线（Forward curve），是在同一交易日，不同交割月月份的合约按照到期日先后顺序，串联排列成的一条曲线。远期曲线日复一日地在变化，远期曲线（Contango 或 Backwardation）形状的决定因素包括油气供需基本情况（曲线前端）、消费者和生产者的避险活动（曲线后端）和存货经济性（如果仓储成本小于近远期差价）。当需求下滑，价格下跌时，价格曲线最先变化。

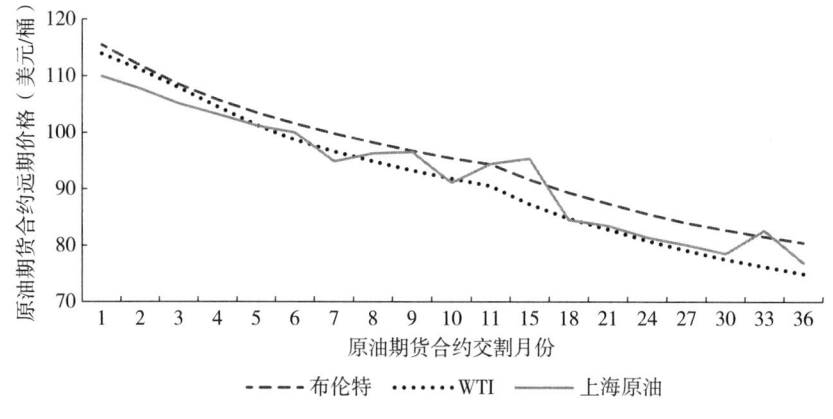

国际原油期货合约远期曲线（2022）

资料来源：上海国际能源交易中心，芝商所，洲际交易所，捷诚能源。

布伦特原油期货合约远期曲线

临近交割月份合约也常称为近月或首行合约。布伦特原油期货合约价格出现 Backwardation 结构时，原油现货高，油价通常上行。

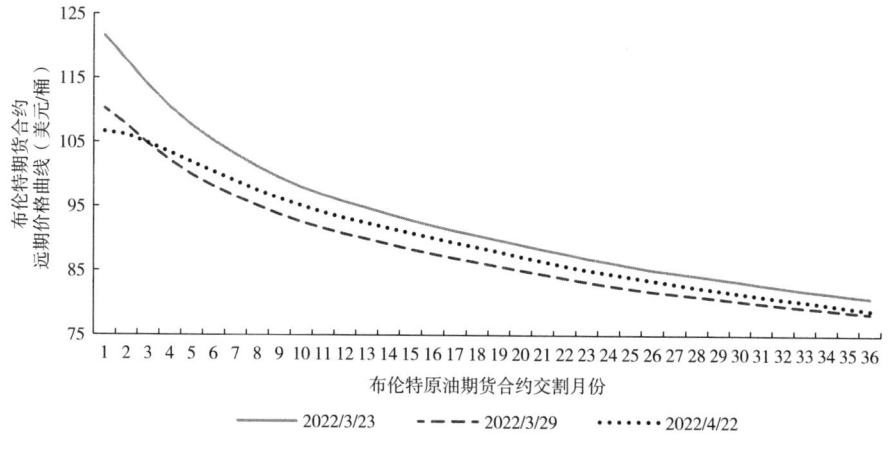

布伦特原油期货合约远期曲线（2022）

资料来源：洲际交易所，捷诚能源。

便利收益模型

便利收益模型（Convenience yield model）是以套利为基础的商品期货定价工具。当库存紧张，现货价格相对于期货价格，存在风险溢价，持有现货可获得便利收益。可以由现货价格推算出未来的期货价格。

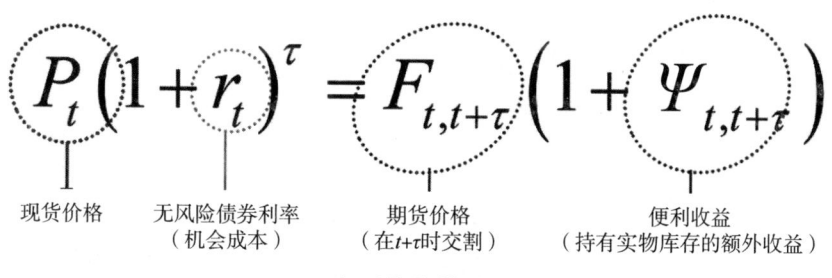

$$P_t(1+r_t)^\tau = F_{t,t+\tau}(1+\Psi_{t,t+\tau})$$

- 现货价格
- 无风险债券利率（机会成本）
- 期货价格（在 $t+\tau$ 时交割）
- 便利收益（持有实物库存的额外收益）

便利收益模型

资料来源：《石油贸易手册》，捷诚能源。

布伦特和 WTI 期货迭期价格

为了避免过于繁琐地交易每月合约、提高交易便利性和降低移仓成本，可采取迭期（Strip）交易。一笔买卖多个连续交割月份平均价的期货合约，锁定未来一段时间（一般是一两年）的商品价格，相当于场外浮动价对固定价的掉期。单季度的迭期价格相对稳定。不同时间的迭期合约价格形成的价格曲线常用来判断中短期的价格走势。

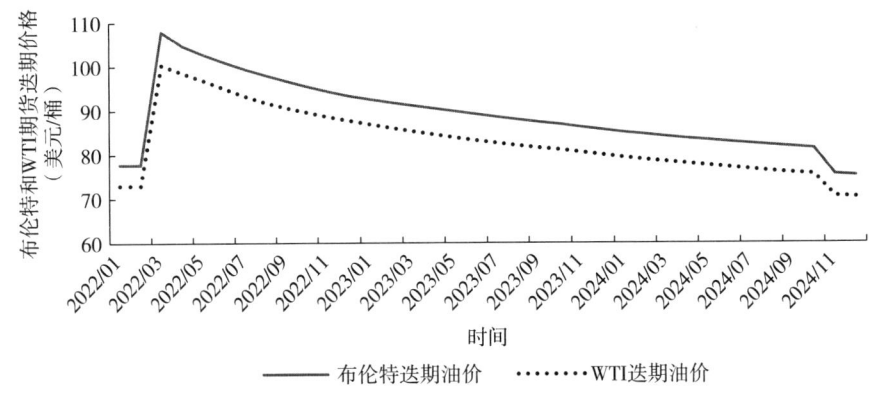

布伦特和 WTI 期货迭期价格（2022—2024）

资料来源：芝商所，洲际交易所，斯普鲁勒，捷诚能源。

期权、掉期和交易所交易基金

期权合约类型

期权（Option），是买方向卖方支付一定数量的金额（权利金）后，拥有的在未来一段时间内（指美式期权）或未来某一特定日期（指欧式期权）以事先规定好的价格（行权价）向对方购买或出售一定数量的特定标的物

（期货合约）的权利，但不承担必须买进或卖出的义务。在期权行权之后，期权仓位将不复存在，转而持有相应的期货仓位。场内期权的特点是标准化和流动性好，而场外期权的特点是更为灵活，在设计条款时充分考虑期权购买方的需求，定制期权条款，满足客户的风险管理需求。

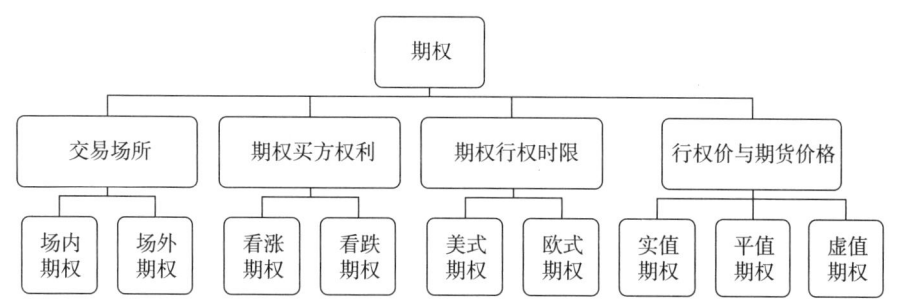

期权合约类型

资料来源：上海国际能源交易中心，新湖期货，捷诚能源。

美国 WTI 和上海原油期权规则比较

期权是人类最古老的管理工具之一，目前全球 60 多家交易所上市期权产品。美国 WTI 原油期权和上海原油期权规则共性多。

美国 WTI 和上海原油期权规则比较（2022）

美国 WTI 原油期权合约规格		上海国际能源交易中心原油期货期权合约	
上市机构	芝商所	上市机构	上海国际能源交易中心
产品代码	CME Globex 电子交易：LO；CME ClearPort：LO；清算所（Clearing）：LO	交易代码	看涨期权：SC-合约月份-C-行权价格；看跌期权：SC-合约月份-P-行权价格
合约标的物	原油期货	合约标的物	原油期货合约（1000 桶）
最小价格波幅	每桶 0.01 美元	最小变动价位	0.05 元/桶

续表

	美国 WTI 原油期权合约规格		上海国际能源交易中心原油期货期权合约
报价单位	美元美分/桶	报价单位	元（人民币）/桶
合约规模	一手轻质原油看跌（看涨）期权	交易单位	1手原油期货合约
合约类型	看涨期权，看跌期权	合约类型	看涨期权，看跌期权
交易时间	周日至周五，美国东部时间 18:00 至次日 5:00	交易时间	9:00 至 11:30、13:30 至 15:00 及上海国际能源交易中心规定的其他时间
上市合约	本年和未来 8 年的月度合约，以及 2 个额外的连续合约月份。在本年 12 月合约交易终止后，上市新一年的月度合约和 2 个额外的连续月度合约。	合约月份	最近两个连续月份合约，其后月份在标的期货合约结算后持仓量达到一定数值之后的第二个交易日挂盘，具体数值上海国际能源交易中心另行发布
行权方式	美式	行权方式	美式。买方可在到期日前任一交易日的交易时间提交行权申请；买方可在到期日 15:30 之前提交行权申请、放弃申请
交易终止	交易在标的期货合约交易终止日之前的第三个营业日结束	最后交易日	标的期货合约交割月前第一月的倒数第 13 个交易日，上海国际能源交易中心可以根据国家法定节假日等调整最后交易日
结算方法	可交割	到期日	同最后交易日
头寸限制	NYMEX 头寸限制	涨跌停板幅度	与标的期货合约涨跌停板幅度相同
执行价格间距	执行价格上市流程表	行权价格	行权价格覆盖标的期货合约上一交易日结算价上下浮动 1.5 倍当日涨跌停板幅度对应的价格范围。行权价格≤250 元/桶，行权价格间距为 2 元/桶；250 元/桶＜行权价格≤500 元/桶，行权价格间距为 5 元/桶；行权价格＞500 元/桶，行权价格间距为 10 元/桶

资料来源：美国芝商所，上海国际能源交易中心，捷诚能源。

WTI 原油期货与期权成交量和持仓量

美国原油期权和期货交易都很活跃,是一对好伙伴,特别是在市场波动大的时候,行权后,期权会影响期货价格。

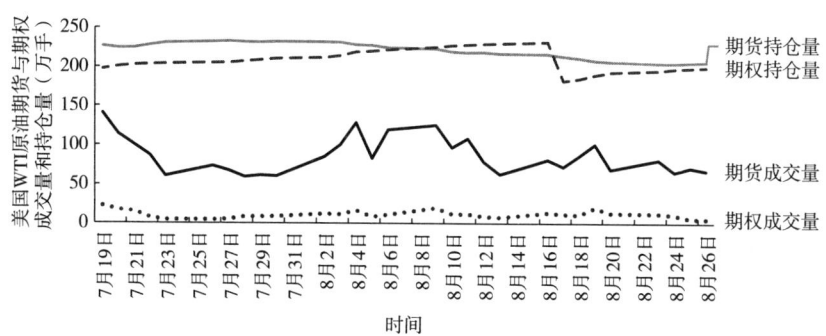

美国 WTI 原油期货与期权成交量和持仓量(2021)

资料来源:芝商所,捷诚能源。

美国原油期权持仓量和期货价格

期权价格和成交量的变化反映未来风险和波动。通过看涨期权和看跌期权成交量和持仓量的分布及时间范围,可以分析当前市场价位热度和未来价格极端情形。看涨期权中行权价远高于当前油价(Out-of-the-money)的期权交易行为会推高油价,可作为市场投机看多油价的风向标,反之亦然。

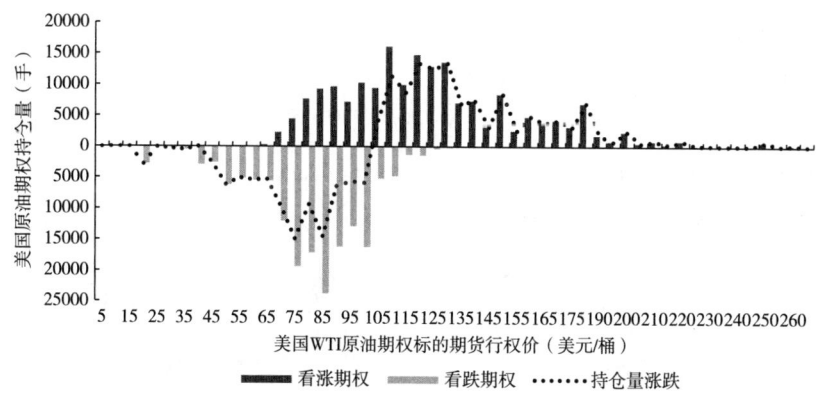

美国原油期权持仓量和期货价格(2022)

资料来源:芝商所,捷诚能源。

美国原油期货升贴水和期权期限结构

期权价格实际波动率会反映到期货价格上。期货价格可反推出期权隐含波动率。通过期货升贴水和期权期限结构，可分析油价的阻力价位。

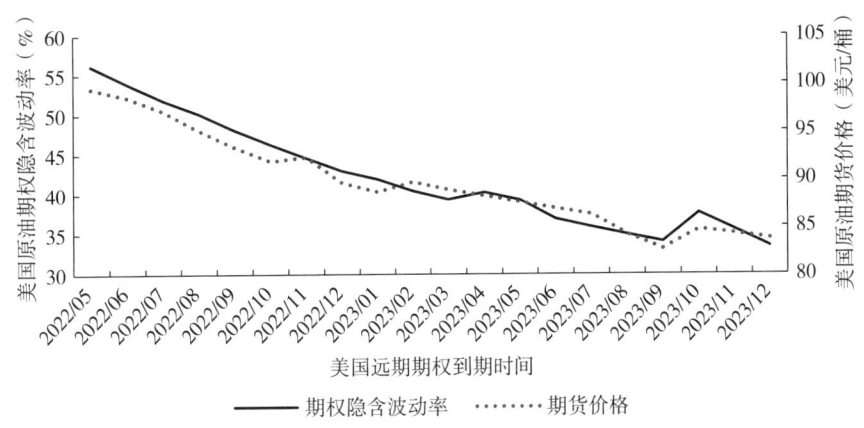

美国原油期货升贴水和期权期限结构（2022—2023）

资料来源：芝商所，捷诚能源。

美国原油场外掉期合同

为管理价格波动风险，炼油企业和原油生产企业签署一定年限的原油掉期（Swap，又称互换）合同，月度现金结算，多由金融机构提供服务。掉期的浮动部分由为原油支付固定价格的机构持有。炼油企业同意向原油生产企业支付65美元/桶固定价。在最后交易日，如果WTI结算价为63美元/桶，炼油企业支付2美元/桶差价。如果结算价为68美元/桶，原油生产企业支付3美元/桶差价。掉期合同是定制化的非标合同，每一笔都能对上，减少敞口，但流动性较差，信用风险高。

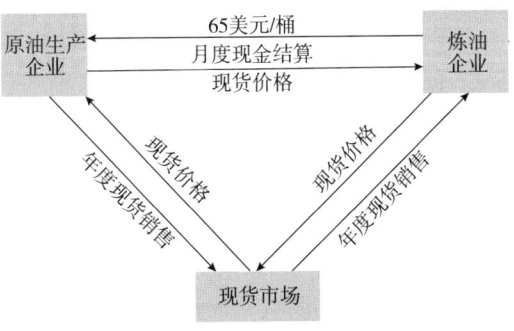

美国原油场外掉期合同示意图

资料来源：美国能源信息署，芝商所，捷诚能源。

掉期交易商合约净空头和油价

和原油期货相比，原油场外交易品种更多样化、更灵活、更客户化，能够满足不同参与者的各种要求。掉期交易商净空头仓位与生产商对冲活动变化有直接的关系，掉期交易商净空头仓位往往给油价一个中枢。

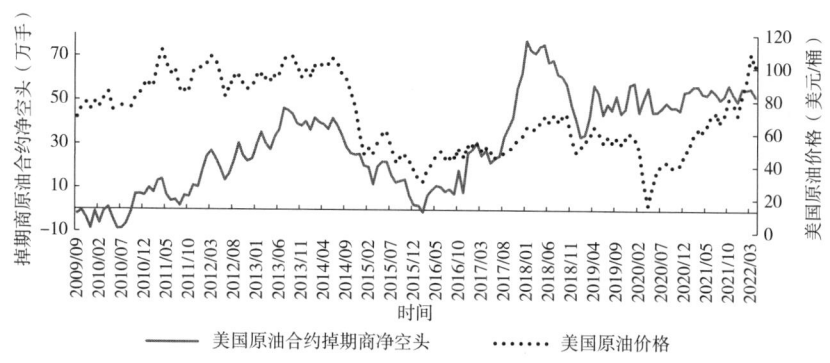

掉期交易商原油合约净空头和美国油价（2009—2022）

资料来源：美国商品期货交易委员会，美国能源信息署，捷诚能源。

美国交易所交易基金（ETF）与油价

以美国原油指数基金（USO）为代表的交易所交易基金（Exchange Traded Fund，ETF）持有大量期货近月合约，对市场的影响越来越大。ETF资金流向反周期，当油价走低时，投资者认为可看低买入，如果ETF的量价齐涨，往往是看多风向标。

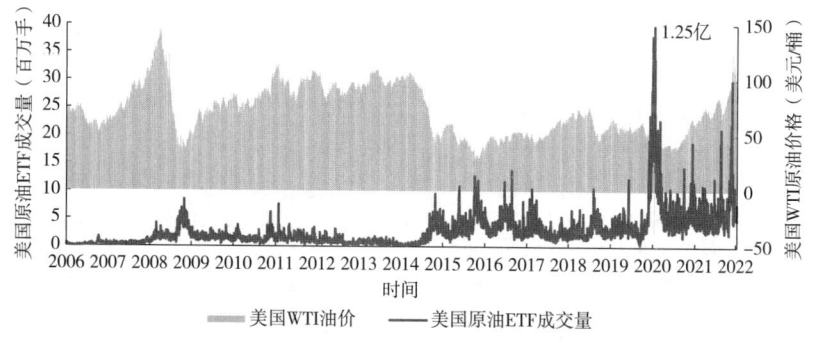

美国交易所交易基金（ETF）与油价（2006—2022）

资料来源：美国能源信息署，芝商所，雅虎财经，捷诚能源。

市场风险管理

期权价格风险指标

期权价格的风险涉及时间、方向和波动率等三重维度。字母值跟期权价格的关系不是线性变化的,而是动态调整的。如果期货价格快速下跌,买入看跌期权的原油生产商可能行权,交易商抛售更多的原油期货来管理期权的 Delta 敞口,有可能促使期货价格进一步下跌,形成负伽玛的虹吸效应。

期权价格风险指标(2022)

期权价格风险指标	假设情景			变动后成本
权利金(Premium)	假设在 5 月份买入行权时间在 12 月份 100 美元 / 桶的原油看涨期权	权利金为 0.1 美元 / 桶	—	—
德尔塔(Delta, δ)	期货价格变动 1 美元 / 桶时,期权权利金的变动幅度为 0.02 美元 / 桶(方向性风险)	Delta 值为 2 美元 / 桶	如果期货价格每桶从 80 美元上涨到 90 美元	期权权利金为 0.30(0.10+0.20)美元 / 桶
伽玛(Gamma, γ)	期货价格变动 1 美元 / 桶时,期权 Delta 值的变动幅度为 0.33(风险)	Gamma 值为 0.33 美元 / 桶	如果期货价格每桶从 80 美元上涨到 90 美元	Delta 值为 5.30(2+3.3)美元 / 桶
西塔(Theta, θ)	期货剩余到期时间每衰减 1 日,期权权利金的减少 0.002 美元 / 桶(事件的风险)	Theta 值为 0.002 美元 / 桶	如果在未来 10 天内市场没有任何变化	期权权利金为 0.08(0.1–0.02)美元 / 桶
威戈(Vega, v)	期货价格隐含波动率变动 1% 时,期权权利金的变动幅度为 0.02 美元 / 桶(波动率的风险)	Vega 值为 0.02 美元 / 桶	如果隐含波动率从 20% 上升到 30%	期权权利金为 0.30(0.10+0.20)美元 / 桶
柔(Rho, ρ)	利率变动时,期权价格的变动幅度(利率的风险)			

资料来源:上海国际能源交易中心,《石油贸易手册》,捷诚能源。

资本市场融资融券

融资融券是指客户提供担保物,证券公司向其出借资金供其买入上市证券或者出借上市证券供其卖出,客户在约定期限偿还所借资金或证券及利息、费用的证券交易活动。由于对未来价格走势的判断不准确,投资有风险。

2.股民从证券公司借入10股该股票,提供担保物并支付利息等

1.股民看跌某股票

3.股民在股市出售10股股票,每股股价100元,共收入1000元

证券公司

股民

4.股价跌至80元/股

股市

6.股民偿还给证券公司10股票,获利200元

5.股民在股市买入10股同一股票,每股80元,共支出800元

资本市场融资融券示意图(2022)

资料来源:高盛研究部,捷诚能源。

量化、高频和算法交易概念

市场越来越多地量化各种投资逻辑,在交易中嵌入算法,实现程序化交易。**量化交易**(Quantitative trading)是基于历史数据,通过量化分析和模型研究资产及其价格,确定交易决策,将交易逻辑以编程形式自动化交易。**高频交易**(High frequency trading)是量化交易的一种,优化算法改进量化策略,具有执行速度快、持仓时间短、单笔交易量小、交易次数频繁、跨市场交易等特征。**算法交易**(Algorithmic trading)是确定下单的最佳执行路径、时间、价格、数量的交易方式。算法交易可以是手工的,也可以是完全自动化的。量化策略是稳定套利而非概率性赌博,而算法交易的优势是提升交易效率和节约交易成本。

经典观点与经验分享

张宏民　上海期货交易所商品三部总监

　　大家分析油价的时候，长期形成的习惯通常是这样思考问题：首先分析比方说布伦特80美元/桶，换算出来上海原油期货价格是520元人民币/桶。上海原油期货的价格有时可能比外盘高，有时比外盘低，有时相关性高一点，有时相关性低一点。但是，不能简单以数字来评判上海原油期货，认为价差越小越好，或者相关性越高越好。只要上海原油期货价格能够客观地反映市场的供需，客观地反映未来的预期，它就是一个好的价格，就是 Meaningful, Reasonable，这就是我一直强调的一个观念。

　　上海原油期货上市以来，交易规模稳步扩大。在亚洲交易时段，上海原油期货的交易量已稳超 WTI 及布伦特。上海原油期货已经主导了亚洲交易时段的交易。而且，在亚洲交易时段，当发生一些地缘政治事件的时候，上海原油期货能更快速、更灵敏、更准确地反映出来。比方说，2019年10月，伊朗油轮遇袭，事发当天的时间大概是中国的午饭时间。在下午一点半开盘以后，这个事件马上在上海原油期货的盘中体现出来，价格有一个快速的上升。而且，价格的上升是有一定的交易量支撑的。而当时是伦敦凌晨时间，布伦特的主要交易员还在休息时段，在布伦特的盘面上就没有很清晰地反映这一事件。这个例子说明，上海原油期货在亚洲交易时段的交易量已经是非常可观了，而且它能更准确、更直接、更快速地反映亚洲时段发生的事件。上海原油期货持仓量最高水平是18.84万手，出现在2020年4月20日，也就是美国 WTI 负油价的那一天，也说明市场是非常灵敏有效的。

　　上市之初，市场认为上海原油期货的价格是中东原油到中国的一个到岸价。这么一个概念在上市之初也没有错，但是，从现在市场的发展来看，尤其是2020年的情况来看，在交割出库以后，上海原油期货的流向已经不局限于进口。2020年，交割品已出口到韩国、马来西亚、缅甸，而2021年，到印度。上海原油期货的价格开始从过去的到岸价逐渐向一个集散地的价格在转变，所以说它的功能也在提升。

　　上海原油期货发展到今天，已经可以更直接、更准确、更快速地反映中国的供需变化。所以，在油价分析框架里，在宏观调控和规划决策里，甚至在油公司的上下游结算里，可以优先采用上海原油期货价格。呼吁大家，"用中国数据分析市场，用上海价格研判走势！"

> **经典观点与经验分享**
>
> 姬　强　中国科学院科技战略咨询研究院系统分析与管理研究所副所长、研究员
>
> 　　我国上海原油期货经过几年的快速发展，定价机制已经日渐成熟，价格发现功能和风险管理功能也在不断完善。根据近几年的量化研究来看，上海原油期货与国际基准原油之间的信息关联仍然十分密切，与股票市场以及汇率市场的关系相对较弱。整体来看，上海原油期货还是处于信息的接收方，国际油价波动对上海原油期货市场的影响存在明显的正向冲击作用。
>
> 　　在白盘和夜盘交易时段，上海原油期货与国际基准原油期货之间的关联差异很大。其中，上海原油期货和国际基准原油之间的协动在日间交易时段较弱，表现出区域市场的特征；而上海原油期货在夜间交易时段更像WTI和布伦特原油的跟随者。但是，在几次大的"黑天鹅"事件时期，例如新冠肺炎疫情、俄乌冲突等，上海原油期货表现出更坚韧的抗风险能力，波动风险明显低于国际原油。未来，强化上海原油期货在国内定价体系中的价格指导作用也将是一个不错的选择。

第11章

金融市场的平衡价差、套利、套期保值和交易策略

现货价差、期现基差与套期保值本质

原油国际贸易一般采用计价公式作价,又称"浮动价"。计价公式表示为:原油价格(FOB)= 基准油价 ± 贴水。其中,贴水(Discount)主要体现了计价油种相对于基准油的品质差别、加工收益以及该油种特定的市场供需情况等。贴水的波动幅度通常小于基准油价的波动幅度。在现货定价中,使用期货价格的比例高,所以,期货价格能有效地对冲现货价格的风险。

基差(Basis)是在某一特定的时间和地点的现货价格与期货价格之差,以现货价格减去期货价格。若现货价格低于期货价格,基差为负值;现货价格高于期货价格,基差为正值。

基差的内涵是由现货市场和期货市场间的运输成本和持有成本所构成的价格差异所决定的。理论上,现货价格与期货价格之间的价差主要反映持仓费的大小。但现实中,现货价格与期货价格的价差有时高于或低于持仓费。当价差与持仓费出现较大偏差时,就会产生套利机会。

价格的波动和价差的存在、套利的动力和套期保值的功能紧密关联。

期货合约到期换月对价格的影响

在期货合约移仓换月和现货换季时,短期内近月合约流动性大幅萎缩,报价宽度扩大,价格偏差波动加大。期货换月交易量或者未弥补持仓亏损的操作影响油价。

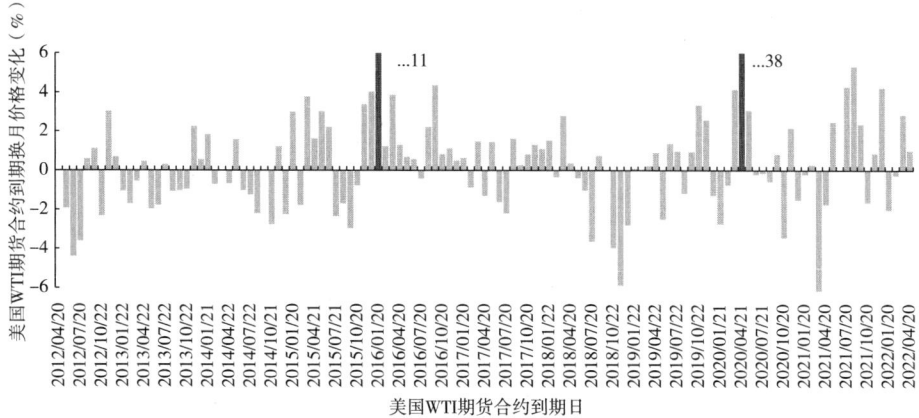

美国 WTI 期货连续合约到期换月对价格的影响（2012—2022）

资料来源：芝商所，美国能源信息署，能源导航，捷诚能源。

全球区域原油价格与 WTI 价差

价差源于原油品质、收率、运费和供需等因素，是影响油价的重要指标。全球油价通常走势趋同，价差一般不会超过一定的范围，否则就存在套利空间，开采商会减少低价油开采，买家增加低价油的购买，逐渐将价差拉回合理区间。

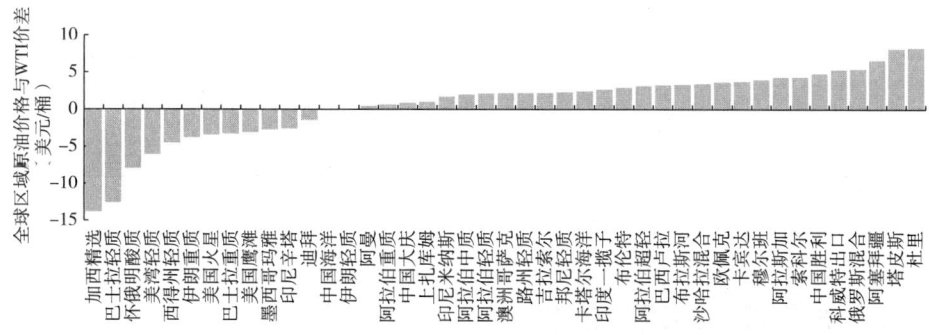

全球区域原油价格与 WTI 价差（2022）

注：美湾指美国墨西哥湾。得州指得克萨斯州。

资料来源：油价在线，捷诚能源。

WTI- 布伦特原油价差构成

以美国得克萨斯州鹰滩原油为例,考虑原油品质、运费、炼油价差和管输费等因素,推导 WTI 与布伦特原油的价差。

WTI- 布伦特原油价差构成(2020)

原油价差构成	价差 (美元/桶)	原油价格	油价 (美元/桶)
		即期布伦特离岸价(萨洛姆湾)	60.00
油轮运费(萨洛姆湾至鹿特丹)	0.95		
		即期布伦特进厂价(鹿特丹)	60.95
炼油价差 (鹰滩原油与即期布伦特)	0.85		
		鹰滩油价(鹿特丹)	61.80
油轮运费 (科珀斯·克里斯蒂至鹿特丹)	−2.01		
		鹰滩油价净回值 (科珀斯·克里斯蒂)	59.79
管输费 (科珀斯·克里斯蒂至休斯顿)	2.50		
		鹰滩油价(休斯敦)	62.29
炼厂价差(WTI 与鹰滩)	−3.00		
		WTI 平价(休斯敦)	59.29
管输费(库欣至休斯敦)	−1.50		
		WTI 平价(库欣)	57.79
WTI 与即期布伦特价差	−2.21		−2.21

资料来源:油价信息服务,捷诚能源。

WTI- 布伦特原油现货价差

WTI 和布伦特在品质上接近,都是轻质低硫原油,两者之间的价差主要是运费差。美国页岩油产量、中东北非地缘政治、亚洲需求赋予了布伦特很多额外特征,推动了布伦特高于 WTI 价格。

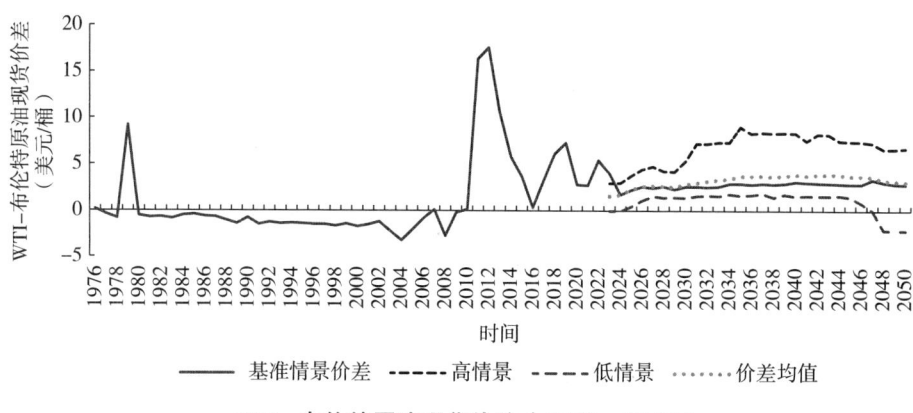

WTI-布伦特原油现货价差（1976—2050）

资料来源：美国能源信息署，捷诚能源。

美国 WTI 原油现货和期货基差

现货（实货）与金融期货的价差变化有助于解释两者的背离。如果现货价格远高于期货价格，价差反映现货市场供需紧张。如果期现基差超过 5%，可用期货价格预测未来油价，否则，可用现货价格预测未来油价。在期货换月或现货换季时，期现基差的偏差波动大。

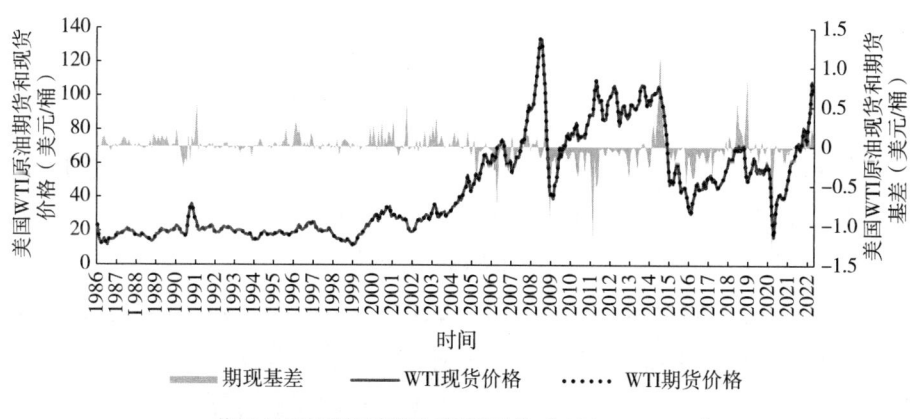

美国 WTI 原油现货和期货基差（1986—2022）

资料来源：美国能源信息署，芝商所，捷诚能源。

美国纽约港汽油现货和期货基差

美国成品油批发价格参考大宗现货市场价格,而大宗现货市场价格参考期货价格。期货价格的波动主导了现货价格的波动。此外,现货市场的交易通常是基差交易,基差波动也会影响成品油现货价格。

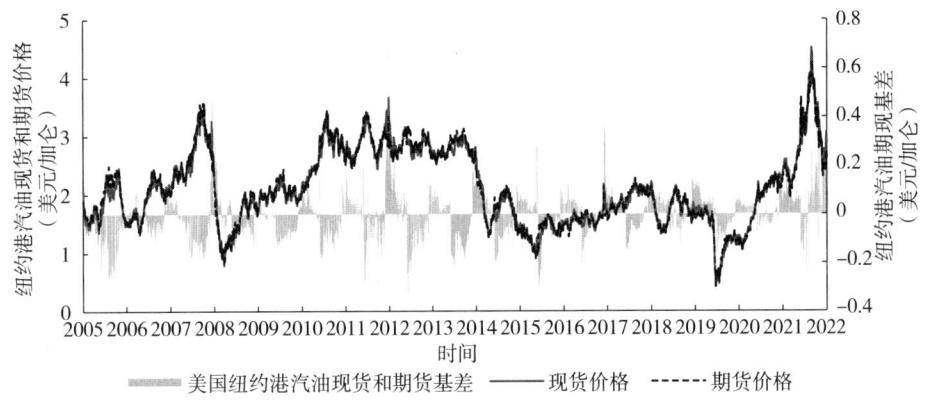

美国纽约港汽油现货和期货基差(2005—2022)

资料来源:美国能源信息署,芝商所,捷诚能源。

套利和对冲定义及套期保值的本质

期货价差(Spread)是指两个不同月份或不同品种期货合约之间的价格差。在关注期货合约价格的单边跌涨走势外,市场参与者也关注相关期货合约之间的价差是否在合理的区间范围内。如果价差不合理,交易者可以利用这种不合理的价差对相关期货合约进行方向相反的交易,以期待在价差趋于合理范围时,再同时将两个合约平仓而获取收益。套利会使扭曲的市场价格回归合理水平,增强市场的流动性。

期货套利(Arbitrage)是指同时买进和卖出两个不同的期货合约,交易者从两合约价格间的变动关系中获利。常见的套利交易可通过一买一卖两个合约,或直接交易一个价差合约实现。套利交易持仓分为一般月份套利交易持仓和临近交割月份套利交易持仓。交易者进行套利交易的主要原因在于套利的风险相对低,套利可以避免因价格波动而带来的损失。

套期保值（Hedging）交易通常是在期货市场买进或卖出与现货数量相等但交易方向相反的期货合约，以期在未来某一时间通过卖出或买进期货合约，而补偿因现货市场价格不利变动所带来的实际损失。在同一时间段，在相同的供求情况影响下，期货价格与现货价格的走势趋同，二者同涨同跌。但由于在这两个市场上操作相反，因此盈亏相互抵消，期货市场的盈利可弥补现货市场的亏损，或者现货市场的盈利抵消期货市场的亏损。套期保值是交易行为，不是交易对象。套利和套期保值的策略和工具要应用好，归根结底，都取决于对油价走势的判断。

套期保值是求保险，不是为盈利。保值仓位的亏损对应的是现货仓位的盈利，不能因为一时的亏损而放弃保险，等到真的风险来了就后悔莫及。套期保值是"双刃剑"，规避风险的同时，也锁定了利润空间。

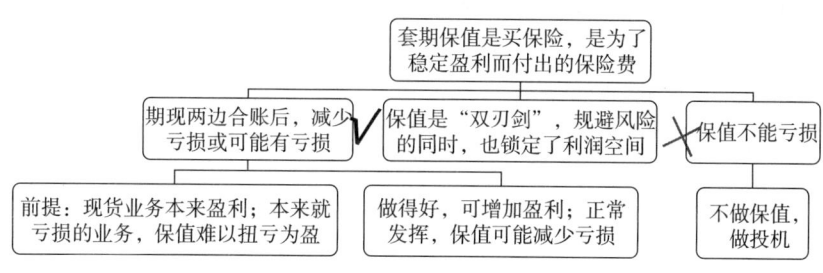

理解套期保值的本质

资料来源：捷诚能源。

期货套利的类型

期货套利主要有四种类型：跨市、跨期、跨品种和期现套利。

期货套利的类型

资料来源：光大期货，捷诚能源。

跨市套利

跨市套利（Cross-market arbitrage）是在某一市场，买入或卖出某一交割月份的某种商品的同时，在另一市场，卖出或买入同种商品相应的合约，以期利用两个市场的价差变动而获利。

WTI-布伦特原油首次行价差

WTI-布伦特原油期货价差是重要的跨市套利指标，体现了结构性和区域性差异，主要受基础设施、供需关系、贸易流向、地缘政治和投资者偏好等因素影响。

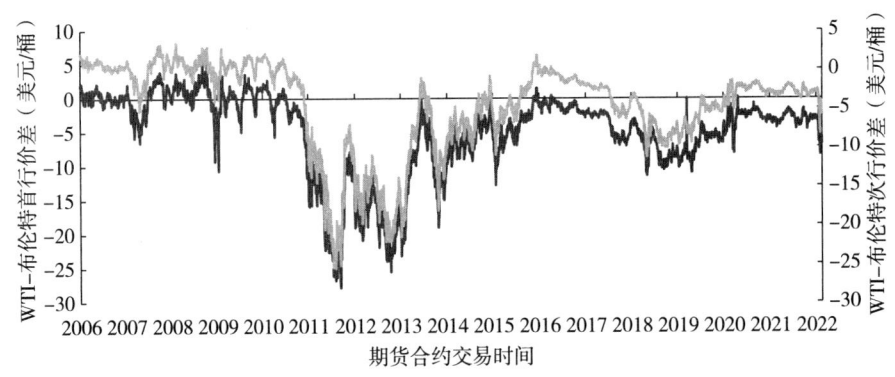

WTI-布伦特原油首次行价差（2006—2022）

资料来源：洲际交易所，芝商所，上海国际能源交易中心，捷诚能源。

布伦特 – 迪拜原油期货转掉期价差

从跨市跨区来看，欧洲布伦特与中东迪拜原油期货转掉期（Exchange of futures for swaps，EFS）价差反映了轻质和中质原油的价差，以及西半球和东半球的价差。价差的收窄会驱动以即期布伦特为基准定价的大西洋盆地原油流向亚洲市场。

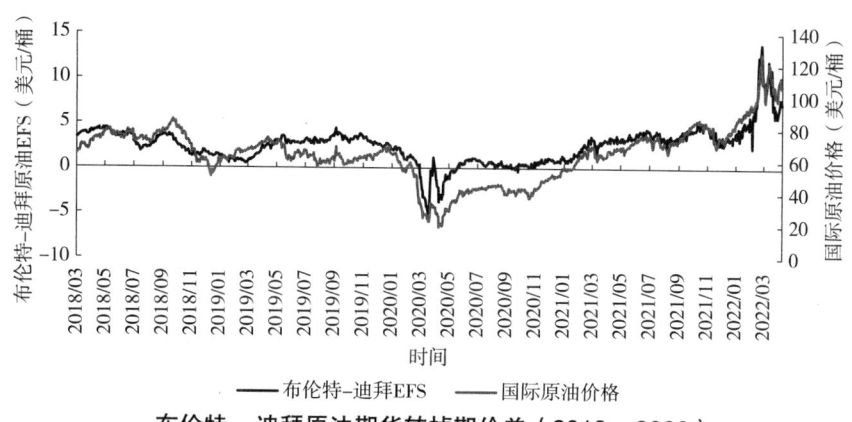

布伦特 – 迪拜原油期货转掉期价差（2018—2022）

资料来源：南华期货，洲际交易所，捷诚能源。

英国柴油 – 美国取暖油价差

英国柴油和美国取暖油相关性高，其价差创造大西洋盆地成品油跨市套利的机会。

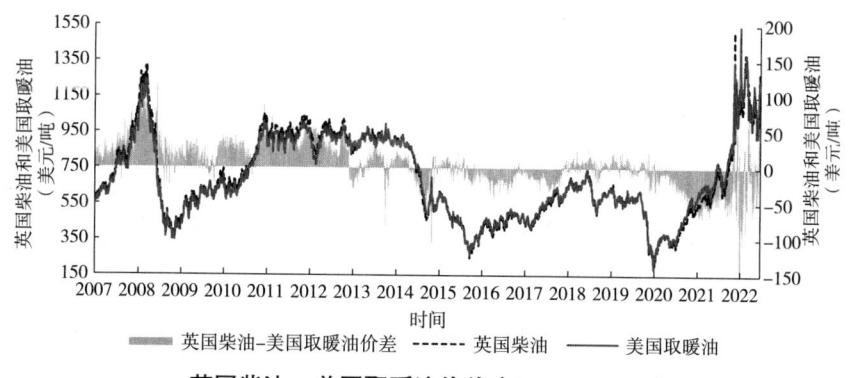

英国柴油 – 美国取暖油价差（2007—2022）

资料来源：洲际交易所，芝商所，捷诚能源。

美国墨西哥湾与欧洲超低硫柴油价差

剔除个别数据，美国墨西哥湾超低硫柴油和欧洲低硫柴油价差的变化创造套利机会。

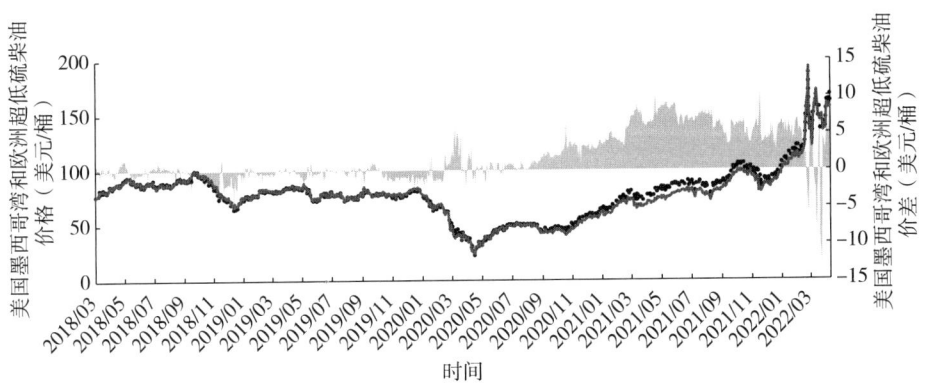

美国墨西哥湾与欧洲超低硫柴油价差（2018—2022）

资料来源：洲际交易所，芝商所，捷诚能源。

上海原油期货 – 阿曼价差与仓单量

两个同在东半球和亚洲市场的中质原油期货的相关性很高。买卖价差的变化会改变现货贸易流向。随着库存的高低，价格会引导资源的优化。

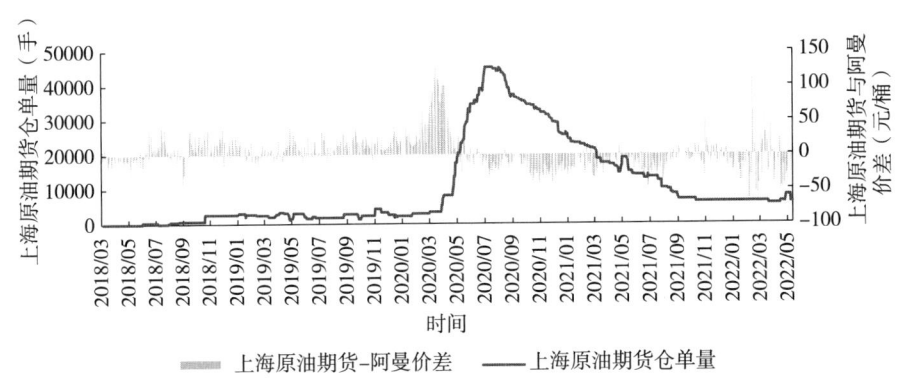

上海原油期货 – 阿曼价差与仓单量（2018—2022）

资料来源：上海国际能源交易中心，迪拜商品交易所，捷诚能源。

上海原油期货估值

上海原油期货可交割油种包括迪拜、阿曼、穆尔班、巴士拉轻质等 7 种中东原油、巴西图皮原油和胜利原油。上海原油期货估值逐渐走出中东到岸价模式。

上海原油期货估值示意表（2022）

国际原油价格	布伦特原油首行价格	阿曼–布伦特价差	中东原油价格	品质调整	装港费	一程运费	保险费和损耗	人民币汇率	港杂费	仓储费（15日）	期货交易费	出入库损耗	合约品质升贴水	上海原油期货首行价格
计价单位	（美元/桶）								（元/桶）					
阿曼	108.61	-2.60	106.01	—	0.07	1.09	0.54	6.79	3.20	3.00	0.02	0.14	—	718.80
巴士拉轻质			107.67	-2.00	0.06	1.11	0.53	6.79	3.20	3.00	0.02	0.14	-5.00	721.60
穆尔班			108.20	—	0.07	1.11	0.55	6.79	3.20	3.00	0.02	0.14	-5.00	728.90

资料来源：国投安信期货，上海国际能源交易中心，捷诚能源。

跨期套利

跨期套利（Calendar time spreads）为在同一市场，买入或卖出某一交割月份期货合约的同时，卖出或买入另一交割月份的同种期货合约，以期在两个不同月份的期货合约价差出现有利变化时，对冲平仓而获利。

WTI 原油跨期价差与库欣原油库存

库存变化反映出的价格相当于实物交割对长期价格的升贴水。库欣原油商业库存的变化是影响 WTI 期货跨期价差的重要因素，两者呈明显负相关性。周度的库存数据与高频的月差有错位。

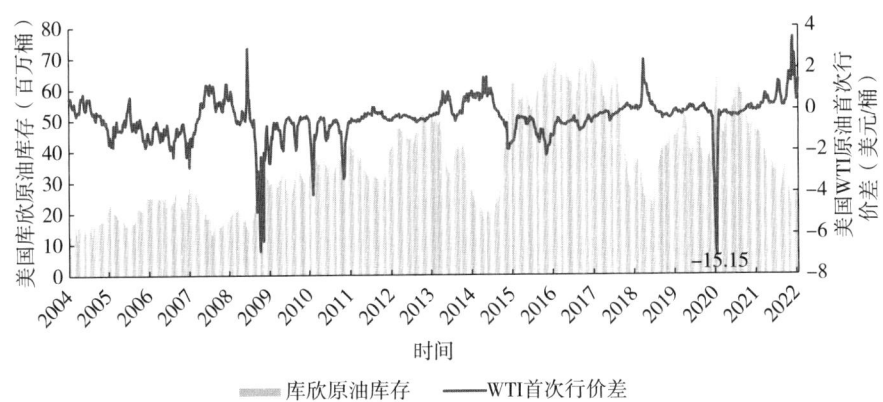

WTI 原油跨期价差与库欣原油库存（2004—2022）

资料来源：美国能源信息署，捷诚能源。

美国 WTI 原油月差

月差是同一个品种的不同月份合约的差值，用近月的合约价格减去远月的合约价格。月差变化与油价变化关系显著。原油期货是连续合约，月差波动幅度反映市场对未来供需预期的变化。当月差为正时，价差结构近高远低，表明原油供给短缺，而月差为负时，价差结构近低远高，表明原油供给过剩。

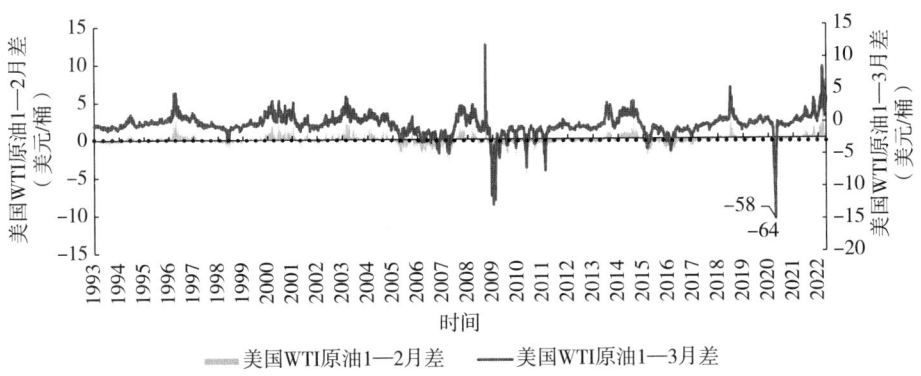

美国 WTI 原油月差（1993—2022）

资料来源：美国能源信息署，捷诚能源。

美国油价月差和经合组织石油库存

将库存、月差和油价放在一起分析是因为库存起到平衡供需的作用。近远期合约价差越大，市场建库存的动力就越大。月差为正表明供不应求，供给减少而需求增加，此时需释放库存来满足需求，导致库存减少。库存降低常带动近期价格的上涨。月差为负表明供过于求，当月差能够覆盖跨期套利所需的资金和仓储成本时，库存持有者能从近低远高的价差中获得无风险套利机会，导致库存增加。

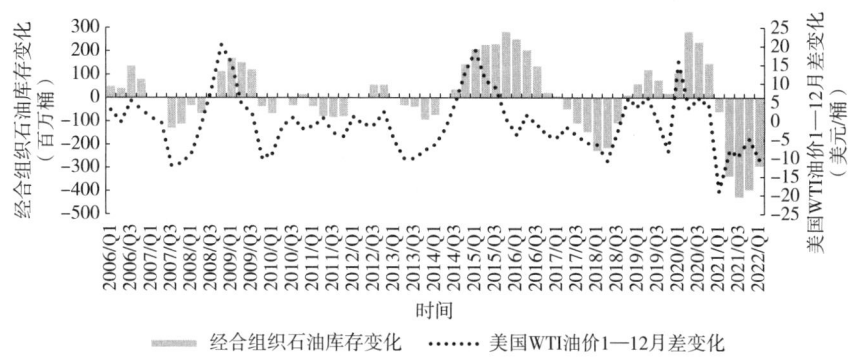

美国油价月差和经合组织石油库存变化（2006—2022）

资料来源：美国能源信息署，彭博，捷诚能源。

布伦特原油月差

布伦特月差走势的影响因素众多，包括供需关系和地缘政治等。

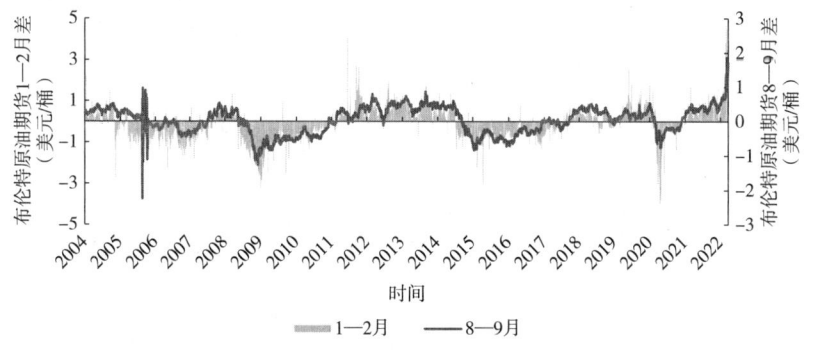

布伦特原油期货月差（2004—2022）

资料来源：上海国际能源交易中心，洲际交易所，捷诚能源。

上海原油期货跨期价差

由于市场近期供需情况确定性更大,近月合约交易更活跃。远期价格起到锚定作用。当价差足以覆盖仓储费和资金成本等持仓成本,就会出现跨期套利的机会。

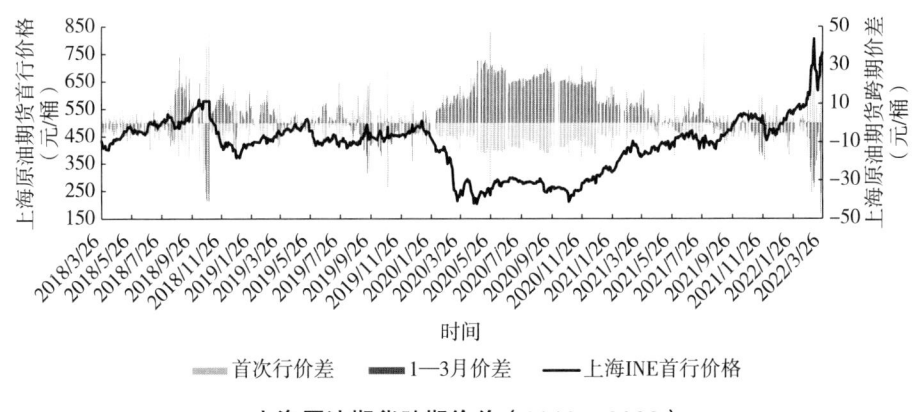

上海原油期货跨期价差(2018—2022)

资料来源:上海国际能源交易中心,捷诚能源。

美国汽油跨期套利成本与收益

以美国汽油跨期套利为例,持仓时间为90天,考虑采购成本、融资成本和罐租费用后,实现盈利。

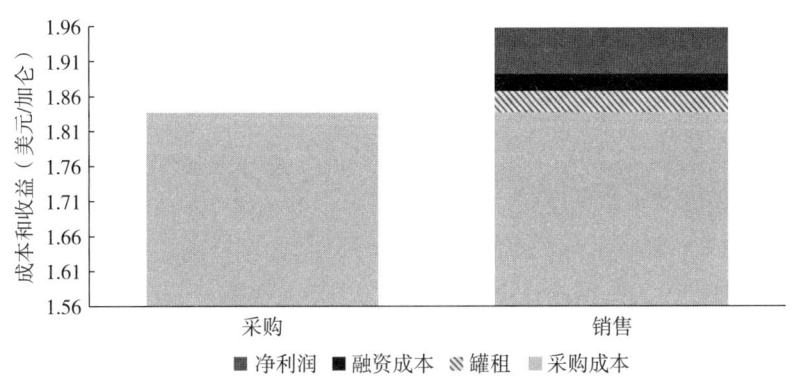

美国汽油跨期套利成本与收益示意图(2009—2010)

资料来源:各期货公司,捷诚能源。

跨品种套利

跨品种套利（Cross product arbitrage）是利用两种或两种以上相互关联的期货合约的价格差异进行套利。

美国 WTI 原油和 HH 天然气价格

美国原油和天然气有明显的互补性，在很多应用领域替代竞争。

美国 WTI 原油和 HH 天然气（1994—2022）

资料来源：美国能源信息署，捷诚能源。

欧洲天然气价格与布伦特油价

天然气和 LNG 国际贸易很多与油价挂钩。国际 LNG 进口商由于缺乏合适的天然气期货合约作为套期保值的工具，常使用布伦特油价等原油期货来管理价格风险。欧洲天然气价格近期大幅上涨，脱离了历史的油气比价。

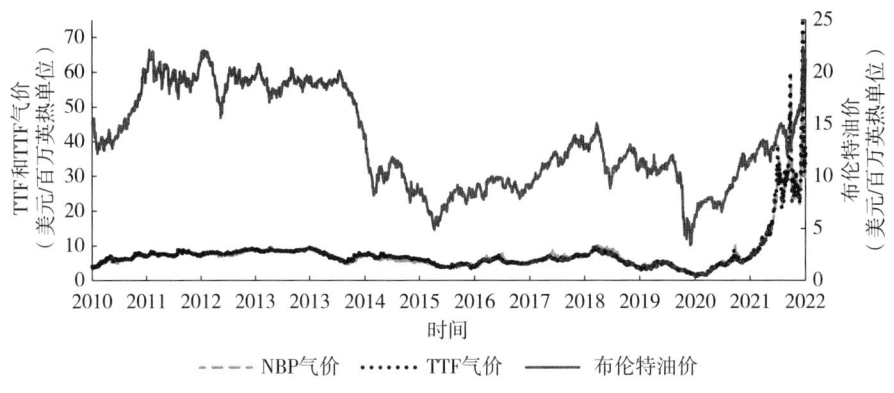

欧洲天然气价格与布伦特油价（2010—2022）

资料来源：上海国际交易中心，洲际交易所，捷诚能源。

裂解价差

裂解价差（Crack spread）是炼油利润的理论值。炼油毛利（Refining margin）涉及炼厂所有产品销售价格和加工成本，而裂解价差是指炼厂加工出的主要石油产品价格与其原油采购价格的差值。裂解价差是成品油收率的倒数。根据炼油装置等特点，有简单的1:1单一产品裂解价差或3:2:1或5:3:2多产品裂解价差。

炼厂处于两个市场之间，需要同时买进原材料和卖出成品油。炼厂在某个特定月份买进原油加工，通常卖出该批次的成品油是在一个月后。因此，通过同时卖出成品油期货和买进原油期货来管理现货价格风险，由此锁定成品油和原油之间的差值。裂解价差合约是炼油商对冲风险的有效工具。裂解价差走高时，炼厂愿多加工，以获得更多利润，意味着加大原油的采购。一旦裂解价差影响利润，炼厂有动力检修和有意管理所谓的"裂解加工"。

裂解价差是油价先行指标，油价变化一般滞后于裂解价差变化一个月。

美国 3：2：1 原油裂解价差

2005 年以来，美国 3:2:1 原油裂解价差（2 桶汽油和 1 桶柴油价格与 3 桶原油价差）的历史均值为 17.1 美元 / 桶。

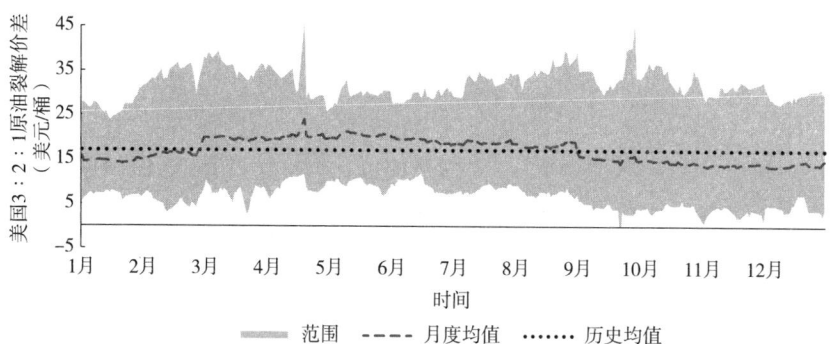

美国 3：2：1 原油裂解价差（2005—2022）

资料来源：美国能源信息署，捷诚能源。

美国 RBOB 汽油与 WTI 原油裂解差

单一产品的裂解价差反映了一桶特定产品与一桶原油之间的不同价值。汽油裂解价差计算汽油与原油的裂解价差。美国氧化混合型精制汽油（Reformulated Blendstock for Oxygenate Blending，RBOB）与 WTI 原油裂解价差长期均值近 16 美元 / 桶。

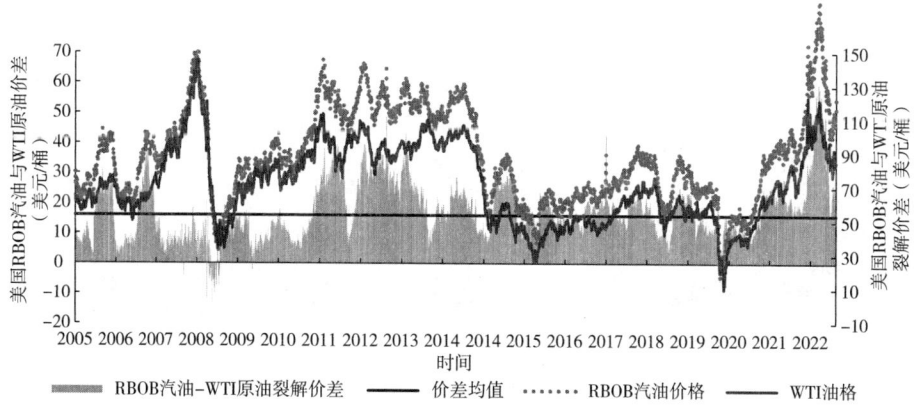

美国 RBOB 汽油与 WTI 原油裂解价差（2005—2022）

资料来源：美国能源信息署，捷诚能源。

美国裂解价差

美国石油产品裂解价差季节性明显。从 3 月起，汽油价格上升，裂解价差增加。在冬季月份，汽油消费减少，汽油成本降低，汽油裂解价差收窄，而东北部消费者取暖，使得馏分产品消费增加，馏分产品裂解价差通常在 10 月到次年 2 月达到最高。

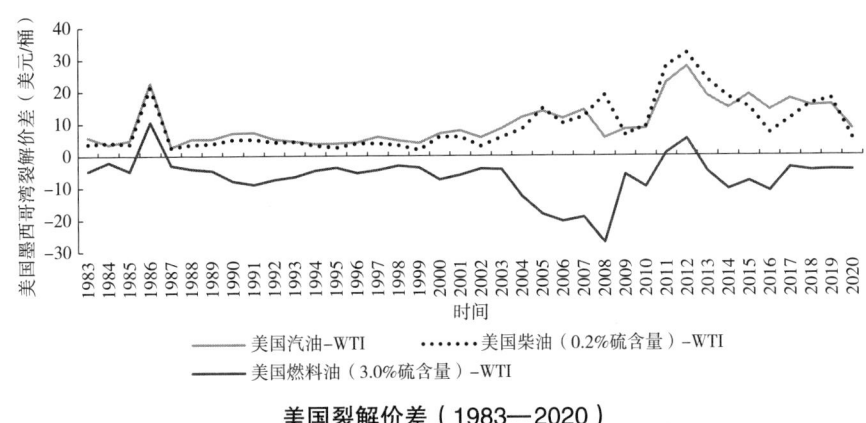

美国裂解价差（1983—2020）

资料来源：欧佩克，洲际交易所，芝商所，捷诚能源。

鹿特丹裂解价差

鹿特丹是全球重要的石油石化加工、仓储和交易中心，鹿特丹裂解价差反映了西半球市场行情。

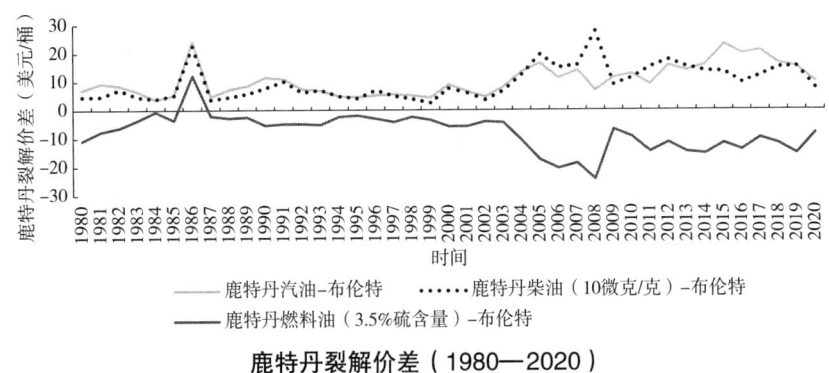

鹿特丹裂解价差（1980—2020）

资料来源：欧佩克，洲际交易所，芝商所，捷诚能源。

新加坡裂解价差

新加坡是全球重要的石油炼制和交易中心。新加坡裂解价差反映东半球市场行情。

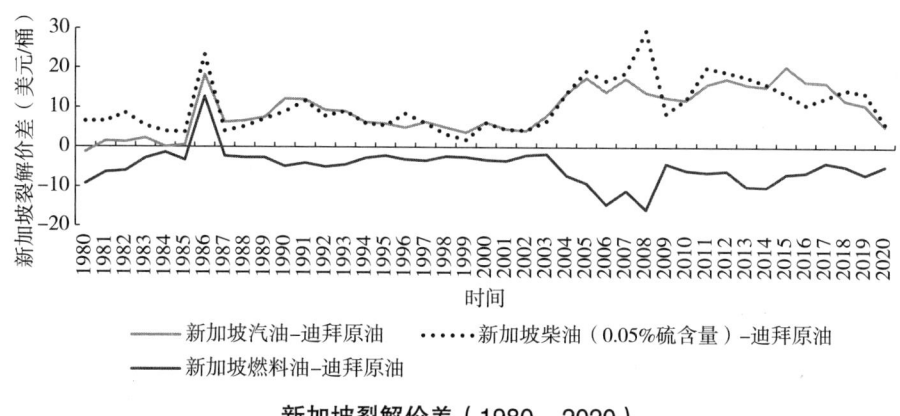

新加坡裂解价差（1980—2020）

资料来源：欧佩克，洲际交易所，芝商所，捷诚能源。

套期保值案例

原油期货套保案例　卖出套保

2014年6月2日，石油公司与贸易商达成协议，将于2014年12月15日以当天即期布伦特价格向贸易商出售60万桶布伦特原油。6月2日当天，石油公司为防止油价下跌对该60万桶的收入造成影响，随即在洲际交易所卖出600手布伦特2015年1月期货合约（1手=1000桶）。

随后，由于美国页岩油产量增长及欧佩克决定不减产，油价出现大幅下跌。从6月到12月，油价累计下跌44%。若不进行套期保值，到期交货时，石油公司将少赚2885.4万美元。但由于石油公司在达成协议后即在期货市场上进行套保,其在期货市场上获利2674.8万美元,最终仅损失210.6万美元的收入,保证了公司原油销售业务的平稳运行。如油价从2014年6月2日到2014年12月15日期间上升,则现货端将出现额外盈利,期货端将出现亏损,从而将现货端的额外盈利抵消。

原油期货套保案例　卖出套保(2014)

	现货市场		期货市场	
	油价 (美元/桶)		油价 (美元/桶)	1手期货合约=1000桶
6月2日	109.09	油田计划于12月15日,卖出60万桶	105.64	油田卖出15年1月到期布伦特合约600手,即60万桶
12月15日	61.00	油田实际于12月15日,卖出60万桶	61.06	油田通过交易所对600手布伦特合约,平仓
结果	损失=(61.00–109.09) ×600000 =–28854000		盈利=(105.64–61.06) ×600000 =26748000	
合计	套期保值盈亏 –28854000+26748000 = –2106000			
	减少亏损			

资料来源:上海国际能源交易中心,捷诚能源。

原油期货套保案例　买入套保

2014年1月13日,美国炼厂与石油公司达成协议,将于2014年6月30日以当天现货价格向石油公司购买20万桶WTI原油。炼厂为防止油价上涨对该20万桶原油的买入成本造成影响,随即在芝商所买入200手WTI 2014年8月期货合约(1手=1000桶)。

随后,由于中东地缘政治事件导致当地局势动荡,油价开始出现上涨。从2014年1月到6月,油价累计上涨15%。若不进行套期保值,炼厂此单将多付出277.6万美元的成本。但由于炼厂在达成协议后即在期货市场上进行套保,其在期货市场上的盈利为306.6万美元,最终不仅未多支出成本且额外盈利29万美元。

原油期货套保案例　买入套保（2014）

	现货市场		期货市场	
	油价 （美元/桶）		油价 （美元/桶）	1手期货合约=1000桶
1月13日	91.52	炼厂计划于6月30日，买入20万桶	90.04	炼厂买入14年8月到期WTI合约200手，即20万桶
6月30日	105.40	炼厂实际于6月30日，买入20万桶	105.37	炼厂通过交易所对200手WTI合约，平仓
结果		损失=（91.52–105.40） ×200000 =–2776000		盈利=（105.37–90.04） ×200000 =3066000
合计	套期保值盈亏 –2776000+3066000 = 290000			
	扭亏为盈			

资料来源：上海国际能源交易中心，捷诚能源。

石油生产商套期保值的产量比例

油价到一定水平时，石油生产商会考虑套期保值。首先，可使用掉期合约锁定固定价格，确保相对应的产量足以覆盖债务和最低利润。然后，可使用期权。

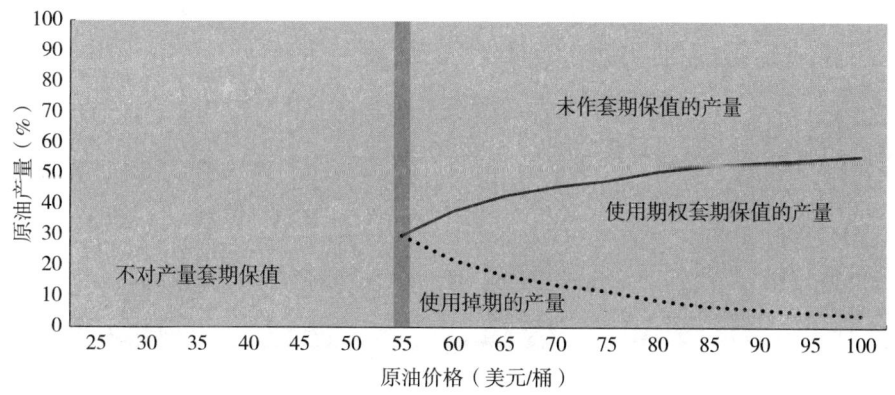

石油生产商套期保值的产量比例（2020）

资料来源：《石油贸易手册》，捷诚能源。

国际石油公司套期保值原油产量比例

大型国际石油公司，由于其上下游业务的自然对冲，参与套期保值的比例相对低，而中小型公司比例均较高。当企业判断油价长期处于高位时，也会减少套期保值比例。

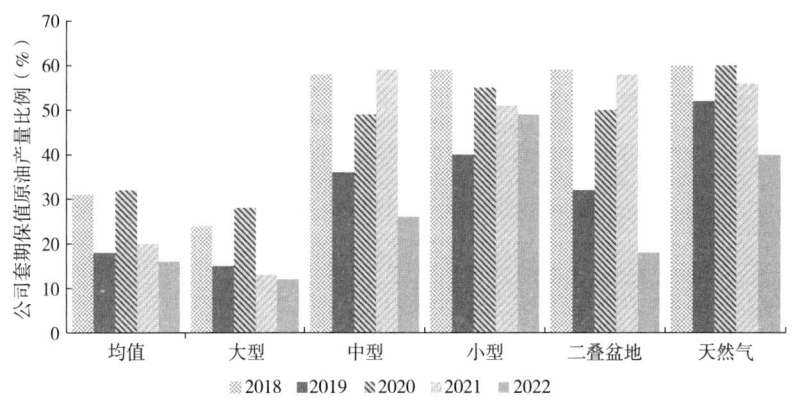

国际石油公司套期保值原油产量比例（2018—2022）

资料来源：各公司报告，中国石油勘探开发研究院，捷诚能源。

美国勘探开发公司套期保值策略

美国油气生厂商采取的套期保值策略包括期货、掉期、领式期权、三相期权、分阶段看跌期权和掉期期权等。石油生产商卖出远期期货对冲未来产量，会导致远期期货对近期期货的贴水。

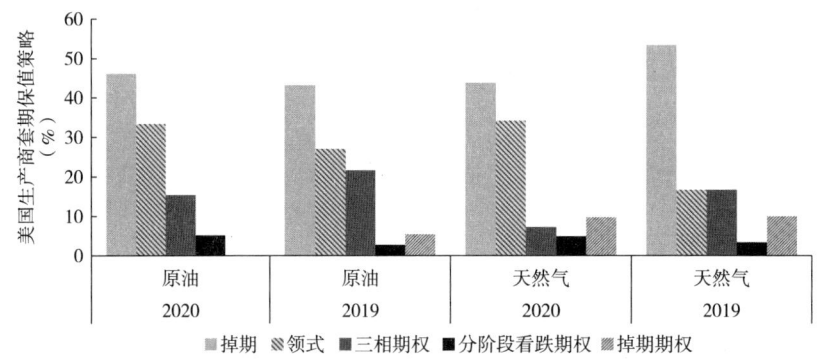

美国勘探开发公司套期保值策略（2019—2020）

资料来源：美国油气报道，美国能源信息署，捷诚能源。

石油公司三相无成本领口期权套保

某石油公司对 35 万桶油当量/日的产量进行三相无成本领口期权套保，包括卖出行权价为 45 美元/桶的看跌期权，卖出行权价为 74.16 美元/桶的看涨期权，买入行权价为 55 美元/桶的看跌期权。

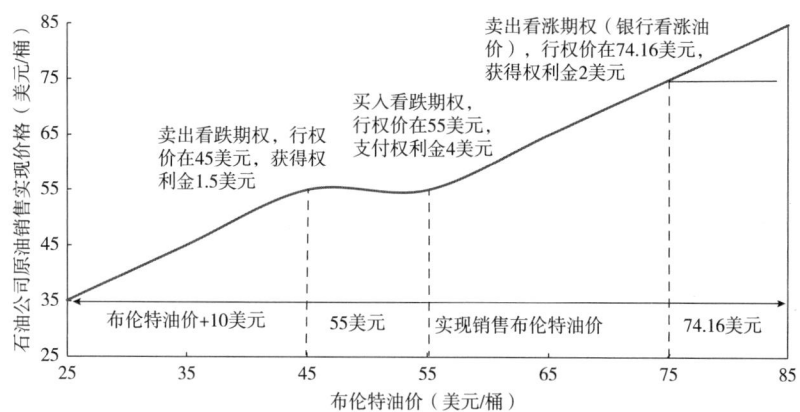

石油公司三相无成本领口期权套保案例（2019—2020）

资料来源：西方石油，捷诚能源。

西北欧航空煤油定价与套保

航空煤油一般有 7—15 天运输时间，原油价格波动大，所以航空公司会采取套期保值，管理价格风险。

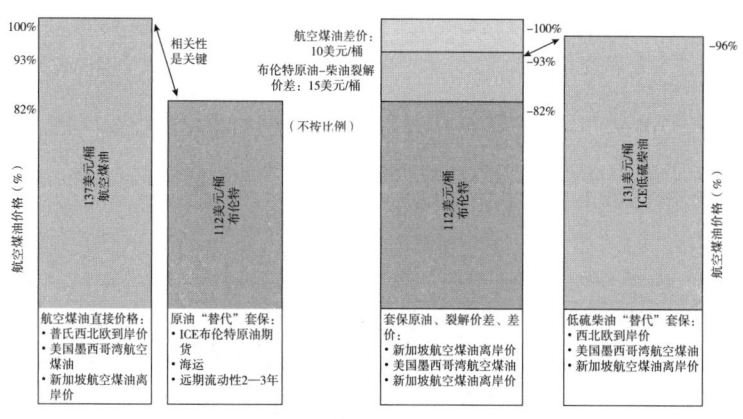

西北欧航空煤油定价与套保（2012）

资料来源：洲际交易所，东航期货，捷诚能源。

全球航空公司航空煤油套期保值比例

由于燃料成本可占到航空公司费用的 30% 以上,航空公司会通过套期保值和保险等工具来管理航空煤油价格的上行风险。欧洲公司做得相对多。

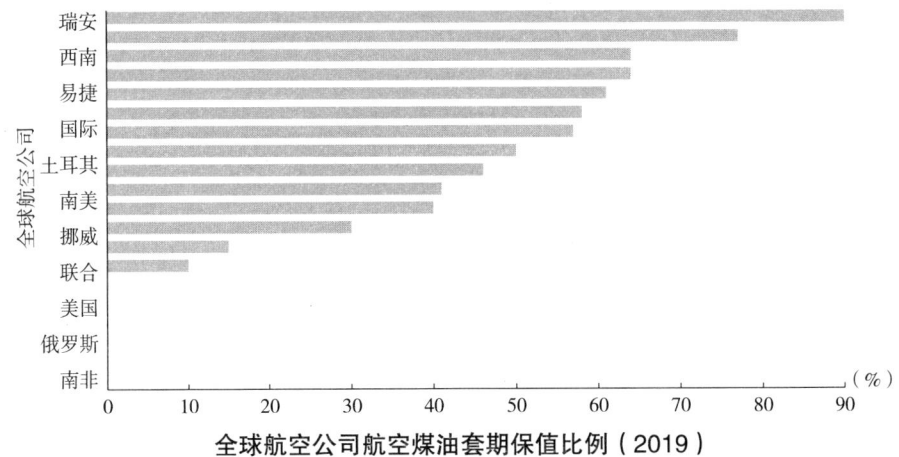

全球航空公司航空煤油套期保值比例(2019)

资料来源:国际航空运输协会,捷诚能源。

中国企业套期保值数量和种类

2021 年,商品价格风险是上市企业最想规避的第二大风险,仅次于汇率风险。发布衍生品使用信息相关公告的实体行业 A 股上市公司共 891 家,旨在避险的有 878 家,旨在投资的有 2 家,避险、投资目的兼具的有 11 家。

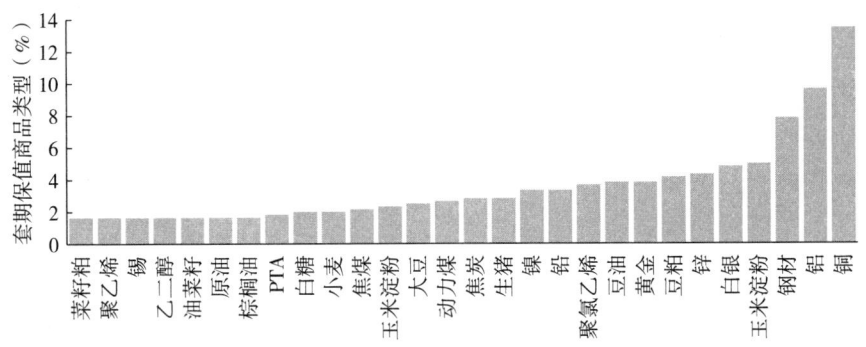

中国企业套期保值数量和种类(2021)

资料来源:避险网,中国证券报,捷诚能源。

经典观点与经验分享

刘德伟　厦门国贸石化有限公司总经理

《期货和衍生品法》自 2022 年 8 月 1 日起施行，授权国务院制定具体的管理办法。我们作为国内大宗商品供应链公司的龙头企业，企盼期货及衍生品法的推出很多年了；一直期望在期货及衍生品相关业务当中能够有法可依。相信在不久的将来，我们能够进一步在相关的制度下做强实体经济、深入开展相关套期保值等风险管理活动，对于我们实体企业随着疫情好转，在管控好价格风险的前提下加快提高生产负荷带来更大的信心，对于整个实体经济回暖打下良好基础。

我是伴随着中国期货一路发展下来的。PTA 期货从 2006 年 12 月 18 日上市以来，中国 PTA 市场从依赖进口到供需平衡，再到供过于求，护航中国 PTA 产业链引领全球十四年。中国 PTA 上下游产业链从弱到强、直至稳居世界最前列，为全球的 PTA 产业链及其他参与者提供了公平、公正、公开的定价基准。与此同时，商品交易所协助产业培养了一代善于利用期货及其金融衍生品掌控企业运营和把控财务风险的高级管理人才，有效地提升了中国制造在全球的竞争力！

中国经济经过改革开放以来的迅猛发展，目前通过构建国内统一大市场，降低制造业成本，可以提升国内消费，有效避免陷入中等收入陷阱。

在石化领域，倡议进一步跨省域高效利用国家管网公司成熟的原油管网和成品油管网，进一步加大相关基础设施投入，进而优化全国原油和成品油运输效率的提升，减少环保排放，客观上有利于降低国内成品油价格，拉动终端消费，提高中国制造的竞争力。

第12章

生产经营的平衡

生产经营的平衡是指市场各方都能接受的长期均衡油价水平。本章覆盖勘探开发、进出口和炼油化工等生产经营环节，聚焦成本、销售价格、收入、财政预算、投资、股价、现金流、套期保值和生产经营盈亏平衡所需的油价水平。

生产经营成本、实现价格与合理收入水平

全球石油资源量增幅与成本降幅

2016年至2050年，海上稠油、北极海上和深水的石油资源量增幅与成本降幅相对显著，规模效应较好。

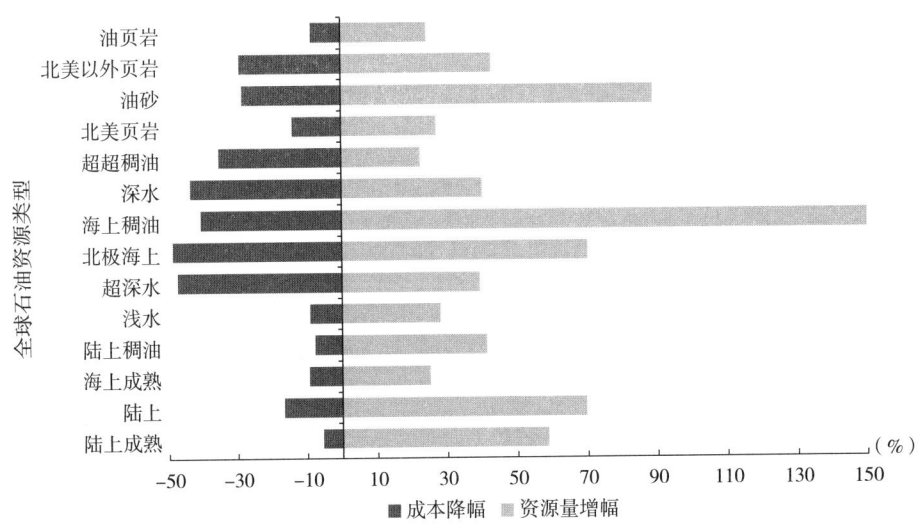

全球石油资源量增幅与成本降幅（2016—2050）

资料来源：英国石油，捷诚能源。

美国油气井钻井成本

钻井成本在油井成本中,陆上约为 1/3,而海上占 60% 左右。美国油气钻井成本快速上升,特别是没有商业发现价值的干井成本涨幅更高。

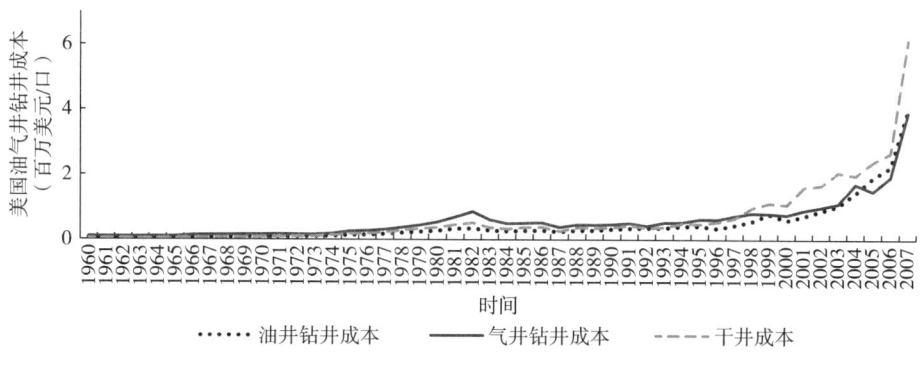

美国油气井钻井成本(1960—2007)

资料来源:美国能源信息署,捷诚能源。

石油公司油气勘探开发和生产成本

石油公司不断降本增效,包括勘探(Finding)、开发(Development)、生产(Production)和税赋(Taxation)在内的纯成本支撑了油价的底部区间。

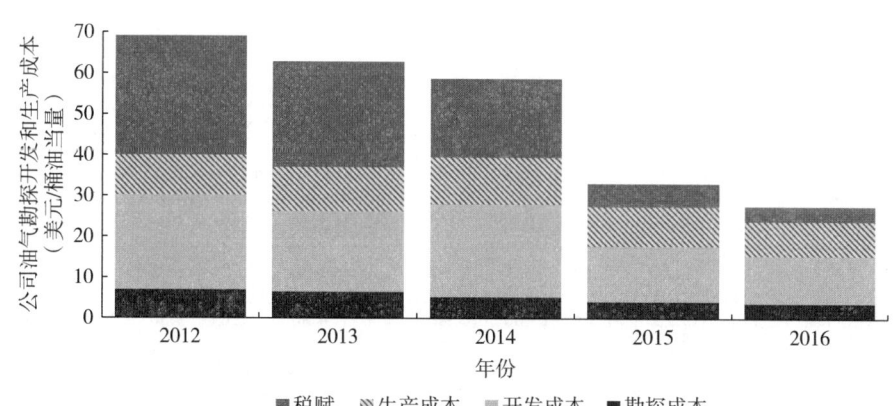

石油公司油气勘探开发和生产成本(2012—2016)

资料来源:美国银行研究部,各公司年报,捷诚能源。

全球区域桶油成本

全球主要产油国的桶油成本不到 30 美元，支撑了油价的底部区间。

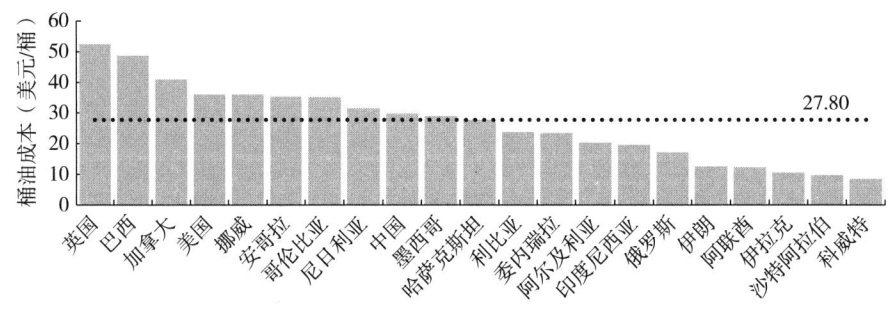

全球区域桶油成本（2010—2021）

资料来源：睿咨得，美国银行研究部，捷诚能源。

石油公司生产成本

生产成本（Production cost）或操作费用（Operating expenses）一般包括与产量相关的直接可变成本和间接成本（管理费、分销费用和备用金等）。生产成本构成了石油公司可承受的油价下限。

国际石油公司油气生产成本（2011—2021）

年份	2011	2012	2013	2014	2015	2016	2017	2018	2019	2020	2021
埃克森美孚	9.45	9.91	11.48	12.55	12.97	11.79	10.12	11.29	11.48	10.21	10.92
英国石油	10.08	12.50	13.16	12.75	10.46	8.46	7.11	7.15	6.84	6.39	6.82
壳牌	11.00	12.47	14.35	15.10	13.42	10.92	10.55	9.66	8.95	9.10	9.12
雪佛龙	13.98	15.46	17.104	17.69	14.60	13.15	11.41	10.78	10.62	10.07	9.90
道达尔	5.20	8.17	9.24	10.31	7.84	6.14	5.56	5.89	5.60	5.29	5.49
埃尼	10.86	10.82	12.19	12.00	9.18	5.90	6.33	6.50	6.05	6.31	7.39
挪威石油	7.20	7.20	7.50	7.60	5.90	5.00	4.80	5.70	5.80	5.10	5.80
中国石油	11.23	11.74	13.23	13.76	12.98	11.67	11.53	12.31	12.11	11.10	12.30
中国石化	15.34	17.13	18.18	18.41	17.61	16.30	15.93	16.65	17.33	14.90	17.00
中国海油	9.01	10.44	12.25	12.22	9.55	7.62	7.93	8.07	7.39	6.90	7.83

资料来源：各公司年报，证监会，捷诚能源。

中国石油公司油气操作费用和实现价格

中国石油公司油气操作费用和实现价格体现了油气生产竞争力。

中国石油公司油气操作费用和实现价格（2011—2021）

年份	2011	2012	2013	2014	2015	2016	2017	2018	2019	2020	2021
油气现金操作成本（美元/桶油当量）											
中国石化	15.34	17.13	18.18	18.41	17.61	16.30	15.93	16.65	17.33	14.90	17.00
中国石油	11.23	11.74	13.23	13.76	12.98	11.67	11.53	12.31	12.11	11.10	12.30
中国海油	9.01	10.44	12.25	12.22	9.55	7.62	7.93	8.07	7.39	6.90	7.83
原油实现价格（美元/桶）											
中国石化	94.04	97.93	95.41	90.30	45.55	36.25	49.26	64.03	60.13	38.80	64.00
中国石油	104.20	103.65	100.42	94.83	48.35	37.99	50.64	68.28	60.96	40.33	65.58
中国海油	109.75	110.48	104.60	96.04	51.27	41.40	52.65	67.22	63.34	40.96	67.89
天然气实现价格（美元/千立方英尺）											
中国石化	5.37	5.66	6.22	7.37	6.91	5.40	4.97	5.30	5.56	5.60	7.10
中国石油	4.74	6.90	7.10	8.40	8.50	6.60	6.80	7.50	7.50	7.00	7.90
中国海油	5.15	5.77	5.78	6.44	6.40	5.46	5.84	6.41	6.92	6.17	6.95

资料来源：各公司年报，证监会，捷诚能源。

中国海油完全成本

中国海油等石油公司都在降本增效和控制完全成本（All-in cost per boe）或桶油成本构成。

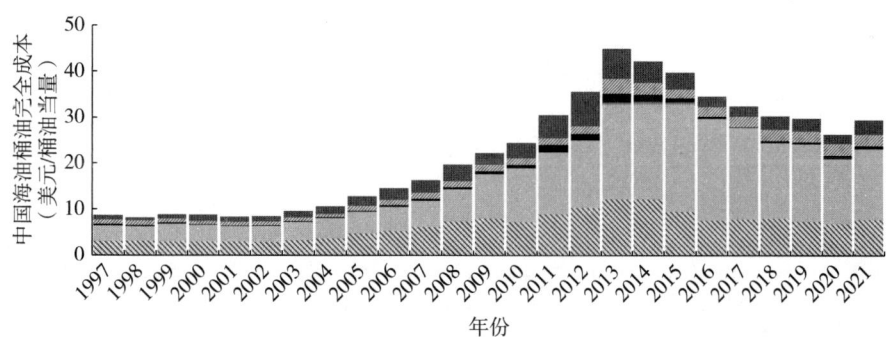

中国海油桶油完全成本（1997—2021）

资料来源：各公司报告，证监会，捷诚能源。

主要资源国海域弃置费

弃置费（Abandonment cost 或 Decommissioning fee）是指油气田投资方为承担油气生产设施废弃处置的责任和义务所发生的，用于井及相关设施的废弃、拆移、填埋、清理和恢复生态环境及其前期准备等所发生的专项支出。计提弃置费作为环境保护、生态恢复专项资金。

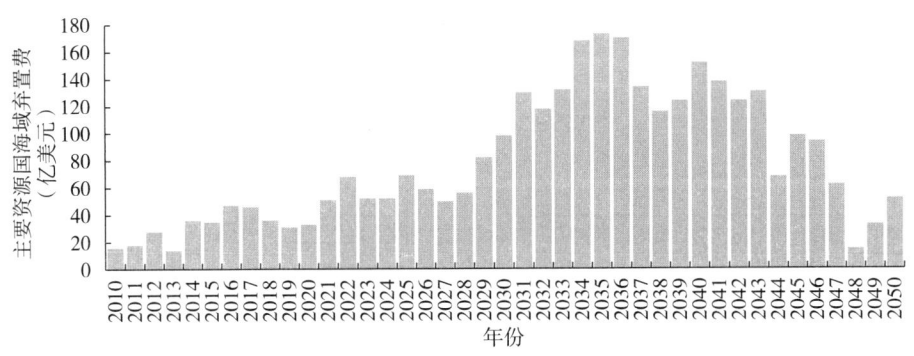

主要资源国海域弃置费（2010—2050）

资料来源：各公司报告，中国石油勘探开发研究院，捷诚能源。

石油公司区域油气价格与成本

国际公司油气生产区域性差别大，但原油实现销售价格趋同。而全球天然气价格区域性明显，虽然亚洲油气生产成本相对低，天然气实现销售价格最低，但是亚洲天然气交易价格最高，存在明显的亚洲溢价。

石油公司区域油气价格与成本（2021）

区域	美国	加拿大	欧洲	非洲	亚洲	大洋洲	南美	世界
石油公司原油实现价格（美元/桶）	62.75	46.58	68.30	70.89	63.82	63.56	64.28	64.28
石油公司油气生产成本（美元/桶油当量）	10.88	10.64	21.48	11.47	5.66	9.26	5.80	9.12
石油公司天然气实现价格（美元/千立方英尺）	4.40	2.70	10.71	3.43	2.54	7.74	4.04	5.39
国际天然气交易价格（美元/MMBtu）	4.00	2.46	15.00	—	16.30	6.80	—	—

资料来源：各公司年报，国际能源署，各交易中心，捷诚能源。

石油公司实现价格和生产成本

当实现油价（Realized prices）在阴影部分中，相对于生产成本，原油没有卖到理应的水平，投入成本与实现价格不匹配，越低说明产量越卖不出价来，因此，利润偏低。当实现油价高出阴影部分，说明产量超卖。

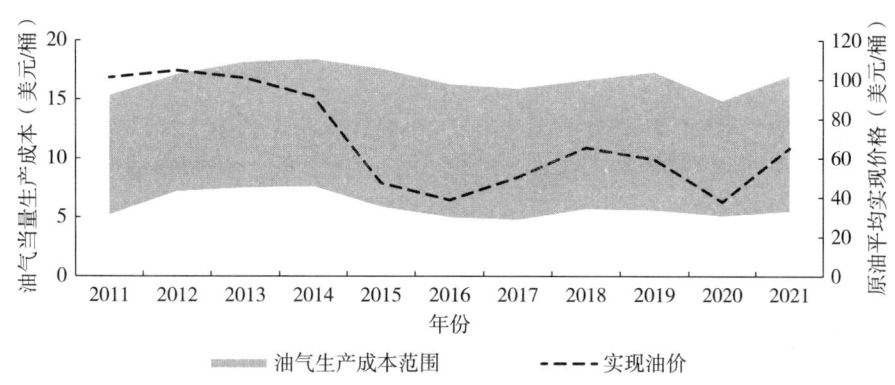

石油公司实现价格和生产成本（2011—2021）

资料来源：各公司年报，证监会，捷诚能源。

中国石油公司原油实现价格

2000年以来，石油公司原油销售实现价格与布伦特的价差大小体现了公司经营策略和财税政策等影响，也说明公司对油价波动的管理水平。

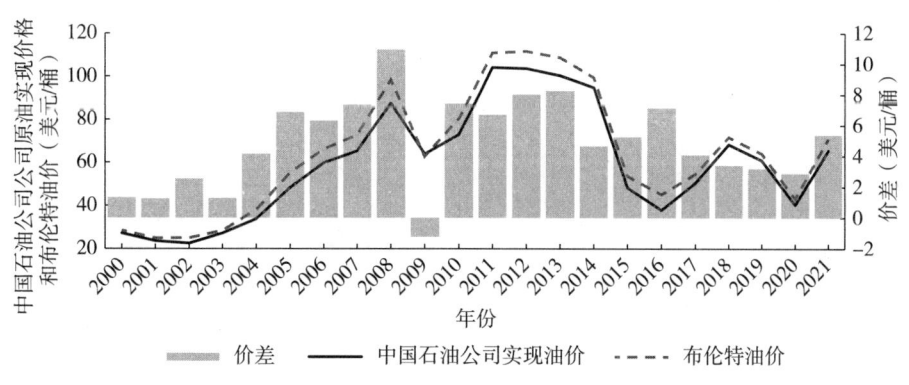

中国石油公司原油实现价格与布伦特油价（2000—2021）

资料来源：各公司年报，证监会，捷诚能源。

生产经营平衡所需油价水平

能源项目属于投资密集型、技术门槛高、项目建设周期长、运营成本高、政策不确定性强，这些都影响供应成本。

石油供应通常要去满足需求。当市场需要更多的供应时，那么增产部分的成本更高，为了生产最贵那桶油的成本，就是边际成本（Marginal cost）。长期价格需要反映出这最后一桶油供应到市场的边际成本，以满足最低投资回报率，这样生产商才有动力去投资新产能。而边际成本又影响长期价格，一般对价格影响从2年到10年不等。供应成本相对稳定时，长期价格也相对稳定。一旦变化，将引发价格方向性波动。边际成本与库存一同决定长期油价的方向。

美国页岩新井盈亏平衡所需油价

页岩油成本决定WTI的远端价格，基本面去库存的速度决定了价格近端和远端的价差（远期价格曲线结构）。美国页岩新井盈亏平衡所需的油价对勘探活动影响很大，上限可高达100美元/桶，下限可接近20美元/桶。

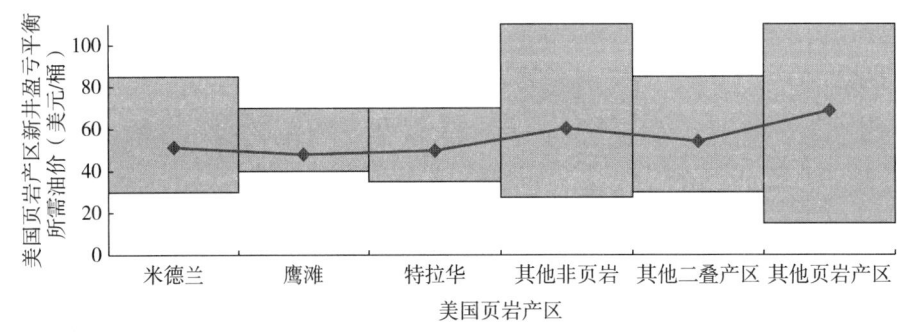

美国页岩产区新井盈亏平衡所需油价（2022）

资料来源：美国联邦储备委员会达拉斯分行，捷诚能源。

美国页岩关井重启所需油价

低油价等原因导致关井（Shut-in）后重启油井，若想让产量恢复到以前的状态，须投入更多的资金，复产成本可能更高。就像汽水打开后没喝完，将剩下的拧上瓶盖存放一段时间后，再打开，很多气泡可能已消失。

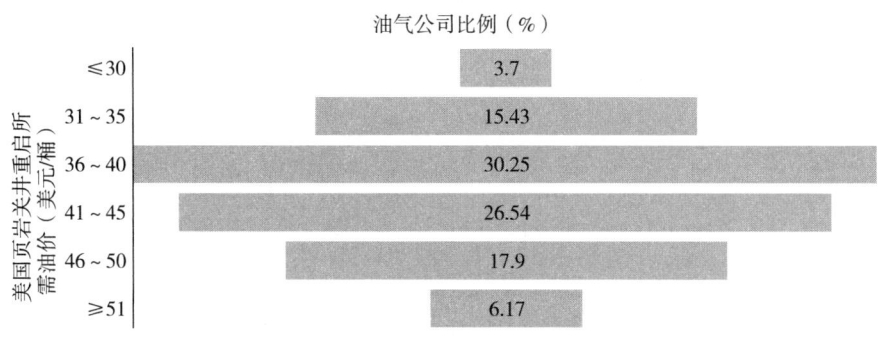

美国页岩关井重启所需油价（2020）

资料来源：美国联邦储备委员会达拉斯分行，捷诚能源。

美国页岩在产油井操作费用所需油价

美国页岩油井操作费用（Operating expenses）所需油价，也是低油价下关井所需的油价水平，上限可达90美元/桶，下限可低于10美元/桶。

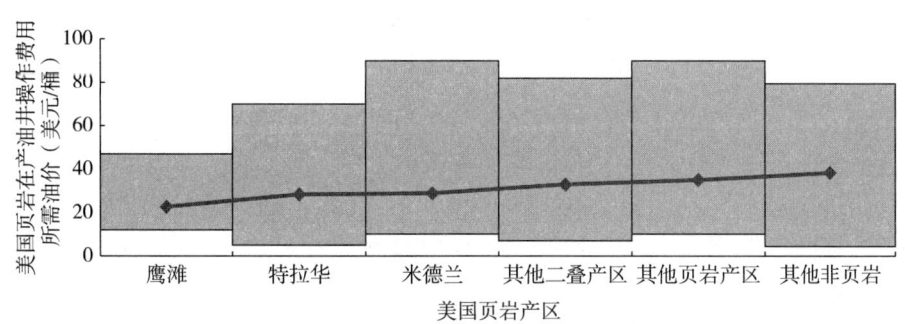

美国页岩在产油井操作费用所需油价（2022）

资料来源：美国联邦储备委员会达拉斯分行，捷诚能源。

全球区域上游开发项目盈亏所需油价

在当前财税政策和宏观环境下,以目前上游成本水平、按照当前产能投资一个新项目时,要获得项目全生命周期投资回报收益率,所需的油价差别很大。

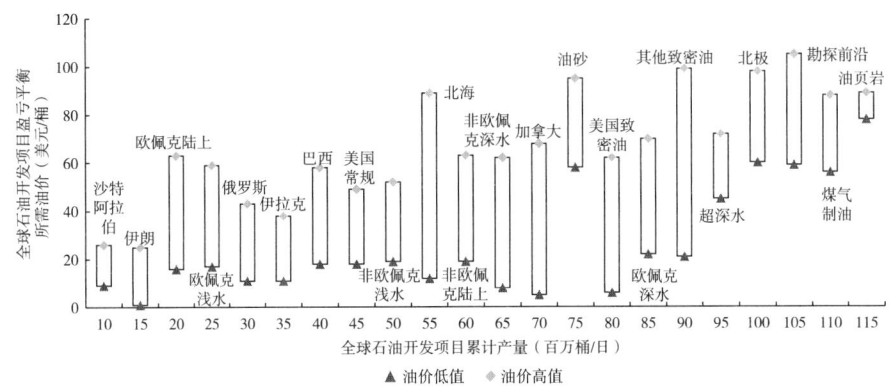

全球石油开发项目盈亏平衡所需油价(2021)

资料来源:高盛研究部,英国石油,国际能源署,捷诚能源。

全球边际油田盈亏平衡所需油价

边际成本的影响因素包括项目资金密集程度、项目建设周期、投资规模、地缘政治风险、油田地质条件和开发技术等。

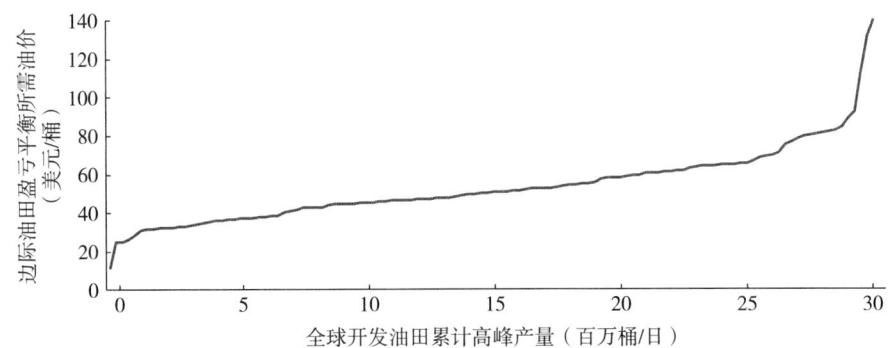

全球边际油田盈亏平衡所需油价(2021)

资料来源:高盛研究部,捷诚能源。

全球海上油气开发盈亏平衡所需油价

海上油气田开发成本（Development cost）不断下降，开发建产周期缩短，油气开发所需盈亏油价（Breakeven oil price）也在下降。

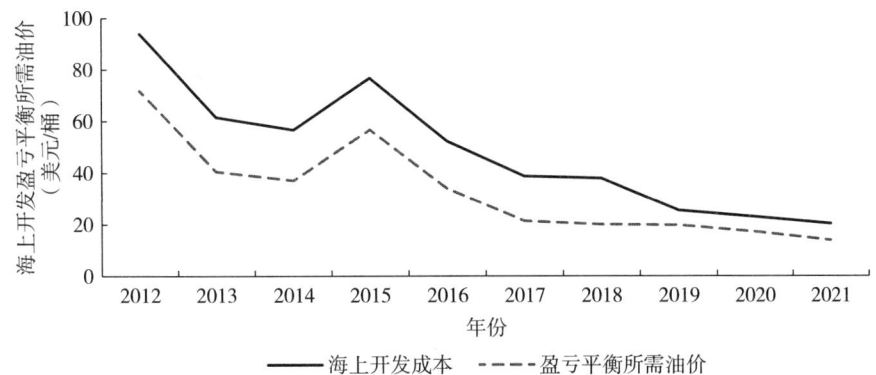

海上开发盈亏平衡所需油价（2012—2021）

资料来源：中国石油勘探开发研究院，捷诚能源。

公司经营现金流支撑投资所需油价

美国油气公司经营现金流（Operating cashflow）用于投资所需的油价水平不断完善。

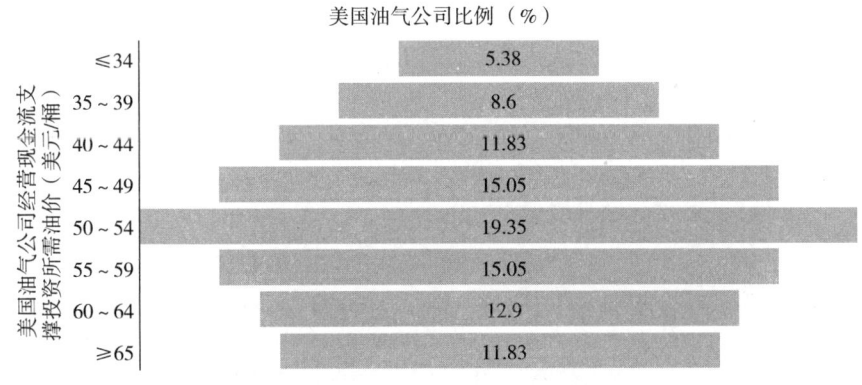

美国油气公司经营现金流支撑投资所需油价（2019）

资料来源：美国联邦储备委员会达拉斯分行，捷诚能源。

产油国平衡预算所需油价

主要产油国平衡预算（Fiscal breakeven）所需油价水平体现了一国财政收支和油价关系，支撑了油价的中枢范围。

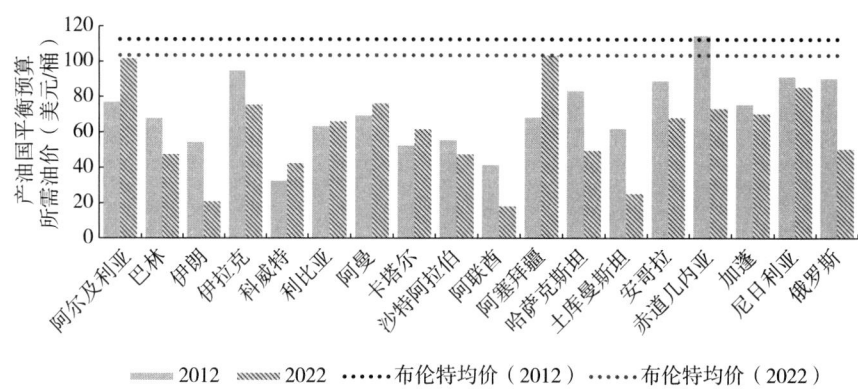

产油国平衡预算所需油价（2012—2022）

资料来源：国际货币基金组织，能源信息，捷诚能源。

伊拉克国家财政预算支出

伊拉克等资源国依赖于油气出口收入来支撑财政预算、经济发展、基础设施建设和公用事业等。

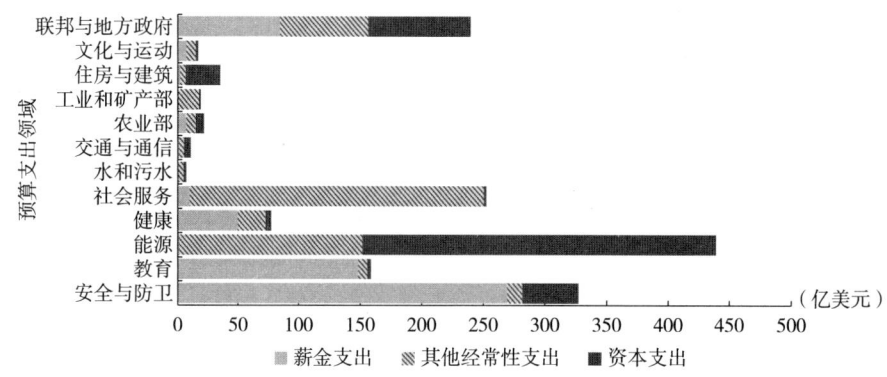

伊拉克国家财政预算支出（2019）

资料来源：伊拉克财政部，伊拉克能源研究院，捷诚能源。

沙特阿拉伯财政预算收支平衡所需油价

沙特阿拉伯油田操作费用很低,但是,财政预算收支平衡所需的油价水平高企,同时也说明成本有压缩空间。

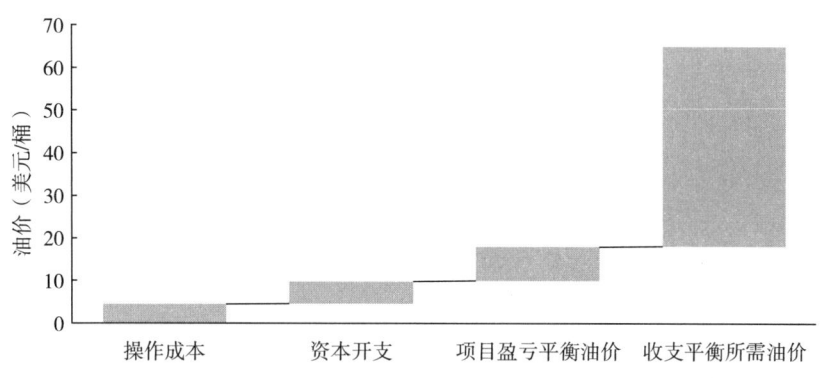

沙特阿拉伯国家财政预算收支平衡所需油价(2021)

资料来源:国际货币基金组织,能源信息,捷诚能源。

上市公司自由现金流为正所需油价

当自由现金流(Free cashflow)为正时,表明上市公司产生的现金足以维持现有业务和投资新业务,并有能力给股东分红。

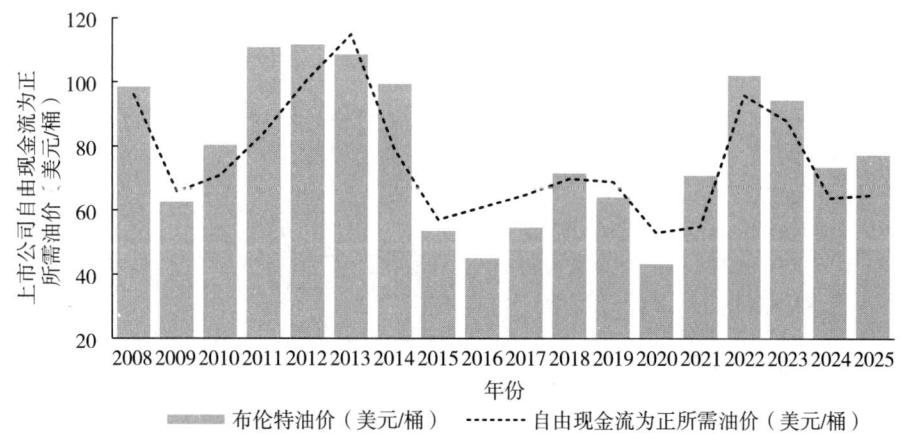

上市公司自由现金流为正所需油价(2008—2025)

资料来源:高盛研究部,巴克莱研究部,捷诚能源。

上市公司盈利对油价敏感性

上游勘探开发公司等上市公司的盈利高度依赖于油价。油价每变动 1 美元/桶，公司盈利变化很大，进而影响未来投资计划。

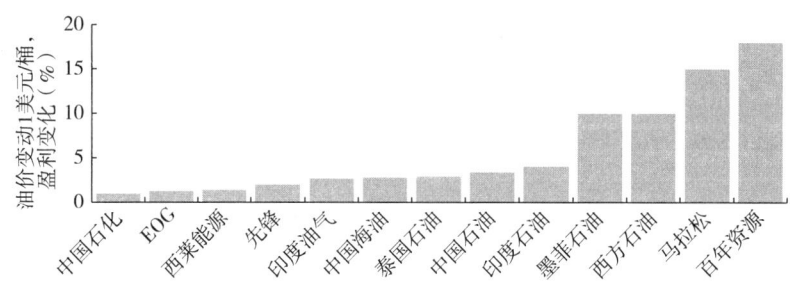

上市公司盈利对油价敏感性（2022）

资料来源：各公司年报，美国证监会，美国能源信息署，捷诚能源。

美国生产商对冲原油价位

美国中小油气企业往往只有上游勘探开发业务，没有下游炼油化工业务，无法自然对冲。银行和发债人怕中小公司破产，无法维持现金流和偿债，往往要求美国中小企业将未来四个季度或者更多的产量提前卖出去，对冲价格风险，减少潜在损失。生产商对冲与掉期交易商净空头仓位变化有直接的关系。对冲的价位和高收益债券公司的盈亏平衡点所需油价，一起构成了美国油价中枢。

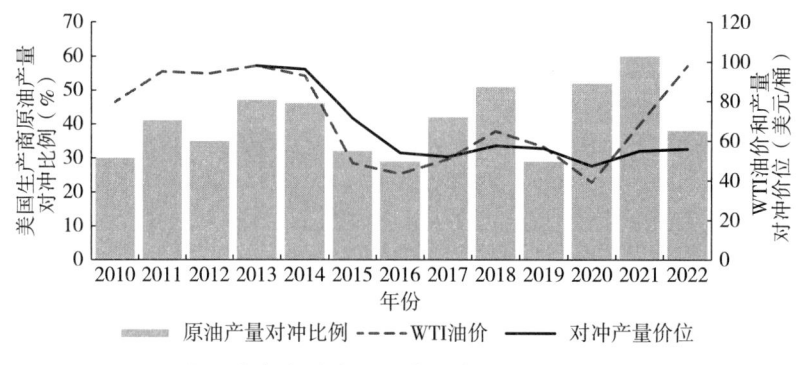

美国生产商对冲原油价位（2010—2022）

资料来源：巴克莱研究部，高盛研究部，丰宜，各公司报告，捷诚能源。

墨西哥原油出口量套保与油价

2000 年以来，墨西哥政府将其出口原油进行套期保值，曾使用过期货、期权、掉期等多种工具，更多是购买原油亚式看跌期权。墨西哥套期保值的价位构成了油价的一个中枢水平。

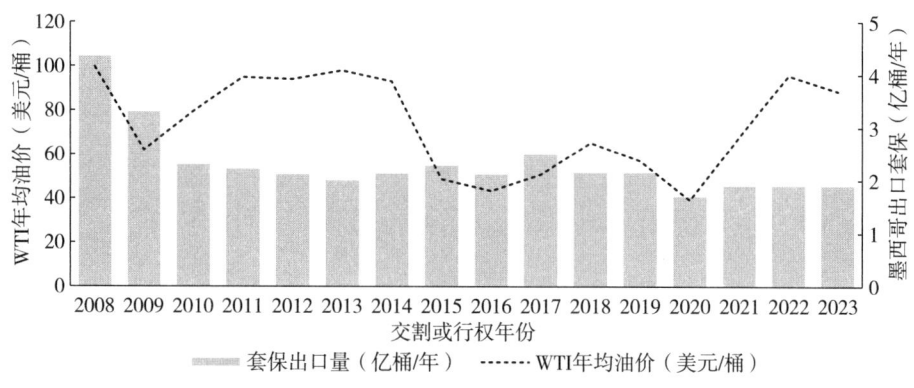

墨西哥原油出口量套保与油价（2008—2023）

资料来源：墨西哥财政部，牛津能源研究院，彭博，捷诚能源。

墨西哥原油出口量套保成本和收益

2020 年 4 月 10 日，OPEC 和 G20 能源部长紧急会议未达成减产协议，怪罪于墨西哥的讨价还价。墨西哥原油产量不及全球供应的 2%，沙特阿拉伯等国显然不愿接受其要求。但是，各方最终不得不接受墨西哥减产方案，墨西哥如愿以偿。墨西哥没有动力大幅减产，主要是因为其已通过套期保值提前锁定盈利，减轻了油价暴跌的负面影响，此后行权还获得了二三十亿美元的收益。墨西哥政府在原油出口价格上的套期保值有助于规避价格下跌风险，稳定财政状况，维护主权债务评级，提高市场竞争力，获取现金流。但是，套保是有成本的，墨西哥平均每年要支付十多亿美元的权利金，如果油价上涨，就是沉没成本。一旦国际油价下跌，低于对冲行权价位，就可行权获得补偿。自 2008 年至 2020 年，墨西哥政府一共支付权利金 134.31 亿美元，估算四次行权收益为 165.15 亿美元，总体上获益。

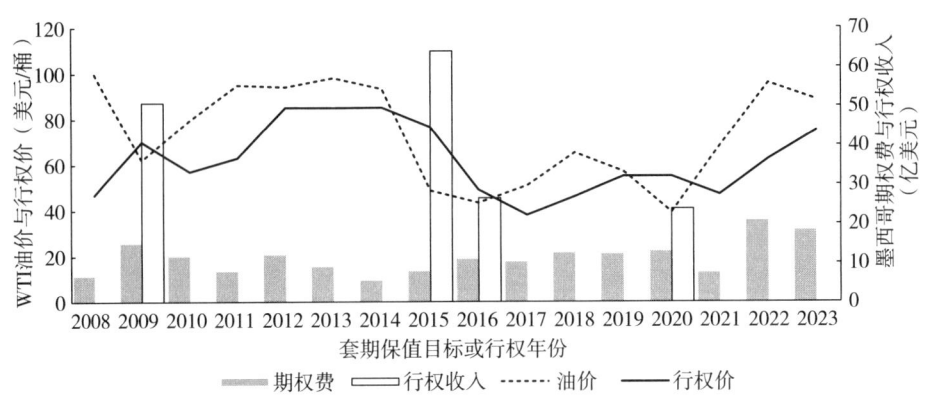

墨西哥原油出口量套期保值成本和收益（2008—2023）

资料来源：墨西哥财政部，牛津能源研究院，彭博，捷诚能源。

实货贸易价格

沙特阿拉伯中质原油销售区域价差

沙特阿拉伯等原油出口国每月给其长期客户报官价（Official selling price，OSP）。价差主要取决于品质和价值差别，也会反映市场供需、实际装船与现货估价的区别、区域市场的差别以及沙特阿拉伯到各地区的航行距离。沙特阿拉伯拉斯坦努拉港（Ras Tanura）海运到东北亚 25 日左右、到西北欧 27 日左右、到美国墨西哥湾 35 日左右，而沙特阿拉伯的东北亚中质原油官价经常最高。

沙特阿拉伯出口原油分为特轻质、超轻质、轻质、中质和重质原油。2022 年 8 月，沙特阿拉伯生产原油 1105 万桶 / 日，出口原油 760 万桶 / 日，出口成品油 140 万桶 / 日，直接使用 66.4 万桶 / 日，炼油加工量 280 万桶 / 日，石油产品需求 260 万桶 / 日，原油库存 1.6 亿桶，成品油库存 0.95 亿桶。

生产经营的平衡 Ⅲ 第 12 章

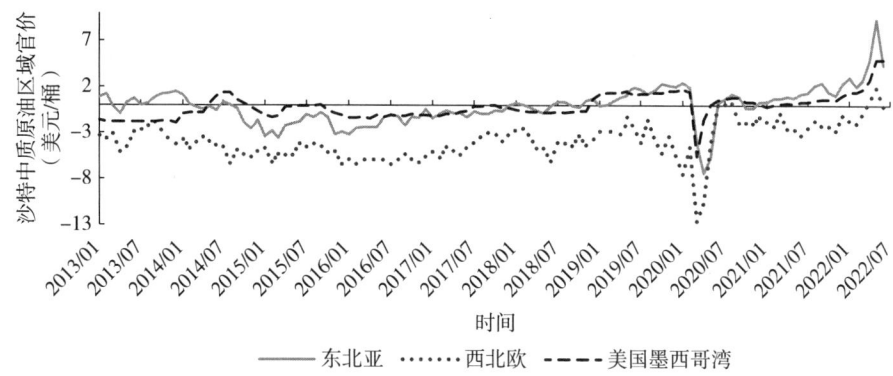

沙特阿拉伯中质原油区域官价（2013—2022）

资料来源：美国能源信息署，沙特阿美，普氏，捷诚能源。

沙特阿拉伯对东北亚原油官价

沙特阿拉伯出口东北亚的原油品种包括特轻质、超轻质、中质和重质。价格主要取决于品质差和市场供需情况等因素。

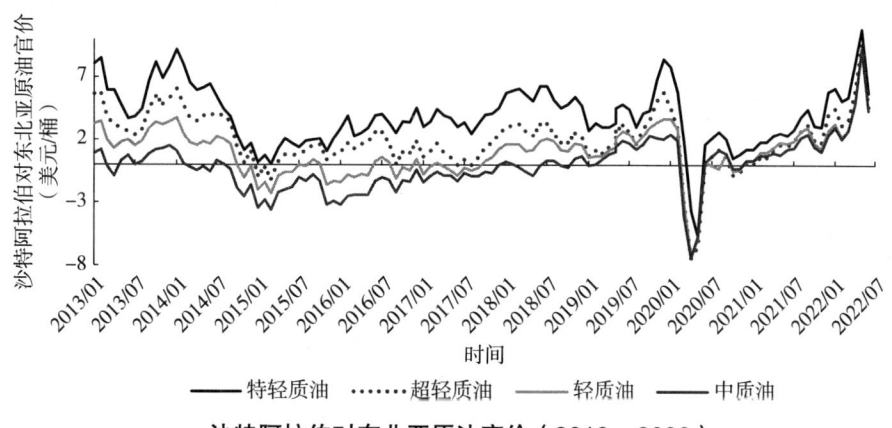

沙特阿拉伯对东北亚原油官价（2013—2022）

资料来源：美国能源信息署，沙特阿美，普氏，捷诚能源。

沙特阿拉伯原油出口量和官价变化

由于其财政收入高度依赖于原油出口，沙特阿拉伯力图做好价格和出口量的平衡，维持出口收入的相对稳定，避免价量均跌的局面，在出口官价下跌时，尽量减少官价升贴水变化幅度。

435

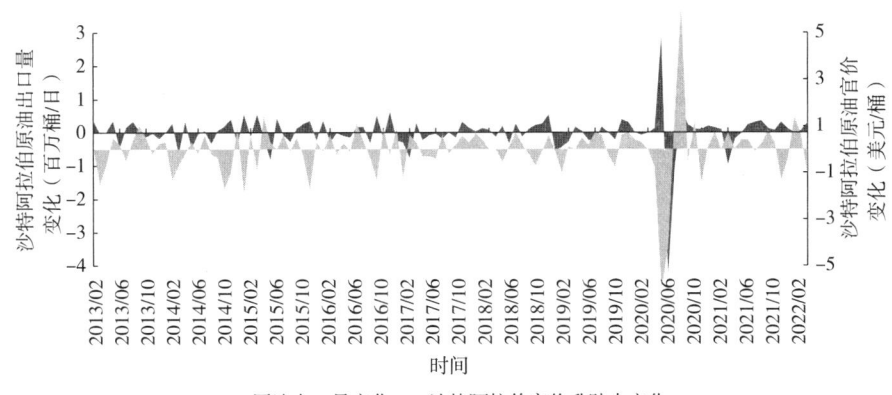

沙特阿拉伯原油出口量和官价变化（2013—2022）

资料来源：联合石油数据库，中东经济调查，沙特阿美，普氏，捷诚能源。

欧佩克销售油价和出口收入

欧佩克销售收入最大化取决于价格最高和产量最大。价格过高会抑制需求增长，导致无效产能增多。产量最大化可能导致供应过剩，价格下跌，收入下降。当阴影部分的布伦特油价多出灰色欧佩克出口收入时，或者欧佩克收入与油价比值低于1时，说明欧佩克出口原油销售价格低于油价理应的水平，欧佩克原油贱卖了。

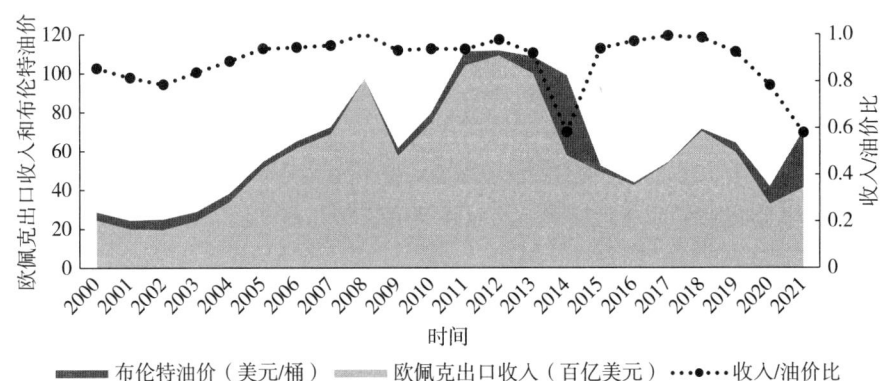

欧佩克销售油价和出口收入（2000—2021）

资料来源：欧佩克，美国能源信息署，捷诚能源。

经合组织成员国原油进口价格

经合组织成员国原油进口价格（Crude oil import price）中，美国相对低，日本相对高。

经合组织成员国原油进口价格（1980—2021）

资料来源：国际能源署，经合组织，捷诚能源。

美国炼厂原油采购成本

美国进口原油采购价格（Imported crude oil price）能很好地传导国际油价的冲击，美国炼厂原油采购与进口原油价差平均不到 1 美元 / 桶。美国能源信息署超前几个季度的预测有助于短期油价走势的判断。

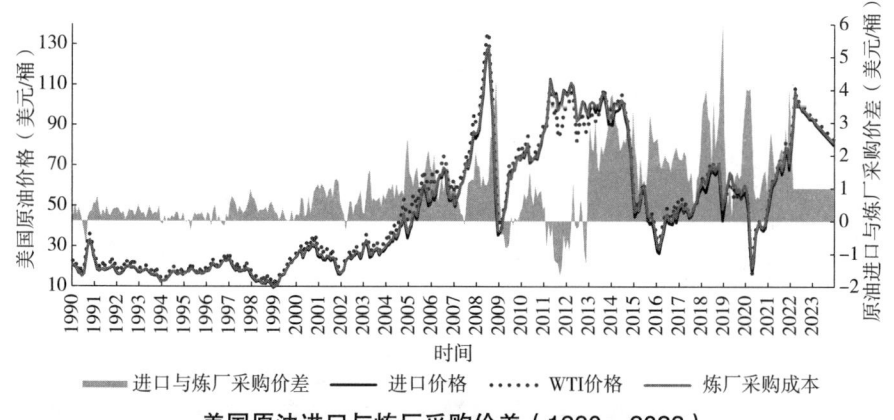

美国原油进口与炼厂采购价差（1990—2023）

资料来源：美国能源信息署，捷诚能源。

中国原油进口成本构成

从中东进口到湛江入库,再从湛江运到青岛港,然后陆路到炼厂,入炼厂储罐,但未进炼厂加工装置,在中国原油进口总成本中,原油采购成本占60%以上。

中国原油进口成本构成(2021)

环节	原油进口成本	比例(%)	环节	原油进口成本	比例(%)
进口	国际原油价格	69.16	港口	油污基金	0.01
	转月费	0.01		商检费	0.03
	锁价费	0.01		代理费	0.01
	现货采购财务成本	0.65		报关费	0.05
	国际运费	5.54		接卸费	0.72
	货物保险费	0.06		港建费	—
	开证代理费	0.90		港务费	0.12
	原油途耗	0.60		港口设施保安费	0.02
	滞期费	0.05		中转费	0.08
海关	进口关税	—		港储费	0.68
	原油增值税	10.01	陆路储运	管输检验费	0.01
内海	内海运费	5.41		港口至炼厂运费	4.51
				炼厂仓储费	1.35

资料来源:上海国际能源交易中心,中国海关总署,捷诚能源。

中国不同原油品质进口到岸价

2019年1月至2020年8月,中国进口原油品质多元化,价差变化大。

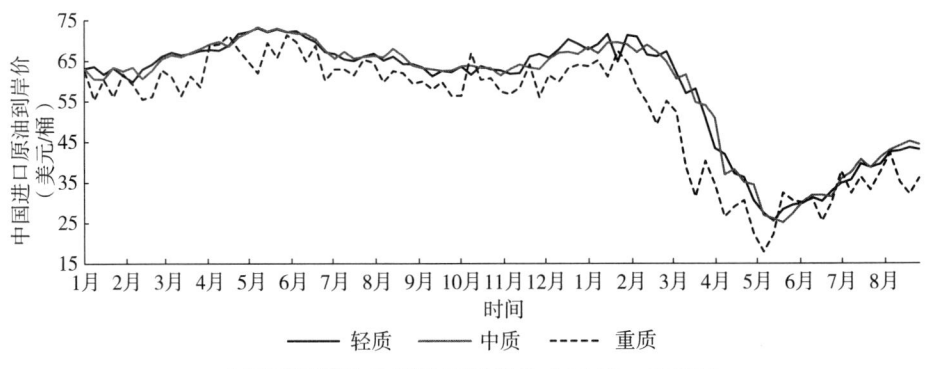

中国不同原油品质进口到岸价(2019—2020)

资料来源:中国海关总署,上海石油天然气交易中心,捷诚能源。

中国原油和成品油进口均价

中国原油进口以海运为主，中国原油进口价格和成品油进口价格高度一致，与国际油价相关性很高。

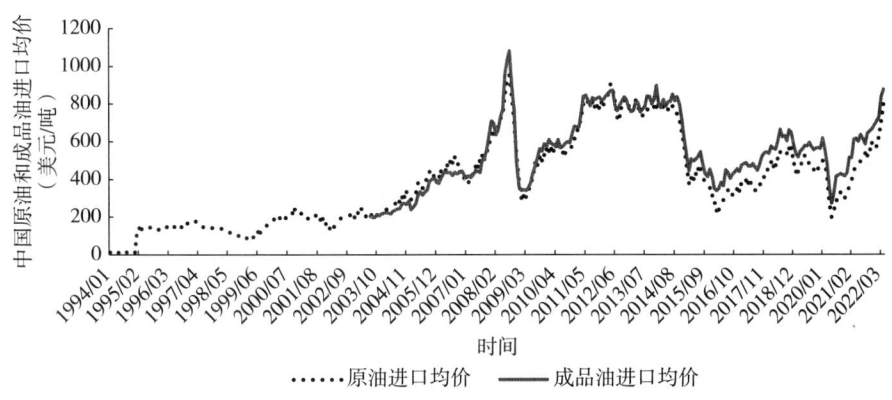

中国原油和成品油进口均价（1994—2022）

资料来源：中国海关总署，捷诚能源。

中国成品油进出口价差

由于品质、用途、归类、统计等原因，中国成品油进出口价格会有偏差。

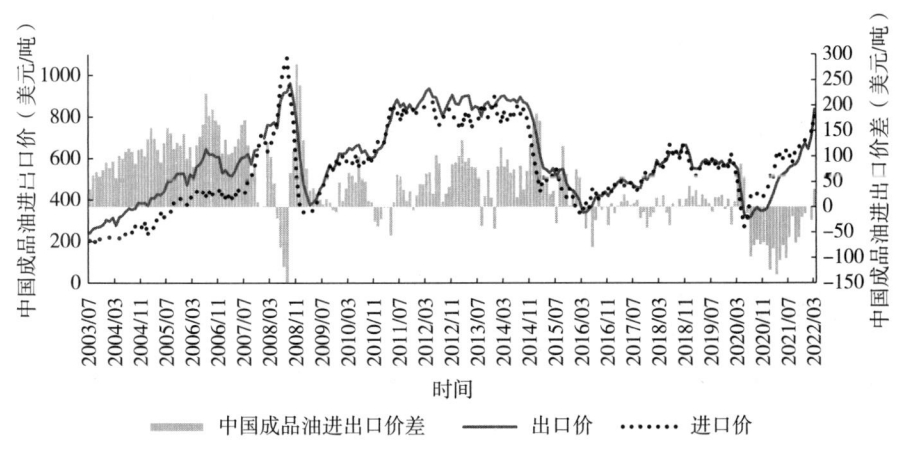

中国成品油进出口价差（2003—2022）

资料来源：中国海关总署，上海国际能源交易中心，捷诚能源。

炼油成本与利润

中国炼油项目单位成本构成

中国一座千万吨级炼厂加工重质原油,开工负荷为100%,布伦特原油价格为80美元/桶,原油成本占炼厂总成本95%左右。现金操作费的变化影响炼油装置税前利润,是装置竞争力的体现。

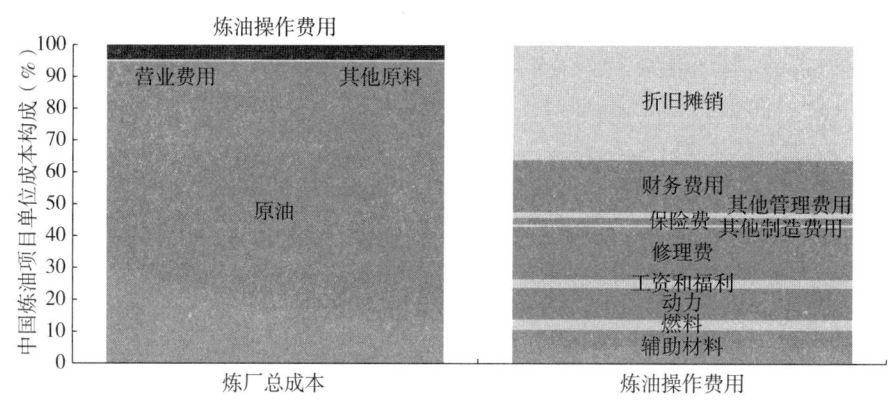

中国炼油项目单位成本构成(2021)

资料来源:中国石化经济技术研究院,炼油厂经济评价,捷诚能源。

全球区域炼油操作费用

炼油操作费用(Cash costs)受炼厂装置复杂性、加工效率、规模效应、市场供需和相关成本等因素的影响。

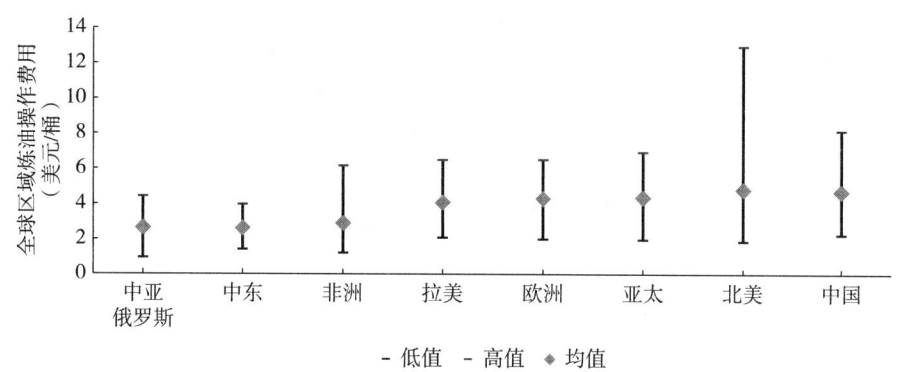

全球区域炼油操作费用（2017—2021）

资料来源：联合石油数据库，中国石化经济技术研究院，捷诚能源。

石油公司存货跌价准备和净利润

从炼油化工原料的采购运输到加工及销售相差几个月，石油公司需维持一定的经营库存。期间，油价大幅波动、市场供需和企业经营等因素会导致企业存货跌价损失（Inventory impairment），影响企业利润。

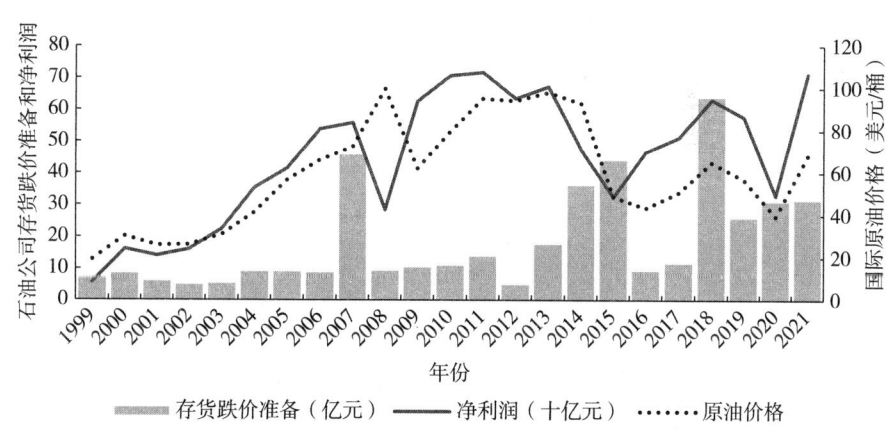

石油公司存货跌价准备和净利润（1999—2021）

资料来源：各公司年报，美国能源信息署，捷诚能源。

全球区域炼油毛利

炼油毛利受炼油装置、开工率、原油品质特点、原油采购价格、炼厂产品收率、所有产品销售价格、操作费用等因素的影响。

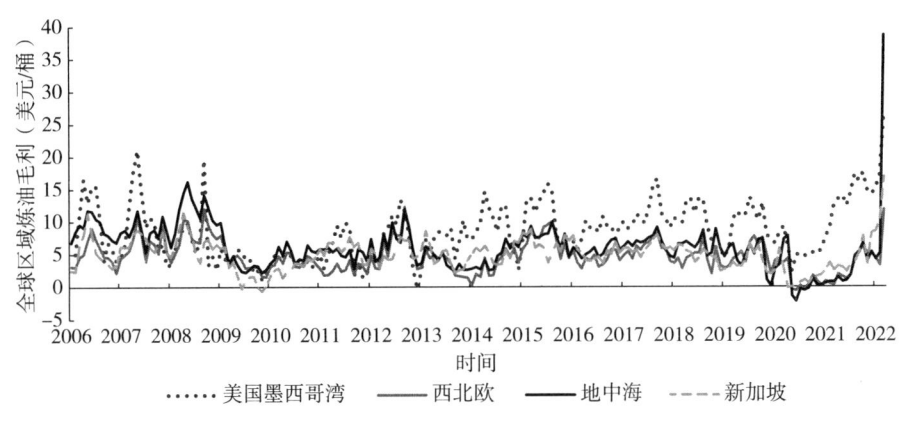

全球区域炼油毛利（2006—2022）

资料来源：国际能源署，捷诚能源。

全球综合炼油毛利和油价

炼油毛利和油价往往同向变化。

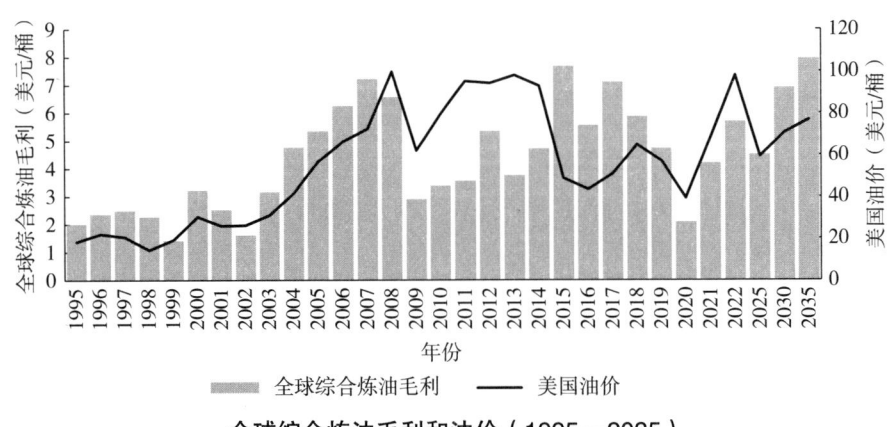

全球综合炼油毛利和油价（1995—2035）

资料来源：国际能源署，捷诚能源。

世界炼油毛利与炼油产能利用率

全球炼油产能利用率通常在 80% 时，炼油毛利相对好。炼油利用率与炼油毛利相关性高。原油价格与成品油价格的脱节和背离能反映炼油产能的紧张和炼油利用率的高企，炼油毛利在原油价格中的比例也走高。

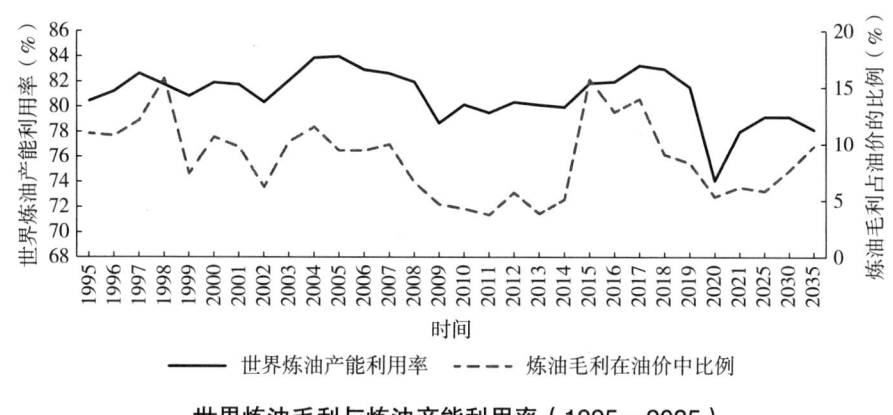

世界炼油毛利与炼油产能利用率（1995—2035）

资料来源：英国石油，国际能源署，高盛研究部，捷诚能源。

全球炼油毛利与世界炼油产能利用率

产能利用率每提高 1%，通常需要炼油毛利上升约 2 美元/桶。新加坡炼油毛利与世界炼油产能利用率的走势接近。

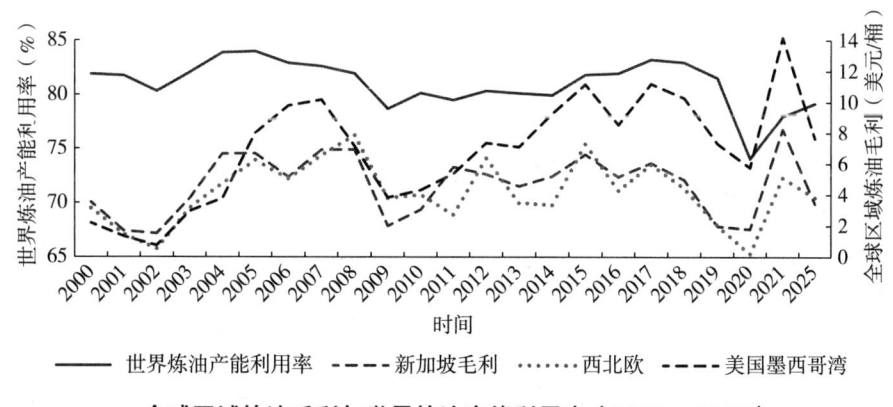

全球区域炼油毛利与世界炼油产能利用率（2000—2025）

资料来源：国际能源署，中国石化经济技术研究院，捷诚能源。

西北欧炼厂利润

炼油毛利（Refining margin）多指炼厂或企业整体利润，是不同收率的成品油销售收入与原油成本之差，体现了炼厂成品油和原油的价值。而炼油净利润还包括了加工原油的固定和可变成本。

西北欧炼厂利润（2009）

分类	销售价格（美元/桶）	简单型炼厂收率（%）	简单型炼厂收入（美元/桶）	复杂型炼厂收率（%）	复杂型炼厂收入（美元/桶）
炼厂收入					
LPG	71.88	1.40	1.01	2.40	1.73
石脑油	54.39	4.20	2.28	5.80	3.15
汽油	55.47	19.90	11.04	20.10	11.15
航空煤油	60.09	4.90	2.95	7.90	4.75
柴油	57.91	28.60	16.56	39.00	22.58
取暖油	55.53	5.80	3.22	9.00	5.00
低硫燃料油	30.35	26.30	7.98	9.00	2.73
高硫燃料油	30.00	8.40	2.52	4.70	1.41
炼厂总收入			47.56		52.50
原油成本					
原油离岸价			46.18		46.18
萨洛姆湾离岸价			0.45		0.45
鹿特丹油轮运费			0.07		0.07
滞期费等其他成本			0.02		0.02
保险			0.02		0.02
鹿特丹交付价格			46.74		46.74
炼油盈亏					
炼油毛利			0.82		5.76
固定成本			−1.02		−1.30
可变成本			−0.32		−1.34
炼油净利润			−0.52		3.12

资料来源：欧盟，国际能源署，捷诚能源。

石油公司盈利对炼油毛利变动敏感性

相比于上游，炼厂加工量更稳定，税赋相对标准。炼油毛利每变动 1 美元/桶，石油公司盈利随之相应变化。

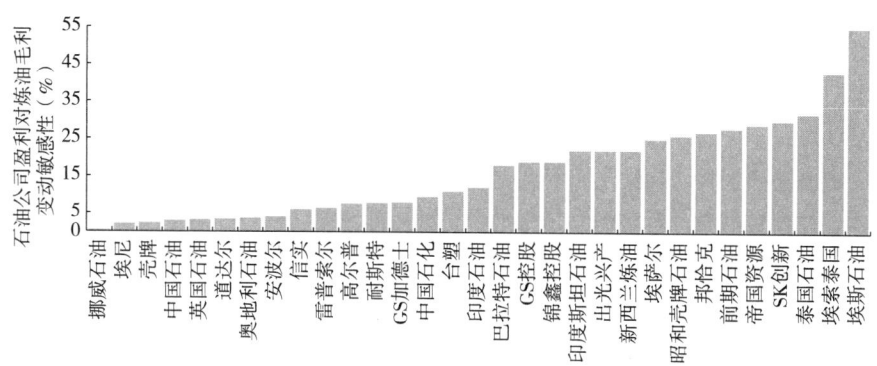

石油公司盈利对炼油毛利变动敏感性（2015—2021）

资料来源：各公司报告，高盛研究部，美国银行研究部，捷诚能源。

中国石油公司炼油毛利和油价

中国石油公司现金操作成本相对稳定，而炼油毛利受国际原油价格和宏观因素影响大。对宏观因素和下游销售的把控逐渐到位，改善了公司总体盈利水平。

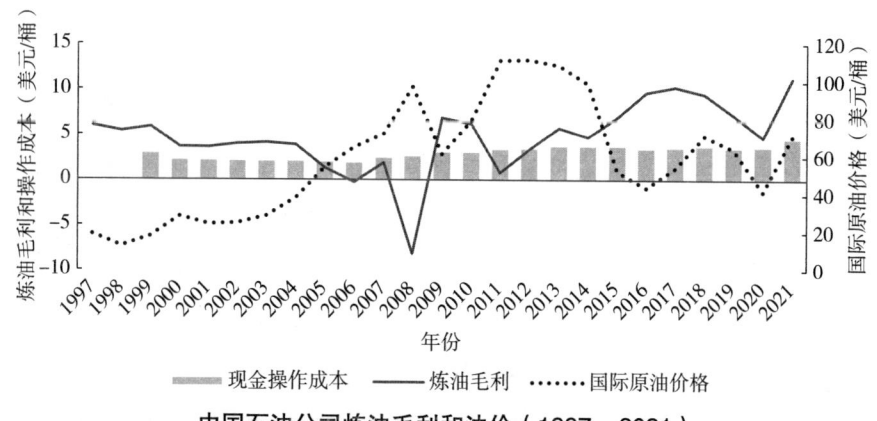

中国石油公司炼油毛利和油价（1997—2021）

资料来源：各公司报告，美国能源信息署，洲际交易所，捷诚能源。

投资评价

100多年来，能源化工行业周而复始经历着从市场供需紧张到投资和生产过剩的周期，投资与油价相互作用。能源转型有可能改变过去的投资逻辑。

全球上游勘探开发投资

未来产能投资所需的油价水平影响长期油价。在碳达峰碳中和、能源转型和新能源的冲击下，未来石油需求在减少，进入化石燃料和高碳产业的资金也在减少。油服效率的提高和项目开发的短周期也大幅减少投资。油价下跌，投资不足，七八年后供需紧张，价格迟早要上涨是长期以来的投资逻辑，而这种投资减少导致价格走高的相关性在减弱。

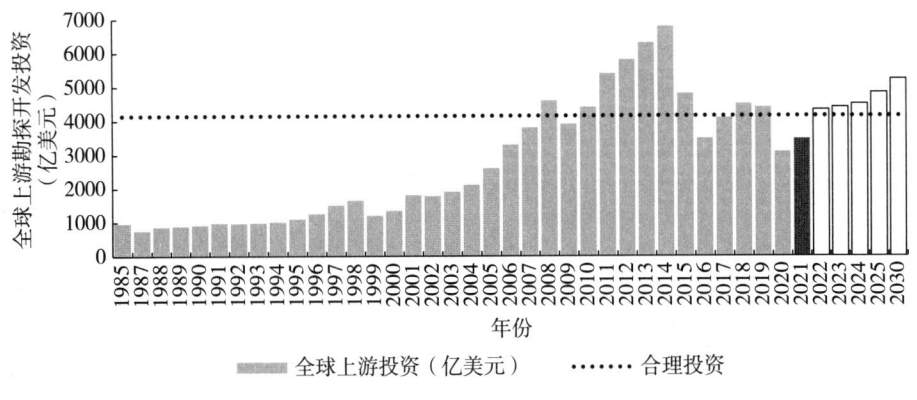

全球上游勘探开发投资（1985—2030）

资料来源：巴克莱研究部，高盛研究部，国际能源论坛，国际能源署，捷诚能源。

中国石油公司勘探开发投资

中国石油公司加大勘探开发投资力度，加快增储上产，确保油气供应。

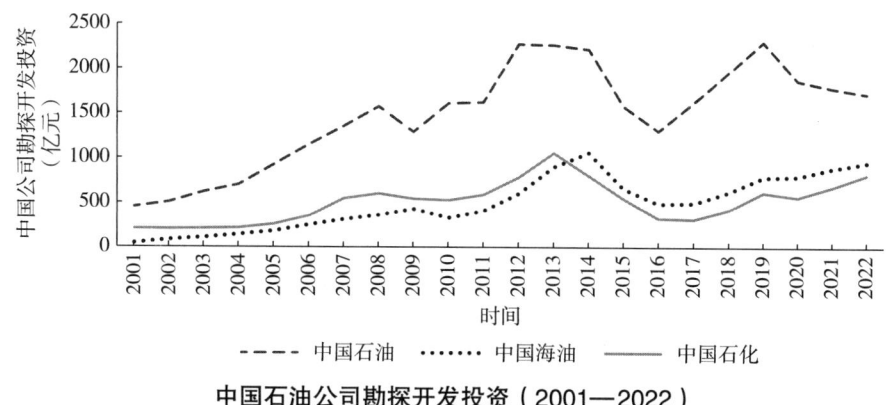

中国石油公司勘探开发投资（2001—2022）

资料来源：各公司报告，捷诚能源。

勘探开发成本的油价敏感性

不同勘探开发成本对油价变化的敏感程度和反应时间是不同的。油价出现大幅波动时，陆上钻井活动会在3个月内做出相应的调整，且反应程度显著。

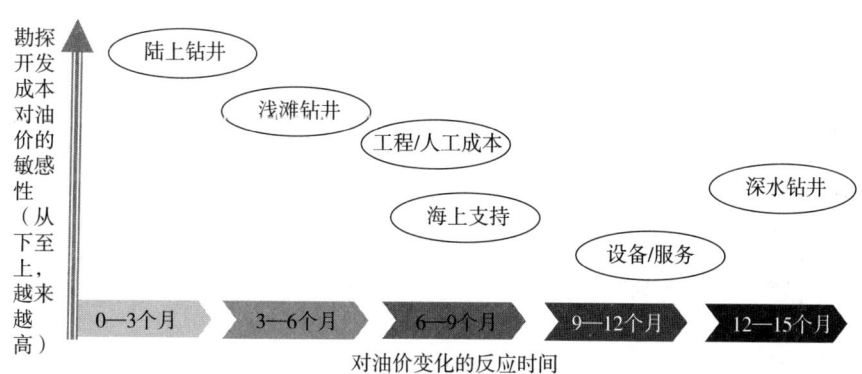

勘探开发成本的油价敏感性（2000—2022）

资料来源：剑桥能源，捷诚能源。

美国油气公司再投资率与产量增幅

上市公司不停在投资者和岩石之间做出选择。由于对上游资产回报信心的不足,投资者要求公司增加分红、加大股票回购和改善盈利,减少用于再投资的利润。因此,公司收益留存率(Plowback ratio)或再投资率(Reinvestment ratio),资本开支与经营现金流之比,不断下降。

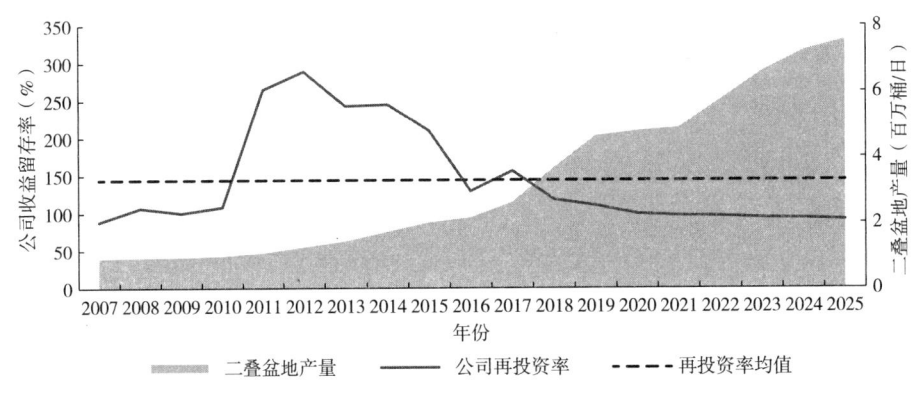

美国油气公司再投资率与产量增幅(2007—2025)

资料来源:巴克莱研究,美国能源信息署,彭博,国投安信期货,捷诚能源。

能源项目投资平均周期

能源化工项目是长周期项目,前期投资沉淀成本高,在获得开工所需手续的前提下,从项目融资或投资决策完成到项目达产所需时间多在一年以上。

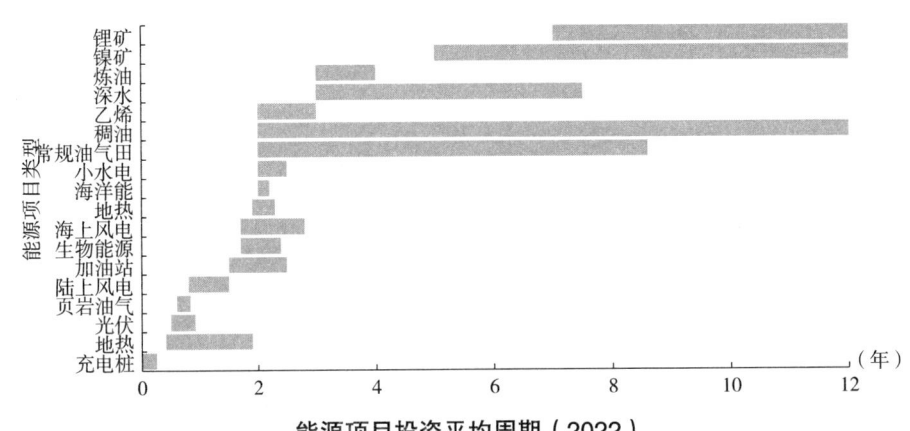

能源项目投资平均周期(2022)

资料来源:国际可再生能源署,国际能源署,中国石油规划总院,捷诚能源。

炼油项目投资的主要影响因素

影响炼油项目投资的因素众多,包括油价、原油性质、加工装置规模、总工艺流程、产品方案及市场竞争等。装置规模越大,通常单位加工能力所需的投资金额越低。

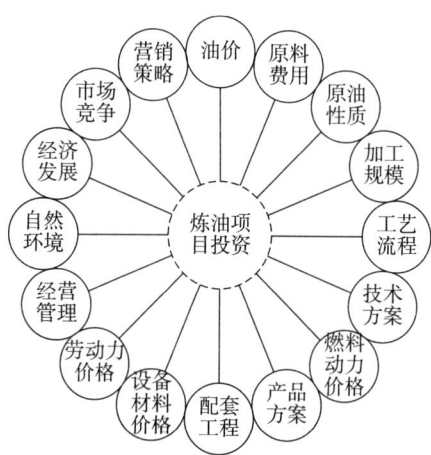

炼油项目投资的主要影响因素(2022)

资料来源:阿斯本科技,中国石化经济技术研究院,捷诚能源。

炼化项目经济性与油价和产品价格

在炼化项目经济性的四个变量中,产品价格的变化对项目整体效益影响最为明显,是最敏感的因素,其次是原料价格。

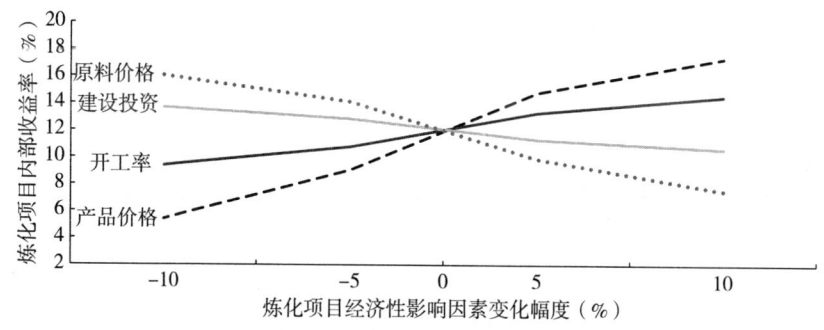

炼化项目经济性与油价和产品价格变化(2015—2021)

资料来源:中国石化,中国中化,捷诚能源。

炼化装置投资规模指数

规模指数法，亦称 0.6 指数法，是指利用已知的投资指标来估算同类型但不同规模的工程项目或设备的投资额。

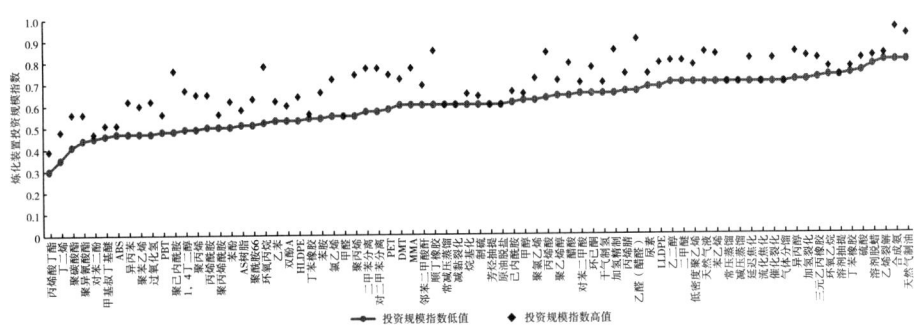

炼化装置投资规模指数（2021）

资料来源：中国石化经济技术研究院，炼油厂经济评价，捷诚能源。

注：丙烯腈~丁二烯~苯乙烯共聚物（ABS）、聚对苯二甲酸丁二醇酯（PBT）、高密度聚乙烯（HLDPE）、聚对苯二甲酸乙二醇酯（PET）、对苯二甲酸二甲酯（DMT）、线形低密度聚乙烯（LLDPE）、甲基丙烯酸甲酯（MMA）

全球区域化工投资

近年来，全球化工投资在 2000 亿欧元左右，其中，接近一半的投资在中国。

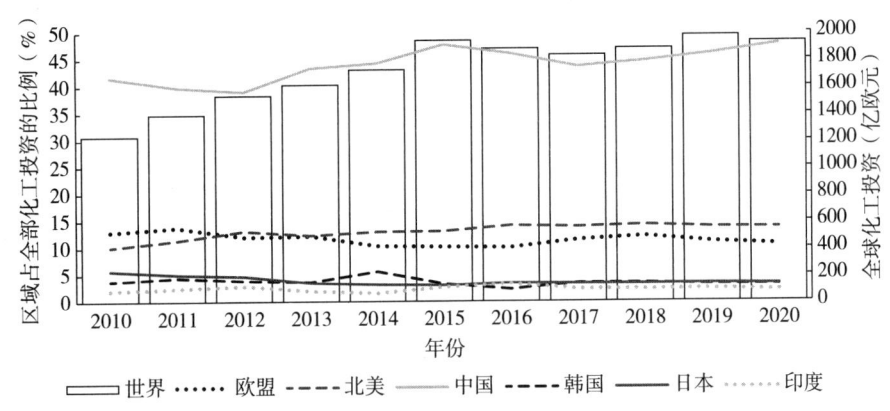

全球区域化工投资（2010—2020）

资料来源：欧洲化学工业理事会，捷诚能源。

经典观点与经验分享

刘朝全　中国石油亚太（香港）公司副总经理

未来，人类仍然需要油气，即便是在部分发达国家宣布2050年实现碳中和之后。但新能源未来逐步主导能源供应之后，油气价格的变化趋势，目前尚难以判断，有一条几乎肯定，过去的趋势，很难延续到未来30年以后。因此，油气价格对于新收购项目而言，2045—2050年之后的趋势，不宜再用过去的经验。或者，将油气项目的价值实现要在2050年之前兑现，可能是比较现实的考虑；30年之后，因目前看不太清楚，不宜过高估值。

获取项目，需要估值，但影响估值的因素很多，给项目合理估值一直是个难题。实践中，导致项目估值不合理的因素有：一是对油价、气价判断失误，导致项目获取价格过高，是失败项目普遍存在的问题；二是对油气田储量评估出现较大偏差，导致项目先天不足；三是对项目的合同条款缺乏总体把握，使一些项目虽有资源，却因合同条款限制、技术不够成熟，储量不能转化为有效益的产量。

有的项目，在临近合同到期前总体效益还不错，但对环保、弃置费计提和处理准备不足，导致收束前不得不付出巨大代价。

海外油气项目获取时，要考虑潜在的温室气体（GHG）排放成本。从部分国际石油公司在获取新项目的实践看，温室气体排放（目前主要集中在二氧化碳排放）的成本，已经考虑在项目成本中。应当看到，目前国际上多数石油公司对温室气体的排放，范围上并未完整，价格上差异也很大。从范围上，只包括了二氧化碳的直接排放（即"范围1"的部分排放，并未包括甲烷、氮氧化物等其他温室气体），少数公司包括了采办供应上游物资和服务的二氧化碳排放（"范围2"的部分排放），对于所产油气产品在使用中的排放（"范围3"），足额考虑的微乎其微。随着交易量的增加、时间的推移，各国政策陆续出台，目前能够做出趋势判断：从二氧化碳排放逐步扩充到范围1至范围3，且排放代价会逐步水涨船高，具体的数量、进程，尚无法判断。这对油气公司是一个巨大的挑战，越早考虑、及时跟踪研判，是一项持续的艰难任务。

中国企业的海外油气业务，不仅面临传统问题，而且还面临着一些新问题。如果不高度重视和研究并采取措施妥善应对，囿于传统经验解决传统问题，则仍然可能会给海外油气业务带来损失。

第13章

终端用能的替代与竞争价格

本章聚焦终端用能的替代竞争价格、终端用油的价格及其与原油价格的相关性、用油价格的构成、用油成本在终端应用领域价格中的比例。成本因素影响商品价格，进而影响消费者指数等宏观指标。

比价是能源价格体系的核心。油价与替代能源价格相互影响，保持相对的动态平衡关系，一旦某一能源价格发生变化，就会打破彼此之间的关系，价格随之变化，直到达成新的动态平衡。能源替代性增加了石油需求弹性和价格波动率。

全球区域成品油价格

原油本身用途有限，需要转换为成品油和化工来使用。全球区域成品油价格受经济发展水平、财税政策和燃料补贴、资源禀赋和市场供需等因素影响。过去，成品油并不决定原油价格。随着能源行业从资源为王逐渐转向消费驱动，成品油价格的权重不断加大。

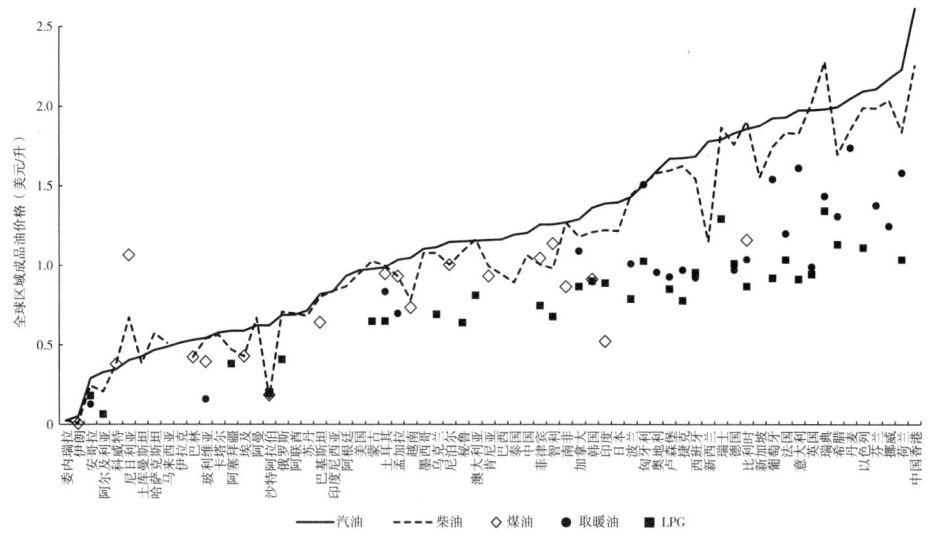

全球区域成品油价格（2022）

资料来源：全球油价数据库，捷诚能源。

美国用能平均价格

美国用能平均价格，预计到 2050 年均有大幅增长。

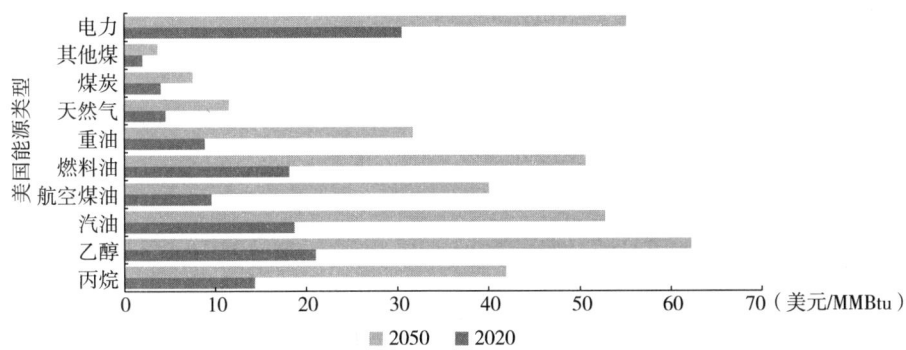

美国用能平均价格（2020—2050）

资料来源：美国能源信息署，捷诚能源。

全球交通用能与用油价格

美国交通用能替代竞争价格

美国交通用能主要来源有丙烷、乙醇、汽油、航油、柴油、重油、天然气和电力等。

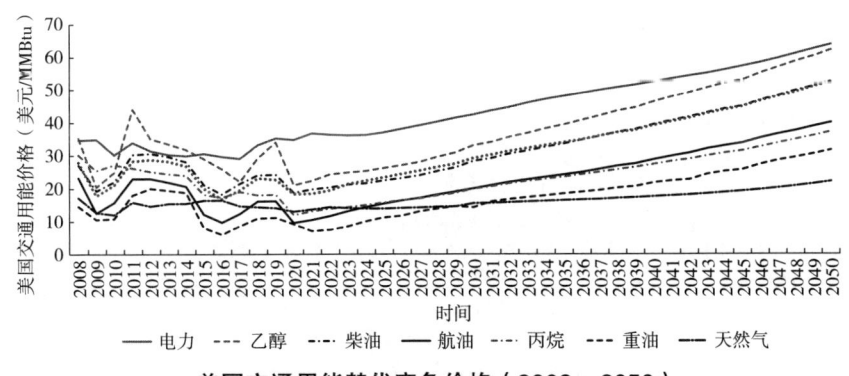

美国交通用能替代竞争价格（2008—2050）

资料来源：美国能源信息署，捷诚能源。

美国车用能源零售价格

在美国车用能源零售价格中，一旦形成规模效应，氢能和电力价格下降空间较大。

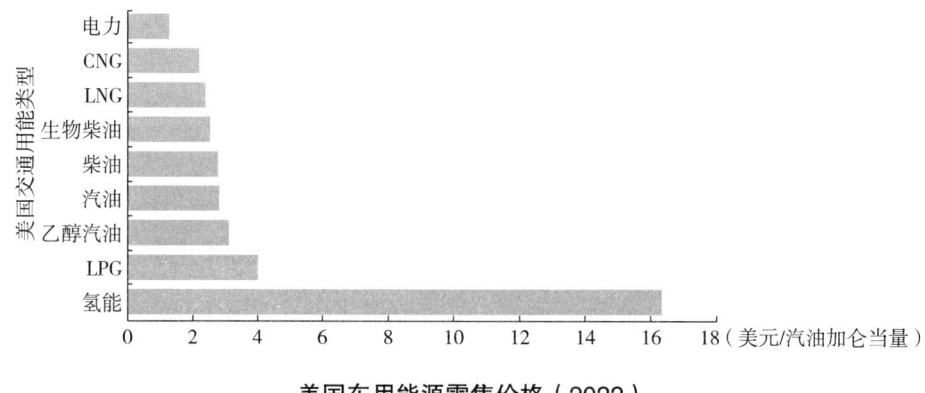

美国车用能源零售价格（2022）

资料来源：美国能源部，捷诚能源。

中国车用能源零售价格

交通工具行驶百千米燃耗成本可用来考核燃油车、电动车和氢能燃料车经济性。

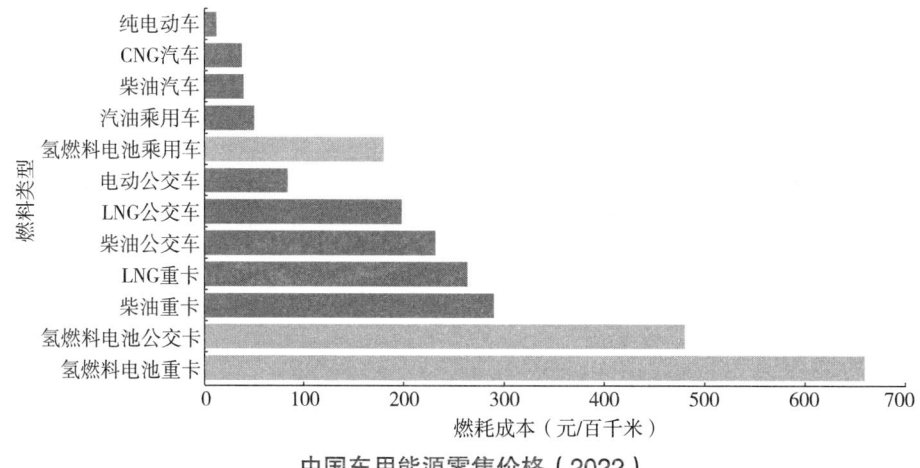

中国车用能源零售价格（2022）

资料来源：中国石化经济技术研究院，国际能源研究会，罗兰贝格咨询，捷诚能源。

美国区域汽柴油零售价格

各州汽油和柴油价格相差较大。加利福尼亚州所在西海岸价格通常高于全国平均水平，主要因为相对高的税赋、当地严格的环保法、低碳活动和油品调和要求。2022年5月17日，美国各州的汽油零售价格第一次全部突破4美元/加仑。

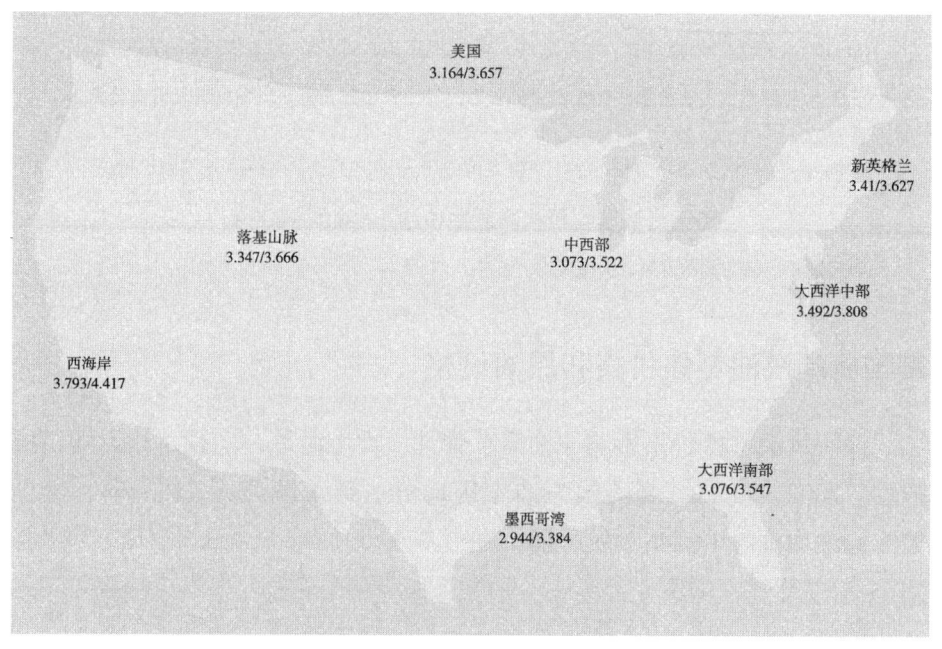

美国区域汽柴油零售价格示意图（2022年1月，美元/加仑）

资料来源：美国能源信息署，加州能源委员会，美国汽车协会，捷诚能源。

美国汽油零售价格和原油价格

消费者眼中的油价不是原油价格，而是加油站的汽油价格。当美国汽油零售均价高于3.50美元/加仑时，相当于原油价格100美元/桶，油价回调压力大。汽油价格给原油价格提供了一个中枢价位。

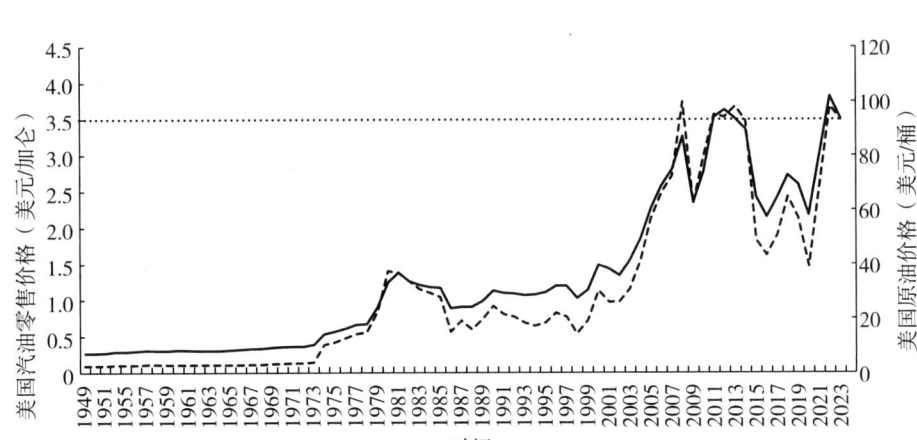

美国汽油零售价格和原油价格（1949—2023）

资料来源：美国能源信息署，捷诚能源。

美国终端汽油零售价格和原油价格

终端汽油零售价格影响原油需求弹性，而上游原油实现价格影响供应弹性。2008年7月，当美国汽油零售均价达到4.16美元/加仑时，美国WTI原油均价为142.46美元/桶。

美国终端汽油零售价格和原油价格（1993—2022）

资料来源：美国能源信息署，高盛研究部，捷诚能源。

美国消费者开支对汽油价格敏感性

假设消费者每年行驶里程 1.5 万英里,其中,55% 以市内限速行驶,45% 以高速公路限速行驶,如果汽油价格涨到 3 美元/加仑,美国消费者会考虑把 SUV 换成省油的小车;涨到 4 美元/加仑,会考虑改变出行习惯;涨到 5 美元/加仑,会考虑搬到离公司近的地方住。

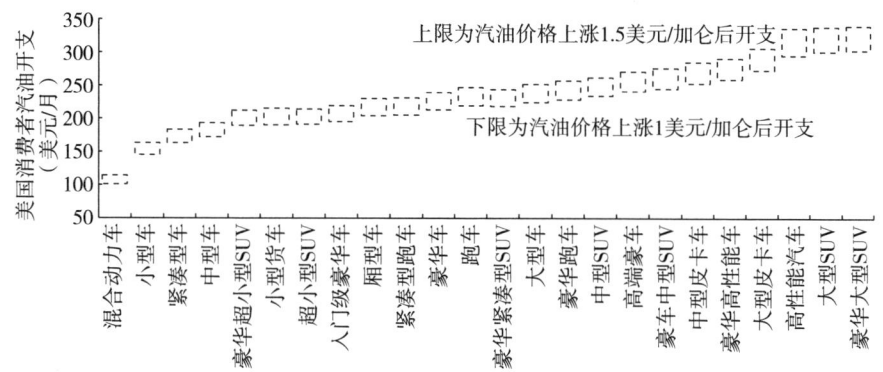

美国消费者开支对汽油价格敏感性(2022)

资料来源:凯利蓝皮书,捷诚能源。

美国交通柴油价格与原油价格

美国交通柴油价格与原油价格相关性高,并受取暖油和国际需求的影响。

美国交通柴油价格与原油价格(1983—2023)

资料来源:美国能源信息署,捷诚能源。

汽柴油价格构成与毛利

美国汽油定价机制

从油井到油罐再到油桶,美国成品油价格包括炼厂出厂价(Refiner)、批发价(Bulk Sales)、经销商罐车进站价(Dealer Tank Wagon Sales)、装车价(Rack Sales)、经销商转售价(Sales for Resale)和终端直销价(Sales to End Users)。长约价格参考大宗商品现货价格(Spot),批发价格参考RBOB汽油期货价格,加油站零售价格浮动计价。

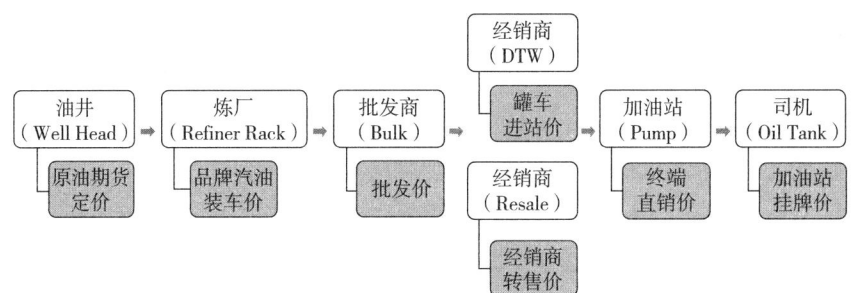

美国汽油定价机制(2021)

资料来源:美国能源部,油价信息服务,捷诚能源。

美国汽油和柴油零售价格构成

美国汽柴油零售价格包括原油成本、炼油费用、配送和营销成本以及联邦和地方税。较低的成品油税赋有助于原油成本向终端的顺畅传导,因此,美国汽柴油价格对原油价格的反应很敏感。

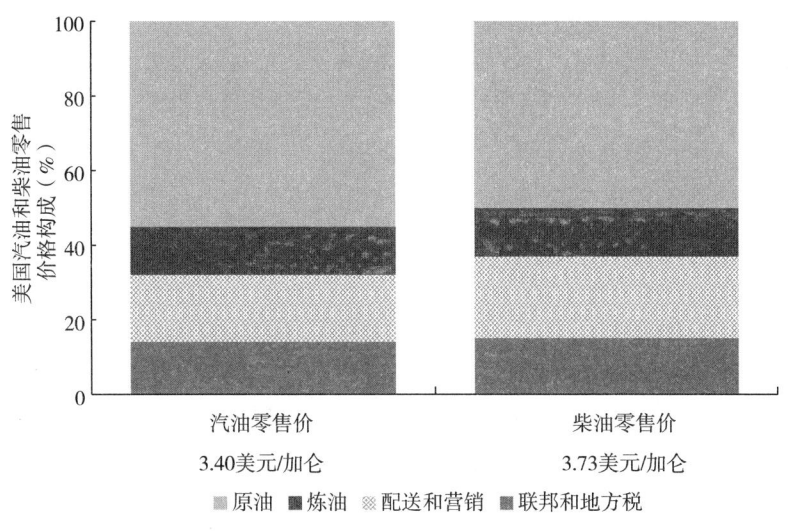

美国汽油和柴油零售价格构成（2022）

资料来源：美国能源信息署，捷诚能源。

美国汽油价格构成和传导机制

终端加油站价格的主要构成是原油成本，原油期货价格对成品油定价有指导作用，如果传导机制有效顺畅，可根据成品油价格倒推上游原油价格。成本传导机制与定价有关，而利润形成机制与经营风险有关。

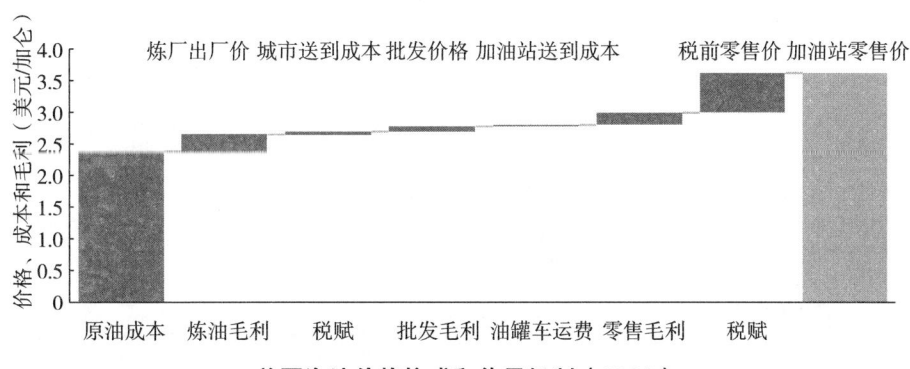

美国汽油价格构成和传导机制（2021）

资料来源：美国能源信息署，巴克莱研究部，捷诚能源。

中国汽油零售价格构成

消费者即使不开车或不加油,也经常会关注到汽油价格的变化。不管油价的高低,消费者加油量通常都差不多,弹性变化小。加油站零售价格阶梯式的调整常滞后于原油及汽油现货和批发市场价格的调整,而存在油价涨得快跌得慢的火箭效应和羽毛效应。

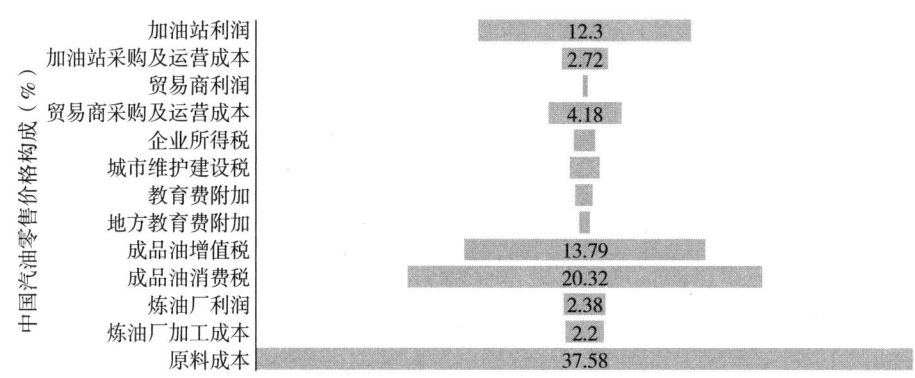

中国汽油零售价格构成(2021)

资料来源:中国国家发展改革委,中国财政部,捷诚能源。

英国汽油零售价格构成和毛利

零售价格受产业链结构以及当期和预期供需等因素的影响。零售涨价会基于未来的置换成本。

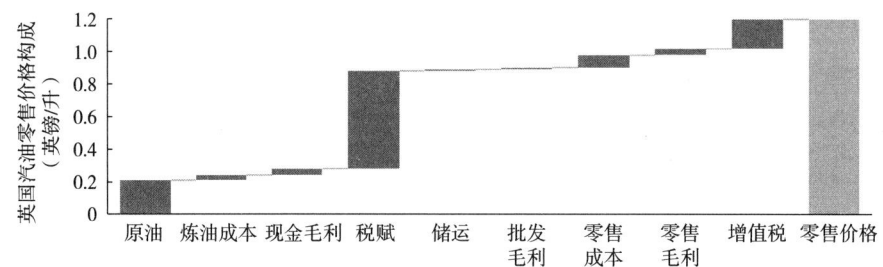

英国汽油零售价格构成和毛利(2016)

资料来源:欧盟,英国石油,捷诚能源。

美国加州汽油零售价格和毛利

美国加州汽油零售价格构成中,环保相关的税赋和成本相对高。

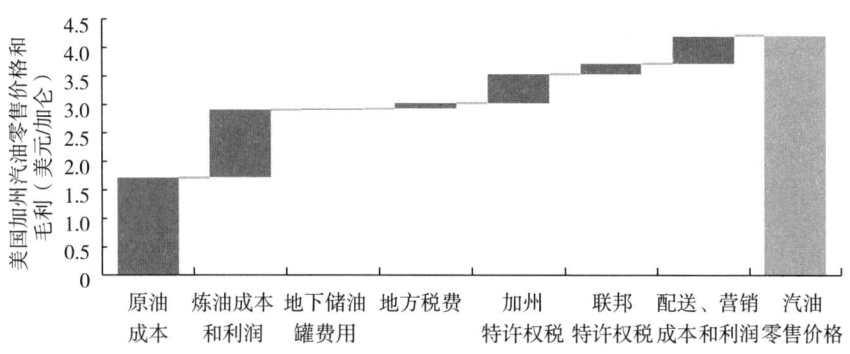

美国加州汽油零售价格和毛利(2022)

资料来源:加州能源委员会,捷诚能源。

美国汽油和柴油批发零售毛利

美国成品油销量不到40%走零售渠道,但是零售环节贡献了约50%的收入,附加价值高。

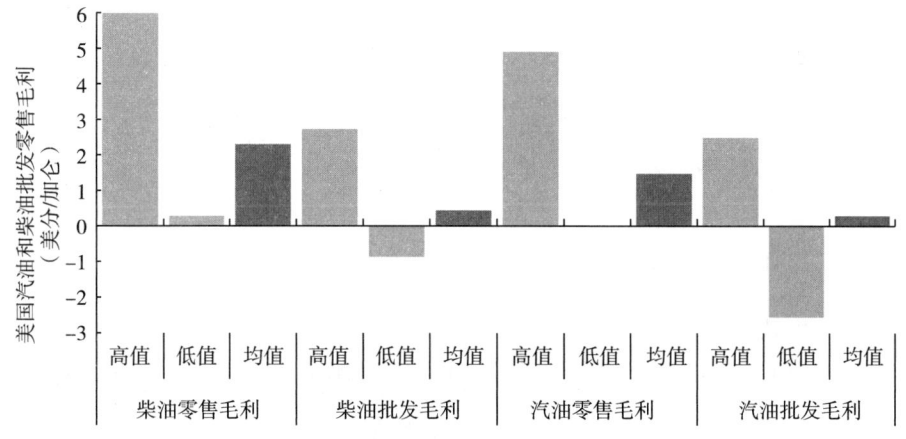

美国汽油和柴油批发零售毛利(2007—2021)

资料来源:美国能源部,《油价信息服务》,捷诚能源。

全球区域零售毛利范围

各国汽柴油零售毛利不同。时而出现零售毛利负值，但不可持续。

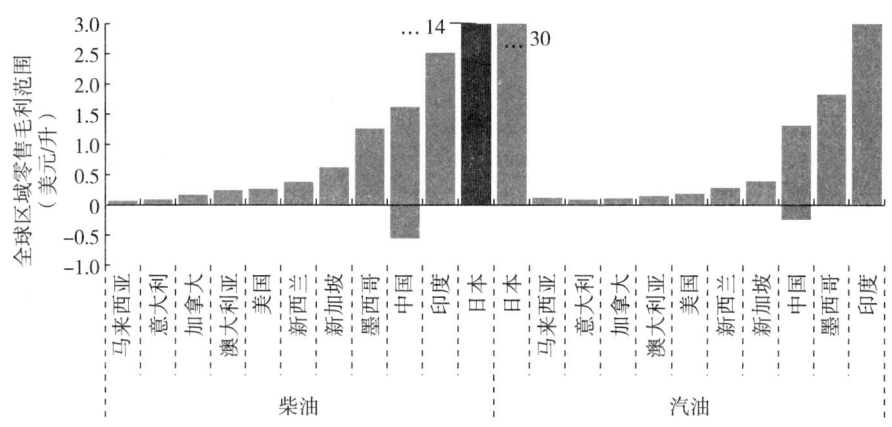

全球区域零售毛利范围（2007—2022）

资料来源：美国能源部，《油价信息服务》，捷诚能源。

世界润滑油毛利

润滑油的盈利不光是品牌效应，更多的是营销的效果。毛利受出行方式变化、法规标准、电池替代、车辆保有量、产品同质化等因素的影响。

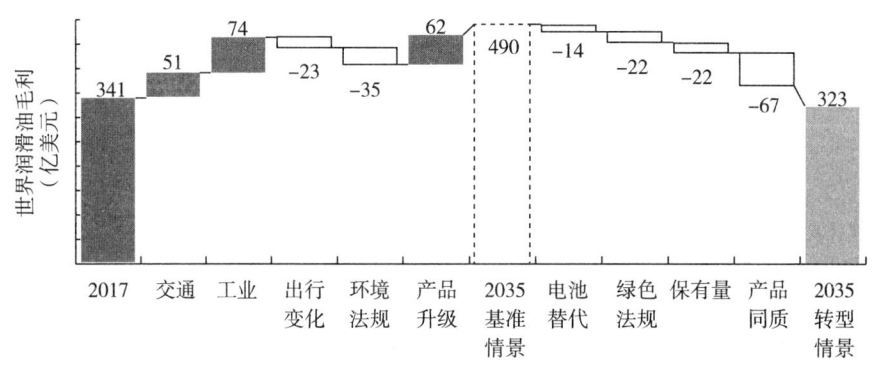

世界润滑油毛利影响因素（2017—2035）

资料来源：麦肯锡研究院，捷诚能源。

世界石油产品批发毛利

产业链上石油产品毛利的高低影响了投资的流向，推动石油产品结构的调整。当一个产品的供应主导价格时，计划性强，而需求主导价格时，市场竞争性强，相对应的毛利大不相同。

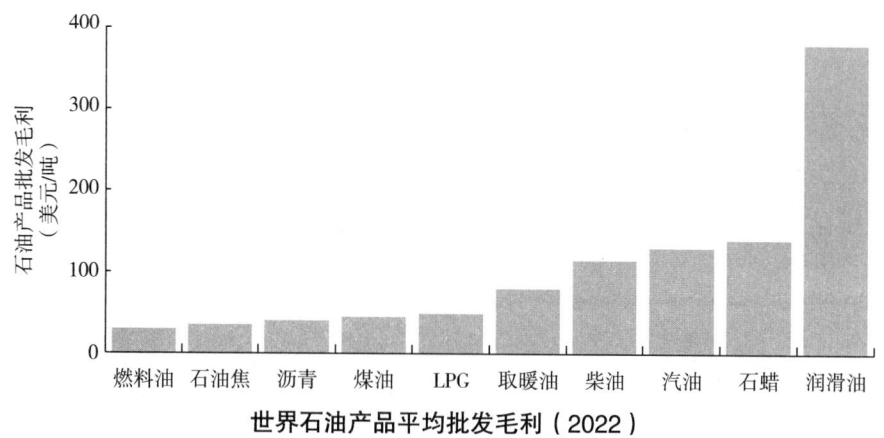

世界石油产品平均批发毛利（2022）

资料来源：德意志银行研究部，捷诚能源。

柴油占公路运输成本比例

在公路运输成本中，柴油比例高。供应链中断的风险加大了运输成本。

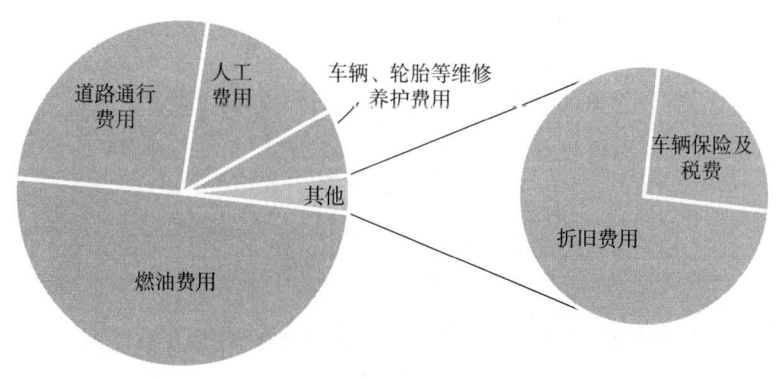

柴油占公路运输成本比例（2016）

资料来源：中国交通部，万得，捷诚能源。

私家车成本

美国拥有和使用车辆成本构成

美国拥有和使用车辆10年的总成本包括燃料、保险、维护保养等费用，不包括更换电池费用和补贴。

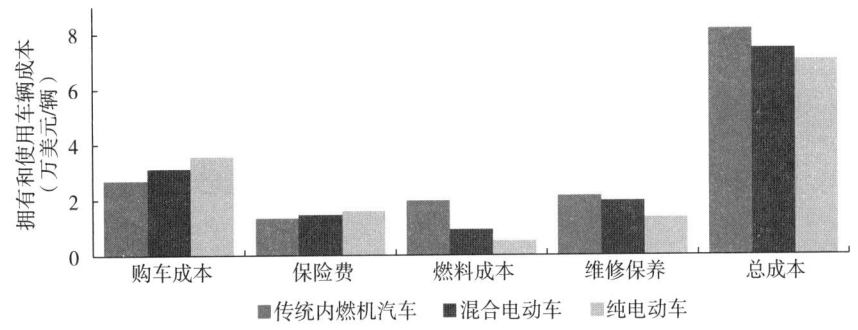

美国拥有和使用车辆成本构成（2022）

资料来源：美国燃料研究院，捷诚能源。

美国私家车运行开支构成

在美国私家车运行开支中，汽油和润滑油一般占20%～30%。

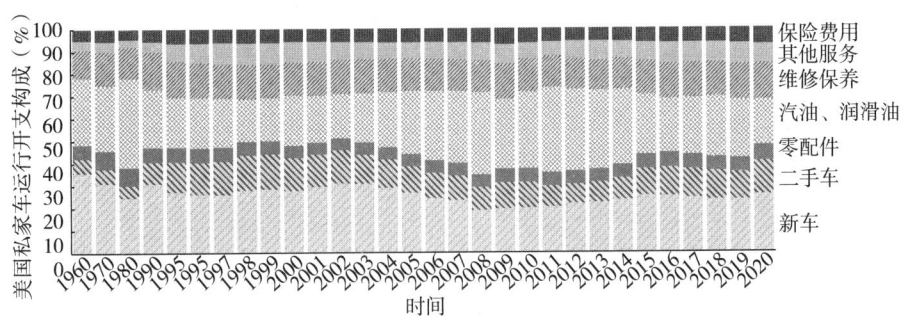

美国私家车运行开支构成（1960—2020）

资料来源：美国交通统计局，捷诚能源。

车辆直接燃料和隐形时间成本

除了直接燃料成本，车辆的竞争性还体现在加油或充电的便利性和可靠性所增加的时间成本上。

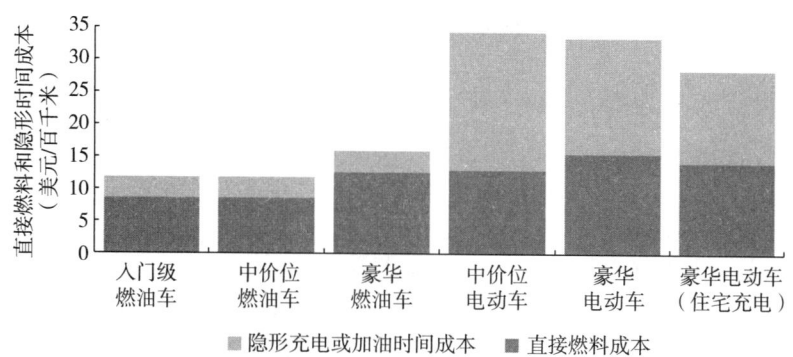

车辆直接燃料和隐形时间成本（2021）

资料来源：安德森经济集团，捷诚能源。

英国汽车使用时长

英国汽车绝大部分时间都是停在家里，每年只有3%的时间是在路上行驶。如果新能源车辆使用率很低，是对有限的贵金属资源的低效利用和浪费。

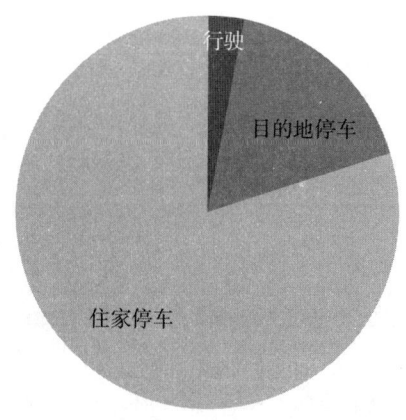

英国汽车使用时长（2012）

资料来源：皇家汽车俱乐部基金，英国国家交通调查，捷诚能源。

航空用能与航空燃料价格

世界航空燃料平准生产成本

假设碳成本为 150 美元 / 吨，回报率为 8%，可再生航空燃料能与传统航空煤油竞争。

世界航空燃料平准生产成本（2020）

资料来源：国际能源署，捷诚能源。

世界航空燃料消费量和价格

世界航空燃料消费量总体呈增长态势。航空燃料消费和原油价格关联性高。

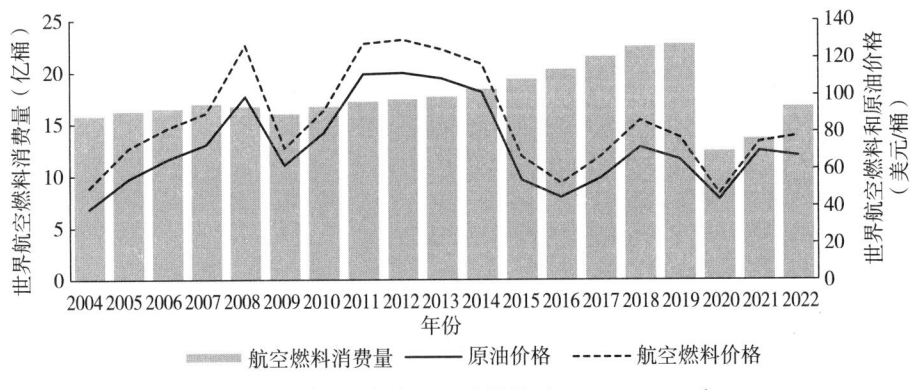

世界航空燃料价格和原油价格（2004—2022）

资料来源：国际航空运输协会，东航期货，捷诚能源。

美国国内和国际航班燃油成本

美国国内和国际航班市场高度竞争,燃油成本接近。

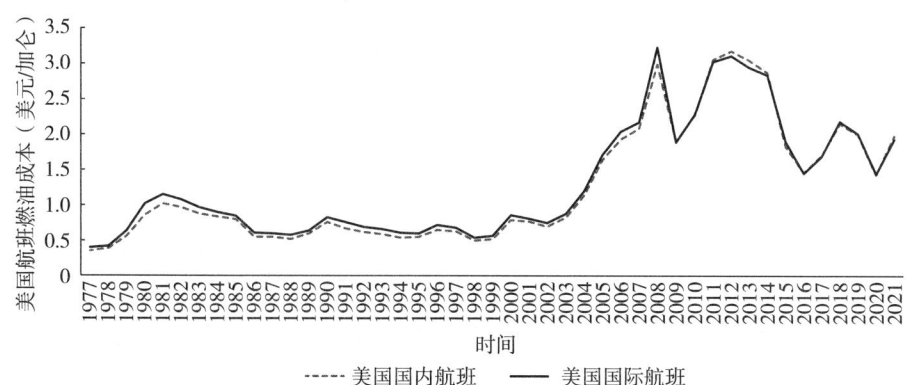

美国国内和国际航班燃油成本(1977—2021)

资料来源:美国运输安全局,美国交通统计局,捷诚能源。

美国航空燃料与原油价格

美国航空燃料价格与美国原油价格相关性接近99%。2016年以来,需求带动了航空燃料价格先于原油价格上涨。当一国对航空燃料价格调控强、市场规模尚小、进入门槛高时,航空燃料价格对原油价格的敏感性会降低。

美国航空燃料与原油价格(1990—2022)

资料来源:美国能源信息署,国际航空运输协会,捷诚能源。

航空燃料占航空公司费用比例

如果航空公司必须保持执飞而不能停航,原油价格以及航空煤油价格的大幅波动在短期内对航空公司影响大。

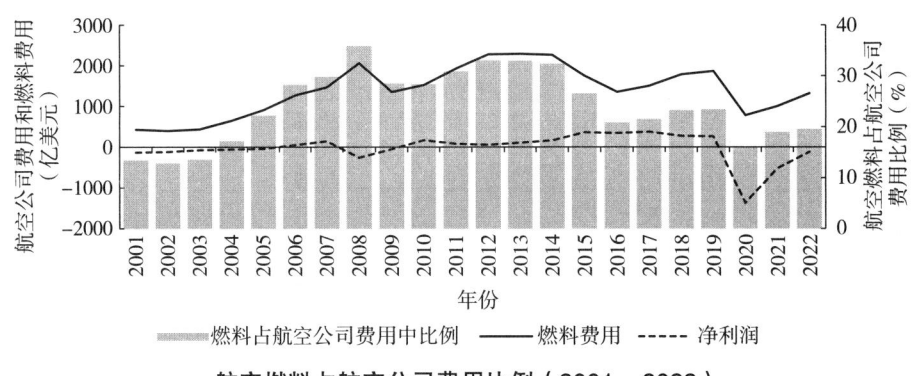

航空燃料占航空公司费用比例(2001—2022)

资料来源:国际航空运输协会,东航期货,捷诚能源。

国内外航空公司成本构成

航空油料是航空公司最大的成本支出项,约占总成本的30%,受国际原油价格、财税政策和消费结构等因素的影响。

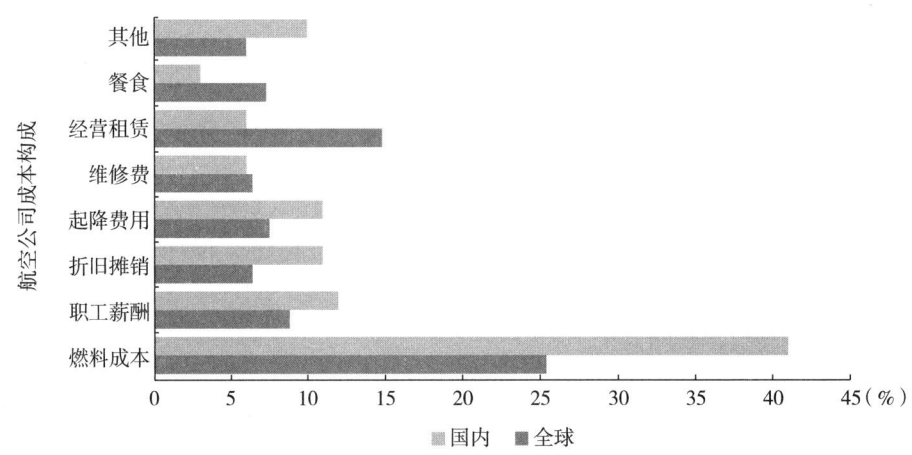

国内外航空公司成本构成(2021)

资料来源:各公司报告,东航期货,捷诚能源。

世界航空燃料座位·千米成本

在世界航空燃料中，氢能和合成燃料的竞争力不断增强。

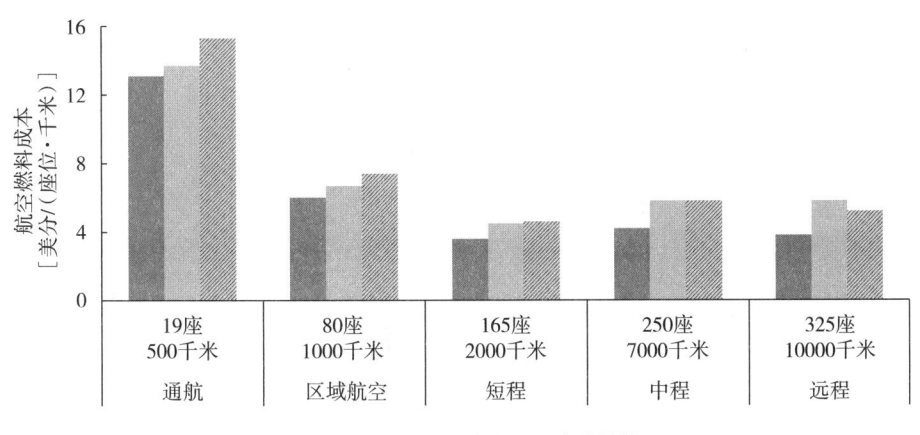

世界航空燃料座位·千米成本（2021）

资料来源：麦肯锡公司，氢能理事会，捷诚能源。

船运用能与船用燃料价格

船用燃料行业受经济周期、国际海事规则的变化、各国"双碳"政策、地缘政治以及供应链风险等因素的影响。船运能源的替代竞争仍存在着不确定性，船舶采用何种燃料取决于全社会形成何种能源供应体系。船舶更新换代一般是25年，但是，第二次世界大战后，新造船市场周期不足15年，而2000年后全球贸易加速，新造船期超30年。

全球集装箱运价指数常用来衡量跨境运输成本，包括哈派克斯指数（Harpex Index）、波罗的海运价指数（Freightos Baltic Index，简称FBX）和德鲁里世界集装箱指数（Drewry World Container Index，简称WCI）。

世界船运用能成本

全球商船大多数以燃油为动力,燃油在船舶能源消耗中所占的比例高达90%左右。世界船运用能成本差别大,弹性强度不同。

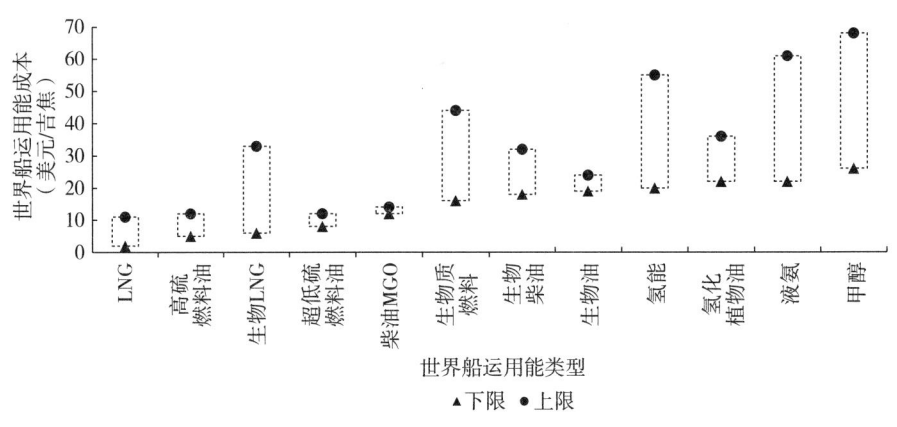

世界船运用能成本(2020)

资料来源:国际能源署,捷诚能源。

美国燃料油与原油价格

燃油成本约占航运总成本的20%~60%。原油价格与燃油价格之间高度相关。

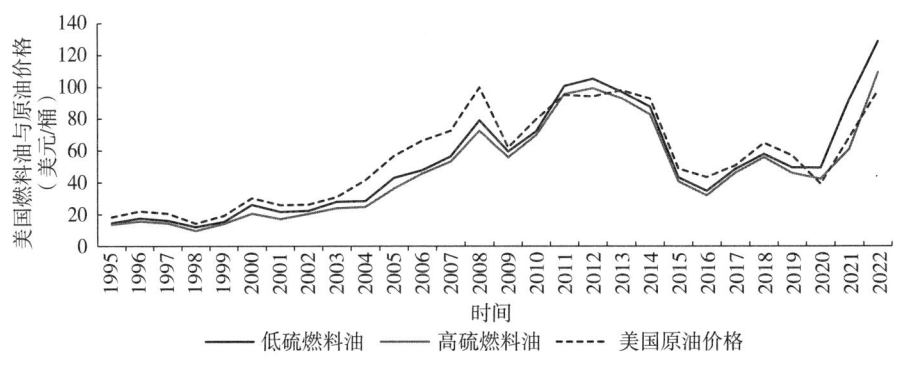

美国燃料油与原油价格(1995—2022)

资料来源:阿格斯,船舶与船燃,捷诚能源。

集装箱船运营成本构成

燃料油是集装箱船运营成本中最重要的费用。船运利润对燃料油价格的变化很敏感。

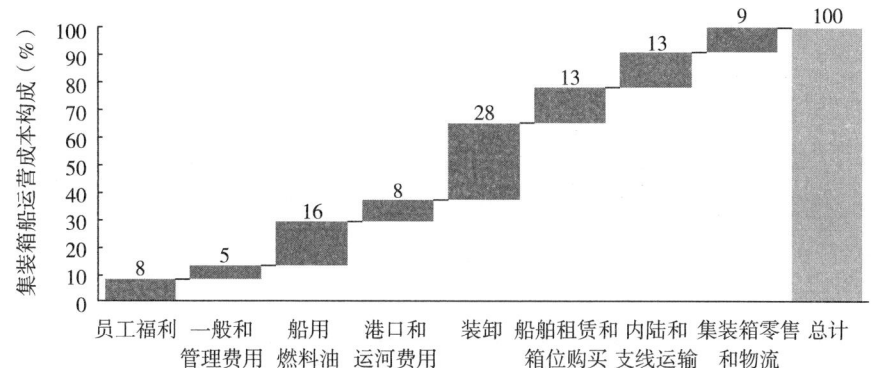

集装箱船舶运营成本构成（2013—2022）

资料来源：中远海能，麦肯锡，捷诚能源。

油轮运营收支构成

船舶固定费用包括分摊利息、折旧费、保险费、管理费、船员工资、维护费、润滑油费、发电机燃油费等。船舶的变动成本中，占比较大的为燃油费、修理费以及备品备件费。燃油消耗和油轮载重量并不是成比例的线性变化。

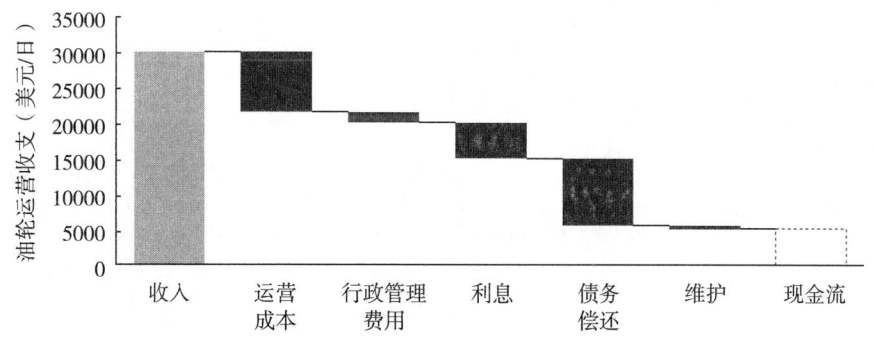

油轮运营收支构成（2017—2022）

资料来源：欧航公司，捷诚能源。

世界航运保险保费

航运保险费用受基础保费、索赔率、经济和运力等因素的影响。按业务划分，有货运险、船壳险、海上能源和船舶责任险等。

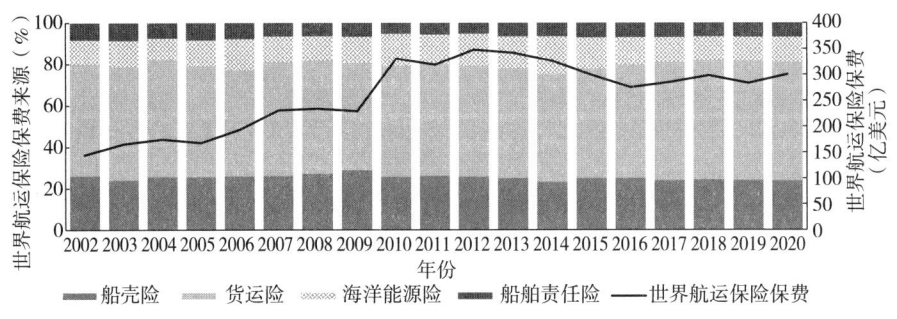

世界航运保险保费（2002—2020）

资料来源：国际海上保险联盟，捷诚能源。

国际石油运费与运价

国际石油运费分析框架

运费是大宗商品价差的指标之一。长约运费体现新船建造成本和供应。短期运费反映未签约运力的供需以及季节和市场因素。

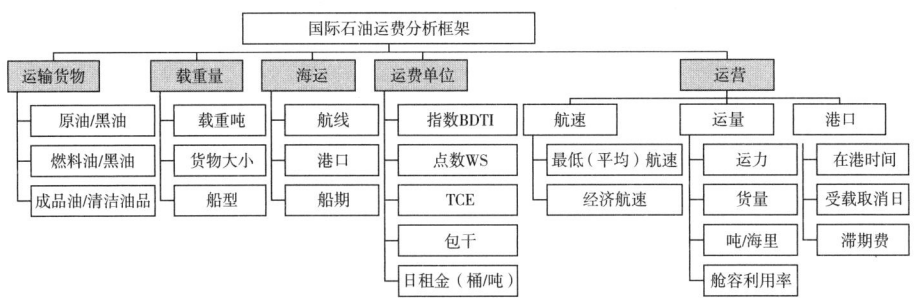

国际石油运费分析框架（2022）

资料来源：捷诚能源。

全球区域炼厂原油送到成本

全球各区域炼厂原油送到平均成本（Delivered cost of crude to refinery gate）受运距、运输方式、运费和市场供需等因素的影响。

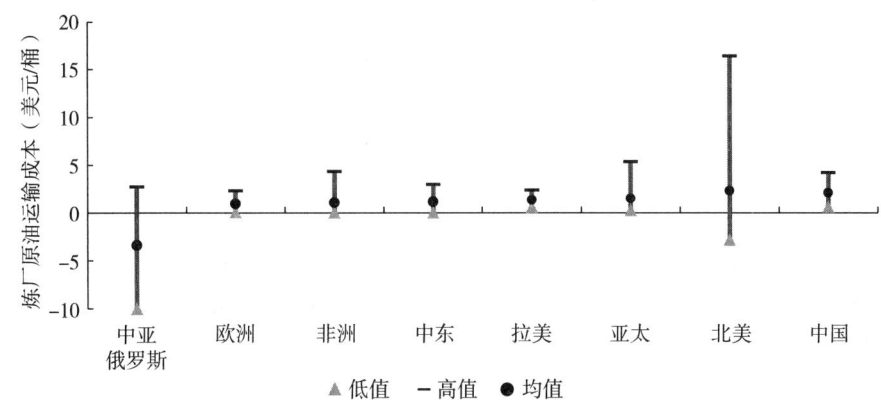

全球区域炼厂原油送到成本（2017—2021）

资料来源：公开报道，捷诚能源。

波罗的海原油运价（BDTI）指数范围

波罗的海原油运价指数（Baltic Dirty Tanker Index，BDTI）由波罗的海交易所统计近20条航线的平均成本，反映了目标市场的运价和航运公司的业绩。

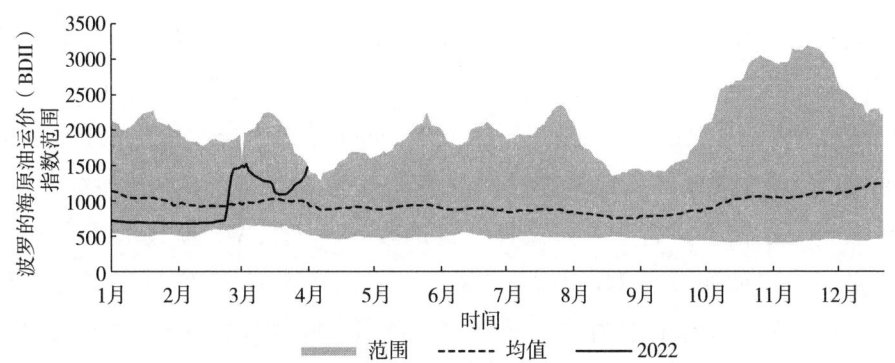

波罗的海原油运价指数范围（2002—2022）

资料来源：远见资本，波罗的海交易所，捷诚能源。

波罗的海原油运价(BDTI)指数

1744年,波罗的海交易所成立,是世界航运交易信息权威来源。波罗的海航运指数被誉为世界经济的"晴雨表"。波罗的海原油运价(BDTI)指数受经济、供应链风险、原油价格等因素的影响。

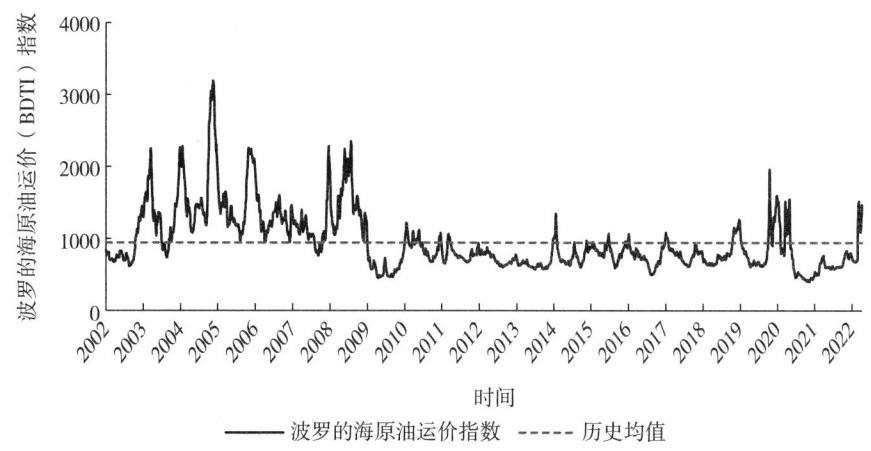

波罗的海原油运价指数(2002—2022)

资料来源:远见资本,波罗的海交易所,捷诚能源。

世界油轮不同船型运费 WS 点数

远洋运费是指航运企业向货主收取的运输劳务费,而运价是用来计算运费的单位价格。计算国际航运价格时,需要考虑运费费率标准、计收办法、经济责任以及费用划分等因素。世界油船运费费率(Worldwide Tanker Nominal Freight Scale,简称 Worldscale 或 WS)适用于全球石油运输航线。WS指数的制定依据是以一艘航速为14.5节的7.5万吨级油轮,在最经济条件下运行时盈亏平衡所需的收入,定义WS指数基准为100。如果需求少而船多,WS则低于100。反之,高于100。它反映了油轮某一航线(从一个港口运往另一个港口)负载32万次航程所需要的平均运输成本。

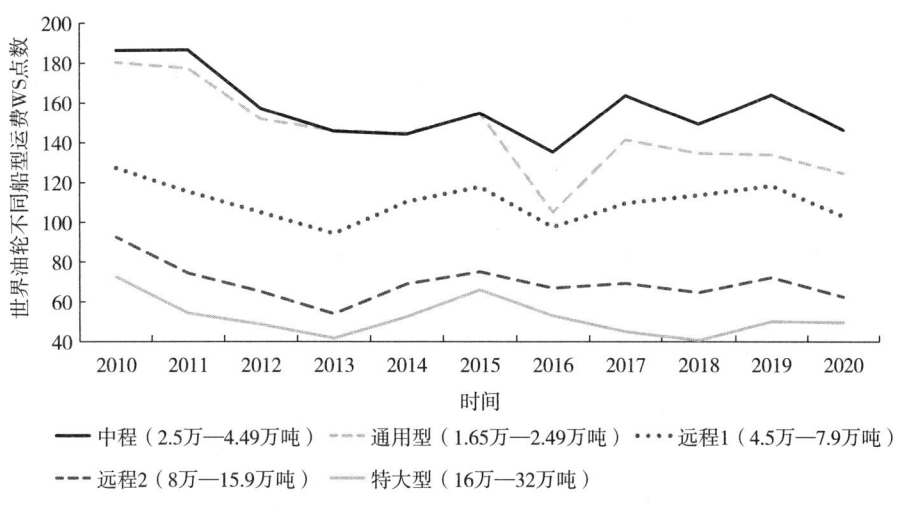

世界油轮不同船型运费 WS 点数（2010—2020）

资料来源：欧佩克，捷诚能源。

全球石油航线运费 WS 点数

全球主要清洁油品（成品油）和黑油（原油和燃料油）油轮航线 WS 点数均有差别。

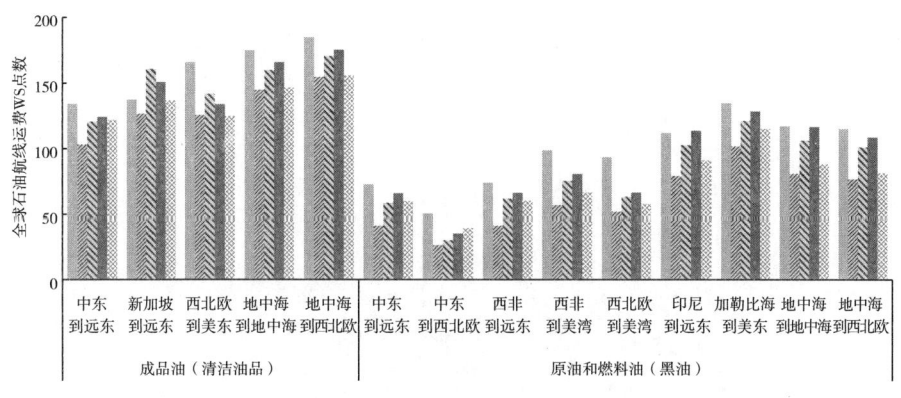

全球石油航线运费 WS 点数（2010—2020）

注：美湾指美国墨西哥湾。
资料来源：欧佩克，捷诚能源。

全球石油航线运费吨价

全球主要清洁油品（成品油）和黑油（原油和燃料油）油轮航线运费吨价差别较大。一船 VLCC 通常装载 200 多万桶原油，成品油通常装载两三万吨。

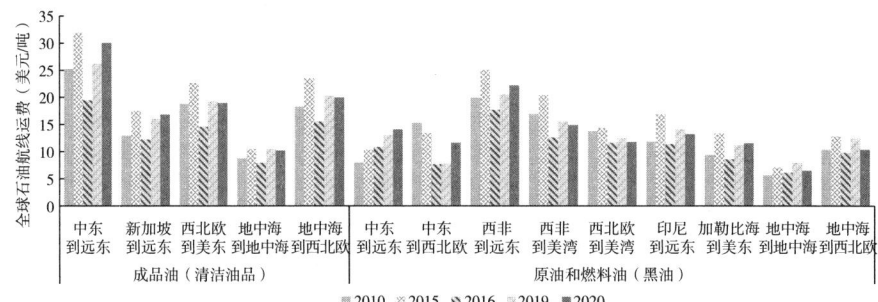

全球石油航线运费吨价（2010—2020）

注：美湾指美国墨西哥湾。
资料来源：欧佩克，捷诚能源。

全球到中国油轮航线运费

以 2020 年 6 月全球各地到中国油轮航线为例，运费有多种算法。包干（Lump sum）运费是不管货物多少，只要油轮能安全起浮即可，按运力大小计算。以 WS 点数计算，根据实际货物量，加以调整。

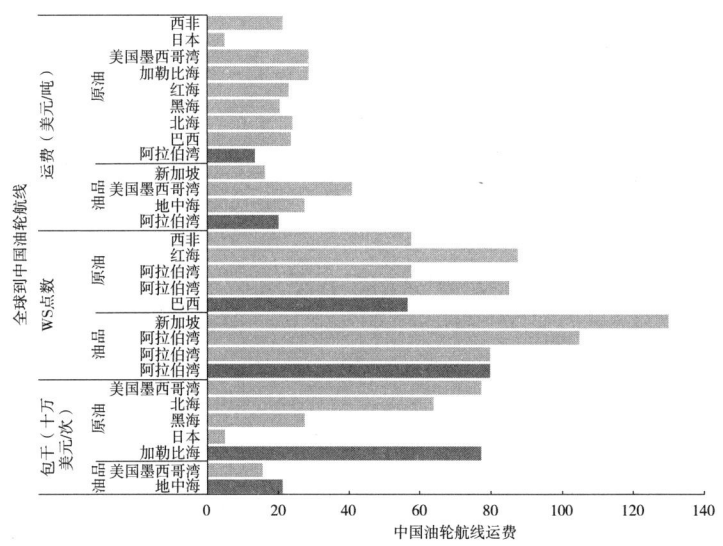

全球到中国油轮航线运费（2020）

资料来源：阿格斯，捷诚能源。

中东—中国航线油轮运价

以 27 万吨级船运价为例，中东至中国运费波动大。

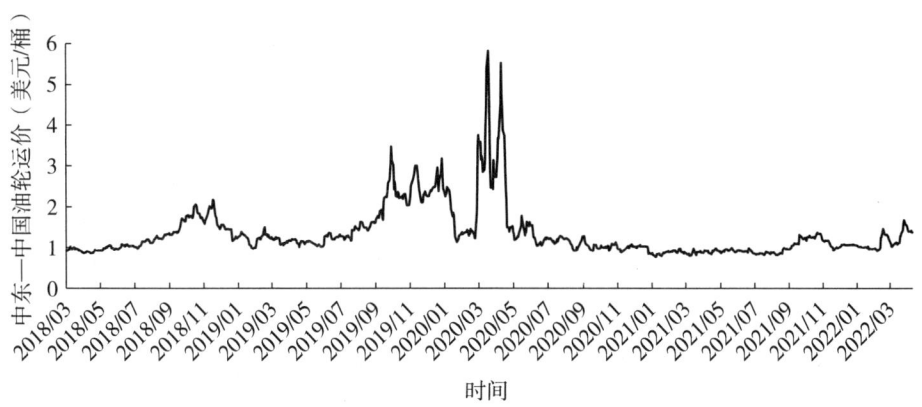

中东—中国航线油轮运价（2018—2022）

资料来源：南华期货，彭博，捷诚能源。

世界超大型气体运输船运费

以容积 8.4 万立方米的 LPG 船为例，世界超大型气体运输船（VLGC）运费受油价、美国生产成本、中美价差以及航线等因素的影响。

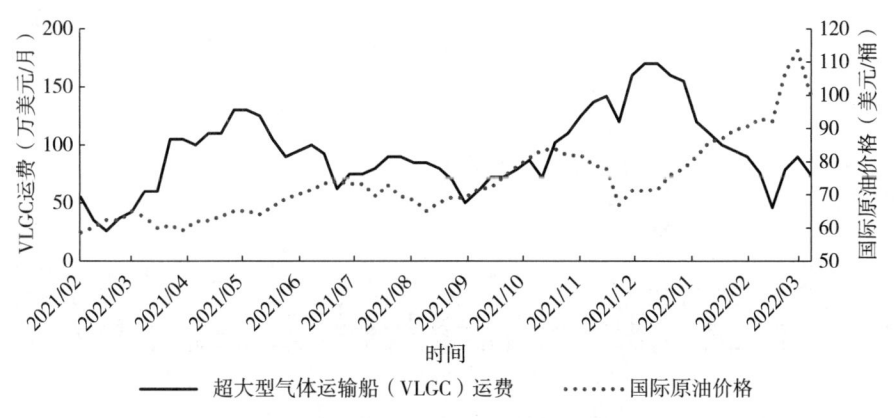

世界超大型气体运输船（VLGC）运费（2021—2022）

资料来源：费恩利公司，美国能源信息署，捷诚能源。

发电用能价格与电价

2021年,美国家庭每月用电量为892千瓦时,平均支付电费122美元,主要受售电价格、燃料类型、天气、需求和监管法规等因素的影响。美国得克萨斯州市场中最终保障供应商(Provider of last resort,简称POLR),在其他售电公司因各种原因无法供电时,作为保底,自动确保用户用电需求,但往往收取更高的电价。

美国发电用能价格

美国发电用能主要来源有燃料油、重油、天然气、煤炭、核能和石油焦等。生物质等在逐渐增加。

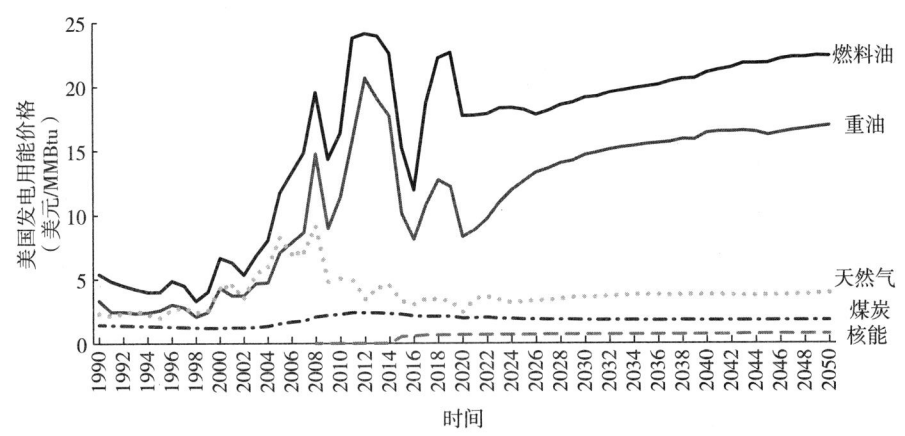

美国发电用能价格(1990—2050)

资料来源:美国能源信息署,捷诚能源。

美国可再生能源消费比例与电价

随着可再生能源份额的不断上升，各种隐形成本和碳成本推高电价。当可再生能源市场渗透率达到一定程度，规模效应发挥作用，电价增速变缓或下降，产生回抽效应。

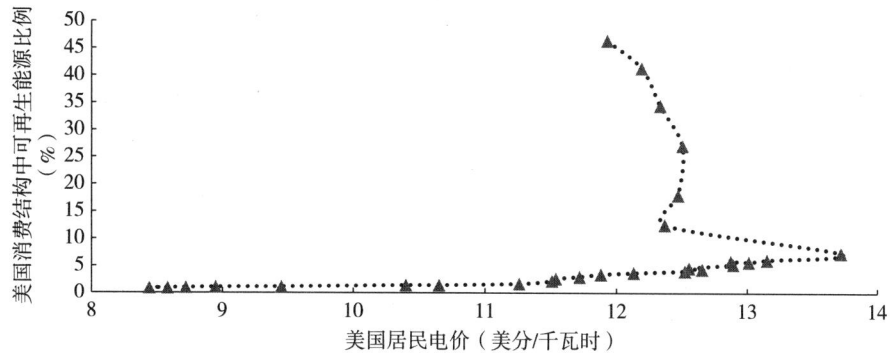

美国可再生能源消费比例与电价（2000—2050）

资料来源：美国能源信息署，曼哈顿研究院，捷诚能源。

世界发电项目平均投资成本

随着技术进步、设备成本下降和建设成本降低，世界低碳能源发电项目的平均投资成本逐渐下降，但仍有改进空间。

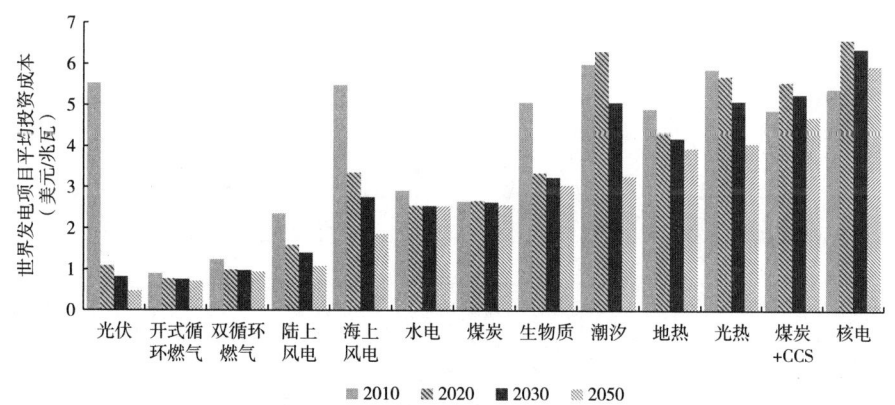

世界发电项目平均投资成本（2010—2050）

资料来源：《能源信息》，国际可再生协会，捷诚能源。

世界发电技术平准成本

可再生能源发电技术成本持续下降，竞争加剧，规模和市场渗透率不断提升。有的发电项目前期投入大，后期运营成本低，但是系统维护成本高。

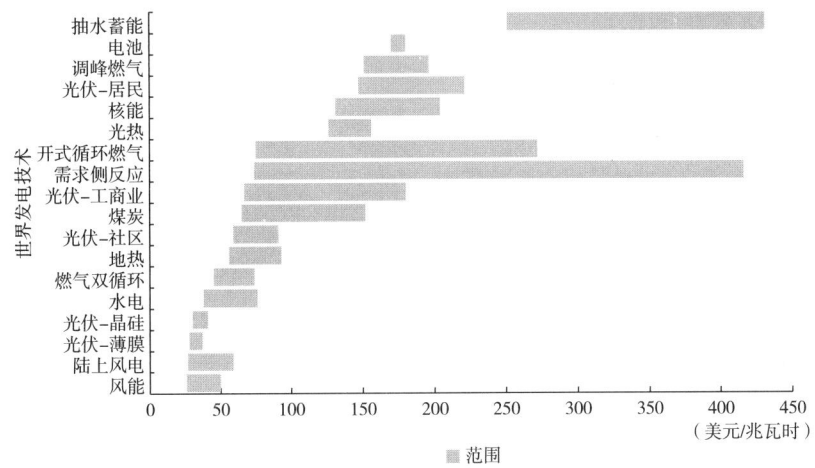

世界发电技术平准成本（2022）

资料来源：瑞德集团，彭博，捷诚能源。

世界发电成本

技术进步提升能源转化率和产出，世界低碳能源发电项目的发电成本不断下降，竞争力增强。

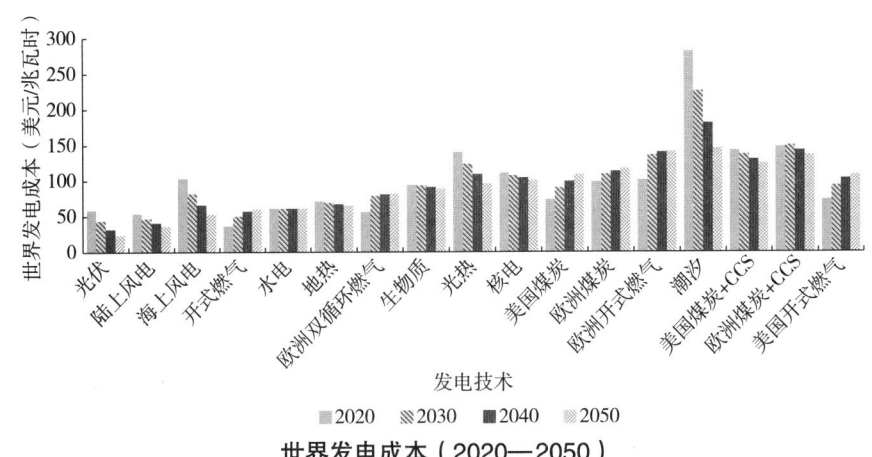

世界发电成本（2020—2050）

资料来源：《能源信息》，捷诚能源。

中国发电项目上网电价

不同发电项目的成本构成和价格波动很大,但总体而言,中国低碳发电项目上网电价竞争力不断提升。

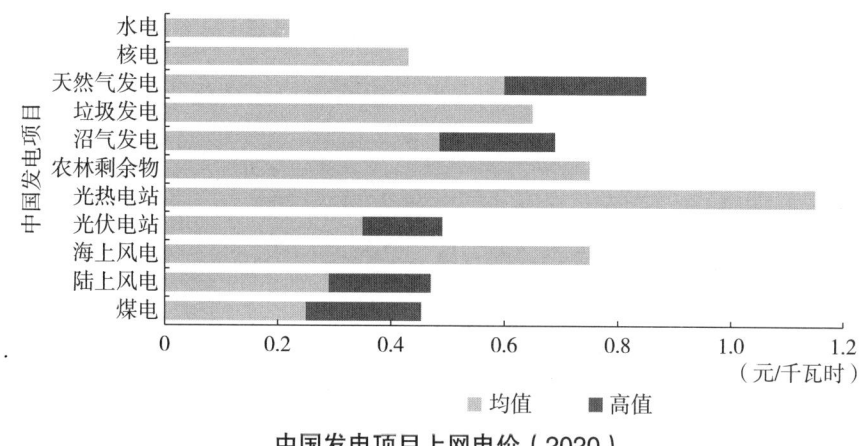

中国发电项目上网电价(2020)

资料来源:中国国家发展改革委,智汇光伏,捷诚能源。

全球锂离子电池组价格

20世纪70年代,美国公司首先发明了锂电池,当时担心石油供应峰值论。2014年后,全球锂离子电池组价格总体呈下降趋势,但要面对原料成本上涨等风险。

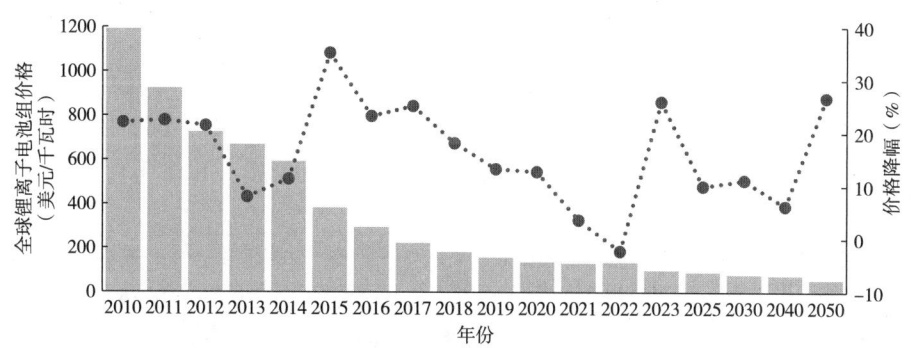

全球锂离子电池组价格(2010—2050)

资料来源:高盛研究部,彭博,捷诚能源。

居民用能和商业用能价格

中国终端用能价格

中国终端用能中,煤炭成本相对低,不断清洁化,竞争力增强。

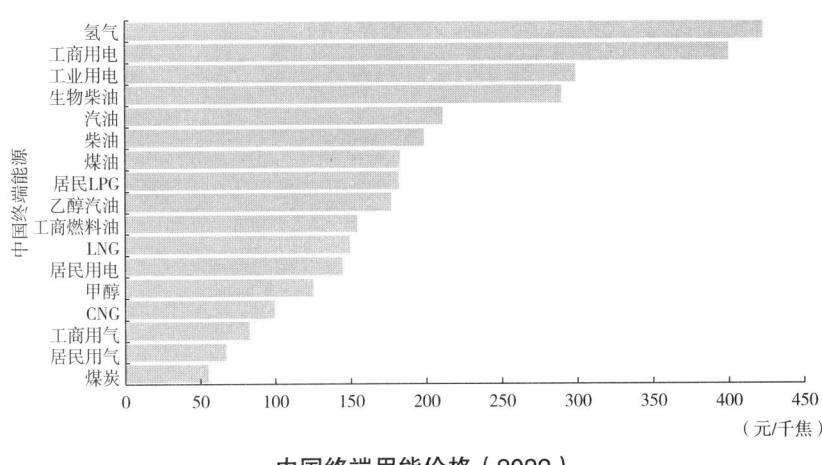

中国终端用能价格(2022)

资料来源:高盛研究部,捷诚能源。

中国北方居民用能成本

中国北方居民用能有电力、太阳能、燃气、生物质、煤炭和地源热泵等,季节性差异明显。

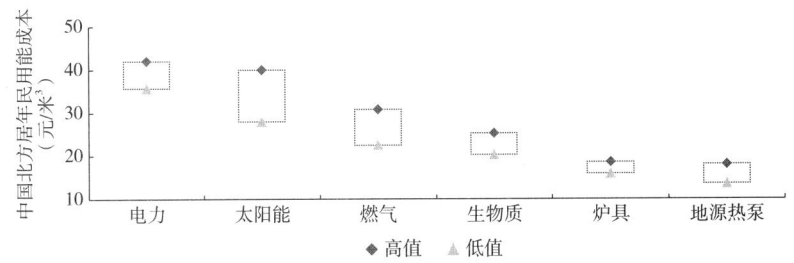

中国北方居民用能成本(2019)

资料来源:世创能源,捷诚能源。

美国居民用能替代竞争价格

美国居民用能主要有丙烷、燃料油、天然气和电力等。

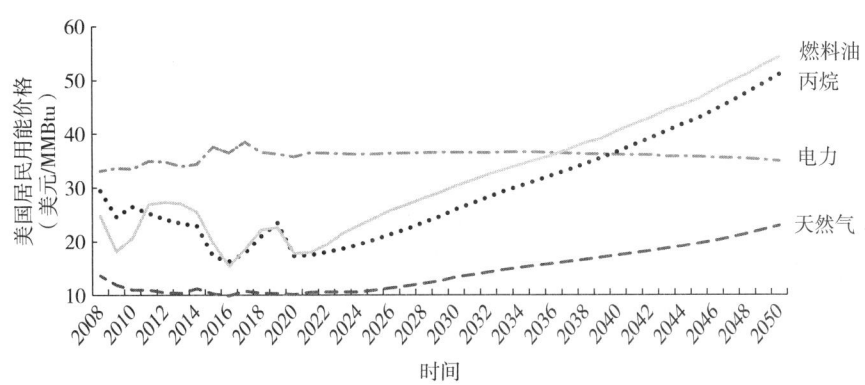

美国居民用能替代竞争价格（2008—2050）

资料来源：美国能源信息署，捷诚能源。

全球区域 LPG 价格

国际 LPG 定价方式包括沙特阿拉伯长协离岸合同价（CP）、西北欧到岸价、远东地区到岸现货价（AFEI）和美国蒙特贝尔维尤（MB）出口离岸价。

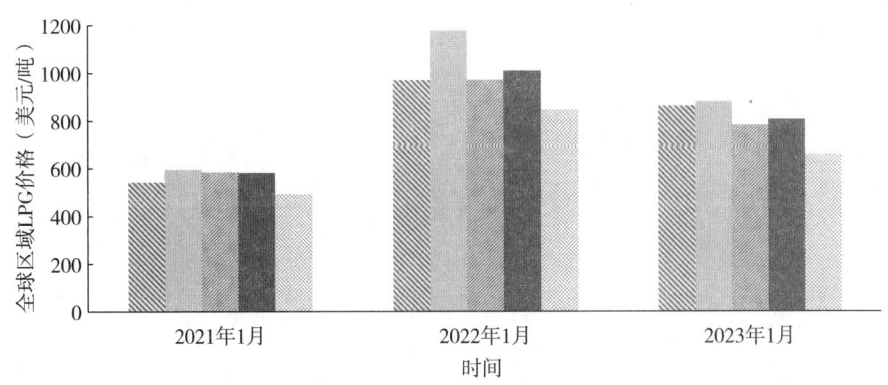

全球区域 LPG 价格（2021—2023）

资料来源：阿格斯，沙特阿美，捷诚能源。

美国丙烷批发价格与油价

美国丙烷批发价格与原油价格相关性超过90%。原油或天然气处理后，可得到丙烷。在销售中，丙烷一般被称为液化石油气，其中常混有丙烯、丁烷和丁烯。随丙烷脱氢装置的兴起，丙烷从传统燃烧领域进入深加工行列。

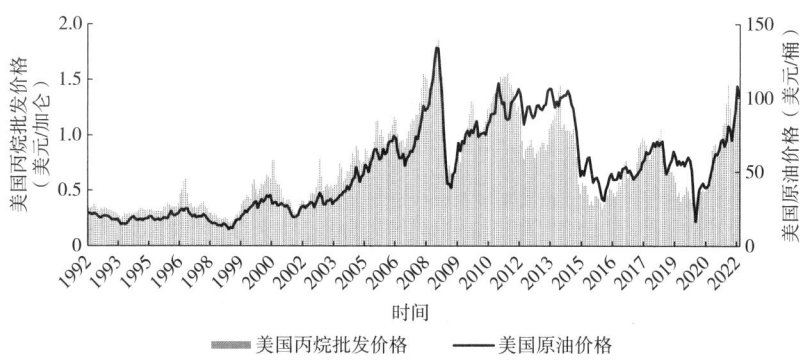

美国丙烷批发价格与油价（1992—2022）

资料来源：美国能源信息署，捷诚能源。

美国供暖季取暖油价格构成

取暖油实际上参照了柴油标准。美国供暖季居民取暖油价格主要包括原油采购成本、炼厂取暖油批发价格和居民取暖油价格等，其中，原油成本一般在50%以上。供暖季从十月到次年的三月。

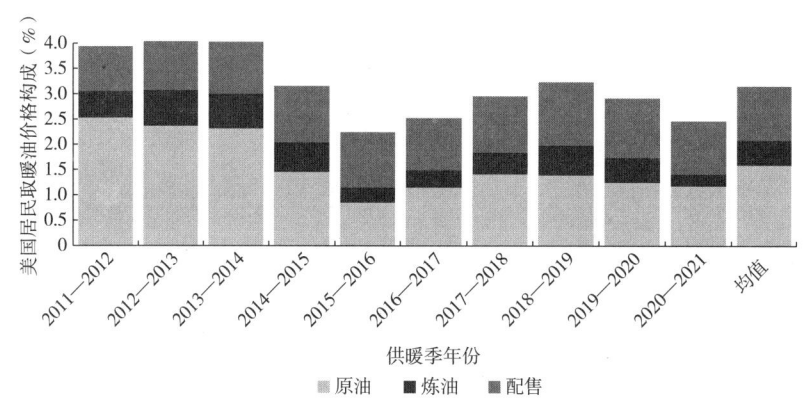

美国供暖季居民取暖油价格构成（2011—2021）

资料来源：美国能源信息署，捷诚能源。

美国取暖油和丙烷价格及油价

美国取暖用油价格和丙烷价格均与油价相关性很高。

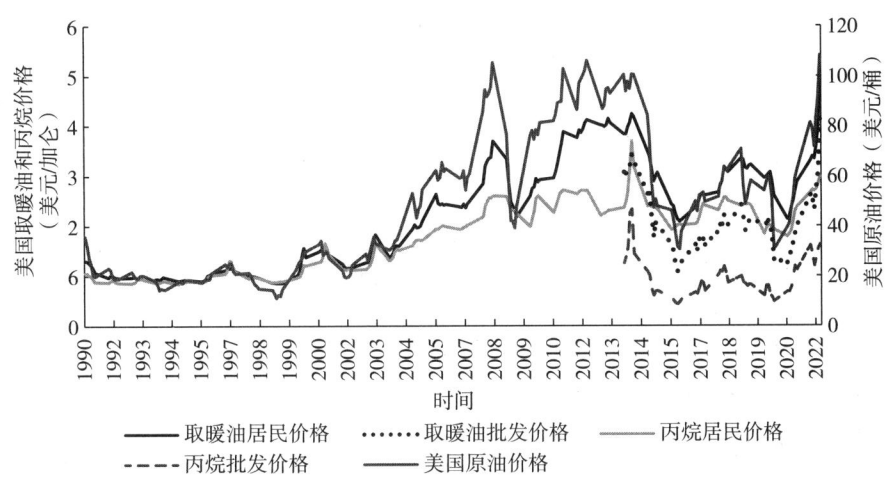

美国取暖油和丙烷价格及油价 (1990—2022)

资料来源：美国能源信息署，捷诚能源。

美国取暖油零售价格和原油价格

美国取暖油（Heating oil）零售价格与原油价格相关性超过96%。

美国取暖油零售价格和原油价格（1983—2023）

资料来源：美国能源信息署，捷诚能源。

美国商业用能替代竞争价格

美国商业用能主要来源有丙烷、燃料油、重油、天然气和电力等。

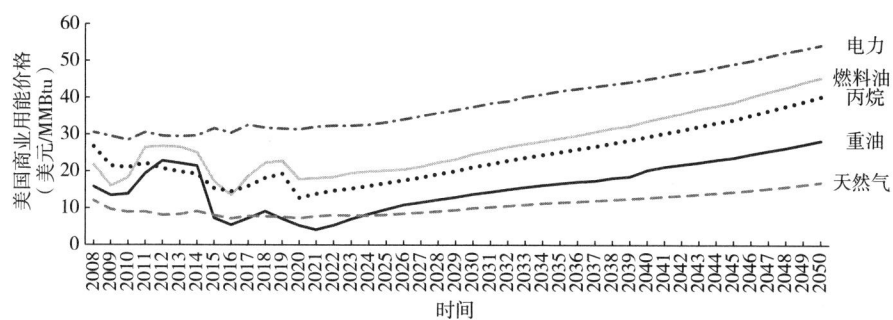

美国商业用能替代竞争价格（2008—2050）

资料来源：美国能源信息署，捷诚能源。

工业用能和用油价格

美国工业用能替代竞争价格

美国工业用能来源有丙烷、燃料油、重油、天然气、煤炭、其他工业煤、煤制油和电力等。

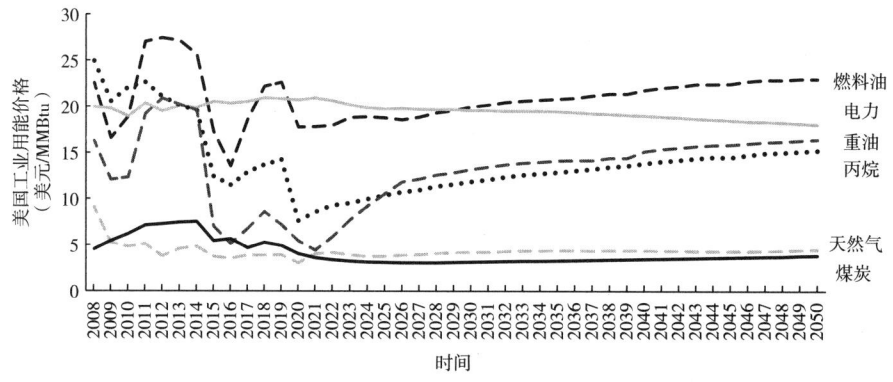

美国工业用能替代竞争价格（2008—2050）

资料来源：美国能源信息署，捷诚能源。

美国炼厂燃料来源

炼厂燃料用于提供热能、蒸汽、动力和电力。在美国炼厂燃料中,天然气增长迅速,而原油、重油、煤炭逐步下降。

美国炼厂燃料来源(1986—2021)

年份	原油(千桶)	天然气液(千桶)	燃料油(千桶)	重油(千桶)	炼厂气(千桶)	石油焦(千桶)	天然气(百万立方英尺)	煤炭(千吨)	电力(百万千瓦时)	外购蒸汽(百万磅)
1986	36	8966	1713	15689	232124	75788	581743	234	33949	21388
1999	10	5012	572	5862	235683	89362	799523	31	32709	45684
2006	0	4061	434	2018	249358	90492	697593	34	39353	70769
2010	0	3162	440	980	219890	82971	756062	29	46227	128981
2014	0	2305	309	413	229918	85527	893203	16	47224	130505
2019	0	2178	374	26	232316	81096	939929	0	47140	117797
2021	0	1427	243	32	216976	71973	990526	0	42698	98401

资料来源:美国能源信息署,美国能源部,捷诚能源。

美国炼厂燃料价格

能源燃料成本是炼厂的主要操作费用,反映炼厂竞争力。一般使用7%~9%的原料作为炼厂燃料。

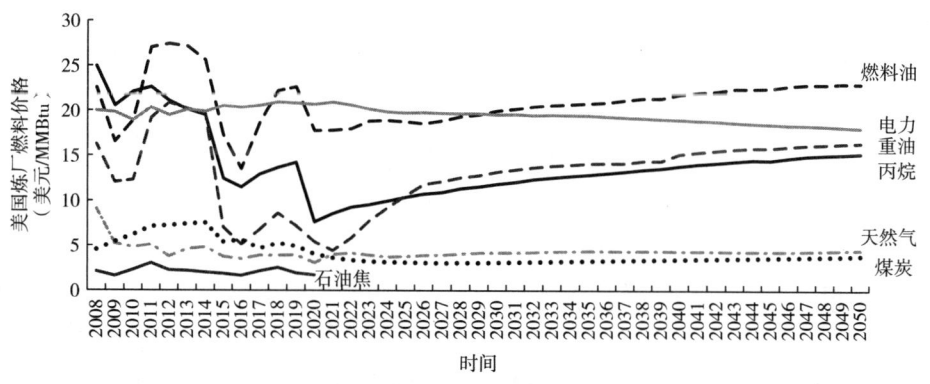

美国炼厂燃料价格(2008—2050)

资料来源:美国能源信息署,高盛研究部,捷诚能源。

世界能源在工业经营成本的比例

能源是工业部门主要的经营成本,而且能源价格的波动影响企业利润。

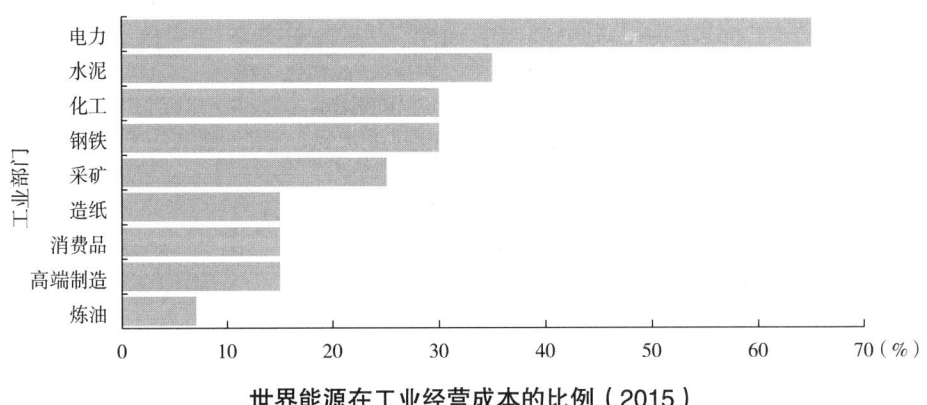

世界能源在工业经营成本的比例(2015)

资料来源:国际能源署,麦肯锡,捷诚能源。

天然气液与石化价格

化工原料技术路线多元化,供应端替代竞争加剧,主要体现在成本和经济性上。化工消费结构多样化,应用领域广,化工产品同质化高,高端化和差异化欠缺,主要体现在价格竞争上。石油化工产业链越往下游走,化工价格受油价的影响越小,受下游供需的影响越大。

炼油原料成本及产品出厂价

假设千万吨级炼厂加工沙轻沙重原油,布伦特原油价格为80美元/桶,100%炼油负荷,估算出理论炼油原料成本和产品价格。

主要炼油原料成本及各种产品出厂评估价格（2021）

进厂原料	价格（元/吨）	出厂产品	价格（元/吨）
原料费用（原油和其他原料）		液化气LPG	4870
布伦特油价（美元/桶）	80	石脑油	5557
沙轻沙重原油	4544	轻石脑油（乙烯）	5557
沙轻原油	4797	汽油90号	7493
沙重原油	4290	煤油	6147
商储库周转储运费	15	喷气燃料	6147
		车用柴油	6740
其他原料		柴油0号	6673
甲醇	2170	溶剂油	7215
制氢天然气	3196	混合碳四	4875
制氢用煤	617	裂解碳五	5162
裂解汽油	5533	裂解碳九	5567
重质重整液	4452	裂解燃料油	3849
甲基叔丁基醚	8285	燃料油	4050
烷基化油	8050	焦炭	945
碳酸二苯酯	15550	石油焦	945
氧气	420	沥青	1095
		硫黄	882
外购辅助燃料和动力		苯	5790
外购燃料		二甲苯	5770
燃料气		PX	7850
燃料天然气	3234	丙烯	7580
燃料油		聚丙烯（均聚）	10170
石油焦		1-丁烯	6533
煤	617	LLDPE	10490
石灰石	150	HDPE	10920
氮气（元/米³）	0	苯乙烯	8370
		聚丙烯（共聚）	10300
外购动力		丙酮	6020
新鲜水	4	双酚A	12050
基本电费（元/kVA）	132	聚碳酸酯	28770
电（分/度电）	61	SBS	14249
蒸汽		顺丁橡胶	15080

资料来源：《炼油厂经济评价》，中国石化经济技术研究院，捷诚能源。

美国天然气液价格与油价

天然气液价格与原油、成品油和天然气价格关联，走势各不一样。

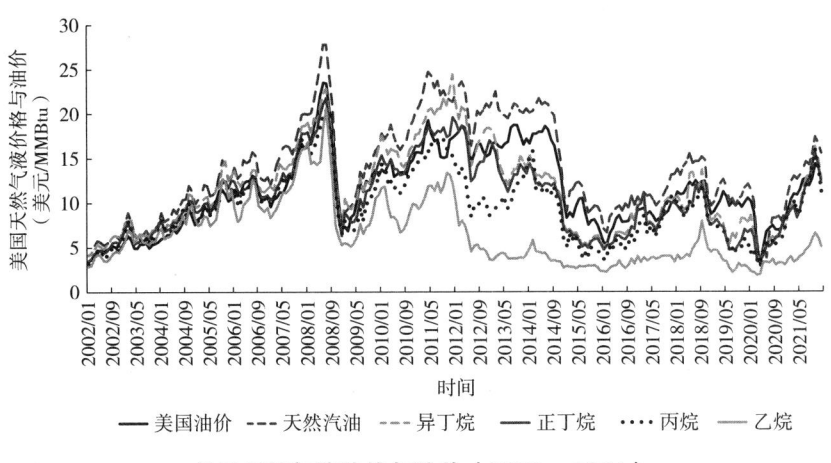

美国天然气液价格与油价（2002—2021）

资料来源：美国能源信息署，美国联邦储备委员会，捷诚能源。

美国天然气液价格与原油价格比值

天然气液与原油类似，按照热值和市场供需等因素，天然气液价格与原油价格有一定比值。折扣幅度从大到小依次为乙烷、天然气液综合价格、丙烷、丁烷。天然汽油价格一般高于原油价格。

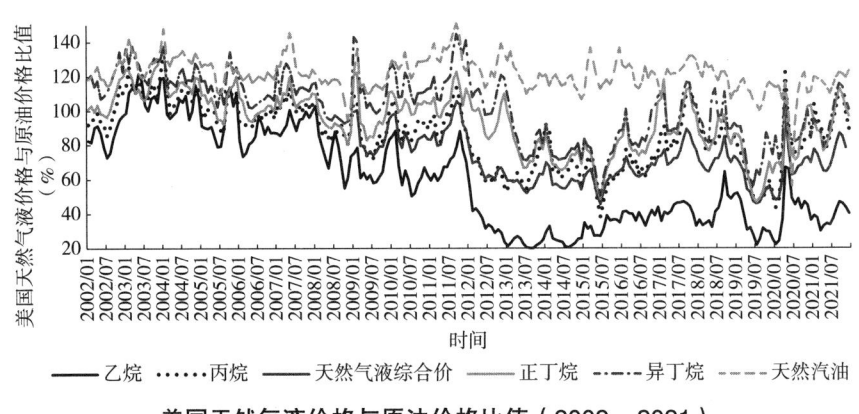

美国天然气液价格与原油价格比值（2002—2021）

资料来源：美国能源信息署，美国联邦储备委员会，捷诚能源。

天然气液与天然气分馏价差

分馏价差（Fractionation spreads 或 Frac spreads）是各种天然气液的综合销售收入与商品天然气价格之差。天然气生产商把湿气给中游公司。中游公司提炼出乙烷和天然汽油等天然气液，自己留用，然后把甲烷干气还给生产商。如果气价低而 NGL 价格高，中游公司就有利润。

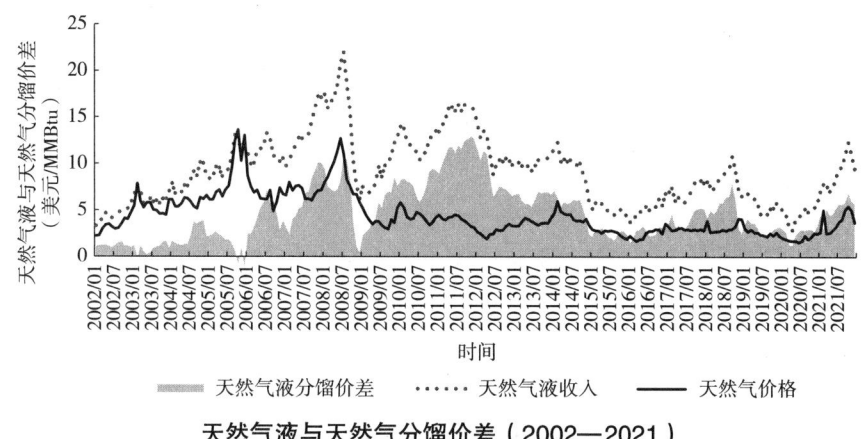

天然气液与天然气分馏价差（2002—2021）

资料来源：美国能源信息署，美国联邦储备委员会，捷诚能源。

亚洲石脑油—烯烃价格

石脑油作为调油组分，辛烷值较低。石脑油作为化工原料，其定价体现在裂解需求上。

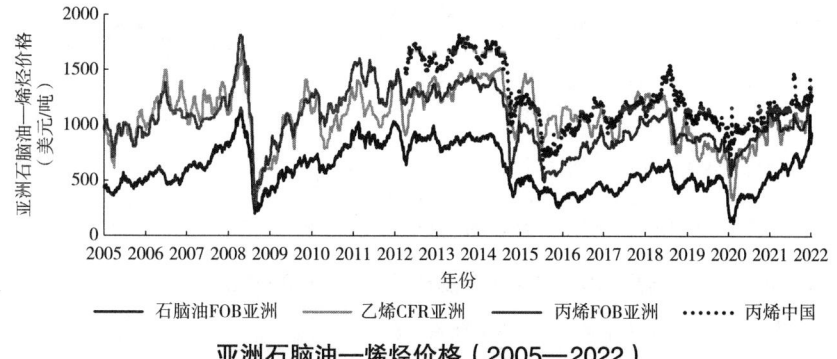

亚洲石脑油—烯烃价格（2005—2022）

资料来源：万得，中国石化经济技术研究院，捷诚能源。

中国芳烃价格

中国芳烃价格包括纯苯、甲苯、对二甲苯和邻二甲苯价格。

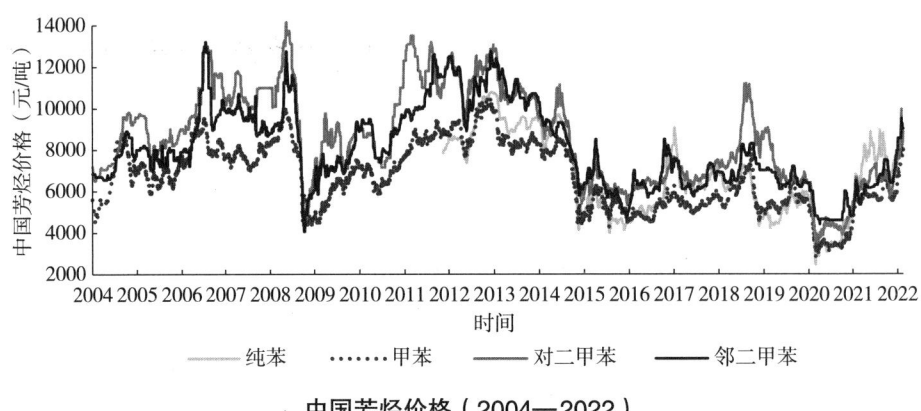

中国芳烃价格（2004—2022）

资料来源：万得，中国石化联合会，捷诚能源。

国际和中国 PX—石脑油价差

PX价格与石脑油价格保持高度的相关性。PX供需格局影响其价格的涨跌幅度。

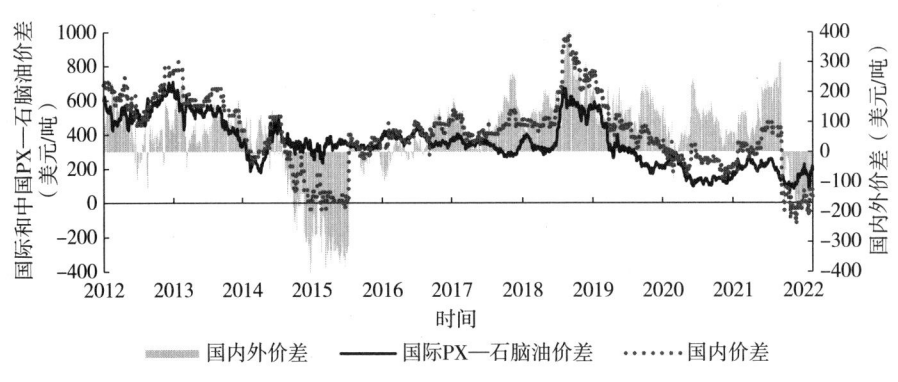

国际和中国 PX—石脑油价差（2012—2022）

资料来源：万得，中国石化联合会，捷诚能源。

中国合成纤维原料价格

合成纤维原料中,聚对苯二甲酸乙二醇酯(简称聚酯或PET)价格通过特定公式与对二甲苯(PX)、精对苯二甲酸(PTA)和乙二醇(MEG)价格挂钩。

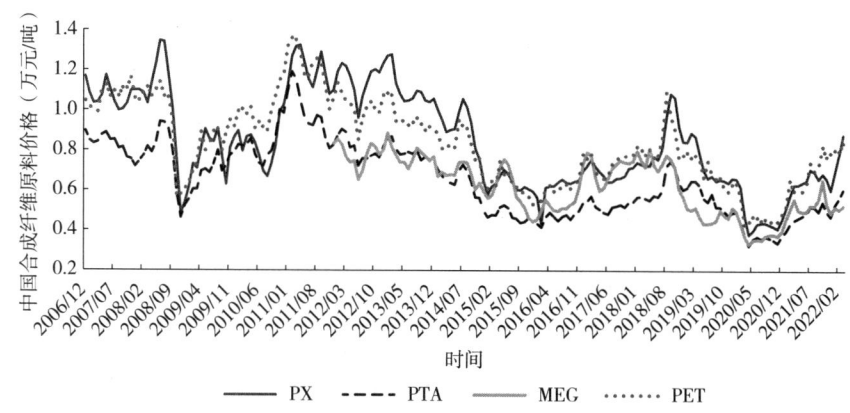

中国合成纤维原料价格(2006—2022)

资料来源:万得,中国石化联合会,捷诚能源。

中国合成橡胶和天然橡胶价格

合成橡胶主要原料为苯乙烯与丁二烯,下游主要应用领域为轮胎等,与油价相关性较高。

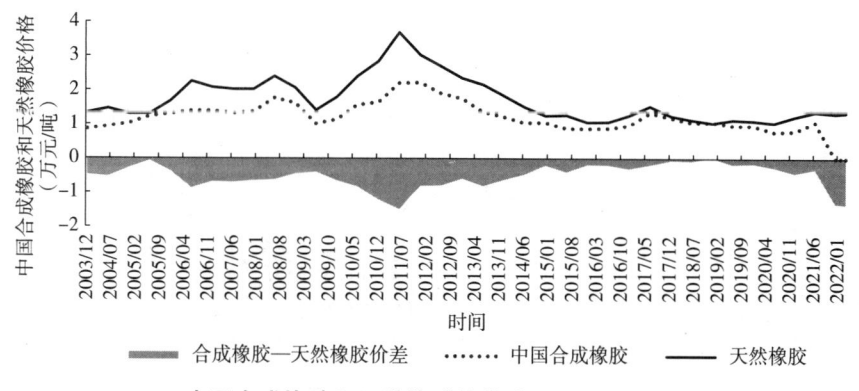

中国合成橡胶和天然橡胶价格(2003—2022)

资料来源:万得,捷诚能源。

化肥占粮农成本比例

在粮农成本中,化肥比例高。化肥价格受气候、市场供需、政策等影响。

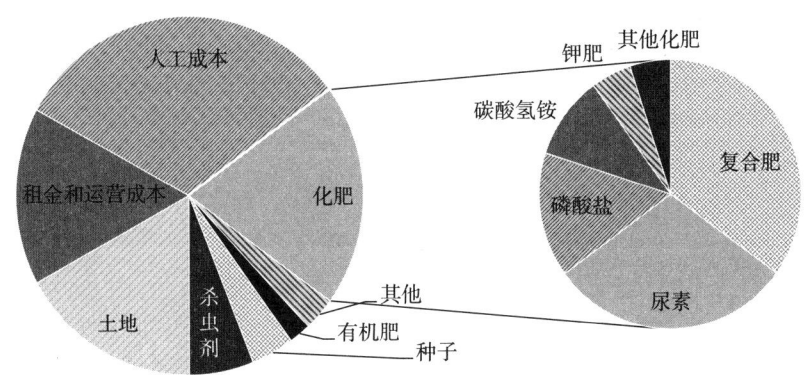

化肥占粮农成本比例(2009)

资料来源:国际化工协会联合会,高盛研究部,捷诚能源。

全球区域乙烯成本

乙烯生产工艺路线多元化,乙烯成本受油价等影响大。以裂解石脑油方式制乙烯,原料成本约占总成本的 60%～80%,直接影响了乙烯装置生产成本和石化产品的市场竞争力。

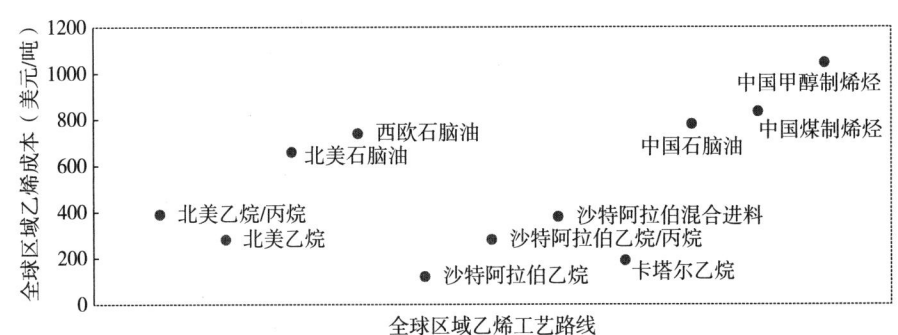

全球区域乙烯成本(2021)

资料来源:欧洲化学工业理事会,国际化工协会联合会,捷诚能源。

全球区域乙烯毛利

美国乙烷基乙烯毛利和欧洲石脑油基乙烯毛利相对平稳,而亚洲石脑油基乙烯毛利波动大。

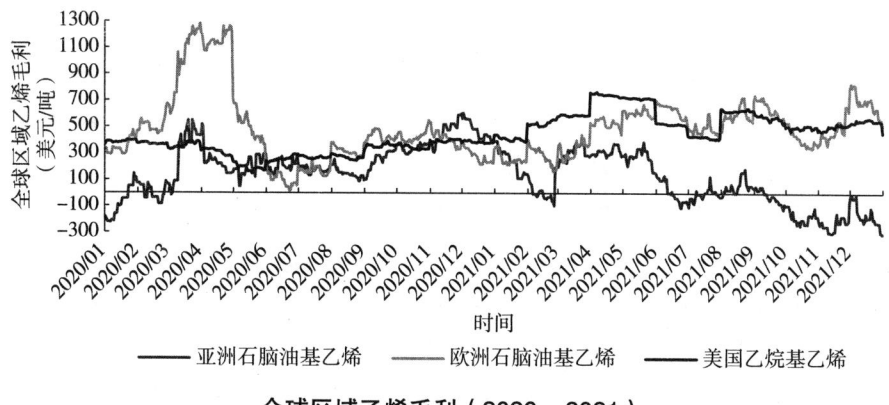

全球区域乙烯毛利(2020—2021)

资料来源:中国石油经济技术研究院,捷诚能源。

经典观点与经验分享

王连生　上海石油天然气交易中心副总经理

1998年，中国开启了成品油定价机制市场化改革的大幕。自2000年起，中国国内成品油价格开始与国际市场进行接轨，随着国际市场油价的变化进行调整。此后，国内成品油价格形成机制几经调整完善。但是，目前的定价机制实际上仍是政府指导价的管理方式，不能及时反映国内成品油的实际供需形势，距离真正的市场化依然有很长的路要走。

在碳达峰、碳中和国家战略推进的背景下，进一步深化中国成品油市场化体制改革是必然要求。国家发展改革委、国家能源局印发的《"十四五"现代能源体系规划》已明确提出要"研究完善成品油价格形成机制"。成品油市场化体制改革是一个系统工程，需要多措并举，形成合力。

一要实现成品油价格由政府管制向政府监管转变。要改变目前政府指导价的管理方式，由市场自主形成价格，政府的角色更多体现在对企业经营行为的监管上。同时，出台必要的鼓励和优惠政策，引导企业更多地通过国家级交易平台进行成品油买卖，充分发挥平台交易公平、公正、公开的特点，形成真正反映国内供求关系的成品油价格。

二要有序放开成品油进出口管制。逐步取消成品油进出口配额限制，实现成品油国际贸易的自由化和便利化，进一步创新国际碳中和成品油交易机制。中短期内，可授予国家级交易平台一定的配额指标，允许成品油生产经营企业通过交易平台开展成品油跨境交易，配额实行即买即配、市场化定价，这既有利于市场化改革的推进，也有利于缓解国内成品油产能过剩、供过于求的压力。

三要加强市场化手段的调控能力。要整合国家和地方政府的原油储备力量，在国际原油价格低于40美元和高于130美元的特殊情况下，以及在重大自然灾害、疫情等特殊时期，开展原油储备的市场化收购和释放，保证成品油的供应和油价平稳。要完善有关法律和政策，规定炼化企业的原油商业储备能力和储备量，明确其应承担的社会责任，增强应对国际油价大幅波动的能力。要出台扶持政策，支持煤制油企业的发展，鼓励生产设备国产化，做好技术和产能的战略储备，以应对国际国内极端情况的出现。此外，要推进管网和仓储等设施的公平开放，及时向社会公开管网和仓储等设施信息，提高原油及成品油物流效率，促进公平竞争。

经典观点与经验分享

尹 强 北京清洁燃料行业协会副会长

美国的品牌加油站分为三大类：公司自营站、自有他营站和独立经营站。第一类自营站由大石油公司所有并经营。第二类自有他营站属于石油公司所有，但租赁给独立的商人经营。第三类独立经营站的产权和经营都不归石油公司，但与石油公司签订品牌和供油合同。

美国加油站的供应方式分为两种：直接供应和中间商供应。自营站和自有他营站由石油公司直接供应，其中自有他营站是支付包含运费的到货价，通常称为"进站价"（DTW）。而独立经营站则可以由中间商从石油公司的油库购买后供应。中间商支付的是"出库价"，然后运到自用油站，或再为他的租站经营者设定"进站价"。

石油公司向零售商（租站经营者）收取的进站价，一般情况下是高于出库价加送货成本的，这是因为石油公司要从油价中收取品牌宣传的成本，甚至一部分场地租金的收入也是通过提高供货价来实现的，但是石油公司在设定进站价的时候，通常不是考虑这些因素，而是主要参考竞争对手的价格，也就是说，这个价格是市场导向而不是成本导向的。划区定价是指划分不同的"进站价"价区：在同一价区内，所有的自有他营站支付同样的进站价；该区内，也可以有自营站，但通常不包括中间商供应的加油站。

大石油公司利用划区定价，无需在更广泛的范围内降价，就能锁定打击新竞争者。通过精确锁定竞争对手进行降价打击，大公司能够阻止新竞争者投资加油站（加油站需要很大的固定资产投入），从而预防他们大规模扩张所引起的更大范围的降价损失。

划区定价使得拥有加油站的品牌石油公司能从位置较好的加油站获取收益——这种收益如果不由石油公司获取，就会归租站经营者所有，美国消费者是得不到的。划区定价使得石油公司和租站经营者之间的风险合理分配，双方的利益协调一致。划区供应可以帮助维持划区定价，从而促进价格趋向有利于竞争的方向发展。划区供应还可以防止中间商用"摘樱桃"的方式选取利润最高的加油站进行供应，从而提高物流系统的效率，扩大分销的规模和范围，避免分销资产的重复投资。无论是关于石油行业纵向限制的经济理论还是实践调查，都证实了上述说法。

第14章

能源转型与可持续发展的平衡

油气行业面临三重挑战，既要满足不断增长的能源需求，又要满足能源需求的低碳化和清洁化，还要面对新能源在一次能源消费结构中的竞争和电气化在二次能源消费结构中的挑战。能源转型中，在可再生能源有效产能还没有到位之前，就大规模减少化石能源的投资，再加上能源技术创新的不确定性，可能导致额外的能源价格波动。如果没有成熟的商业模式和突破性的技术进步，过于激进的能源政策会引发价格的巨幅波动。本章主要从资源供应的角度，来探讨一次能源与替代能源。

世界能源供应来源与消费结构

能源替代竞争研究构架和清洁能源定义

能源的替代竞争体现在供应端和需求端。常规能源一般是指技术上比较成熟且已被大规模利用的能源，包括煤炭、石油、天然气、水能、核能、薪炭材、农作物秸秆和其他柴草等。新能源一般是指在新技术基础上加以开发利用、尚未大规模利用的替代能源，包括太阳能、生物质能、风能、地热能、海洋能、波浪能、洋流能和潮汐能，以及海洋表面与深层之间的热循环、氢能、沼气、乙醇、甲醇等。技术突破会改变市场供需，推动能源转型，在新能源发展上尤为突出。

由于对环境的影响程度认知不同和能源政策取向不同，各国对清洁能源的定义亦有差异，既有按照能源使用对环境的影响程度来划分的，也有将能源的清洁利用本身就当作清洁能源定义的。清洁能源通常按照一次能源品种来划分，而氢和电不是划分标准。

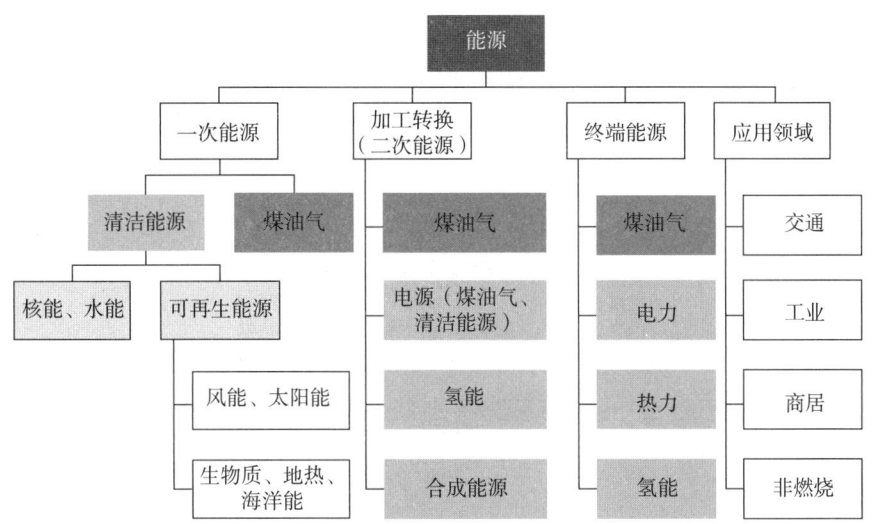

能源替代竞争研究构架和清洁能源的定义

资料来源：英国石油，美国能源信息署，捷诚能源。

美国清洁能源概念包括水能、风能、太阳能、核能、地热、生物质等，但是不包括天然气。欧洲清洁能源相当于脱碳能源，特指可再生、生物质和终端清洁技术，包括水能、风能、太阳能、地热、生物质、氢能等，天然气、核能是否属于可持续能源尚有争议。中国清洁能源概念包括天然气、水能、风能、太阳能、地热、生物质能、核能和氢能等。核能也是中国语境的清洁能源、脱碳能源。氢能特指绿氢。虽然国内外对于清洁能源的定义有所差异，但都是为了满足人类可持续发展目标。

消费者燃料和原料选择权

能源转型的本质是满足消费者行使燃料和原料的选择权。清洁、低碳和环保是消费者燃料和原料的一项选择权。能源转型是从高碳走向低碳，脱碳加氢的过程，是从油气资源走向矿产材料，从燃料需求走向原料和材料需求，从供应驱动走向需求驱动。不管是传统能源还是新能源，企业只有满足消费者的燃料和原料选择权，才有成功的可能。

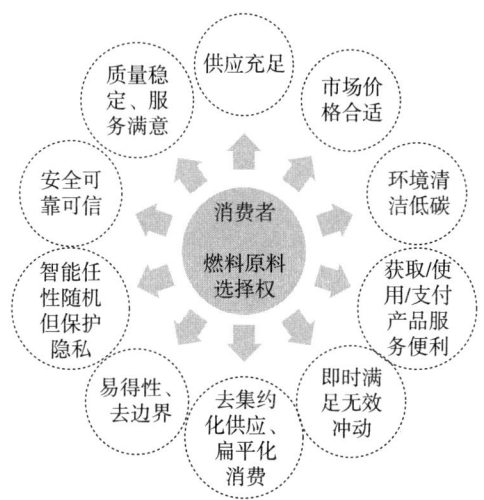

消费者燃料和原料选择权

资料来源：捷诚能源。

世界一次能源供应来源

一次能源（Primary Energy）是指在自然界现存在，可以用一定技术开发取得，没有经过加工改变其性质和转换的天然能源，在少数情况下以原始形式使用。世界一次能源供应总体呈增长趋势，来源结构多元化。

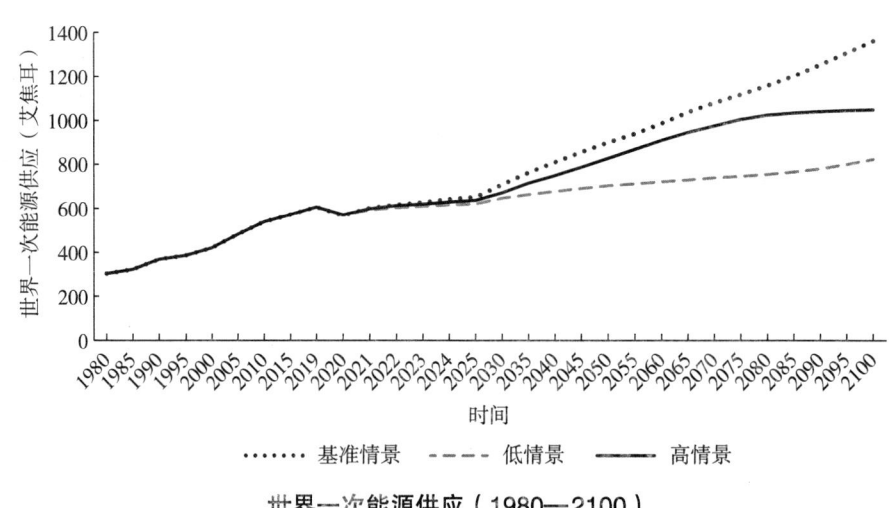

世界一次能源供应（1980—2100）

资料来源：国际能源署，壳牌，捷诚能源。

世界一次能源消费总量

综合各家机构的分析,世界一次能源消费达峰后,逐步下降。

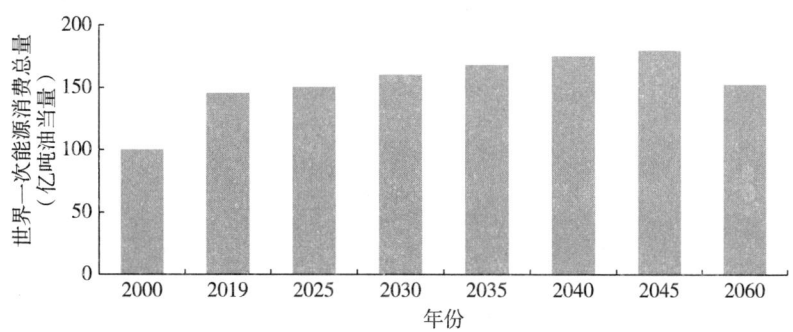

世界一次能源消费总量(2000—2060)

资料来源:国际能源署,欧佩克,英国石油,壳牌,捷诚能源。

世界一次能源结构

随着可再生能源比例不断提升,世界一次能源消费结构加快低碳化。传统化石能源仍需保持一定比例,起到能源系统压舱石和稳定器的作用。

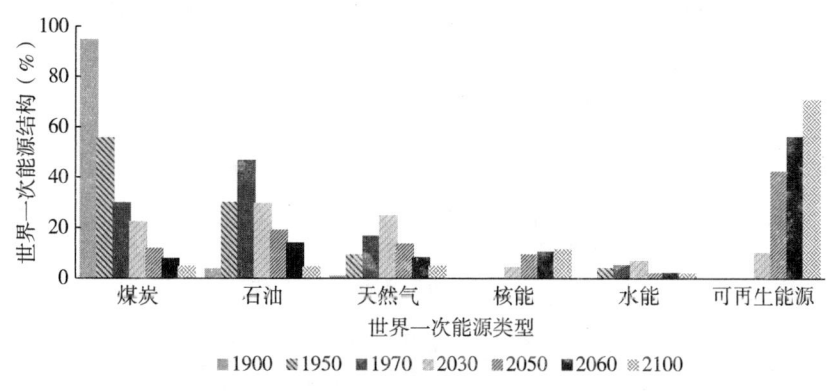

世界一次能源消费结构(1900—2100)

资料来源:国际能源署,美国能源信息署,国际可再生能源协会,壳牌,捷诚能源。

世界一次能源领域演变速度

一种新兴能源技术从实验室可行到实现1%商业贡献,大致需要30年。在占到市场份额1%之后,还需要几十年达到相对高的比例。新能源技术从技术创新—工程验证—商业实践—规模部署仍存在很多的不确定性。

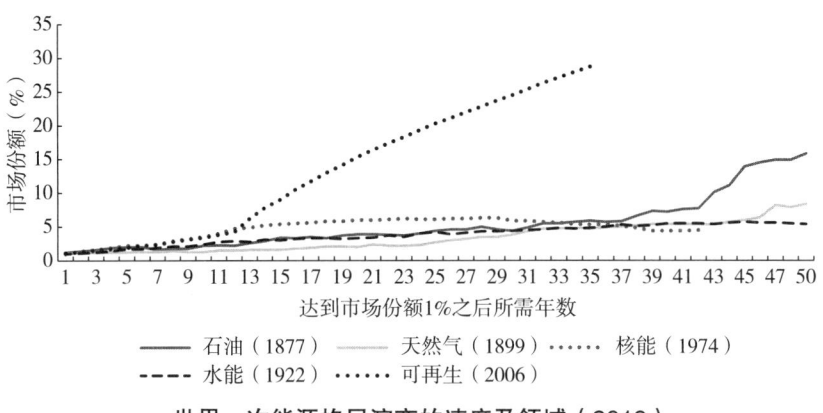

世界一次能源格局演变的速度及领域（2019）

资料来源：英国石油，捷诚能源。

世界能源需求峰值

2014年油价暴跌后，石油供应峰值论（Peak oil supply）转向了石油需求峰值论（Peak oil demand）。供应峰值论为新能源的发展创造了机会，而新能源加速了需求峰值论。机构对需求峰值预测时点不同，情景迥异。

世界能源供应和需求峰值（2014—2098）

资料来源：国际能源署，美国能源署，英国石油，壳牌，麦肯锡，捷诚能源。

颠覆性新技术普及速度

重大技术的发展遵循S形曲线，先是指数级增长，然后是线性发展，最后是对数变化。从汽车到电话和互联网，颠覆性新技术的普及速度越来越快。技术初期增速较缓，发展期技术不断突破而成本迅速下降，直至技术普及而市场渗透率接近饱和。

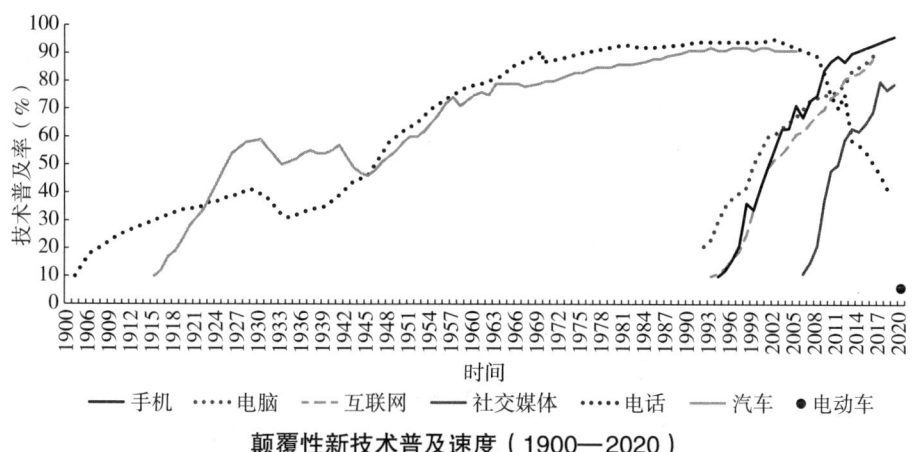

颠覆性新技术普及速度（1900—2020）

资料来源：哈佛商业评论，落基山研究所，捷诚能源。

世界石油替代量

电动车替代、在家办公、塑料回收及燃油效率提高均减少石油消费。

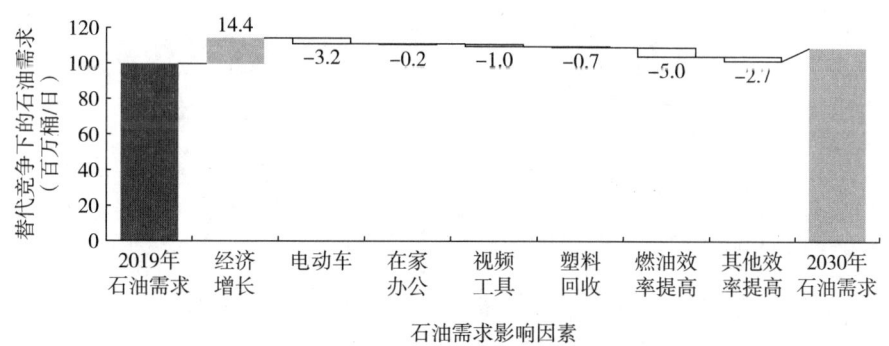

世界石油替代量（2030）

资料来源：国际能源署，高盛研究部，捷诚能源。

2℃计划达标所需石油需求

相对于 1850 年,到 2100 年,全球地表温度上升 2℃是公认的气候红线。如果超过 2℃,许多地区将面临灾难。如果 2℃目标能够实现,那么倒推理论石油需求,2040 年到五六千万桶/日,2050 年降低到 4300 万桶/日。

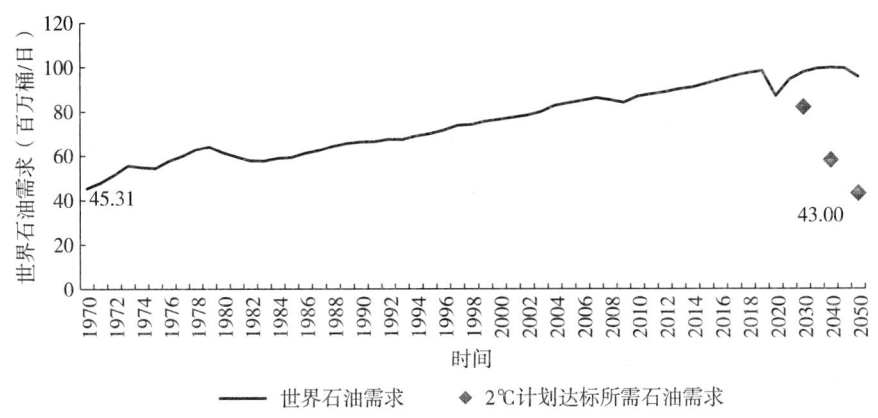

气候变化 2℃应对计划对石油需求的影响(1970—2050)

资料来源:国际能源署,壳牌,英国石油,捷诚能源。

1850—2100 年平均气温上升度数

目前来看,从 1850—2100 年,地球地表温度升高不超过 2℃的目标实现起来难度较大。

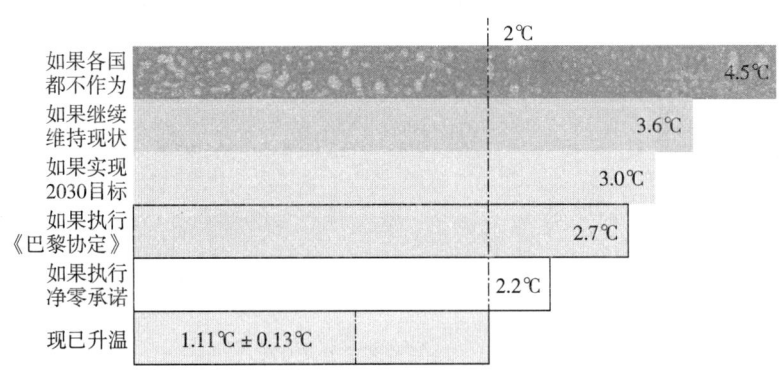

地表平均气温上升度数(1850—2100)

资料来源:联合国环保署,世界气象组织,气候行动追踪组织,捷诚能源。

美国一次能源结构

美国一次能源结构中，石油逐步下降，而可再生能源大幅上升。普林斯顿大学的美国2050碳中和路径认为，当化石能源占比达到35%时，全社会总成本最低。

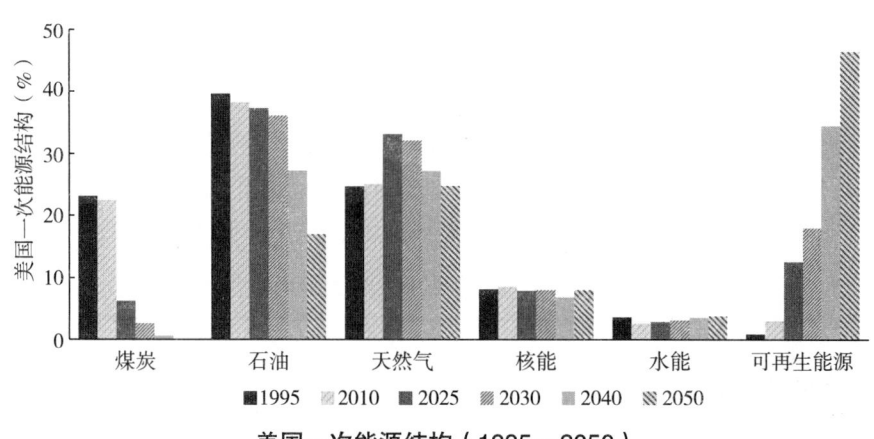

美国一次能源结构（1995—2050）

资料来源：美国能源信息署，英国石油，捷诚能源。

中国一次能源结构

中国一次能源结构中，煤炭和石油比例逐渐下降，而可再生能源比例大幅上升。与全球不同，核能和水能均有增长。

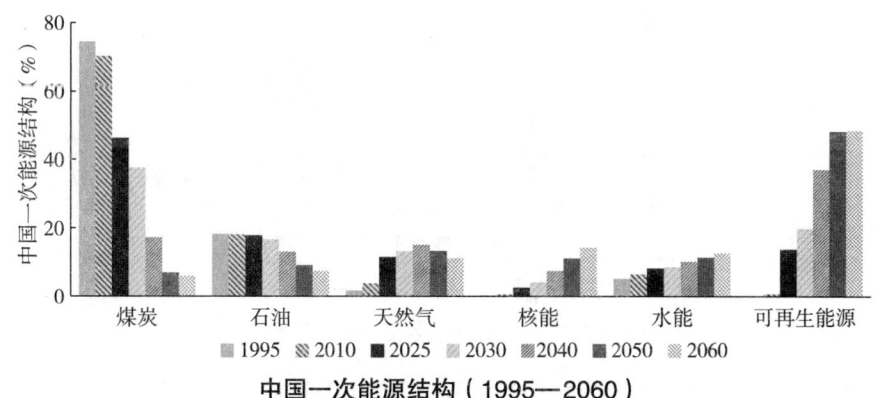

中国一次能源结构（1995—2060）

资料来源：国际能源署，英国石油，中国石油经济技术研究院，捷诚能源。

终端能源消费结构与电气化

电气化之所以对油气行业影响大，是因为全球石油需求的一半以上都用于交通。特别是在中国，以高铁（交通半径1500千米内）、电动车（300千米内）、地铁（40千米内）和电动单车（5千米内）为代表的电气化对交通用油冲击很大，体现了终端消费、基础设施和电气化的高效结合。

世界终端用能结构

终端用能（Final consumption）是指交付给终端消费者用于能源与非能源用途的所有燃料和能源。世界终端能源结构中，石油大幅下降，而电力比例不断上升。

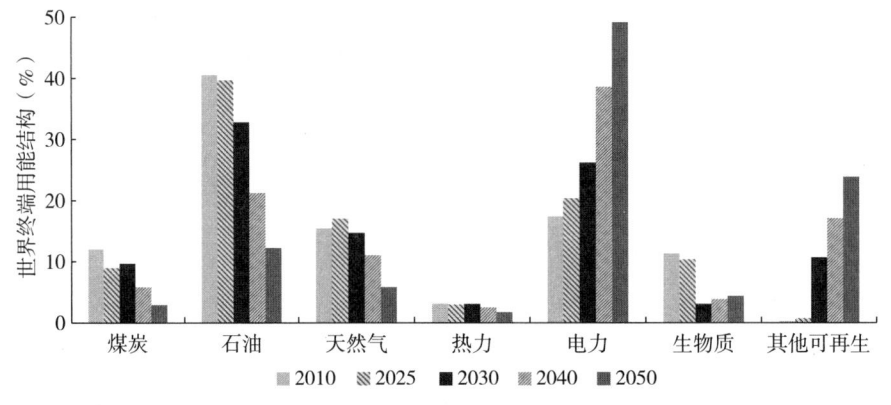

世界终端用能结构（2010—2050）

资料来源：国际能源署，美国能源信息署，英国石油，捷诚能源。

美国终端用能结构

美国终端用能结构中,石油占据主导地位,稳中有降。

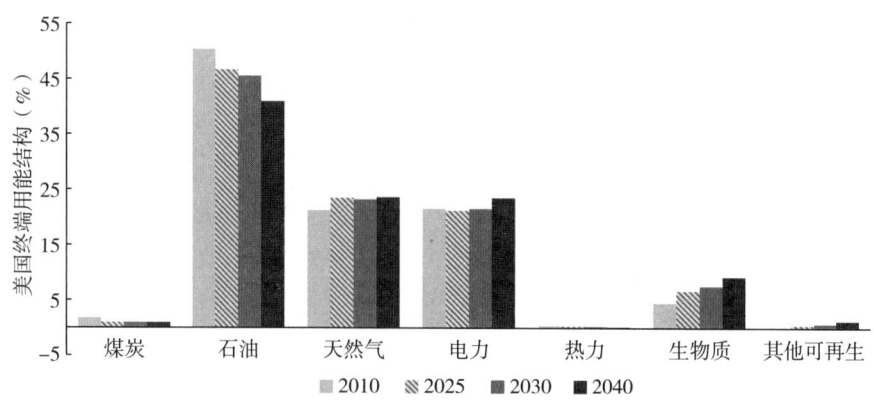

美国终端用能结构(2010—2040)

资料来源:国际能源署,美国能源信息署,英国石油,捷诚能源。

中国终端用能结构

中国终端用能结构中,石油稳中有降,电力比例不断上升。

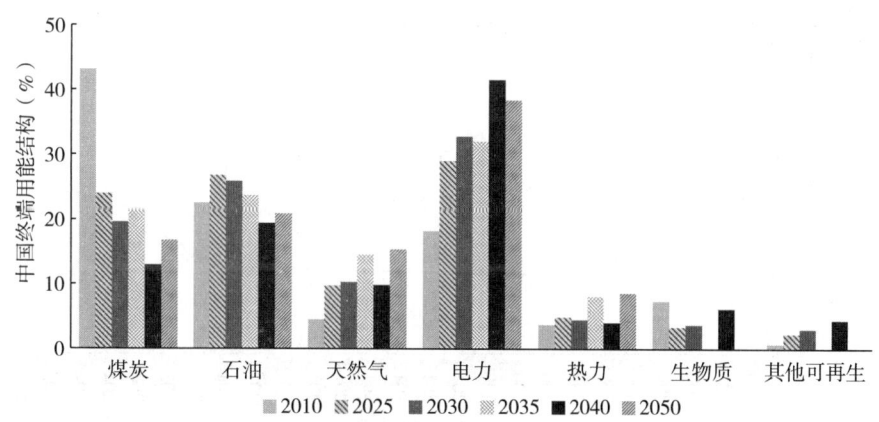

中国终端用能类型(2010—2050)

资料来源:国际能源署,英国石油,中国石油经济技术研究院,捷诚能源。

全球区域电能占终端用能比例

从 1980 年到 2020 年,全球各国电能占终端用能比例不断提升。电气化较高的国家依赖于充足的水电和地热发电。

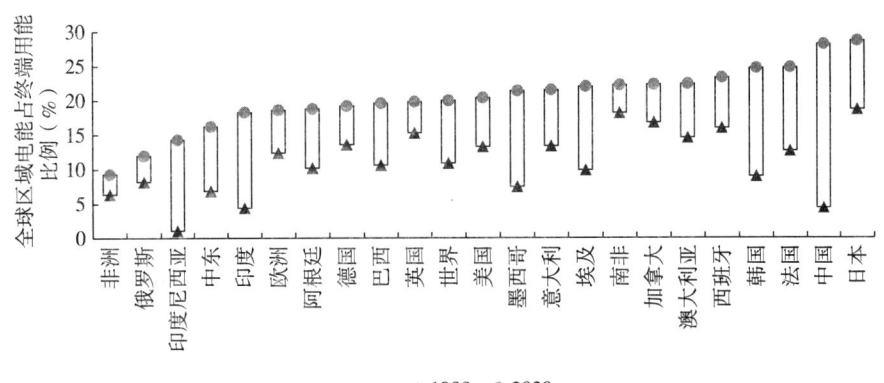

全球区域电能占终端用能比例(1980—2020)

资料来源:国际能源署,国家电网能源研究院,捷诚能源。

世界电能占终端用能比例

电气化水平受到资源禀赋、能源价格、产业结构、经济发展、个人收入和用户消费习惯等多种因素影响。电能在世界终端用能中的比例在高情景下可超过 50%。

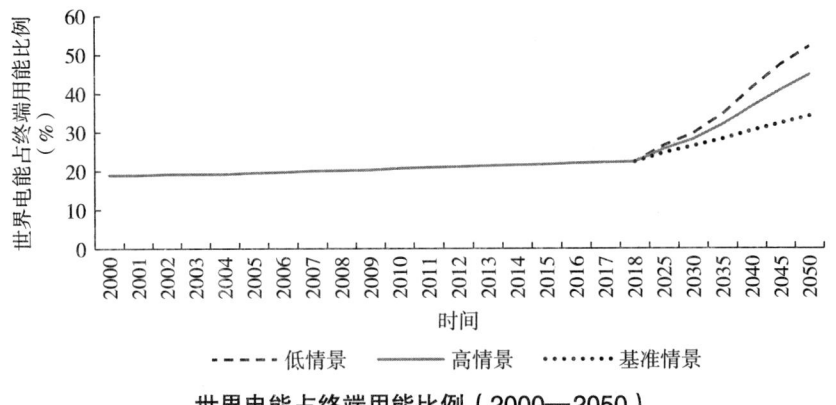

世界电能占终端用能比例(2000—2050)

资料来源:国际能源署,美国能源信息署,英国石油,捷诚能源。

中国电能占终端用能比例

电能在终端能源消费占比并不是越高越好。有研究提出，中国实现碳中和时电能终端最优占比为80%，但这一结论需要进一步验证。

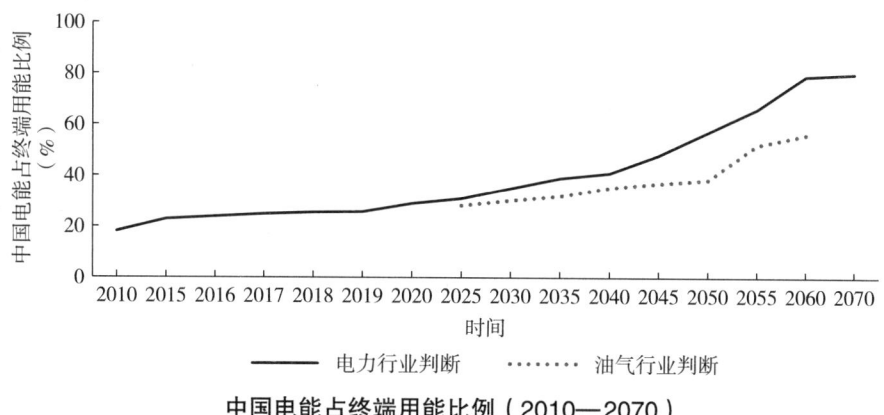

中国电能占终端用能比例（2010—2070）

资料来源：国网能源研究院，清华大学，中国石油经济技术研究院，捷诚能源。

发电燃料来源

美国电厂类型和数量

有低成本或更高效的技术进入市场、燃料价格发生变化或新法规要求对装置进行额外投资以保持合规性时，发电机组运营成本可能超过预期收入或者运营成本超过价值，发电机组会选择退役。美国平均运行的燃煤发电机组为45年，燃煤电厂并没有强制退役时间要求。自2002年以来，美国大约有100吉瓦的燃煤机组已退役，平均运行50年。煤炭发电面临碳减排的持续压力，美国燃煤电厂从2007年的606座减到2020年的284座。同时，可再生发电厂从2007年的929座快速增长到2020年的5918座。

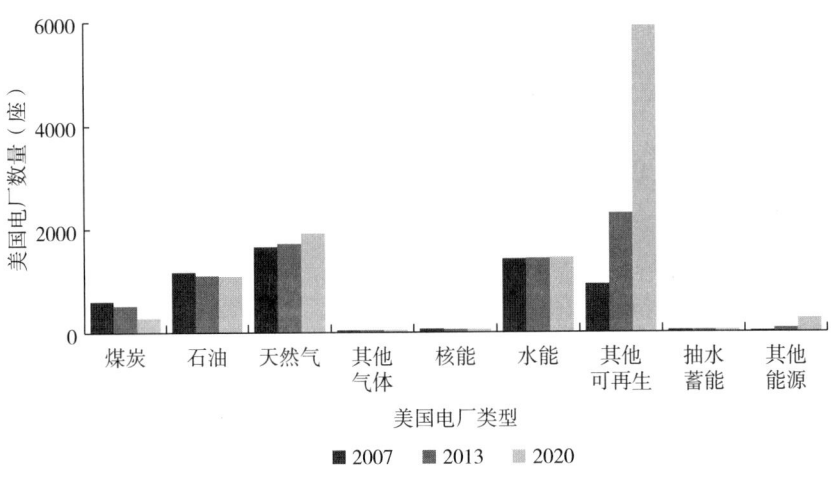

美国电厂类型和数量(2007—2020)

资料来源:美国能源信息署,捷诚能源。

全球区域电源容量系数

容量系数(Capacity factor)是发电系统输出指标,用来衡量发电机的可靠性,比率越接近1:1,电力系统就越稳定。容量系数因发电系统的类型而有很大差异。

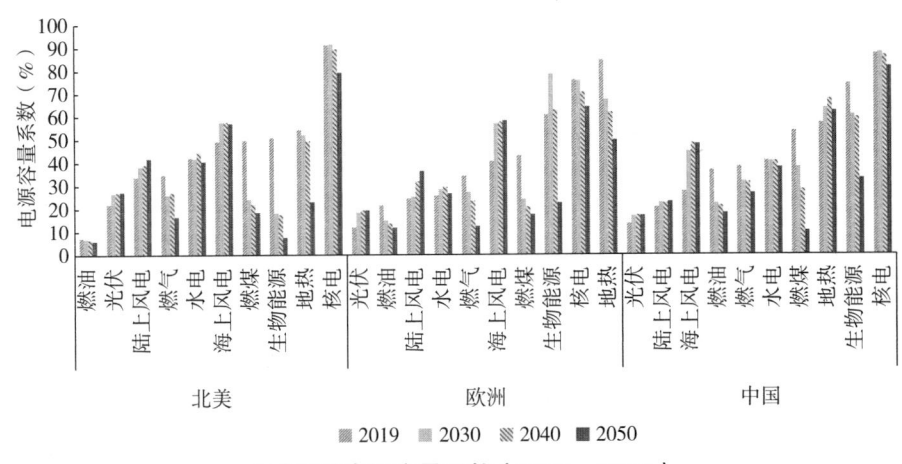

全球区域电源容量系数(2019—2050)

资料来源:国际可再生能源协会,国际能源署,挪威船级社,捷诚能源。

碳中和情景下的中国电力平衡贡献

风电和光伏等新能源大幅增长,但因其间歇性和波动性,不断挑战电网的承受能力。稳定性好、启停方便的电源有助于电力平衡。

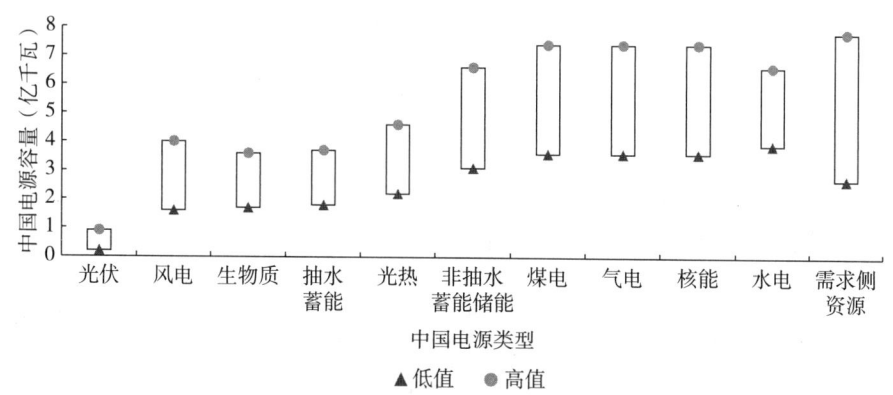

碳中和情景下的中国电力平衡贡献(2020—2060)

资料来源:国家电力投资集团公司,捷诚能源。

清洁能源与发电储能

相对于石油石化装置往往是一体化的庞然大物,风光发电等新能源设施通常分区分片,分散运行。相对于油气生产受天气的瞬间影响小,风光发电存在间歇性特征,靠天吃饭,日内变化大。相对于油气资源在地层深处,风光发电设施暴露在地表上,受地表环境和自然灾害影响大。

世界电源结构

新能源主要通过发电和氢能来与传统能源竞争。如果新能源比例超过40%，电力系统可靠性将面临较大的挑战。世界电源结构中，燃油及高碳发电不断减少。

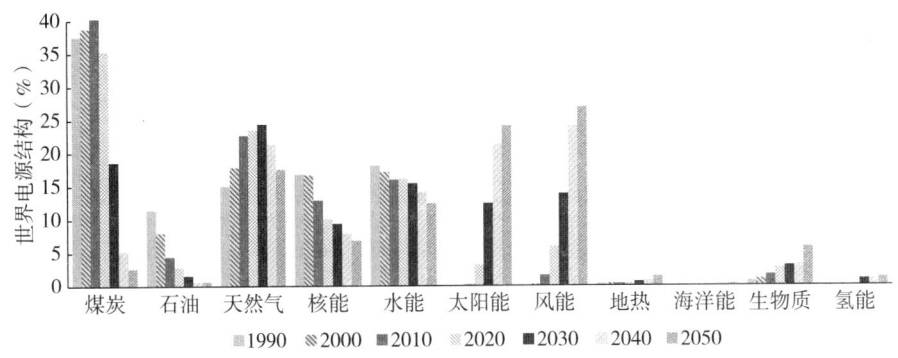

世界电源结构（1990—2050）

资料来源：国际能源署，英国石油，壳牌，美国能源信息署，捷诚能源。

美国电源结构

美国电源结构（Electricity generation by fuel）中，由于自然资源禀赋、环保政策和技术选择等原因，燃油发电已很少，而燃气发电占比高。

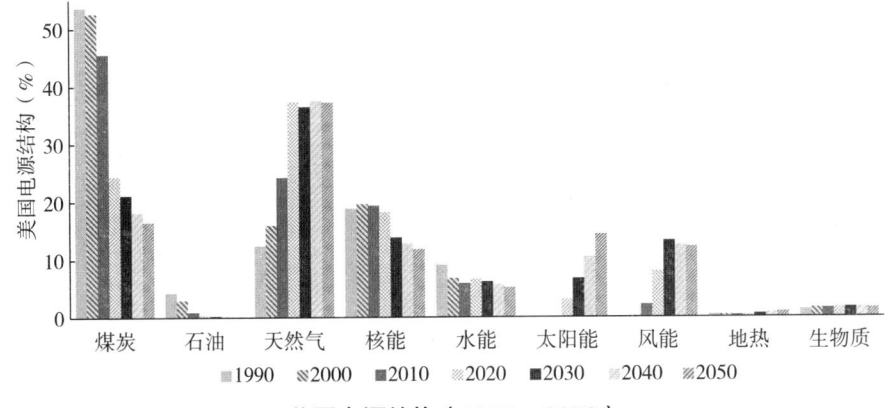

美国电源结构（1990—2050）

资料来源：国际能源署，英国石油，壳牌，美国能源信息署，捷诚能源。

中国电源结构

中国电源结构中，燃油发电已经很低，主要对工商等用户侧应急，而可再生发电不断增长。2021年，作为保障电力安全稳定供应"顶梁柱"和"压舱石"的煤电装机占比低于50%，发电量占比60%，承担了70%的顶峰任务。

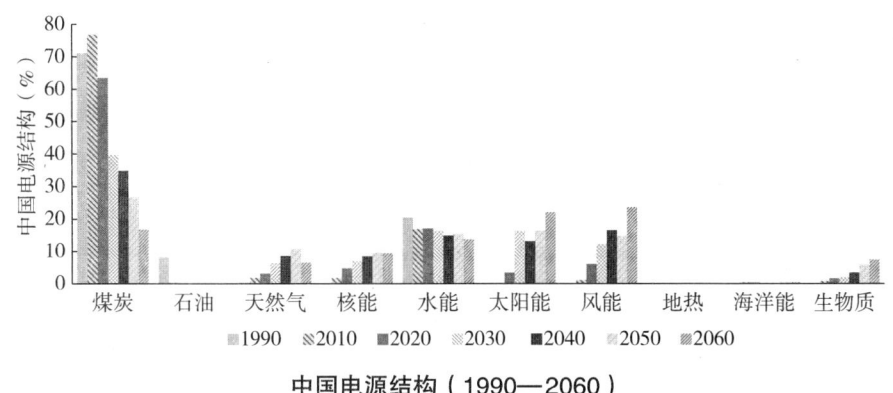

中国电源结构（1990—2060）

资料来源：国际能源署，英国石油，中国石油经济技术研究院，捷诚能源。

清洁能源占世界电源比例

太阳能发电和风电没有原料成本，投资和发电成本不断下降，装机规模和发电量快速增长，引领了世界清洁能源的发展。

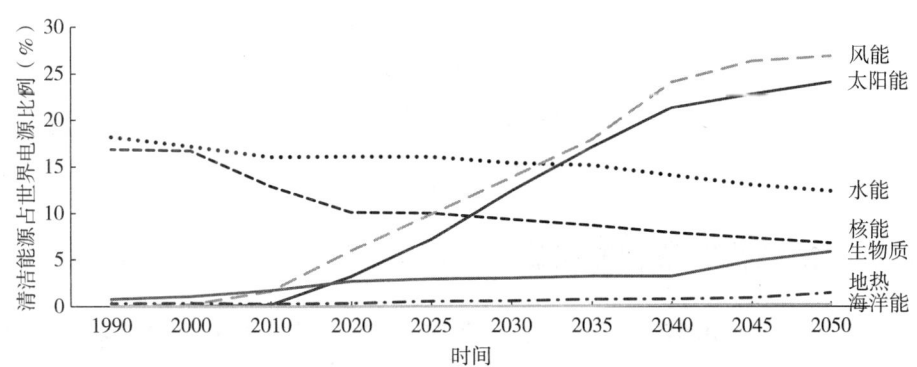

清洁能源占世界电源比例（1990—2050）

资料来源：国际能源署，英国石油，壳牌，美国能源信息署，捷诚能源。

全球区域核电装机容量和发电占比

核能（Nuclear power）发电指利用原子反应堆中核燃料（例如铀）缓慢裂变所释放的热能产生蒸汽，驱动汽轮机再带动发电机发电。核能是通过核裂变产生新的元素，而化学能是产生新的化合物而不产生新元素。如果太阳核聚变能够在地球上复制，释放出几乎无限的清洁、安全和廉价的能源，将满足世界的能源需求。

核聚变是两个轻原子核结合成一个较重的原子核并释放出巨大能量的过程。核聚变不会排放二氧化碳或其他温室气体，不像核裂变那样生成长寿命放射性废物。截至2020年年底，全球在役442座和在建52座核电反应堆，占世界总发电量的比例为10.2%，到2050年核电比例在高情景下约为12%，而在低情景下约为6%。

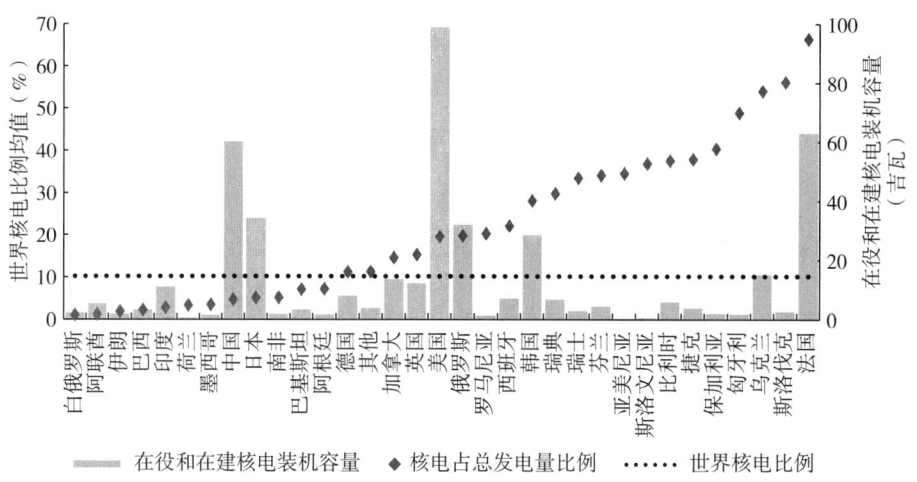

全球区域核电装机容量和发电占比（2020）

资料来源：国际原子能组织，国际能源署，捷诚能源。

世界核能装机容量和发电量

世界核能发电装机容量和发电量均有增长。核能发电量增长主要来源于中国、印度以及非洲等地区。由于社会发展、政治经济问题和机组退役等因素，美国和欧洲的核能发电量降低。

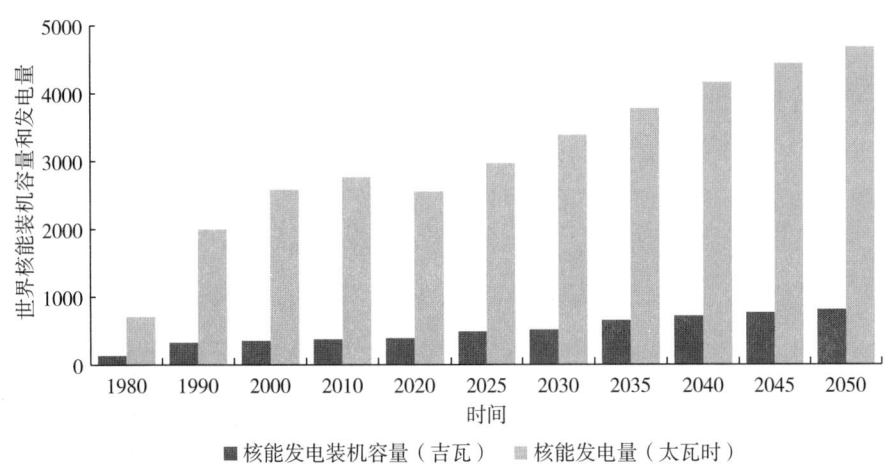

世界核能装机容量和发电量（1980—2050）

资料来源：国际原子能组织，国际能源署，捷诚能源。

世界水能发电装机容量和发电量

水力（Hydroelectric power）发电指利用水位落差（势能）转为水轮机的机械能，再以机械能推动发电机产生电能。水电受降水、天气、地质环境、选址、生态变化和经济性等因素影响。

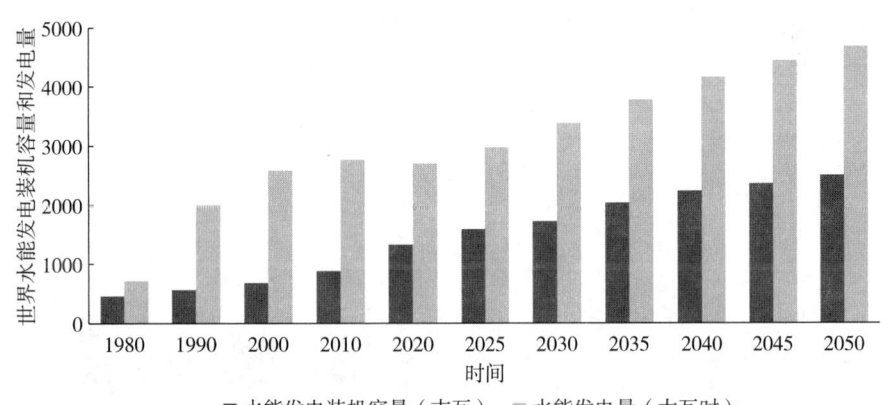

世界水能发电装机容量和发电量（1980—2050）

资料来源：国际可再生能源署，国际能源署，捷诚能源。

世界太阳能光伏发电装机容量和发电量

太阳能光伏（Solar photovoltaic）发电是利用太阳能电池直接将太阳能转换成电能。由于技术的进步、政策引导、资本推动、规模效应和争先恐后的实践，太阳能光伏发电装机容量和发电量均快速上升，同时成本不断下降。

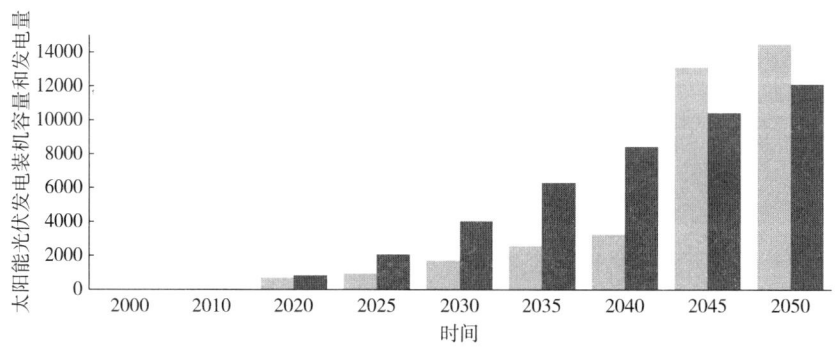

世界太阳能光伏发电装机容量和发电量（2000—2050）

资料来源：国际可再生能源署，国际能源署，捷诚能源。

世界太阳能光热发电装机容量和发电量

太阳能光热（Solar CSP）发电是指利用大规模阵列抛物或碟形镜面收集太阳热能，通过换热装置提供蒸汽，结合传统汽轮发电机的工艺发电。太阳能光热发电装机容量和发电量在经历了初期缓慢发展之后，将快速发展。

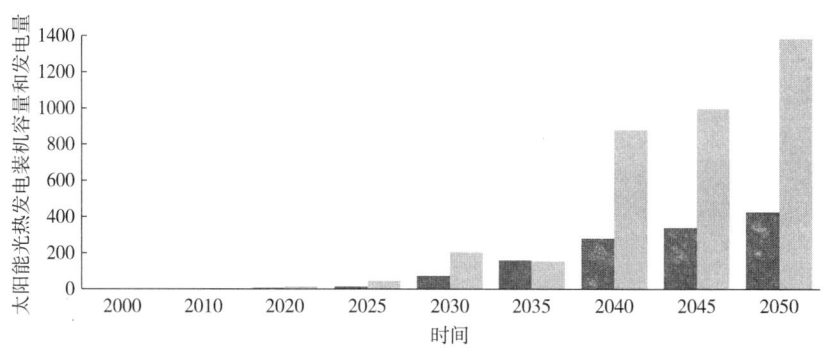

世界太阳能光热发电装机容量和发电量（2000—2050）

资料来源：国际可再生能源署，国际能源署，捷诚能源。

世界风能发电装机容量和发电量

风力（Wind power）发电机组利用风力带动风车叶轮旋转，将风能转化为机械能，发电机再将机械能转化为电能。世界风能资源丰富，风能发电装机容量和发电量稳步增长，并入电网成本不断下降，但尚需解决上网消纳、空间占用、生态影响、老旧风机处理等问题。

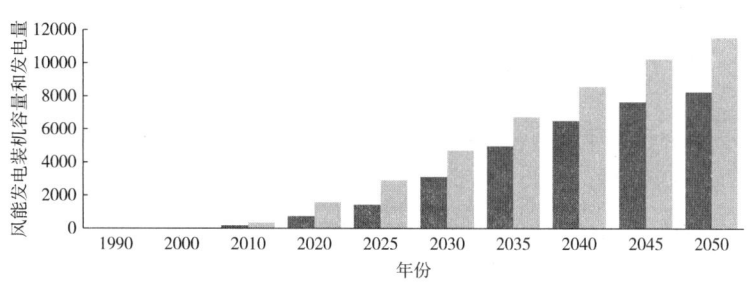

世界风能发电装机容量和发电量（1990—2050）

资料来源：国际可再生能源署，国际能源署，捷诚能源。

风机叶轮规模

大型风力发电机的叶轮（Wind turbine）直径可跨越 250 米，即使不算塔架的高度，也是巨无霸结构，堪比埃菲尔铁塔。不断提高的单机发电量对于生态空间的要求越来越高。

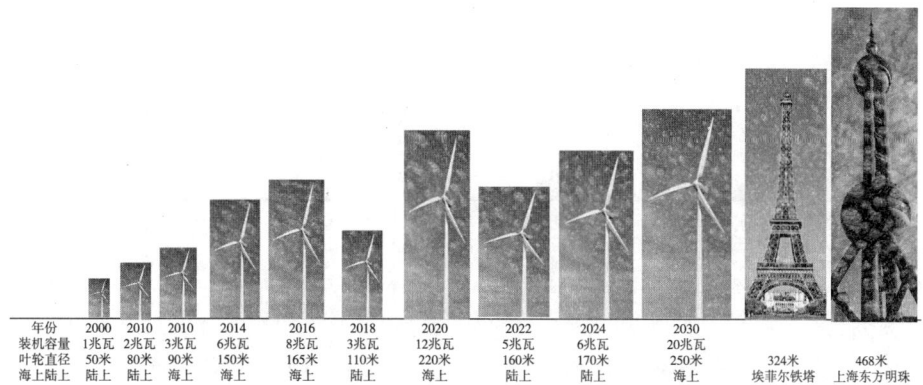

风机叶轮规模示意图（2000—2030）

注：图片仅作示意，实际讨论的是叶轮直径的对比，不包括塔架高度。
资料来源：国际能源署，捷诚能源。

世界地热发电装机容量和发电量

地热能（Geothermal）发电是利用地下热能转变为机械能，然后把机械能转变为电能。地热能量来自于地球内部的力量。世界地热资源丰富，发电装机容量和发电量持续增长。

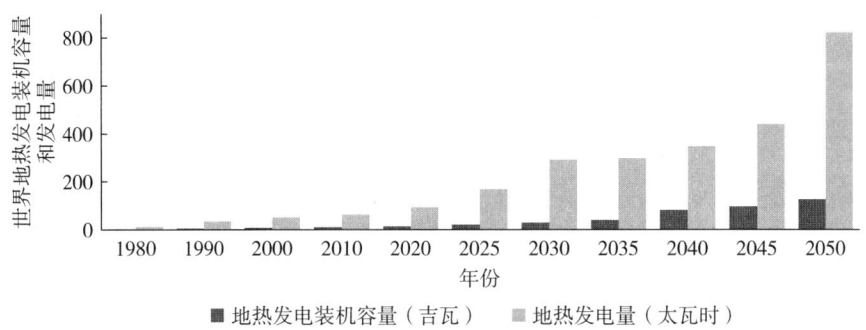

世界地热发电装机容量和发电量（1980—2050）

资料来源：国际可再生能源署，国际能源署，壳牌，捷诚能源。

世界地热直接利用领域

地热能开发利用技术不断创新，开发利用量逐年增加，效率不断提高，主要用于直接利用（供暖、制冷、工业干燥、康养、游泳、旅游、种养殖等）和发电。

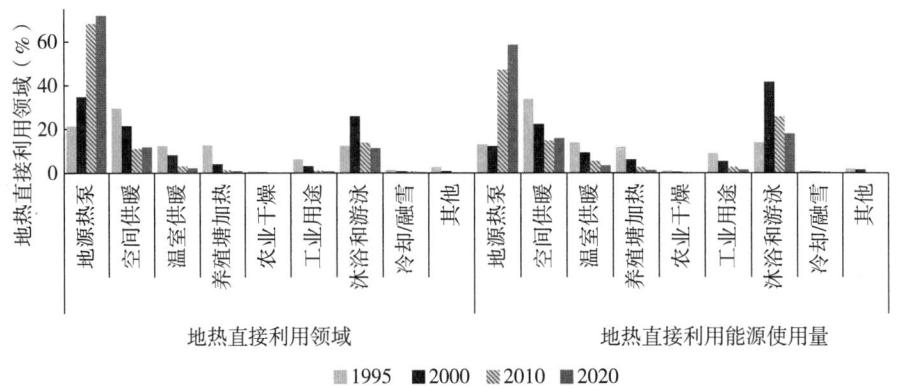

世界地热直接利用领域（1995—2020）

资料来源：世界地热大会，科罗拉多大学，捷诚能源。

世界海洋能发电装机容量和发电量

海洋能（Marine）中的潮汐能发电是利用潮汐的动能和势能，推动水轮机旋转带动发电机发电。海洋资源潜力大，世界海洋能发电装机容量和发电量将快速增长。

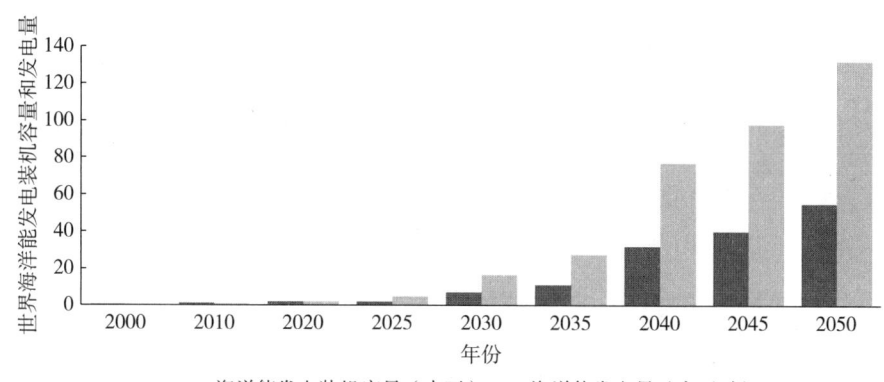

世界海洋能发电装机容量和发电量（2000—2050）

资料来源：国际可再生能源署，国际能源署，中国海油气电，捷诚能源。

世界生物质发电装机容量和发电量

生物质发电（Biomass）的原料众多，包括纤维素材料、垃圾、废水、动物废料和其他有机垃圾。

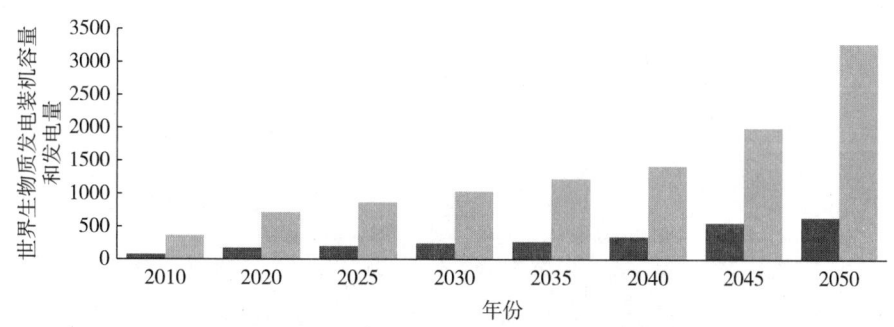

世界生物质发电装机容量和发电量（2010—2050）

资料来源：国际可再生能源署，国际能源署，捷诚能源。

世界抽水蓄能发电装机容量和发电量

抽水蓄能发电（Hydroelectric pumped storage）是利用电力系统负荷低谷时的电能抽水至上水库，在电力负荷高峰期再放水至下水库发电。抽水蓄能电站是储能的一种重要形式。

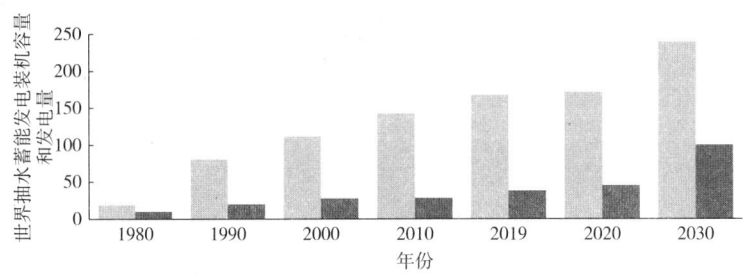

世界抽水蓄能发电装机容量和发电量（1980—2030）

资料来源：国际可再生能源署，国际能源署，国际水电协会，捷诚能源。

电力平衡周期和储能技术

能源是系统工程，应急依赖于储能。储能是指通过介质或设备把能量以某种形式存储起来，在需要时再以特定的形式释放出来的过程。储能的核心是能量在时间和空间上的移动，本质是让能量更加可控。储能方式包括抽水蓄能和电化学储能等，需实现以日、周和季度为单位的长时储能。

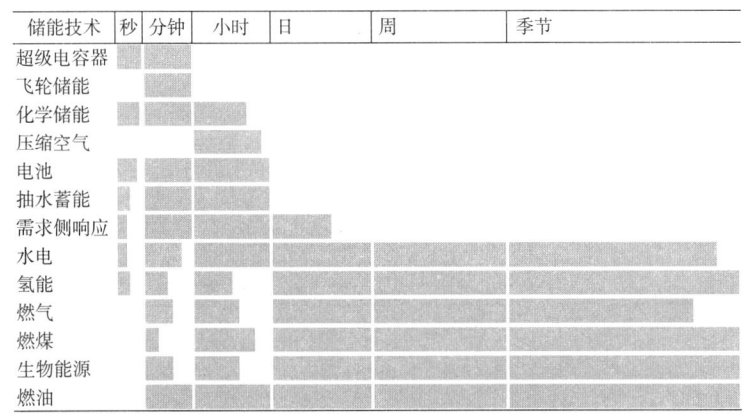

电力平衡周期和储能技术（2022）

资料来源：英国石油，西门子，捷诚能源。

调峰电源成本和响应时间

电网调峰时，根据负荷变化速率的不同，需要不同响应速度的调峰电源。随着高比例可再生能源的发展，频繁启停增加电力灵活性的成本，促使响应快速、变负荷能力强的灵活调峰电源也不断发展。在电力系统中，灵活调峰电源至少要达到总装机的10%～15%。

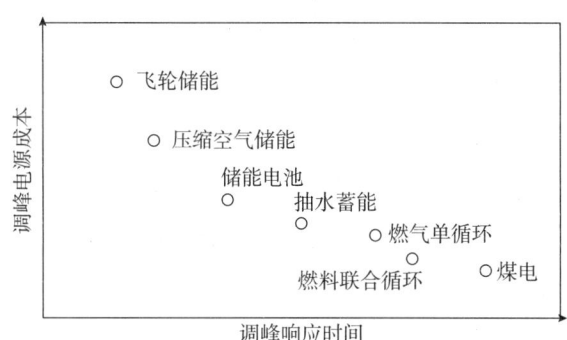

调峰电源成本和响应时间（2022）

资料来源：中国科学院，中国海油气电，捷诚能源。

世界储能规模

截至2021年年底，全球已投运抽水蓄能和锂电子电池等储能项目累计装机规模达209.4吉瓦。

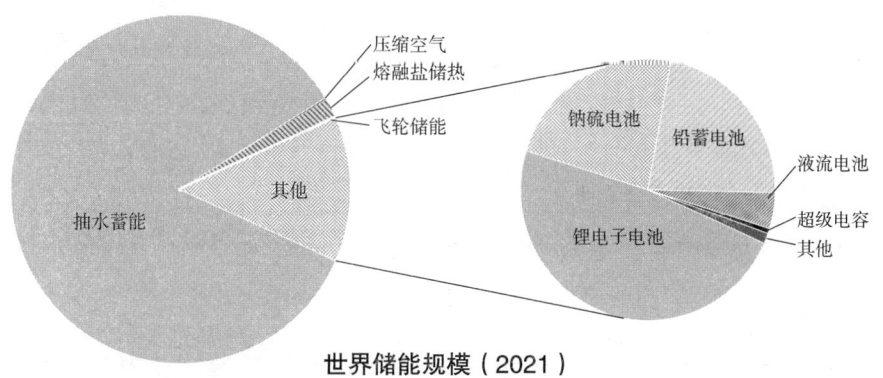

世界储能规模（2021）

资料来源：中国能源研究会储能专委会，国际水电协会，捷诚能源。

经典观点与经验分享

李俊峰　国家应对气候变化战略研究和国际合作中心研究员

世界各国的经验表明，实现碳中和的基本路径是逐步扩大电力消费在终端用能中的比例，同时逐步实现电力系统的深度脱碳，最终实现电力系统的碳中和或净零排放。

中国是全球最大的能源消费国和生产国，经历千辛万苦，花费了70多年的时间，建立起了以煤炭为基础的庞大的能源体系，现在开展碳达峰、碳中和的工作，进行能源转型难度很大，既要承认能源转型的难度，也要树立能源转型的决心、可以转型的信心和不断转型的恒心，再用40年的时间，完成能源系统的脱胎换骨，全面建成清洁低碳安全高效的能源系统，为国家的碳达峰、碳中和目标愿景做出新的贡献。

实现非化石能源占比的提高，水电、生物质发电和核电装机已经基本确定难以大幅度增加，唯有风电和光伏发电还有较大的发展潜力。按照每年新增非化石能源发电量2000亿千瓦时计算，风光的贡献率大约在60%左右，即平均每年新增发电量1200亿千瓦时，按照风光各半计算，风电每年新增装机容量应不少于3000万千瓦，光伏应不少于5000万千瓦。换一个角度考虑，如果按照电力规划部门研究，"十四五"期间电力需求的增速在4%左右，则2025年相应的全社会发电量在9.3亿千瓦时左右，"十四五"期间非化石能源年均新增发电量将达到2500亿千瓦时，在不考虑扩大水电、生物质和核电贡献率的条件下，风光年均增量分别是4500万千瓦、7000万千瓦。综合以上两种考量，风光装机年均新增需要在8000万～12000万千瓦之间。"十五五"期间，非化石能源发电增量更大，年均增量在3000亿千瓦时左右，风光需要承担更大的责任。2030年12亿千瓦的风光发电装机容量只是一个下限，今后十年风光的年均新增装机规模需要维持在1.2亿千瓦左右，才能满足非化石能源占比提高的要求。

第15章

氢能、碳达峰与碳中和

氢能供需

氢存在形式和一千克氢能做什么

氢（Hydrogen）位于元素周期表首位，是地球的重要组成元素，也是宇宙中最常见的物质（约占宇宙已知物质总质量的75%）。氢是二次能源，而不是一次能源，不像煤、油、气可直接从地下开采，而是由化石燃料或水通过化学反应制取。氢能是指氢气和氧气发生化学反应，氢氧原子生成水分子过程中释放的化学能。氢在常温常压下为气态，在超低温高压下为液态，是燃料、原料、能源载体和储能介质。可再生能源降低了制氢成本，而氢能成为理想的电力储运载体。氢能在终端的应用也拓宽了可再生能源市场。

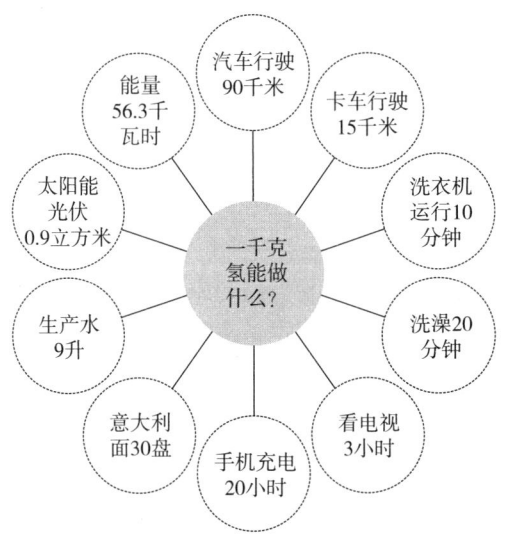

氢存在形式和一千克氢能做什么

资料来源：壳牌，《氢能革命》，捷诚能源。

氢能生产方式和颜色

根据生产来源的不同,分为灰氢、蓝氢、绿氢等八种类型。氢的颜色多,说明市场认知不统一,商业化模式不成熟。目前,主要是灰氢。

氢能生产方式和颜色(2021)

类型	生产方式
绿氢 Green	电解水制氢,使用生物质、水电、风电和太阳能等可再生电力
紫氢 Purple	电解水制氢,使用核电
黄氢 Yellow	电解水制氢,使用电网供电
白氢 White	工业生产的副产品
青氢 Turquoise	气基甲烷热解
灰氢 Grey	甲烷蒸气转化
蓝氢 Blue	甲烷或煤炭蒸气转化,且碳捕捉和储存
棕氢 Brown	煤炭等化石能源气化重整

资料来源:北美运输效率理事会,捷诚能源。

世界终端氢能供应来源

长期来看,氢能供应主要源于太阳能和风能等可再生能源。

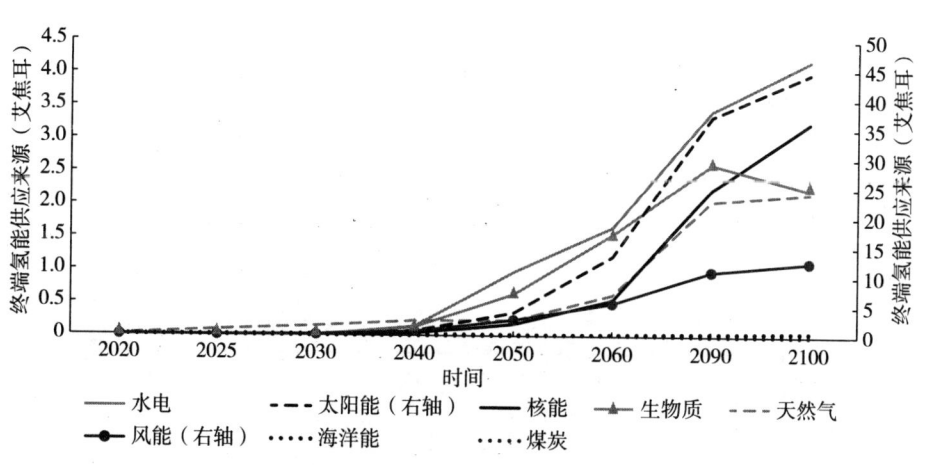

世界终端氢能供应来源(2020—2100)

资料来源:壳牌,捷诚能源。

世界氢能应用领域

世界氢能应用领域包括终端用能、建筑、制造和交通等。

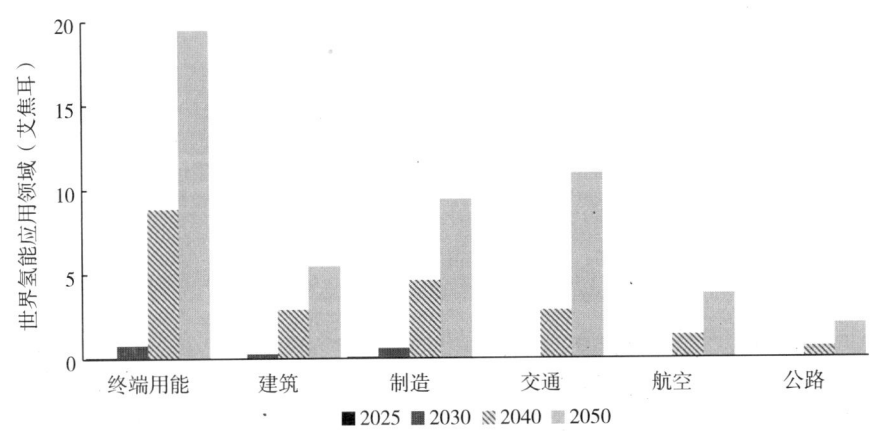

世界氢能应用领域（2025—2050）

资料来源：挪威船级社，壳牌，捷诚能源。

中国氢气需求

在政策激励和资金支持下，中国氢气需求快速上升。

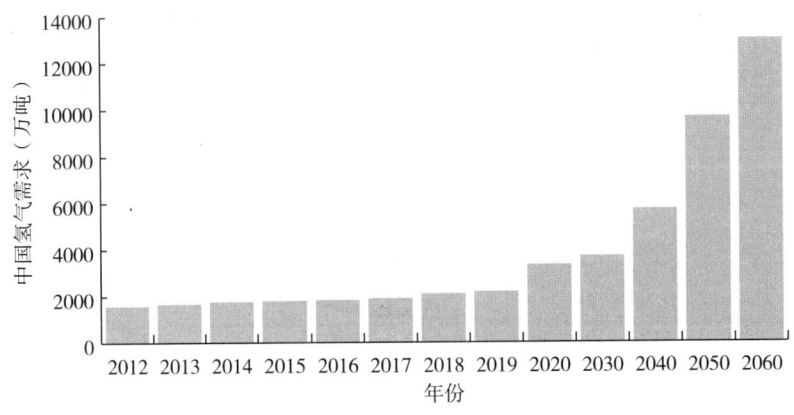

中国氢气需求（2012—2060）

资料来源：中国氢能联盟，捷诚能源。

中国氢能应用领域

中国氢能应用领域为工业、交通、发电和建筑等。

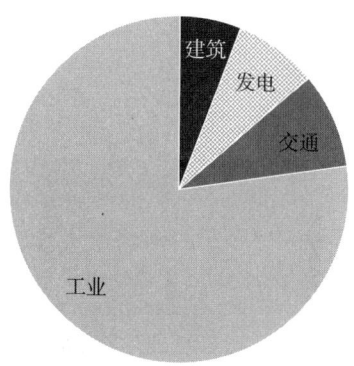

中国氢能应用领域（2060）

资料来源：中国氢能联盟，捷诚能源。

全球区域加氢站

各国的加氢站技术路线大相径庭。在政策引导和资本推动下，中国引领全球加氢站快速增长。

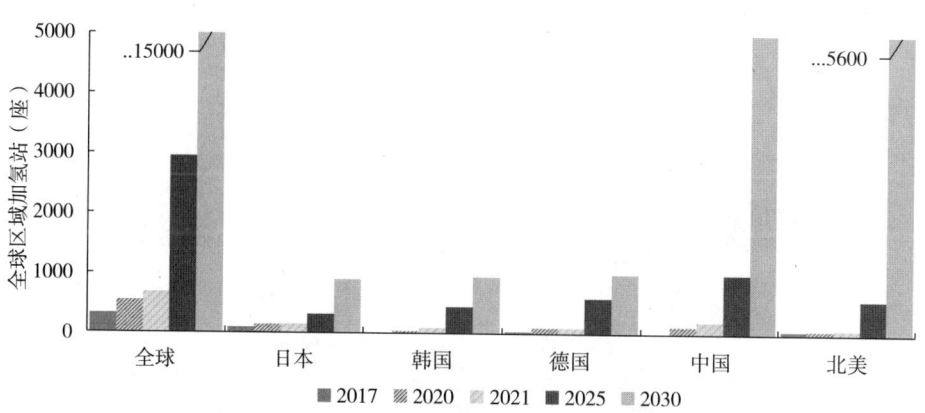

全球区域加氢站（2017—2030）

资料来源：国际加氢站协会，捷诚能源。

全球区域电动车与燃料电池车保有量

全球纯电动车和燃料电池车保有量快速增长。燃料电池适用于重卡、房车和游艇等。

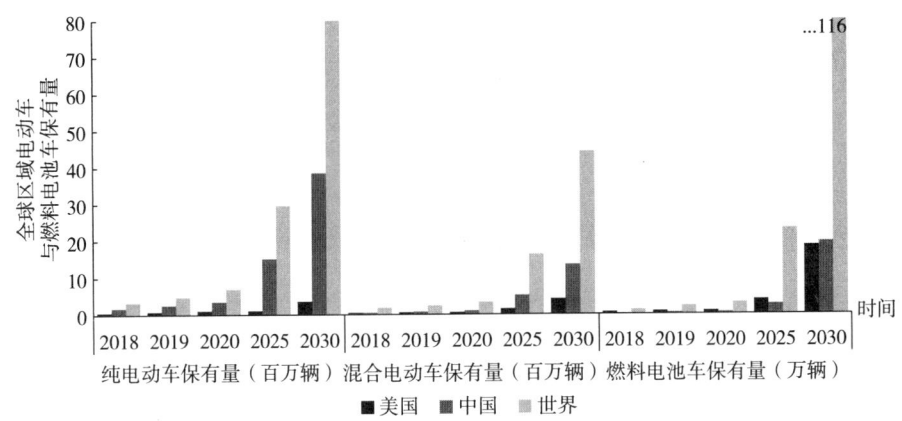

全球区域电动车与燃料电池车保有量（2018—2030）

资料来源：国际能源署，捷诚能源。

加氢站加氢流程

在加油站，车主完全可以拿起加油枪，自助给车加油，因为复杂危险的加工环节在炼油出厂之前基本完成。日常救火用的消防水压力通常是0.1兆帕（10千克）。而加氢压力很高，让消费者自己操作不安全也不方便。

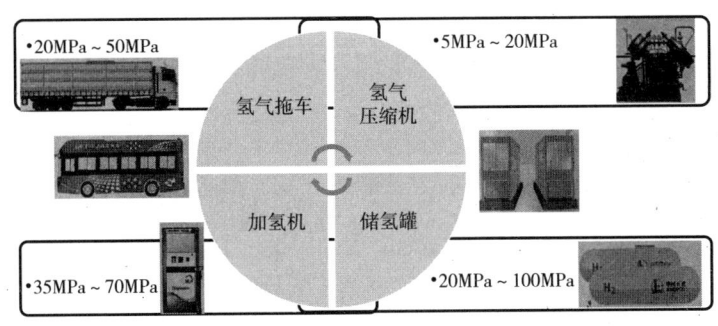

加氢站加氢流程（2021）

资料来源：中国石化，捷诚能源。

氢能经济性

全球区域液氢产业链成本

氢气储运相对复杂，不同运距，适合不同的运输方式。

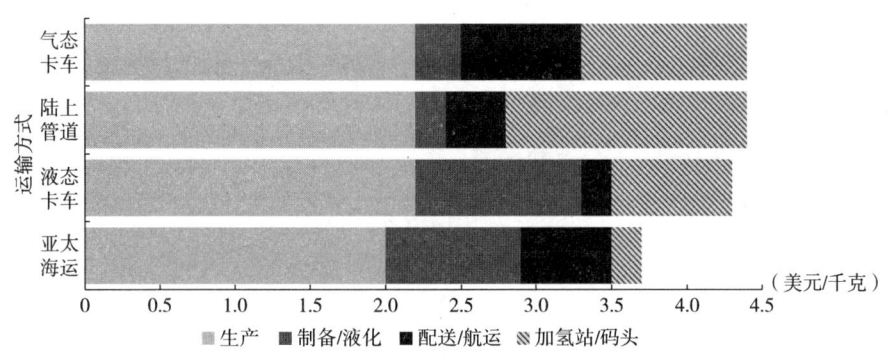

全球区域液氢产业链成本（2030）

资料来源：麦肯锡，《中国氢能平价之路》，捷诚能源。

全球区域工业氢气成本

随着技术不断突破和可再生成本下降，全球工业氢气成本总体不断降低。

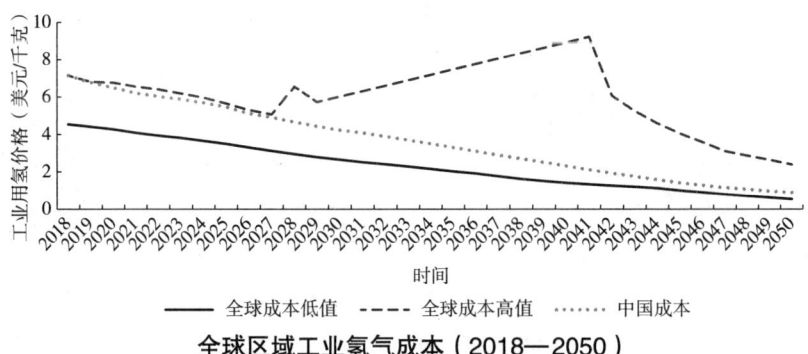

全球区域工业氢气成本（2018—2050）

资料来源：挪威船级社，捷诚能源。

中日加氢站投资比较

加氢站的初始投资包括设备购置、土建投资、土地成本和其他费用。

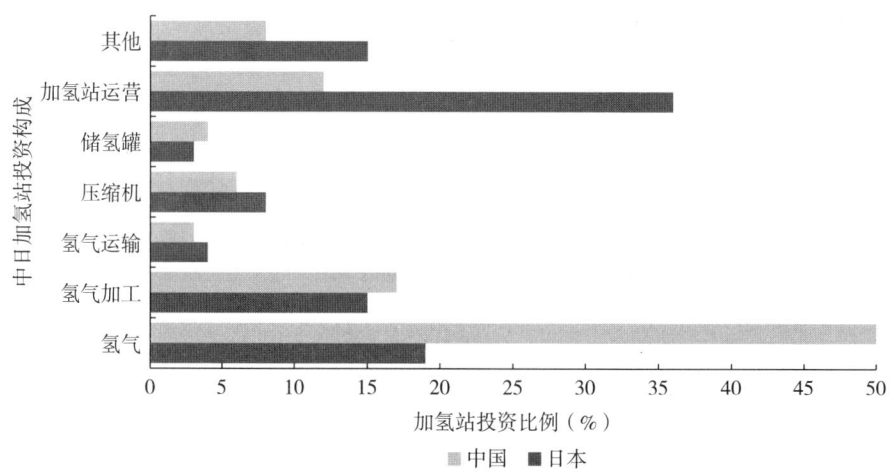

中日加氢站投资比较（2018）

资料来源：日本产业经济省，中国海油气电，捷诚能源。

中国加氢站终端价格

随着制氢和储运技术的不断突破和成本的下降，中国加氢站终端成本将有较大下降空间。

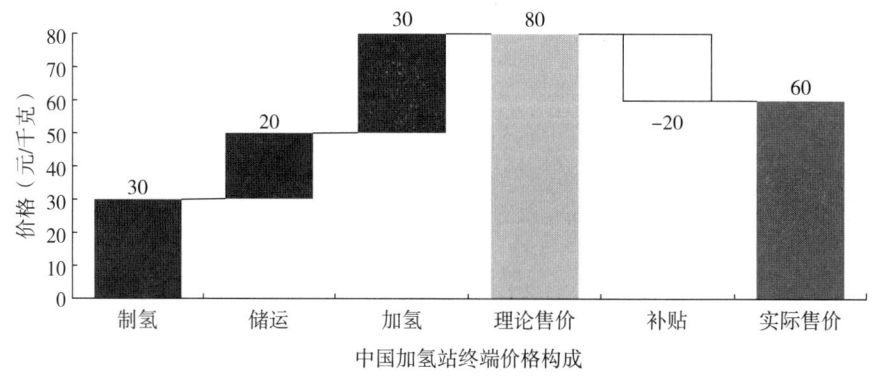

中国加氢站终端价格（2021）

资料来源：中国海油气电，中国石化，捷诚能源。

能耗强度、人类碳排放量和碳减排

二氧化碳（Carbon dioxide，简称 CO_2）是温室气体的一种，是空气中常见的化合物，由两个氧原子与一个碳原子通过极性共价键连接而成。二氧化碳在常温常压下为无色、无味、不助燃、不可燃的气体。

2021 年 5 月 26 日，一家欧洲石油公司的碳减排目标被荷兰法庭判决不达标，世界石油巨头董事会相关董事被投资者投票更换，另一家美国石油公司的股东大会通过了销售使用端碳减排目标决议，成为了油气行业应对气候变化的里程碑。董事会、股东大会、证监会和法院（"三会一院"）在不断推动石油公司加快降低碳排放和能源强度。

全球区域能源强度

能源强度（Energy intensity）或能耗强度是指单位 GDP 能耗强度，衡量能源消费效率。能源强度下降，也意味着全球经济对能源的依赖程度的下降。能源强度的下降和能效的提高，降低了消费者对价格变化的敏感程度，但当危机发生时，也意味着消费者很难进一步快速降低能源消费，从而受价格波动的冲击更大。

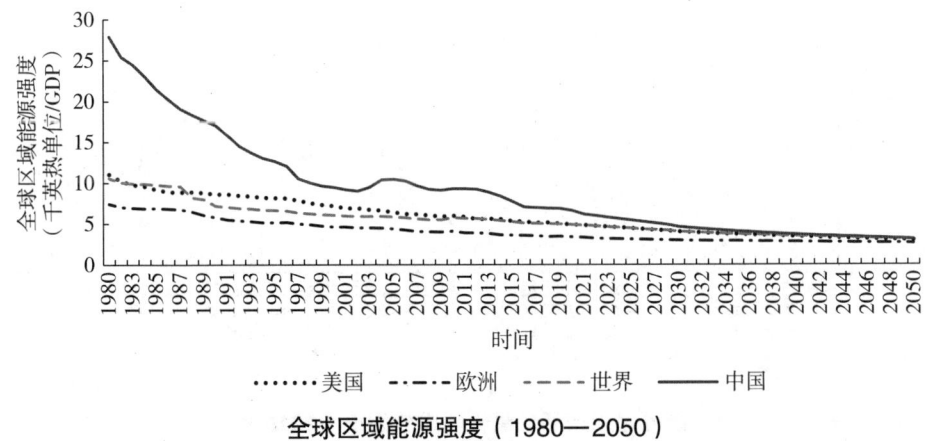

全球区域能源强度（1980—2050）

资料来源：国际能源署，美国能源信息署，捷诚能源。

全球区域能耗碳强度

与整体碳排放目标不同，碳排放强度（Carbon dioxide intensity of energy use）目标是一个相对指标。全球每单位二氧化碳排放量均在下降。

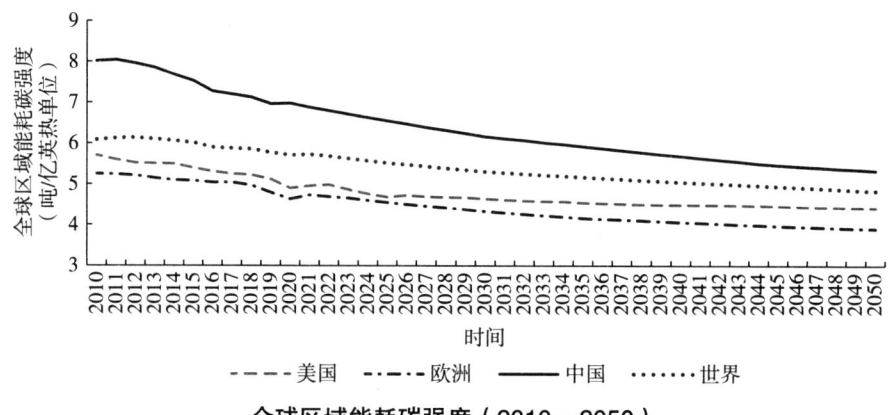

全球区域能耗碳强度（2010—2050）

资料来源：国际能源署，美国能源信息署，捷诚能源。

能源化工产品碳排放因子

二氧化碳排放因子（CO_2 Emission Factor）是指某种能源燃烧或使用过程中单位能源所产生的碳排放数量，可参考联合国政府间气候变化专门委员会（Intergovernmental Panel on Climate Change，IPCC）的代表性指标。

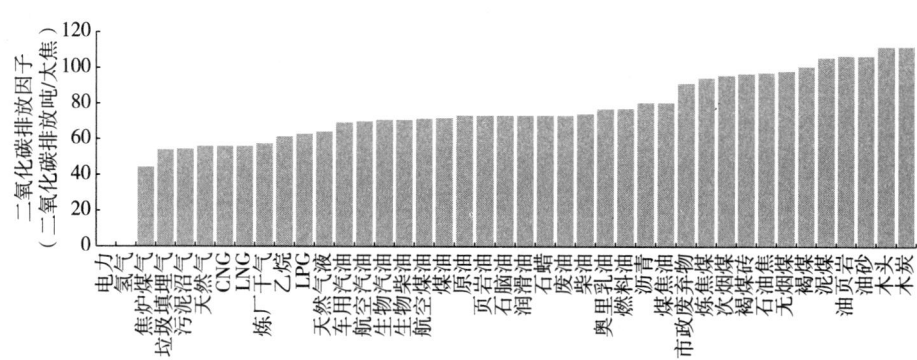

能源化工产品二氧化碳排放因子（2019）

资料来源：联合国政府间气候变化专门委员会，捷诚能源。

气候变化 1.5℃ 到 3℃ 的差别

地表气温上升 1.5℃ 到 3℃ 后果不断加重，影响人类生存环境。

气候变化 1.5℃ 到 3℃ 的差别（2021）

自然现象（地表气温上升度数℃）	1.5℃	2℃	3℃
海平面上升（米）	0.4	0.46	1
海洋渔业减少（百万吨）	1.5	3	
北极冻土层融化（百万平方千米）	4.8	6.6	50
北极夏季无冰（几年一遇）	100	10	
遭受极热天气的世界人口（%）	14	37	67
土地流水（%）	7	13	
植物灭绝（%）	8	16	
昆虫灭绝（%）	6	18	
脊椎动物灭绝（%）	4	8	
热带庄稼减产（%）	3	7	50
珊瑚礁消失（%）	70～90	99	99
亚马逊热带雨林消失（%）			100

资料来源：世界资源研究所，《气候观察》，捷诚能源。

全球区域碳排放总量

全球碳排放量总体呈上升趋势，2021 年超过 360 亿吨。

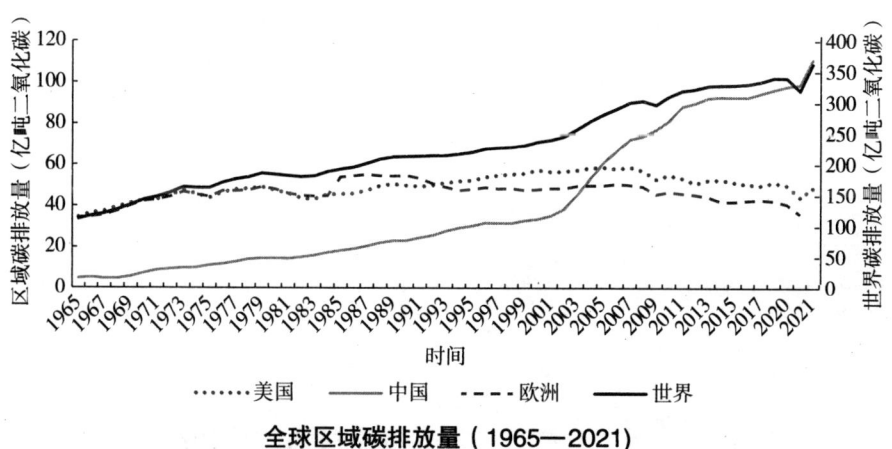

全球区域碳排放量（1965—2021）

资料来源：英国石油，国际能源署，捷诚能源。

人类可排放二氧化碳量

2018年至2100年，人类可排放二氧化碳量（Carbon budget）在地球表面温度上升幅度不超过1.5℃的情景下，需要低于5800亿吨，而在2℃情景下，需要低于1.5万亿吨。以目前碳排放进程，2030年和2060年，即可分别用完。

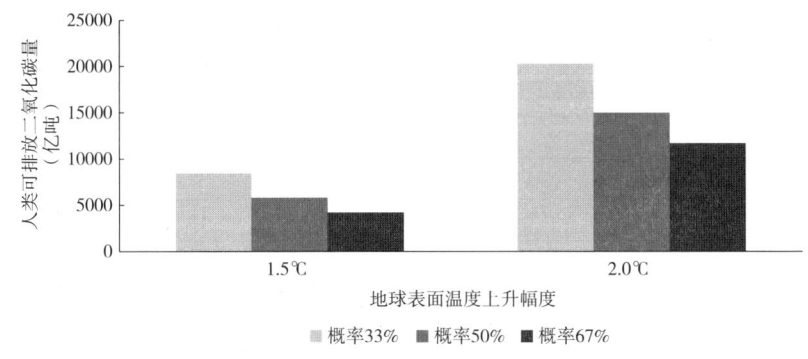

人类可排放二氧化碳量（2018—2100）

资料来源：联合国政府间气候变化专门委员会，壳牌，捷诚能源。

人类活动碳排放去向

人类活动加速了地层深处有机碳进入大气的过程。面对大量被提前释放的二氧化碳，自然界开始了闭环的尝试。由于森林和海洋等自然环境储碳能力难以赶上人类碳排放的速度，工业革命以来人类所排放的大部分二氧化碳留在了大气中，而它们在短期内无法参与碳循环。

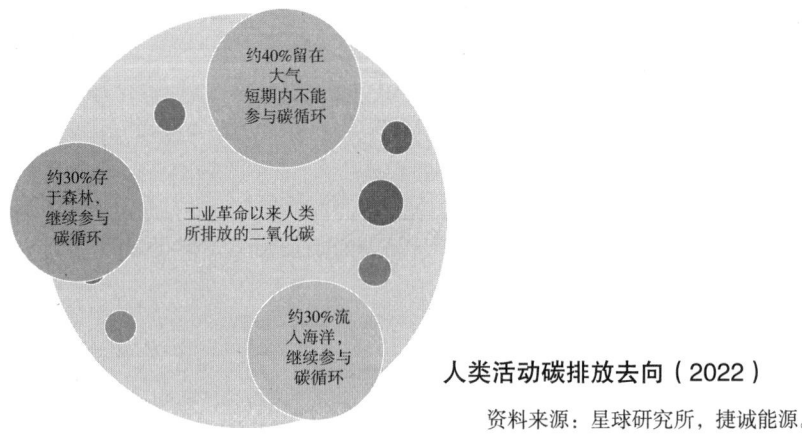

人类活动碳排放去向（2022）

资料来源：星球研究所，捷诚能源。

世界温室气体排放来源

温室气体排放（Greenhouse gas emissions）的主要类型包括二氧化碳和甲烷等6种温室气体，对气候变化的贡献不同。

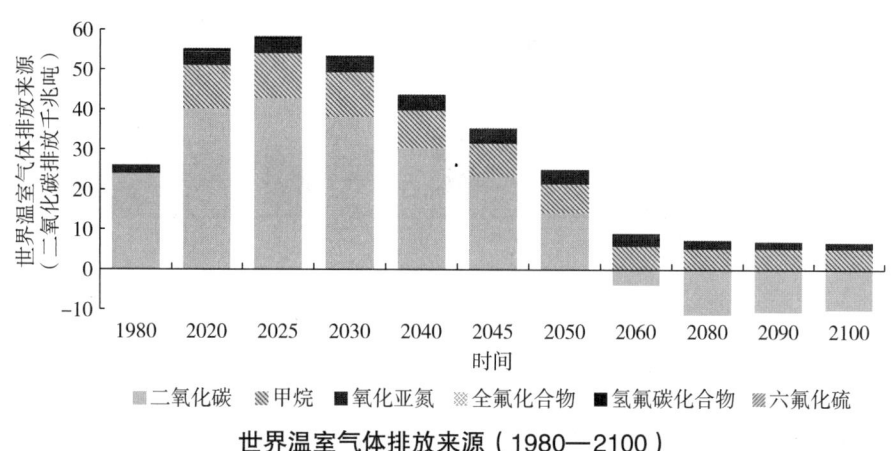

世界温室气体排放来源（1980—2100）

资料来源：壳牌，捷诚能源。

世界能源活动碳排放

不同能源活动对碳排放的影响不同。2100年，航空和公路交通排放持续增加，而发电、燃料、生物质和氢能的排放减少。

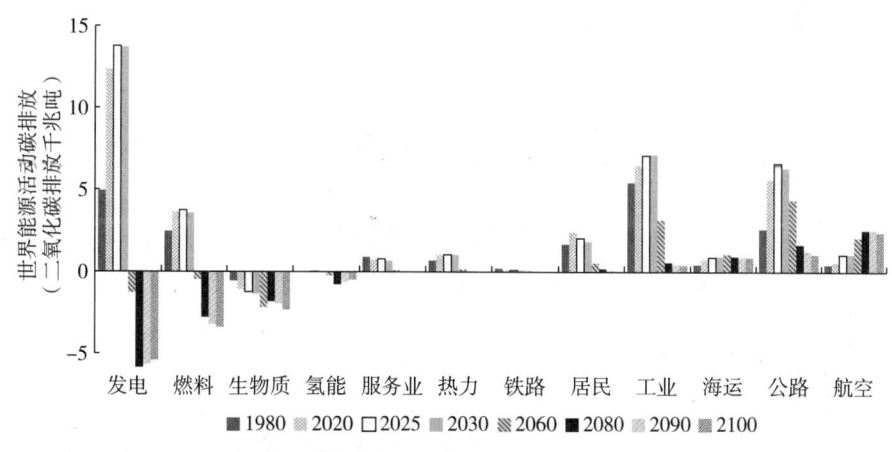

世界能源活动碳排放（1980—2100）

资料来源：国际能源署，壳牌，捷诚能源。

全球区域碳排放来源结构

石油是全球和欧美最大的碳排放来源，而煤炭是中国最大的碳排放来源。

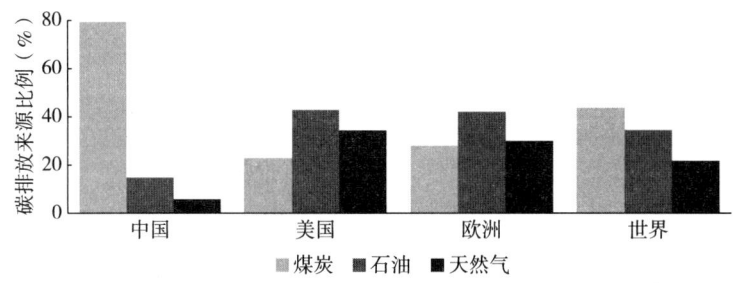

全球区域碳排放来源结构（2019）

资料来源：国际能源署，捷诚能源。

中国各行业碳排放量

电力、蒸汽和热水行业是中国最主要的碳排放源，工艺流程相对简单，成为首批进入全国碳市场交易的行业。

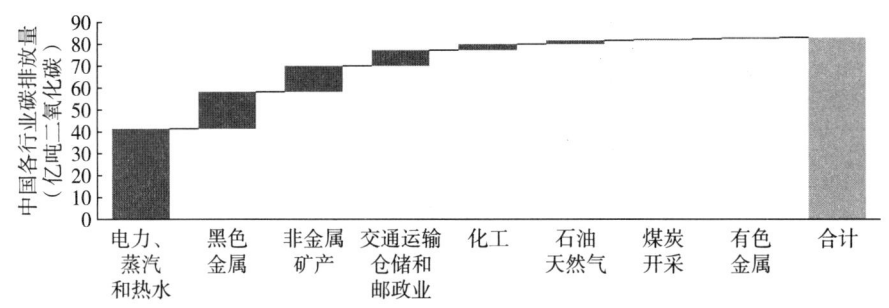

中国各行业碳排放量（2020）

资料来源：《中国统计年鉴》，中国生态环境部，捷诚能源。

食物碳足迹

以蛋白质（人体组织的重要组成部分及营养物质之一）为基础计算排放情况，从用地、耕种养殖、饲料、加工、运输、零售到包装等环节，生产一千克蛋白质的牛肉会排放近 500 千克二氧化碳当量，而豌豆仅为 4 千克。

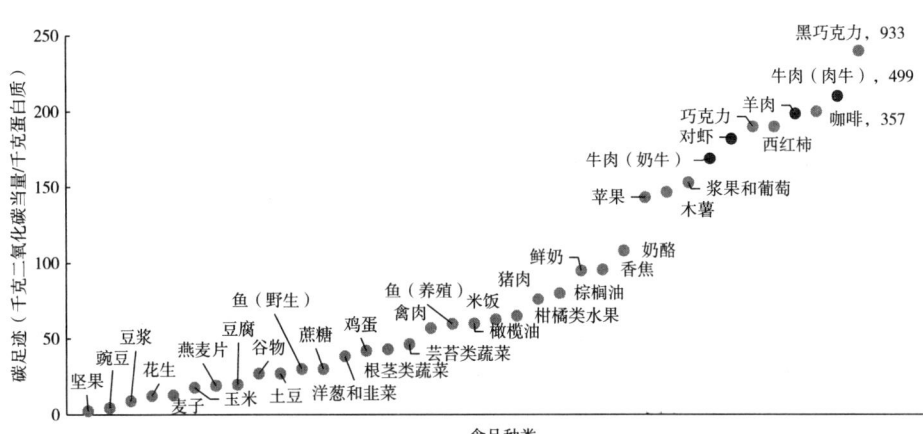

食物碳足迹（2021）

资料来源：联合国粮农组织，寰宇在线，捷诚能源。

发电设施和交通工具碳足迹

按照不同燃料类型交通工具和发电设施的碳排放量，有的放矢地规划减碳增效的工作，减少碳足迹（Carbon footprint）。

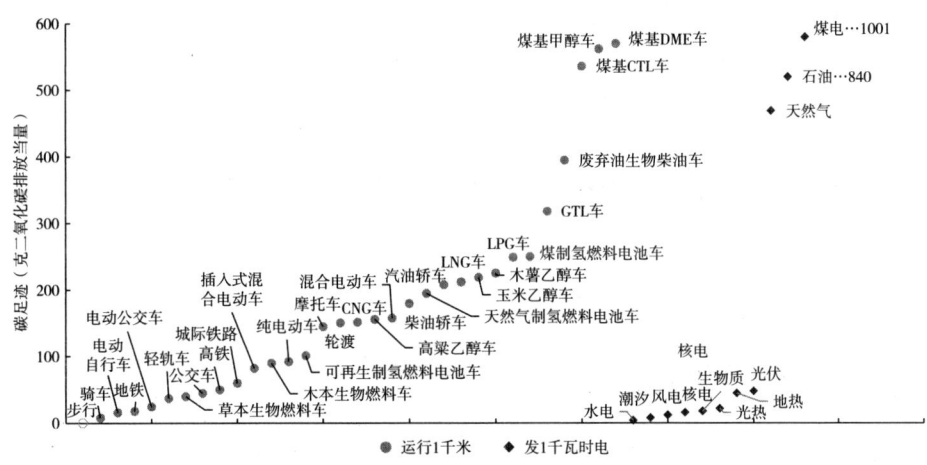

发电设施和交通工具碳足迹（2021）

资料来源：寰宇在线，捷诚能源。

能源行业碳减排方式

能源化工行业既是主要的碳排放行业，也是主要的碳材料消费市场。随着碳减排商业模式的成熟，突破性技术的出现，碳减排成本将不断降低。

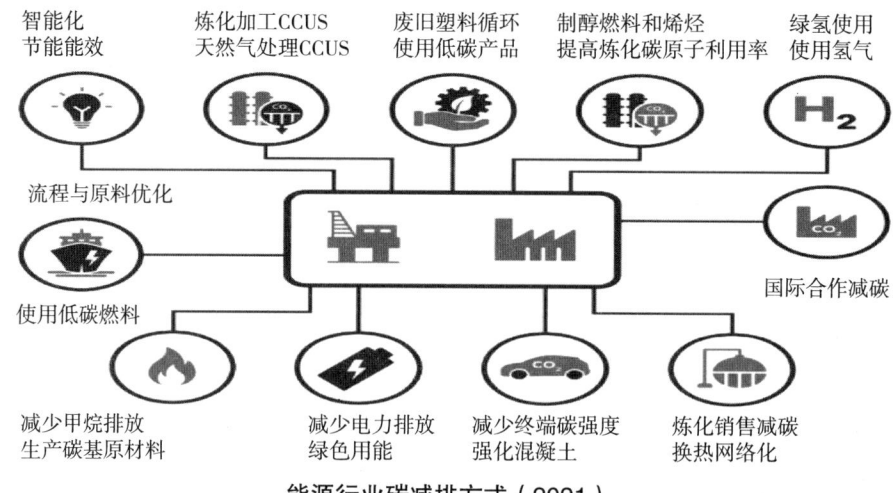

能源行业碳减排方式（2021）

资料来源：国际能源署，壳牌，中国石化石油化工科学研究院，捷诚能源。

碳减排效果

碳减排主要来自供应侧可再生能源比例的上升、消费习惯改变和电气化比例的提高以及技术的创新突破和需求侧减排措施。

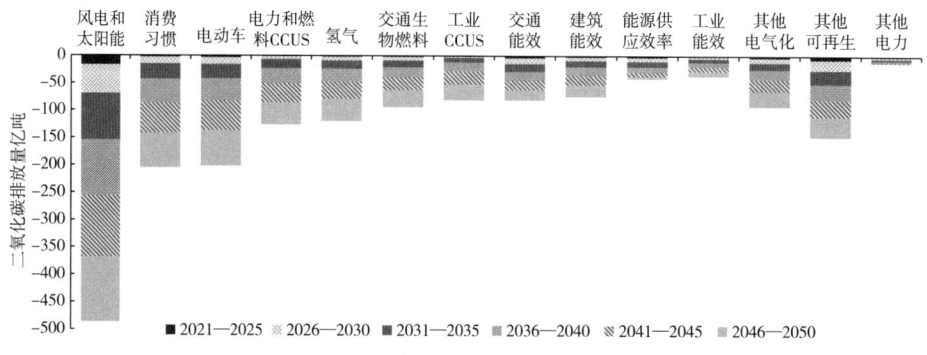

碳减排效果（2021—2050）

资料来源：国际能源署，壳牌，捷诚能源。

中国首船全生命周期碳中和原油

碳中和指直接或间接产生的二氧化碳当量/温室气体排放总量，通过自然系统碳汇和工程碳移除技术实现"中和"或"净零排放"目标。2021年9月22日，中国石化、中远海运、中国东航携手完成从石油开采、运输、炼制，到产品储存、消费等各环节首船原油的碳中和。

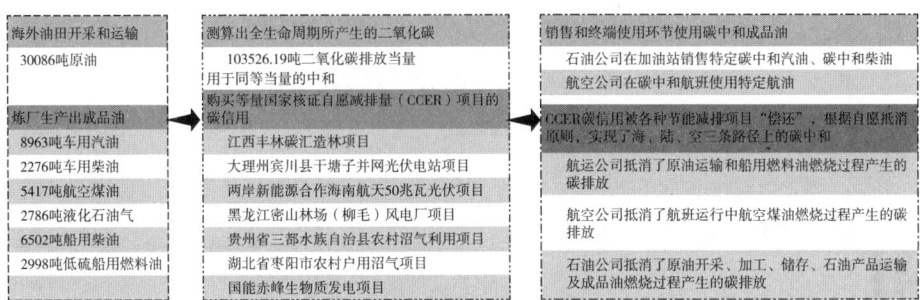

我国首船全生命周期碳中和原油（2021）

资料来源：联合石化，捷诚能源。

碳定价与清洁能源投资

世界碳定价

碳定价主要包括碳税（Carbon Tax）和碳排放权交易（Carbon Emissions Trading Scheme，ETS）两种形式。碳税是通过税收手段，将因二氧化碳排放带来的环境成本转化为生产经营成本。碳排放权交易是，政府授予或出售可在企业间交易的排放额度，高排放企业可以从低排放企业处购买"排放权"配额。碳成本加大了化石燃料的社会、资金和环境成本。碳定价加剧了能源结构的重新洗牌，给能源替代竞争添加了复杂性。在一个理想的碳市场里，一吨碳（二氧化碳当量的温室气体）的碳价是无限接近其减排成本的。

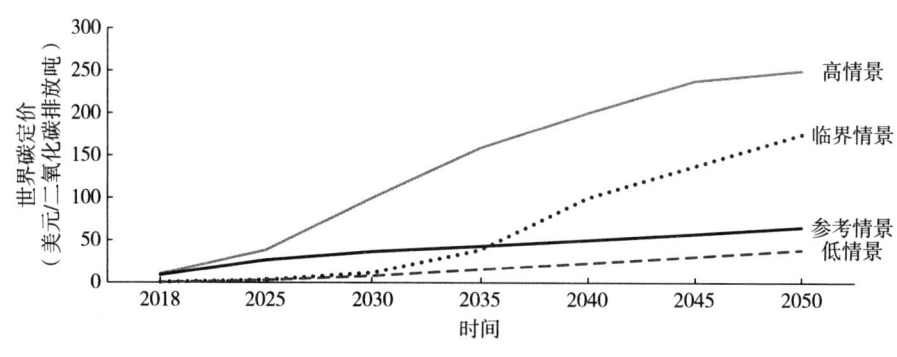

世界碳定价（2018—2050）

资料来源：国际能源署，英国石油，捷诚能源。

中国碳中和边际减排成本

碳中和减排越到后来会越难，碳配额成为稀缺资源，边际成本越来越高，碳成本斜率也越高。碳成本在不断加入大宗商品价格中。

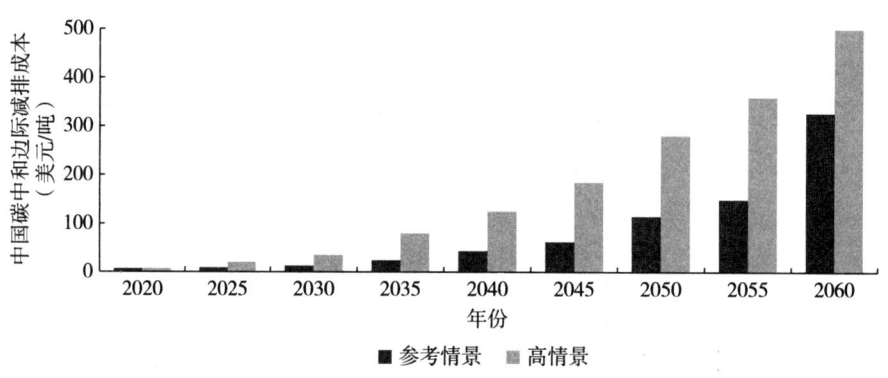

中国碳中和边际减排成本（2020—2060）

资料来源：清华大学，中国石油经济技术研究院，捷诚能源。

油气田碳成本增幅

石油公司在投资决策中，需要计入碳成本。假设考虑80美元/二氧化碳排放吨成本，油气桶油成本会上升，不同类型油气田上升的幅度不同。

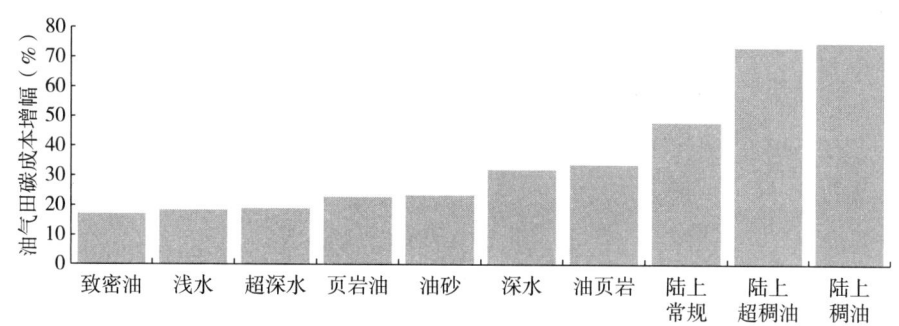

油气田碳成本增幅（2022）

资料来源：能源转型委员会，《世界能源技术展望》，麦肯锡公司，捷诚能源。

能源化工供需领域的碳成本增幅

不论是投资减排或新能源设备，还是参与碳配额交易，对企业来说都是成本，而成本即价格。假设100美元/二氧化碳排放吨，考虑产品的碳足迹大小，能源化工供需领域的碳成本增幅最终影响能源化工产品成本。

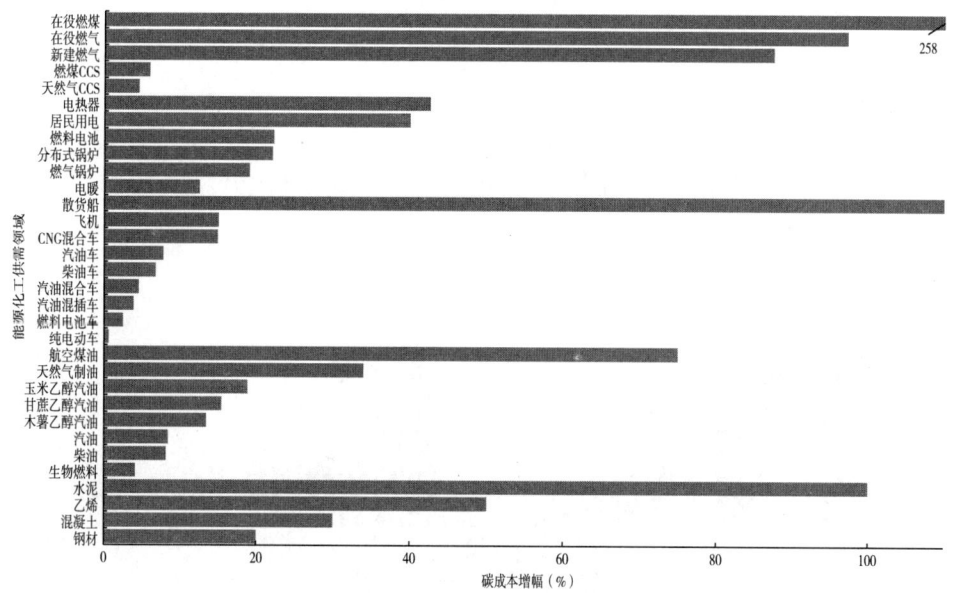

能源化工供需领域的碳成本增幅（2022）

资料来源：能源转型委员会，《世界能源技术展望》，麦肯锡公司，捷诚能源。

甲烷排放成本对气价的影响

假设甲烷泄漏量为1.9%，在不同甲烷排放成本情景下，会提高气价0.08～0.39美元/MMBtu，此外，甲烷排放税的开征也提高气价，美国起征点为36美元/吨。甲烷泄漏排放不同于典型的环保问题，因其有外部经济价值，一旦收集了甲烷，即可作为天然气销售。

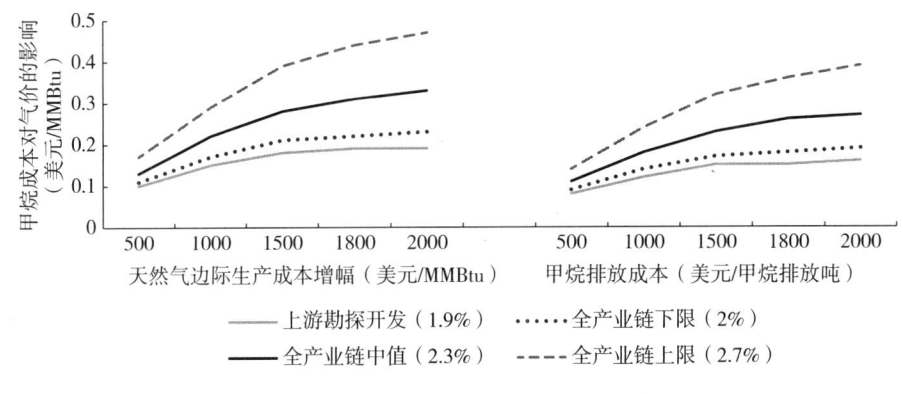

甲烷排放成本对气价的影响（2021）

资料来源：未来资源研究所，《科学杂志》，捷诚能源。

世界能源系统供应端投资

世界油气资源投资在下降，而可再生能源投资在上升。

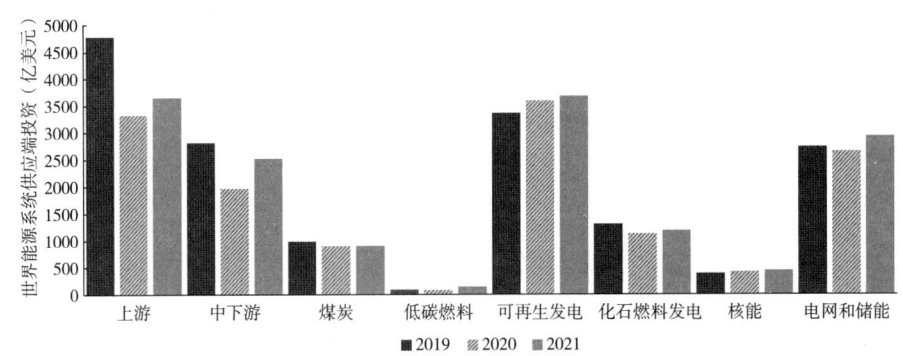

世界能源系统供应端投资（2019—2021）

资料来源：国际能源署，捷诚能源。

世界清洁能源和能效投资

欧洲能源危机不是可再生能源或清洁能源的危机。未来应加大对低碳能源技术的投资，包括可再生能源和能源效率。能源效率是能源的服务产出量与投入量（或使用量）的比值，被称为第四种能源。

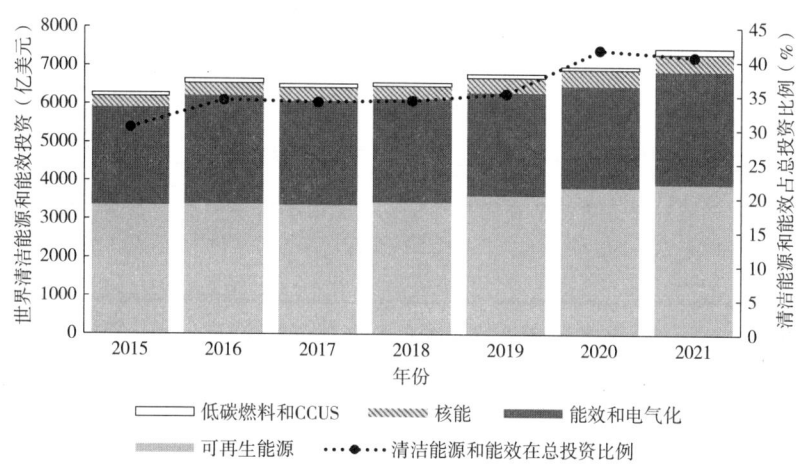

世界清洁能源和能效投资（2015—2021）

资料来源：国际能源署，捷诚能源。

国际石油公司低碳投资

在能源转型和投资者的压力下，石油公司加大了低碳投资。低碳能源投资比例至少要到20%，才有规模效应和获得可预期的回报率。

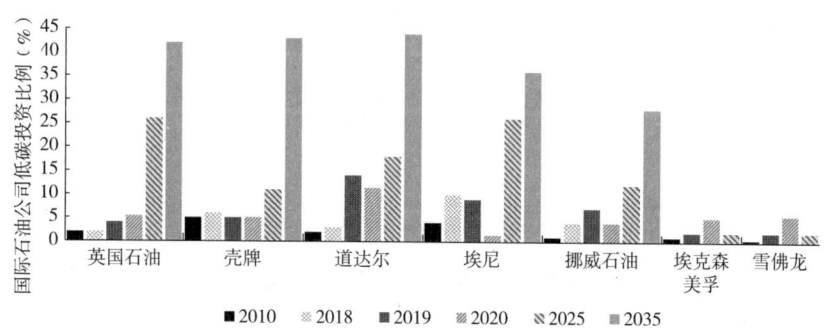

国际石油公司低碳投资比例（2010—2035）

资料来源：各公司报告，捷诚能源。

世界储能投资成本

随着技术的创新和项目规模化,世界储能投资成本总体呈下降趋势。

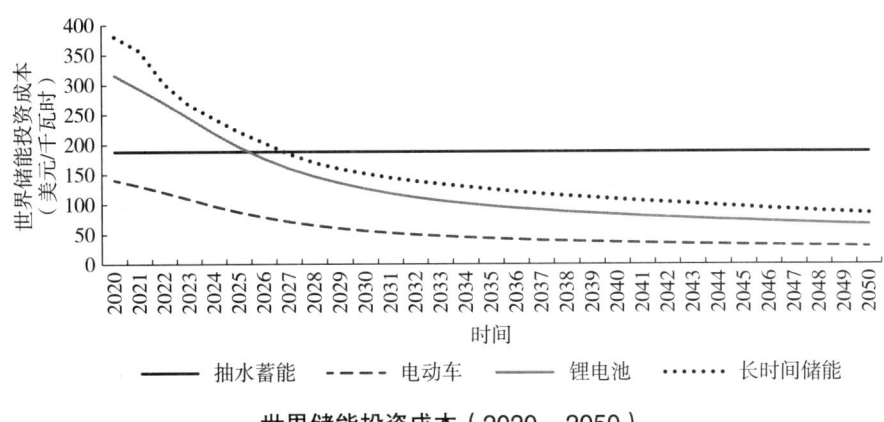

世界储能投资成本(2020—2050)

资料来源:挪威船级社,捷诚能源。

中国碳中和市场规模

年均碳中和市场规模可占中国GDP的3.5%以上,总规模至少达18万亿美元。

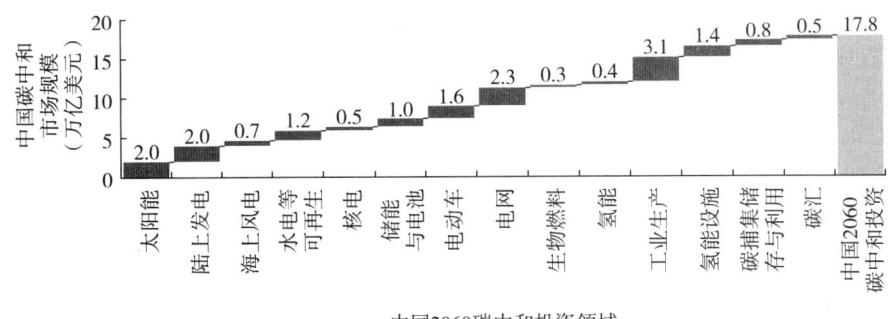

中国2060碳中和投资领域

中国碳中和市场规模(2020—2060)

资料来源:高盛研究部,麦肯锡,捷诚能源。

经典观点与经验分享

谢明华　中国国际工程咨询有限公司战略咨询部政策研究处处长

1969年，氢动力燃料电池系统为首次实现登月的阿波罗系统提供电力和水，并依靠液态氢氧为燃料推动火箭。

对于目前规模化应用的能源而言，只有石油可以同时用作热、电和交通工具燃料（IEA，2019）。而在未来，氢气将和石油一样，可同时被用作供热、发电和交通工具燃料，并且绿色低碳。因此，氢能发展越来越受到各界的重视，被视为21世纪最具发展潜力的清洁能源，是未来人类能源发展的重要方向。中国在氢能开发利用领域起步相对较晚，要在这场科技和产业竞争中赢得主动，必须做好谋篇布局。从长远来看，氢能具有成为新的主体能源的潜力。初步预测，2035年中国氢气消费量将达到3500万吨，其中用于终端能源消费达到600万吨。

氢能产业体系涉及三大关键环节：一是核心技术的突破，即电解水制氢、燃料电池等相关技术；二是构建完整的基础设施网络；三是充足且价格合理的氢气供应。从目前的竞争格局来看，在核心技术方面，日本、欧美等发达国家处于领先地位，中国处于加快发展和赶超阶段。

氢能技术和产业发展，涉及氢气"制、储、运、用"等环节。以关键材料质子交换膜为例，要提高氢能转换的效率、降低成本、延长寿命，必须有强大的精细化学工业作为基础；75兆帕高压、超低温液态储氢瓶则对钢材的性能提出了极高的要求；氢要实现密闭储存，对设备的精密度要求可以说近乎苛刻，目前仅有德国等少数国家企业可以生产加氢枪等加注设备。氢能科技和产业每一个环节的发展，都将极大带动基础工艺、基础材料等领域的发展。

1972年，国际学者提出"氢能经济"的概念。氢能产业是一个规模庞大的体系，加快发展氢能产业，将推动制氢、储运、氢气利用等上下游产业链快速发展。氢能产业是科技和资本密集型产业，涉及新材料、电力装备、新能源汽车、航空航天、国防军工等诸多高端制造领域，将带动能源架构、产业链底层经济运作模式的深刻变化，进一步带动大规模的氢能产业投资。

经典观点与经验分享

朱 彤 中国社会科学院工业经济研究所能源研究室主任

简而言之,碳达峰是指全球、国家、城市、企业等主体的碳排放在由升转降的过程中,碳排放的最高点即排放峰值。碳中和可以理解为人类活动排放的二氧化碳与人类活动"吸收"的二氧化碳抵消而实现"净零排放"。这一描述虽然有助于快速从"概念"上了解碳达峰和碳中和,但无助于我们在实践中科学合理地推进碳达峰和碳中和工作。笔者认为,应该从如下三个不同维度完整理解碳达峰与碳中和的内涵。

从达成"碳中和"状态维度看,"碳去除"和"转向后碳经济"两种方式对实现"碳中和"缺一不可。所谓碳去除,是从大气中去除二氧化碳并将其锁定数十年、数百年或数千年的过程。碳去除技术有时也被称为负排放技术(NET)。大多碳去除技术与增加地球生态系统的固碳能力相关。其中,与陆地有关的主要碳去除技术有:大量种植新森林(植树造林/重新造林)、使用免耕农业和其他做法来增加土壤中储存的碳量(土壤碳封存)、制造木炭并将其掩埋或犁入田地(生物炭)、从生物燃料和生物能源植物中捕获和封存碳(BECCS)、将碎石铺在陆地上以吸收空气中的二氧化碳或将它们暴露在富含二氧化碳的流体中(增强矿化)等;与海洋有关的碳去除技术主要是增加海洋的碳吸收能力,包括将碱性物质(如石灰)撒在海洋上(海洋碱化)和通过给海洋施肥增加海洋碳汇。不过,与增加陆地碳汇能力的方法相比,增加海洋碳汇的上述方法争议较大。此外,直接从空气中捕获二氧化碳并将其封存起来的方法也是未来重要的碳去除技术(DACCS)。

因此,碳去除技术,或者负碳技术概括起来就是两类技术,一类是增加生态系统碳汇的技术;另一类是直接从空气中捕捉并封存二氧化碳的技术。转向后碳经济是实现碳中和的另一种方式,而且是更重要的方式。转向后碳经济也叫经济低碳转型。

需要强调的是,"碳中和"实际强调的是最终达成的一种"状态"。"碳去除"和(通过低碳经济转型实现)"碳消除"都是应对气候变化,最终实现地球"碳中和"状态的两种方式。因此,要使人类活动所影响的"碳"最终达成"碳中和"状态,"碳去除"和"转向后碳经济"两种方式缺一不可。

第16章

宏观市场的平衡
大宗商品、资产配置
和宏观因素互动

从投资理财的角度来说，避险趋利的资金总是流向收益高的投资标的，石油的性价比只有足够高时，才能吸引投资者。本章聚焦原油和大宗商品价格的相关性，阐释宏观因素的基本概念，量化各个因素与油价的相关性，分析合理的价位以及探索周期的发展阶段。一般来说，两个因素相关性在80%以上为强相关，在50%～80%为中度相关，在30%～50%为弱相关，低于30%为极弱相关，可视为不相关。

投资回报率、资产配置与大宗商品

全球和中国居民资产配置比例

石油相关的投资标的包括公司股票和债券、国债、期货、交易所交易基金（ETF）、账户原油、基金等。

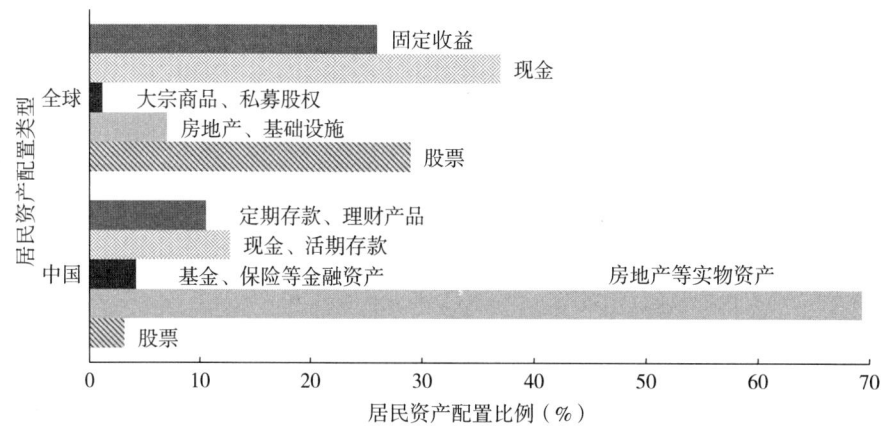

全球和中国居民资产配置比例（2019）

资料来源：摩根史丹利研究部，中金研究部，中国人民银行，新浪，捷诚能源。

全球大类资产投资回报

原油投资回报率波动大。原油价格同时也影响相关企业的股票和债券收益。

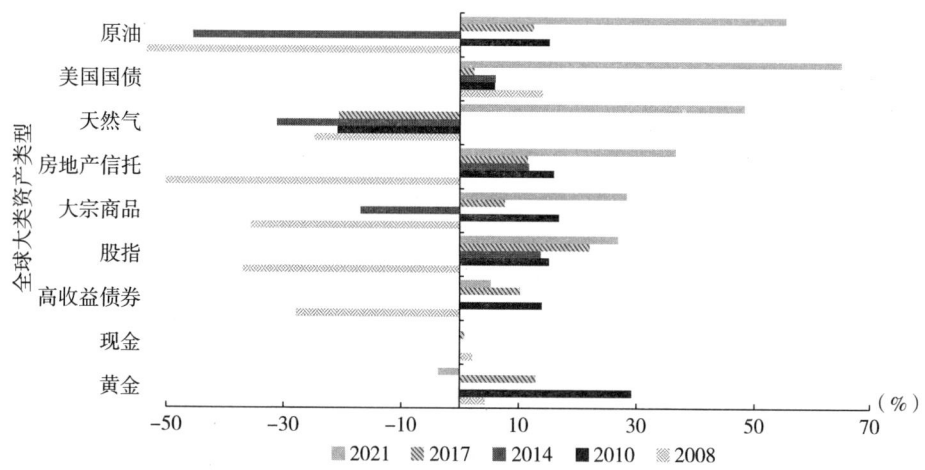

全球大类资产投资回报（2008—2021）

资料来源：卡兰投资，晨星资讯，捷诚能源。

全球投资资产风险偏好

投资者的资产风险偏好决定了投资者是否选择投资石油资产。股票和原油属于高风险资产，债券是低风险资产，黄金是避险资产。

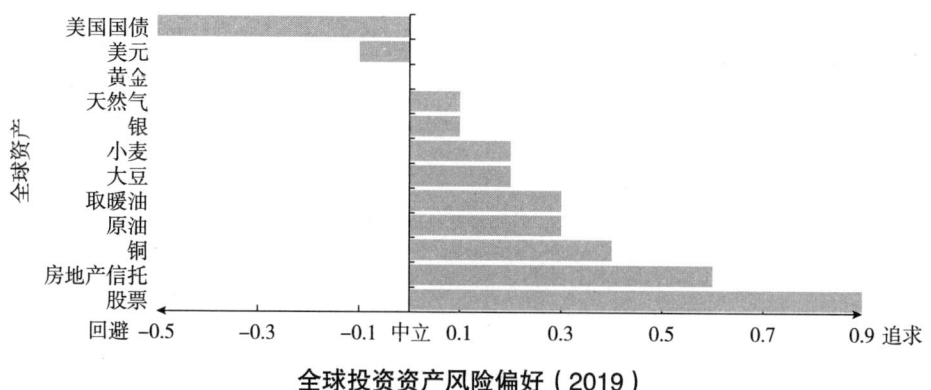

全球投资资产风险偏好（2019）

资料来源：中金研究，卡兰投资，晨星资讯，捷诚能源。

世界资源产量与市场份额

过去100年，金属矿产需求增长了10倍，能源6倍，而农产品4倍。2020年，全球主要矿产品总产量218亿吨，其中，能源、金属和非金属产量分别为147.4亿吨、16.7亿吨和56.7亿吨。目前，石油产量在世界资源中占比不是最高，但市场金额达60%。随着电动车和风光电等新能源的发展，在2050年净零情景下，石油市场金额占比不到20%。

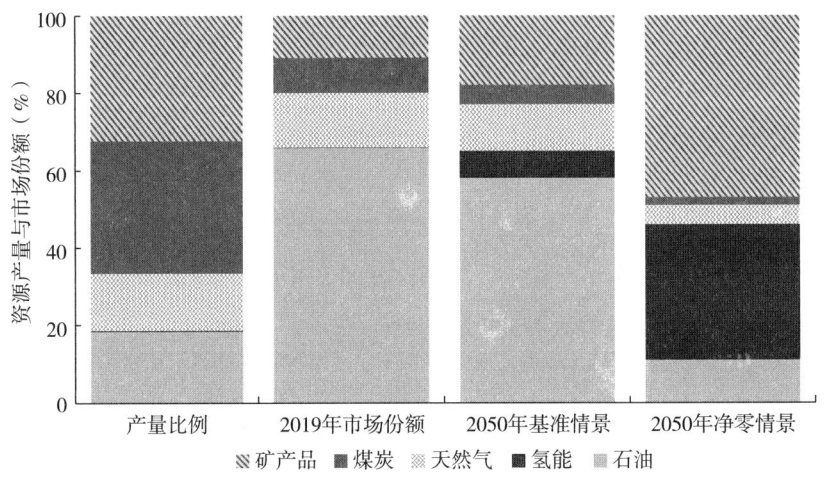

世界资源产量与市场份额（2019—2050）

资料来源：国际能源署，美国地质调查局，世界金属统计局，全球矿业发展报告，捷诚能源。

美国与最大生产国材料供应

电动车、储能和可再生能源的发展加大了材料的需求，加速从燃料密集型向矿产材料密集型转变。相对于油气资源集中在前20个国家，锂、钴、稀土元素等关键矿产资源的生产高度集中于极少数国家。矿物资源的供应、价格波动和地缘政治因素将增加能源转型进程的不确定性。

美国与最大生产国材料供应比较（2020，左侧为美国占比，右侧为最大生产国占比）

资料来源：美国地质调查局，公开报道，捷诚能源。

大宗商品相关性分析框架

大宗商品广泛作为工业基础原材料，同质化和标准化程度高，交易资金密集，标的数额巨大，市场流动性强。大宗商品可分为贵金属、基础金属能源、能源以及农产品四类。

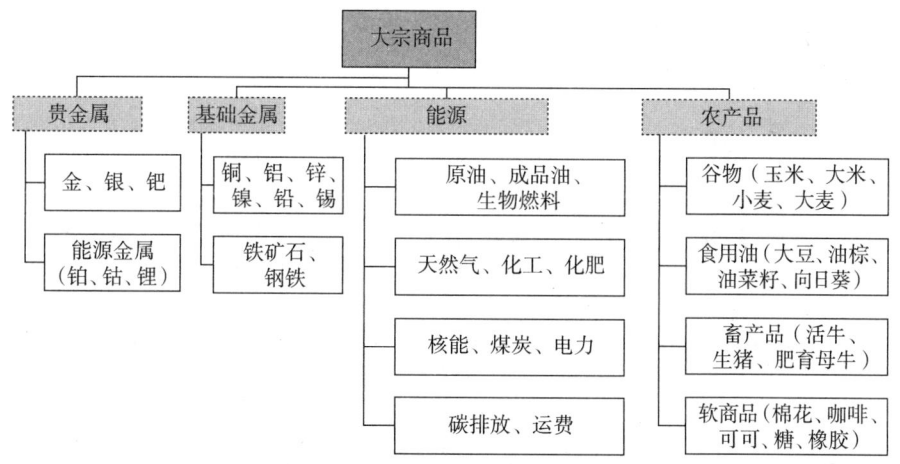

大宗商品相关性分析框架（2022）

资料来源：《燃料套保与风险管理》，上海期货交易所，高盛研究部，捷诚能源。

世界衍生品交易市场份额

世界能源交易规模不断增长。2020年，全球场内衍生品市场成交量为467.67亿手，同比增加35.59%。商品类衍生品交易规模增幅为32.74%，市场份额占20.48%。

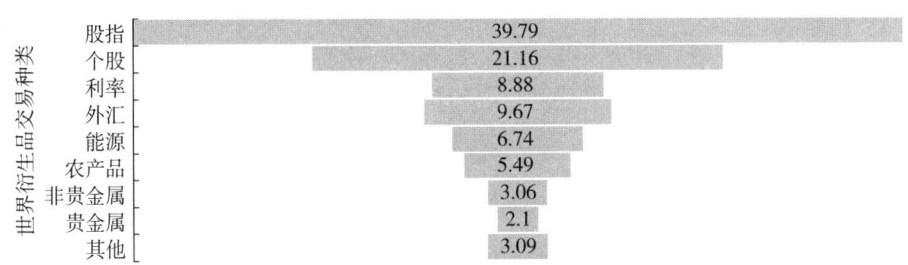

世界衍生品交易种类（2020）

资料来源：国际期货业协会，上海期货交易所，捷诚能源。

标普－高盛大宗商品指数权重

大宗商品指数跟踪一揽子选定的商品，评估指数价格和投资回报，多可在交易所进行交易。指数成分和权重会不断重置。2014年至2022年，原油权重有所下滑，而金属和畜产品权重有所上升。

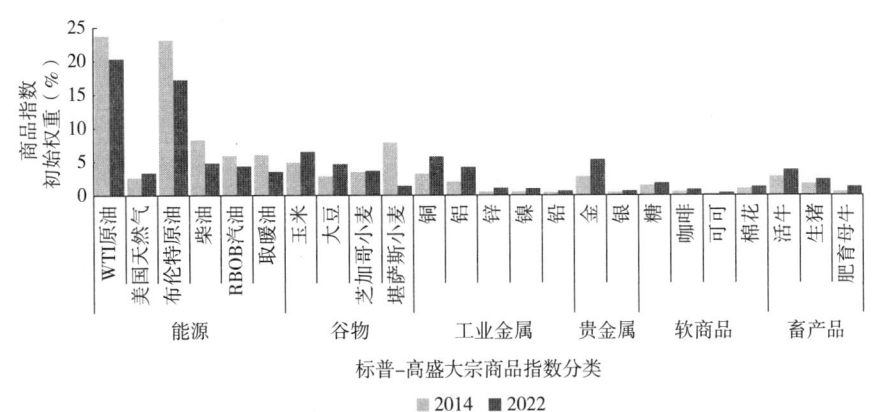

标普－高盛大宗商品指数（2014—2022）

资料来源：标普－高盛商品指数，捷诚能源。

宏观市场的平衡大宗商品、资产配置和宏观因素互动 ▎ 第 16 章

油价、金属价格和股价变化

大宗商品价格短期共振，但长期趋势不同。油价、道琼斯金属指数和不含能源股票的道琼斯工业指数三个指标变化方向驱同时，油价主要是需求驱动，否则，是供应驱动。

油价、金属价格和股价变化（2014—2022）

资料来源：道琼斯，美国能源信息署，高盛研究部，捷诚能源。

能源化工商品

从宏观角度来说，能源价格由能源成本、碳成本、系统成本以及风险溢价等构成，在本书相关章节加以详述。

能源化工产品价格与原油价格相关性

原油及其衍生品是能源化工的原料和燃料。油价的变化影响能源化工行业的供需、投资和企业经营状况。对于下游产品，油价也不是越低越

好，目前最好在 65～85 美元/桶的区间。如果油价太低，说明宏观经济和下游需求不好，那么产品需求也不好。油价决定能源化工产品成本曲线的陡峭程度。油价下降会使得成本曲线平缓。

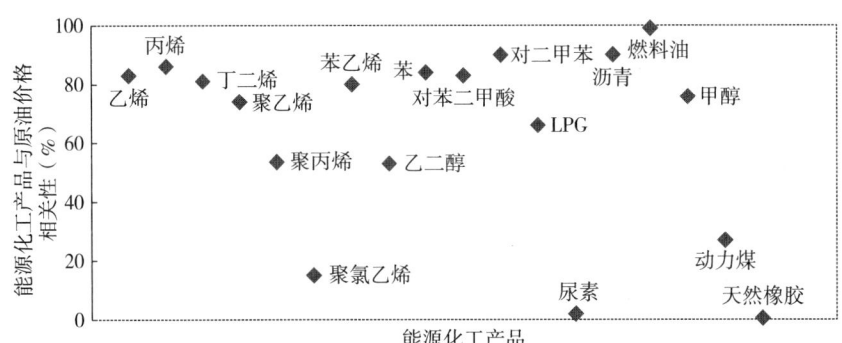

能源化工产品价格与原油价格相关性（2021）

资料来源：光大期货，捷诚能源。

美国油气价格互补

原油和天然气价格的相关系数通常在 30% 以内，正相关性有限，但是互补性突出。油气价格波动方向不一致，使得油价和气价投资交易有一定的互补性。在上游生产环节，油气一家。在下游应用领域，油气彼此替代竞争。长期以来，天然气价格与油价的区域性关联更为明显。

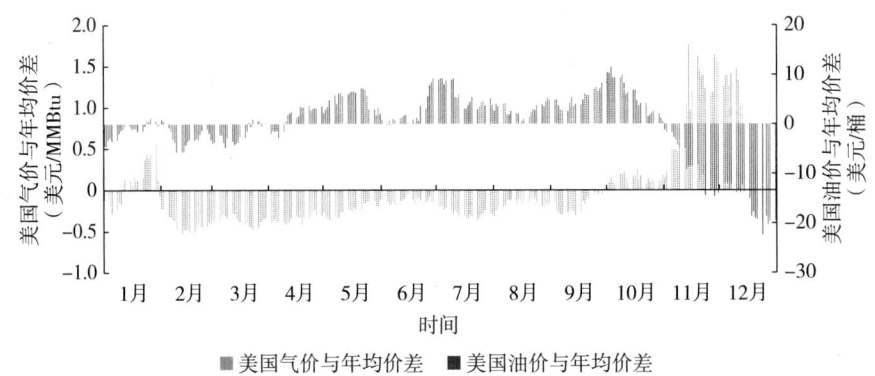

美国油气价格互补（2018）

资料来源：美国能源信息署，捷诚能源。

国际天然气价格隐含原油价格

2022年7月,荷兰天然气(TTF)价格、英国天然气(NBP)价格、东北亚日韩(JKM)LNG价格隐含的原油价格高于实际原油价格,说明原油价格还有上涨空间。而美国天然气(HH)价格隐含的原油价格低于实际原油价格。

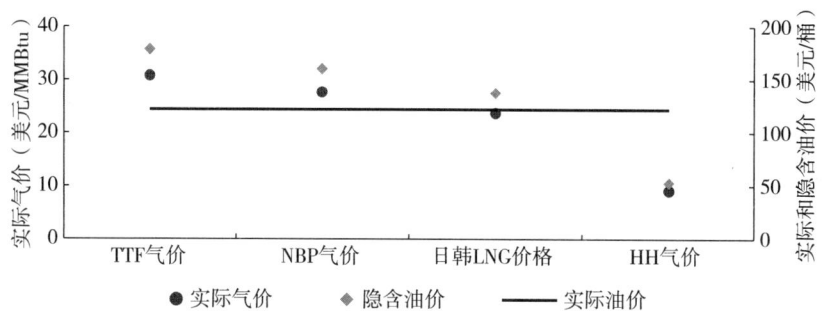

国际天然气价格隐含原油价格(2022)

资料来源:芝商所,洲际交易所,美国能源信息署,挪威石油,捷诚能源。

日本进口LNG价格与国际原油价格

日本进口LNG价格,通过油气比与油价挂钩,受限于S曲线的天花板和地板价,与国际原油价格的相关性为84%。

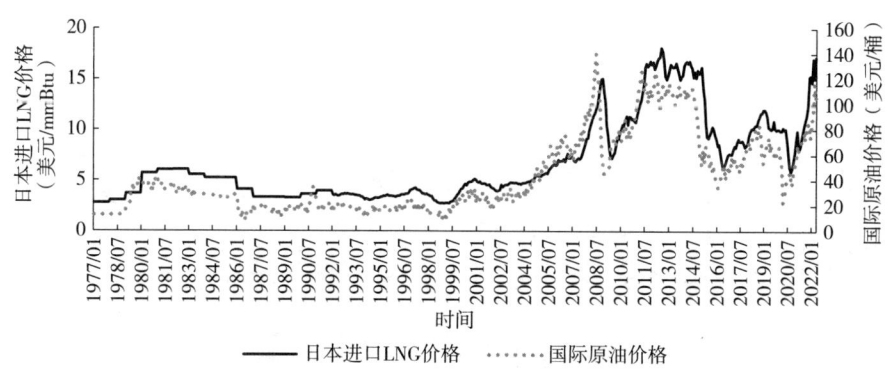

日本进口LNG价格与国际原油价格(1977—2022)

资料来源:国际货币基金组织,洲际交易所,伦敦金属交易所,捷诚能源。

澳大利亚动力煤价格与国际原油价格

全球煤炭的80%用于发电,其余用于炼焦或冶炼。同样作为重要的大宗商品,煤价并不与油价直接相关,因为能源替代和经济周期原因,煤价跟随油价变动。澳大利亚动力煤价格与国际原油价格的相关性在80%以上。

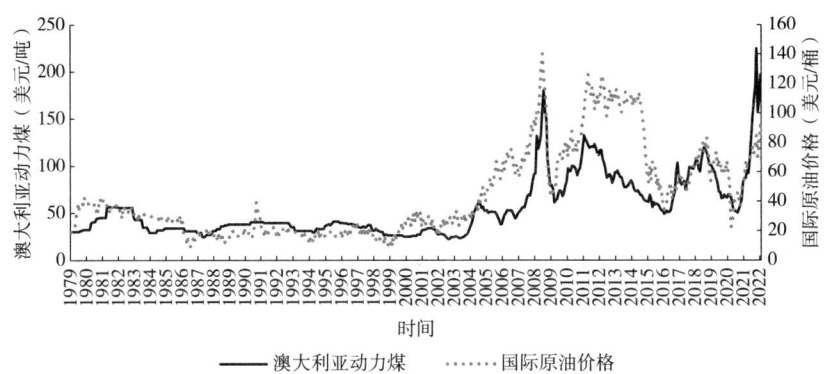

澳大利亚动力煤价格与国际原油价格(1979—2022)

资料来源:国际货币基金组织,芝商所,美国能源信息署,捷诚能源。

U_3O_8价格与国际原油价格

核燃料成本约占核电度电成本的20%。其中,天然铀成本约占燃料成本的40%,即天然铀成本约占度电成本的8%。U_3O_8价格与美国油价的相关性为75%左右。2011年日本福岛核事故后,全球核电发展进入萧条期。

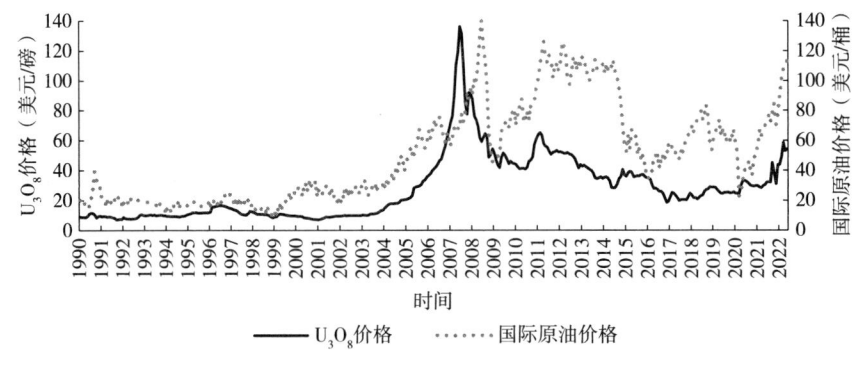

U_3O_8价格与国际原油价格(1990—2022)

资料来源:国际货币基金组织,世界银行,芝商所,美国能源信息署,捷诚能源。

美国尿素价格与国际原油价格

尿素作为工业品,供需弹性较大,需求受宏观周期和季节影响大;而作为农产品,种植面积变化不大,需求相对刚性。天然气是化肥的主要原料,而油价通过天然气价格来影响尿素。美国尿素价格与原油价格的相关性85%左右。

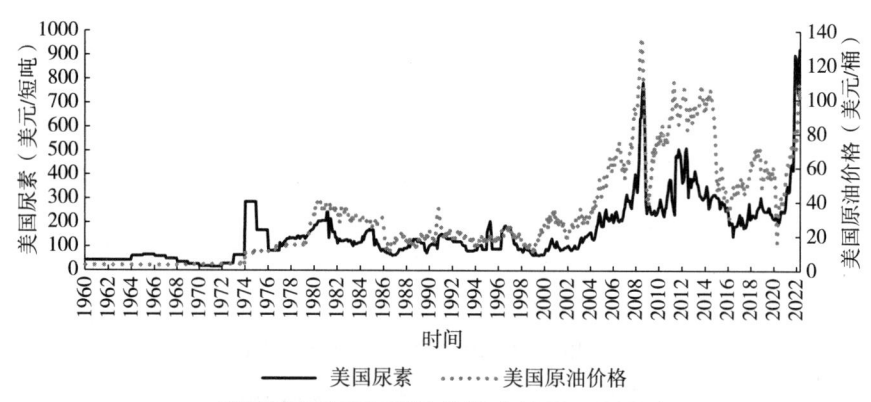

美国尿素价格与原油价格(1960—2022)

资料来源:国际货币基金组织,世界银行,芝商所,美国能源信息署,捷诚能源。

美国磷肥出口价与国际原油价格

天然气是化肥的主要原料。原油通过天然气和农业来影响化肥价格。美国磷肥出口价与原油价格的相关性在85%左右。化肥常年生产、季节使用的特点显著,需求季节性变化大。

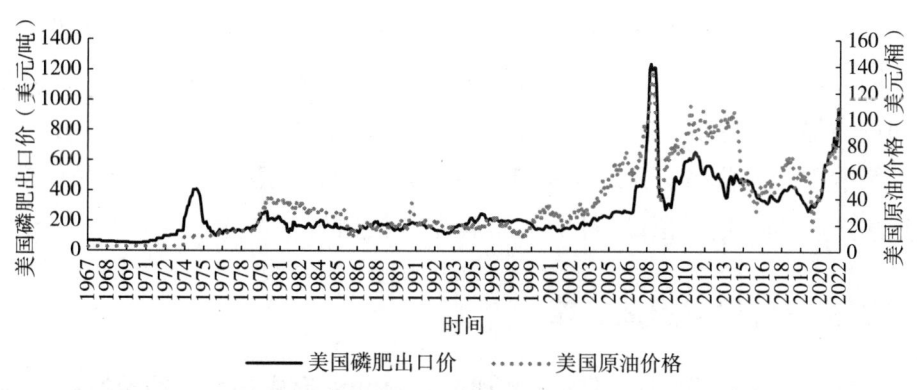

美国磷肥出口价与原油价格(1967—2022)

资料来源:国际货币基金组织,世界银行,芝商所,美国能源信息署,捷诚能源。

伦敦碳价与国际原油价格

2020年之后，碳价迅速攀升，碳成本占大宗商品价格的比例不断上升，推高大宗商品价格。伦敦碳价与布伦特油价呈负相关。

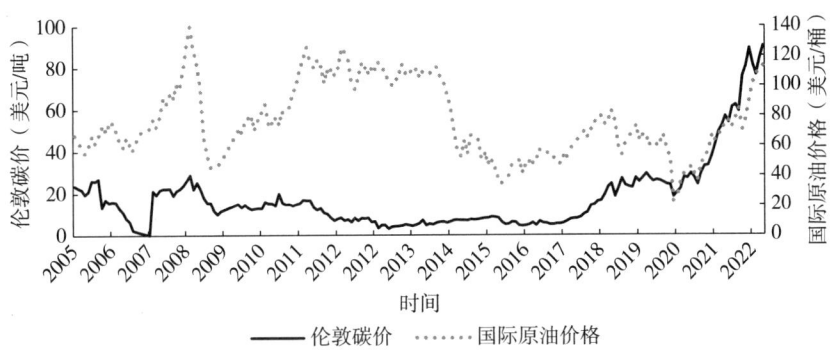

伦敦碳价与国际原油价格（2005—2022）

资料来源：国际货币基金组织，洲际交易所，伦敦金属交易所，捷诚能源。

农产品

水资源、能源和粮食逐渐形成了一种极具敏感性和脆弱性的水—能源—粮食纽带（WEF-Nexus）关系。粮食（Food）和燃料（Fuel）相互作用，共同影响宏观市场，有"一粮带百价"的说法。农产品的机械化、工业化和运输都大量耗能。通过饲料成本、生产成本、生物燃料和运输费用，油价影响农产品价格。天气和季节性等因素共同影响着油价和农产品价格。很多农产品的生产是季节性的，而消费是全年的。

美国棉花价格与原油价格

纺织行业中化纤用量逐渐增加，对棉纤维形成替代。油价影响PTA及其下游产品化学纤维价格，进而影响棉花需求。美国棉花价格与原油价格相关性为 55% 左右。棉花常年生产、季节收购、集中加工和常年消费，季节性特征较为明显。

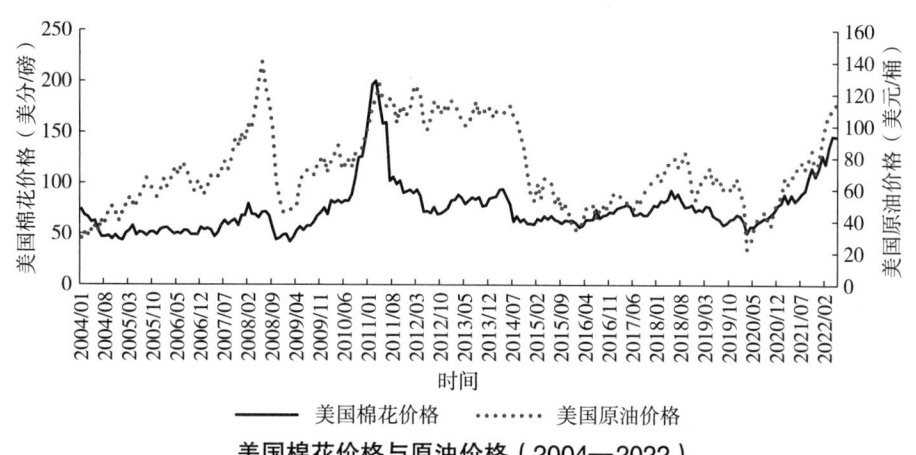

美国棉花价格与原油价格（2004—2022）

资料来源：国际货币基金组织，芝商所，美国能源信息署，捷诚能源。

美国玉米价格与原油价格

玉米芯可直接燃烧产生热量，也可用于生产乙醇作为生物燃料。美国燃料乙醇对玉米的需求大。在粗粮市场上，美国 2 号黄玉米期货价格是国际玉米的主要基准价格。通过燃料、运输和包装，油价与玉米价格相关。美国玉米价格与原油价格的相关性接近 90%。

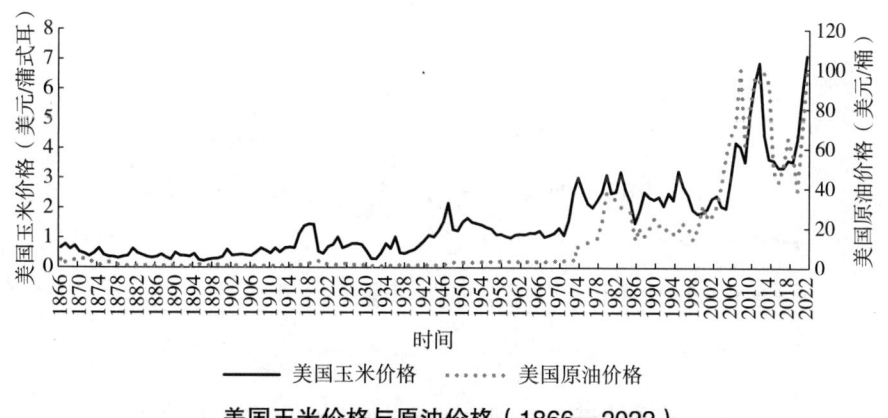

美国玉米价格与原油价格（1866—2022）

资料来源：美国农业部，美国能源部，美国能源信息署。

美国豆油价格与国际原油价格

大豆是美国重要的出口农作物。通过燃料、运输、包装、美元指数和替代能源性价比，油价与豆油价格相关。美国豆油价格与WTI油价的相关性接近80%。

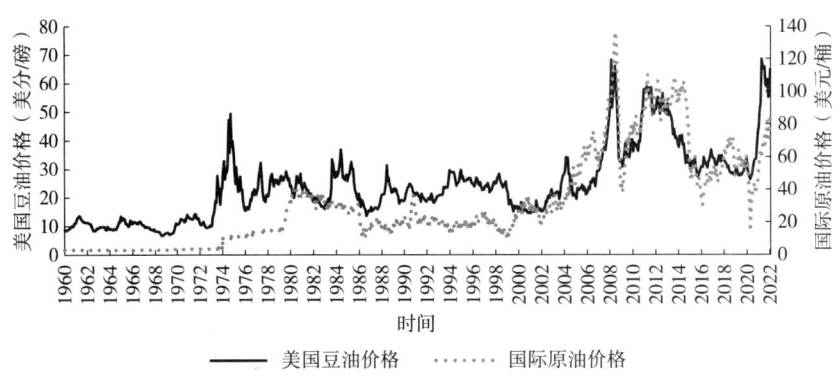

美国豆油价格与国际原油价格（1960—2022）

资料来源：国际货币基金组织，世界银行，芝商所，美国能源信息署，捷诚能源。

美国小麦价格与原油价格

人口增长是能源需求的主要驱动力，而人口增长依赖于粮食供应。美国硬质红色冬小麦期货价格是国际小麦的主要基准价格。美国小麦价格与原油价格的相关性接近90%。

美国小麦价格与原油价格（1960—2022）

资料来源：国际货币基金组织，世界银行，芝商所，美国能源信息署，捷诚能源。

鹿特丹菜籽油价格与国际原油价格

菜籽油作为生物柴油的原料，与石油替代竞争。鹿特丹菜籽油价格与国际原油价格的相关性接近90%。

鹿特丹菜籽油价格与国际原油价格（1990—2022）

资料来源：国际货币基金组织，世界银行，芝商所，美国能源信息署，捷诚能源。

美国原糖价格与国际原油价格

巴西甘蔗作为乙醇汽油的原料，与石油替代竞争。油价通过乙醇和巴西甘蔗制糖比，与原糖产量和原糖价格有一定联动，但近年相关性减弱，低于50%。

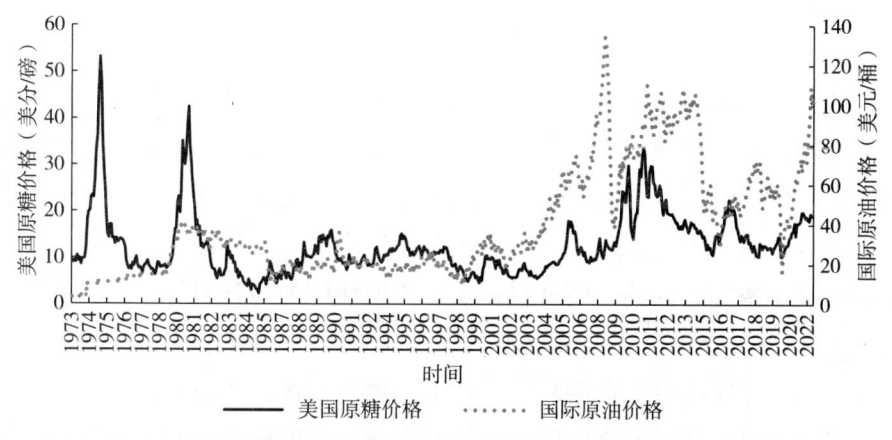

美国原糖价格与国际原油价格（1973—2022）

资料来源：国际货币基金组织，世界银行，芝商所，美国能源信息署，捷诚能源。

新加坡橡胶价格与国际原油价格

橡胶通过汽车轮胎和物流运输行业，从而与油价相关。新加坡橡胶价格与国际原油价格的相关性85%左右。

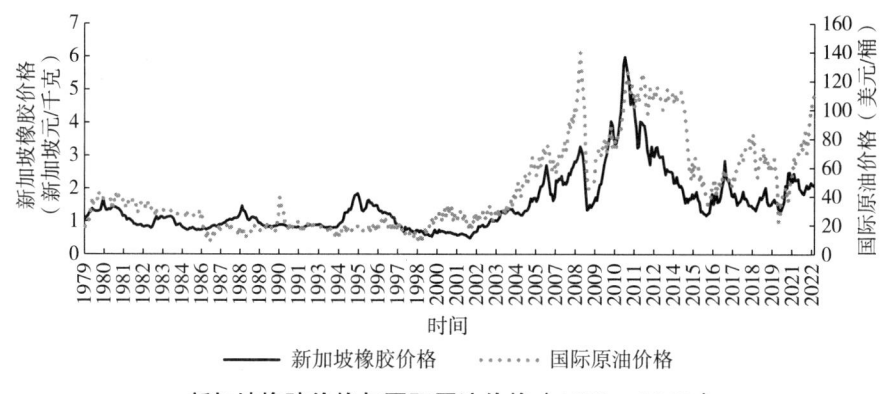

新加坡橡胶价格与国际原油价格（1979—2022）

资料来源：世界银行，新加坡交易所，美国能源信息署，联合国贸易和发展会议，捷诚能源。

金属产品

铝、镍、铜和石油都是重要的基础原材料，耗能高。铅是锌、铜和银等金属生产的副产品，由于其毒性和污染环境，铅在石化领域的应用大幅减少，目前主要用于电池。由于在电子元件上的应用，锡成为低碳经济的关键材料。由于银的工业用途，银价与经济周期关联性高。铂、钴、锂等能源金属是替代石油的关键材料，是可长期使用的原材料，不像煤炭、石油、天然气一次性燃烧后还需要补货，但是有低效使用和回收处理方面的挑战。部分金属具有产业垄断性、产地局限性和产量稀缺性特征。预期与现实之争常引发金属价格的巨幅震荡。全球经济发展变化和能源消费结构是判断金属需求的主要因素。

伦敦铝价格与国际原油价格

铝多以合金形式出现，耐腐蚀、密度低。油价通过国际海运费及通胀预期与铝价格相关。伦敦铝价格与国际原油价格的相关性在60%以上。

伦敦铝价格与国际原油价格（1979—2022）

资料来源：世界银行，洲际交易所，伦敦金属交易所，捷诚能源。

伦敦镍价格与国际原油价格

镍防腐蚀、质地硬、具有延展性，用于不锈钢和电池材料。由于市场规模小、流动性差，多次出现"逼仓"行情。油价通过物流运输成本、通胀预期和美元指数与镍价相关。伦敦镍价格与国际原油价格的相关性在70%左右。

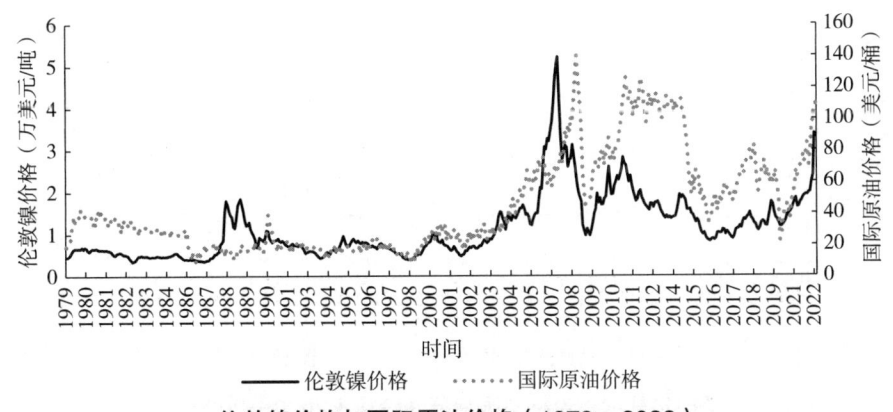

伦敦镍价格与国际原油价格（1979—2022）

资料来源：世界银行，洲际交易所，伦敦金属交易所，捷诚能源。

中国进口铁矿石价格与国际原油价格

油价通过海运费与铁矿石价格相关。同样是主要进口的大宗商品，中国进口铁矿石价格与国际原油价格的相关性近80%。

中国进口铁矿石价格与国际原油价格（1990—2022）

资料来源：世界银行，美国能源信息署，芝商所，捷诚能源。

美国热轧钢板价格与国际原油价格

钢是碳含量在0.03%~2%之间的铁。钢材大量用于油气基础设施建设，是油气投资的先行指标。美国热轧钢板价格与国际原油价格关联性低于25%。

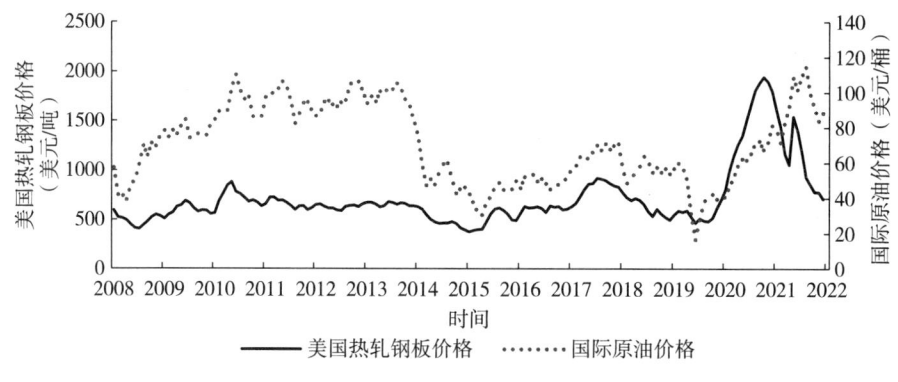

美国热轧钢板价格与国际原油价格（2008—2022）

资料来源：国际货币基金组织，美国能源信息署，芝商所，捷诚能源。

伦敦铜价和铜油比

由于很多影响因素相似,交易活跃,铜价和油价相关性在90%左右。铜的需求主要来自建筑、消费和工业领域,与工业生产相关,有着强周期属性,对经济景气程度很敏感。铜价特别能反映新能源经济需求。铜油比走低揭示了经济由滞胀向衰退的过程,铜价受滞影响更大,而油价受胀影响更大。

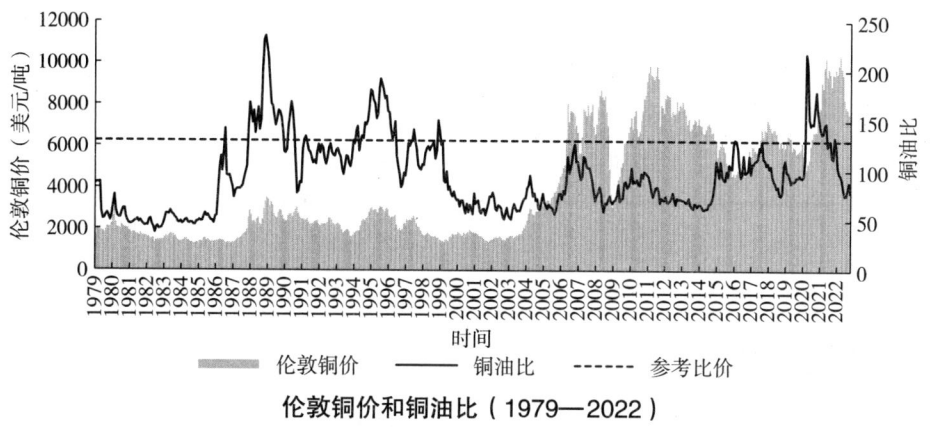

伦敦铜价和铜油比(1979—2022)

资料来源:世界银行,洲际交易所,伦敦金属交易所,捷诚能源。

伦敦黄金价格和金油比

投资避险需求、美元价值、美国实际利率、全球通胀是影响黄金价格的核心变量,决定黄金价格走势。黄金被视为全球通货,是通货膨胀的对冲和避险资产。黄金价格影响美国CPI和通胀预期,从而影响油价。黄金和油价的关系,尤其体现在地缘政治事件发生时黄金的避险价值。金油比是购买一盎司黄金需要多少桶原油的比价。金油比是经济形势的重要指标,反映经济周期和美国GDP相关性高,被视为风险结构变化的先行指标。

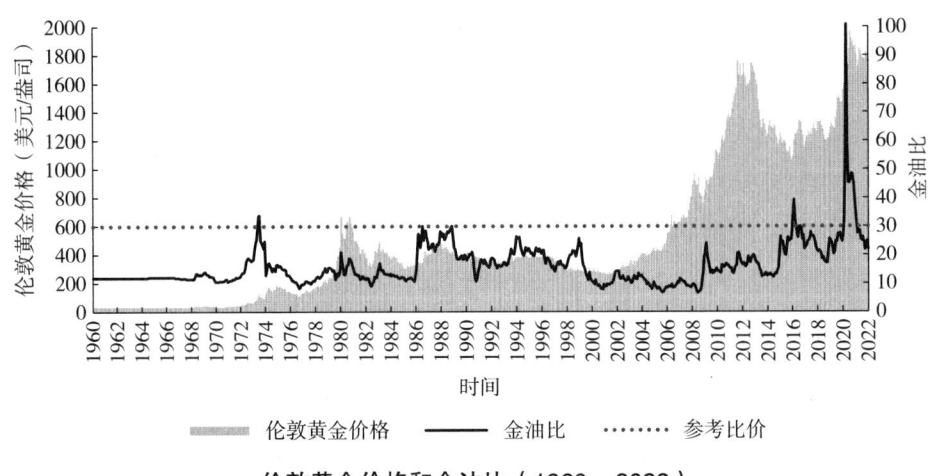

伦敦黄金价格和金油比（1960—2022）

资料来源：世界银行，伦敦金银市场协会，美国能源信息署，捷诚能源。

伦敦铂金与国际原油价格

铂金可用于催化剂、首饰和工业生产。钯金和铂金都用于车辆排气系统，受汽车行业影响，未来用于氢能燃料电池。伦敦铂金价格与原油价格的相关性为90%以上。

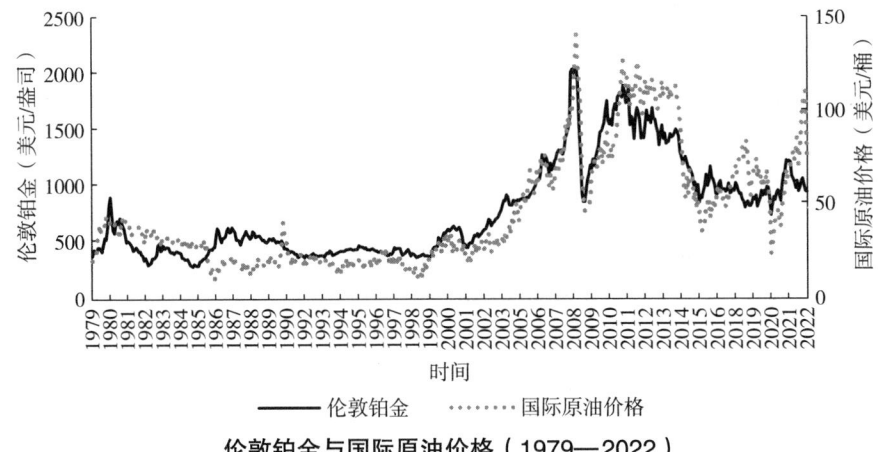

伦敦铂金与国际原油价格（1979—2022）

资料来源：世界银行，洲际交易所，伦敦金属交易所，捷诚能源。

伦敦钴价格与国际原油价格

钴在电动车等新能源上使用广泛。钴资源高度集中在少数国家。伦敦钴价格与国际原油价格相关性目前在 55% 左右,但有增强趋势。

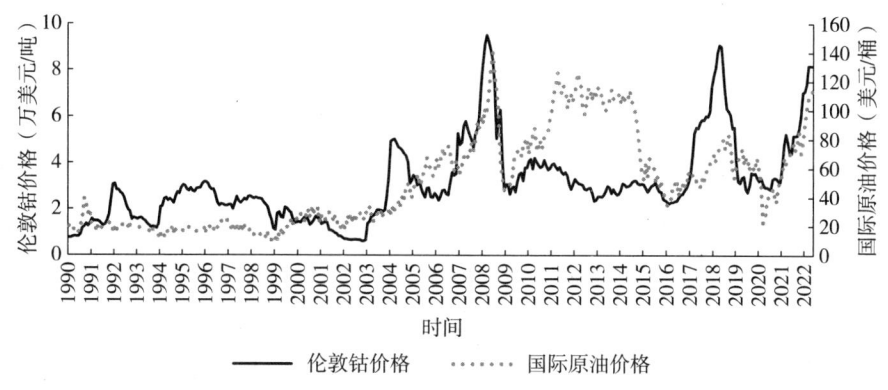

伦敦钴价格与原油价格(1990—2022)

资料来源:国际货币基金组织,洲际交易所,伦敦金属交易所,捷诚能源。

电池级碳酸锂价格与国际原油价格

作为地球上最轻的金属,锂广泛应用于新能源、材料和医药等领域,被誉为"新能源金属"和"工业味精"。电池级碳酸锂价格与原油价格长期为弱负相关,但近年来相关性不断增强。

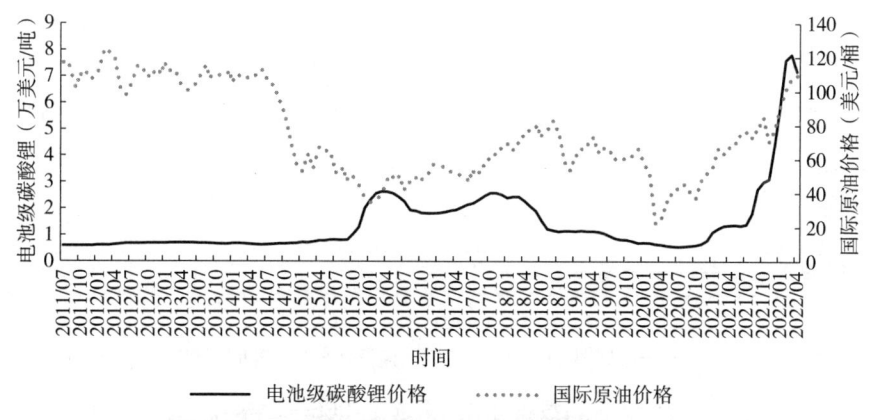

电池级碳酸锂价格与国际原油价格(2011—2022)

资料来源:国际货币基金组织,美国能源信息署,洲际交易所,捷诚能源。

宏观经济、人口、供需、就业

宏观经济具有实物属性。宏观经济与金融市场的结合点是实体经济投资回报率和金融市场形成的利息率之间的关系。经济政策的不确定性是造成油价波动的一个重要因素。经济形势和系统性金融风险对油价会产生溢出效应。石油需求与宏观因素相互影响,互为因果。

使用宏观数据时,数据环比增速面临的问题是波动大,周期趋势不明显,季节性调整存在不确定性。同比增速可避免季节性的波动,但是不能反映最新的变化趋势。

世界人口数量与石油需求

2022年11月,世界人口数量突破80亿人。人口增长是石油乃至能源需求的核心驱动力之一。

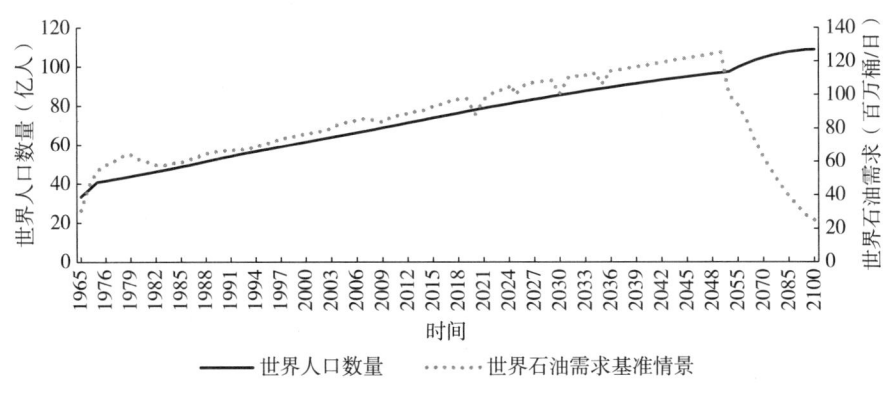

世界人口数量与石油需求(1965—2100)

资料来源:世界银行,联合国,美国能源信息署,国际能源署,壳牌,捷诚能源。

全球区域人类发展指数与能源消费

联合国人类发展指数（Human Development Index）考虑人口、生活质量、教育、收入等因素，指数越高，往往人均能源消费越高。反之，能源消费对人类发展也有显著的正面效应，能源消费每上升1%，人类发展水平提升0.0002%。

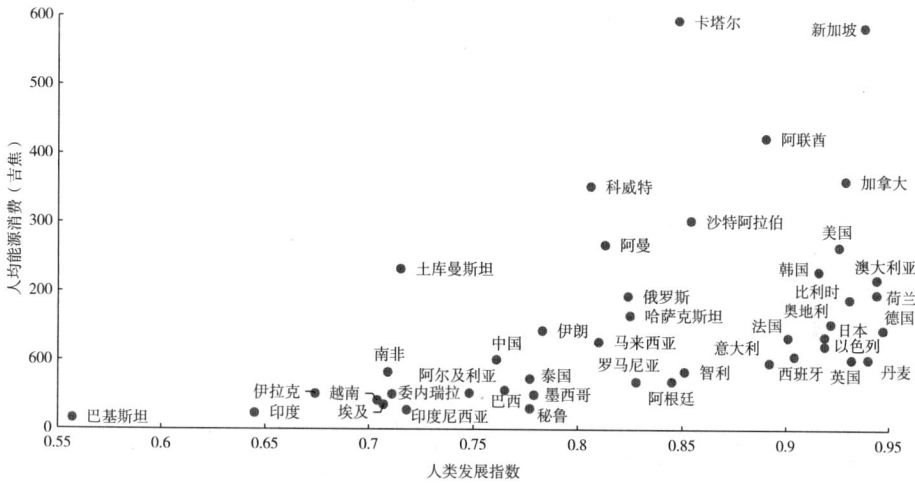

全球区域人类发展指数与人均能源消费（2019）

资料来源：联合国，世界银行，英国石油，捷诚能源。

全球区域城镇化率

工业化和城镇化极有利于能源的普及应用，加快了能源的发展速度。城镇化率是城镇人口数占总人口数（包括农业与非农业）的比例。城镇化率越高，人均能源消费通常也越高。

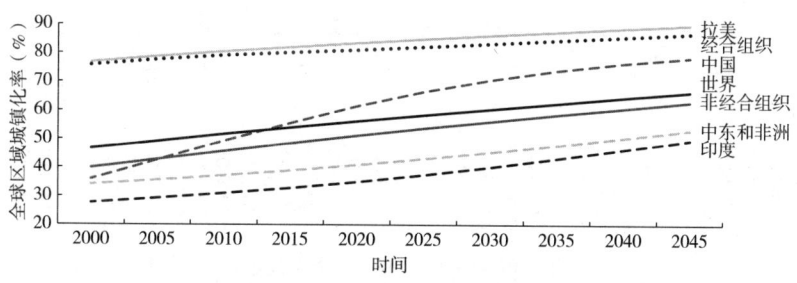

全球区域城镇化率（2000—2045）

资料来源：联合国、欧佩克，捷诚能源。

综合经济领先指标与商品研究局指数

经合组织综合经济领先指标（OECD Composite leading indicator）是综合国民经济各领域指标，是反映宏观经济周期拐点的领先指标。世界商品研究局指数（Commodity Research Bureau Index）覆盖原材料性质的大宗商品，反映世界大宗商品价格的走势，常滞后于经合组织综合经济领先指标。

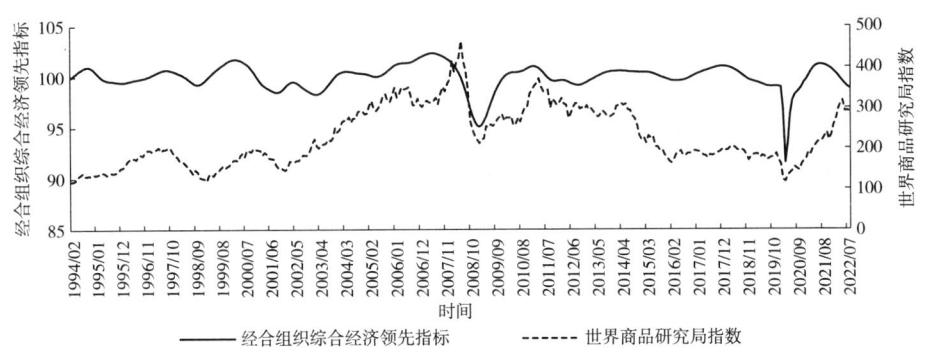

综合经济领先指标与世界商品研究局指数（1994—2022）

资料来源：经合组织，路孚特，捷诚能源。

全球真实经济活动指数与美国原油价格

全球真实经济活动指数（Index of Global Real Economic Activity）是以美元计价的大宗干散货运价指数，与波罗的海干散货运价指数类似，但序列更长，能反映全球大宗商品需求周期的变化。

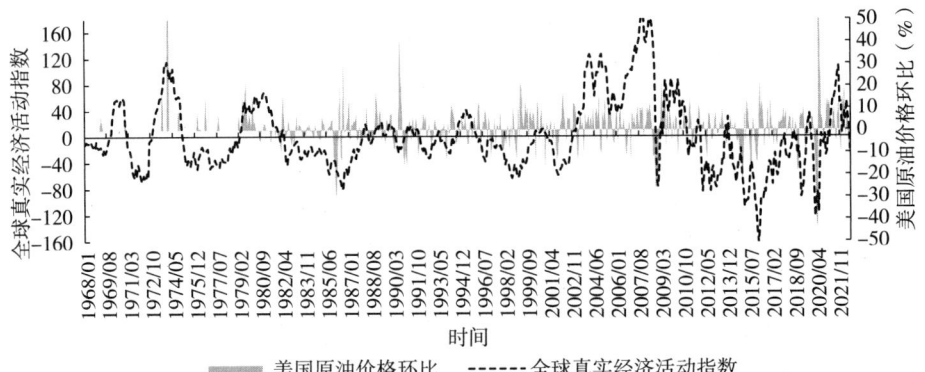

全球真实经济活动指数与美国原油价格（1968—2022）

资料来源：美国联邦储备委员会，美国能源信息署，捷诚能源。

世界 GDP 增速与石油需求增速

国内生产总值（GDP）是衡量经济和需求的重要指标。实际 GDP 增速的合理水平在 2% 左右。经济增长、产业发展结构和居民收入决定了石油需求。GDP 增速与石油需求增量以及增速高度呈现一定比例的相关性。

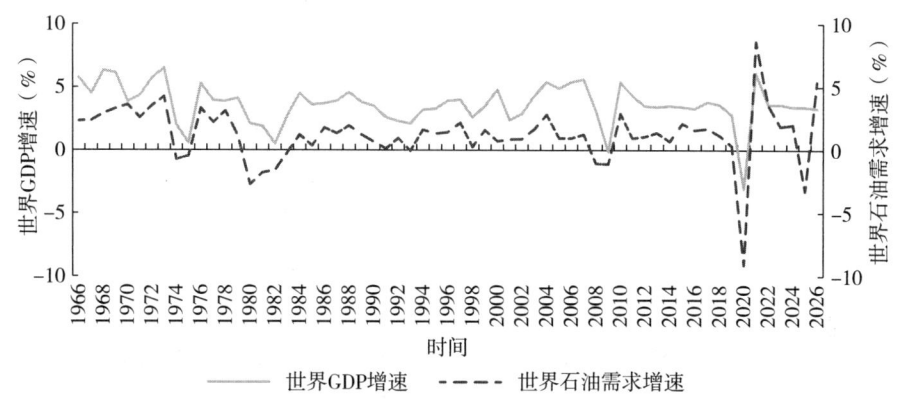

世界 GDP 增速与石油需求增速（1966—2026）

资料来源：世界银行，国际货币基金组织，英国石油，捷诚能源。

中国 GDP 增速与石油需求增速

中国经济增长推动了中国和世界石油需求的增长。

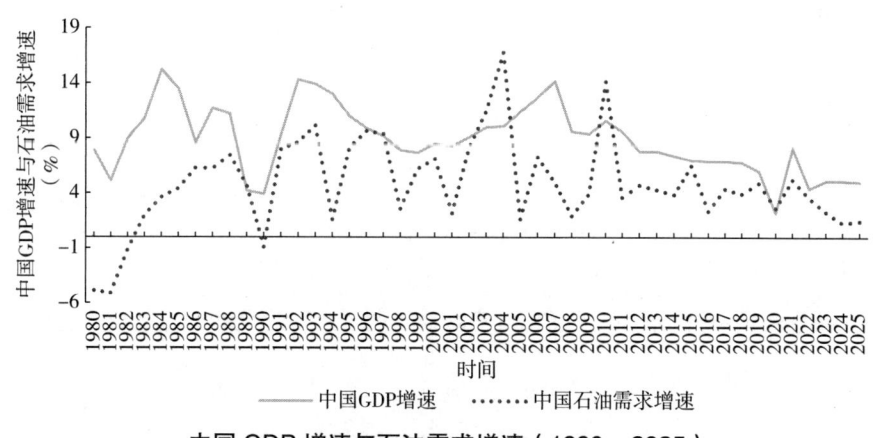

中国 GDP 增速与石油需求增速（1980—2025）

资料来源：中国国家统计局，世界银行，国际货币基金组织，捷诚能源。

工业增加值占 GDP 比例与柴油消费增速

工业生产是柴油消费的主要驱动力。工业增加值为所有产出相加再减去中间投入得出的部门的净产出。

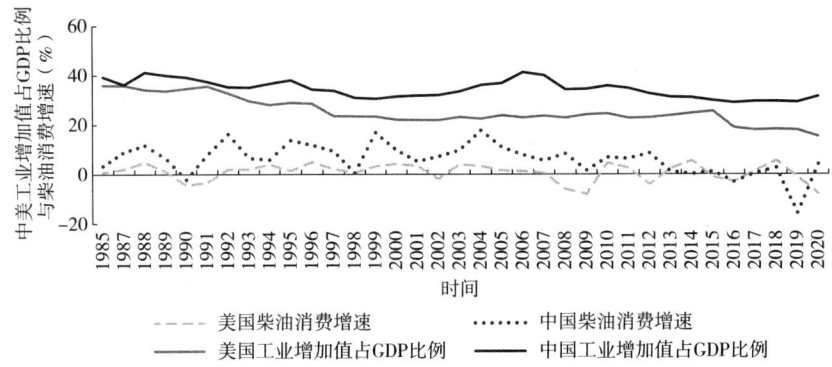

中美工业增加值占 GDP 比例与柴油消费增速（1985—2020）

资料来源：世界银行，中国国家统计局，美国联邦储备委员会，捷诚能源。

世界 GDP 增速与乙烯需求增速

乙烯是世界上产量最大的化学产品之一，占石化产品的 75% 以上，在国民经济中占有重要地位。乙烯产量作为衡量一个国家石油化工业发展水平的重要标志之一，与 GDP 增速高度相关。

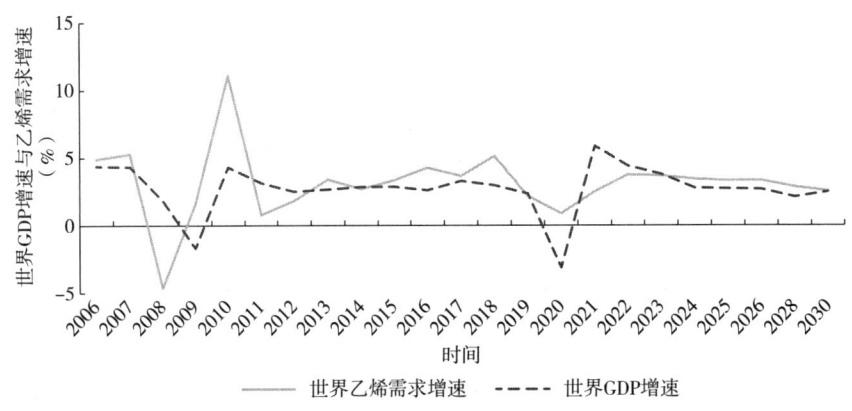

世界 GDP 增速与乙烯需求增速（2006—2030）

资料来源：美国能源信息署，捷诚能源。

中国能源生产和消费弹性系数

能源生产和消费弹性系数是能源生产或消费总量增长率与国民经济增速的比值。系数越高,说明用能越多,经济对能源的依赖也越大。经济增速接近零或负值时,指标作用变小。

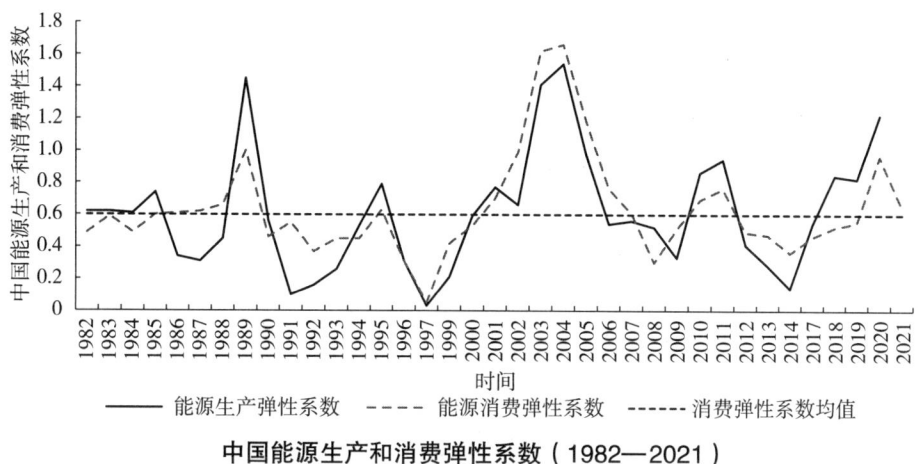

中国能源生产和消费弹性系数(1982—2021)

资料来源:中国国家统计局,国务院发展研究中心,捷诚能源。

世界终端能源开支

到2050年,世界终端能源消费开支增长75%,主要是电力支出的增长。

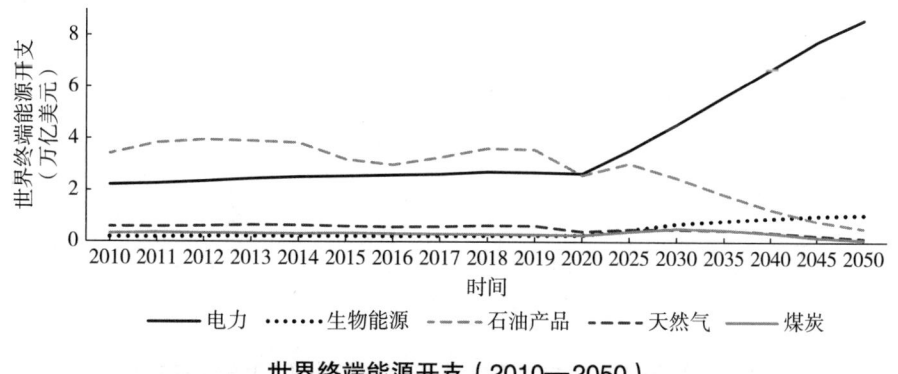

世界终端能源开支(2010—2050)

资料来源:国际能源署,捷诚能源。

世界能源开支占 GDP 比例

世界经济的稳定发展依赖于高效低成本的能源。从能源行业、消费者和其他行业均衡的角度来看，全球能源开支占世界 GDP 比例的理想状况通常在 4%～6% 之间，有利于世界经济发展。如该比例达 7% 以上，暗示能源消费相对于经济发展过快，伴随而来的可能是油价暴跌甚至经济萧条。

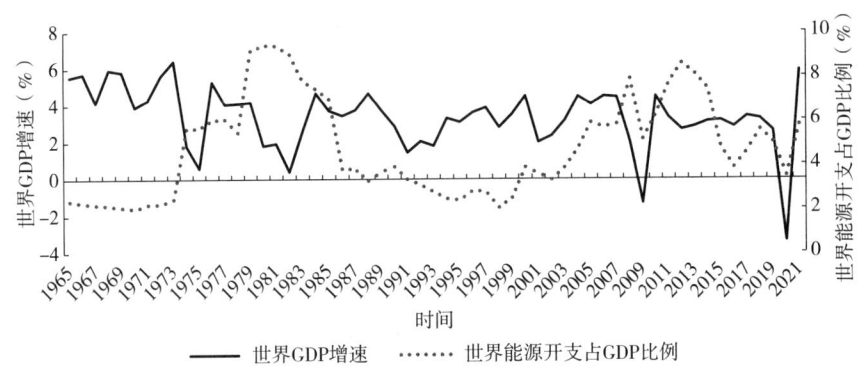

世界能源开支占 GDP 比例与 GDP 增速（1965—2021）

资料来源：世界银行，国际货币基金组织，英国石油，捷诚能源。

中国用能成本与能源成本占 GDP 比例

随着中国经济结构的升级换代，高耗能产业和重工业的比例在减少，能源成本占 GDP 的比例在下降。

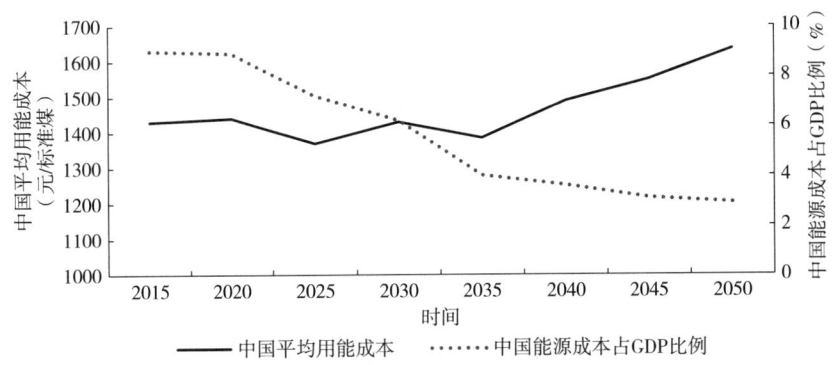

中国平均用能成本与能源成本占 GDP 比例（2015—2050）

资料来源：中国国家统计局，国务院发展研究中心，捷诚能源。

美国工业生产指数与石油供需

工业生产指数（Industrial Production Index，IP）反映工业发展速度和经济景气。工业生产趋势向好，支持柴油需求。美国工业生产指数（IP）与柴油需求的相关性接近90%。

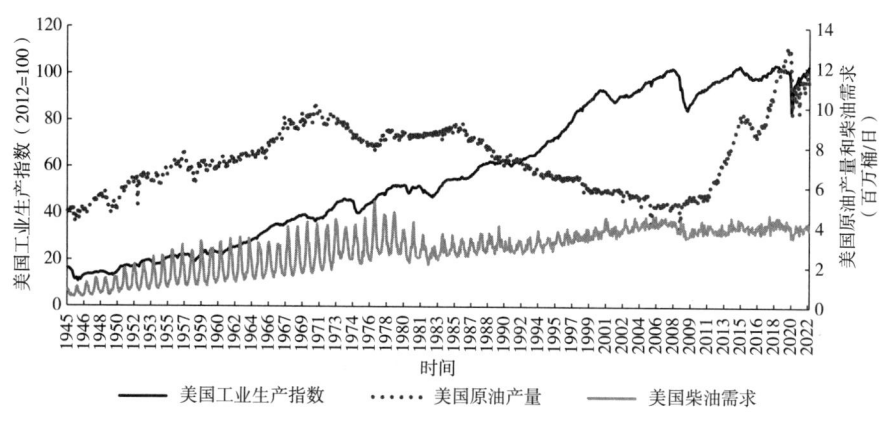

美国工业生产指数与石油供需（1945—2022）

资料来源：美国联邦储备委员会，美国能源信息署，捷诚能源。

美国和经合组织工业生产指数与油价

工业生产指数与商业周期波动相关，影响成品油需求，进而影响原油价格。

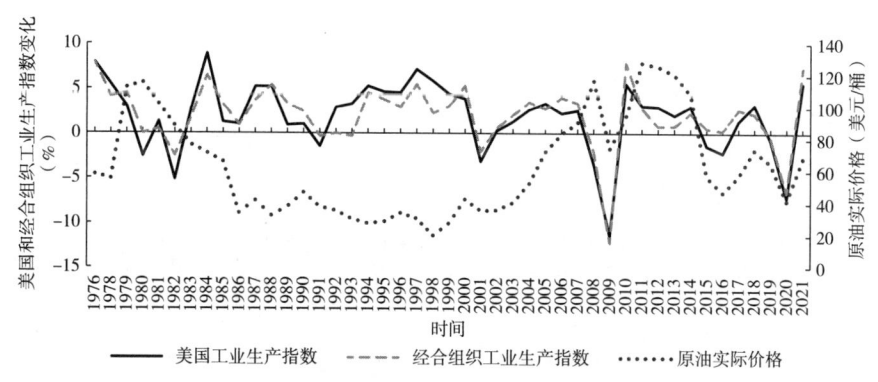

美国和经合组织工业生产指数与原油实际价格（1976—2021）

资料来源：经合组织，美国能源信息署，捷诚能源。

美国工业生产者出厂价格指数与油价变化

工业生产者出厂价格指数（Producer Price Index，PPI）是衡量工业企业产品出厂价格变动趋势和变动程度的指数，主要是反映某一时期生产领域价格变动情况，影响企业的投资和库存行为。PPI 的变化在反映原油价格的变化时略有滞后性。

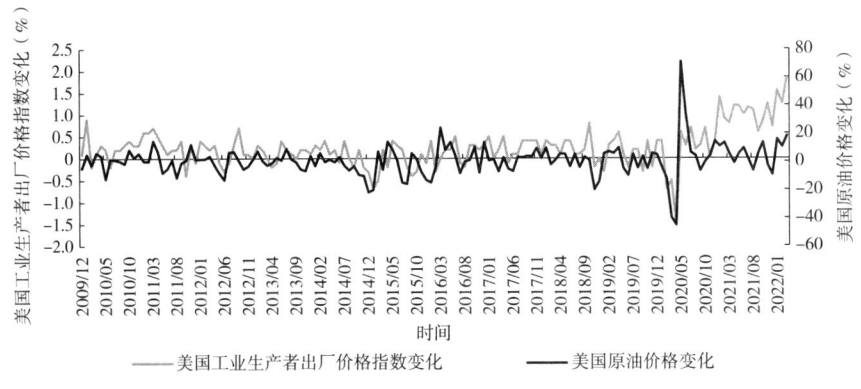

美国工业生产者出厂价格指数与原油价格变化（2009—2022）

资料来源：美国劳工局，美国能源信息署，捷诚能源。

美国采购经理指数与原油价格

采购经理指数（Manufacturing Purchasing Managers' Index，PMI）衡量制造业活动，是宏观经济的先行指标。指数高于 50，说明行业发展；低于 50，说明行业收缩。PMI 上涨时，往往增加原油需求，进而拉高油价。

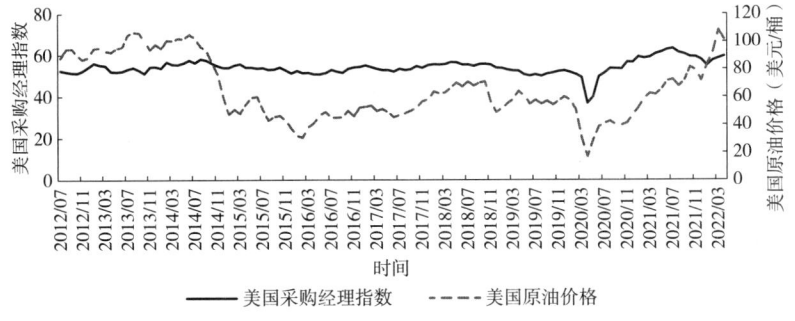

美国采购经理指数与原油价格（2012—2022）

资料来源：美国供应管理协会，美国能源信息署，捷诚能源。

美国新增非农就业人数与原油价格

美国非农数据（Total Nonfarm All Employees）是指非农新增就业人数、就业率与失业率等指标，反映美国非农业人口就业状况。美国非农新增就业人数对经济景气的反应灵敏，走势变化具有明显领先性。美国新增非农就业人数与油价相关性近80%。

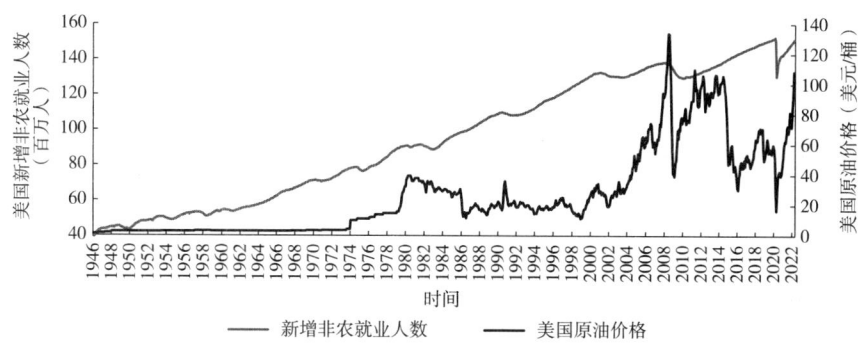

美国新增非农就业人数与原油价格（1946—2022）

资料来源：美国劳工部统计局，美国联邦储备委员会，美国能源信息署，捷诚能源。

美国就业率与原油实际价格

美国是消费型经济体，居民消费占GDP比例高达70%。就业率（Employment Rate）是重要的消费领先指标，反映经济景气程度。就业率上升是经济增长的表现，也有利于消费者个人收入的提高。

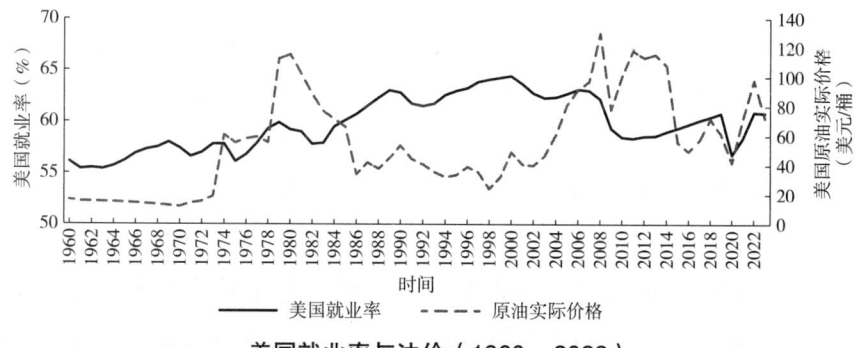

美国就业率与油价（1960—2022）

资料来源：世界银行，美国劳工部统计局，美国联邦储备委员会，美国能源信息署，捷诚能源。

美国失业率与原油价格

美国失业率（Unemployment Rate）与个人可支配收入的减少以及消费能力的下降相关联。全球化程度影响劳动力成本，特别是非熟练用工成本。人工智能和机器人等技术推动了劳动力替代，提升了生产效率。

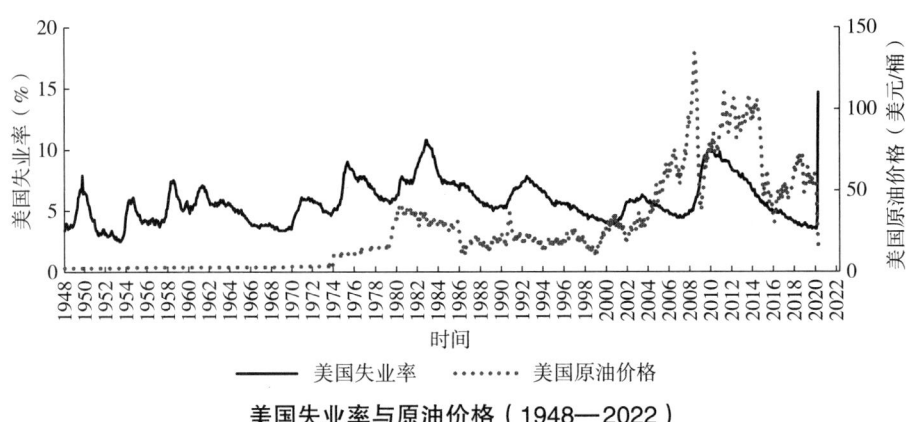

美国失业率与原油价格（1948—2022）

资料来源：美国劳工部统计局，美国联邦储备委员会，美国能源信息署，捷诚能源。

消费者指数、信心和个人收入

消费者信心指数与通货膨胀率预期

消费者信心指数与消费者的支出增长有直接关系，而构成美国GDP三分之二的消费者支出对美国经济影响至关重要。消费者信心指数是反映消费者对该国经济信心强弱的指标，是综合反映并量化消费者对当前经济形势评价和对经济前景、收入水平、收入预期以及消费心理状态的主观感受，是预测经济走势和消费趋向的一个先行指标。经济咨商局（The Conference Board）消费者信心指数更能反映一般消费和就业形势，而密歇根大学消费者信心指数（The University of Michigan Consumer Confidence Index）更能反映耐用品消费。

美国消费者信心指数与通货膨胀率预期变化（1978—2022）

资料来源：密歇根大学，经济咨商局，美国联邦储备委员会，捷诚能源。

美国消费者舒适度指数

朗格消费者舒适度指数（Langer Consumer Comfort Index）衡量美国人对经济状况、个人财务状况和现在是否是购买所需商品或服务的好时机的三个问题的看法，了解消费者信心的变化，是消费者情绪指标。数值在正负100之间，数值越大说明消费者情绪更乐观，反之亦然。

美国消费者舒适度指数（1986—2022）

资料来源：朗格研究，彭博、美国能源信息署，捷诚能源。

美国消费者价格指数和油价变化

消费者价格指数（Consumer Price Index，CPI）反映居民购买生活消费品和服务的价格水平。CPI 变化反映通货膨胀程度，当 CPI 同比涨幅超过 5% 时，通货膨胀较为严重。CPI 同比涨幅持续扩大，意味着银行存款实际利率降低，会影响到居民财产性收入，进而抑制消费。

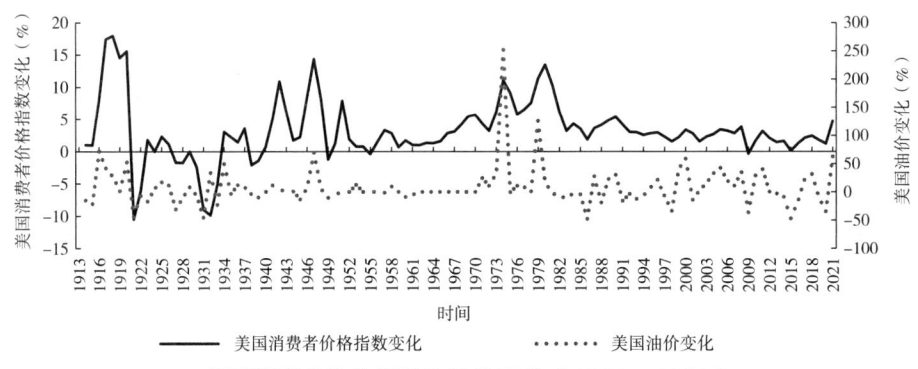

美国消费者价格指数和油价变化（1913—2021）

资料来源：美国劳工部统计局，美国能源信息署，捷诚能源。

能源占美国消费者价格指数比例

美国劳工局的消费者价格指数（CPI）和经济分析局的个人消费支出价格指数（PCE）都是美国通胀指标。CPI 反映所有城市家庭消费价格变化，而 PCE 包括家庭以及雇主和政府为家庭提供的商品和服务价格变化。大约 25% 的 PCE 支出没有计算在 CPI 中。能源占 PCE 的 4% 左右，能源占 CPI 的 7% 左右，汽油价格的比例高，价格波动大。

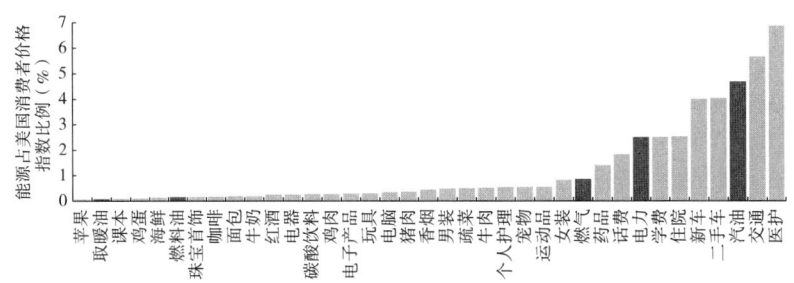

能源占美国消费者价格指数比例（2022）

资料来源：美国劳工部统计局，美国联邦储备委员会，捷诚能源。

欧美通货膨胀率因素

欧美通货膨胀率受能源价格、供需和货币政策影响。

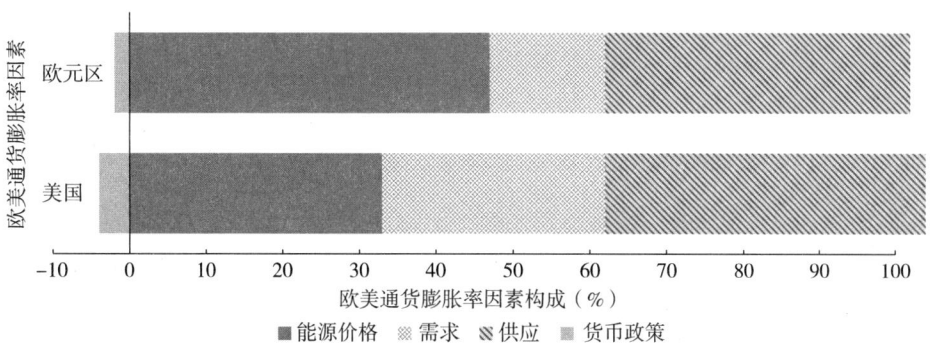

欧美通货膨胀率因素（2022）

资料来源：安联研究，国际货币基金组织，捷诚能源。

美国 PPI-CPI 剪刀差

居民消费者价格指数（CPI）和工业生产者出厂价格指数（PPI）分别从需求端和生产端来衡量物价水平以及判断通货膨胀或通货紧缩。CPI 和 PPI 走势理论上应该趋同，但是，很多时候走势不一致。PPI-CPI 的"剪刀差"说明居民消费和工业生产不同的运行状况。

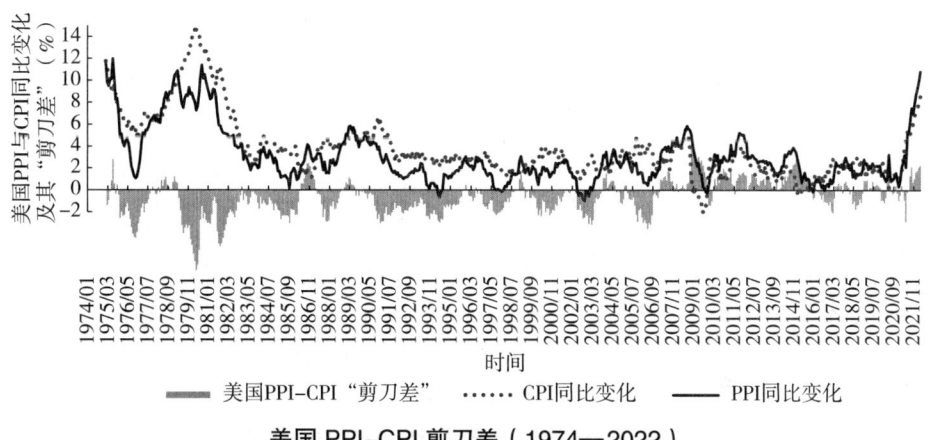

美国 PPI-CPI 剪刀差（1974—2022）

资料来源：美国联邦储备委员会，美国劳工部统计局，捷诚能源。

美国通货膨胀率与油价变化

CPI 是权重指数，而通货膨胀率是 CPI 指数的变化。油价一般是通货膨胀率的先行指标。石油作为实体货物，曾是通货膨胀的主要对冲工具。近年来，随着经济对石油的依赖程度下降，这种功能也在弱化。

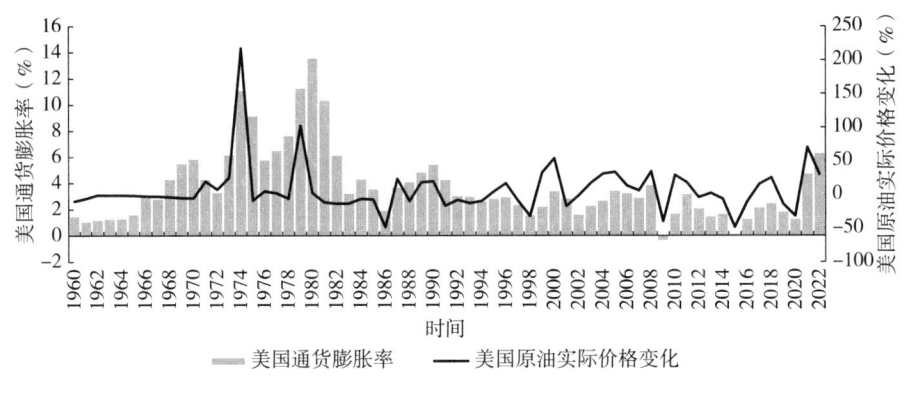

美国通货膨胀率与油价（1960—2022）

资料来源：美国联邦储备委员会，美国劳工部统计局，美国能源信息署，捷诚能源。

美国通货膨胀预期和汽油价格

美国通货膨胀预期是汽油价格的函数。

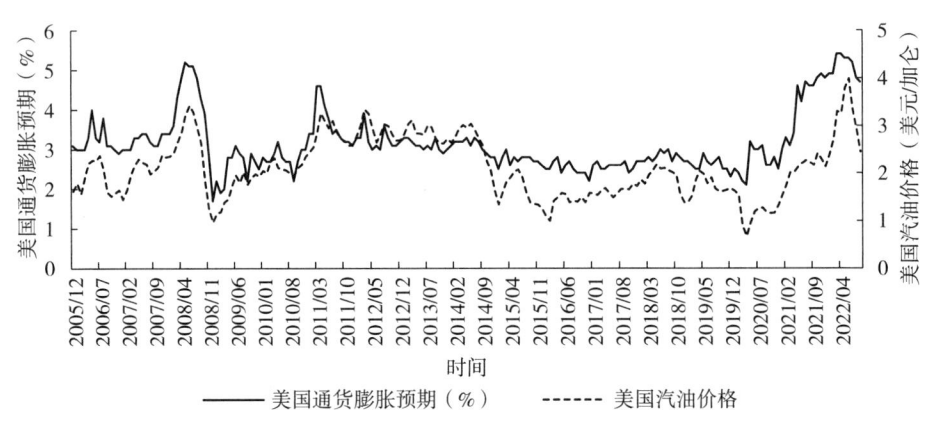

美国通货膨胀预期和汽油价格（2005—2022）

资料来源：美国密歇根大学，美国能源信息署，美国联邦储备委员会，捷诚能源。

美国通货膨胀率与汽油价格

美国汽油开支较大且价格波动频繁，汽油价格和通货膨胀率的相关性很高。消费者对通货膨胀率的容忍程度经常会反作用于汽油价格。

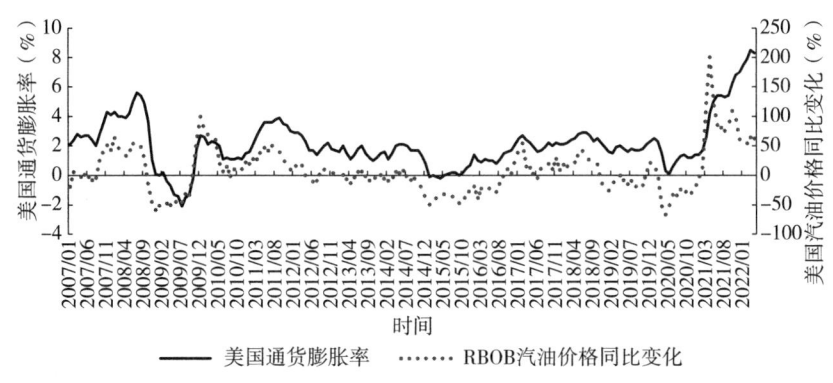

美国通货膨胀率和汽油价格变化（2007—2022）

资料来源：美国劳工部统计局，美国通胀计算器，美国能源信息署，捷诚能源。

美国二手房价格指数与油价

凯斯—席勒房价指数（Case-Shiller Home Price Indices）采用重复销售定价法算出房价指数，衡量美国 20 大城市普通住房（不含新建楼房）价格的变化。

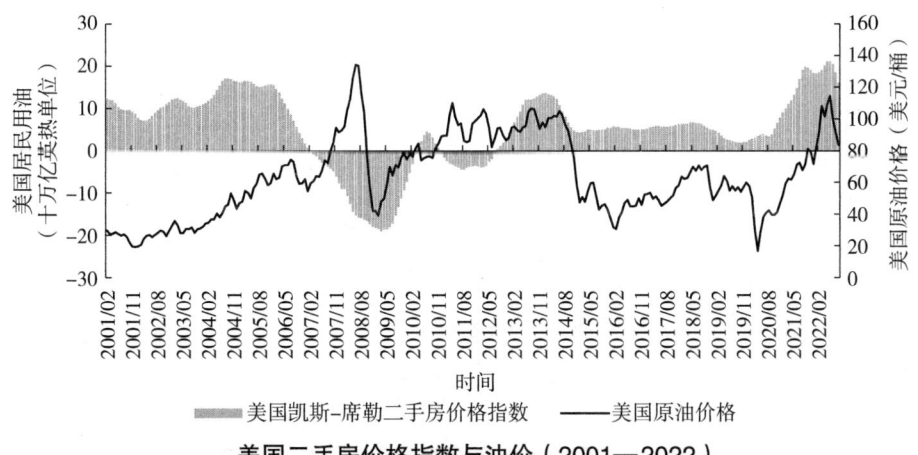

美国二手房价格指数与油价（2001—2022）

资料来源：美国能源信息署，美国联邦住房金融局，英为财情，捷诚能源。

美国恩格尔系数和原油价格

恩格尔系数（Engel's Coefficient）是食品支出总额占个人消费支出总额的比例，一般随着国家或家庭收入和生活水平的提高而下降。通常恩格尔系数越低，富裕程度越高。

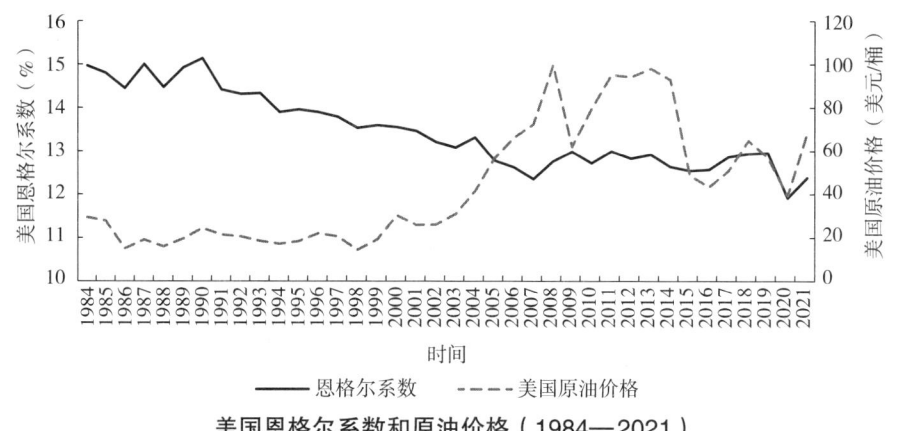

美国恩格尔系数和原油价格（1984—2021）

资料来源：美国劳工部统计局，美国能源信息署，捷诚能源。

美国个人可支配收入与汽油消费量

个人收入是石油需求的主要驱动力。随着美国人口增加，虽然美国汽油消费总体呈上升趋势，但人均汽油消费变化不大。

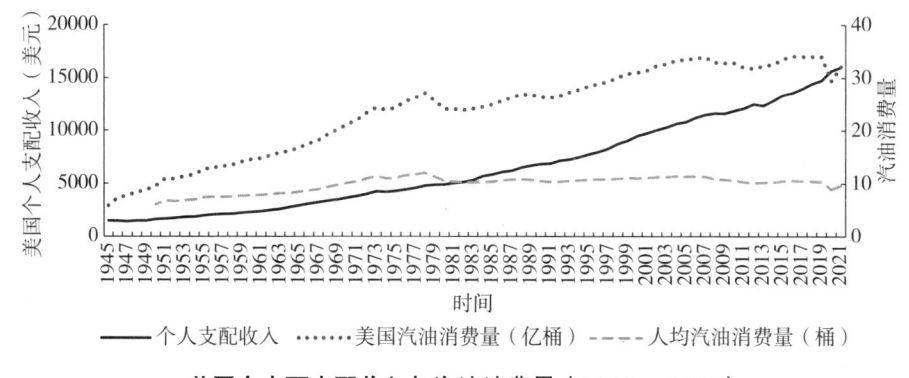

美国个人可支配收入与汽油消费量（1945—2021）

资料来源：美国联邦储备委员会，美国能源信息署，捷诚能源。

个人可支配收入和 GDP 与汽油消费

汽油消费占美国石油消费的 50% 左右。汽油支出占个人可支配收入和 GDP 的比例与需求高度相关。个人可支配收入包括薪酬收入、财产性收入、转移支付收入。

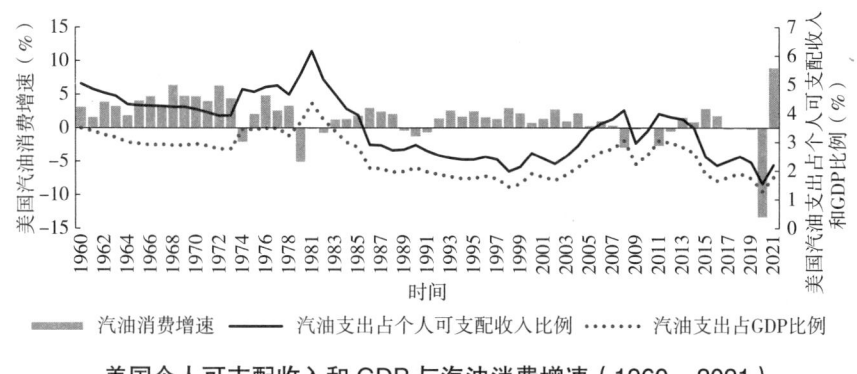

美国个人可支配收入和 GDP 与汽油消费增速（1960—2021）

资料来源：美国联邦储备委员会，美国能源信息署，油价服务，捷诚能源。

美国汽油支出占个人可支配收入比例

美国汽油支出占个人可支配收入比例衡量消费者对油价的承受能力，占比过高时，会触发原油价格的调整，体现了原油价格对 GDP 和消费者可支配收入的影响，可用于计算隐含原油价格。

美国汽油支出占个人可支配收入比例与原油价格（1993—2022）

资料来源：美国联邦储备委员会，美国劳工统计局，美国能源信息署，捷诚能源。

美国汽油占个人消费比例与汽油价格

美国汽油价格较高时，汽油消费占个人消费的比例上升，将抑制个人其他消费。

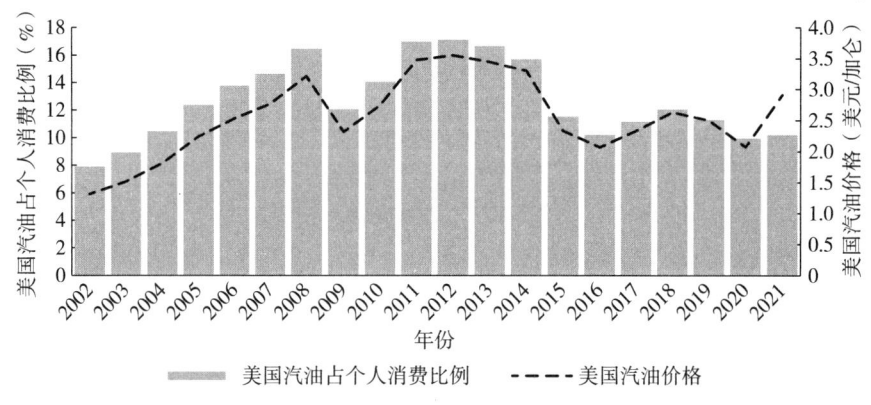

美国汽油占个人消费比例与汽油价格（2002—2021）

资料来源：美国联邦储备委员会，美国能源信息署，捷诚能源。

货币政策、债市、股市

各国货币政策和资本市场变化影响资金的流向和流动性。对宏观因素、油价、股价和公司动态的综合分析有助于资产投资决策。

股市是美国石油公司重要的融资来源，股价的表现直接影响了上市公司的投融资决策。油价是商品期货分析师工作的最终表现形式，体现在价格判断和波动率上。而对于证券分析师，油价是公司估值模型的一个核心的输入值，体现在公司盈利和股价上。

美国货币供应量 M2 与 GDP

广义货币供应量（M2）是指流通于银行体系之外的现金加上企业存款、居民储蓄存款以及其他存款，包括了一切可能成为现实购买力的货币形式，通常能够反映社会总需求变化和未来通胀的压力状态。M2/GDP 之比是衡量一国经济金融化的初级指标。通常来说，该比值越大，说明经济货币化的程度越高。货币政策通常通过上述渠道来影响油价。

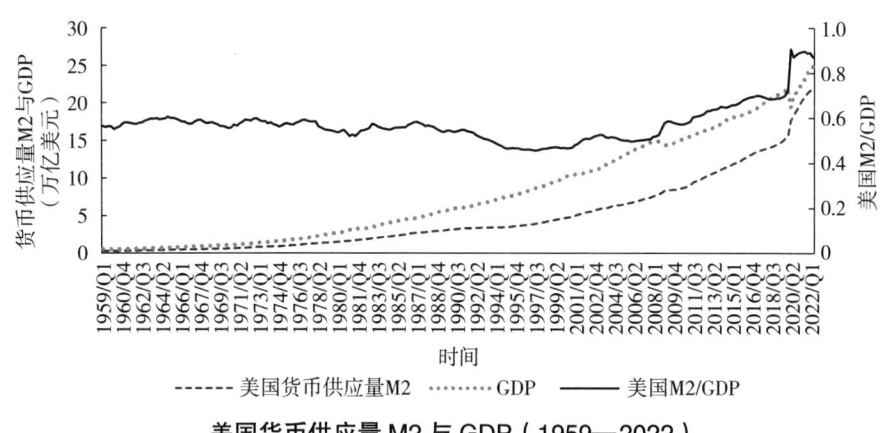

美国货币供应量 M2 与 GDP（1959—2022）

资料来源：美国联邦储备委员会，美国能源信息署，捷诚能源。

美国联邦基金利率与原油价格

利率上升直接增加石油生产者的库存持仓成本和融资成本，从而影响生产积极性。油价上升过快时，会触发美联储加息，推高联邦基金利率。如果美联储联邦基金利率超预期上调 100 基点，WTI 原油价格平均下跌 2.7%。

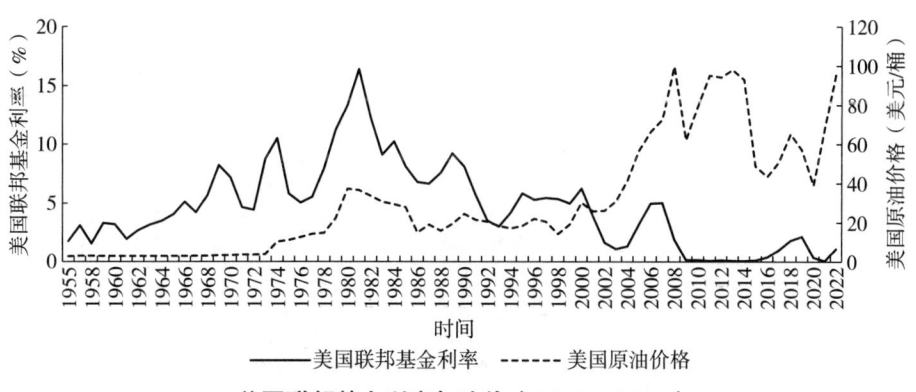

美国联邦基金利率与油价（1955—2022）

资料来源：美国联邦储备委员会，美国能源信息署，捷诚能源。

美国联邦基金利率变化与原油价格

通常情况下,不可再生资源价格的年均增幅与无风险利率大体相当。因而,利率的变化有时能够预测名义油价的拐点。

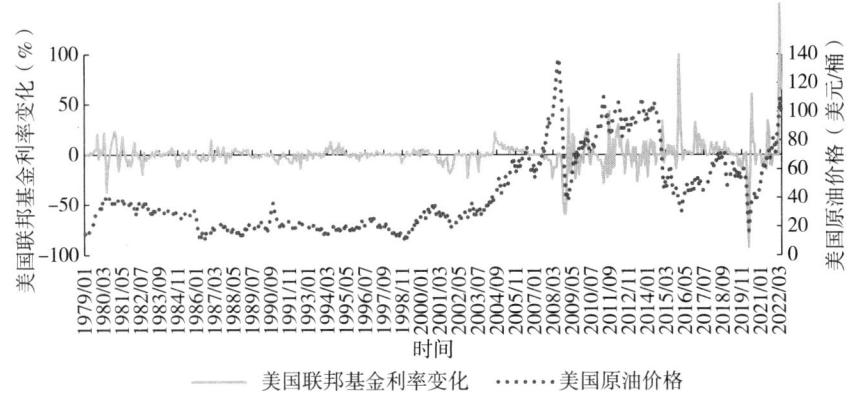

美国联邦基金利率变化与油价(1979—2022)

资料来源:美国联邦储备委员会,美国能源信息署,捷诚能源。

美国 20 年期国债收益率与原油价格

实体经济与金融市场的关系体现在实体经济投资回报率与金融市场利率的相互影响。工业经济中,实体经济与金融市场最为基础的工具通常包括石油和货币(其价格以利率来表示)。油价和利率都受到经济形势的影响。

美国 20 年期国债收益率与油价(1957—2022)

资料来源:美国联邦储备委员会,美国能源信息署,捷诚能源。

美国 10 年期国债收益率与原油价格

美国国债收益率因有国家信用担保，被视为无风险利率（Risk-free）。美国 10 年期国债收益率是全球资产定价的重要参考指标，如其短期内大幅上行，其他资产存在大幅抛售的风险。通常来说，如果 10 年期美债收益率升至 2%，美国财政支出压力会大幅增加，利息支出与 GDP 的比值走高。

美国 10 年期国债收益率与油价（1983—2022）

资料来源：美国联邦储备委员会，美国能源信息署，捷诚能源。

美国 10 年期国债收益率与实际油价

国债收益率一定程度上反映了一国货币的宽松程度，国债收益率降低，有利于刺激经济，提高原油需求，抬高油价。同时，国债收益率的趋势也反映了市场风险偏好的变化，而原油作为大类资产配置中重要的一项标的资产，市场风险偏好的转换对原油市场定价具有明显的影响。

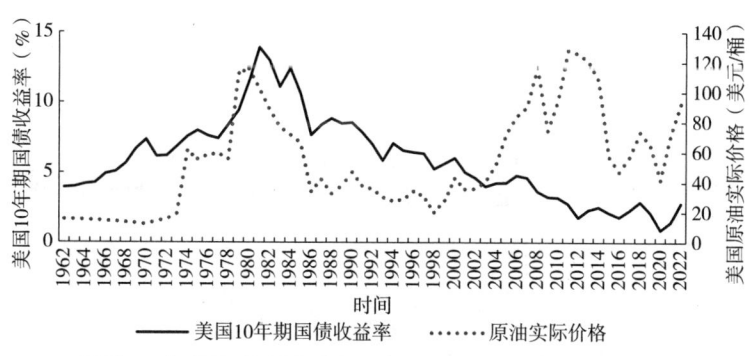

美国 10 年期国债收益率与原油实际价格（1962—2022）

资料来源：美国联邦储备委员会，美国能源信息署，捷诚能源。

美国10年期盈亏平衡通胀率与油价

美国10年期盈亏平衡通胀率是10年期美国国债名义收益率与10年期美国通胀保值国债（Treasury Inflation Protected Securities，TIPS）的利差，通常被作为预测美国通胀率的指标，与油价相关性高。

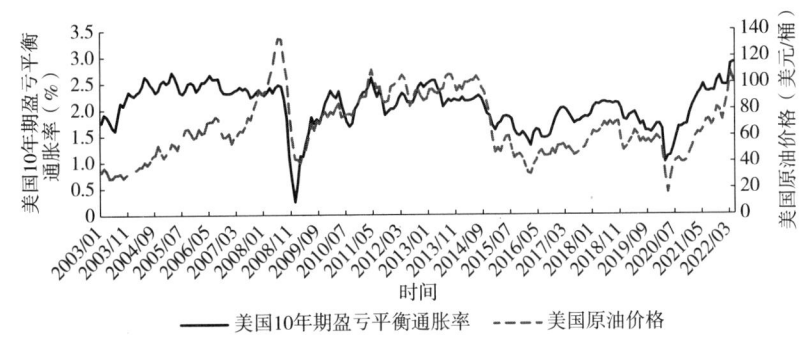

美国10年期盈亏平衡通胀率与油价（2003—2022）

资料来源：美国财政部，美国联邦储备委员会，捷诚能源。

美国国债收益率利差与期权波动性

美国国债10年期与2年期利差（Term premium）如果是负值倒挂，往往预期经济下行，市场波动率也高，油价呈走高趋势。美债10年与2年利差在0值附近时，往往对应着原油价格的低点，直到长端利率转向，预示着原油价格下跌。不同期限的国债利率被视为GDP增速的先行指标。

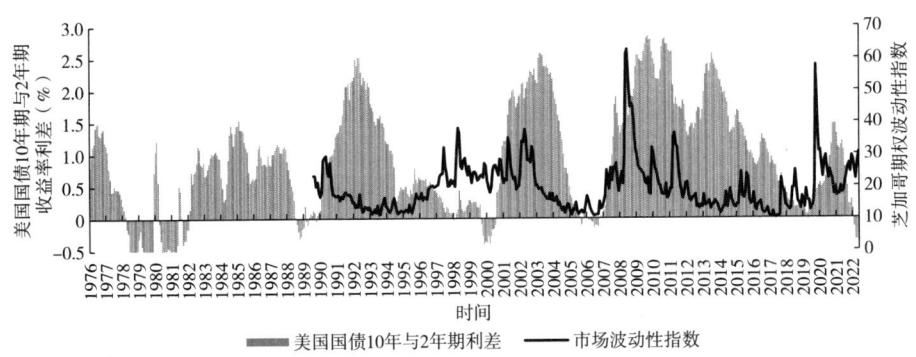

美国国债期限利差与芝加哥期权波动性指数（1976—2022）

资料来源：美国联邦储备委员会，美国芝加哥期权交易所，捷诚能源。

美国高收益债券利差与原油价格

公司债券收益率要比国债（无风险收益率）高很多，才能吸引投资者，因此，两者之间的利差反映市场气候。能源公司使用高收益债券来补充资本支出与现金流之间的缺口。美国高收益债券利差（High yield bond spread premium）是高收益债券（投机级）收益率与投资级公司债券、国债或其他基准债券收益率之差。其和高收益债券的期权调整价差（Option-adjusted spread，OAS）的变化反映了垃圾债券的违约风险。高收益债券利差意味着风险溢价的存在，利差越高，风险越大，收益率也越高。高收益债券公司的盈亏平衡点构成美国油价中枢。

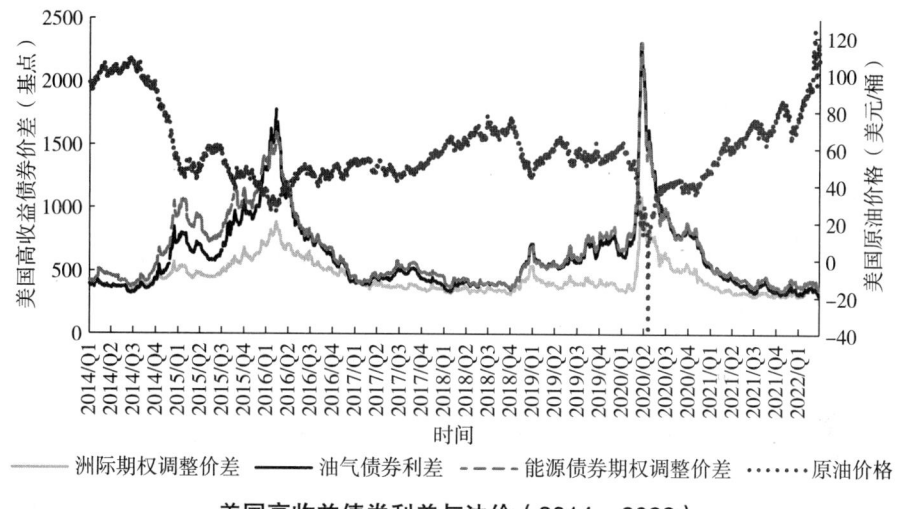

美国高收益债券利差与油价（2014—2022）

资料来源：美国联邦储备委员会，洲际交易所，美国能源信息署，捷诚能源。

油价与美国油气公司破产重组数量

美国中小企业，即使在日子好过的时候，也习惯于高负债经营，始终走在破产边缘上。但由于美国市场融资渠道多、融资成本相对低、周期相对短，使得油气公司的破产风险相对可控。

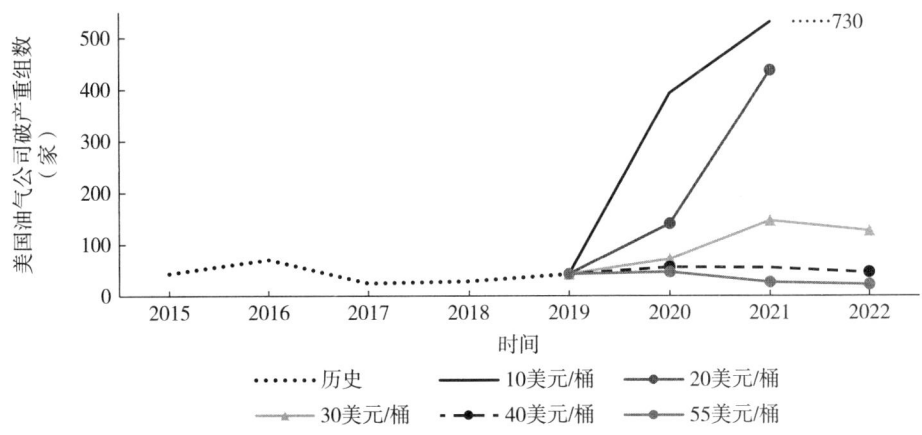

美国油气公司破产重组数与油价（2015—2022）

资料来源：海博律师事务所，睿咨得能源，捷诚能源。

北美油气和油服公司申请破产数

虽然美国油气公司随时有破产的风险，但是，公司常利用美国破产法第 11 章等方式重组存活，降低融资成本，最终走出破产。破产程序用债权人取代了股权人，影响的是股权投资人。

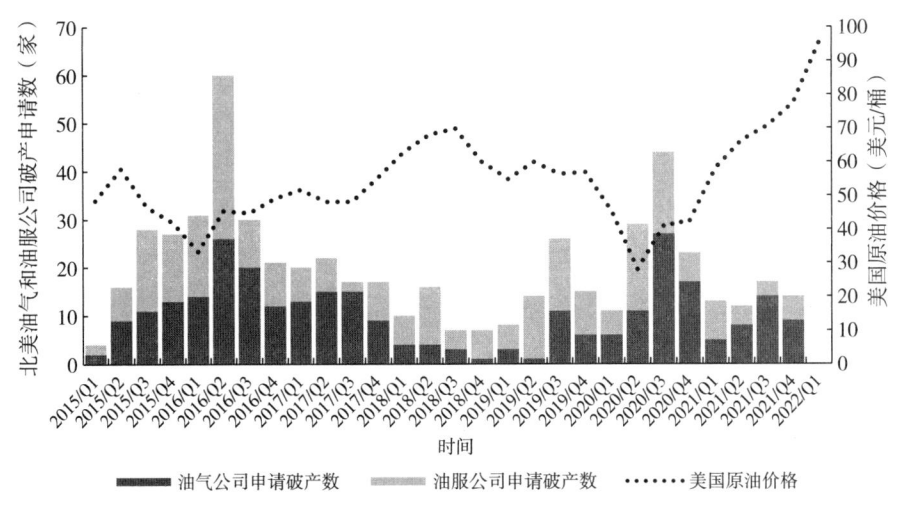

北美油气和油服公司申请破产数（2015—2022）

资料来源：海博律师事务所，捷诚能源。

标普 500 股价指数与油价

随着大宗商品金融化（Commodity financialization），原油愈发像股票一样，成为一种资产配置工具，更多的投资者参与原油市场，股价与油价的相关性不断加强。特别是当全球需求较弱时或价格波动剧烈时，两者相关性更加明显。油价往往领先于股价一个季度左右。

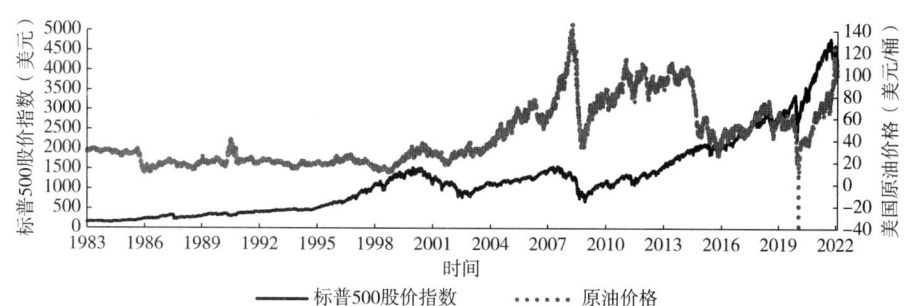

标普 500 股价指数与油价（1983—2022）

资料来源：雅虎财经，美国能源信息署，捷诚能源。

明晟（MSCI）新兴市场股价指数与油价

明晟（MSCI）新兴市场股价指数（MSCIEM）与油价相关性高。当需求导向时，股价领先于油价，而当供应导向时，油价领先于股价。

明晟（MSCI）新兴市场股价指数与油价（2012—2022）

资料来源：万得，美国能源信息署，捷诚能源。

能源公司股票投资回报与油价敏感性

处于产业链不同环节的上市公司对油价的依赖程度各不相同，其盈利对油价的敏感程度也不同。油价波动时，每家企业的股票投资回报（包括股票价差、分红、回购等）也相差较大。

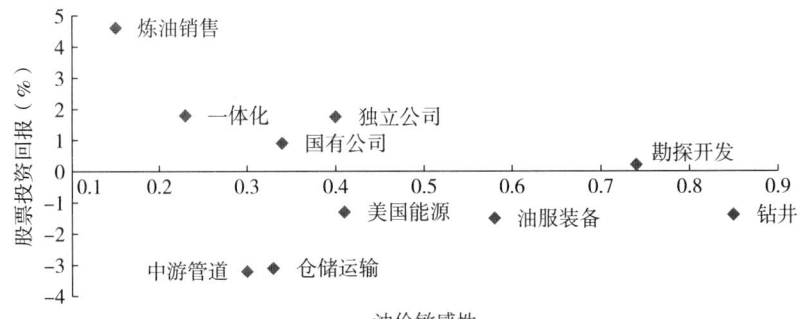

能源公司股票投资回报与油价敏感性（2018—2022）

资料来源：摩根斯坦利研究部，捷诚能源。

上市公司估值隐含油价

上市公司股价所体现的隐含油价普遍低于2022年油价水平，很多也低于65美元/桶长期合理油价水平，说明资本市场对石油公司的估值偏低。

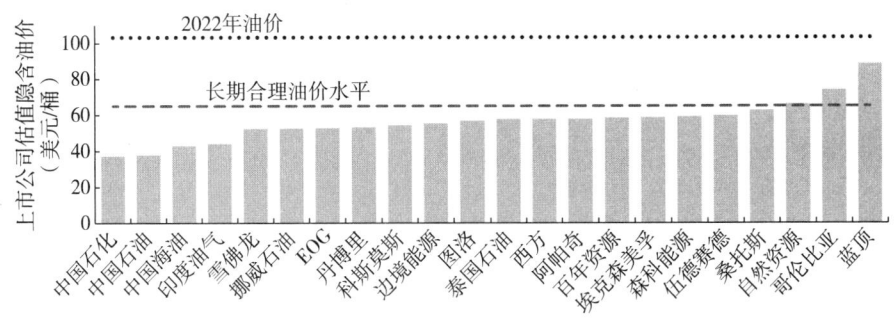

上市公司估值隐含油价（2022）

资料来源：各公司年报，美国证监会，美国能源信息署，捷诚能源。

贸易、货币与美元

汇率的一个决定因素为利差。套利交易是汇率波动的主要驱动力。中证金融研究院研究发现，在占主导地位的一种或几种大宗商品贸易中发挥计价结算功能，通常是一国货币成为国际货币的起点或重要标志，如19世纪的"煤炭英镑"、20世纪的"石油美元"。美元之所以是大宗商品贸易和金融交易的主导货币，不仅因为它是现货和期货市场计价结算的基准，更重要的是美国有发达的金融机构、丰富的金融产品和高流动性的金融市场。

美国经常项目差额比例与原油价格

美国经常项目（货物贸易）和美国油价的波动趋同。如果经常项目赤字变小，说明对美国商品和服务的需求增加。

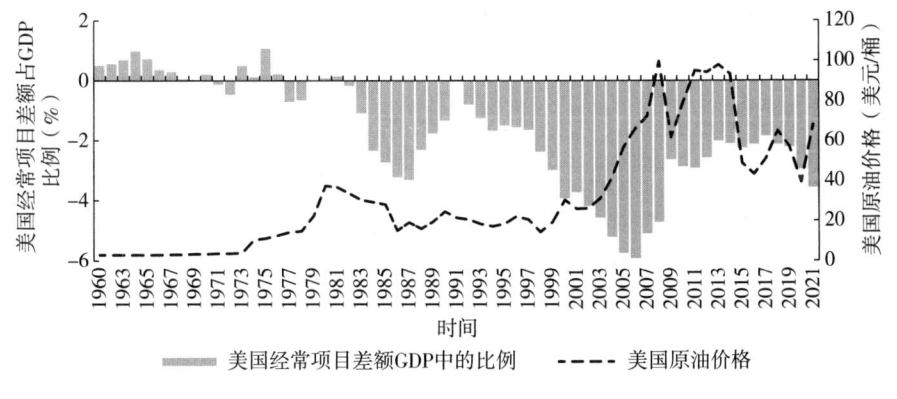

美国经常项目差额比例与原油价格（1960—2021）

资料来源：世界银行，美国经济分析局，美国联邦储备委员会，美国能源信息署，捷诚能源。

欧佩克经常项目差额与油价

石油出口国的欧佩克经常项目（货物贸易）差额和油价波动关联性很高。

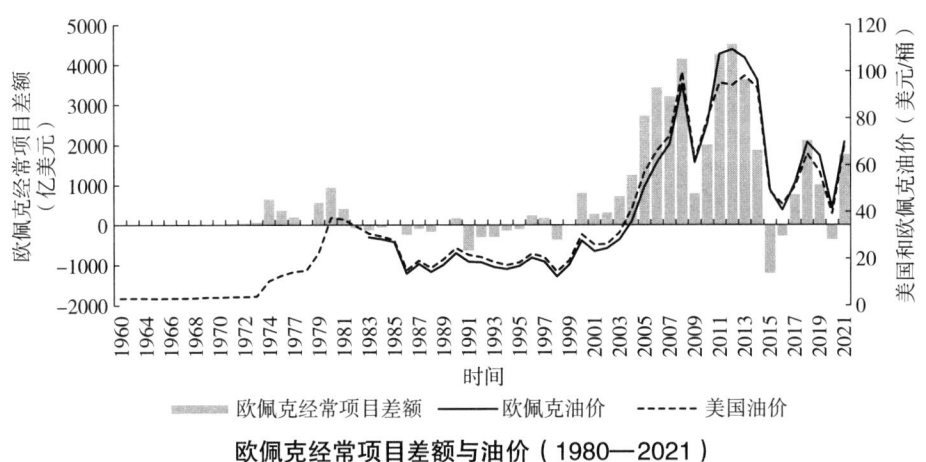

欧佩克经常项目差额与油价（1980—2021）

资料来源：世界银行，欧佩克，美国能源信息署，捷诚能源。

汇率与油价相关性

资源出口国汇率与油价的相关性往往不同于进口国汇率与油价的相关性。与美元挂钩的货币与油价大多负相关。美元升值常导致以本国货币计价的石油价格的波动高于以美元计价的石油价格的波动。

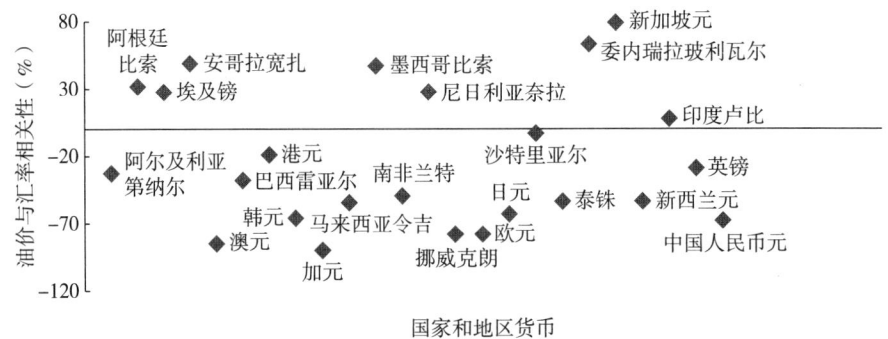

汇率与油价相关性（2018—2020）

资料来源：国际货币基金组织，非洲开发银行，捷诚能源。

全球区域进出口美元计价比例高值

美国以美元计价的出口最高为95%，进口最高为90%。随着技术创新、地缘政治格局转变和市场多元化，全球以美元为计价单位的进出口比例在下降。

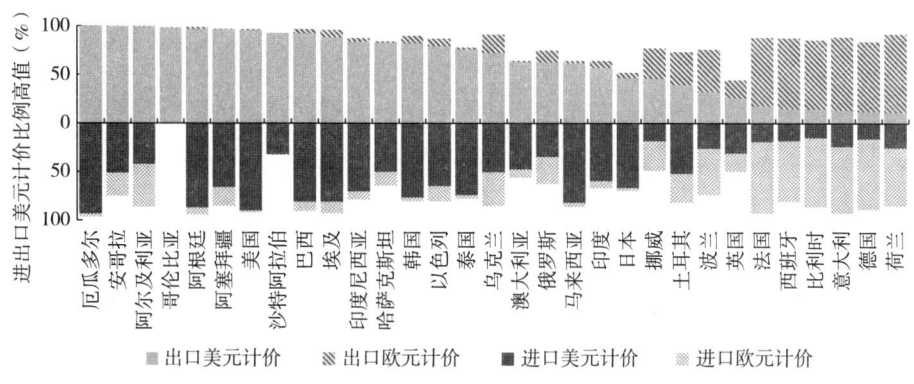

全球区域进出口美元计价比例高值（1990—2019）

资料来源：高盛研究部，国际货币基金组织，捷诚能源。

美元指数与原油价格

全球石油市场贸易和投资主要以美元计价。美元升值，增加石油进口成本。美元每贬值1%，油价上升约0.8%。美元每升值10%，油价下降3%～10%。

美元指数与原油价格（1971—2022）

资料来源：美国联邦储备委员会，美国能源信息署，捷诚能源。

美元指数变动与原油价格变动

汇率影响国与国之间商品、服务和资产的相对价格，并通过经常账户和资本账户来影响国际收支。美元走强通常会给石油带来压力，以美元计价的商品对其他货币的持有者来说更加昂贵。

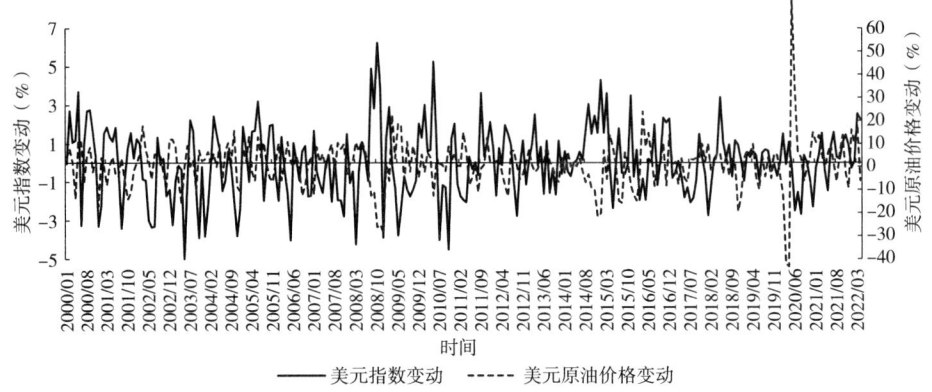

美元指数变动与原油价格变动（2000—2022）

资料来源：美国联邦储备委员会，美国能源信息署。

加元兑美元汇率与原油价格

作为重要的产油国，全球资金在加拿大投资油砂等资源，同时，加拿大大量出口油气资源，多以美元计价。加元兑美元汇率与油价有较强的关联，油价上涨，加币升值，而油价下跌，加币贬值。加币有时领先于油价发生掉头的趋势，因此汇率变化有助于判断短期油价的拐点。

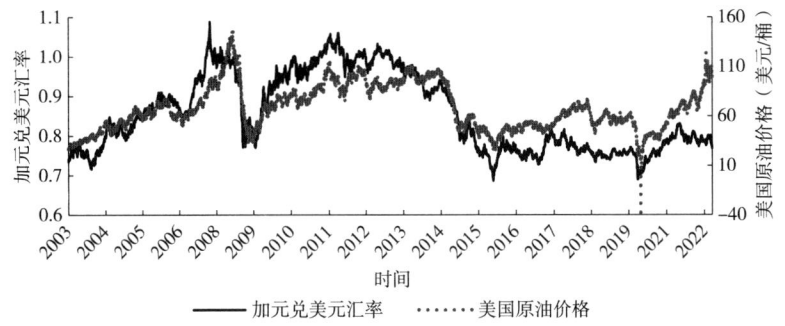

加元兑美元汇率与原油价格（2003—2022）

资料来源：加拿大央行，美国能源信息署，捷诚能源。

美元兑人民币汇率与原油价格

中国油田销售原油参考以美元/桶为计价单位的国际油价,在实际操作中,美元转计价为人民币,存在汇率风险。

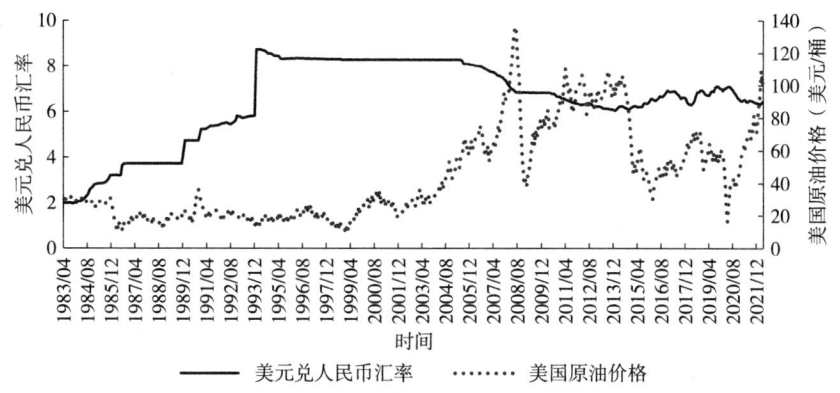

美元兑人民币汇率与原油价格(1983—2022)

资料来源:美国联邦储备委员会,美国能源信息署,捷诚能源。

全球已分配的外汇储备份额

国际货币基金组织全球已分配的外汇储备份额(Shares of Allocated Reserves)占全球储备数量的93%左右。在全球已分配的外汇储备中,美元比例有所下降,而人民币比例在上升。

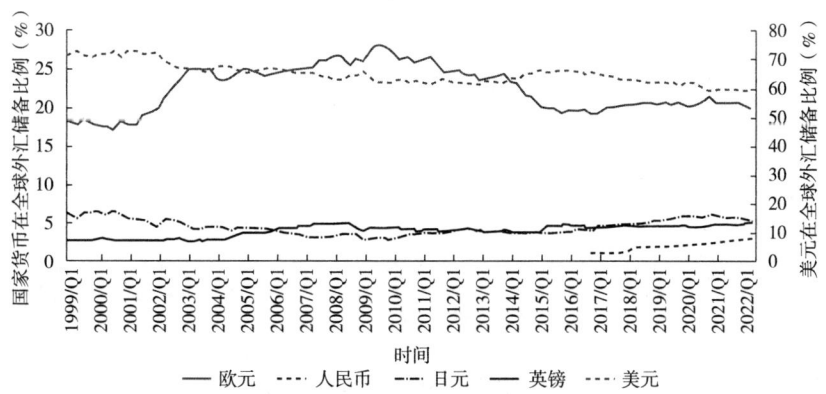

全球已分配的外汇储备份额(1999—2022)

资料来源:国际货币基金组织,捷诚能源。

比特币与油价

数字货币是电子货币形式的替代货币。全球已发行包括比特币和莱特币在内的上千种数字货币。比特币挖矿消耗大量电力且瞬间耗电高,是能源密集型产业。比特币耗电量从之前的11.8亿太瓦时到2022年的145亿太瓦时,目前占世界能源消费的0.3%。

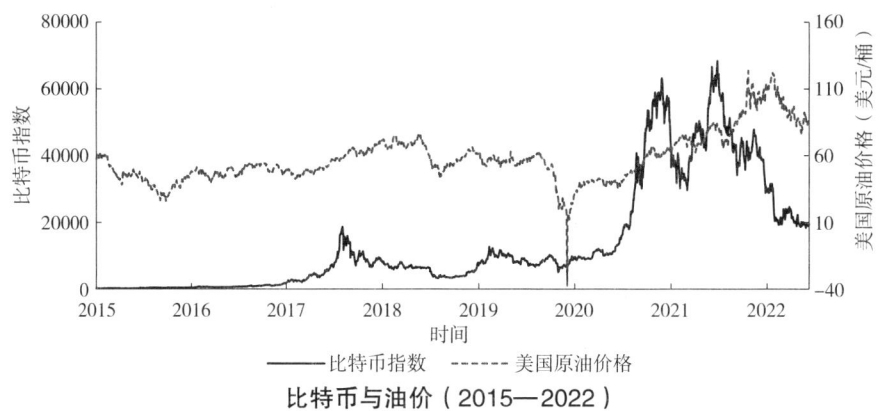

比特币与油价(2015—2022)

资料来源:美国能源信息署,纽约证券交易所,捷诚能源。

大宗商品价格构成周期

大宗商品价格构成中,短期波动周期少于2年;传统商业周期一般2—8年,与经济相关;中期周期一般8—20年,与长期投资相关;长期周期一般20年以上。

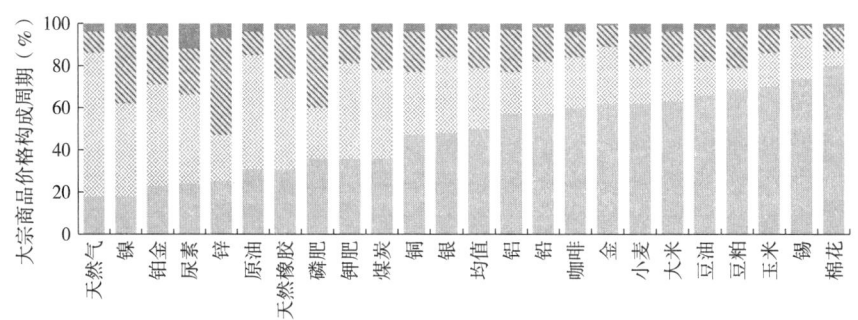

大宗商品价格构成周期(2021)

资料来源:世界银行,捷诚能源。

经典观点与经验分享

潘宏胜　中证金融研究院首席经济学家
武佳薇　中证金融研究院期货与衍生品研究部副总监

国际货币地位演进与大宗商品贸易、期货市场发展的关系密切。从英镑、美元等主要国际货币地位的演进与大宗商品贸易的关系看，有以下四点观察。

第一，经济和贸易体量是主要国际货币充当大宗商品计价结算货币的基础。经济体量体现一国产出能力，贸易体量衡量一国贸易开放度。目前世界流通货币超过170种，但在全球商品贸易中发挥一般等价物作用的国际货币不到10种，国际货币基金组织特别提款权（SDR）篮子货币为5种，且以经济规模和贸易体量较大的西方发达国家货币为主。

第二，贸易体量与大宗商品定价话语权的充分结合是成为主导性国际货币的重要前提。贸易大国显著影响大宗商品的供需格局，其货币在大宗商品贸易中发挥计价、结算、融资等功能有助于推进货币国际化，货币国际化反过来会固化该货币在大宗商品贸易的使用。2021年联合国贸易和发展会议（UNCTAD）公布的商品价格指数中，54种大宗商品中有41种以美元定价，11种以欧元定价。

第三，期货衍生品市场是联结大宗商品贸易和国际货币地位的枢纽。20世纪80年代中期，伦敦金属交易所（LME）的铝期货、美国纽约商业交易所（NYMEX）的美国西得克萨斯轻质低硫（WTI）原油期货和伦敦国际石油交易所（IPE）的布伦特原油期货等商品期货合约陆续上市，深刻改变了商品市场的传统竞争关系和定价机制，大宗商品定价话语权逐步由占优生产商向期货市场收敛。目前，大宗商品贸易大多采取"期货价格+升贴水"的定价模式，境外主要期货交易所掌握着国际粮食、原油、金属等商品的定价话语权。

第四，开放发达的金融市场是"大宗商品贸易—期货市场—国际货币"大循环的关键。金融市场在大宗商品计价、支付结算、交易、做市、融资、风险管理、仓储物流等环节均发挥着重要作用。美元之所以是大宗商品贸易和金融交易的主导货币，不仅因为它是现货和期货市场计价结算的基准，更重要的是美国有发达的金融机构、丰富的金融产品和高流动性的金融市场。

第17章

政策和地缘政治的平衡及风险溢价

石油与政治、经济和金融密不可分。石油供应是国内外政策和地缘政治关系的函数。当大宗商品价格对消费者造成负面影响时，监管者倾向于使用补贴、限价或贸易保护手段来减少对特定群体的影响。此外，能源税赋、合规治理风险、减碳政策、贸易战、制裁等因素一方面有可能增加企业生产经营成本和消费者用能负担，另一方面，加大油价的波动幅度，增加风险溢价。

能源税赋

税赋（Taxes）是以现金或实物形式向政府支付的强制性无回报付款。能源税赋是各国财政收入的主要来源。在原油转化为成品油和化工品而获得更高的附加值的过程中，存在多重征税的情况。财税政策的变化毫无疑问会影响油气成本，高税收导致过高的石油价格，最终会抑制需求。

全球油气田合同模式和开采储量

全球主力油气田中，矿税制是主力油气田的主要合同模式，相关油气田技术剩余可采储量大。

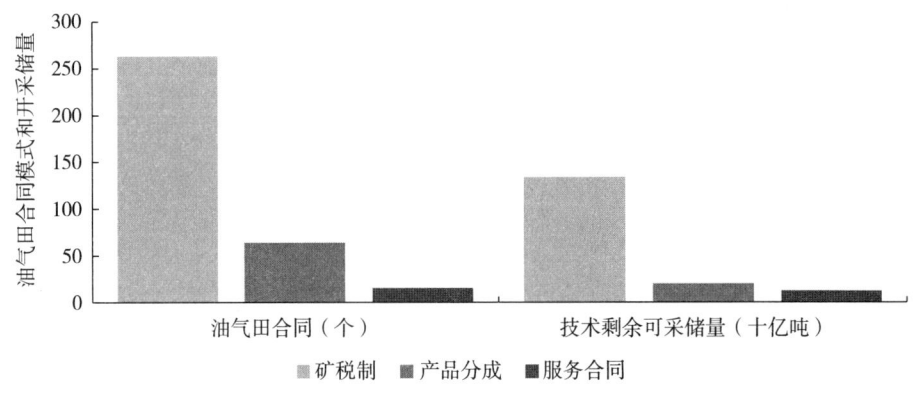

全球油气田合同模式和开采储量（2021）

资料来源：中国石油勘探开发研究院，捷诚能源。

资源国上游行业财税收入与原油价格

资源国从上游油气行业获得的财政收入，随着油价和生产成本的波动而波动。

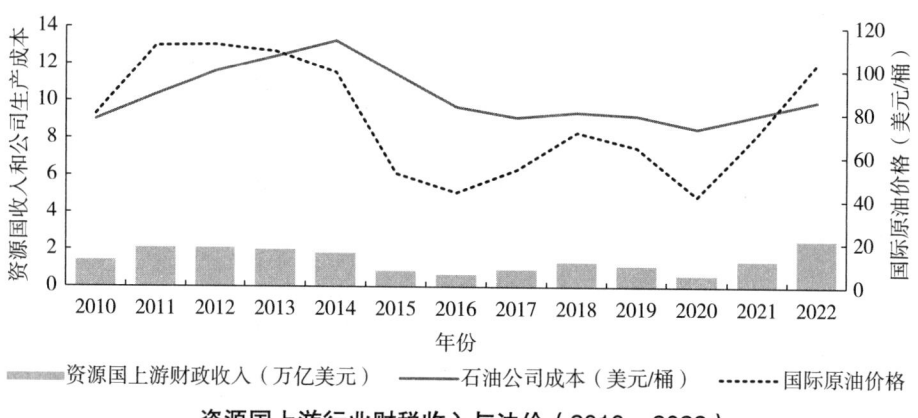

资源国上游行业财税收入与油价（2010—2022）

资料来源：各公司年报，美国能源信息署，睿咨得咨询，捷诚能源。

国家转移支付占石油公司收入比例

油气是资源国重要的收入来源，而石油公司收入中的很大一部分用于支付油气税赋。各国石油公司对政府的转移支付（Total transfers to government）占公司收入的比例差别较大。

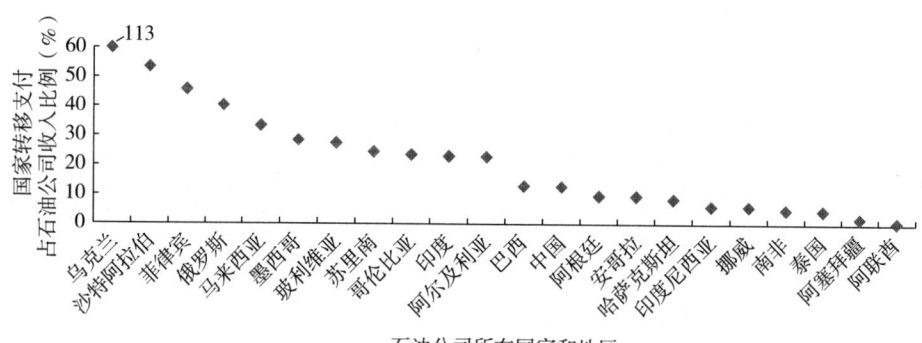

国家转移支付占石油公司收入比例（2011—2020）

资料来源：资源管理研究院，捷诚能源。

英国北海油气收入和投资成本

1970年至2020年为50年间,英国政府从北海油气开发中获得的收入达8.82千亿英镑,行业运营成本上升,投资减少。

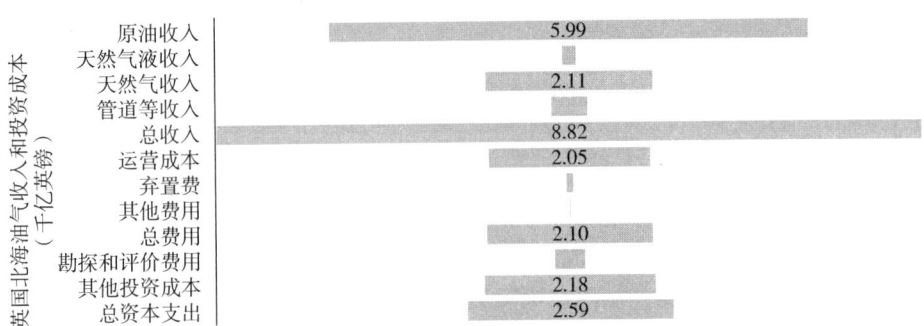

英国北海油气收入和投资成本(1970—2020)

资料来源:英国石油和天然气管理局,捷诚能源。

全球区域进口原油价格与税赋

1984年至2020年,在各国进口原油价格构成中,税赋比例普遍上升,有的国家占比近70%。

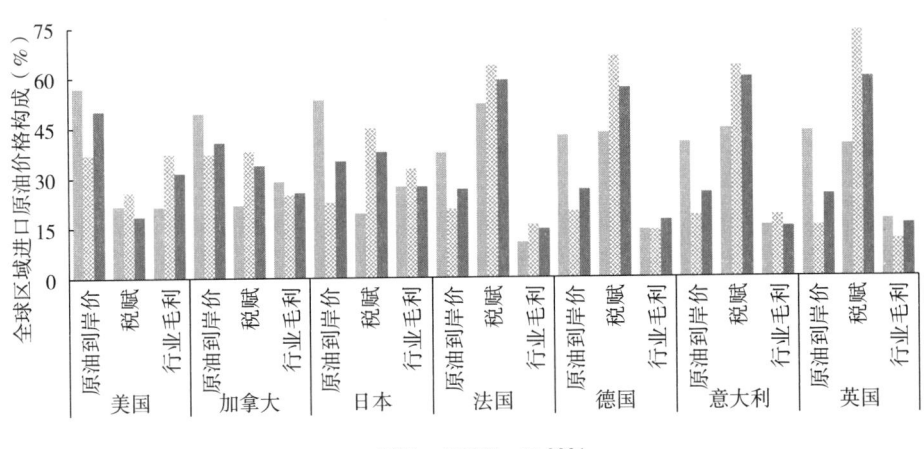

全球区域进口原油价格与税赋(1984—2021)

资料来源:欧佩克,捷诚能源。

欧洲居民能源价格与税赋

欧洲四国居民能源价格构成中税赋占比相对高。政府以税赋增加财政收入，如果对刚需多收税，会降低对价格的影响。

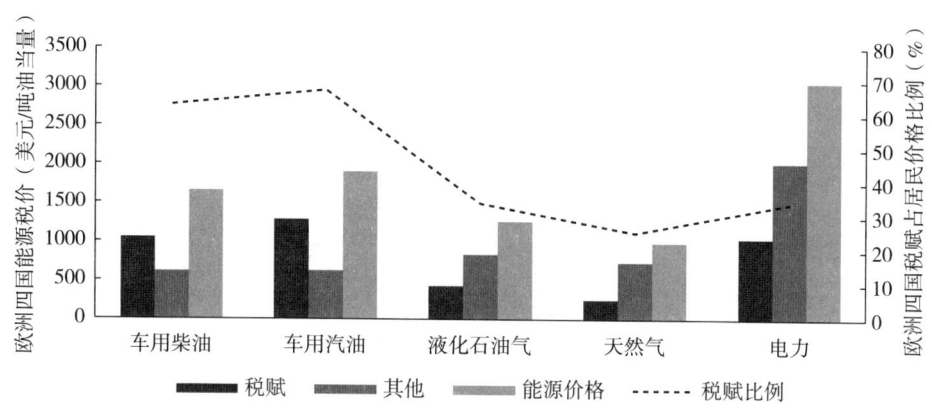

欧洲居民能源价格与税赋（2020）

资料来源：欧盟，欧佩克，捷诚能源。

全球自然资源矿权租金占 GDP 比例

煤油气等自然资源矿权租金（Rents）是资源出口国的重要收入来源。油气资源的相对集中有利于石油出口国不断增加财税。

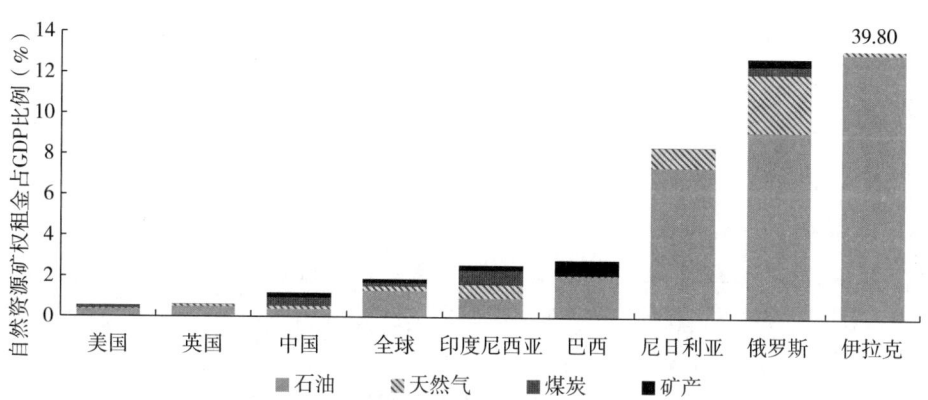

全球区域自然资源矿权租金占 GDP 比例（2019）

资料来源：世界银行，捷诚能源。

全球区域税收占 GDP 比例

国家税收收入（Tax revenue）包括国内增值税、国内消费税、企业所得税、社保和房产税等。国家税收占比 GDP 的世界均值为 14.65%。

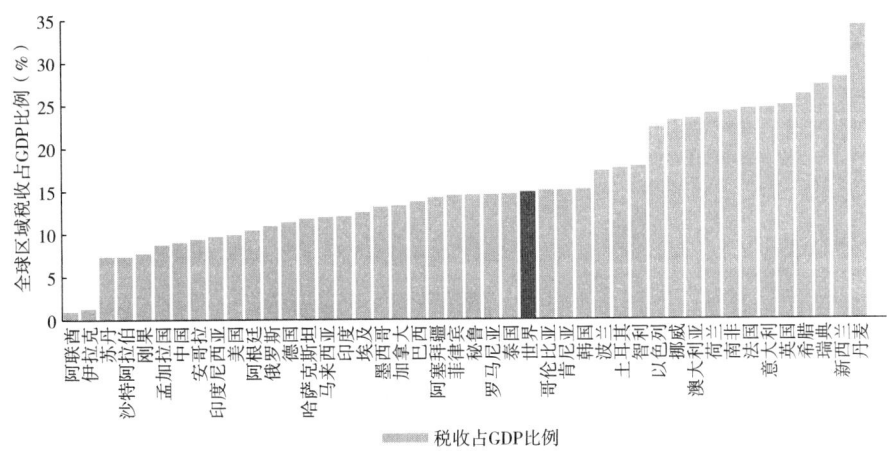

全球区域税收占 GDP 比例（2019）

资料来源：世界银行，捷诚能源。

全球区域加权平均关税税率

作为大宗商品，石油在全球进行交易和流动，关税是能源进出口的重要成本。全球商品加权关税（Tariff）税率均值从 2017 年的 2.59% 上升到 2020 年的 3.56%。

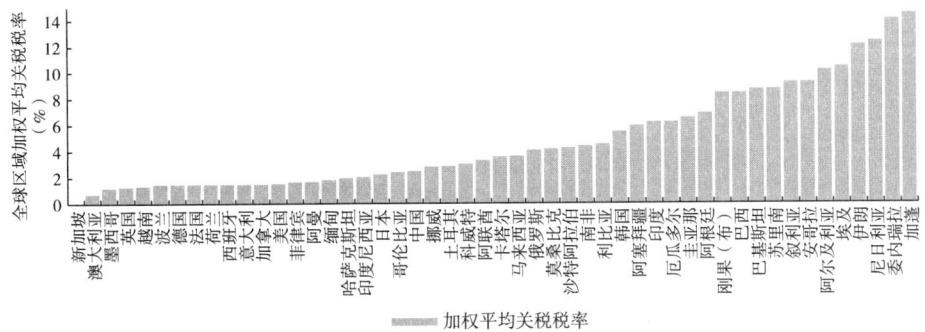

全球区域加权平均关税税率（2020）

资料来源：世界银行，捷诚能源。

全球区域能源补贴

补贴（Subsidies）是指每生产一个单位的货物或服务应支付的补贴。石油是政策补贴最多的化石燃料，电力和天然气的补贴在逐步上升。能源补贴下降，石油需求对价格的弹性会增强。政府补贴的变化影响油价。

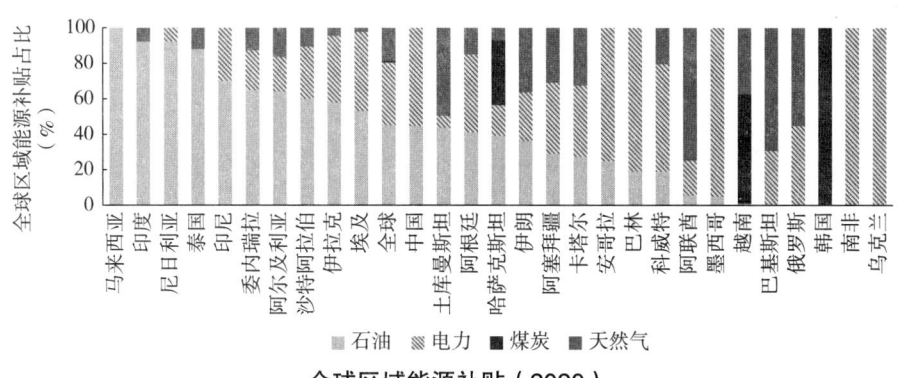

全球区域能源补贴（2020）

资料来源：经合组织，国际能源署，捷诚能源。

世界能源补贴占 GDP 比例

2020 年，世界能源补贴达到 5.9 万亿美元。世界显性能源补贴在 GDP 比例呈现下降趋势，而世界隐形能源补贴呈现上升趋势。

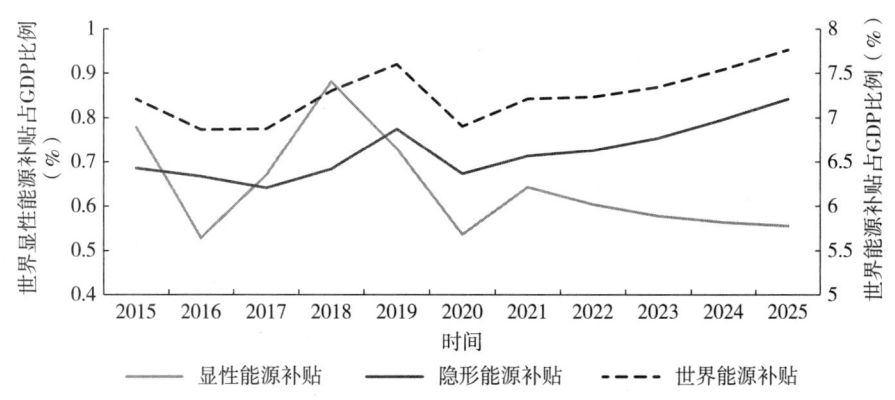

世界能源补贴占 GDP 比例（2015—2025）

资料来源：国际货币基金组织，捷诚能源。

石油产品有效价格与销售价格

到 2025 年,德国石油产品的实际销售价格基本高于有效价格。有效价格(Effective price)包括供应成本、碳成本、环境成本和其他外部成本以及增值税。

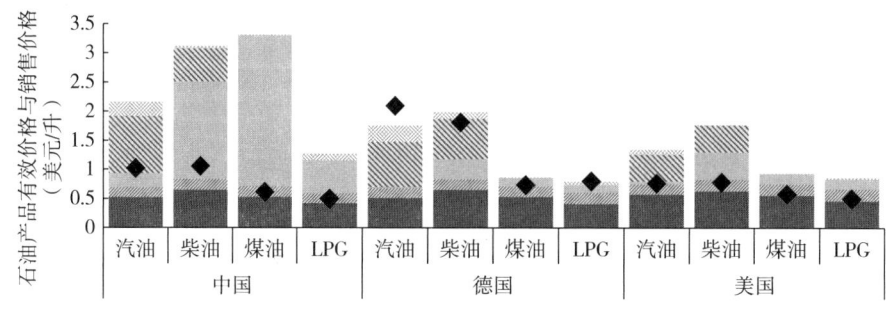

石油产品有效价格与销售价格(2025)

资料来源:国际货币基金组织,捷诚能源。

欧洲国家汽柴油税赋占终端价格比例

欧洲国家汽油和柴油终端价格中税赋比例普遍高于 40%,可高达 70%。

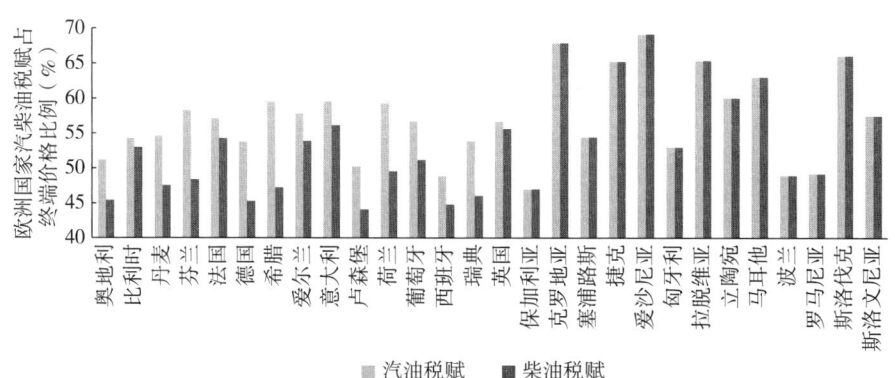

欧洲国家汽柴油税赋占终端价格比例(2022)

资料来源:欧盟,英国油气管理局,捷诚能源。

中国成品油消费税

中国生产、委托加工和进口成品油的单位需交纳消费税（Consumption tax），用于环境治理和节能减排、调节产品结构、引导消费方向保障国家财政收入。

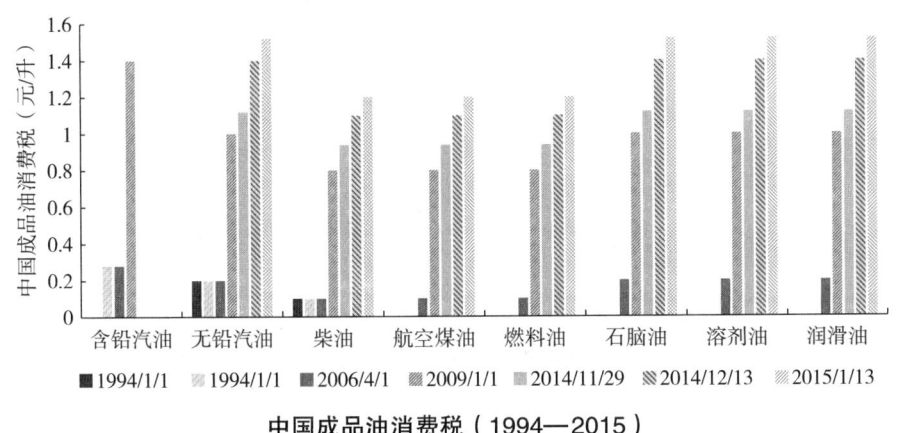

中国成品油消费税（1994—2015）

资料来源：中国国家税务总局，捷诚能源。

国内政策、合规约束和治理成本

油气是自然垄断行业，又具有政治属性，因此相关政策法规的力度和监管者的主动干预程度对行业的影响大。

美国市场化进程与油价

从市场管制到放开，美国经历了漫长的一百多年，时至今日在资源开采、国内运输、出口贸易等方面仍有管制。政府政策在美国石油行业发展中扮演着重要的角色，如对标准石油的反垄断、20世纪70年代对石油限价和近年来的气候政策。

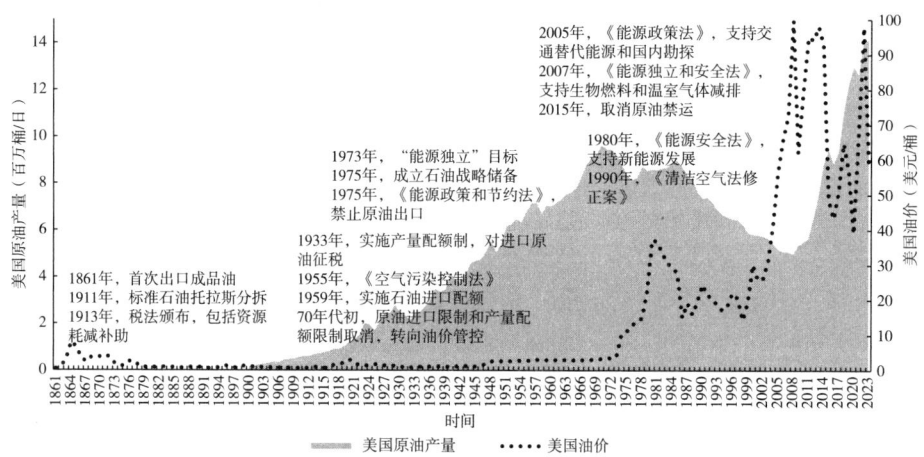

美国市场化进程与油价（1861—2023）

资料来源：美国能源监管委员会，美国能源部，捷诚能源。

中国石油市场供需与定价机制改革

中国能源市场、行业和价格改革坚持稳中求进，不断深化。

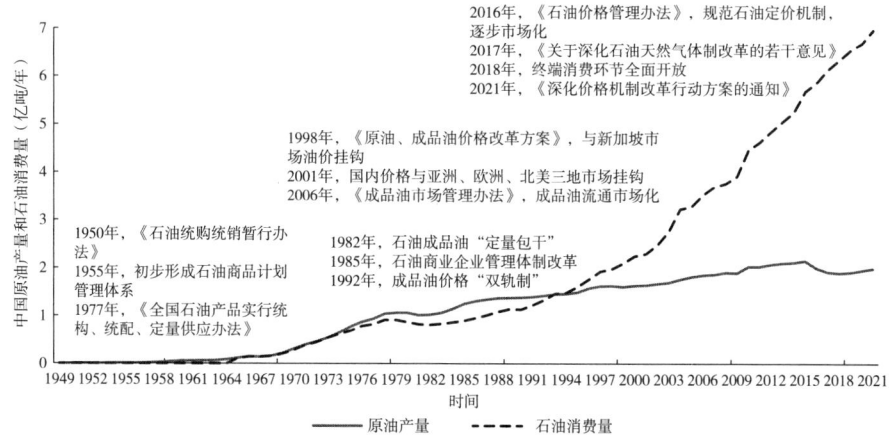

中国市场供需与改革（1949—2021）

资料来源：中国国家发展改革委，中国商务部，捷诚能源。

合规约束和治理因素

合规治理成本与监管约束是维护体制体系正常运行的必要成本，反映了市场与监管的关系。从企业的角度，ESG、HSE、标准规范、经营、法律、反垄断、反贿赂、金融、合规、IT网络、安保防恐、防疫、员工诉讼等合规成本和投入不断上升。

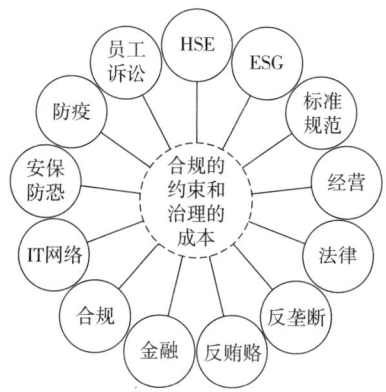

合规约束和治理因素（2022）

资料来源：香港交易所，中国证监会，捷诚能源。

油气开采外部环境成本

油气外部成本的核算主要考虑在开采、运输、价格和消费过程中产生的环境成本，包括水资源耗减、水污染、大气污染、土壤污染、固废污染、油气泄漏、塑料污染及碳排放等带来的环境成本。

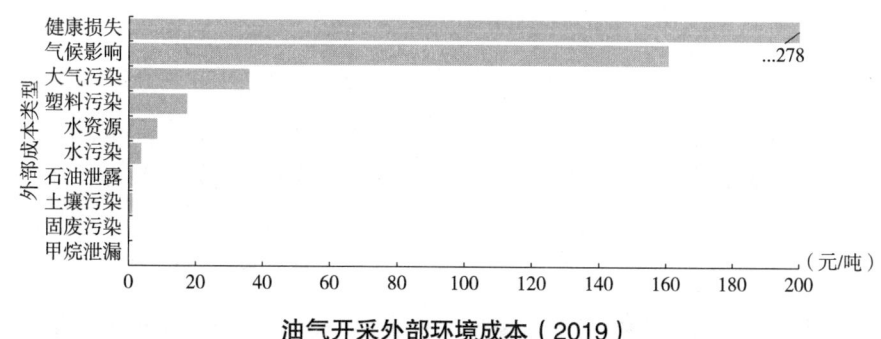

油气开采外部环境成本（2019）

资料来源：自然资源保护协会，捷诚能源。

环境、社会、治理评级（ESG）

跨国企业把"企业社会责任"（Corporate social responsibility，CSR）扩展到"环境、社会、治理"（Environment，society，governance，简称ESG），并作为企业经营道德来推动，与气候变化和能源转型紧密结合，ESG影响油气投资和产量增长。

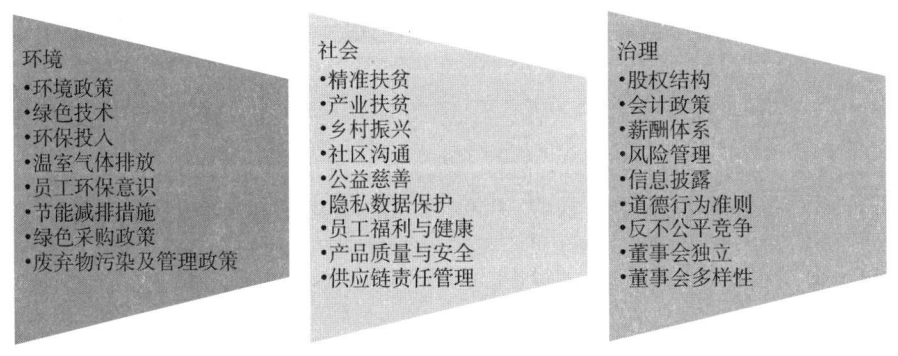

环境、社会、治理评级（2021）

资料来源：香港交易所，捷诚能源。

国际地缘政治事件与风险溢价

石油是经济发展的发动机，油气资源也是地缘政治的主要导火索。面临日益复杂的国际局势及本国的重重挑战，各国越来越注重能源安全的保障，经济发展与国际合作退而求其次，世界交易和贸易成本不断上升。投资资金的自由流动推动技术创新和突破，进而降低成本和改善经济性。

由于地缘政治风险始终存在，并无时不刻地影响着油气市场，不应过度强调地缘政治因素，也不要夸大风险，否则，无法准确地估算风险溢价。

国际地缘政治风险指数与油价

地缘政治风险的涵义广泛。潜在的地缘政治风险和实际发生的地缘政治事件有区别，但都影响市场价格。

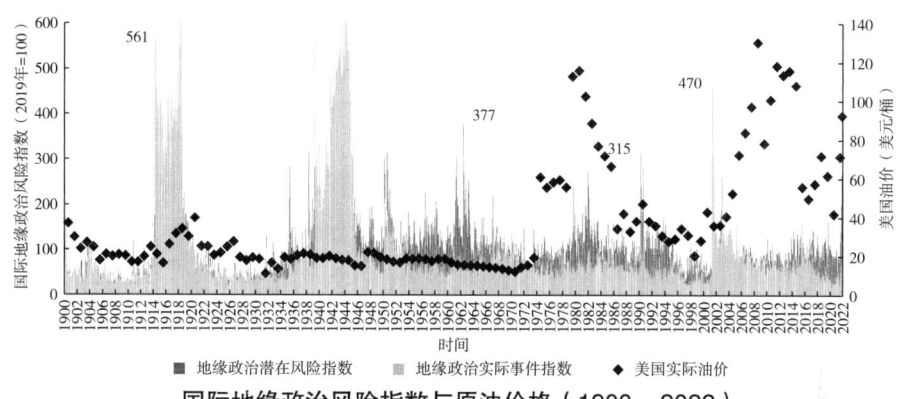

国际地缘政治风险指数与原油价格（1900—2022）

资料来源：美国联邦储备委员会，捷诚能源。

世界地缘政治事件及其中断产量

地缘政治风险无时不刻地影响着油价，影响的程度取决于供需紧张与否，市场是否已经在油价中考虑（Price in）相关因素。地缘政治因素的影响往往是脉冲式的，会强化油价的波动幅度，能影响远期价格曲线的形状，但难以决定长期价格的原有趋势。原油等风险资产在地缘事件中，可有效地对冲地缘政治风险。

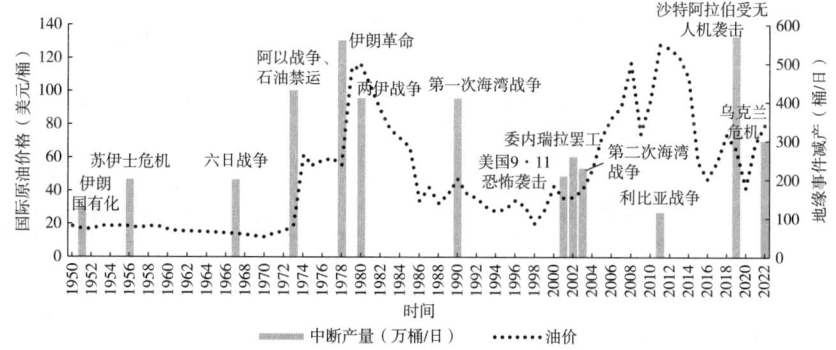

世界地缘政治事件及其中断产量（1950—2022）

资料来源：新闻报道，《石油风云》，捷诚能源。

全球意外中断石油产量

意外事件导致石油产量的中断,对油价的短期影响大。当油价接近70美元/桶时,石油市场供应灵活性增强,意外冲突事件对油价的影响减弱。

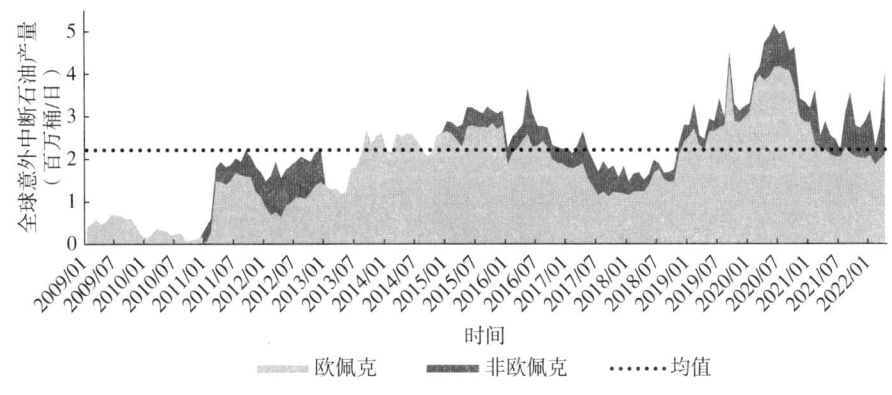

全球意外中断石油产量(2009—2022)

资料来源:美国能源信息署,高盛研究部,捷诚能源。

俄罗斯原油出口减量与油价

历史上,俄罗斯(及苏联)出口原油高达约900万桶/日。如果有禁运、合同条款、油轮、保险和油种匹配等限制,俄罗斯原油出口减量超300万桶/日时,油价或达到160美元/桶以上。

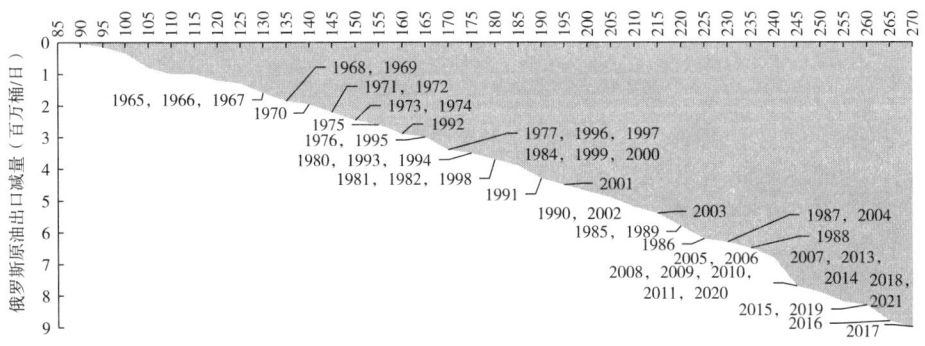

俄罗斯原油出口减量与油价(1965—2022)

资料来源:英国石油,高盛研究部,捷诚能源。

美国总统大选与油价

美国总统每四年一次换届选举。总统选举日之前的七天,油价波动幅度相对较小,而美国总统选举日至选举人投票日之间,油价波动幅度更加显著。

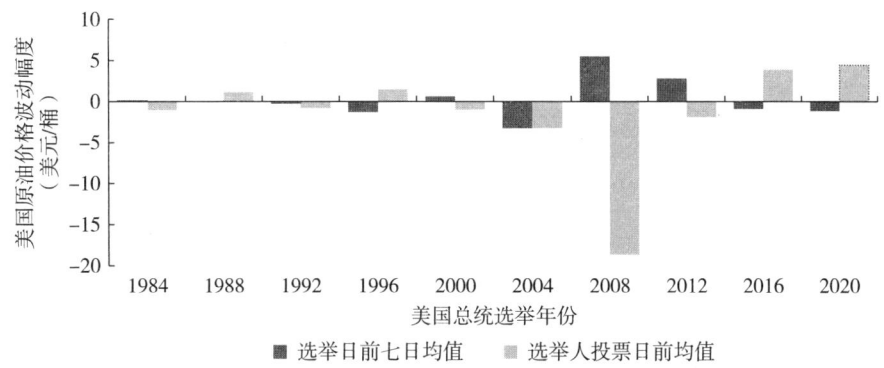

美国总统大选与油价(1984—2020)

资料来源:美国联邦注册登记局,全美州立法会议,美国能源信息署,捷诚能源。

能源供应危机影响评价

自然灾害、战争、经济危机和意外突发地缘事件均会造成能源供应危机。

能源供应危机影响评价(2022)

能源供应危机影响	一次能源(煤、油、气)	二次能源(电、热、氢)
资源分布	全球	区域
持续时长(月)	5—30	0.5—2
波及范围和市场	全球,大宗商品市场	区域,主要电力市场
量价反应	供需紧张、价格暴涨	供不应求、价格暴涨
影响程度	全球性,较强	区域,扩散快
发生频率	周期性,较低	相对高
预警难度	预警较难	预警难

资料来源:国务院发展研究中心,捷诚能源。

原油价格构成及其风险溢价

预期原油价格主要包括风险溢价、预期合理基准油价（主要由市场基本面决定）、库存成本（体现为短期利差）和边际成本（必要收益和资金成本）。风险溢价包括供应冲击、需求冲击和地缘政治风险等造成的溢价，是预期原油价格与公允基准价格之差，是对期货市场投资者承担现货市场额外风险的补偿。

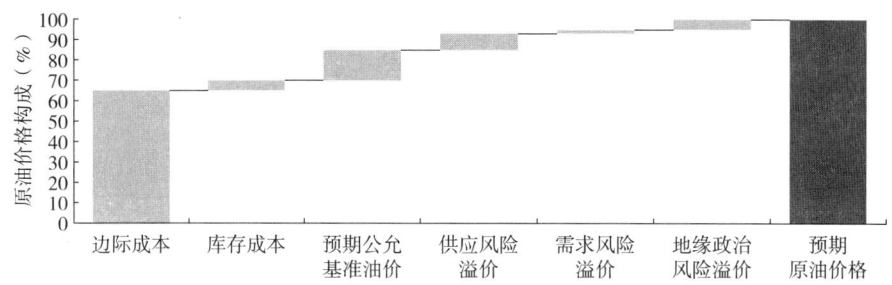

原油价格构成及其风险溢价（2022）

资料来源：澳大利亚储备银行，伯恩斯坦研究部，牛津能源研究院，捷诚能源。

全球区域勘探开发投资风险溢价

面对各种各样的不确定性和风险，在做投资决策时，需要给地缘政治、地下技术风险和地上宏观政策等因素赋予一定的风险溢价，考虑意外减产和供应不确定的风险。

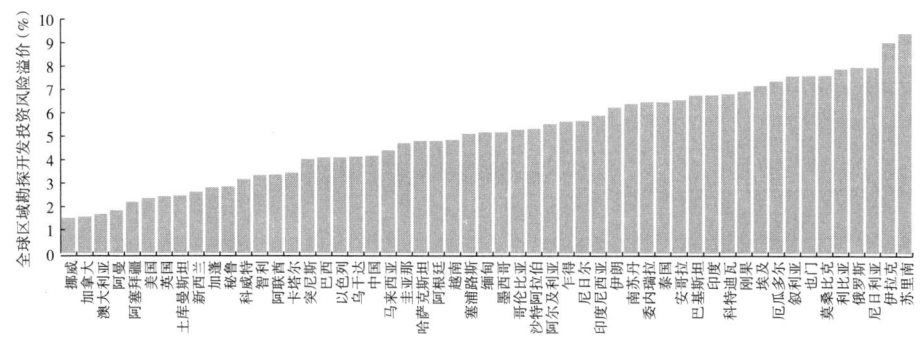

全球区域勘探开发投资风险溢价（2021）

资料来源：经济和平研究所，能源信息，世界能源，捷诚能源。

国际上游生产商加税与油价溢价

随着越来越多的外部成本内部化,国际上游油气公司承受更高的生产税赋。假设油价 30 美元 / 桶(石油公司桶油成本盈亏平衡所需油价)为下限,65 美元 / 桶(很多国家特别收益金或上游暴利税起征点)为上限,加税后的油价可上升 7.5 美元 / 桶。

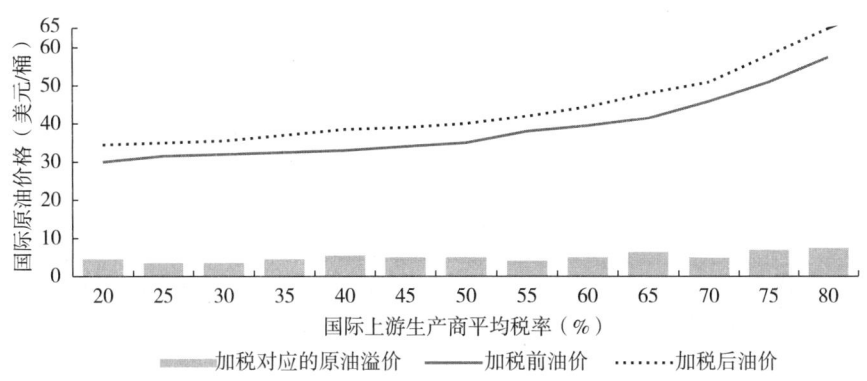

国际上游生产商加税与油价溢价(2022)

资料来源:高盛研究部,捷诚能源。

地缘政治事件发生后大类资产表现

历史上,在重大地缘政治事件发生后一个月内,原油反应强烈,铜和美元一般反向而行,黄金避险功能逐步展现。

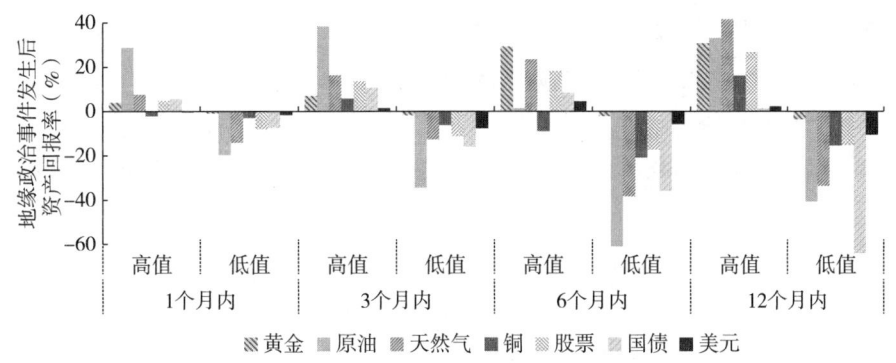

地缘政治事件发生后大类资产回报率(1990—2022)

资料来源:美国联邦储备委员会,雅虎财经,芝商所,纽约证券交易所,捷诚能源。

经典观点与经验分享

冯玉军　复旦大学国际问题研究院副院长、教授

随着网络技术特别是社交媒体的广泛运用，国际信息空间既高度趋同、即时，又高度混乱、鱼龙混杂。各种假消息假新闻满天飞，大行其道。在研究领域，流传着形形色色的伪命题，道听途说、以讹传讹，不仅干扰学术研究、耽误学生获取知识、影响民众理解世界，甚至误导国家决策。

在诸多国际关系伪命题中，一些耳熟能详的地缘政治理论也存在巨大争议。比如，麦金德有关"谁统治了东欧，谁就统治了欧亚大陆腹地；谁统治了欧亚大陆腹地，谁就统治了世界岛；谁统治了世界岛，谁就统治世界"的论断，不仅被诸多学者所引用，甚至被一些国家作为制订对外政策的理论支撑。

多年来经常被一些战略界人士提及的"马六甲困局"，实际上也是明显的伪命题。这一推断认为，马六甲海峡是中国能源供应的"海上生命线"，但中国海军鞭长莫及。一旦出现意外，将给中国的能源安全造成极大威胁，谁控制了马六甲海峡和印度洋，谁就能随时切断中国的能源命脉。一些中国学者诸多论述中的"一旦有事、紧急状态和遏制能源咽喉"等，多是指中国在战争或与某国敌对状态下的能源安全风险。而实际上，战时与和平时期的能源安全有着很大区别。在发生直接涉外战争时，能源安全实际上也演变为军事安全，通常意义上的能源安全概念已不适用，传统的能源安全保障手段，诸如战略石油储备、能源生产与运输设施等，不但已无法保障战时的能源供应，反而会成为战时敌方主要的军事打击目标。战时能源供应的充足与否主要取决于军事实力，如对运输线的保障能力。

伪命题得以存在和流传有诸多复杂的原因。不合理地使用连串的因果关系以得出某种意欲之结论，犯了将"可能性"转化为"必然性"的逻辑错误。

第18章

任何意外和黑天鹅事件及市场情绪

意外和黑天鹅事件

在能源化工行业最需要全球契约合作精神的时候，全球化、网络化和精致主义带来的负面影响不断显现，全球黑天鹅事件和突发事故凸显，不在掌控之内、容易导致供应中断（Supply disruption）或者需求毁灭（Demand destruction）的重大事件或突发事件此起彼伏，风险不断加剧。供需危机和短缺的结果往往是政策调整和技术突破，加速能源转型。当一个基本面因素实际发生时，价格反应可能平淡，因为市场常提前消化相关影响。但是，当突发事件发生时，市场反应会很剧烈，市场情绪波动大，应对成本难以预料也不可控。这些不确定性事件表现为稀有性、冲击性、事先不可预测性和事后可确定性，加大了对价格的影响。通过分析历史事件，充分考虑风险溢价，能更好地预测和应对突发事件。

国际黑天鹅事件

黑天鹅事件（Black Swan event）一般指颠覆惯性思维的、出乎意料的及缺乏应对预案的事件，通常影响重大且会引发连锁的负面反应。各种黑天鹅事件和意外事故会冲击市场，打乱周期节奏，不断突破历史认知，提高心理门槛。

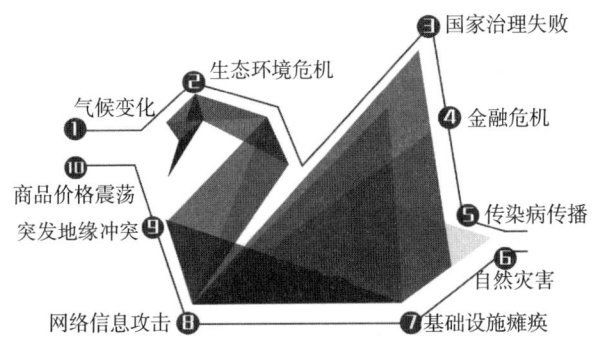

国际黑天鹅事件（2022）

资料来源：世界经济论坛，捷诚能源。

世界油气安全事件

世界油气资源高度集中,而全球大约60%的石油运输要经过八大海运要道(巴拿马运河、好望角、丹麦海峡、土耳其海峡、苏伊士运河、曼德海峡、霍尔木兹海峡和马六甲海峡),因此,油轮事故、海盗、袭击、地缘政治等突发事件均会不同程度地影响油气生产和运输基础设施,从而影响油价。

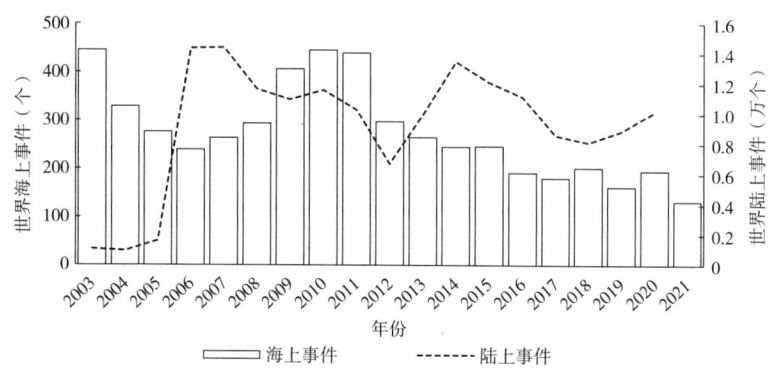

世界油气安全事件(2003—2021)

资料来源:国际海事局,马里兰大学,寰球在线,化险,捷诚能源。

世界重大网络攻击事件

随着全球化、去边界化、网络化和信息化的发展,能源系统互联互通程度的不断提升,针对能源基础设施的网络攻击(Cyber attack)事件大幅上升。网络攻击事件包括勒索软件控制能源生产、运输和交易的关键数据,操控电脑网络,瘫痪运营系统以及破坏或中断物理运营。

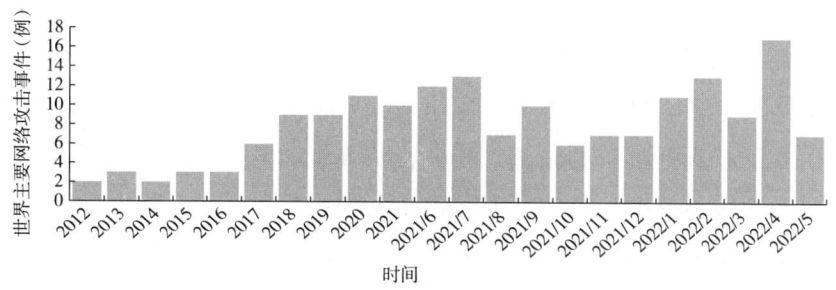

世界重大网络攻击事件(2012—2022)

资料来源:麦肯锡,战略与国际研究中心,捷诚能源。

世界疫情事件

人类不断在防疫和抗疫。疫情持续时间和严重程度的不同，对石油需求和供应的影响不同，更多的是抑制需求和油价。

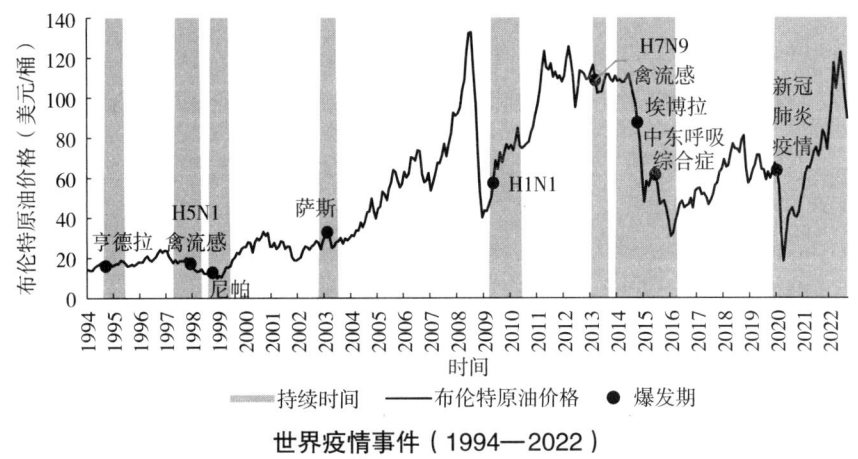

世界疫情事件（1994—2022）

资料来源：新闻报道，美国能源信息署，捷诚能源。

市场情绪恐慌指数与油价波动率

商品价格的波动主要是实体基础设施和库存的函数。金融市场投资者的情绪也会影响投机性需求，特别是成品油价格的波动。分析波动率的变化，有助于判断油价的顶部。知名投资人说："要想在股市长期赚大钱，不需要天才般的超高智商，也不需要神人般的非凡商业洞察力，更不需要内幕消息，只需要两个条件：一是正确的思考，二是控制情绪，避免不良情绪破坏这个思考内容。"

宏观因素新闻报道与油价波动

当宏观因素和指标出现在新闻报道中，油价通常有不同程度的反应，特别是与市场预期不同时。市场预期一旦形成，在一定时间内会有惯性，难以改变。预期一方面加剧了价格的波动，另一方面影响政策的有效性。

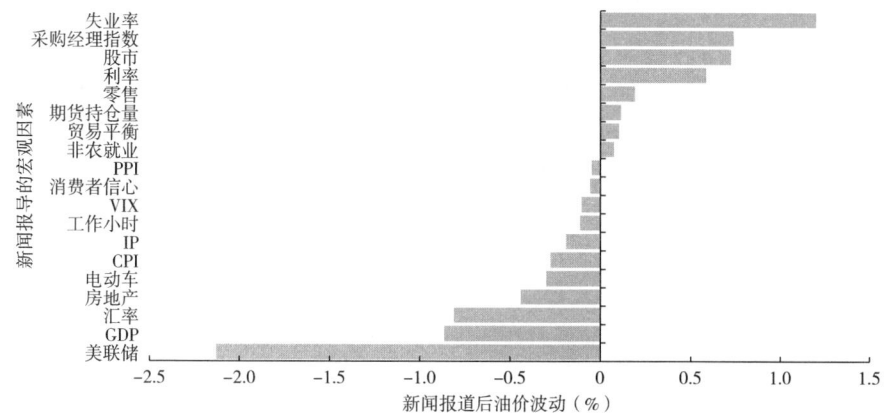

宏观因素新闻报道与油价波动（2014—2022）

资料来源：欧洲中央银行，摩根大通研究部，捷诚能源。

社交网络和媒体高频词语与油价波动

人们可以通过统计知名报纸期刊或者社交网站中出现的高频词语、文章的数量以及语言的特点，来分析未来一段时期内事件发生的可能性或者波动率。看似简单地爬虫搜索新闻关键词，实际上是人工智能的运用，体现了机器学习和处理海量数据的能力，有助于量化高频机器交易。

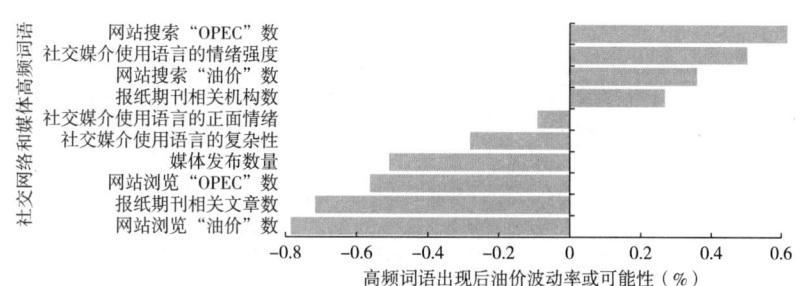

社交网络和媒体高频词语与油价波动（2021）

资料来源：埃尔申迪，《信息科学》，捷诚能源。

世界不确定性指数与原油价格

世界不确定性指数是统计分析《经济学人》国别报告中涉及"不确定"用词的影响。

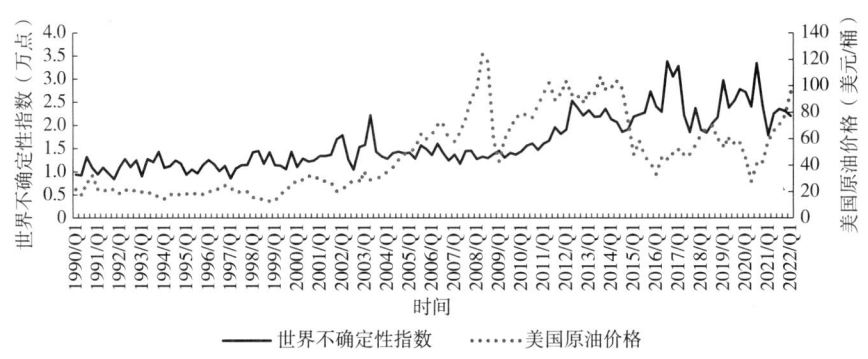

世界不确定性指数与原油价格（1990—2022）

资料来源：《经济学人》，美国联邦储备委员会，捷诚能源。

油价相对强弱（RSI）指标

油价相对强弱（Relative strength index，RSI）指标一般是14日上涨价格和下跌价格均值相对比，展示了买卖双方的力量对比，是反映市场情绪的敏感指标。RSI值高于70时，被认为市场处于超买状态，市场将回落调整，而当低于30时，被认为处于超卖状态，市价将反弹回升。当RSI值为49时，说明市场处于多空平衡阶段，油价属于双方均可接受水平。

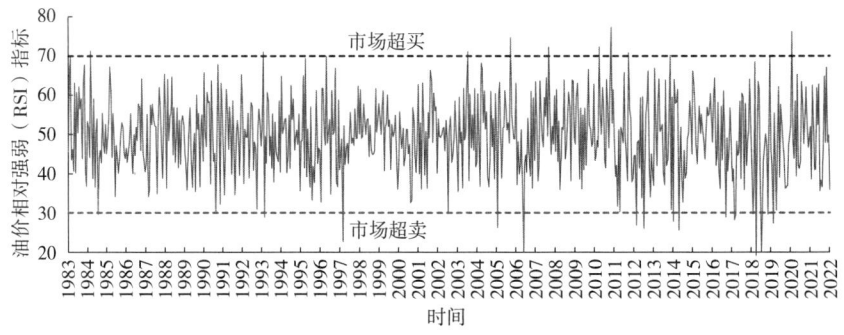

油价相对强弱（RSI）指标（1983—2022）

资料来源：美国能源信息署，捷诚能源。

标普股指波动率指数（VIX）

市场或投资者的市场情绪影响短期油价。芝加哥期权交易所市场波动率指数（CBOE Volatility Index，VIX）衡量标准普尔 500 指数期权价格的隐含波动性，具有"恐慌指数"之称。当投资者担心市场动荡时，会利用期权来对冲潜在的损失，因此期权价格上涨意味着市场的恐慌情绪也在上涨。在市场波动剧烈期间，VIX 和油价呈现很强的正相关关系。油价波动率可以用期权市场波动率来衡量。

标普股指波动率指数（2007—2022）

资料来源：美国联邦储备委员会，美国能源信息署，芝加哥期权交易所，捷诚能源。

原油 ETF 波动率指数（OVX）

芝加哥期权交易所原油 ETF 波动率指数（Crude Oil ETF Volatility Index，OVX）衡量油价的波动。OVX 反映投资者对未来 30 天原油价格的预判。OVX 是 WTI 原油价格的恐慌指数，类似投资者情绪指数。随着程序化交易的增加，市场愈发面临着高波动率与低流动性并存的挑战。

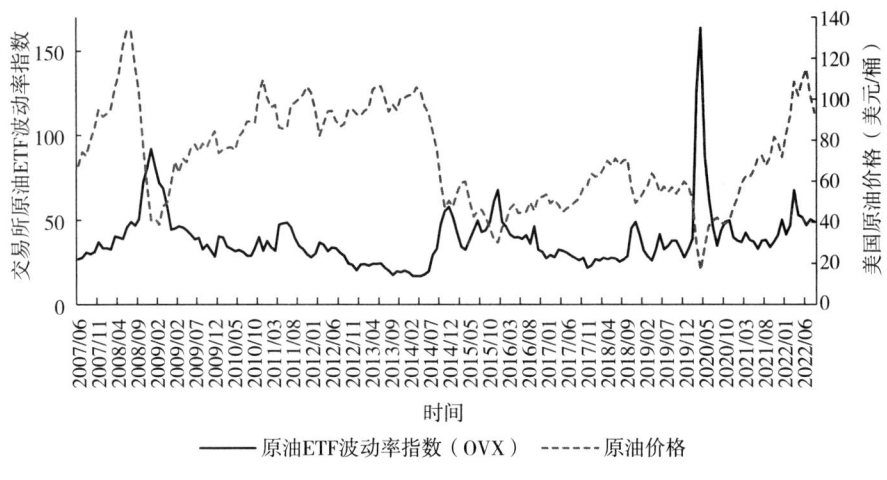

原油 ETF 波动率指数（2007—2022）

资料来源：美国联邦储备委员会，美国能源信息署，芝加哥期权交易所，捷诚能源。

经典观点与经验分享

纳德·霍尔特（Maynard Holt）Veriten 维什公司董事长、高盛集团前董事总经理

当我们投资能源的未来时，最重要的一个问题是"十年以后的能源世界会是什么样子的？"

我们选择十年这样一个时间框架，是因为非常有意义的变化可以在十年内发生，十年足够长但又是切实可行的规划周期；十年足够短，必须尽快付诸实施，才能实现目标。

而且，我们预计未来十年，能源行业将发生天翻地覆的变化。但是，作为资深的能源从业者，我们都知道技术、政策、宏观、金融市场、地缘政治以及许多未知的因素几乎总是毫无例外地会干预和颠覆传统智慧。我们相信，如果我们持续不断地滚动分析未来十年的情景，将有助于我们的企业决策和投资规划。结果会更好！

第19章

天气和季节性因素

季节性是时间序列的一个特征，是指在每个日历年都会重复发生的、定期的且可预测的波动模式。石油作为长周期商品，供需和价格的季节性特征显著，受到各种季节性因素影响，例如中国春节、国庆和调休等节假日，美国夏季出行和冬季供暖等消费者习惯，美国感恩节购物等商业活动。建立价格预测模型前，有时需要从总量变化中消除季节变化的影响，从而能更及时反映价格短期变化，特别是捕捉变化的转折点。

价格季节性

美国原油价格季节性

有时候，不要过度解读油价的涨跌，油价呈现明显的季节性特征。元旦之后，国外从休假中回来工作，准备大干特干，油价往往在一月份会上涨。一般三四五月份，油价上涨。六七八月份，震荡。飓风也会推高油价。九十月份，有跌有涨，油价在寻找方向，很难预测。十一十二月份，下跌。年底一般交易量减少，量化人工智能交易增加，会出现算法惯性下跌的情形。

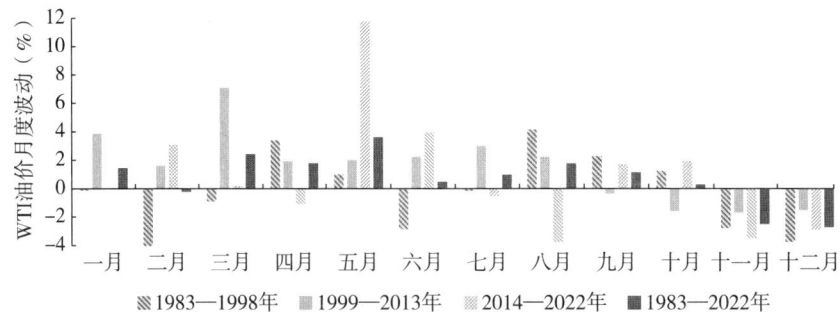

美国原油价格季节性（1983—2022）

资料来源：美国能源信息署，美国银行研究部，捷诚能源。

布伦特原油价格季节性

布伦特油价的季节性特征没有 WTI 油价明显。布伦特油价年底普遍下跌，四五月份上涨。

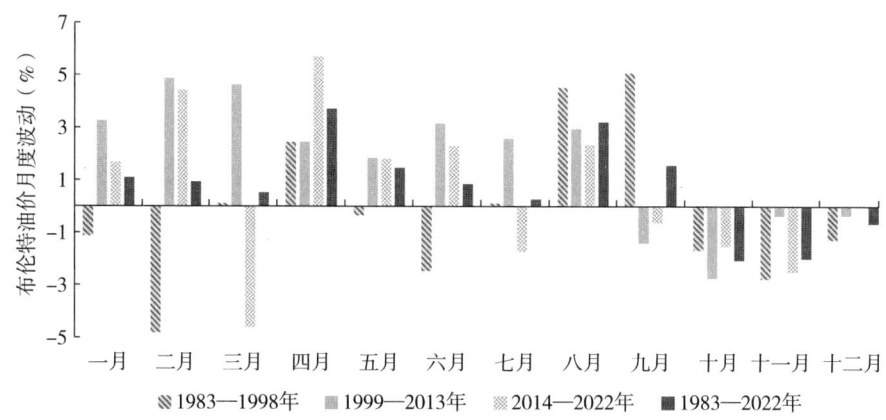

布伦特原油价格季节性（1983—2022）

资料来源：洲际交易所，美国能源信息署，美国联邦储备委员会，捷诚能源。

美国原油价格小周期

原油价格周度季节性明显。相对于月度价格在年底普遍下降，周度价格在年底有涨有跌，下降次数多，一般跌幅大于涨幅。

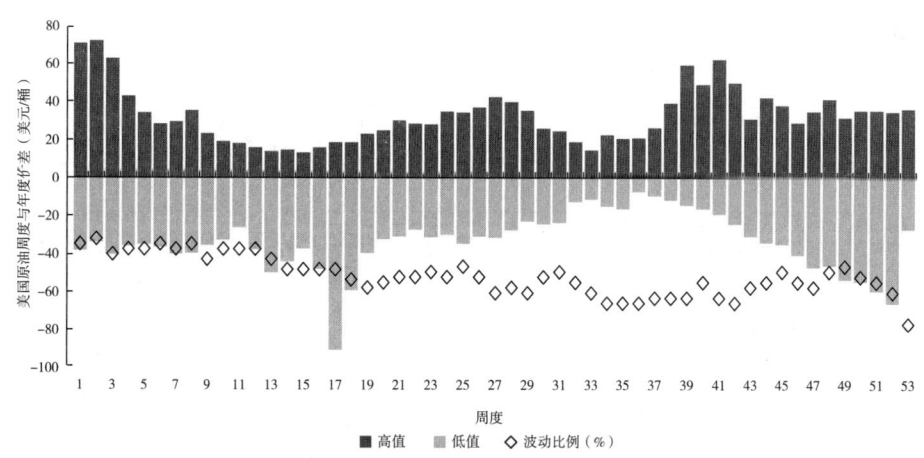

美国原油价格小周期（1986—2022）

资料来源：美国能源信息署，捷诚能源。

美国车用汽油价格季节性

美国车用汽油价格季节性特征明显,通常在二月初最低,在五月底纪念日放假前最高。春季三月到六月,一般上涨。七八九月份,油价震荡。十月到十二月份,油价下跌。

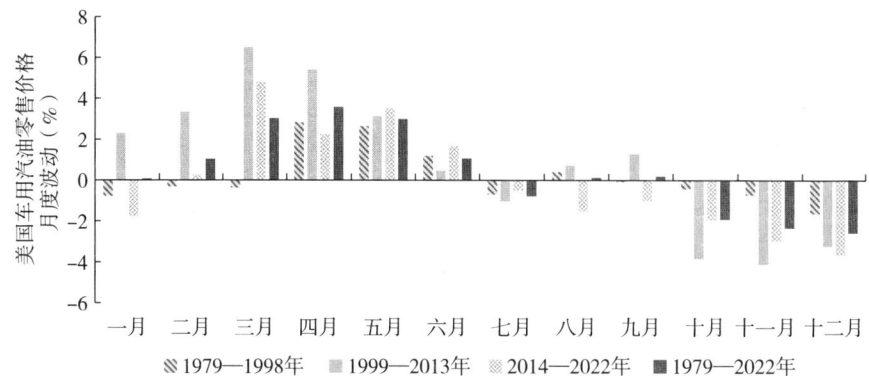

美国车用汽油价格季节性(1979—2022)

资料来源:美国能源信息署,美国便利店协会,捷诚能源。

美国交通柴油价格季节性

美国交通柴油价格在冬季跌,春秋季涨,在夏季价格波动较小。

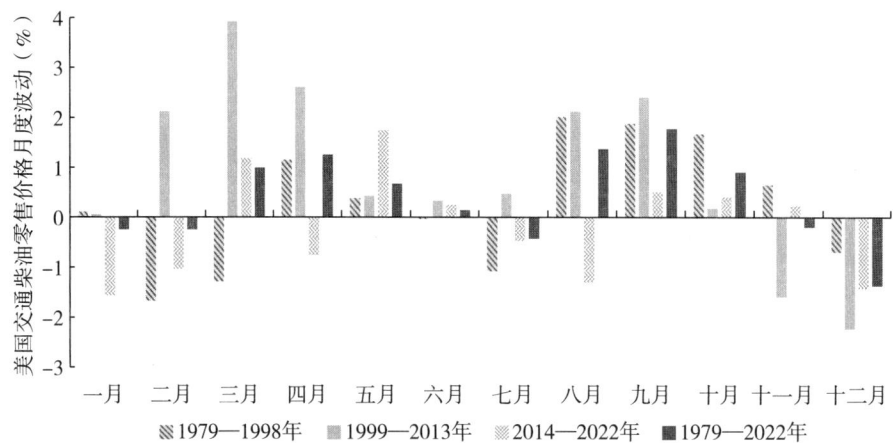

美国交通柴油价格季节性(1979—2022)

资料来源:美国能源信息署,捷诚能源。

美国居民取暖油价格季节性

美国取暖油价格和供暖季高度相关。由于秋收和气温下降，美国柴油和取暖油需求从九月份开始增加，美国取暖油期货（ULSD）合约通常调涨。

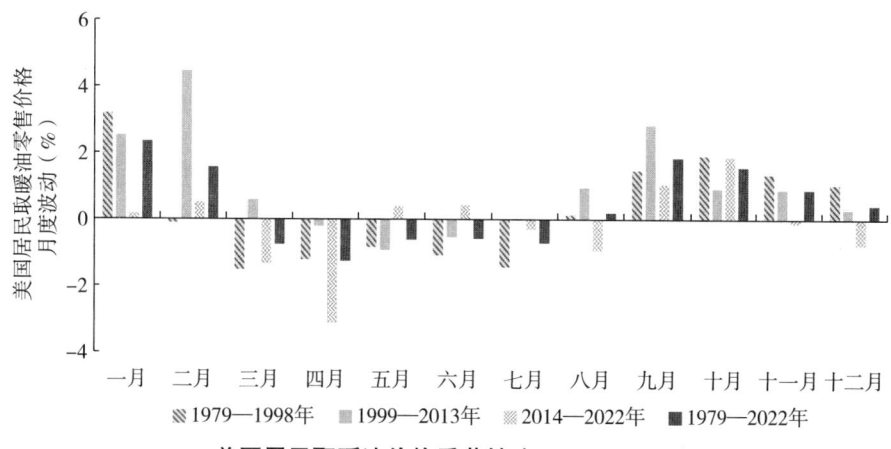

美国居民取暖油价格季节性（1979—2022）

资料来源：美国能源信息署，捷诚能源。

中国成品油调价季节性

中国成品油价格调整呈现显著的季节性特征。年初，一般上调价格。五月至九月，油价震荡，调价次数相对频繁，年底一般下调价格。

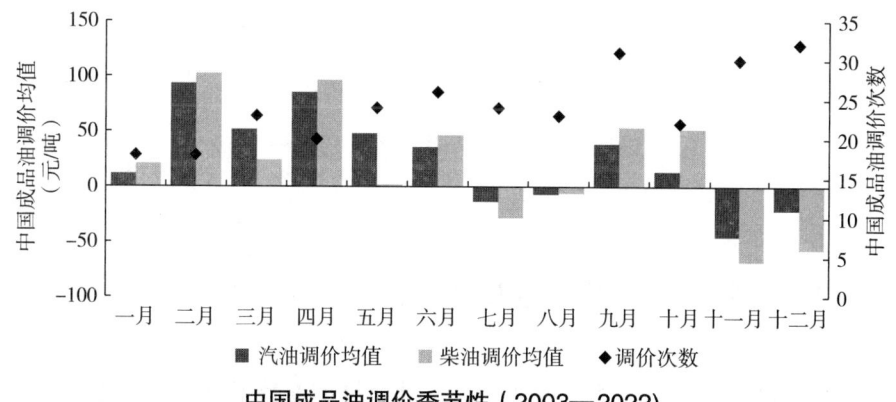

中国成品油调价季节性（2003—2022）

资料来源：中国国家发展改革委，捷诚能源。

供应和需求季节性

需求是价格的函数。石油需求季节性特征比供应季节性明显。石油生产相对稳定，全年较均衡，供应端的季节性特征不明显。

美国汽油和中间馏分生产季节性

美国汽油产量与中间馏分产量季节性有明显差异。汽油换季影响大，夏秋季飓风影响汽柴油供需，而冬季极冷天气影响取暖油供需。

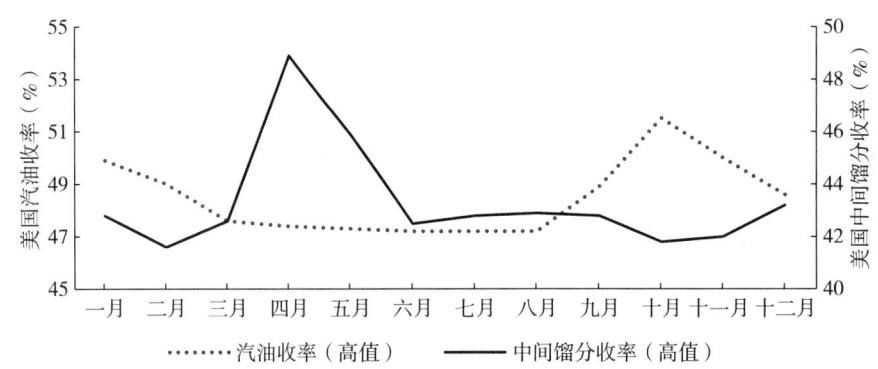

美国汽油和中间馏分生产季节性（1993—2022）

资料来源：美国能源信息署，捷诚能源。

美国汽油换季和冬夏季汽油构成

五六月份，美国夏季汽油换季。冬夏季汽油对饱和蒸气压等标准有不同要求，丁烷比例可从夏季汽油的2%提高至冬季的3.5%。丁烷成本相对低，供应充足。冬季汽油的加工成本可比夏季低几美分/加仑。加上出行消费等因素，美国夏季汽油价格可高出冬季 15 美分/加仑。

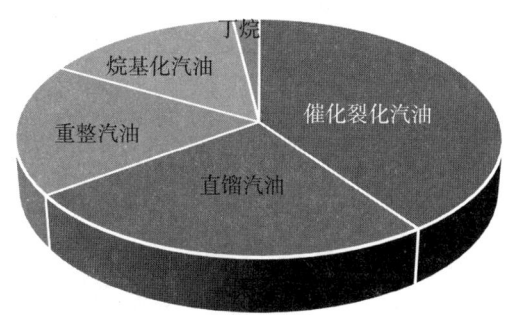

美国汽油换季和冬夏季汽油构成（2021）

资料来源：美国能源信息署，美国便利店协会，捷诚能源。

美国汽油消费季节性

受节假日、天气、飓风和汽油规格换季等因素影响，美国汽油需求和价格都呈现明显的季节性特征。春夏季通常为汽油消费高峰期。美国汽油需求一般在年初两个月最低，此时炼厂在进行春季检修和准备夏季汽油。美国 9 月 15 日开始销售冬季汽油，汽油需求下降。同时，飓风和气温下降也影响汽油消费和价格。

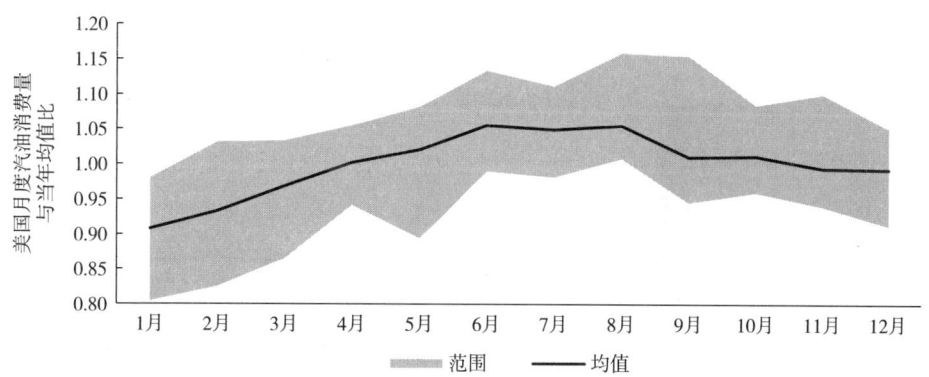

美国汽油消费季节性（1945—2022）

资料来源：美国能源信息署，捷诚能源。

美国冬季供暖季需求和价格变动

家庭供暖开销取决于房屋大小、能效、供暖设施、天气等因素。电力、丙烷和取暖油有着不同的市场格局、物理基础设施、法规和市场瓶颈。丙烷等成品油价格的传导快。电价对气温波动的敏感性较小,反应周期较长。

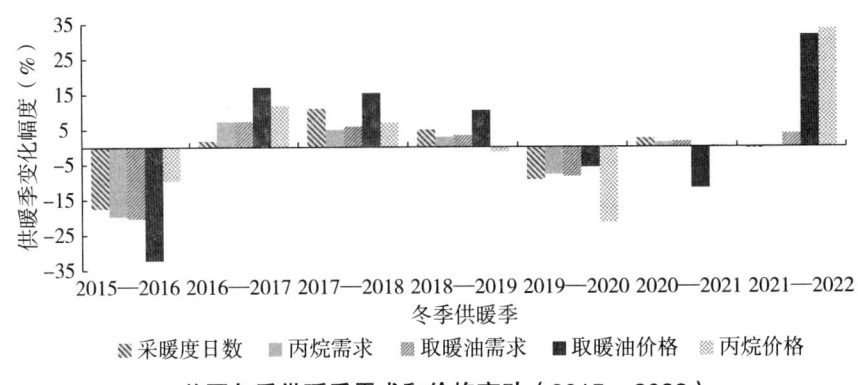

美国冬季供暖季需求和价格变动(2015—2022)

资料来源:美国能源信息署,捷诚能源。

中国石油需求季节性变化

受春节假期、春耕秋收以及休渔期等因素影响,中国石油(主要是柴油)需求第一季度下降,其余三个季度都增长。

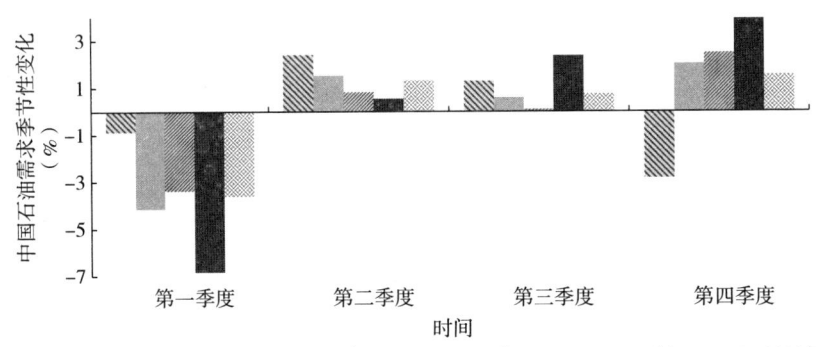

中国石油需求季节性变化(2006—2022)

资料来源:中国国家统计局,中国国家发展改革委,国际能源署,捷诚能源。

世界石油需求季节性变化

世界石油产量的季节性特征不明显,而世界需求的季节性特征相对明显。世界石油需求在第三四季度增加,在第二季度下降。交通用油占比高有助于平滑石油需求的周期特征。由于库存变化消化了部分影响,成品油需求和炼油加工量的季节性对价格的影响减弱。宏观经济大周期也会影响需求的季节性变化。

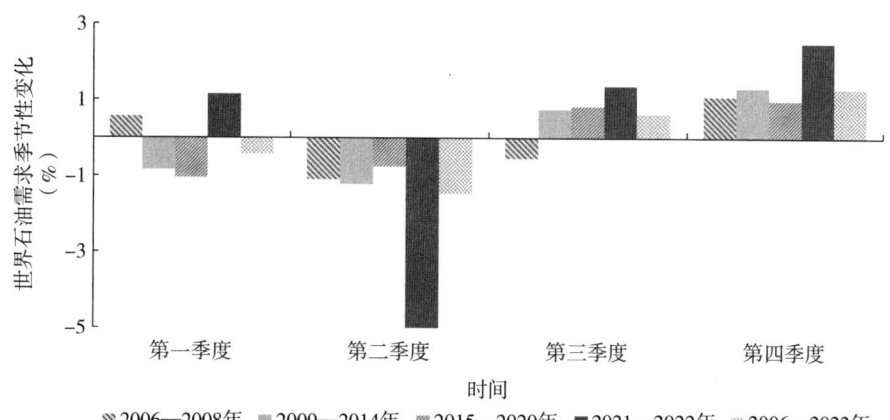

世界石油需求季节性变化(2006—2022)

资料来源:美国能源信息署,摩根大通研究部,皇家银行研究部,捷诚能源。

设施定期与计划外检修

虽然供应端的季节性不明显,但是,单个能源化工项目普遍生产规模大、运行周期长、检修维护成本高,设施计划内或临时检修及停产均会影响短期的市场供需和油价。企业为了维持较高的开工率或毛利,也会安排检修。

能源设施设备使用年限

能源设施使用年限普遍较长,运行中会安排定期的检修和更新改造等。因环保要求、经济性差或市场变化等原因,可能提前关停或转换用途。

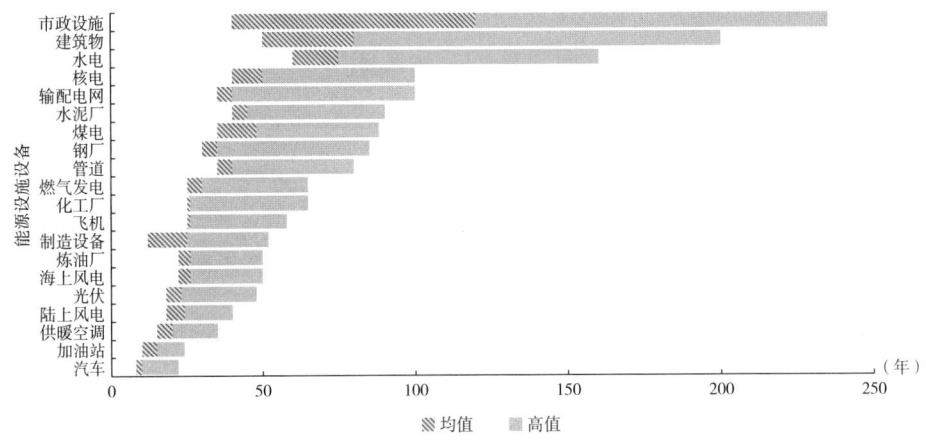

能源设施使用年限(2020)

资料来源:国际能源署,各公司报告,捷诚能源。

美国炼厂检修与取暖油裂解价差

开工率提高,成品油产量增加,会降低原油—取暖油裂解价差,从而减少炼厂盈利。反之,检修或计划外停产会降低开工率,推动裂解价差扩大。

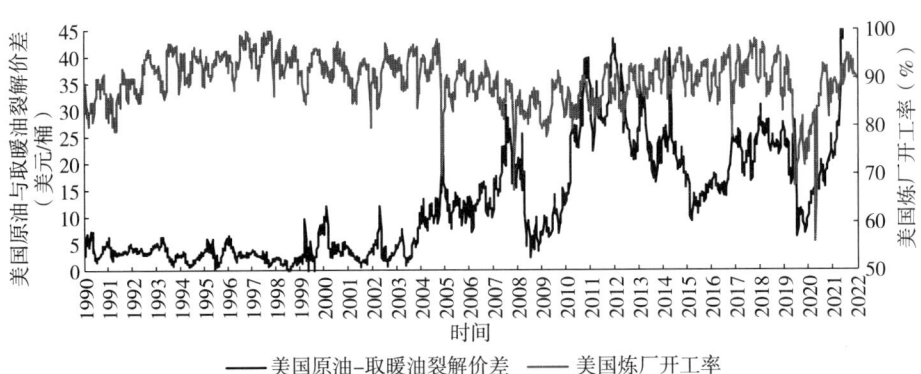

美国炼厂检修与原油—取暖油裂解价差(1990—2022)

资料来源:美国能源信息署,捷诚能源。

全球炼厂检修与油价

炼厂前期投资大,固定成本高,计划外停产影响利润,也影响石油市场供应。世界石油供需增速一般在 100 万桶/日左右,而一座 20 万桶/日加工能力的炼厂如果停产检修或投产时间有变,将会影响短期油价。

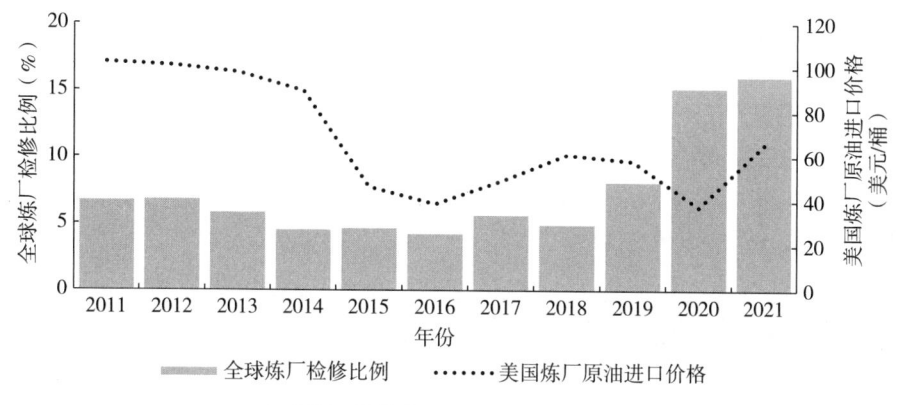

全球炼厂检修与油价(2011—2021)

资料来源:彭博,美国能源信息署,捷诚能源。

美国炼油装置检修占炼油能力比例

计划内检修通常安排在需求淡季和裂解价差较弱的时候。成品油价格与检修计划相关性很高。美国计划内或意外检修通常会影响 5%～8% 的装置能力。

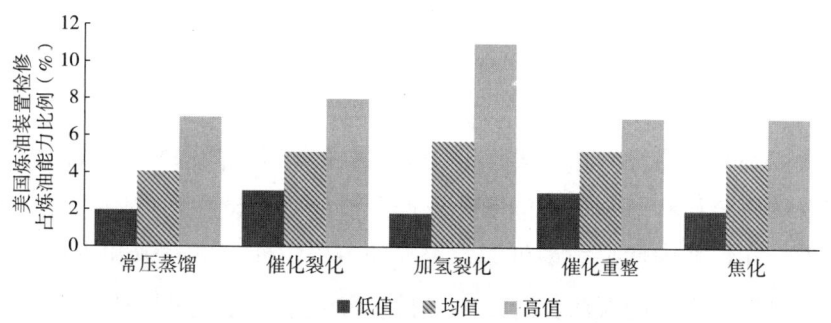

美国炼油装置检修占炼油能力比例(2001—2018)

资料来源:美国联邦贸易委员会,美国能源信息署,捷诚能源。

北美原油管道维护与管输量

托运商调整、计划内管道维护以及极端天气、突发事故、重大市场事件等造成的计划外检修都会影响管输量和负荷率，从而减少市场供应。拱心石原油管道（Keystone Pipeline）从加拿大阿尔伯塔产油区，途径库欣，南至墨西哥湾炼厂，主干线长1230千米，管输能力逾60万桶/日。

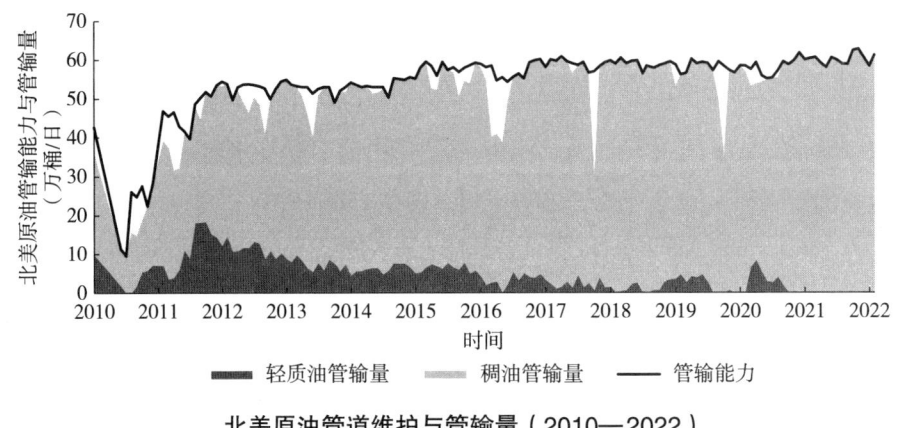

北美原油管道维护与管输量（2010—2022）

资料来源：美国联邦贸易委员会，美国能源监管委员会，加拿大能源监管局，捷诚能源。

天气与自然现象

太阳黑子、海洋温差压差、北极海冰、欧亚大陆积雪、飓风、风吹日照等自然现象均有可能影响能源化工产业链的基础设施和市场供需。自然灾害更会在短期内冲击市场供需。天气的不确定性、提前预测的准确性以及市场对极端天气的看法都会影响油价，特别是对基差的影响。气候变化带来的小概率高影响事件频发，极端天气风险的强度和频率加大。

天气和气候的区别

气候与天气既有联系又有不同。全球变暖时，台风的强度会增加，这是气候问题；台风则是一种天气现象。台风是形成于热带海洋的气旋式漩涡，生成于太平洋上的，称之为台风；生成于大西洋上的，称之为飓风；生成于印度洋上的，称之为旋风。天气指某一地区瞬时或短时间的大气状况，如阴、晴、雨、雪、冷、暖、干、湿、雾、霜、雷电等。这些大气状况都无需借助气象设备，只凭人体感觉器官就可觉察到。气候虽然也是指大气现象，但却是多年的平均状况，通常要靠气象观测设备所记录的气温、降水、风、日照、湿度等气候要素的特征值来反映。气候通常以某一时段的平均值作为标准，不用几度表述，而是以冷、暖、干、湿来表述的。

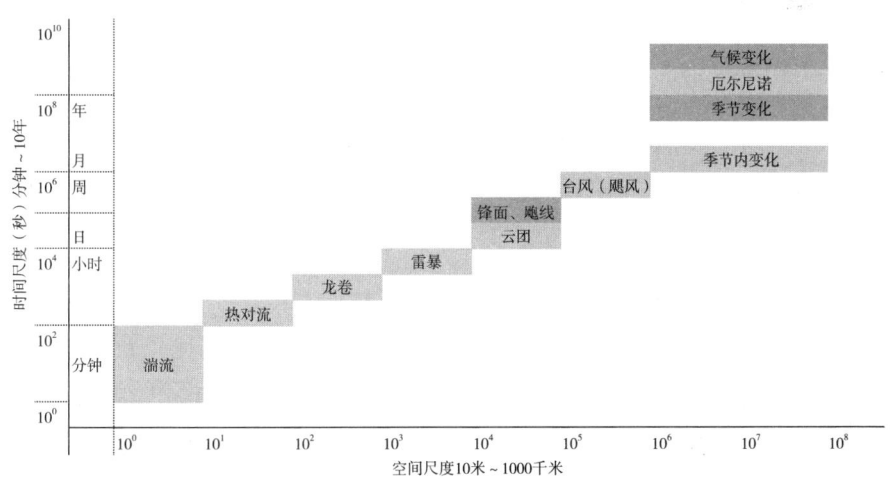

天气和气候的区别（2021）

资料来源：中国科学院气象科学研究院、深圳凯丰投资公司，捷诚能源。

太阳活动影响与黑子沃夫指数

远在1.5亿千米之外的太阳不断释放能量和辐射地球，影响着人类生活。太阳自身活动的一个主要指标沃夫指数（Wolf sunspot number），用于观测太阳表面的太阳黑子和群组数目的数值。太阳表面的漩涡温度比光球层表面低而看似是斑点，太阳黑子的活动周期平均为 11 年（施瓦贝周期），黑子活动最高的时期被称为极大期，黑子活动最低的时期称为极小期。黑子数量异常稀少的蒙德极小期大约从 1645 年至 1715 年，这一段时期与已知的小冰期中间最冷的一段时间吻合。第 25 太阳周期始于 2019 年，预计持续到 2030 年。

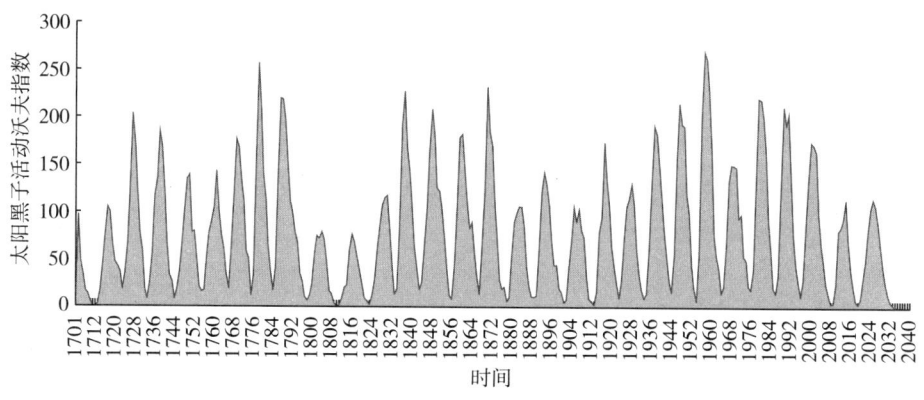

太阳活动影响与黑子沃夫指数（1701—2040）

资料来源：比利时国际太阳影响数据分析中心，美国国家海洋和大气管理局，捷诚能源。

厄尔尼诺 - 南方涛动指标与气候

厄尔尼诺 - 南方涛动指标（El Niño and the Southern Oscillation，ENSO）是判断年际气候变化的重要信号，分为两组指标（海平面温差和南太平洋涛动压差）和两个阶段（El Niño 偏暖阶段和 La Niña 偏冷阶段）。冷水和暖水现象影响气温。赤道太平洋海面温差（SST）如果高于 0.5℃ (0.9 ℉)，表明 ENSO 偏暖阶段（El Niño，意为男婴），如果低于 -0.5℃ (-0.9 ℉)，则表明 ENSO 偏冷阶段（La Niña，意为女婴）。南太平洋涛动指标（SOI）如果是负值表明偏暖（El Niño），如果是正值表明偏冷（La Niña）。两个指标高度关联。厄尔尼诺现象与拉尼娜现象交替出现，每 3—7 年出现一次循环，每次持续 6—18 个月。

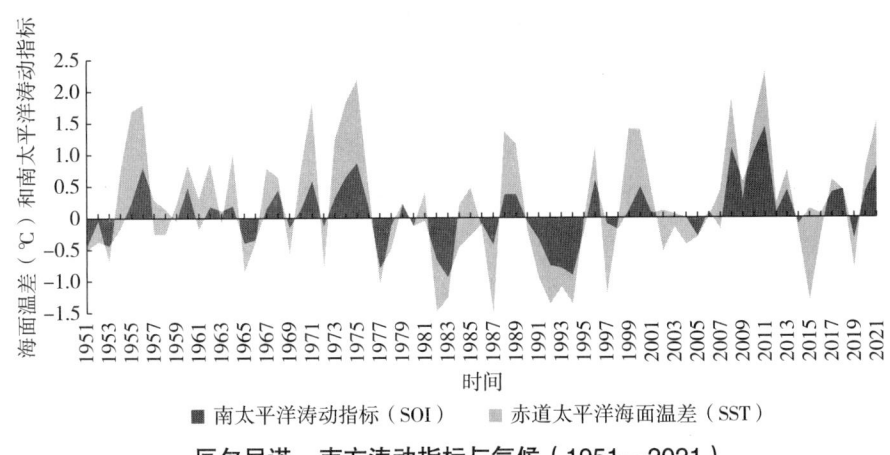

厄尔尼诺 – 南方涛动指标与气候（1951—2021）

资料来源：美国国家海洋和大气管理局，捷诚能源。

美国采暖度日

采暖度日指数（Heating degree days，HDD）是一天温度最高值和最低值的平均值与 65 ℉（开空调和烧锅炉的基准温度）的差，当是负数时，即为 HDD，与历史均值相比，采暖度日指数（HDD）值越高，意味着供暖需求越大。一天温度最高值和最低值的平均值与 65 ℉ 的差，是正数时，即为制冷日指数（Cooling degree days，CDD），与历史均值相比，制冷度日指数（CDD）值越高，意味着制冷需求越大。气温越低，采暖度日指数越高，特别是均值越高，油价波动浮动也越大。

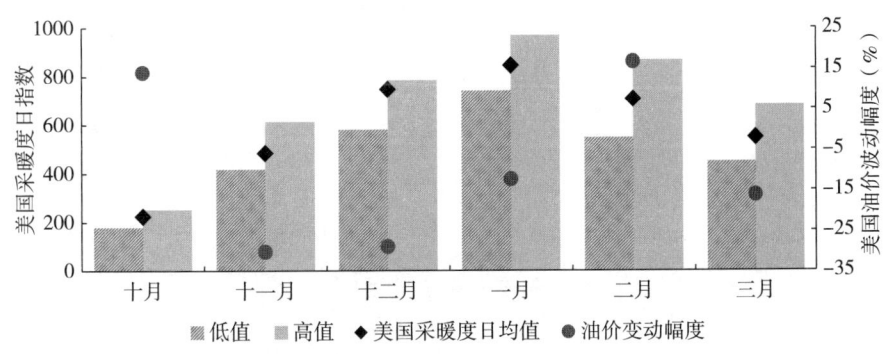

美国采暖度日指数和油价波动幅度（2013—2022）

资料来源：美国能源信息署，捷诚能源。

美国飓风对墨西哥湾原油产量的影响

在飓风季节（从6月到11月底，但是集中在8月和9月），市场对产量、加工量、消费量、航运、成品油和化工受到飓风的影响都有预期。油气价格是否飙升是相对于预期的好坏。平台停产可接近月度产量的70%，而单个飓风可停产100%，均值为24.2%。正常的飓风过后，钻井平台一般几周内复产。美国墨西哥湾有500多座油气作业平台。

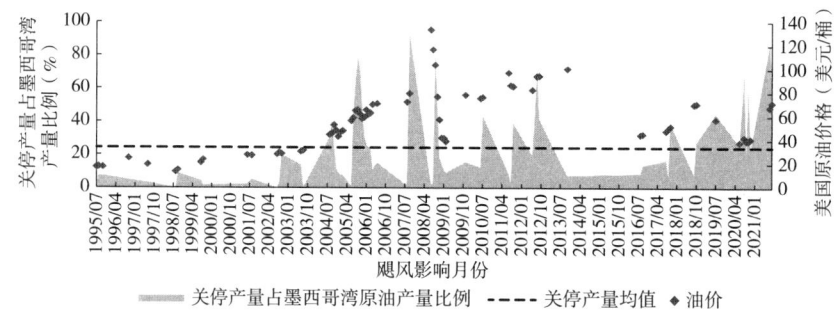

关停产量占墨西哥湾原油产量比例（1995—2021）

资料来源：美国安全和环境执法局，美国能源信息署，捷诚能源。

美国飓风对炼油加工量的影响

美国墨西哥湾地区（PADD 3区）的石油消费量占全美的26%，炼油和化工能力占50%上下，原油产量占56%，经常处于飓风路线上。在飓风影响时间段，美国PADD 3区炼油加工量下降可达52%，原油价格上涨16%。飓风过后，炼厂一般一两周内就复工。美国会动用石油战略储备来应对。

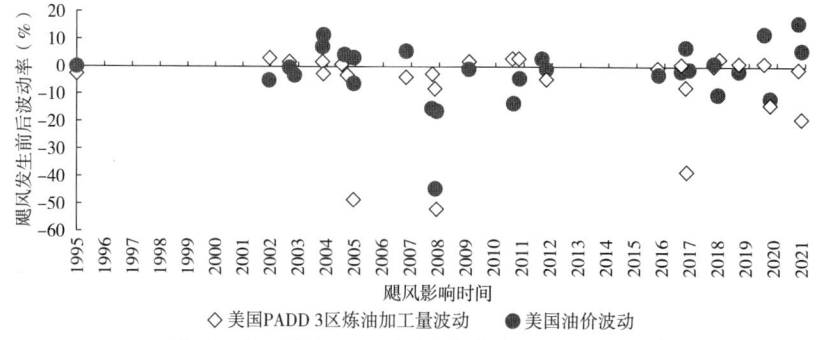

美国飓风对炼油加工量的影响（1995—2021）

资料来源：美国能源信息署，捷诚能源。

美国飓风对汽油产量和价格的影响

在飓风影响时间段,汽油需求下降多,中间馏分需求相对好。美国 PADD 3 区汽油产量下降可达 45%,汽油价格上涨 14%。美国墨西哥湾炼化产品供应减少,会增加欧洲和亚洲的需求和价格。

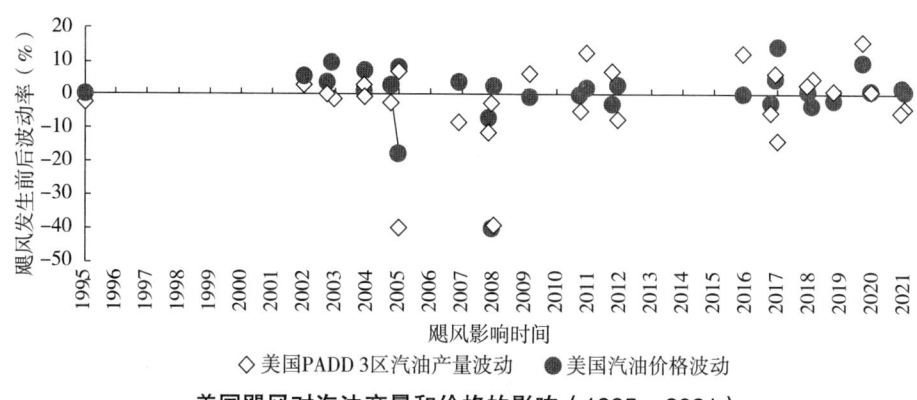

美国飓风对汽油产量和价格的影响(1995—2021)

资料来源:美国能源信息署,捷诚能源。

美国飓风和化工铁路装车量

墨西哥湾是美国主要化工基地,化工供应链依赖于铁路运输,经常受飓风影响。美国化工铁路装车量是反映化工产能利用率的高频数据。

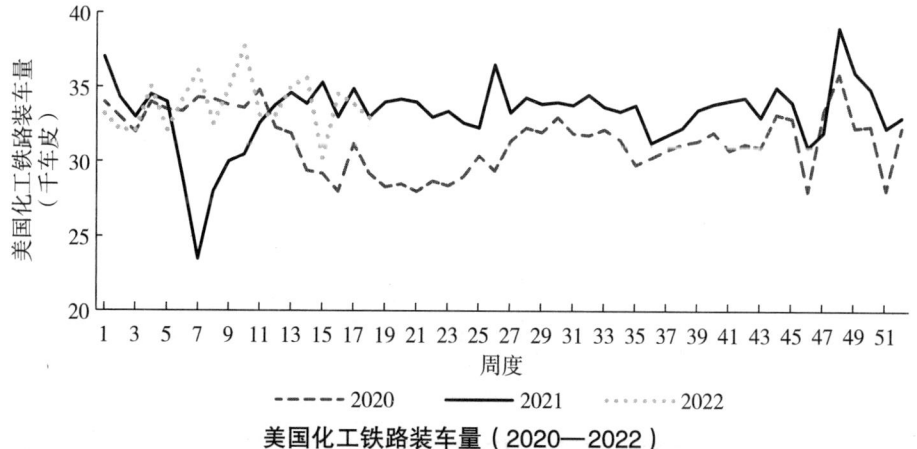

美国化工铁路装车量(2020—2022)

资料来源:美国铁路协会,捷诚能源。

世界自然灾害人员与经济损失

自然风险是由大气、地质或水文等引发的地震、火山爆发、山体滑坡、海啸、洪水和干旱等物理现象。自然灾害是指自然风险带来的后果。虽然自然风险无法预防,但只要采取适当的对策,自然灾害有可能不会发生,或者可以将灾难的影响降至最低。各种自然灾害导致人员和财产损失,对石油、天然气和可再生能源等基础设施的冲击程度不同。

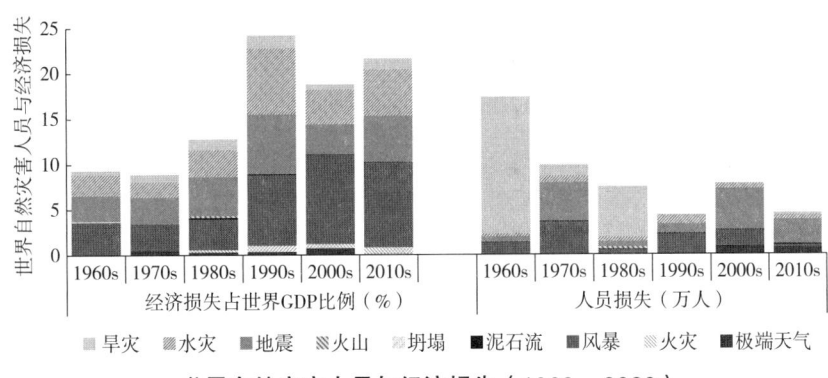

世界自然灾害人员与经济损失(1960—2020)

资料来源:寰球网站,捷诚能源。

美国计划外断电事故数和损失发电量

2021年2月8日至20日之间,美国计划外发电停产、降负荷和启动失败等断电事故原因主要与电网、燃料、机械电子和极冷天气有关。

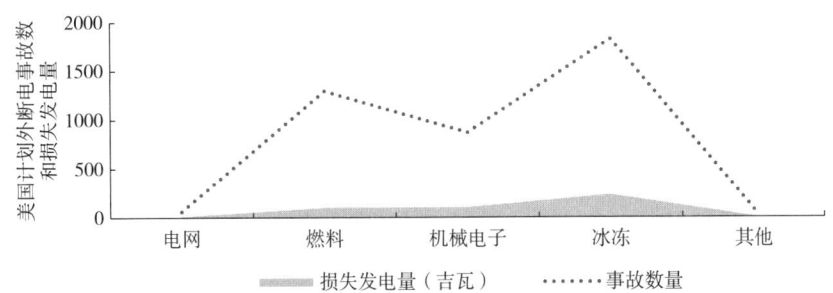

美国计划外断电事故数和损失发电量(2021)

资料来源:美国联邦能源监管委员会,北美电力可靠性公司,捷诚能源。

美国得克萨斯州极冷天气

2021年2月7日至20日之间，得克萨斯州电源结构中，太阳能大幅下降，风能基本为零，核电略有下降，燃气发电大幅上升，触及了得克萨斯州针对极端情况设定的电力价格上限9000美元/兆瓦时。

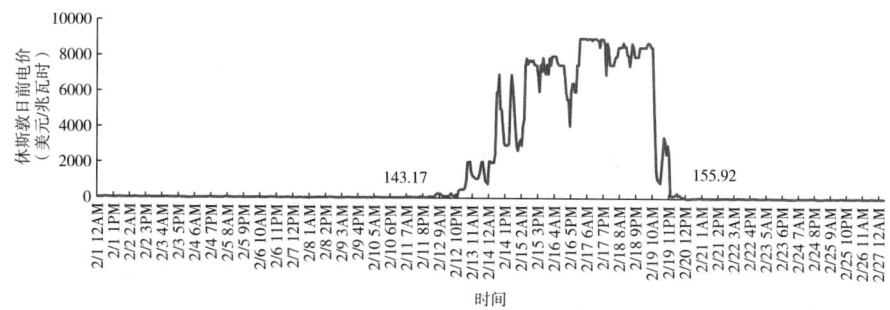

休斯敦日前电价（2021）

资料来源：美国得克萨斯州电力可靠性委员会，捷诚能源。

中国风能和太阳能发电年景

风能和太阳能靠天吃饭，年景有好有坏，存在无法发电的风险和储能难的问题。风能发电需满足一定的风速和风功率密度等指标，如年均风速在5米/秒以上且有效风功率密度在150～100瓦/米^2。而光伏发电需满足阳光辐照量等指标。

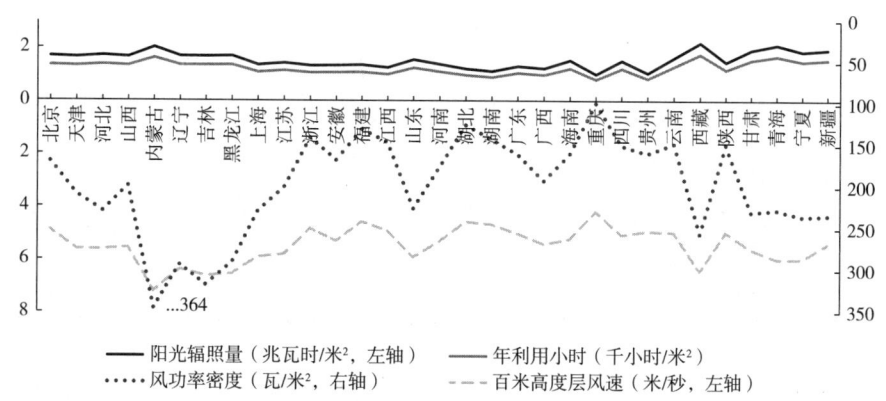

中国风能和太阳能发电年景（2021）

资料来源：中国气象局风能太阳能中心，《中国风能太阳能资源年景公报》，捷诚能源。

经典观点与经验分享

潘翠屏　CFA 和 FRM，国际能源风险分析与管理专家

电力系统需要提升越冬御寒能力，以应对极端炎热或寒冷的天气条件。2021 年得克萨斯州冬季风暴是失败成本的现实案例。2021 年 2 月中旬，一场极端的冬季风暴事件导致得克萨斯州发生大规模电力故障，造成 450 多万户家庭断电，至少 57 人死亡，财产损失超过 1950 亿美元。

这次危机有几个主要原因。

- 得克萨斯州电力可靠性监管委员会（ERCOT）管辖的电网由 42% 的天然气、24% 的风能、19% 的煤炭、10% 的核能和 4% 的太阳能提供燃料。所有类型的发电厂都没有为极端天气做好充分准备。
- 由于直接与天气相关的问题、设备或输配故障、燃料不足以及极端天气导致的其他问题，得克萨斯州约 30% 的装机容量在 24 小时内一次性被迫下线。
- 对恶劣冬季风暴的需求预测不充分。ERCOT 最极端的冷冬情景要比实际需要低估了约 9600 兆瓦，误差约 14%。
- 天然气系统的故障加剧了电力问题。天然气生产、储存和配送设施未能提供燃气电厂所需的充足燃料。不仅天然气系统未能通知电力公司关键的电力驱动部件，甚至当 ERCOT 被迫卸载以避免灾难性故障时，一些被纳入 ERCOT 应急响应计划的关键天然气基础设施被切断了电源。由于天然气和电力之间的相互依赖关系，任何回路故障都会破坏整个电网系统。在二月份的风暴某一时点，得克萨斯州有一半以上的天然气供应因停电、设备冻结和天气状况而关停。

得克萨斯州议会在 2021 年下令电力监管机构要求发电厂更好地应对极端天气；然而，2021 年冬季风暴的影响可能会是持久的。由于能源价格飞涨，许多市场参与者拖欠了对 ERCOT 的付款义务，而这些违约可能会在未来许多年转嫁为得克萨斯州电力消费者的很高的成本。

第20章

能源化工行业大事记、主要特性和换算单位

能源化工行业大事记

本章侧重于能源化工产品、基础设施和其他相关行业大事件。

世界能源化工行业大事记

1668 年，英国的第一口天然气井钻成。

1670 年，内燃机的工作原理由荷兰物理学家惠更斯通过火药在汽缸内燃烧而热能膨胀推动活塞运动的方式展示。

1766 年，氢气首次由亨利·卡文迪什利用金属和酸之间的反应而制得。1783 年，拉瓦锡和拉普拉斯证实了卡文迪什的实验，取名 Hydrogen（意为"生成水的物质"）。1855 年，中文取名"氢"（最轻的气体）。

1773 年，尿素由罗勒从哺乳动物尿液中提取。

1789 年，元素铀由德国化学家克拉普罗特从沥青铀矿中发现，并以天王星（Uranus）命名。

1800 年，"伏打电堆"由意大利科学家亚历山德罗·伏特发明。

1806 年，有机化学概念"生命力论"由有机化学之父贝采利乌斯提出。

1807 年，蒸汽轮船由富尔顿发明。同年，烧碱由英国化学家戴维制得。1890 年，采用隔膜法或水银法电解盐水实现了工业化。

1814 年，蒸汽火车由史蒂芬森发明。

1815 年，第一份地层学地质图《英格兰、威尔士和部分苏格兰地层图》由威廉·史密斯出版。

1818 年，第一次电解水制氢在英国实现。

1823年，第一座釜式蒸馏炼油厂由俄国杜比宁三兄弟在莫兹多克建立，物理分离原油来炼制石油。世界上第一座石蜡厂在巴库建成。

1824年，二氧化碳温室效应首次由法国科学家傅里叶发文提出。

1825年，世界上第一条铁路在英国史托顿到达灵顿之间商业投运。

1826年，天然橡胶分子实验式由英国科学家法拉第通过化学分析得以确定。

1828年，尿素由德国化学家弗里德里希·维勒人工合成，打破了有机化合物的"生命力论"。

1834年，石油天然气无机生成说由道斯特和罗载特进一步发展。迈克尔·法拉第发表法拉第电解定律。

1835年，聚氯乙烯被美国化学家亨利·雷尼奥意外发现。1913年，德国发明家弗里德里希·克拉特发明了聚氯乙烯聚合工艺，1931年在德国实现工业化生产。

1838年，《地质学基础》由查尔斯·莱尔出版，标志着科学地质学的诞生。

1839年，燃料电池概念由威廉·塞西尔发明。简单氢氧燃料电池由英国格罗夫·多尔西发明，氢气成为交通用能。聚苯乙烯由德国药学家西蒙在蒸馏安息香酯时意外发现。天然橡胶被美国人古德伊尔硫化后，解决了橡胶在温度高时发软变黏，温度低时又发硬变脆的特性，得以广泛应用。

1842年，蒸汽机开始驱动顿钻。

1845年，醋酸由柯尔伯人工合成。

1848年，世界上第一口勘探油井在阿塞拜疆巴库阿普歇伦半岛比比埃巴特村完钻。芝加哥期货交易所成立，标志着现代期货交易的开启。

1849年，石蜡油由苏格兰杰姆斯·伊本从煤矿里生产出来，用于照明。

1851年，丙烯成为通过石油化工生产的第一个碳氢化合物，德国化学家雷诺把戊醇蒸气通过高温玻璃管，冷却分离气体，发现了丙烯。

1852年，煤油由加拿大地质家亚伯拉罕·吉斯纳从煤炭里炼制得到，以希腊文（Wax和Oil）的组合命名为煤油（Kerosene）。

1854年，人工合成油脂由马塞林·贝特洛使用甘油和脂肪酸而制得。

蒸馏原油制成煤油由基尔和布思通过实验而证明。世界上第一口人工挖取的产油井在波兰钻成，井深不到50米。

1856年，世界上第一个人工合成的紫色染料（苯胺紫）由英国化学家威廉·帕金偶然发现。世界上第一座原油分馏厂在罗马尼亚普罗耶什蒂建成，炼出世界上第一桶灯用煤油，从此石油有了工业需求。油气藏渗透率理论由法国工程师亨利·达西提出。

1858年，世界上第一个油田在加拿大恩尼斯基林发现并投产。

1860年，异戊二烯首次由威廉姆斯从干馏天然橡胶的热裂解产物中制得，并发现异戊二烯在空气中又会氧化变成白色弹性体。原油分馏装置由美国化学家本杰明·西利曼建立。美国第一座炼油厂由巴恩斯代尔和艾博特在宾夕法尼亚州泰特斯维尔建成，投资15000美元。以桶为原油销售的基本单位由美国埃格赫特提出，按照40加仑计算，另外让利2加仑给买家，形成1桶为42加仑的标准，1872年，石油生产商协会采纳，1916年，美国国会批准这一标准。

1862年，世界原油产量309.7万桶，其中，美国产油305.7万桶，占比98.9%。常压蒸馏生产煤油。以天然气为原料的二冲程卧式内燃机由法国工程师艾蒂安·勒努瓦发明。

1863年，世界上第一座煤油加工厂在巴库建成。三硝基甲苯（TNT炸药）由威尔伯兰德发明，但在此后的很多年里一直被认为是由炸药大王诺贝尔发明。世界上第一条成品油运输管道建成，从美国宾夕法尼亚州炼油厂到阿勒格河边运输中间馏分油，全长3英里，采用熟铁管材料。

1865年，世界上第一条原油运输管道建成，从美国宾夕法尼亚州泰特斯维尔油田把原油送到火车站，全长约4英里，管径2英寸，采用铸铁管材料。世界上第一份标准期货合约由芝加哥期货交易所正式采用。

1869年，第一种塑料（赛璐珞）由美国化学家海厄特通过天然的纤维素加工而成。世界上第一艘油轮装载7000桶原油从美国抵达比利时安特卫普。

1870年，润滑油通过减压蒸馏而制得。

1871年，美国宾夕法尼亚州泰特斯维尔石油交易所开业。

1873年,世界上第一台以氨为制冷剂的冷冻机在德国发明。

1874年,世界上第一条长距离原油输送管道建成,从宾夕法尼亚州油区到匹兹堡,全长96.56千米,直径4英寸,日输油量1192.4吨。

1876年,石油无机成因的"碳化物说"由俄国化学家德米特里·门捷列夫提出。英国伦敦金属交易所成立,开启金属期货交易。第一台四冲程往复活塞式内燃机由奥拓研发制成,引入了压缩行程的概念。世界上第一部电话由美国发明家贝尔发明,"沃森先生,快来帮我"成了人类第一句通过电话传送的语音。

1879年,电灯泡由爱迪生发明。世界上第一列电气火车出行。橡胶聚合物由布查德合成,用热裂解法制得异戊二烯,把异戊二烯重新制成弹性体。

1881年,世界上第一辆电动车由法国工程师古斯塔夫·特鲁夫发明,以铅酸蓄电池为动力。

1882年,世界上真正意义上的第一个合成橡胶由蒂尔登制成。世界第一座抽水蓄能电站在瑞士建成。

1883年,巴库-巴统铁路建成,运输巴库石油到黑海巴统港,出口到西欧。

1885年,世界上第一台汽油机由戈特利布·戴姆勒制成,并于1886年造出第一辆用汽油机驱动的汽车。世界上第一座加油站在德国维斯洛赫建成。

1886年,世界上第一辆汽油车由德国卡尔·奔驰发明。世界上第一艘油轮"好运号"首航,长97米,可载3000吨石油。

1889年,燃料电池名称由路德维希·蒙德和卡尔·兰格首次使用。

1890年,轮胎被正式用在自行车上,1895年,被用在各种汽车上。

1892年,世界上第一艘散装油轮"骨螺"号经苏伊士运河到远东。

1895年,第一辆使用充气轮胎的汽车问世,橡胶有了第一个忠实用户。

1897年,柴油机技术在动力机械中已占据极为重要的地位。世界上第一口海上油井在美国加州海岸300英尺远处开钻,拉开了海洋石油勘探的序幕。

1898年，聚乙烯由德国化学家汉斯·冯·佩克曼在一次试验事故中合成。世界上第一辆混合电动车问世。柴油发动机由德国工程师鲁道夫·迪塞尔发明。

1900年，世界原油产量2043万吨，其中，苏联1068万吨，美国858万吨。世界上第一个充满氢气的齐柏林飞艇由费迪南德·冯·齐柏林推出。

1902年，合成氨由德国化学家哈伯制得，后在德国实现工业化。

1903年，福特推出T型车，汽车开始普及。

1905年，巴库–巴统原油输送管道由诺贝尔公司建成，全长885千米，直径8英寸，运输能力100万吨。美国第一次注水提高油田采收率在宾夕法尼亚州油田实施。太阳能光伏板的理论基础由爱因斯坦提出，并因此获得了1922年的诺贝尔物理学奖。

1907年，高分子酚醛树脂由美国化学家贝克兰人工合成，开启了合成高分子材料应用的序幕。塑料被发明。世界上第一座"驶入式"加油站在美国开业。

1908年，世界上第一台纯乙醇汽车在美国问世。世界上第一个石油化工实验室由埃利斯在美国创建。保鲜玻璃纸（赛璐玢）由瑞士化学家雅克·勃兰登堡使用纤维素制成。

1909年，第一个人造橡胶生产流程由德国弗里茨·霍夫曼发明。

1910年，第一个商业性由丁二烯制取的橡胶材料由俄罗斯谢尔盖·列别杰夫发明。二甲基丁二烯在加热的情况下可制取橡胶被德国霍夫曼发现。

1911年，催化重整的基本反应由俄国化学家泽林斯基最先发现。

1912年，凯迪拉克发明汽车启动器，替代手摇柄启动。聚氯乙烯由德国化学家弗里茨·克拉特合成。

1913年，德国化学家弗里德里希·贝吉乌斯借助催化剂，利用高压氢化工艺将重油转化为汽油等轻质油。石油热裂化工艺由美国化学工程师威廉·伯顿和罗伯特·汉弗莱斯发明，推动了汽油生产工业化。合成氨化学肥料开始生产。

1914年，合成橡胶实现工业化生产。德国以二甲基丁二烯为原料制成甲基橡胶，用于替代天然橡胶。

1915年，大陆漂移说首次在德国地质学家魏格纳出版《海陆的起源》一书提出。

1917年，世界上第一个石化产品（异丙醇）经由美国炼厂气的丙烯中制得，标志石油化工行业的诞生。

1918年，合成氨技术由哈伯发明，制得氮肥。

1920年，德国化学家赫尔曼·施陶丁格发表《论聚合》，第一次提出小分子能通过共价键相连形成大分子或高分子的长链。第一个生产乙烯的石油化工厂建成。美国第一个石油化工厂建成，丙酮装置采用炼油厂副产气做原料。世界上第一口北极陆上油井诺曼井在加拿大北极钻探。

1921年，世界石油产量突破1亿吨，达到10439万吨。乙烯在美国弗吉尼亚州克伦德宁制得，标志着石油化工开始大力发展。

1922年，12种微量元素从墨西哥原油中检测出来。

1923年，世界上第一个石油化工基地在美国建成，乙烷和丙烷的混合气体进行脱氢和高温裂解制乙烯。第一套甲醇合成装置在德国采用高压法建成，以一氧化碳和氢气为原料，化学合成法生产甲醇。

1925年，德国弗朗兹·费歇尔和汉斯·托罗普施托开发了费托合成工艺，将煤炭、生物质或者天然气转换为合成燃料。里海第一口油井在阿塞拜疆巴库钻探。

1926年，美国科学家沃尔多·西蒙将聚氯乙烯塑料与一些高沸点的有机溶剂混合并加热，使得原本坚硬无比的聚氯乙烯变得相当柔软。

1927年，第一条测井曲线由亨利·多尔制得。聚硫橡胶由美国约瑟夫·帕特里克合成。

1928年，抗生素盘尼西林被发现，开创了抗生类药物先河。氯丁橡胶由卡罗瑟斯利用纽兰德的方法合成。世界上第一条焊接的原油管道在苏联建成，从格罗兹尼到图亚普特，全长618千米，管径0.25米。世界上第一座可移动海上钻井投运。

1929年，世界石油产量突破2亿吨，达到20354万吨。世界上第一口水平井在得克萨斯州钻成。聚苯乙烯在德国投入商业化生产。美国科学家卡罗瑟斯研究缩合反应，发展了大分子理论，促成了尼龙66的问世。

1930年，鲁道夫·埃伦用氢气作为内燃机燃料。世界上第一台乙醇/汽油混合燃料在美国问世。催化裂化工艺发明。热重整工艺发明，用于提高汽油辛烷值。延迟焦化装置在美国建成，生产轻质油品和石油焦。乙烯间接水合法制得乙醇。乙烯与苯烷基化制得苯乙烯。润滑油生产技术得到发展和改善。

1931年，丁钠橡胶利用列别捷夫的方法从酒精合成丁二烯，并用金属钠作催化剂进行液相本体聚合而制得。聚甲基丙烯酸丙烯甲酯（有机玻璃）在美国用本体法制得。聚氯乙烯由德国用乳液法实现工业化生产。氯丁橡胶在美国合成。世界上第一条长距离多用途石油管道在美国建成。

1932年，第一个坐底式钻井平台在路易斯安那州打井。世界上第一条成品油长输管道建成，从苏联阿尔马维尔到特鲁多瓦亚，全长486千米，管径0.305米。焦化工艺发明，用于增加汽油原料。辛烷值评分体系设计出来，自此RON和MON成为了连接汽车行业和炼油行业的重要纽带。

1933年，丁苯橡胶由德国科学家发明，主要用于轮胎。聚乙烯由英国化学家迈克·佩兰通过高压合成化生成。溶剂萃取工艺发明，用于改善润滑油质量。聚甲基丙烯酸甲酯，多功能树脂玻璃（Plexglass）由德国化学家奥托·罗姆发明。

1935年，催化聚合工艺发明，用于增加汽油产量及辛烷值。丁腈橡胶和聚氯乙烯在德国首次实现工业化生产。聚酰胺纤维由美国化学家华莱士·卡罗瑟斯发明。溶剂脱沥青工艺发明，用于改善油品倾点。烷基化工艺发明。

1936年，催化裂化工艺由法国科学家尤金·荷德莱发明，用于提升汽油产量和汽油的抗爆性。

1937年，聚氨基甲酸酯由德国化学家奥托·拜耳发明。乙二醇和丙二醇开始用于抗冻剂。乙烯制环氧乙烷生产工艺发明。世界上第一口外海油井在美国墨西哥湾完钻。

1938年，世界上第一个外海油田克里奥尔油田在美国墨西哥湾发现。四氟乙烯（特氟龙）由美国化学家罗伊·普朗克特偶然发现。

1939年，高压低密度聚乙烯在英国首次工业化生产。减粘裂化工艺发明，用于降低油品黏度。聚酰胺纤维（尼龙）实现工业化生产。聚乙烯在英国用高压气相法生产。

1940年，ABS树脂在美国发明。催化重整工艺发明。世界上第一套用炼厂气为原料生产乙烯的装置在美国建成。烷基化工艺发明，用于提高汽油辛烷值及产量。乙烯为原料生产氯乙烯。异构反应发明，用于生产烷基化装置原料。固定床催化裂化工艺的突破。

1941年，滴滴涕作为杀虫剂进入市场，化肥和农药成为重要的化学工业。从石油轻质馏分催化重整制取芳烃的工艺发明。合成橡胶的重要单体丁二烯从烃类裂解气体中分离制得。腈纶在美国首次合成。聚对苯二甲酸乙二醇酯（简称聚酯）首次在英国合成，1953年，在美国实现工业化生产。美国建成第一条真正意义上的成品油管道，普兰迪逊管道，里程9732千米。

1942年，聚对苯二甲酸丁二酯（PBT）在德国研制成功，后在美国实现工业化生产。丁苯橡胶首次以石油为原料在美国制得。流化催化裂化工艺发明，用于增加汽油产量及辛烷值。世界上第一座催化裂化装置在美国路易斯安娜州巴吞鲁日投产。

1943年，丁基橡胶在美国实现工业化，适用于轮胎内胎。乙烯脱氢制得丁二烯。

1944年，斯泰隆聚苯乙烯树脂由美国化学家雷·麦金泰尔制得。

1946年，合成洗涤剂在德国研制成功。世界上第一家便利店在美国得克萨斯州创建。

1947年，美国墨西哥湾第一口油井完钻，水深18英尺。世界上第一次水力压裂试验在美国堪萨斯胡果顿油气田实施。世界上第一口海上钻井平台"布勒道20号"投运，现代海上钻井业诞生。

1949年，美国第一次砂岩油藏水力压裂。聚苯乙烯塑料发明。世界上第一套铂重整装置在美国建成。

1950年，氢气作为"能量载体"的概念首次被提出。脱沥青工艺发明，用于增产裂化装置原料。

1951年，在美国一次能源消费结构中，石油第一次超过煤炭。美国从墨西哥湾使用驳船把天然气通过密西西比河运抵芝加哥炼厂。

1952年，催化重整工艺发明。丙烯转化成正丁醛和异丁醛在德国实现工业化。

1953年，DNA双螺旋结构的发现奠定了基因工程药物的基础。世界上第一条钻井浮船由美国海军巡逻舰改装而成，在加州近海3000英尺水深处打取心井。

1954年，高度立体规整性的聚丙烯首次聚合而成。加氢脱硫工艺发明，用于脱硫。等规聚丙烯由意大利科学家纳塔用齐格勒催化剂合成。世界上第一座自升式钻井平台"德隆1号"投产，有10条支腿，直径6英尺，长度160英尺。世界上第一座原子能发电站在苏联奥布宁斯克建成。

1955年，世界上第一次利用齐格勒在聚合乙烯时使用的催化剂聚合异戊二烯合成了结构与天然橡胶基本一样的合成天然橡胶。

1956年，世界上第一艘集装箱船舶在美国纽瓦克港装船，运往休斯敦，世界海运进入集装箱运输时代。哈伯特提出了"哈伯特钟"假设，预测美国陆上48州石油产量将于1969年达到供应峰值。顺丁橡胶以丁二烯为单体在美国首次聚合而成。抑制剂脱臭法工艺发明，用于脱硫醇。

1957年，催化异构化工艺发明，用于增加油品抗爆性。聚丙烯在意大利实现工业化生产。

1958年，聚碳酸酯实现工业化生产。世界上第一艘专用海上铺管船投入使用。

1959年，世界石油产量突破10亿吨，达到100613万吨。世界上第一艘超过10万吨的油轮"宇宙·阿波罗"号在日本建造。

1960年，加氢裂化工艺发明，用于提升油品质量和脱硫。分子筛催化剂技术不断发展。

1962年，世界上第一艘改装的半潜式钻井船"碧水一号"钻井成功。

1963年，世界上第一条三角形的半潜式平台"海洋钻工"号完工。

1965年，芳纶纤维（凯芙拉）在美国研制成功。人工井场丛式钻井在苏联萨莫特洛尔油田采用。

1966年，法国朗斯潮汐电站投产运营。世界上第一艘超过20万吨的油轮"出光丸"号在日本建造。

1967年，加拿大阿萨巴斯卡油砂矿开始商业性露天开采油砂，生产合成原油。世界上第一起严重油轮漏油灾难发生，利比里亚籍超级油轮"托利卡尼翁"号在英吉利海峡触礁溢油。

1968年，世界上第一艘超过30万吨的油轮"宇宙·爱尔兰"（32.6万吨），在日本建造。

1969年，世界石油消费量突破20亿吨，达204900万吨。世界石油产量突破20亿吨，达到214341万吨。法国奥黛罗建成世界第一座太阳能发电站。世界上第一个深水大油气田在美国文图拉盆地发现。

1970年，节能技术和重质油轻质化技术不断发展。

1971年，世界上第一条自航式半潜式平台建成。世界上真正用于海上石油勘探的第一条动力定位船建成。

1972年，世界上第一个二氧化碳提高采收率项目在美国得克萨斯州实施。

1973年，现代太阳能产业由美国埃克森公司和另一家企业开启。

1974年，催化脱沥青工艺发明，用于改善倾点。

1975年，世界上第一艘超过40万吨的油轮"博格·君主"号（42.3万吨），由日本建造。渣油加氢裂化工艺发明，用于从渣油中增加汽油产量。

1976年，世界上第一艘超过50万吨的油轮"巴蒂·吕斯"号（55.3万吨），在法国建造。

1977年，世界石油产量突破30亿吨，达到307703万吨。世界上第一条进入北极地区的输油管道建成，美国阿拉斯加输油管道从北坡普拉德霍湾到阿拉斯加湾瓦尔迪兹港，全长1281千米，管径48英寸。

1978年，世界石油消费量突破30亿吨，达30.64亿吨。世界上第一座动力定位的半潜式钻井平台投入使用。

1979年，丹麦维斯塔斯风力发电站建成投运。第一个能源期货合约——美国取暖油合约上市。

1982年，世界上第一个使用水平井开发的油田在亚德里亚海上罗斯波油田投产，第一口水平井日产原油4000桶。美国长期国债期货期权合约上市，开启期权交易。

1987年，世界上第一个北极海上油田在美国阿拉斯加投产。世界上第一口井深2000米钻井在美国完成。

1988年，世界上第一台浮式生产储油卸油装置投运。

1990年，温室气体排放关注元年。

1991年，世界上第一个海上风电场在丹麦建成，每台风机装机容量为0.45兆瓦。

1996年，异构脱蜡工艺发明。

2008年，世界石油产量首次突破40亿吨。

2011年，世界石油消费量突破40亿吨，达40.23亿吨。

2015年，石油公司开启能源转型之旅。

2018年，世界上第一列氢能源火车于德国首次投入服务。

2021年，世界上第一船液氢从澳大利亚启航运往日本神户。

中国石油石化行业大事记

1870年，中国进口洋油约28万吨。1875年，中国进口洋油约500万吨。

1907年，中国第一口工业油井在陕西延长成功钻探，开启中国石油工业。

20世纪30年代，陆续建立石油蒸馏工厂，生产灯用煤油，汽油没有用途当废料处理，中国石油炼制工业起步。

1933年，中国化肥工业起步。

1907年至1948年，中国生产石油278.5万吨，进口洋油约2800万吨。

1949年，中国生产石油12万吨，包括5万吨人造油，原油加工能力约17万吨。开发油田4个和气田7个，年产原油7万吨和年产天然气0.11亿立方米。中国原煤产量0.3亿吨。用电量为34.6亿度。

1962年，中国第一套乙烯装置在兰州建成投产。

1964 年，中国开始向朝鲜和越南出口原油和成品油。

1965 年，中国第一口千吨井为胜利油田坨 11 井，日产原油 1134 吨。

1967 年，中国石油进口量达 2 万吨。中国第一口海上工业油流井海 1 井在渤海西部出油。

1971 年，中国第一条大口径、长距离原油管道从大庆到抚顺建成，全长 663 千米，管径 720 毫米，设计压力 4.32 兆帕，年输油能力 2000 万吨。

1972 年，中国石油进口量 65.2 万吨。

1973 年，中国原油产量突破 5000 万吨。中国向日本出口 100 万吨原油。引进日本等国勘探开发设备。

1974 年，中国第一条原油"地下大动脉"从大庆至秦皇岛建成，改变了油田"以运定产"的局面。

1976 年，中国第一条成品油长输管道（格尔木—拉萨）建成，全长 1080 千米，管径 159 毫米。

1978 年，中国原油年产量突破 1 亿吨。

1979 年，中国第一套石蜡加氢精制工业装置投产。

1981 年，中国第一个陆上石油对外合作在鄂尔多斯盆地进行地质普查。

1984 年，中国第一套 PTA 装置在上海投产。

1985 年，中国海域第一个对外合作油田埕北油田正式投产。

1988 年，中国第一条高速公路——上海到嘉定的沪嘉高速一期 25 千米，建成通车。3 天之后，开工早半年沈阳到大连的沈大高速两段建成通车。

1990 年，中国股市诞生。

1994 年，秦山核电站一期投产。

2006 年，中国首座加氢站在北京投用。

2010 年，中国第一套煤制乙烯装置在内蒙古投入商业化运营。中国石油产量达 2.01 亿吨。

2011 年，中国第一套甲醇制烯烃项目投产。

2015 年，中国石油产量达到历史高峰 2.15 亿吨（431 万桶/日）。

2018 年，上海原油期货上市。

2021 年，中国碳市场首日交易。

能源化工重要特性

在分析任何一个能源化工产品的优劣势和发展前景时,需要综合考虑该产品的基本属性、理化性质和使用特性。易燃、易爆、高温、高压、深冷、真空、有毒、腐蚀、辐射、碳排放是能源化工产品的重要特性。

热值

热值(Energy content 或 Heating values)也称为热能,是源于原子与分子的微观运动的能量。

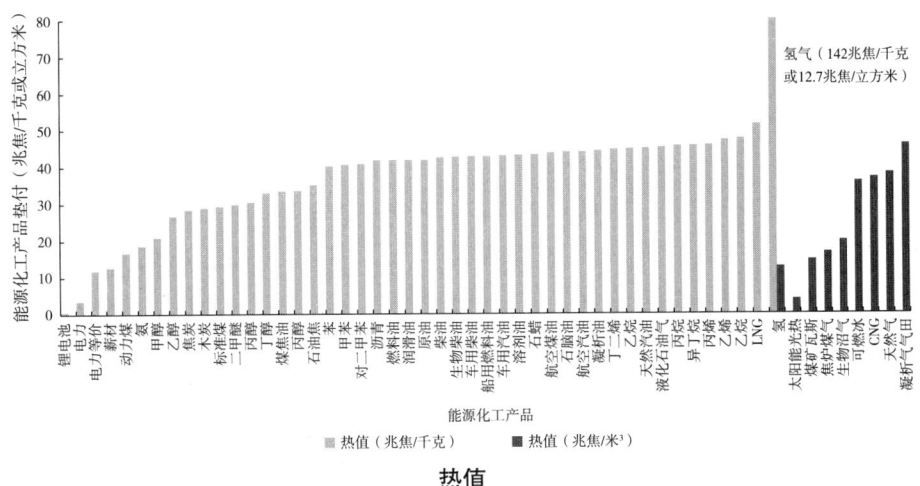

热值

资料来源:国家标准,国际标准,捷诚能源。

密度

密度(Density)反映了物质的质量与其体积的比值,受海拔、温度和湿度等因素影响。在一定的空间内,质量越大,密度也越大。冰块和木头之所以能浮在水面上，因为其密度比水小。而石块会沉到水底，因为其密度比水大。产品密度低，储存运输挑战大，会造成供应端的脆弱性。

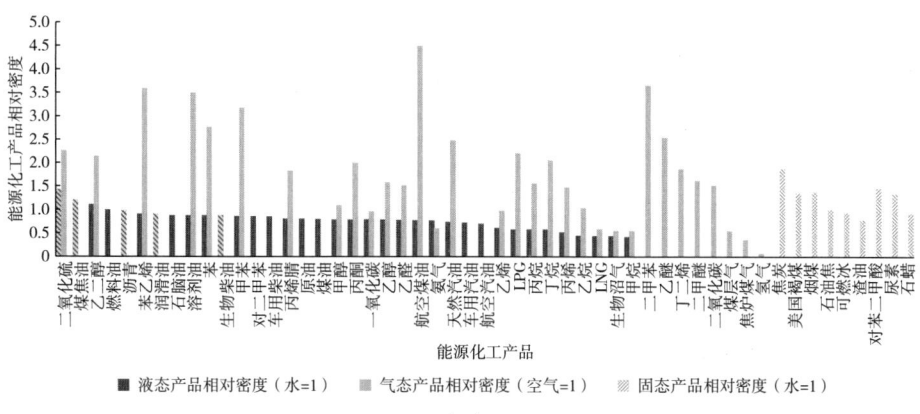

密度

资料来源：国家标准，国际标准，捷诚能源。

爆炸极限

可燃气体或可燃液体的蒸气与空气或氧气混合后，在一定浓度范围内，遇到火源而引起爆炸，其浓度范围称为爆炸浓度极限（Explosive limit）。爆炸下限越低、爆炸范围越宽，爆炸危险性越大。

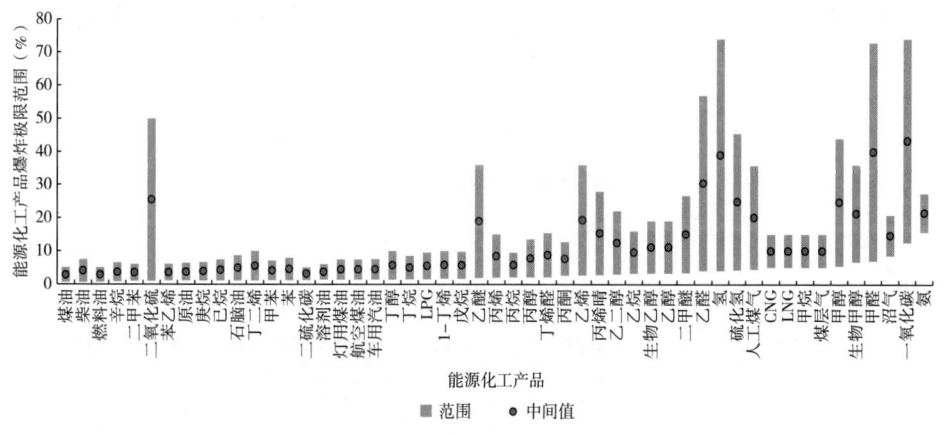

爆炸极限

资料来源：国家标准，国际标准，捷诚能源。

闪点

液体发生闪燃的最低温度叫闪点（Flash point），表明油品着火燃烧的危险程度，习惯上根据闪点对危险品进行分级。沸点越高，馏分越重，闪点也越高，火灾危险性越小。

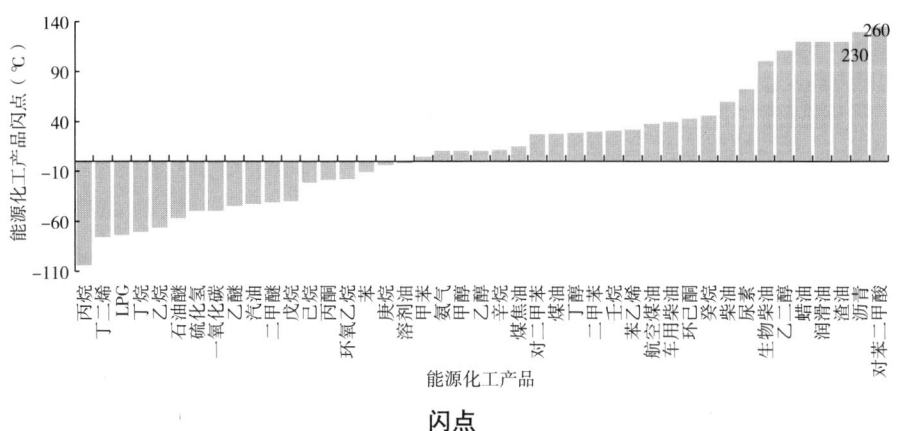

闪点

资料来源：国家标准，国际标准，捷诚能源。

熔点

熔点（Melting point）是分子间作用力及分子在晶格中的排列情况。原料馏分越重，成品蜡的熔点越高。熔点是石蜡产品牌号划分的基础。

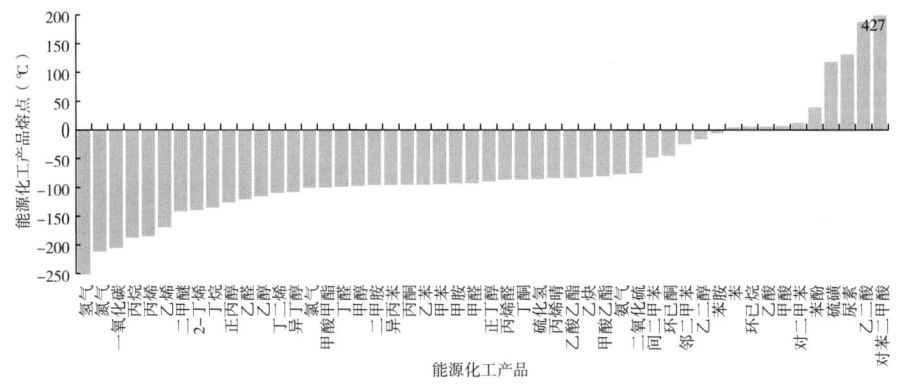

熔点

资料来源：国家标准，国际标准，捷诚能源。

毒物危害指数

毒物主要通过人体的呼吸道、消化道和皮肤而侵入人体，造成急性或慢性中毒。毒性或毒物危害指数（Toxicant hazardous index，THI）与毒物的化学结构、剂量、接触途径、接触期限有密切关系。有机物不饱和度越大，毒性越大，如乙炔大于乙烯；同系物中碳原子数越多，毒性越大，如丁醇大于乙醇；含卤原子数越多，毒性越大。

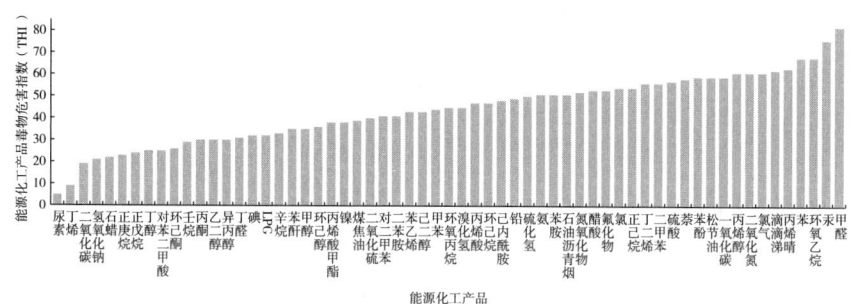

能源化工产品毒物危害指数（THI）

资料来源：《石油化工常见有毒有害化学物质防护手册》《危险化学品名录》，国家疾控中心职业健康所，捷诚能源。

原油酸值

原油中酸性含氧化合物的含量用酸值（酸度）来表示。酸值（Acid number）不是腐蚀指标，而是代表稳定性。一般来说，环烷基原油的酸值较高，而石蜡基原油的酸值较低。

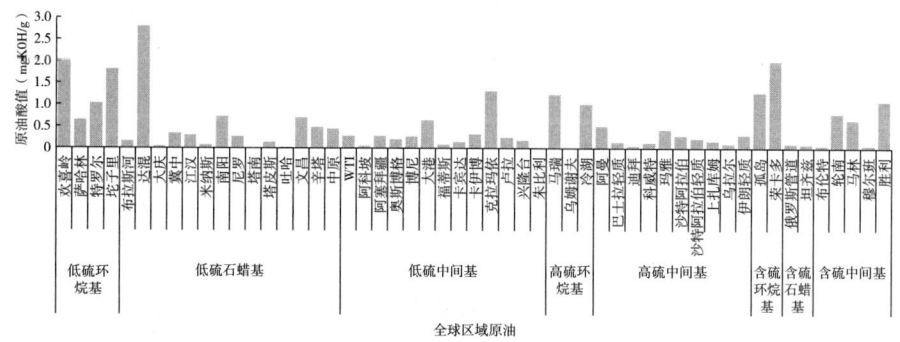

全球区域原油酸值（2021）

资料来源：各公司报告，捷诚能源。

美国油气行业腐蚀类型

腐蚀是材料与环境发生反应而劣化变质的结果。石油的腐蚀首先来自非烃类有机物和硫氮氧。金属材料易出现生锈、退化或破坏等腐蚀现象。炼化环节的腐蚀主要不是被加工的烃引起的,而是其中的无机成分造成的,如水、硫化氢、氯化氢、硫酸、二氧化碳等。石油产品在储存、运输和使用过程中,对机械设备、金属材料、塑料和橡胶等会腐蚀和溶胀。油品腐蚀设备的直接原因是油品中含有水溶性酸和碱、有机酸物质、含硫化合物。橡胶和塑料等非金属材料易出现老化、龟裂、溶解、溶胀等腐蚀现象。

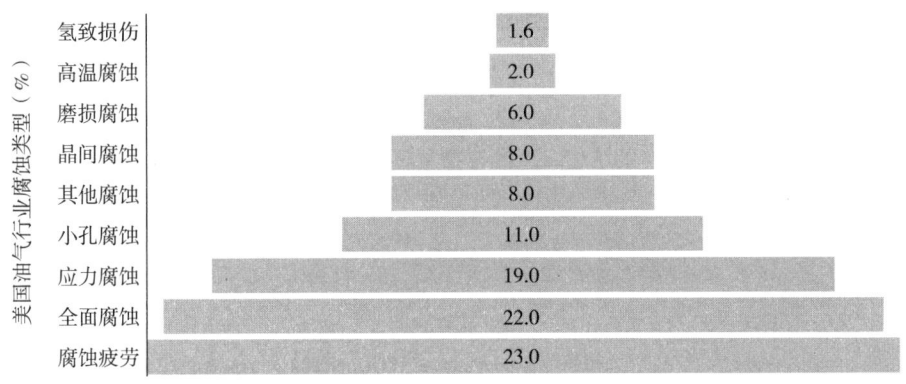

美国油气行业腐蚀类型(2010)

资料来源:《石油化工设备腐蚀与防护》,捷诚能源。

能源计量与换算单位

能源化工行业的研究难点之一就在于单位换算繁杂,产业链不同环节的计量单位经常不同,区域性差异大,各国统计口径大相径庭。

全球区域石油产品吨/桶换算

各个国家采用不同的燃料和能源单位,反映了该国的文化习惯和历史传承。原油吨/桶比在6.0至8.5之间,多数在7.0至7.5之间,常用为7.33。

全球区域石油产品吨/桶换算

国家	原油	LPG	石脑油	汽油	煤油	柴油	炼厂气	燃料油	国家	原油	LPG	石脑油	汽油	煤油	柴油	炼厂气	燃料油
阿尔及利亚	7.94	11.60	8.84	8.47	7.87	7.46	6.08	6.53	墨西哥	7.08	11.60	8.90	8.44	7.88	7.41	7.53	6.43
阿根廷	7.12	11.73	8.60	8.55	7.80	7.16	7.28	6.67	尼日利亚	7.40	11.60	8.50	8.53	7.93	7.46	7.48	6.66
阿联酋	7.59	11.60	8.48	8.53	7.93	7.46	8.00	6.66	挪威	7.49	11.60	8.90	8.45	7.88	7.46	6.08	6.45
埃及	7.26	11.60	8.90	8.47	7.87	7.46	6.08	6.53	日本	7.37	11.60	8.50	8.53	7.81	7.46	6.98	6.66
澳大利亚	7.89	11.60	8.50	8.53	7.93	7.46	7.86	6.66	沙特阿拉伯	7.40	11.60	8.50	8.53	7.91	7.46	7.77	6.66
巴西	7.18	11.43	8.74	8.14	7.96	7.49	7.74	6.29	世界		11.60	8.60	8.49	7.88	7.45	6.91	6.60
比利时		11.60	8.90	8.45	7.88	7.46	6.08	6.45	泰国	6.76	11.87	8.50	8.60	8.42	7.31	7.30	6.69
德国	7.20	11.60	8.90	8.45	7.88	7.46	6.08	6.45	委内瑞拉	6.68	11.65	–	8.50	7.77	7.46	8.09	6.62
俄罗斯	7.27	11.60	8.50	8.53	7.92	7.46	7.82	6.66	西班牙	7.44	11.60	8.90	8.47	7.87	7.46	6.08	6.53
哥伦比亚		11.60	8.50	8.47	7.89	7.46	7.76	6.66	新加坡		11.60	8.50	8.53	7.93	7.46	6.90	6.66
韩国		11.60	8.50	8.53	7.84	7.45	6.85	6.70	伊拉克	7.65	11.60	8.50	8.53	7.86	7.46	7.17	6.66
荷兰	7.09	11.60	8.90	8.45	7.88	7.46	6.08	6.45	伊朗	7.28	11.60	8.50	8.53	7.77	7.46	7.83	6.66
加拿大	7.18	11.60	8.51	8.53	7.84	7.31	6.22	6.60	印度	7.44	11.60	8.50	8.52	7.80	7.46	6.95	6.66
科威特	7.26	11.60	8.50	8.53	7.92	7.46	6.94	6.66	印度尼西亚	7.42	11.60	8.50	8.52	7.46	7.46	7.04	6.66
利比亚	7.60	11.60	8.90	8.47	7.87	7.46	6.08	6.53	英国	7.56	11.60	8.90	8.45	7.88	7.46	6.08	6.45
美国	7.33	11.60	8.50	8.53	7.93	7.46	6.86	6.66	中国	7.33	11.60	8.51	8.52	7.92	7.46	8.06	6.66

资料来源:美国能源信息署,英国石油,联合国国际能源统计建议,捷诚能源。

中国石油产品质量和体积换算

中国石油产品的常用单位有千克（Kilogram）、吨（Metric tonne）、立方米和桶等。1吨相当于1000千克。

中国石油产品质量和体积换算

石油产品	相对密度	桶/吨	吨/桶	米³/吨	石油产品	相对密度	桶/吨	吨/桶	米³/吨
液化石油气	0.542	11.600	0.086	1.844	石蜡	0.800	7.860	0.127	1.250
轻石脑油	0.674	9.330	0.107	1.483	润滑油基础油150SN	0.843	7.460	0.134	1.186
航空汽油	0.701	8.970	0.112	1.426	润滑油基础油150BS	0.879	7.160	0.140	1.138
车用汽油	0.725	8.670	0.115	1.378	润滑油基础油500SN	0.858	7.330	0.136	1.165
汽油	0.739	8.510	0.118	1.353	润滑油	0.899	7.000	0.143	1.113
石脑油	0.739	8.510	0.118	1.353	润滑脂	0.856	7.350	0.136	1.169
重石脑油	0.742	8.480	0.118	1.348	石油脂及凡士林	0.856	7.350	0.136	1.169
航空煤油	0.775	8.120	0.123	1.291	燃料油	0.945	6.660	0.105	1.059
煤油	0.808	7.780	0.129	1.237	道路沥青	1.010	6.230	0.161	0.990
轻柴油	0.825	7.620	0.131	1.211	沥青	1.030	6.110	0.164	0.971
船用柴油	0.888	7.100	0.141	1.129	硬沥青	1.035	6.080	0.165	0.967
重柴油	0.867	7.250	0.137	1.153	石油焦	1.143	5.500	0.182	0.874

资料来源：中国石化经济技术研究院，捷诚能源。

世界石油产品质量和体积换算

体积单位是大多数液体和气体燃料以及一些传统燃料的原始单位。体积的国际单位是立方米，相当于1000升。

世界石油产品质量和体积换算

石油产品（吨）	相对密度	升	立方米	美式加仑	英式加仑	桶	桶/日
原油	0.86	1164.00	1.16	308.00	256.00	7.32	0.020
天然气液	0.55	1653.00	1.65	437.00	364.00	10.40	0.028
液化石油气	0.54	1852.00	1.85	489.00	407.00	11.65	0.032
丙烷	0.51	1962.00	1.96	518.00	432.00	12.34	0.034
丁烷	0.58	1726.00	1.73	456.00	380.00	10.85	0.030
天然汽油	0.63	1590.00	1.59	420.00	350.00	10.00	0.027
车用汽油	0.74	1351.00	1.35	357.00	297.00	8.50	0.023
航空汽油	0.73	1370.00	1.37	362.00	301.00	8.62	0.024
航空煤油	0.81	1235.00	1.24	326.00	272.00	7.77	0.021
煤油	0.81	1235.00	1.24	326.00	272.00	7.77	0.021
柴油	0.87	1149.00	1.15	304.00	253.00	7.23	0.020
渣油	0.95	1053.00	1.05	278.00	232.00	6.62	0.018
润滑油	0.90	1111.00	1.11	294.00	244.00	6.99	0.019
沥青	1.04	962.00	0.96	254.00	212.00	6.05	0.017
石油焦	1.14	877.00	0.88	232.00	193.00	5.52	0.015
石蜡	0.80	1250.00	1.25	330.00	275.00	7.86	0.022
凝析油	0.70	1429.00	1.43	378.00	314.00	8.99	0.025
石油溶剂油	0.81	1235.00	1.24	326.00	272.00	7.77	0.021
石脑油	0.72	1389.00	1.39	367.00	306.00	8.74	0.024
其他	0.91	1099.00	1.10	290.00	241.00	6.91	0.019

资料来源：联合国统计局，联合国国际能源统计建议，捷诚能源。

中国区域汽柴油冬夏季节吨/升比

中国国六标准汽柴油不同区域在冬夏季节吨/升比换算略有不同。在标准大气压20℃下，温度越高，密度越小。

中国汽柴油零售环节冬夏季节吨/升比

行政区域	汽油夏季	汽油冬季	柴油冬季	柴油夏季	行政区域	汽油夏季	汽油冬季	柴油冬季	柴油夏季
海南	1117.56	1148.36	1162.58	1162.88	江苏	1328.85	1327.29	1169.53	1169.25
新疆	1299.82	1299.70	1161.39	1161.42	浙江	1328.85	1327.29	1168.22	1167.63
天津	1315.92	1316.79	1157.85	1157.03	安徽	1327.78	1328.51	1158.42	1159.96
河北	1315.92	1316.79	1157.85	1157.03	内蒙古	1328.29	1328.93	1180.38	1180.39
湖北	1316.04	1316.89	1163.55	1164.09	江西	1328.85	1329.25	1158.18	1159.66
青海	1318.74	1317.16	1175.82	1177.04	甘肃	1329.89	1332.09	1177.44	1176.76
贵州	1317.10	1317.75	1168.20	1167.61	辽宁	1320.65	1332.49	1176.15	1172.85
河南	1317.50	1317.94	1162.77	1163.13	福建	1332.62	1332.50	1167.96	1167.31
云南	1320.38	1318.56	1172.81	1173.30	湖南	1333.03	1332.84	1158.46	1160.00
北京	1320.36	1320.29	1156.11	1154.88	宁夏	1333.70	1333.23	1176.15	1177.45
山东	1320.25	1320.35	1159.41	1158.96	山西	1334.11	1333.58	1155.62	1154.29
黑龙江	1327.80	1320.68	1191.20	1196.22	陕西	1332.30	1334.08	1175.87	1177.10
吉林	1320.65	1322.63	1170.60	1170.57	重庆	1332.86	1334.64	1175.88	1177.08
上海	1323.52	1323.04	1162.25	1162.48	四川	1329.25	1341.23	1176.11	1181.82
广东	1324.02	1323.46	1166.93	1166.03	全国	1306.26	1307.89	1166.08	1166.25
广西	1324.51	1325.80	1167.95	1167.30					

资料来源：中国国家和地方发展改革委，中国国家统计局，捷诚能源。

美国石化产品单位换算

美国石化产品的常用换算单位有磅、加仑、吨、桶和英热单位等。

美国石化产品单位换算

石化产品	磅/加仑	加仑/吨	桶/吨	MMBtu/桶	石化产品	磅/加仑	加仑/吨	桶/吨	MMBtu/桶
乙烯	2.920	755.1	17.98	2.6	甲醇	6.600	334.0	7.95	2.7
乙烷	2.970	742.2	17.68	2.8	乙醇	6.610	333.5	7.94	3.5
丙烷	4.229	522.5	12.44	3.8	对二甲苯	7.210	305.8	7.28	5.6
丙烯	4.357	508.1	12.10	3.9	间二甲苯	7.230	304.9	7.26	5.6
正丁烷	4.860	453.6	10.80	4.3	甲苯	7.260	303.7	7.23	5.6
1-丁烯	5.010	439.6	10.47	4.4	苯	7.365	299.3	7.12	5.6
丁二烯	5.230	421.5	10.04	4.4	邻二甲苯	7.370	299.2	7.12	5.7
甲基叔丁基醚	6.210	355.0	8.45	4.0					

资料来源：美国燃料和石化制造商协会，联合国国际能源统计建议，捷诚能源。

氢能常用单位换算

氢气的密度低，而氢能的单位质量热值高。

氢能常用单位换算

质量（千克）	气态（标准立方米）	液态（升）	低热值能量（兆焦）	低热值能量（千瓦时）
1.000	11.200	14.120	120.000	33.333
0.089	1.000	1.260	10.714	3.000
0.071	0.793	1.000	8.495	2.359
0.008	0.093	0.118	1.000	0.278
0.030	0.333	0.420	3.571	1.000

资料来源：国际能源理事会，中国氢能联盟，捷诚能源。

能源化工产品热值换算

常用热值单位有吉焦（GJ）、百万英热单位（MMBtu）、吉卡（Gcal）、兆瓦时（MWh）、桶油当量（BOE）、吨油当量（TOE）、标准煤当量（TCE）

等。中国采用标准煤或大卡,国际多采用焦耳或油当量。按重量计算的石油制品热值的变化小于按体积计算的热值。

能源化工产品热值换算

吨	GJ 吉焦	MMBtu 百万英热	Gcal 吉卡	MW·h 兆瓦时	BOE 桶油当量	TOE 吨油当量	TCE 吨煤当量	吨	GJ 吉焦	MMBtu 百万英热	Gcal 吉卡	MW·h 兆瓦时	BOE 桶油当量	TOE 吨油当量	TCE 吨煤当量
	乘以								乘以						
丙烷	45.59	43.21	10.89	12.67	11.65	1.09	1.56	石油焦	36.40	34.50	8.69	10.11	5.52	0.87	1.24
柴油	42.50	40.28	10.15	11.81	7.23	1.02	1.45	溶剂油	43.21	40.95	10.32	12.00	7.77	1.03	1.47
车用汽油	43.97	41.67	10.50	12.21	8.50	1.05	1.50	凝析油	44.32	42.01	10.59	12.31	8.99	1.06	1.51
丁烷	44.80	42.46	10.70	12.44	10.85	1.07	1.53	天然气液	45.19	42.83	10.79	12.55	10.40	1.08	1.54
航空煤油	43.21	40.95	10.32	12.00	7.77	1.03	1.47	天然汽油	44.91	42.56	10.73	12.47	10.00	1.07	1.53
航空汽油	43.97	41.67	10.50	12.21	8.62	1.05	1.50	无烟煤	29.31	27.78	7.00	8.14	4.90	0.70	1.00
褐煤焦	19.64	18.61	4.69	5.45	3.40	0.47	0.67	薪柴	12.60	11.94	3.01	3.50	2.10	0.30	0.43
甲醇	20.93	19.84	5.00	5.82	3.50	0.50	0.71	LPG	45.55	43.17	10.88	12.65	11.65	1.09	1.55
沥青	41.80	39.62	9.98	11.61	6.05	1.00	1.43	乙醇	27.63	26.19	6.60	7.68	4.60	0.66	0.94
炉焦炭	26.38	25.00	6.30	7.33	4.40	0.63	0.90	油页岩	9.20	8.72	2.20	2.56	1.80	0.22	0.31
煤气焦炭	26.38	25.00	6.30	7.33	4.40	0.63	0.90	原料	43.94	41.65	10.50	12.20	8.50	1.05	1.50
煤油	43.21	40.95	10.32	12.00	7.77	1.03	1.47	原油	42.62	40.39	10.18	11.84	7.32	1.02	1.45
美国褐煤	11.28	10.70	2.70	3.13	2.50	0.27	0.39								
木炭	28.89	27.38	6.90	8.02	4.80	0.69	0.99	千立方米	吉焦	百万英热	吉卡	兆瓦时	桶油当量	吨油当量	吨煤当量
其他	42.50	40.28	10.15	11.80	6.91	1.02	1.45	甲烷	33.50	31.70	8.00	9.30	5.59	0.80	1.14
燃料油	41.51	39.34	9.91	11.53	6.62	0.99	1.42	乙烷	59.50	56.30	14.20	16.50	9.92	1.42	2.03
润滑油	42.14	39.94	10.07	11.70	6.99	1.01	1.44	丙烷	85.80	81.30	20.50	23.80	14.33	2.05	2.93
石蜡	43.33	41.07	10.35	12.03	7.86	1.04	1.48	异丁烷	108.00	102.00	25.80	30.00	18.00	2.58	3.69
石煤	9.53	9.03	2.28	2.65	2.30	0.23	0.33	丁烷	111.80	106.00	26.70	31.00	18.60	2.67	3.81
石脑油	44.13	41.83	10.54	12.26	8.74	1.05	1.51	戊烷	134.00	127.00	32.00	37.20	22.36	3.20	4.57

资料来源:联合国国际能源统计建议,捷诚能源。

国际石油公司能源产品单位换算

国际石油公司在全球开展各项能源业务，有其常用的参考换算单位。

国际石油公司能源产品单位换算

能源产品	单位换算中文	单位换算	系数
石油	吉焦：桶	GJ / bbl	5.47
	百万桶 / 日：艾焦耳 / 年	[Mb/d] / [EJ/a]	0.50
	二氧化碳当量吨：吉焦	t CO_2 / GJ	0.07
	太焦：千吨油当量	TJ / ktoe	41.87
天然气	吉焦：百万英热单位	GJ / MMBtu	1.06
	二氧化碳当量吨：吉焦	t CO_2 / GJ	0.06
	太焦：十亿立方米	TJ / Bcm	34929.00
	太焦：万亿立方英尺	TJ / Tcf	989084.00
	太焦：百万吨	TJ / Mt	46110.05
煤炭	吉焦：吨	GJ / t	25.10
	二氧化碳当量吨：吉焦	t CO_2 / GJ	0.10
生物质	吉焦：吨	GJ / t	16.50
	二氧化碳当量吨：吉焦	t CO_2 / GJ	0.11

资料来源：壳牌，英国石油，联合国国际能源统计建议，捷诚能源。

能量换算单位

能量、热量和功是同一概念的三个方面。能量是做功的能力（结果）。热可以是做功的副产品，但也是一种能量形式。能量、热量和功的国际单位是焦耳（J）。

能量换算单位

能量单位		兆焦 MJ	吨煤当量 TCE	吨油当量 toe	桶油当量 boe	千瓦年 kWyr	千卡路里 kcal	太焦 TJ	吉卡 Gcal	百万吨油当量 Mtoe	百万英热单位 MMBtu	吉瓦时 GWh
兆焦	MJ	1	0.000034121	0.0000239	0.000175		238.8459	0.000001	0.00023885		0.00094781	
吨煤当量	TCE	29307.6	1	0.7	5.131	0.9293379	7000000	0.0293076	7	0.0000007	27.77814	0.008141
吨油当量	toe	41868	1.428571	1	7.33	1.327626	10000000	0.041868	10	0.000001	39.68305	0.01163
桶油当量	boe	5711.869031	0.19489378	0.136426	1	0.1811222	1364256	0.00571187	1.364256		5.413786	0.00158663
千瓦年	kWyr	31536	1.07603488	0.753224	5.521135	1	7532244	0.031536	7.532244		29.89024	0.00876
千卡路里	kcal	0.0041868				0.0000001	1		0.000001			
太焦	TJ	1000000	34.12084	23.88459	175.074	31.70979	238845900	1	238.8459	0.000023885	947.8134	0.27777778
吉卡	Gcal	4186.8	0.14285714	0.1	0.733	0.1327626	1000000	0.0041868	1	0.0000001	3.968305	0.001163
百万吨油当量	Mtoe	41868000000	1428571	1000000	7330000	1327626		41868	10000000	1	39683050	11630.0004
百万英热单位	MMBtu	1055.06	0.03599953	0.0252	0.184714	0.0334557	251996.8	0.00105506	0.2519968		1	0.00029307
吉瓦时	GW·h	3600000	122.835	85.98452	630.2666	114.1553	859845200	3.6	859.8452	0.000085985	3412.128	1

资料来源：国际能源署，《世界能源统计年鉴》，联合国国际能源统计建议，美国能源信息署，捷诚能源。

能量数量级换算

国际单位制的能量单位为焦耳（Joule），但由于焦耳表示的数量级很小，往往需要使用十进制前缀，因此，在实际操作中，会使用其他更容易理解的能量单位。

能量数量级换算

能量名称	英文名称	数量级	活动案例
泽塔焦耳	Zettajoule（ZJ）	10^{21}	太阳每天释放到地球的能量为15泽塔焦耳
艾焦耳	Exajoule（EJ）	10^{18}	新加坡一年终端用能为1艾焦耳
拍焦	Petajoule（PJ）	10^{15}	一百万台家用电冰箱一年用电量为1拍焦
太焦	Terajoule（TJ）	10^{12}	一架波音747往返北京到伦敦消耗10太焦
吉焦	Gigajoule（GJ）	10^{9}	一辆汽车一年的动能为72吉焦
兆焦	Megajoule（MJ）	10^{6}	家庭做饭一小时消耗3兆焦
千焦	Kilojoule（KJ）	10^{3}	一根小蜡烛燃烧5.4千焦
十焦		10^{1}	一般人挥动球棒的能量为80焦耳
焦耳	Joule（J）	10^{0}	一个苹果从一米高处掉下来产生的动能为1焦耳

资料来源：联合国国际能源统计建议，国际应用系统分析研究院，捷诚能源。

后 记

本书的初衷，一是接着我们《图解原油期货》和《图解天然气》的工作，继续完善能源化工行业、市场和价格的研究框架和分析逻辑；二是分享我们对能源化工和宏观金融行业的理解，为读者搭建市场分析框架提供思路和基础数据；三是抛砖引玉，与从业者和研究人员深入交流，激发思想的火花，催生更多、更优秀的研究成果。由于时间和水平所限，书中难免有纰漏和不足之处，恳请读者批评指正。

本书以图解形式诠释能源化工市场和价格，编辑 1000 张图表是一项繁重的工作，特别感谢石油工业出版社的编辑和排版付出的辛劳。

在本书的写作过程中，上百位业内专家学者在百忙之中答疑解惑、提供材料、接受访谈或提出宝贵的意见和建议，在此致以谢意！

鸣谢名单如下：

安丰全、安婧、安娜、白雪松、毕庆亮、蔡金勇、蔡铭、蔡心仪、曹楚雄、曹建军、曹焱、曹扬慧、陈冬月、陈红兵、陈洁、陈进殿、陈绿薇、陈梅、陈梅涛、陈蕊、陈守海、陈小宝、陈新华、陈宇、成功、程江生、程显宝、仇玄、丛威、崔宝琛、崔猛、崔云芳、戴冠、戴家权、戴琴荣、戴彤、戴晓璐、党景峰、邓郁松、翟丹韵、丁泉、丁少恒、丁世强、董丹丹、董峰、董淑志、董翔、董秀成、窦宏恩、杜娟、杜培恩、杜天佳、杜卫东、杜欣、段言志、段兆芳、方建平、冯连勇、高春雨、高辉、高劲松、高亮、高明宇、高世宪、高新伟、高宇、郜峰、耿协威、龚彦舟、顾洪、顾元媚、郭海涛、郭焦锋、郭莉、郭源、韩冰、韩钊、何春蕾、何润民、何文渊、何祚云、洪加其、洪涛、洪湘雅、侯晖、侯明扬、胡慧、胡可喻、胡森林、胡卫、胡文静、胡紫阳、黄守治、黄文生、黄祖熹、贾晓龙、姜海明、姜鑫民、姜勇、姜志壮、蒋丽萍、金俊、金晓、景朝阳、康启发、康晓文、寇建、况龙、雷航、李冬梅、李宏毅、李辉、李继峰、李建滨、李金柱、李莉、李伟、李晓璇、李新华、李延超、李彦杰、李右民、李育天、李渊源、李云旭、李振光、李政霖、李志传、李治、梁刚、梁立虎、梁庆智、廖群山、林晖、林特、林益楷、刘贺明、刘建国、刘剑平、刘京津、刘俊侠、刘立群、刘粮帅、刘灵丽、刘明磊、刘平、刘乾、刘强、刘然然、刘伟、刘文财、刘旭、刘勇、刘云、娄田、娄钰、卢延纯、卢永真、鲁新便、陆丰、陆茗、陆鹏垠、陆如泉、陆振翔、罗蓝菲、罗妍妍、罗艳托、罗佐县、吕建中、吕淼、马红卫、马宁、毛玉如、梅相银、莫思宏、牛犁、潘继平、潘涛、庞广廉、彭红斌、彭少华、彭雪、齐梅、钱兴坤、秦志刚、庆建春、曲岩松、瞿辉、饶孝柱、阮玲、单洪青、单凯、申炼、申延平、盛瑶、师敏、施光华、施婷婷、时力军、史昕、舒朝霞、宋诗卓、苏勇、隋守鑫、孙超、孙大陆、孙冬生、孙福街、孙建业、孙雷红、孙晔、唐红君、田磊、汪红、汪忠德、王宝昌、王斌、王博、王成、王海博、王宏岗、王建、王建冬、王健、王立坤、王利宁、王宁、王鹏、王琦、王倩、王胜民、王思懿、王涛、王伟、王卫远、王文委、王曦、王向前、王晓伟、王笑、王旭东、王阳、王越、王钊、王之茵、王仲颖、韦勇、魏方、魏际刚、吴高峰、吴红峰、吴君、吴康、吴理达、吴谋远、吴清标、吴添荣、武文龙、夏提、肖冰、肖兰兰、肖新建、肖勇、谢丹、谢海粟、谢磊、谢毅哲、邢晔、熊品润、熊垠州、徐鹏艳、徐玉高、许津、闫卫东、严丽丽、阎慧蓉、杨安、杨东、杨光、杨建明、杨婧、杨雷、杨微、杨晓卓、杨浔英、杨一平、杨玉峰、姚军、于建军、于涛、余国、袁开洪、岳鹏、张安、张超、张弛、张春军、张大永、张发强、张光亚、张国生、张海桐、张浩平、张红星、张继龙、张剑峰、张鹏、张少华、张伟、张卫忠、张小宏、张笑、张艳、张宇、张玉清、张运东、张震、赵国伟、赵军、赵科、赵林、赵龙、赵强、赵彤阳、赵文明、赵艳霞、郑宝山、郑德鹏、郑加平、郑若金、钟美燕、钟弥嘉、周承榕、周德全、周敬成、周军、周立伟、周小艺、周毅清、朱博超、朱发根、朱峰、朱红光、朱建军、朱九成、朱宁、朱润民、朱向东、朱晓海、朱兴珊、朱轩彤、祝伟、庄青。